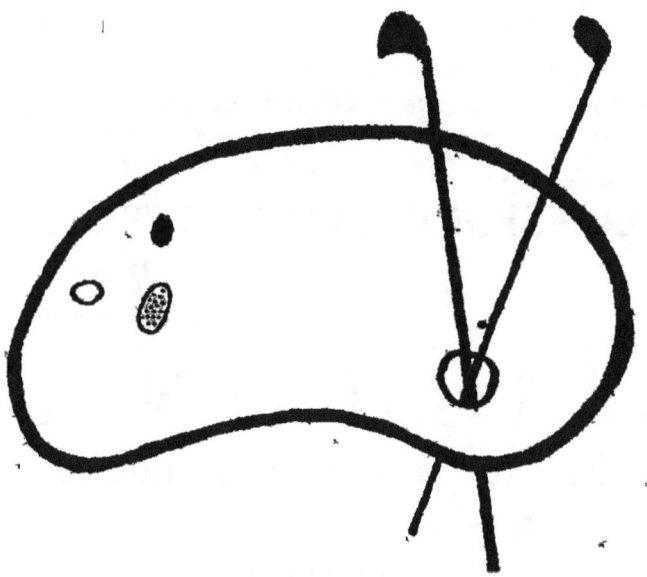

COUVERTURE SUPERIEURE ET INFERIEURE
EN COULEUR

RECTO ET VERSO

PUBLIÉ SOUS LA DIRECTION
DE LA SECTION HISTORIQUE DE L'ÉTAT-MAJOR DE L'ARMÉE

CORRESPONDANCE INÉDITE

DE

NAPOLÉON IER

CONSERVÉE AUX ARCHIVES DE LA GUERRE

PUBLIÉE PAR

Ernest PICARD

Lieutenant-Colonel d'Artillerie breveté

ET

Louis TUETEY

Bibliothécaire-Archiviste adjoint au Ministère de la Guerre

TOME II. — 1808-1809

PARIS
Henri CHARLES-LAVAUZELLE
Éditeur militaire
10, Rue Danton, Boulevard Saint-Germain, 118
(MÊME MAISON A LIMOGES)

1912

Napoléon I", tomé II.

CORRESPONDANCE INÉDITE

DE

NAPOLÉON PREMIER

*Tous droits de reproduction, de traduction et d'adaptation
réservés pour tous pays.*

Copyright by Henri Charles-Lavauzelle

1912

PUBLIÉ SOUS LA DIRECTION
DE LA SECTION HISTORIQUE DE L'ÉTAT-MAJOR DE L'ARMÉE

CORRESPONDANCE INÉDITE

DE

NAPOLÉON IER

CONSERVÉE AUX ARCHIVES DE LA GUERRE

PUBLIÉE PAR

Ernest PICARD

Lieutenant-Colonel d'Artillerie breveté

ET

Louis TUETEY

Bibliothécaire-Archiviste adjoint au Ministère de la Guerre

TOME II. — 1808-1809

PARIS
Henri CHARLES-LAVAUZELLE
Éditeur militaire
10, Rue Danton, Boulevard Saint-Germain, 118
(MÊME MAISON À LIMOGES)

1912

CORRESPONDANCE
DE
NAPOLÉON PREMIER

1495. — DÉCISION.

Paris, 4 janvier 1808.

Le ministre de la guerre rend compte des changements apportés par ordre de l'Empereur dans les marchés de chevaux pour le 6ᵉ bataillon du train.

200 mulets vont être achetés à Avignon et dirigés sur la division des Pyrénées ; quant aux 200 chevaux qui seront laissés à Besançon, le ministre demande l'autorisation de former une compagnie provisoire du train pour en avoir soin.

Approuvé.

NAPOLÉON.

1496. — DÉCISION.

Paris, 4 janvier 1808.

Propositions du ministre de la guerre en vue de nommer un général pour commander l'artillerie du corps d'observation des côtes de l'Océan et divers autres officiers destinés à l'état-major de cette arme dans la même armée.

Pour le commandement en chef de l'artillerie, le ministre propose soit le général de division Lacombe Saint-Michel, soit le général de brigade Drouas.

Approuvé. Quant au général, les deux que l'on propose sont trop vieux.

NAPOLÉON.

1497. — DÉCISION.

Paris, 5 janvier 1808.

Le ministre de la guerre, qui a donné les ordres nécessaires pour l'exécution du décret impérial daté de Milan, 22 décembre 1807, ordonnant le licenciement des gardes nationales des départements de la Seine-Inférieure, de la Somme et de celles réunies à Saint-Omer, demande si les gardes nationales réunies à Cherbourg sous le commandement du général Latour-Maubourg et qui proviennent des départements de la Seine-Inférieure et de la Somme, seront conservées en activité.

Renvoyer également ces gardes nationales. Ils seront congédiés au 20 janvier.

NAPOLÉON.

1498. — DÉCISIONS (1).

Plusieurs corps demandent ce qu'ils doivent faire pour l'habillement de leurs bataillons de guerre en 1808. Comme on ne sait pas exactement ce que ces bataillons ont reçu à l'armée et qu'on les comprend toujours dans l'effectif tant pour la fourniture des étoffes que pour les fonds que l'on fait aux corps, on prend les ordres de Sa Majesté pour éviter les doubles emplois que ce mode pourrait occasionner.

Encore les mêmes mesures et envoyer le moins possible.

On soumet à Sa Majesté le projet d'un décret pour la fixation de la masse de fourrages en 1808 et le

Renvoyé au Conseil d'État.

---

(1) Ni datées ni signées; extraites du « Travail du ministre directeur de l'administration de la guerre avec S. M. l'Empereur et Roi, daté du mercredi 6 janvier 1808 ».

tarif du prix des rations de distribution pendant ladite année. Ces prix sont, à quelques augmentations près, les mêmes qu'en 1807. L'indemnité aux officiers est maintenue au même taux.

On prie Sa Majesté de vouloir bien faire connaître ses intentions sur les achats à faire par la direction générale des vivres de la guerre pendant février et mars 1808. Pour avoir un approvisionnement complet au 1er avril prochain pour 200.000 hommes pendant neuf mois, il faudrait acheter 175.775 quintaux qui, à raison de 21 francs le quintal, exigeraient un fonds de 3 millions 691.275 francs.

Mais si Sa Majesté pensait qu'il fût suffisant de maintenir un approvisionnement de six mois, les fonds à faire se réduiraient à 1.644.000 francs.

A porter au premier Conseil d'administration.

On rend compte que Sa Majesté ayant décidé qu'on regarderait comme définitivement liquidées les créances des ans XI et XII, approuvées par le ministre antérieurement au décret qui ordonnait le renvoi de ces exercices à l'examen du Conseil d'État, on a cru pouvoir appliquer cette mesure aux liquidations de l'an XIII, faites par le ministre jusqu'au 1er mai 1806, et qu'on a établi en conséquence les répartitions de fonds en annuités. On la prie de vouloir bien approuver cette disposition.

Accordé.

On supplie Sa Majesté d'accorder un conseil de liquidation et de fixer le jour où il aura lieu.

Il sera indiqué.

On rend compte qu'au moyen des dispositions déjà faites d'une partie de l'approvisionnement de siège de Wesel, cet approvisionnement se trouve aujourd'hui réduit aux espèces et quantités de denrées suivantes :

Biscuit	150.954 kg.
Riz	17.390 —
Légumes secs	22.220 —
Sel	6.660 —
Eau-de-vie	23.080 lit.
Avoine	108.192 décal.
Bois	936 stères.

On prie Sa Majesté de vouloir bien faire connaître ses intentions sur l'emploi de ces denrées.

Attendre un Conseil d'administration où cette affaire sera portée.

On rend compte à Sa Majesté que, vu la vétusté du bois de l'approvisionnement de l'île d'Elbe et les pertes qui résultent des ventes faites par le domaine, on a autorisé la cession au service des vivres de 3.289 stères de ce bois à raison de 7 francs et le remplacement à raison de 10 francs.

Approuvé.

1499. — DECISION (1).

7 janvier 1808.

On rend compte des mesures prises pour assurer le service à Flessingue. On demande comment seront traitées les troupes dans cette place où l'on pense que les vivres de campagne et le chauffage en nature doivent continuer à être fournis, et ce qu'on devra faire pour le service dans le reste de la Hollande.

Quand le décret sera rendu on prendra le service.
Ordonner au général Monnet de ne rien laisser sortir de tout le mobilier.

---

(1) Non signée; extraite du « Travail du ministre directeur de l'administration de la guerre avec S. M. l'Empereur et Roi, daté du mercredi 6 janvier 1808 ».

On prendra plus tard les ordres
de Sa Majesté pour ce qui regarde
les malades français traités dans les
hôpitaux de ce royaume.

1500. — AU GÉNÉRAL CLARKE.

Paris, 7 janvier 1808.

Monsieur le général Clarke, j'ai donné ordre que toutes les troupes qui étaient au service de Toscane se rendissent dans le duché de Parme ; mon intention est qu'elles restent là en garnison. Donnez ordre au maréchal Pérignon de vous envoyer un projet d'organisation de ces troupes, d'après l'organisation de notre infanterie légère. Il vous enverra des notes sur les officiers. On composera de ces troupes un, deux ou trois bataillons selon qu'il y aura un, deux ou trois mille hommes.

NAPOLÉON.

1501. — AU GÉNÉRAL CLARKE.

Paris, 7 janvier 1808.

Monsieur le général Clarke, donnez des ordres pour la formation d'un bataillon provisoire composé d'une compagnie de chacun des régiments suivants : des 2º, 4º, 12º et 15º d'infanterie légère, et des 32º et 58º de ligne, d'une du 1ᵉʳ régiment de Paris et deux du 2º régiment de Paris. Ce bataillon, ainsi fort de huit compagnies, formant un millier d'hommes, partira le 12 janvier pour se rendre à Bayonne et recruter les corps auxquels ces compagnies appartiennent. Donnez ordre qu'un escadron soit formé de tous les détachements des sept régiments de dragons et de chasseurs du 1ᵉʳ corps de la Gironde. Chaque détachement fournira autant d'hommes qu'il pourra, mais au moins 30 hommes par régiment. Ces 30 hommes seront à pied, bien armés et bien équipés, et formeront un détachement d'au moins 200 hommes, sous les ordres d'un capitaine, d'un lieutenant, d'un sous-lieutenant, que vous prendrez dans différents régiments ; ils iront à pied rejoindre leurs corps, en Portugal, où ils seront montés.

NAPOLÉON.

1502. — DÉCISION (1).

Palais des Tuileries, 11 janvier 1808.

On propose à Sa Majesté d'autoriser le chef de bataillon Arrighi à passer au service du roi de Naples.

Approuvé.

NAPOLÉON.

1503. — DÉCISION.

Paris, 11 janvier 1808.

Le ministre de la guerre propose de faire venir à Bayonne, pour le service de l'artillerie du corps d'observation des côtes de l'Océan, les deux escouades d'ouvriers qui sont à Rennes.

Accordé, s'il n'y a pas d'ouvriers qu'on puisse faire passer de Toulouse.

NAPOLÉON.

1504. — DÉCISION.

Paris, 11 janvier 1808.

Le maréchal Berthier demande si une somme de 72.702 fr. 41, avancée par la caisse de la division espagnole aux troupes de S. M. C. lors de leur passage dans le Tyrol, devra être remboursée sur les fonds des contributions de la Grande Armée à la caisse de cette division.

Il est inutile de rien rembourser à la caisse espagnole.

NAPOLÉON.

1505. — DÉCISIONS (2).

Paris, 12 janvier 1808.

Le général Belliard demande que les sapeurs qui existent dans les régiments de dragons de la Grande Armée soient conservés au nombre de 8 au moins par corps.

Accordé.

---

(1) Extrait du « Travail du ministre de la guerre avec S. M. l'Empereur et Roi, du 6 janvier 1808 ».
(2) Non signées; extraites du « Travail du ministre de la guerre avec S. M. l'Empereur et Roi, du 6 janvier 1808 ».

On rend compte à Sa Majesté d'une réclamation qui lui a été présentée en Italie par 20 officiers du 106ᵉ régiment et qui a pour objet d'obtenir une indemnité pour valeur des effets qui leur ont été volés, le 16 prairial an XIII, en se rendant de Bologne au camp de Montechiaro. On supplie Sa Majesté de vouloir bien prononcer sur cette réclamation.	Accordé.
On propose à Sa Majesté d'approuver que le général de brigade Schwarz soit placé dans la 24ᵉ division militaire.	Approuvé.
On soumet à Sa Majesté la demande du sieur Roquefer, adjudant des Côtes de la direction de Montpellier, pour être employé plus activement.	L'envoyer au corps d'observation des côtes de l'Océan.
Le général Mouton appuie la demande d'un congé absolu, faite par le sieur Larrivée, caporal au 12ᵉ régiment d'infanterie légère.	Accordé.
Les généraux Le Suire, commandant supérieur à Landau, et Desbureaux, commandant la 5ᵉ division militaire, demandent un congé.	Refusé pour le général Le Suire, accordé pour le général Desbureaux.
On propose à Sa Majesté d'accorder une indemnité de 800 francs au sieur Luce, chef d'escadron de gendarmerie, commandant par intérim la 26ᵉ légion de son arme en Corse, en dédommagement de ses dépenses extraordinaires.	Accordé.
Le général Maison demande à rester chef de l'état-major général du 1ᵉʳ corps de la Grande Armée : on supplie Sa Majesté de faire connaître ses intentions à cet égard.	Je suis surpris que le ministre me présente une pareille demande ; il devra exécuter son ordre aussitôt qu'il ne sera plus malade.

1506. — AU MARÉCHAL BERTHIER.

Paris, 12 janvier 1808.

Mon Cousin, faites faire l'état de situation de la Grande Armée au 1er janvier, sur les états de quinzaine. Remettez-moi cet état après-demain. Faites connaître au général Bourcier que je le nomme inspecteur général de la cavalerie de la Grande Armée ; faites mettre sa nomination à l'ordre de la cavalerie pour que l'on ait à lui envoyer les états de situation, de comptabilité, d'effets, etc...

Mon intention est que le sieur Daru, à compte sur les contributions des différentes provinces, frappe des réquisitions de chevaux pour servir aux remontes de tous les hommes à pied. On emploiera les selles que le ministre Dejean a envoyées à Magdeburg. Enfin, on prendra toutes les mesures nécessaires pour qu'au 1er mars les hommes à pied soient à cheval. Le général Bourcier enverra les ordres de mouvement pour faire joindre tous les détachements. Vous lui recommanderez, ainsi qu'au sieur Daru, de prendre ces mesures sans éclat, pour ne pas faire mauvais effet et ne pas donner lieu de les attribuer à d'autres motifs que les remontes de ma cavalerie. Je suppose qu'il ne sera pas nécessaire de lever pour cette réquisition plus de 1.500 ou 2.000 chevaux.

NAPOLÉON.

1507. — DÉCISIONS (1).

Paris, 12 janvier 1808.

L'armée de Portugal devant recevoir un habillement complet, on ne croit pas avoir à s'en occuper. Pour le deuxième corps de la Gironde, on demande si les cinq légions de réserve et les régiments suisses doivent recevoir des capotes pour la totalité ou le tiers de

L'armée de Portugal se pourvoira de tout à Lisbonne. Le second corps de la Gironde est déjà si avancé en Espagne, qu'il faut qu'il se fournisse de tout sur les lieux.

Il ne sera nécessaire de faire

---

(1) Non signées, extraites du « Travail du ministre directeur de l'administration de la guerre avec S. M. l'Empereur et Roi, daté du mercredi 6 janvier 1808 ».

l'effectif, et, dans les deux cas, on établit la dépense. Pour le corps des côtes de l'Océan, les régiments ont fait des achats de capotes, et l'on s'occupe en ce moment d'examiner les marchés passés par eux.

On rend compte à Sa Majesté de la difficulté que l'on éprouve pour procurer des officiers de santé au corps d'observation des côtes de l'Océan, difficulté qui ne peut que s'accroître d'après son ordre de n'en tirer aucun de la Grande Armée.

On soumet à Sa Majesté : 1° l'état numérique des commissaires des guerres titulaires et provisoires de tous grades, employés tant dans les divisions militaires qu'aux armées, à l'époque du 1er janvier 1808 ; 2° l'état nominatif des commissaires des guerres qui ont des destinations particulières ; 3° celui des commissaires des guerres suspendus de leurs fonctions. On observe qu'à moins d'être autorisé à en retirer de la Grande Armée, on ne pourra en attacher deux à chacune des divisions du corps des côtes de l'Océan qu'en en nommant de provisoires. On prend à cet égard les ordres de Sa Majesté.

fournir qu'aux quatrièmes bataillons des légions de réserve qui sont en France.

On peut tirer de la Grande Armée jusqu'à 20 officiers de santé, dans la vue de procurer de l'avancement à ceux qui le méritent.

Autoriser l'intendant général Daru, s'il le juge possible, à disposer de quelques commissaires des guerres de la Grande Armée.

1508. — DÉCISION (1).

Paris, 12 janvier 1808.

On rend compte à Sa Majesté des mesures prises par M. le maréchal Moncey :

Approuvé. Quant aux souliers, le ministre Dejean pourrait envoyer tous ceux qu'il a à

---

(1) Non signée; extraite du « Travail du ministre directeur de l'administration de la guerre avec S. M. l'Empereur et Roi, date du 13 janvier 1808 ».

1° Pour l'achat de 28 caissons et de 90 mulets ou mules, dont la dépense s'élève à 89.900 francs ;

2° Pour l'achat de 20.000 paires de souliers ;

3° Et pour faire tenir par le payeur 200.000 francs à la disposition de l'ordonnateur en chef. On la prie de vouloir bien faire connaître ses intentions sur ces mesures et les dispositions que l'on devra faire pour les régulariser.

Paris en magasin. On pourrait alors contremander les 20.000 paires.

1509. — DÉCISION.

Paris, 12 janvier 1808.

Le ministre de la guerre expose la nécessité d'accorder de nouveaux fonds pour continuer le recrutement des régiments suisses.

Accordé.

NAPOLÉON.

1510. — DÉCISION.

Paris, 12 janvier 1808.

Afin de diminuer les charges qui pèsent sur les États du prince primat, par suite des passages continuels de troupes, ce prince sollicite pour ses sujets la faveur, déjà accordée aux États formant le royaume de Westphalie, de ne supporter, en fait d'étapes militaires et de prestations de ce genre, que les charges imposées en France, de sorte que les autorités militaires ne pourront exiger que ce qui leur est alloué dans l'empire français.

Cela me paraît juste ; le major général donnera les ordres en conséquence.

NAPOLÉON.

1511. — EXTRAIT D'UN ORDRE DE L'EMPEREUR (1).

12 janvier 1808.

L'Empereur a ordonné la formation d'une division de réserve d'infanterie qui sera réunie à Orléans le 1ᵉʳ février 1808.

Cette division sera composée de trois brigades, chaque brigade de deux régiments provisoires et chaque régiment de trois bataillons. La 1ʳᵉ brigade sera composée des 13ᵉ et 14ᵉ régiments provisoires, la 2ᵉ brigade sera composée des 15ᵉ et 16ᵉ régiments provisoires, la 3ᵉ brigade sera composée des 17ᵉ et 18ᵉ régiments provisoires.

Les trois bataillons du 13ᵉ régiment provisoire doivent être composés de quatre compagnies chacun, tirées des 6ᵉ, 7ᵉ, 9ᵉ, 10ᵉ, 13ᵉ, 16ᵉ, 17ᵉ, 21ᵉ, 24ᵉ, 26ᵉ, 27ᵉ et 28ᵉ régiments d'infanterie légère.

Les trois bataillons du 14ᵉ régiment provisoire doivent être composés de quatre compagnies chacun, tirées des 4ᵉ, 8ᵉ, 3ᵉ, 18ᵉ, 21ᵉ, 22ᵉ, 24ᵉ, 27ᵉ, 30ᵉ, 33ᵉ et 34ᵉ régiments de ligne.

Les trois bataillons du 15ᵉ régiment provisoire doivent être composés de quatre compagnies chacun, tirées des 39ᵉ, 40ᵉ, 45ᵉ, 54ᵉ, 57ᵉ, 61ᵉ, 63ᵉ, 76ᵉ, 85ᵉ, 88ᵉ, 94ᵉ et 95ᵉ régiments de ligne.

Les trois bataillons du 16ᵉ régiment provisoire doivent être composés de quatre compagnies chacun, tirées des 96ᵉ, 100ᵉ, 103ᵉ, 105ᵉ, 111ᵉ, 12ᵉ, 64ᵉ d'infanterie de ligne, du 32ᵉ d'infanterie légère et de quatre compagnies du 36ᵉ régiment de ligne.

Nota. — Le 3ᵉ bataillon de ce régiment (36ᵉ), qui est à Boulogne, fera sur-le-champ partie de ces quatre compagnies.

Les trois bataillons du 17ᵉ régiment provisoire doivent être composés de quatre compagnies chacun, tirées des 19ᵉ, 25ᵉ et 50ᵉ régiments de ligne.

Les trois bataillons du 18ᵉ régiment provisoire doivent être composés de quatre compagnies chacun, tirées des 28ᵉ, 46ᵉ et 75ᵉ de ligne.

Le général de division Verdier commandera cette division de réserve, le général Schramm y sera employé.

---

(1) Copie certifiée.

1512. — DÉCISION.

Paris, 12 janvier 1808.

M. Daru propose de prélever, sur les crédits alloués en exécution des décrets du 12 décembre 1806 pour gratification de campagnes, pertes de chevaux et d'équipages, paiement de trois mois de solde aux blessés, une somme de 34.753 francs 25, destinée à rembourser les pertes, telles qu'effets d'habillement, fourgons d'ambulance, chevaux, instruments de musique, argent provenant de la solde et des masses, etc., éprouvées par quelques régiments dans la campagne d'Austerlitz.

Approuvé.

NAPOLÉON.

1513. — DÉCISION.

Paris, 12 janvier 1808.

Pour faciliter le recrutement du régiment de La Tour d'Auvergne, le colonel demande l'autorisation de faire venir le 3ᵉ bataillon de ce corps, de Gaëte à Turin.

Refusé. Donner ordre au major de se rendre au corps.

NAPOLÉON.

1514. — ORDRE (1).

COMPOSITION DE LA DIVISION DE RÉSERVE D'INFANTERIE QUI SE RÉUNIT A ORLÉANS.

12 janvier 1808.

Cette division sera composée de trois brigades, chaque brigade de deux régiments provisoires, chaque régiment de trois bataillons, chaque bataillon de quatre compagnies, chaque compagnie de 150 hommes, total : 10.800 hommes.

(1) Copie certifiée.

La 1re brigade sera composée des 13e et 14e régiments provisoires, la 2e, des 15e et 16e, la 3e, des 17e et 18e.

Le 13e régiment provisoire sera ainsi composé :

1er bataillon ; une compagnie de 150 hommes du 6e régiment d'infanterie légère, une du 7e, une du 9e et une du 10e ;

2e bataillon : une compagnie de 150 hommes du 16e régiment d'infanterie légère, une du 17e, une du 21e et une du 24e ;

3e bataillon : une compagnie de 150 hommes du 26e régiment d'infanterie légère, une du 27e, une du 28e et une du 13e.

Le 14e régiment sera composé, savoir :

1er bataillon : d'une compagnie de 150 hommes du 4e régiment de ligne, d'une du 8e et de deux compagnies, de 150 hommes chacune, du 3e ;

2e bataillon : d'une compagnie de 150 hommes du 18e régiment de ligne, d'une du 21e, d'une du 22e et d'une du 24e ;

3e bataillon : d'une compagnie de 150 hommes du 27e de ligne, d'une du 30e, d'une du 33e et d'une du 34e.

Le 15e régiment provisoire sera composé, savoir :

1er bataillon : d'une compagnie de 150 hommes du 39e de ligne, d'une du 40e, d'une du 45e et d'une du 54e ;

2e bataillon : d'une compagnie de 150 hommes du 57e de ligne, d'une du 61e, d'une du 63e et d'une du 76e ;

3e bataillon : d'une compagnie de 150 hommes du 85e régiment de ligne, d'une du 88e, d'une du 94e et d'une du 95e.

Le 16e régiment provisoire sera composé, savoir :

1er bataillon : d'une compagnie de 150 hommes du 96e de ligne, d'une du 100e, d'une du 103e et d'une du 105e ;

2e bataillon : d'une compagnie de 150 hommes du 111e de ligne, d'une du 12e, d'une du 64e et d'une du 32e d'infanterie légère ;

3e bataillon : de quatre compagnies de 150 hommes du 36e de ligne.

Nota. — Le 3e bataillon de ce régiment, qui est à Boulogne, fera sur-le-champ partie de ces quatre compagnies.

Le 17e régiment provisoire sera composé :

D'un bataillon de quatre compagnies, à 150 hommes chacune, du 25e de ligne ;

2ᵉ bataillon : de quatre compagnies, de 150 hommes chacune, du 19ᵉ de ligne ;

3ᵉ bataillon : de quatre compagnies, de 150 hommes chacune, du 50ᵉ de ligne.

Le 18ᵉ régiment provisoire sera composé :

1ᵉʳ bataillon : de quatre compagnies, de 150 hommes chacune, du 28ᵉ de ligne ;

2ᵉ bataillon : de quatre compagnies, de 150 hommes chacune, du 46ᵉ de ligne ;

3ᵉ bataillon : de quatre compagnies, de 150 hommes chacune, du 75ᵉ de ligne.

1515. — ORDRE (1).

12 janvier 1808.

L'Empereur ordonne la formation d'une division de réserve de cavalerie, qui se réunira à Poitiers et sera composée de deux brigades.

La 1ʳᵉ brigade sera composée d'un régiment provisoire de cuirassiers, de six compagnies, formant 730 hommes, et d'un régiment provisoire de dragons, de huit compagnies, formant 1.060 hommes.

La 2ᵉ brigade sera composée d'un régiment provisoire de chasseurs, de quatre compagnies, formant 530 hommes, et d'un régiment provisoire de hussards, de six compagnies, formant 810 hommes.

1516. — ORDRE (2).

12 janvier 1808.

L'Empereur a ordonné la formation d'une division de réserve de cavalerie qui doit être réunie à Poitiers le 1ᵉʳ février 1808.

Cette division sera composée de deux brigades, chacune de deux régiments.

La 1ʳᵉ brigade sera composée d'un régiment provisoire de cuirassiers et d'un régiment provisoire de dragons.

---

(1) Copie non signée.
(2) Copie certifiée.

La 2° brigade sera composée d'un régiment provisoire de chasseurs et d'un régiment provisoire de hussards.

Le régiment de cuirassiers sera composé de six compagnies qui seront tirées, par détachements, des 1er, 2°, 3°, 12°, 4°, 8°, 6°, 7°, 5°, 9°, 10° et 11° régiments de cuirassiers.

Le régiment de dragons sera composé de huit compagnies qui seront tirées, par détachements, des 2°, 6°, 8°, 10°, 11°, 13°, 14°, 17°, 20°, 16°, 27°, 18°, 25°, 26°, 22°, 19° et 21° régiments de dragons.

Le régiment de chasseurs sera composé de quatre compagnies qui seront tirées, par détachements, des 2°, 11°, 5°, 25°, 20°, 21°, 13°, 12° et 16° régiments de chasseurs.

Le régiment de hussards sera composé de six compagnies qui seront tirées, par détachements, des 1er, 4°, 2°, 3°, 5°, 7°, 8°, 10° et 9° régiments de hussards.

1517. — ORDRE (1).

12 janvier 1808.

COMPOSITION DE LA DIVISION DE RÉSERVE DE CAVALERIE QUI SE RÉUNIT A POITIERS LE 1er FÉVRIER PROCHAIN.

Cette division sera composée de deux brigades, chacune de deux régiments :

La 1re brigade, d'un régiment provisoire de cuirassiers et d'un régiment provisoire de dragons ;

La 2e brigade, d'un régiment provisoire de chasseurs et d'un régiment provisoire de hussards.

Le régiment de cuirassiers sera composé de six compagnies, savoir :

1re compagnie : un détachement de 60 hommes du 1er régiment de cuirassiers et un de 50 hommes du 2° ;

2e compagnie : un détachement de 100 hommes du 3e régiment de cuirassiers et un de 30 hommes du 12° ;

3e compagnie : un détachement de 100 hommes du 4° régiment de cuirassiers, qui est en Italie, et un de 40 hommes du 8° :

---

(1) Copie certifiée.

4ᵉ compagnie : un détachement de 40 hommes du 6ᵉ régiment de cuirassiers, qui est en Italie, et un de 80 hommes du 7ᵉ ;

5ᵉ compagnie : un détachement de 60 hommes du 5ᵉ régiment de cuirassiers et un de 40 hommes du 9ᵉ ;

6ᵉ compagnie : un détachement de 50 hommes du 10ᵉ régiment de cuirassiers et un de 80 hommes du 11ᵉ ;

Total de ce régiment provisoire : 730 hommes.

Le régiment de dragons sera composé de huit compagnies, savoir :

1ʳᵉ compagnie : un détachement de 60 hommes du 2ᵉ dragons et un de 70 hommes du 6ᵉ ;

2ᵉ compagnie : un détachement de 100 hommes du 8ᵉ dragons et un de 30 hommes du 10ᵉ ;

3ᵉ compagnie : un détachement de 100 hommes du 11ᵉ dragons et un de 20 hommes du 13ᵉ ;

4ᵉ compagnie : un détachement de 40 hommes du 14ᵉ dragons et un de 100 hommes du 17ᵉ ;

5ᵉ compagnie : un détachement de 80 hommes du 20ᵉ dragons et un de 50 hommes du 16ᵉ ;

6ᵉ compagnie : un détachement de 120 hommes du 27ᵉ dragons et un de 20 hommes du 18ᵉ ;

7ᵉ compagnie : un détachement de 60 hommes du 25ᵉ dragons, un de 30 hommes du 26ᵉ et un de 40 hommes du 22ᵉ ;

8ᵉ compagnie : un détachement de 30 hommes du 19ᵉ dragons et un de 80 hommes du 21ᵉ.

Total de ce régiment provisoire : 1.030 hommes.

Le régiment de chasseurs sera composé de quatre compagnies, savoir :

1ʳᵉ compagnie : un détachement de 70 hommes du 2ᵉ de chasseurs et un de 60 hommes du 11ᵉ ;

2ᵉ compagnie : un détachement de 100 hommes du 5ᵉ de chasseurs et un de 20 hommes du 25ᵉ ;

3ᵉ compagnie : un détachement de 100 hommes du 20ᵉ de chasseurs et un de 70 hommes du 21ᵉ ;

4ᵉ compagnie : un détachement de 50 hommes du 13ᵉ de chasseurs, un de 20 hommes du 12ᵉ et un de 40 hommes du 10ᵉ.

Total de ce régiment provisoire : 530 hommes.

Le régiment de hussards sera composé de six compagnies, savoir :

1re compagnie : un détachement de 140 hommes du 1er de hussards ;

2e compagnie : un détachement de 100 hommes du 4e de hussards et un de 40 hommes du 2e ;

3e compagnie : un détachement de 140 hommes du 3e de hussards ;

4e compagnie : un détachement de 100 hommes du 5e de hussards et un de 40 hommes du 7e ;

5e compagnie : un détachement de 70 hommes du 8e de hussards et un de 50 hommes du 10e ;

6e compagnie : un détachement de 130 hommes du 9e de hussards.

Total de ce régiment provisoire : 810 hommes.

1518. — AU GÉNÉRAL CLARKE.

12 janvier 1808.

Monsieur le général Clarke, j'ai formé douze régiments provisoires d'infanterie pour le corps d'observation des côtes de l'Océan ; j'en ai formé six pour la division de réserve qui se réunit à Orléans ; j'ai formé quatre régiments provisoires de cavalerie pour le corps des côtes de l'Océan ; j'en ai formé plusieurs qui composent les brigades de réserve ; enfin, je viens d'en former quatre nouveaux. Faites-moi un rapport pour donner des numéros à tous ces régiments, afin qu'il n'y ait pas de confusion et qu'on puisse bien s'entendre.

Napoléon.

1519. — AU GÉNÉRAL CLARKE.

12 janvier 1808.

Monsieur le général Clarke, donnez ordre au bataillon suisse, qui vient d'arriver à Rennes, de se rendre à Bayonne ; ce bataillon fera partie de la division d'observation des Pyrénées occidentales. Il y a dix régiments qui reviennent de la Grande Armée ; je désire que vous me remettiez les états de mouvement de ces dix régiments.

Napoléon.

1520. — DÉCISION (1).

Paris, 12 janvier 1808.

Le maréchal Davout propose à l'Empereur d'employer les sommes levées en Poméranie par le général Sokolnicki et quelques autres officiers polonais à faire une avance au gouvernement polonais qui l'affectera aux achats de viande pour le compte de l'armée.

Renvoyé au major général pour autoriser l'emploi qu'on voudra faire de cet argent.

1521. — DÉCISION.

12 janvier 1808.

Le général Clarke propose à l'Empereur d'établir une direction d'artillerie dans les îles Ioniennes.

Accordé.

NAPOLÉON.

1522. — DÉCISION.

12 janvier 1808.

Le maréchal Berthier soumet à l'Empereur une demande du conseil d'administration du régiment des chasseurs à cheval de la légion hanovrienne, à l'effet d'obtenir un secours sur les masses de 20.000 francs, indemnité que le décret du 6 janvier 1807 a accordée aux régiments de la Grande Armée.

Refusé.

NAPOLÉON.

1523. — AU GÉNÉRAL DEJEAN.

Paris, 12 janvier 1808.

Monsieur Dejean, je suis toujours surpris de voir le 10e et le 22e de chasseurs si faibles en chevaux. Je suppose que vous avez fait

---

(1) Non signée.

fournir des fonds à ces régiments, que vous avez fait vérifier leur comptabilité pour vous assurer que les fonds qu'ils ont reçus de France et ceux qu'ils ont touchés à la Grande Armée ont été bien employés. Il n'y a pas de doute que ces régiments ne doivent être portés au grand complet. Quant aux effets d'harnachement, vous en avez assez en magasin pour leur en faire fournir, et eux-mêmes doivent en avoir, car je conçois bien que les chevaux soient morts, mais les selles ne doivent pas être perdues.

J'ai nommé le général Bourcier inspecteur général de la cavalerie de la Grande Armée. Vous lui ferez connaître que mon intention est qu'il soit pris des mesures pour monter tous les hommes à pied de mes régiments ; il emploiera, à cet effet, les selles et les effets d'harnachement que vous avez envoyés à Magdebourg. Je le laisse maître, au reste, de faire lui-même les achats. Ecrivez dans ce sens au sieur Daru. On pourra lever ces chevaux, à compte des contributions des différentes provinces. Le sieur Daru prendra des mesures pour que les équipages militaires soient complétés en caissons et en chevaux et les hommes bien habillés. Je suppose qu'il se sera occupé de cela cet été. Un état particulier des équipages militaires me sera nécessaire ; le major inspecteur, ainsi que les commissaires des guerres, doivent les avoir envoyés. Faites-les rechercher pour me les remettre.

NAPOLÉON.

1524. — AU GÉNÉRAL DEJEAN.

Paris, 12 janvier 1808.

Monsieur Dejean, il y a des corps qui ont, à leur dépôt, des hommes et pas de chevaux. Il faut leur faire acheter des chevaux et, s'ils n'ont pas de selles, leur en envoyer, afin qu'en mars tous les hommes de cavalerie qui sont en France soient à cheval. Les dépenses que vous ferez pour cela seront prises sur les fonds des remontes de 1808. Envoyez-moi l'état des hommes et des chevaux des dépôts au 1er janvier 1808 ; cet état comprendra ce qu'ils ont fourni aux différents régiments provisoires et les ordres que vous avez donnés d'acheter. Je suppose, en effet, que vous avez donné ordre aux régiments d'acheter. Ceux, au contraire, qui n'ont pas d'hommes, vous les noterez dans le rapport que vous me remettrez, pour que je voie si je puis leur en donner.

NAPOLÉON.

1525. — DÉCISION (1).

12 janvier 1808.

La 1ʳᵉ légion du Nord réclame les effets qui lui étaient dus au moment où elle a passé au service du grand duché de Varsovie.

Cette légion n'est plus à mon service.

1526. — DÉCISION (2).

Paris, 12 janvier 1808.

Le ministre directeur prie l'Empereur de vouloir bien faire connaître ses intentions sur les rapports qui lui ont été présentés, relativement aux mesures à prendre pour un approvisionnement extraordinaire destiné à 100.000 hommes d'infanterie de ligne.

Tout me porte à penser que l'habillement de l'année suffira. D'ailleurs, je vais tenir un conseil d'administration de l'habillement dans peu de jours, où je prendrai un parti définitif.

1527. — DÉCISION.

12 janvier 1808.

Le général Clarke propose de porter le régiment des chevau-légers belge au même effectif que les régiments de chasseurs.

Accordé.

NAPOLÉON.

1528. — ORDRE (3).

12 janvier 1808.

L'Empereur ordonne que le bataillon suisse qui vient d'arriver de Rennes se dirige sur Bayonne pour faire partie de la division d'observation des Pyrénées occidentales.

---

(1) Non signée.
(2) Non signée; extraite du « Travail du ministre directeur avec S. M. l'Empereur et Roi, du 23 novembre 1807 ».
(3) Copie.

1529. — DÉCISION.

Paris, 13 janvier 1808.

Le 51° régiment d'infanterie de ligne, venant de Magdeburg, doit arriver à Mayence le 20 janvier pour y attendre de nouveaux ordres.

Le laisser reposer huit jours à Mayence, après cela, le diriger ainsi que son dépôt sur Bayonne.

NAPOLÉON.

1530. — DÉCISION (1).

M. Cretet, ministre de l'intérieur, fait connaître à l'Empereur que le commerce a appris avec la plus vive reconnaissance la nouvelle du libre transit des cotons expédiés du Portugal pour la France, mais que les négociants semblent inquiets de savoir que les cotons existant à Lisbonne soient retenus enfermés dans des magasins particuliers, et ils craignent que leur extraction ne devienne un privilège concentré dans les mains d'une seule compagnie.

Renvoyé au ministre de la guerre. .

NAPOLÉON.

1531. — AU MARÉCHAL BERTHIER.

Paris, 13 janvier 1808.

Donnez l'ordre à la moitié de mes chevaux qui se trouvent à Berlin, en prenant la moitié de chaque rang, de revenir à Paris ; l'autre moitié continuera à rester à Berlin.

NAPOLÉON.

---

(1) Non datée, mais le rapport de M. Cretet est du 13 janvier 1808.

1532. — DÉCISIONS (1).

Quoique, d'après l'arrêté du 8 prairial an XI, la durée de l'habillement des gardes-côtes ait été fixée à cinq ans, on propose à Sa Majesté d'approuver qu'il soit pourvu au remplacement de l'habillement de 32 compagnies attachées aux directions d'artillerie de Lille, Saint-Omer, Cherbourg et Nantes, en considération du service extraordinaire qu'ils ont fait depuis leur formation. Cette mesure donnera lieu à une dépense de 223.681 fr. 92.

Attendu qu'ils ont servi activement, ils ont droit à l'habillement.

On rend compte à Sa Majesté du résultat des recherches faites par M. Daru, au sujet d'un biscuit existant, depuis 1756, dans la citadelle de Glogau en Silésie, et des épreuves qu'il a ordonné de faire pour en produire de semblables. Il paraît que ce biscuit n'est autre chose que du pain grillé, que l'on ne croit pas nutritif ni comparable à du bon biscuit fait avec de la farine de pur froment, et qui, lorsqu'il est bien fabriqué et repassé au four à des époques convenables, serait d'une conservation encore plus longue.

Faire connaître le procédé par une circulaire imprimée.
Faire des essais en seigle pur.

1533. — DÉCISION.

14 janvier 1808.

Le ministre de la guerre demande s'il doit renvoyer à leurs compagnies à l'armée les canonniers des régiments d'artillerie qui, rentrés aux dépôts de leurs corps par suite de l'évacuation des hôpitaux où ils se trouvaient, sont actuellement en état de rejoindre.

Il est inutile de faire aucun renvoi d'hommes en Allemagne.

NAPOLÉON.

(1) Ni signées ni datées; extraites du « Travail du ministre directeur de l'administration de la guerre avec S. M. l'Empereur et Roi, daté du 13 janvier 1808 ».

1534. — DÉCISION.

Paris, 14 janvier 1808.

Le maréchal Berthier, sur la demande de l'intendant général, propose de fixer à 250 francs par mois l'indemnité des frais de bureau à accorder aux commissaires des guerres employés en Pologne, et à 500 francs celle des commissaires des guerres chargés en chef du service des places de Thorn et de Varsovie.

Accordé.

NAPOLÉON.

1535. — DÉCISION.

Paris, 14 janvier 1808.

Les conseillers d'Etat Beugnot, Jollivet et Siméon, ex-membres de la régence de Westphalie, nommés ministres provisoires de ce royaume, demandent s'ils peuvent accepter ces fonctions, ou à quel titre et sur quel pied ils doivent rester dans le royaume.

Oui, pourvu qu'ils ne prêtent aucun serment.

NAPOLÉON.

1536. — DÉCISION.

Paris, 14 janvier 1808.

Le maréchal Berthier fait connaître à l'Empereur un rapport par lequel le général Songis expose qu'il existe à Würzburg 12 pièces de canon de siège, que Sa Majesté avait ordonné d'y faire venir au commencement de la campagne pour l'armement de la citadelle, et qu'il en existe 50 autres à Erfurt, provenant de prises sur l'ennemi. Le général Songis demande si l'intention de l'Empereur est de conserver cette artillerie dans ces deux places ou de la faire évacuer en France.

On peut la garder encore quelque temps ; mais lorsque les troupes rentreront, il faudra évacuer cette artillerie sur France.

NAPOLÉON.

1537. — DÉCISION.

Paris, 14 janvier 1808.

Un navire anglais chargé s'étant échoué près de Lübeck, un détachement du 1er de hussards en a sauvé l'équipage. Comme la cargaison doit être incessamment vendue au profit du gouvernement, le maréchal Soult demande qu'il soit accordé, sur le prix de la vente, une gratification extraordinaire à ce détachement de hussards.

Accordé.

NAPOLÉON.

1538. — DÉCISION.

Paris, 14 janvier 1808.

Le maréchal Berthier, sur la demande de l'intendant général, propose d'établir, dans le royaume de Westphalie, un arrondissement d'administration militaire séparé, sous la direction d'un ordonnateur qui résiderait à Magdeburg.

Il serait plus naturel que cet ordonnateur résidât à Cassel puisque le roi de Westphalie commande en chef mon armée et qu'il est chargé de la payer et nourrir.

NAPOLÉON.

1539. — DÉCISION.

14 janvier 1808.

Le ministre de la guerre propose à l'Empereur de remettre en activité MM. Villegarde, ex-capitaine, Bernardi et Torchio, ex-lieutenants au bataillon des tirailleurs du Pô, réformés d'après les notes données en l'an XI sur chacun d'eux par M. Borghese, alors commandant le bataillon des tirailleurs du Pô.

Renvoyé au maréchal Soult pour avoir son avis.

NAPOLÉON.

1540. — DÉCISIONS (1).

14 janvier 1808.

On soumet à Sa Majesté la demande du colonel d'artillerie Demarçay, à l'effet d'être autorisé à passer au service du roi de Hollande.

Accordé.

On propose à Sa Majesté d'accorder à l'adjudant commandant Martial Thomas une indemnité de 600 francs, en raison du service extraordinaire qu'il a fait dans la place de Wesel depuis le 21 octobre 1806 jusqu'au 9 janvier suivant.

Accordé.

1541. — DÉCISION (2).

Paris, janvier 1808.

Le roi de Hollande ayant arrêté que les 1ers bataillons de son armée seraient composés de Hollandais et les 2es d'individus non sujets hollandais, le prince de Ponte-Corvo demande les ordres de Sa Majesté pour que les excédents de complet des 1ers bataillons hollandais qui font partie de son armée soient renvoyés aux dépôts en Hollande, et que le nombre d'hommes étrangers nécessaires pour compléter les 2es bataillons soit tiré des mêmes dépôts, pour compléter les 2es bataillons comme les 1ers à l'effectif de 1.000 hommes.

Il faut donner les ordres les plus positifs au prince de Ponte-Corvo, et sous sa responsabilité, de ne souffrir aucun changement dans les troupes hollandaises sous ses ordres. Quand elles rentreront en Hollande, le roi en fera ce qu'il voudra.

NAPOLÉON.

---

(1) Non signées; extraites du « Travail du ministre de la guerre avec S. M. l'Empereur, du 13 janvier 1808 ».

(2) Sans date de jour; la décision a été expédiée le 16.

1542. — DÉCISION (1).

16 janvier 1808.

Le ministre de la guerre rend compte à l'Empereur de la nomination des majors de troupes à cheval, qui devront commander les quatre régiments provisoires de la division de réserve de cavalerie à Poitiers.

Approuvé.

1543. — DÉCISION.

16 janvier 1808.

Le ministre de la guerre soumet à l'Empereur le tableau des divers régiments provisoires d'infanterie et de troupes à cheval employés au corps d'observation des côtes de l'Océan, de la Gironde et des Pyrénées, ainsi que de ceux qui doivent être formés en exécution des ordres de Sa Majesté, en date du 12 janvier, à Orléans et à Poitiers.

Approuvé.

NAPOLÉON.

1544. — DÉCISION.

16 janvier 1808.

Le ministre de la guerre demande si le 51e régiment d'infanterie de ligne, qui doit arriver à Mayence le 20 janvier, venant de la Grande Armée, devra exécuter l'ordre qu'il a reçu de se rendre à Boulogne, sans tenir compte d'un autre ordre de mouvement qui le dirige sur Bayonne.

Boulogne.

NAPOLÉON.

---

(1) Non signée

1545. — AU GÉNÉRAL CLARKE.

Paris, 17 janvier 1808.

Monsieur le général Clarke, je vous envoie la lettre du général Dupont et l'état de situation du 2° corps de la Gironde.

Je vois qu'il manque beaucoup de monde. Il manque plusieurs bataillons des légions et il y a des bataillons qui sont bien faibles. Je vois avec peine que l'inspecteur aux revues, des adjudants commandants et des généraux de brigade ne sont pas encore arrivés. Prenez des mesures et assurez-vous que tout le monde rejoint.

NAPOLÉON.

1546. — AU MARÉCHAL BERTHIER.

Paris, 18 janvier 1808.

Mon Cousin, écrivez au sieur Daru qu'en conséquence de la Constitution, les biens que je me suis réservés dans le royaume de Westphalie doivent former la moitié des biens allodiaux, domaniaux, etc., et toute espèce de propriétés qui peuvent être possédées par des particuliers, et que, lorsque ces états me seront envoyés, je verrai ce que je dois en faire.

NAPOLÉON.

1547. — AU MARÉCHAL BERTHIER.

Paris, 18 janvier 1808.

Mon Cousin, j'ai reçu l'état de situation des équipages et transports militaires de la Grande Armée. Il en résulte que je dois avoir 2.700 hommes, et je n'en ai que 2.200 ; que je dois avoir 4.500 chevaux et que je n'en ai que 3.000 ; que je dois avoir 4.000 harnais, et je n'en ai que 3.000 ; que je dois avoir 1.000 voitures, et je n'en ai que 820. Donnez donc l'ordre que les 1.500 chevaux, les 900 harnais et les 180 voitures manquants soient sur-le-champ fournis par les soins de l'intendant général, afin que ces équipages soient, au commencement de mars, dans le meilleur état ; 2° que les 400 hommes qui manquent soient recrutés parmi les Polonais et Allemands des pays de la Confédération. Ecrivez à l'intendant général, au major inspecteur et aux différents maréchaux de prendre toutes les mesures pour mettre ce service en état et pour qu'au 1ᵉʳ février les maréchaux, et, à leur défaut, des généraux, en fassent une inspection et vous en envoient le résultat. Je suis fondé à penser que j'ai en Silésie et à Berlin de quoi compléter les 180 caissons manquants ; ils n'y seraient pas que ce n'est point une dépense importante. Pour les chevaux, il faut les lever dans le pays ; pour les harnais, je les ai à Magdeburg et à Breslau. Enfin, l'intendant général prendra les mesures nécessaires pour que ces équipages soient dans le meilleur état et pour que j'aie 1.000 voitures sur lesquelles je puisse compter.

NAPOLÉON.

1548. — DÉCISION.

18 janvier 1808.

Rapport du maréchal Berthier, en date du 15 janvier 1808, relatif aux difficultés qui s'élèvent entre les maréchaux Davout et Soult, au sujet de la nouvelle division du territoire de la Grande Armée. Propositions de ces deux maréchaux pour parvenir à un arrangement.

Pour faciliter cet arrangement, ordonner à la brigade de Pajol de passer sur le territoire de la Haute-Silésie.

NAPOLÉON.

1549. — DÉCISION (1).

Par un rapport daté du 15 janvier 1808, le maréchal Berthier rend compte d'une demande du général Rapp, gouverneur de Danzig, tendant à ce que le parc du corps de réserve, attaché, depuis la suppression de ce corps d'armée, à la division de grenadiers du général Oudinot, soit retiré de Danzig où les ressources en fourrages sont insuffisantes pour la nourriture des chevaux qui le composent.

J'avais ordonné que le parc de la division Verdier et le parc du corps du maréchal Lannes se rendissent à Mayence.

NAPOLÉON.

---

(1) Non datée; l'expédition de la décision est du 19 janvier 1808.

1550. — DÉCISIONS (1).

On propose à Sa Majesté d'accepter la démission du sous-lieutenant Garnier, du 1er régiment de dragons, qui annonce ne pouvoir plus supporter les fatigues du service par suite d'une chute de cheval.

Approuvé.

On demande à Sa Majesté d'approuver la réforme avec traitement du lieutenant Serieys, adjudant de place à Savone.

Accordé.

On soumet à Sa Majesté :

1° Un projet de décret relatif au local à affecter au logement du général commandant d'armes et aux bureaux de l'état-major de la place de Luxembourg ;

Renvoyé au Conseil d'Etat.

2° Un projet de décret pour admettre à la solde de retraite les officiers de santé qui jouissent du traitement de réforme et qui sont hors d'état de reprendre du service.

Renvoyé au Conseil d'Etat.

1551. — DÉCISION (2).

Sa Majesté ayant ordonné d'envoyer à Bayonne les souliers disponibles au magasin de Paris, on a sur-le-champ fait partir les 6.492 paires qui y existaient. On en a commandé, en outre, 6.000 paires qui partiront sous trois jours.

On pourrait encore y envoyer sans inconvénient 20.000 paires de

Sa Majesté n'approuve pas l'envoi de souliers de Mayence.

---

(1) Sans signature ni date; extraites du « Travail du ministre de la guerre avec S. M. l'Empereur et Roi, du 20 janvier 1808 ».

(2) Sans signature ni date; extraite du « Travail du ministre directeur de l'administration de la guerre avec S. M. l'Empereur et Roi, daté du 20 janvier 1808 ».

Mayence, où il y en a 32.573. L'expédition serait soixante-dix jours en route, et les frais de transport reviendraient à 13.972 francs.

On prie Sa Majesté de confirmer les dispositions faites et de faire connaître si elle approuve l'envoi des 20.000 paires de Mayence.

1552. — DÉCISION.

Paris, (1) janvier 1808.

Par un rapport en date du 18 janvier 1808, le maréchal Berthier propose de faire passer, de Spandau à Hameln et Nienburg, les 7ᵉ et 8ᵉ compagnies de mineurs, pour travailler à la démolition des fortifications de ces deux places.

Accordé.

NAPOLÉON.

1553. — AU GÉNÉRAL CLARKE.

Paris, 23 janvier 1808.

Monsieur le général Clarke, d'après l'état ci-joint du maréchal Kellermann, il paraîtrait que tous les corps n'ont pas encore fourni ce qu'ils doivent au corps d'observation des côtes de l'Océan et qu'il leur reste encore à fournir 3.000 ou 4.000 hommes ; qu'ainsi, il leur est impossible d'en tirer les compagnies qui doivent former les corps de la division de réserve ; cela étant, ordonnez à tous ces corps de compléter leur contingent désigné pour le corps d'observation des côtes de l'Océan en le dirigeant sur Bordeaux, et de ne faire aucun mouvement pour la division de réserve, mon intention étant de faire faire l'état, au 1ᵉʳ février, de ce que peuvent fournir les corps de la division de réserve, le corps d'observation des côtes de l'Océan étant complété, afin que je voie si, au 1ᵉʳ mars, je puis ordonner le départ des compagnies qui doivent former la division de réserve.

Vous verrez dans le même état que 5.000 ou 6.000 hommes y sont

---

(1) Sans date de jour ; la décision a été expédiée le 23.

portés pour la retraite ou la réforme ; il est bien instant de se défaire de ces individus qui, depuis six mois, coûtent déjà tant d'argent ; faites-moi connaître quelles mesures vous avez prises pour renvoyer ces hommes chez eux et en débarrasser les cadres.

J'envoie également à Paris un grand nombre dont je ne puis parvenir à me débarrasser. Il y en a aussi au camp de Boulogne un certain nombre. J'ai ordonné, étant en Italie, qu'on en dirigeât 1.800 sur Chambéry. Veuillez leur faire parvenir ou leurs retraites ou leurs congés, sans quoi ce dépôt coûtera encore bien de l'argent.

Je désire que vous me fassiez faire un état présentant :

1° La quantité de congés ou de réformes qui ont été donnés dans chaque corps depuis le 1ᵉʳ octobre ;

2° La quantité qui en a été donnée depuis le 1ᵉʳ janvier ;

3° Enfin, le nombre d'hommes qui, au 1ᵉʳ février, ont droit à des congés ou à des récompenses et qui se trouvent encore présents aux corps. Ce n'est pas un objet peu important que d'économiser ainsi la paye, nourriture et entretien de 15.000 hommes.

Présentez-moi donc des mesures efficaces pour qu'au 1ᵉʳ mars il n'y en ait pas un seul aux frais de l'Etat, voulant qu'il n'y ait, à cette époque, aux corps, que des individus en état de servir.

NAPOLÉON.

1554. — DÉCISIONS (1).

Paris, 24 janvier 1808.

Sire,

J'ai l'honneur de mettre sous les yeux de Votre Majesté les questions suivantes, que m'adresse M. le maréchal Soult :

1° Les bâtiments suédois chargés de denrées coloniales pour le compte d'un particulier du continent, qui arrivent dans l'un des ports de la Poméranie ou du Mecklenburg, sont-ils dans le cas d'être saisis et confisqués ?

Oui.

---

(1) Autographes. L'expédition des ordres conformes aux décisions ci-dessus de l'Empereur a eu lieu le 29 janvier.

2° Les mêmes bâtiments chargés de denrées ou marchandises d'origine suédoise, qui sont dans un pareil cas, doivent-ils être saisis et également séquestrés ?

Non.

3° Les bâtiments de puissance neutre venant d'un port de Suède, et chargés soit de denrées coloniales, soit de marchandises et denrées d'origine suédoise, qui entrent dans les ports de la Poméranie ou du Mecklenburg, doivent-ils être considérés et traités comme les premiers ?

Ils doivent être confisqués s'ils sont chargés de marchandises anglaises.

4° Le décret impérial, rendu le 13 novembre 1807, au sujet des bâtiments qui se présentent à l'embouchure de l'Elbe et du Weser, est-il applicable aux bâtiments qui, en pareil cas, entreront dans un port de la Poméranie ou du Mecklenburg, soit qu'ils viennent d'Angleterre, soit qu'ils aient été expédiés d'un port quelconque de Suède ?

Oui.

5° Le cabotage de port à port du continent, quoique en passant d'un Etat dans un autre, particulièrement dans le Danemark, peut-il être permis, ou seulement toléré ? Dans l'un et l'autre cas, quelles sont les denrées et marchandises qui doivent être prohibées ?

Les anglaises ou supposées telles.

6° En cas de saisie ou de séquestre, quel est le tribunal où l'autorité qui, dans la Poméranie, soit suédoise, soit prussienne, et dans le Mecklenburg, prononce la condamnation et ordonne la vente des bâtiments, marchandises et denrées confisqués ?

Le tribunal des prises à Paris.

En posant ces diverses questions, M. le maréchal Soult fait observer que l'arrivée successive, dans les ports de la Poméranie et du Mecklenburg, de bâtiments suédois ou neutres venant de Suède, rend leur solution indispensable, afin que les autorités qui sont chargées de faire exécuter les ordres de Votre Majesté dans les divers ports de la Baltique aient une règle à suivre, et pour qu'elles soient à même de prononcer sur une infinité de cas particuliers qui se présentent journellement.

Il rapporte aussi qu'il existe en ce moment, dans plusieurs ports de la Poméranie et du Mecklenburg, dix à douze bâtiments venant tous de la Suède et chargés de denrées coloniales ou de marchandises d'origine suédoise, pour le compte de divers particuliers, qu'il a fait provisoirement mettre en séquestre en attendant que les intentions de Votre Majesté lui soient connues. Il est instruit d'ailleurs qu'il doit être fait d'autres expéditions considérables de Göteborg et autres ports suédois, sur les ports du contingent.

Je prie, en conséquence, Votre Majesté de me faire connaître ses intentions.

Le vice-connétable, major général,

Prince ALEXANDRE.

Il a très bien fait ; il faut les confisquer pour l'armée.

NAPOLÉON.

1555. — DÉCISION.

Paris, 25 janvier 1808.

Le maréchal Berthier propose de fixer à 4.000 francs par mois le traitement extraordinaire du conseiller d'Etat Jollivet, chargé d'une mission en Westphalie.

Approuvé.

NAPOLÉON.

1556. — DÉCISION.

Paris, 25 janvier 1808.

Le ministre de la guerre demande si les 120 hommes qui doivent être fournis à la marine à Toulon seront tirés du 67ᵉ régiment, qui est encore à Gênes et non à Toulon, comme l'avait cru l'Empereur, ou de l'un des dépôts des 16ᵉ et 32ᵉ de ligne, qui sont à Toulon.

Ces 120 hommes doivent être pris dans le dépôt du 16ᵉ de ligne.

Par ordre de l'Empereur :

MENEVAL.

1557. — AU GÉNÉRAL CLARKE.

Paris, 25 janvier 1808.

Monsieur le général Clarke, donnez ordre que le 67ᵉ de ligne qui est à Toulon fournisse 60 hommes pour la garnison de la frégate *l'Uranie*, 35 hommes à la frégate *l'Incorruptible* et 25 à la flûte *la Baleine*.

NAPOLÉON.

1558. — DÉCISIONS (1).

Paris, 26 janvier 1808.

On prie Sa Majesté de faire connaître ses intentions sur la cession de 400.000 kilogrammes de bronze en faveur des propriétaires de la fonderie de Romilly.

Renvoyé au premier conseil d'artillerie.

---

(1) Non signées; extraites du « Travail du ministre de la guerre avec S. M. l'Empereur et Roi, du 20 janvier 1808 ».

Ces 400.000 kilogrammes de bronze seront composés de bouches à feu totalement hors de service, et la somme de 1.280.000 francs, montant de cette vente, sera versée dans la caisse d'amortissement.

On propose à Sa Majesté de désigner, pour la nouvelle inspection à faire dans l'artillerie, les généraux Lacombe Saint-Michel, Drouas, Eblé, Lariboisière et Sorbier.

Approuvé.

On propose à Sa Majesté de décider que le dépôt du 3e bataillon colonial sera composé de deux compagnies.

Approuvé.

On propose à Sa Majesté d'ordonner que sa décision du 14 octobre 1807, qui réduit à 4.200 francs par an le traitement extraordinaire du général de brigade Tirlet, commandant en chef l'artillerie de l'armée de Dalmatie, ne recevra son exécution qu'à compter du jour où elle a été notifiée et qu'il ne sera fait au général Tirlet aucune retenue en raison des paiements effectués pour le temps antérieur et qu'il a touchés de bonne foi.

Accordé.

On propose à Sa Majesté d'accepter la démission du sieur Darewski, capitaine adjoint à la Grande Armée. Cet officier, nommé sous-inspecteur aux revues dans le duché de Varsovie, désire se consacrer au service de sa patrie.

Approuvé.

1559. — DÉCISION.

Paris, 26 janvier 1808.

Le ministre de la guerre propose de révoquer l'ordre qui suspend le remplacement des officiers d'infanterie passés dans des légions de réserve ou employés au recrutement.

Les officiers détachés en recrutement seraient remplacés momentanément.

Quant aux officiers passés dans les légions de réserve, on propose de les faire remplacer définitivement.

Approuvé.

NAPOLÉON.

1560. — AU GÉNÉRAL CLARKE.

Paris, 26 janvier 1808.

Monsieur, Sa Majesté me charge (1) de faire connaître à Votre Excellence qu'elle est dans l'intention que les ministres, chacun dans son administration, fassent prendre sans délai possession de Wesel et de Flessingue, dont la réunion est prononcée par le sénatus-consulte organique du 21 de ce mois.

Hugues B. MARET.

1561. — DÉCISION.

Paris, 27 janvier 1808.

Le ministre directeur de l'administration de la guerre demande si les employés des équipages auxiliaires seront conservés ou licenciés.

Le major général me fera connaître combien cela coûte par mois et combien d'hommes il faudra réformer.

NAPOLÉON.

---

(1) Voir cet ordre de l'Empereur dans la Correspondance, n° 13 487.

1562. — DÉCISIONS (1).

Paris, 28 janvier 1808.

On propose à Sa Majesté de suivre, à l'égard des militaires de sa garde qui seront envoyés en semestre, les dispositions prescrites par les règlements pour tous les autres corps de l'armée.

Approuvé.

On soumet à Sa Majesté la demande d'un congé d'un mois faite par le grand-duc de Berg en faveur de son aide de camp, le colonel Piéton-Prémalé, du 22° régiment de chasseurs.

Refusé.

On prie Sa Majesté de décider qu'il sera accordé des congés de réforme à trois vélites en convalescence dans leurs foyers et qui sont reconnus hors d'état de servir.

Approuvé.

On propose à Sa Majesté d'autoriser l'ancien colonel de cavalerie d'Astorg, ci-devant commandant d'une compagnie de gendarmes d'ordonnance, à passer au service du roi de Westphalie.

Approuvé.

Le comte de Mœrner, colonel suédois, prisonnier de guerre, demande l'autorisation d'aller, sur parole, en Suède, pour aviser aux moyens d'acquitter les dettes de ses compatriotes, prisonniers de guerre en France.

Approuvé.

1563. — DÉCISION.

Paris, 28 janvier 1808.

Le maréchal Berthier rend compte à l'Empereur que le maré-

Renvoyé au major général pour donner l'ordre qu'un ba-

---

(1) Non signées; extraites du « Travail du ministre de la guerre avec S. M. l'Empereur et Roi, du 27 janvier 1808 ».

chal Soult a pris des mesures pour mettre fin à la contrebande que fait le port de Wismar avec l'Angleterre et qu'il propose d'y envoyer deux compagnies d'infanterie.

taillon soit mis à Wismar, et faire connaître au prince de Mecklenburg-Schwerin, qui est ici, qu'on fait le commerce de l'Angleterre sur toutes les côtes.

Napoléon.

1564. — DÉCISION (1).

29 janvier 1808.

On propose à Sa Majesté d'admettre à la retraite le général de division Laroche, qui commandait la 2ᵉ division du 1ᵉʳ corps d'observation de la Gironde, et qui a été remplacé par le général Loison.

Accordé.

1565. — DÉCISION (2).

Le maréchal Berthier présente à l'Empereur une requête des députés du pays d'Erfurt, qui sollicitent un allégement des charges militaires imposées à ce gouvernement, et il propose à l'Empereur de décider que les officiers, employés, etc., attachés aux parcs d'artillerie et du génie ou autres militaires et employés stationnés dans le gouvernement d'Erfurt ne pourront exiger que ce qui leur est alloué dans l'Empire français.

Approuvé.

Napoléon.

---

(1) Extrait du « Travail du ministre de la guerre avec S. M. l'Empereur, du 13 janvier 1808 ».
(2) Non datée, mais l'expédition de la décision a eu lieu le 29 janvier.

1566. — DÉCISION.

29 janvier 1808.

Le ministre de la guerre propose pour une place d'inspecteur général d'artillerie le général de division Pernety, et pour le commandement des écoles de Grenoble, Strasbourg et Toulouse, les généraux Mossel, Faultrier et Ruty.

Accordé.

NAPOLÉON.

1567. — INSTRUCTION PARTICULIÈRE POUR LE GÉNÉRAL DARMAIGNAC SEUL.

Paris, 29 janvier 1808.

Général, l'intention de S. M. l'Empereur est que vous partiez au reçu de la présente pour vous rendre en droiture à Saint-Jean-Pied-de-Port où vous prendrez le commandement de la division des Pyrénées occidentales, mais sous les ordres toutefois du général de division Mouton.

Il est de toute nécessité, Général, et l'Empereur exige que vous soyez rendu le 3 février à Saint-Jean-Pied-de-Port, afin d'en partir le 6 pour vous diriger sur Pampelune où vous devrez être rendu le 9 février.

Vos forces seront de plus de 3.000 hommes lorsque le 2ᵉ bataillon du 3ᵉ régiment suisse, — venant de Rennes et devant arriver à Saint-Jean-Pied-de-Port le 19 février, — sera réuni à votre division, qui s'accroîtra d'ailleurs par la jonction des hommes laissés en arrière aux hôpitaux. Au moment où vous quitterez Saint-Jean-Pied-de-Port, vous aurez plus de 2.500 hommes présents sous les armes.

Vous avez, en outre, 12 pièces de canon.

Avant d'arriver à Pampelune, vous vous procurerez sur cette place tous les renseignements qu'il sera possible d'obtenir, afin d'avoir à l'avance une connaissance suffisante de la place et de ses détails. L'intention de Sa Majesté est que vous preniez possession de cette place et que, sans affectation et fort naturellement, sans que les Espagnols en puissent prendre de l'ombrage ou s'en alarmer, vous ne vous dispensiez sous aucun prétexte d'en occuper la citadelle et les fortifications.

La sûreté des troupes de Sa Majesté exige cette précaution indispensable et il n'est pas moins nécessaire que les Espagnols ne voient dans cette occupation qu'une chose toute simple et qui ne peut aucunement les inquiéter.

Vous vous attacherez, en conséquence, à traiter avec la plus grande courtoisie le commandant espagnol et les habitants, et vous éviterez avec soin qu'aucune rixe ne s'élève qui puisse être préjudiciable à la bonne harmonie qu'il est important de maintenir entre les deux nations.

Pendant votre séjour à Pampelune, vous ne ferez aucun mouvement et vous direz que vous attendez de nouveaux ordres.

Si vous faites manœuvrer vos troupes, vous aurez attention à ne pas les attirer toutes à la fois hors de la place, et ces manœuvres ne pourront être que partielles et subordonnées à la nécessité de rester constamment maître de la place.

Vous me rendrez compte de vos opérations et de leur succès, de l'esprit du commandant de Pampelune et de ses habitants, de tout ce qui concernera votre situation dans ce pays et de ce qui pourra intéresser le service de S. M. l'Empereur.

Vous m'écrirez très fréquemment et vous donnerez également et très fréquemment des détails semblables au général Mouton, qui doit être près du maréchal Moncey.

Vous correspondrez également avec M. le maréchal Moncey, qui va porter son quartier général à Burgos, et, en cas d'événement extraordinaire, vous préviendrez toujours le maréchal Moncey, qui laisse une division momentanément à Vitoria.

Tels sont les ordres de l'Empereur. Leur exécution est aussi importante que délicate. Il a fait choix de vous, Général, pour en assurer le succès, et tout me persuade que le vœu de Sa Majesté sera rempli.

Le ministre de la guerre,

CLARKE.

1568. — DÉCISION.

Paris, 29 janvier 1808.

Le ministre de la guerre propose à l'Empereur d'approuver qu'il soit expédié une lettre de passe pour le 3ᵉ régiment de chasseurs à cheval à M. Delorme, chef d'escadron des chasseurs hanovriens, et de décider qu'il en soit également expédié une à M. Daiker, chef d'escadron surnuméraire au 3ᵉ régiment de hussards, pour remplacer M. Delorme aux chasseurs hanovriens.

Accordé.

NAPOLÉON.

1569. — DÉCISION.

Paris, 29 janvier 1808.

Le départ du régiment de marins pour Rochefort laissant la garnison de l'île d'Aix réduite à deux compagnies du 3ᵉ régiment à pied, le ministre de la guerre propose de prendre au dépôt du 26ᵉ de ligne, qui est à Saint-Gilles, un détachement de 2 ou 300 hommes pour la renforcer.

Approuvé la formation d'un détachement de deux compagnies faisant au moins 200 hommes pour tenir garnison à l'île d'Aix.

NAPOLÉON.

1570. — AU GÉNÉRAL CLARKE (1).

Paris, 29 janvier 1808.

Monsieur le général Clarke, vous donnerez l'ordre qu'un capitaine, un lieutenant, un sous-lieutenant, un sergent-major, quatre sergents, un caporal fourrier, huit caporaux, deux tambours et cent quarante soldats du 32ᵉ régiment d'infanterie légère, qui est à Toulon, soient mis à la disposition de l'amiral Ganteaume. Donnez l'ordre qu'une compagnie du 16ᵉ de ligne, composée de même, soit également mise à la disposition de l'amiral Ganteaume, ce qui fera un total de trois cents hommes.

---

(1) Non signé, copie conforme.

1571. — DÉCISION.

29 janvier 1808.

Le ministre de la guerre soumet à l'approbation de l'Empereur diverses nominations à des emplois de lieutenants dans les troupes à cheval en faveur de lieutenants surnuméraires.

Accordé.

NAPOLÉON.

1572. — DÉCISION (1).

Rapport du maréchal Berthier à l'Empereur, en date de Paris, 24 janvier 1808.

Le général Molitor a ordonné :

1° Qu'à l'avenir les prières publiques qui se faisaient dans les églises de la Poméranie suédoise pour le roi de Suède n'auraient pas lieu, et que ces prières seraient remplacées par celles qu'on ferait pour S. M. l'Empereur ;

2° Que les armes de Suède seraient abattues et effacées et qu'elles seraient partout remplacées par les armes de S. M. l'Empereur ;

3° Que la dénomination de *suédoise*, en parlant de la Poméranie, serait supprimée ;

4° Que les jugements des tribunaux et tous les autres actes de l'autorité publique seraient rendus au nom de S. M. l'Empereur.

Le maréchal Soult soumet ces diverses dispositions à l'approbation de l'Empereur.

Laisser les choses comme elles sont dans ce moment.

NAPOLÉON.

---

(1) Non datée; l'expédition de la décision a eu lieu le 29 janvier.

1573. — AU GÉNÉRAL CLARKE.

Paris, 30 janvier 1808.

Monsieur le général Clarke, vous donnerez l'ordre qu'un officier, deux sergents, quatre caporaux et soixante hommes du 86° soient mis à la disposition du ministre de la marine, à Saint-Malo, pour être embarqués sur le brick *le Milan*. Donnez l'ordre qu'un même nombre d'hommes du 31° léger soient fournis à Nantes pour être embarqués sur le brick *le Serpent*. Donnez l'ordre qu'un même nombre d'hommes soient fournis à Bayonne par le dépôt du 82° pour être embarqués sur le brick *l'Oreste*. Donnez ordre qu'un même nombre d'hommes du 5° d'infanterie légère soient fournis à Cherbourg pour être embarqués sur le brick *le Papillon*. Donnez ordre que quatre détachements, tirés, un du 66°, un du 26° et deux du bataillon colonial, soient fournis à la marine, à Rochefort, pour être embarqués sur les quatre bricks qui sont dans ce port.

NAPOLÉON.

1574. — ORDRE (1).

30 janvier 1808.

Sa Majesté approuve que la 7° compagnie du 2° régiment d'artillerie à cheval, qui est à Valence, soit dirigée sur Perpignan pour être attachée à la division d'observation des Pyrénées orientales.

1575. — DÉCISION.

Paris, 30 janvier 1808.

Le ministre de la guerre rend compte des mesures qu'il a prises en vue de l'exécution de l'ordre de l'Empereur qui prescrit de mettre à la disposition de l'amiral Ganteaume deux escouades d'artillerie de terre, fortes de 30 hommes chacune, et de les compléter, s'il est possible, au nombre de *cent* par des canonniers gardes-côtes de bonne volonté.

Il faut organiser une compagnie de gardes-côtes composée de tous les canonniers depuis Marseille et Saint-Tropez jusqu'à Toulon, former cette compagnie à 100 hommes et autoriser le directeur à nommer le capitaine, le lieutenant et les sergents.

NAPOLÉON.

(1) Non signé.

Le ministre a chargé le directeur d'artillerie à Toulon de la formation de ces deux escouades.

1576. — DÉCISION.

Paris, 30 janvier 1808.

Le ministre de la guerre sollicite les ordres de l'Empereur sur l'organisation du personnel de l'artillerie de la division d'observation des Pyrénées orientales.

Tirer l'artillerie de Valence.

NAPOLÉON.

1577. — DÉCISION.

30 janvier 1808.

Le ministre de la guerre prie l'Empereur de vouloir bien faire connaître ses intentions relativement aux corps qui doivent fournir les détachements à embarquer sur les frégates *la Thémis* et *la Pénélope* mouillées en rade du Verdon.

Il n'y a pas lieu.

NAPOLÉON.

1578. — DÉCISION.

Paris, 1" février 1808.

Le maréchahl Soult fait connaître que plusieurs navires en contravention saisis à Rostock, Kolberg et Wolgast vont être vendus au profit du Trésor impérial et il demande si tout le produit des ventes doit être versé dans la caisse de l'armée ou abandonné au profit des capteurs.

Tout doit être versé dans la caisse de l'armée ; une gratification peut être demandée pour la garnison ou le poste.

NAPOLÉON.

1579. — DÉCISION.

Paris, 1" février 1808.

Le maréchal Berthier présente à l'Empereur une demande formée par le général Oudinot en vue d'ob-

Accordé.

NAPOLÉON.

tenir, tant pour lui que pour le général Pajol, un congé de deux ou trois mois pour se marier.

1580. — DÉCISION.

Paris, 1ᵉʳ février 1808.

Le maréchal Soult fait connaître qu'il a procédé au renforcement des garnisons de Stralsund et de l'île de Rügen, et qu'il a constitué un approvisionnement extraordinaire de siège dans cette première place ; il a procédé, en outre, au remplacement de deux membres de la régence de Poméranie et il sollicite l'approbation de cette double nomination.

Approuvé.

NAPOLÉON.

1581. — DÉCISION.

1ᵉʳ février 1808.

Le maréchal Soult expose les difficultés que les corps éprouvent, en raison du cours désavantageux du change, à faire passer en France les fonds provenant des retenues pour masse de linge.

Tout ce que les officiers et soldats veulent en traites du Trésor leur sera payé.

NAPOLÉON.

1582. — AU GÉNÉRAL CLARKE.

Paris, 2 février 1808.

Monsieur le général Clarke, envoyez par un officier l'ordre au général Marmont de faire partir le 1ᵉʳ bataillon du 3ᵉ régiment d'infanterie légère italien, avec trente canonniers italiens et trente canonniers français, pour compléter les compagnies qui sont à Corfou. Toutes ces troupes formant un millier d'hommes se réuniront à Cattaro, et, pendant ce temps, le général Marmont enverra demander le passage à Ali Pacha et aux autres pachas qui sont sur la route, pour que ces troupes se rendent, par terre, à Butrinto, et, de là, à Corfou, pour en renforcer la garnison. Votre officier continuera sa route par terre jusqu'à Corfou, et y portera vos ordres que vous enverrez par duplicata, en les adressant au chef d'état-major de l'armée de Naples. Vous informerez de ces dispositions le gouverneur général de Corfou et vous lui ferez connaître que la Porte m'a accordé la souveraineté de Butrinto et autres portions de ce continent qui appartenaient à la République de Venise.

NAPOLÉON.

1583. — AU GÉNÉRAL CLARKE.

2 février 1808.

Monsieur le général Clarke, donnez ordre au 15ᵉ régiment d'infanterie de ligne, qui est à Paris, de partir le 4 de ce mois pour se rendre à Rennes.

NAPOLÉON.

1584. — DÉCISIONS (1).

Vu les inconvénients qui résultent des différents modes suivis maintenant pour l'habillement des troupes, on soumet à Sa Majesté des mesures propres à procurer un service meilleur et moins dispendieux. On lui propose de faire habiller désormais tous les corps par l'administration de la guerre, de fixer à trois ans la durée des habits et de faire faire par les fabricants des approvisionnements pour parer aux besoins imprévus.	A porter au prochain Conseil d'administration.
On prie Sa Majesté de prononcer sur deux rapports qui lui ont été soumis :	A porter au prochain Conseil d'administration.
L'un, en date du 25 octobre 1807, est relatif à un approvisionnement de draps et étoffes à l'usage des	

---

(1) Ni datées ni signées; extraites du « Travail du ministre directeur avec S. M. l'Empereur et Roi, du 3 février 1808 ».

corps, qu'on propose de faire tenir en réserve à la disposition du gouvernement dans les magasins des fabricants, qui en seraient constitués gardiens et responsables ;

L'autre, du 28 septembre 1807, concerne un modèle de livret pour présenter à Sa Majesté d'une manière uniforme, régulière et constante, par trimestre et par corps, les comptes particuliers et généraux de la masse d'habillement.

1585. — DÉCISION.

Paris, 3 février 1808.

Le maréchal Berthier propose à l'Empereur de mettre à l'ordre du jour de la Grande Armée les dispositions administratives suivantes :

1° Tout corps sortant du territoire de la Grande Armée ou d'un corps d'armée dont il aurait fait partie laissera, près l'inspecteur qui en a la police, un officier payeur ou tout autre au fait de l'administration et nommé *ad hoc* par le conseil d'administration. Cet officier restera près l'inspecteur jusqu'à ce qu'il ait mis au courant son travail de revues ;

2° Les corps sous la police d'inspecteurs employés comme intendants détacheront près d'eux un officier pour s'y occuper à mettre également au courant leur travail de revues.

Approuvé.

NAPOLÉON.

1586. — DÉCISIONS (1).

Le général Clarke propose de

Refusé ; proposer des géné-

---

(1) Ni datées ni signées; extraites du « Travail du ministre de la guerre avec l'Empereur, du 3 février 1808 ».

nommer au commandement des places de Mantoue et Venise les généraux de division Favereau et Schaal.

Observations soumises à l'Empereur au sujet de la promotion des sieurs Juillet et Babelon, adjudants sous-officiers, au grade de lieutenant en 1er dans les 1er et 3e bataillons de sapeurs, que Sa Majesté a faite lors de sa revue à Alexandrie.

Le général Clarke sollicite les ordres de l'Empereur au sujet de la suppression du fort Saint-Hippolyte, dont la vente ne produirait que 7 à 8.000 francs.

Le général Chasseloup demande qu'il soit envoyé à Alexandrie 600 forçats napolitains pour être employés aux travaux des fortifications de cette place.

Le général Clarke propose d'accorder à M. Henry Durosnel, chef de division honoraire au ministère de la guerre, qui vient d'être appelé à d'autres fonctions au conseil des prises, une pension de 2.792 francs.

raux qui aient fait les campagnes d'Ulm, d'Austerlitz, d'Iéna et de Friedland.

Il faut renvoyer ce rapport à S. A. S. le prince de Neuchâtel, vice-connétable, pour avoir son avis.

Mettre ce bâtiment à la disposition du ministre de l'intérieur pour faire un dépôt de mendicité ou maison de corection (1).

Les demander au vice-roi d'Italie.

Renvoyé au Conseil d'Etat.

1587. — DÉCISION.

4 février 1808.

Ne doit-on pas verser au Trésor public 22.160 francs qui restent disponibles par mois sur le subside de l'Etrurie, la masse d'habillement n'étant pas payée aux troupes par ce pays ?

L'Etrurie continuera t elle à nour-

Le même abonnement que le gouvernement italien.

NAPOLÉON.

---

(1) Cette décision et les deux suivantes sont de la main de Maret.

rir les troupes ou lui appliquera-t-on, si le gouvernement italien y consent, l'abonnement passé pour l'Italie ?

1588. — DÉCISIONS (1).

4 février 1808.

Le général Clarke soumet à l'Empereur une demande d'exportation de 10.000 fusils, à destination de l'Ile de France, faite par la maison Bosset, de Nantes.

Approuvé.

Le général Clarke demande si une somme de 38.462 fr. 65, restant due pour une fourniture de lits à l'hôpital de la garde impériale, au Gros-Caillou, doit être payée sur les fonds des dépenses extraordinaires de la garde.

Accordé sur les masses de casernement et d'hôpital.

Demande du général Rivaud tendant à obtenir le commandement d'une division militaire ou une inspection générale d'infanterie et le grade de grand-officier de la Légion d'honneur.

Accordé.

1589. — DÉCISION (2).

Le maréchal Berthier rend compte, au nom du maréchal Soult, qu'un yacht suédois a débarqué à l'île de Rügen un officier français prisonnier et 81 soldats suédois congédiés, ainsi qu'un major suédois chargé d'une mission concernant les prisonniers de la même nation qui sont en France.

Le maréchal Soult a fait garder

J'approuve toutes les mesures du maréchal Soult. Le bâtiment sera confisqué et l'officier suédois sera envoyé en France. Il ne doit y avoir aucune espèce de communication avec un prince qui ne reconnaît pas l'Empire. Défense, sous quelque prétexte que ce soit, d'avoir aucun

---

(1) Non signées; extraites du « Travail du ministre de la guerre avec l'Empereur, du 3 février 1808 ».
(2) Sans date de jour, mais l'expédition de la décision a eu lieu le 8 février 1808.

à vue le major suédois et renvoyer dans leurs foyers les soldats congédiés. Quant au bâtiment, il est détenu à Stralsund.

D'après le rapport du major suédois, les dispositions du roi de Suède en faveur des Anglais indisposent fortement les populations de ce pays.

parlementaire, ni correspondance.

Napoléon.

1590. — EXTRAIT DU PROCÈS-VERBAL DE LA SÉANCE DU 3ᵉ CONSEIL D'ADMINISTRATION DE LA GUERRE, TENU AU PALAIS DES TUILERIES LE LUNDI 8 FÉVRIER 1808 EN EXÉCUTION DE L'ORDRE DE SA MAJESTÉ EN DATE DU 11 JANVIER DERNIER (1).

Le ministre de la guerre remet les nouveaux états demandés par Sa Majesté dans le conseil du 26 janvier dernier sur l'artillerie et le projet de budget de ce service pour 1808, réduit à la somme totale de 12 millions.

Sa Majesté prend particulièrement en considération le budget de commande pour l'artillerie.

Sa Majesté approuve la base de la commande, mais elle désire qu'elle soit modifiée de manière à ce qu'il soit fait en deux ans 1.400 voitures pour l'Italie, dont 700 seront livrées avant la fin de 1808.

Le ministre fait un rapport sur la quantité de bronze qui se trouve disponible dans les arsenaux et sur la question de savoir s'il convient d'en vendre une partie.

La proposition de la vente n'est pas approuvée.

1591. — DÉCISION.

Le maréchal Berthier transmet une réclamation de M. Boudin, chargé de la direction du service des courriers de l'Empereur au delà du Rhin, contre la prétention

Paris, 8 février 1808.

Approuvé.

Napoléon.

---

(1) Copie certifiée.

de l'intendant général tendant à réduire de 70.210 fr. 21 la somme, montant des dépenses de ce service, à rembourser sur les fonds des contributions de l'armée, laquelle M. Boudin évalue au total de 690.807 fr. 16.

1592. — DÉCISION.

Paris, 8 février 1808.

Le maréchal Berthier demande si les employés des équipages auxiliaires seront supprimés ou conservés. Si ces employés doivent être conservés, M. Daru, intendant général, propose un projet suivant lequel ils pourront être organisés.

S'ils sont inutiles, ils seront licenciés.

NAPOLÉON.

1593. — DÉCISION (1).

Le maréchal Berthier présente, le 3 février, à l'Empereur, une demande du grand-duc de Berg qui sollicite pour le général Belliard un congé d'un mois.

Accordé.

NAPOLÉON.

1594. — DÉCISION (2).

9 février 1808.

On rend compte à Sa Majesté d'une demande de capotes et de souliers faite par le maréchal Moncey pour le corps d'observation des côtes de l'Océan.

On ne pense pas que, dans le moment actuel, il doive être accordé des capotes. Quant aux souliers, on demande à Sa Majesté si, vu les

Accordé.

---

(1) Non datée; l'expédition de la décision a eu lieu le 9 février.
(2) Non signée; extraite du « Travail du ministre directeur de l'administration de la guerre avec S. M. l'Empereur et Roi, daté du 10 février 1808 ».

longues marches que ce corps a faites, il ne devra pas en être accordé à chaque homme une paire en gratification.

La même mesure n'est-elle pas applicable au corps d'observation de la Gironde ?

1595. — AU GÉNÉRAL CLARKE.

Paris, 9 février 1808.

Monsieur le général Clarke, donnez l'ordre au 112e de ligne de faire partir ses deux premiers bataillons, complétés le plus possible et au moins à 800 hommes chacun, pour se rendre à Florence où ils tiendront garnison.

NAPOLÉON.

1596. — DÉCISION.

Paris, 9 février 1808.

Le maréchal Berthier rend compte d'une altercation entre le major Vautré, commandant le dépôt des malades à Elbing, et M. Thomas, chirurgien-major de l'hôpital de cette ville, à la suite de laquelle le maréchal Soult les a tous deux rappelés d'Elbing et envoyés au grand quartier général à Berlin, afin d'y attendre la décision de l'Empereur à leur égard.

Charger le maréchal Victor de faire faire des interrogatoires et une enquête sur cette affaire et, en attendant, tenir l'un et l'autre aux arrêts.

NAPOLÉON.

1597. — DÉCISIONS.

9 février 1808.

Sire, j'ai l'honneur de soumettre à Votre Majesté différentes demandes de congé qui m'ont été faites pour des officiers de la Grande Armée, savoir :

1° Un congé demandé pour M. le

NOTA. — Depuis que l'on a

général de brigade Colbert, afin de la mettre à portée de venir rétablir sa santé et régler des affaires importantes en France ;

2° Un congé demandé par M. le général Rapp en faveur de M. l'adjudant commandant Cacault, dont l'état de maladie lui rend dangereux le séjour du Nord et exige des soins qu'il ne peut trouver que dans sa famille ;

3° Un congé demandé par le chef d'escadron Hulot, du 7° régiment de chasseurs, pour se rendre auprès de Mme Moreau, sa sœur, qui vient d'arriver de l'Amérique à Bordeaux, où elle est malade et accablée d'affliction par la perte de sa mère et de son fils ;

4° Un congé demandé par le colonel du 6° régiment de dragons en faveur de M. Porcher, sous-lieutenant dans ce régiment, dont la présence à Paris est nécessaire pour terminer des partages faits pendant sa minorité ;

5° Un congé demandé par M. Dupont, médecin en chef de l'hôpital de Beaujon, pour que son fils, sous-lieutenant au 24° régiment de ligne, convalescent à Huningue, vienne se rétablir à Paris auprès de lui ;

6° Un congé demandé pour M. Martial Maublanc, sous-lieutenant dans le 1er régiment de cuirassiers, blessé à Eylau, dont la présence chez lui est très nécessaire pour régler les affaires de la succession de son père, assassiné dernièrement en remplissant ses fonctions d'officier de santé ;

7° Un congé de cinq à six mois demandé par M. le maréchal duc

fait ce rapport, Votre Majesté a autorisé le ministre de la guerre à expédier ce congé.

Accordé.

Accordé.

Accordé.

Accordé.

Accordé.

Refusé.

Napoléon.

de Danzig et par le conseil d'administration du 23° régiment de chasseurs pour M. Durbach, sous-lieutenant de ce régiment, qui a besoin de se rendre en France pour se rétablir des fièvres qu'il a contractées dans les environs de Stralsund.

Je demande les ordres de Votre Majesté.

Le vice-connétable,
major général,
Prince A<small>LEXANDRE</small>.

1598. — DÉCISIONS (1).

Paris, 10 février 1808.

On rend compte à Sa Majesté qu'il n'a pas été possible d'acheter des mulets dans les environs d'Avignon pour le service de l'artillerie et on La prie de faire connaître ses intentions sur la destination à donner aux 200 chevaux qui ont été retenus à Besançon.

Si l'on a 400 chevaux au bataillon du train d'Avignon, outre les 400 qu'on lui a envoyés, cela pourra suffire ; faire partir les 400 de Besançon pour Bayonne.

On propose à Sa Majesté d'accepter la démission du sieur Prilly, aide de camp du général de division Lacoste, qui a pris la résolution de se consacrer à l'état ecclésiastique et qui suit, depuis le mois d'octobre dernier, les exercices du séminaire d'Aix.

Approuvé.

Le ministre rend compte à Sa Majesté de la décision qu'il a prise pour fixer l'époque à laquelle les 1er et 2e corps d'observation de la Gironde, ainsi que celui des côtes de l'Océan, passeront du pied de rassemblement au pied de guerre sous le rapport des fourrages.

Tout le monde sera traité sur le pied de guerre, du moment de l'entrée en Espagne.

---

(1) Non signées; extraites du « Travail du ministre de la guerre avec l'Empereur, du 10 février 1808 ».

Proposition d'autoriser le général de brigade Cassagne à retourner à Nancy avec le traitement d'activité et d'y rester jusqu'au 1ᵉʳ septembre prochain.	Accordé.
On propose à Sa Majesté d'employer, en qualité de général de brigade, le général Caulaincourt, grand écuyer du roi de Hollande, et de le porter en cette première qualité et comme aide de camp du connétable de l'empire, sur le tableau de l'état-major général de l'armée.	Accordé.
Proposition de reprendre le château de Fougères pour servir de prison d'Etat.	Propre au service de la police.

1599. — DÉCISIONS (1).

On demande à Sa Majesté : 1° Si les régiments de Westphalie et de Hesse-Cassel faisant, à l'exception de leurs premiers bataillons, partie de l'armée de Westphalie, devront recevoir encore quelque chose de la France ; 2° Si, dans le cas où il y aurait des troupes françaises dans cette armée, il faudra les traiter comme celles de la Grande Armée.	Celui qui est en Espagne est seul à la charge de Sa Majesté (2).
On soumet à Sa Majesté trois états de demandes de pensions formées par divers employés des administrations dépendantes du ministère de l'administration de la guerre. On La prie de vouloir bien les admettre à l'examen du Conseil	Renvoyé au Conseil d'Etat (2).

(1) Ni datées ni signées; extraites du « Travail du ministre directeur de l'administration de la guerre avec S. M. l'Empereur et Roi, daté du 10 février 1808 ».
(2) De la main de Maret.

d'Etat avec renvoi au ministre d'Etat, directeur général de la liquidation.

On demande à Sa Majesté s'il ne serait pas convenable de supprimer, au 1ᵉʳ corps d'armée de réserve, le supplément de 4 onces de pain, qui n'est accordé ni à la Grande Armée, ni aux autres corps d'armée qui viennent d'être formés.

Approuvé.

1600. — AU MARÉCHAL BERTHIER.

Paris, 11 février 1808.

Mon Cousin, vous trouverez ci-joint l'état des inspecteurs aux revues employés comme intendants. Plusieurs me paraissent inutiles. Je désire que vous donniez des ordres pour que ceux-là soient employés à passer des revues de l'armée et surtout à bien régler l'effectif.

NAPOLÉON.

1601. — DÉCISION.

Berlin, 11 février 1808.

M. Daru, intendant général, propose d'accorder un secours annuel de 2.100 francs réparti entre neuf enfants de militaires tués à la bataille d'Austerlitz qui sont dans le cas de bénéficier des dispositions des décrets des 16 frimaire an XIV (7 décembre 1805) et 7 avril 1806.

Approuvé.

NAPOLÉON.

1602. — AU GÉNÉRAL CLARKE.

Paris, 11 février 1808.

Monsieur le général Clarke, je vous renvoie les dépêches du général Dupont et celle du général Junot. Je vois avec surprise que le 2ᵉ bataillon du 4ᵉ régiment suisse est retourné à Boulogne. Je n'ai jamais donné cet ordre-là. Envoyez-moi l'état de situation du 2ᵉ corps de la Gironde.

NAPOLÉON.

1603. — AU GÉNÉRAL CLARKE.

Paris, 11 février 1808.

Monsieur le général Clarke, j'ai des conscrits réfractaires à Bayonne et aux îles d'Oleron et de Ré. Il serait convenable d'avoir des magasins dans les lieux où sont établis leurs dépôts, afin qu'en trente-six heures on pût les habiller, les équiper et les faire partir pour les colonies.

NAPOLÉON.

1604. — DÉCISION.

Paris, 12 février 1808.

Le maréchal Berthier rend compte à l'Empereur qu'il a donné l'ordre aux généraux et officiers d'état-major, précédemment employés au corps d'observation de la Grande Armée et maintenant disponibles à Berlin, de se rendre à Mayence pour y être à la disposition du ministre de la guerre.

Il rend compte aussi que le général Belliard désirerait conserver l'adjudant commandant Aymé à l'état-major de la réserve de cavalerie, où se trouve déjà l'adjudant commandant Darsonval.

Approuvé.

NAPOLÉON.

1605. — DÉCISION.

Paris, 12 février 1808.

Le maréchal Berthier, major général, présente la réclamation du général Songis contre une décision du ministre du royaume de Westphalie aux termes de laquelle, à dater du 1er janvier 1808, il n'est plus accordé de rations de fourrages qu'aux officiers d'état-major employés dans le royaume et munis

Renvoyé au major général pour témoigner mon mécontentement au roi de Westphalie, comme commandant en chef de mon armée dans le royaume de Westphalie, de cette mesure arbitraire et contraire à mon service ; qu'il ait à la rapporter d'une lettre de service à cet effet. Cette mesure prive les officiers d'état-major et des troupes d'artillerie employés à Magdeburg des fourrages nécessaires à la nourriture de leurs chevaux.

sur-le-champ, que, s'il se laisse entraîner à de fausses mesures, je serai forcé de donner le commandement de mes troupes et des places fortes à mes généraux, qu'alors il se plaindra avec raison des désordres et de l'anarchie qui règnent dans son pays.

Napoléon.

1606. — AU GÉNÉRAL CLARKE (1).

13 février 1808.

Monsieur le général Clarke, je vous prie de m'envoyer un état de situation de l'armée du Portugal, du 2ᵉ corps de la Gironde, du corps d'observation des côtes de l'Océan, de la division d'observation des Pyrénées orientales, de la division des Pyrénées occidentales, de la partie des hommes et des chevaux du 6ᵉ du train qui ne sont pas employés dans ces quatre corps, enfin, des divisions de réserve de cavalerie et d'infanterie qui se réunissent à Poitiers et à Orléans, et de la division composée des 4ᵉˢ bataillons des légions de réserve qui se réunissent à Bordeaux. Vous me ferez connaître les ordres que j'ai donnés pour l'organisation de ces corps, l'emplacement que je leur ai désigné, afin que ces états me présentent un tableau de tout ce qui intéresse les affaires des Pyrénées. Je désirerais que 18 pièces de canon, prises dans les places de Bayonne, de Bordeaux et sur la frontière, attelées par ce qui reste du 6ᵉ bataillon du train avec quelques caissons d'infanterie, s'organisent sans délai, pour servir à la division de réserve, dont j'ai ordonné la réunion. Envoyez-moi ces états demain matin et faites-moi bien connaître l'époque à laquelle la situation est arrêtée. Recommandez qu'on ne fasse pas ces états d'après les ordres que vous avez donnés, mais d'après la connaissance des renseignements parvenus, et qu'on mette des notes qui me fassent bien connaître ce qui se passe.

(1) Non signé, copie conforme.

1607. — DÉCISION.

Paris, 13 février 1808.

Le maréchal Berthier présente une demande du ministre de la guerre du roi de Westphalie tendant à ce que les commandants français qui sont encore dans les places dépendant du royaume, telles que celles de Brunswick, Halle, Halberstadt, etc., cessent leurs fonctions et soient rappelés, mesure qui paraît opportune, maintenant que le roi a pris possession du royaume.

Qui aura soin alors de mes troupes lorsqu'elles passeront ?

Il faut conserver les commandants d'armes qui sont nécessaires, mais il n'y a pas d'inconvénient à renvoyer les généraux de division qui coûtent trop d'argent.

NAPOLÉON.

1608. — DÉCISIONS (1).

Rapport du maréchal Berthier à l'Empereur.

Sire, S. A. I. le grand-duc de Berg prie Votre Majesté de lui accorder, en faveur de son régiment de chevau-légers, les chevaux de remonte que doit fournir le 1er arrondissement des pays conquis, en acompte sur les contributions. Son Altesse Impériale pense qu'elle a quelques droits à cette faveur, puisqu'une grande partie du 1er arrondissement vient de lui être cédée par Votre Majesté, et que, d'ailleurs, une levée de chevaux qui sortiraient du pays mettrait de grands obstacles à l'organisation complète de sa cavalerie, que Votre Majesté peut regarder, ainsi que ses autres troupes, comme faisant partie de l'armée française avec laquelle elles

Refusé.

---

(1) Non datées; l'expédition de ces décisions a eu lieu le 14 février 1808.

rivaliseront toujours de zèle et de dévouement.

Son Altesse Impériale m'a engagé en même temps à rendre compte à Votre Majesté qu'elle va former une compagnie d'artillerie, et de vous prier, en son nom, Sire, de mettre à sa disposition un train complet d'artillerie de douze pièces avec triple approvisionnement à prendre à Wesel ou dans les arsenaux prussiens.

J'ai l'honneur de soumettre ces deux demandes à Votre Majesté, en la priant de vouloir bien me faire connaître ses intentions.

Accordé 12 pièces avec un simple approvisionnement de calibre et voitures étrangères.

NAPOLÉON.

1609. — DÉCISION (1).

Le maréchal Berthier demande, au nom du maréchal Victor, que le colonel du 94ᵉ régiment d'infanterie soit autorisé à envoyer à son 3ᵉ bataillon 7 sergents et 14 caporaux pour l'instruction des recrues.

Accordé, dans le régiment.

NAPOLÉON.

1610. — DÉCISION (2).

Le maréchal Berthier rend compte, le 8 février, d'un rapport du général Sanson, directeur du Dépôt général de la guerre, d'après lequel les ingénieurs géographes du bureau topographique de la Grande Armée ont, depuis leur retour à Paris, achevé les reconnaissances et les levés des champs de bataille des campagnes de l'an XIV, 1806 et 1807.

Le général Sanson propose de les

Les employer à bien reconnaître l'Elbe et le Weser, ainsi que les pays entre l'Elbe et l'Oder.

NAPOLÉON.

---

(1) Non datée; l'expédition a été faite le 14 février 1808.
(2) Non datée; l'expédition de la décision a eu lieu le 14 février 1808.

employer dorénavant au Dépôt de la guerre à coopérer au levé des différentes cartes topographiques dont cet établissement a la direction.

1611. — AU GÉNÉRAL CLARKE.

Paris, 17 février 1808.

Donnez l'ordre au général de brigade Razout, qui est à Paris, de se rendre à Orléans pour être employé dans la division qui s'y réunit. Le 43° est arrivé à Boulogne ; donnez ordre que son 3° bataillon soit réparti entre les autres et que, cette opération faite, ce bataillon, qui n'a pas fait la campagne de la Grande Armée, parte de Boulogne pour se rendre au Havre où il tiendra garnison.

NAPOLÉON.

1612. — DÉCISIONS (1).

Le grand-duc de Berg demande le retour dans ses Etats des prisonniers de guerre devenus ses sujets par la réunion des diverses principautés.	Accordé.
On propose à Sa Majesté d'accorder le traitement de réforme au général de division Leveneur de Tillières.	Renvoyé rayé (2).
On soumet à Sa Majesté un projet de décret qui a pour objet de dispenser les militaires de l'assistance de témoins pour l'obtention des certificats de vie relatifs à leur solde de retraite.	Renvoyé au Conseil d'Etat.
On propose à Sa Majesté de nommer général de brigade l'adjudant commandant Duprat, chef d'état-major de l'armée de réserve.	Renvoyé rayé (2).

(1) Ni datées ni signées; extraites du « Travail du ministre de la guerre avec l'Empereur, du 17 février 1808 ».
(2) Note du ministre.

1613. — NOTE DICTÉE PAR SA MAJESTÉ DANS LA SÉANCE DU CONSEIL D'ADMINISTRATION DE LA GUERRE DU 17 FÉVRIER 1808 (1).

Les ministres de la guerre et de l'administration de la guerre s'entendront relativement à l'administration des dix-huit régiments provisoires et de ceux de cavalerie qui sont en Espagne ; il faut que des détachements comptent dans leurs régiments primitifs pour leurs cadres et dans les matricules, que les commandants des détachements rendent compte tous les mois à leurs dépôts, que la solde et la masse générale se reportent à Paris à leurs corps primitifs et qu'ils ne forment pas un nouvel élément de dépense ;

Que la solde, la masse de linge et chaussure soit fournie immédiatement et la masse générale séparément.

Ainsi, le ministre donnera une somme, qui sera payée aux dépôts, et une somme proportionnée, qui sera payée aux régiments provisoires.

Enfin, ce serait s'abuser que de croire qu'il n'y aura pas lieu à une nouvelle dépense ; il faut une gratification par homme et que le ministre donne quelque chose de plus pour la masse générale. Alors, une fois les régiments provisoires formés, le dépôt ne fournira rien.

Mais il convient de bien établir que, si les détachements ne sont pas trouvés en règle, soit à Paris, soit aux corps, ils seront mis en règle aux dépens des corps primitifs.

Il faut former un conseil provisoire d'administration qui recevra l'argent et donnera aux soldats ce dont ils auront besoin, en ayant soin de tenir une comptabilité séparée par détachement, ce qui ne sera pas difficile, attendu qu'ils forment tous une compagnie.

Il faut entrer dans tous les détails. Sa Majesté consent à la dépense pourvu qu'on la régularise et qu'elle revienne toujours aux corps primitifs.

---

(1) Non signée; copie provenant des bureaux du ministre secrétaire d'Etat Maret.

1014. — DÉCISIONS (1).

On propose à sa Majesté, d'après la demande du directeur général des vivres :

1° De fixer à 10.000 francs le traitement des auditeurs inspecteurs des vivres. Ce traitement pourra être porté à 12.000 francs par des gratifications ;

2° De leur allouer 7 fr. 50 par poste, 12 francs par jour de séjour dans la tournée, sauf à allouer une indemnité au delà des Alpes.

4.000 francs, non compris celui d'auditeur.

On a l'honneur de remettre à Sa Majesté les états comparatifs des dépenses du chauffage et du casernement, dans les ans XIII, XIV, 1806 et 1807, avec des observations en réponse à plusieurs questions qu'Elle a faites au Conseil d'administration du lundi 8 février.

A porter au prochain Conseil.

On met sous les yeux de Sa Majesté :

1° La réponse aux observations qu'Elle a faites sur les remontes au Conseil, le 8 février ;

2° Un état de l'effectif de toutes armes, d'après les états fournis par les corps ;

3° L'état général des chevaux à acheter et des fonds à faire en 1808 ;

4° Des observations sur les comptes rendus par le général Bourcier, les 26 et 30 janvier dernier ;

5° Enfin, le relevé des fonds mis à la disposition de l'intendant général pour remonte, et de l'emploi

Idem.

---

(1) Ni datées ni signées; extraites du « Travail du ministre directeur de l'administration de la guerre avec S. M. l'Empereur et Roi, daté du 17 février 1808 ».

desquels il y aura compte à rendre.

On rend compte à Sa Majesté des mesures prises par le général Bourcier et par M. l'intendant général de la Grande Armée, pour lever sur les pays conquis 2.000 chevaux destinés à remonter une partie des hommes qui se trouvent à pied.

Le général Bourcier ayant vu, depuis, que ce nombre était insuffisant, a écrit à M. l'intendant général pour qu'il en fût fourni 4.130 au lieu de 2.000 ; il attend sa réponse.

Idem.

On propose à Sa Majesté d'augmenter le crédit supplémentaire du budget de 1807 d'une somme de 347.201 fr. 92, pour couvrir pareille somme dont les distributions mensuelles excèdent sur plusieurs chapitres les crédits ouverts par le budget. Comme ce budget sera bien inférieur aux dépenses du même exercice, on prend les ordres de Sa Majesté et on la prie d'ordonner, dès à présent, que les 1.800.000 francs disponibles sur les chapitres 2 et 4 soient distraits pour servir, jusqu'à concurrence, à couvrir le déficit sur les autres chapitres.

A représenter.

L'ordonnateur de la 8ᵉ division a fait remettre à l'amiral Ganteaume 3.181 quintaux 94 de farine et 2.000 quintaux de blé. Il faut, pour remplacer ces denrées, 85.000 francs, que l'on prie Sa Majesté de vouloir bien comprendre dans la première distribution. On lui demande si cette dépense sera imputable sur l'administration de la guerre ou sur la marine.

L'Empereur a répondu à la demande que je faisais d'un fonds extraordinaire, qu'il ne le jugeait pas nécessaire et que cette dépense serait portée dans le compte des dépenses de l'administration (*note du ministre*).

On prie Sa Majesté de vouloir bien accorder, sur l'exercice courant, un fonds extraordinaire de 251.000 francs pour les services de convois et transports et pour le mouvement des troupes russes en Italie, ou les ajouter au crédit du mois prochain.

Le ministre demandera, en outre, un fonds d'ordre de 103.700 francs pour l'achat des équipages de l'armée des côtes de l'Océan, d'après le marché approuvé par Sa Majesté.

Les dépenses des Russes seront payées par le royaume d'Italie.

1615. — DÉCISION.

Paris, (1) février 1808.

Le maréchal Berthier rend compte que le général Rapp, éprouvant de la difficulté pour nourrir la cavalerie attachée au commandement particulier de Danzig, demande l'autorisation de l'établir dans l'île de Nogat.

Mon intention n'est pas qu'on fasse aucun mouvement en avant. Il vaut mieux que le général Rapp dissémine cette cavalerie en arrière ; je l'autorise à la partager en deux, en en renvoyant une moitié, et en gardant ce qui est nécessaire à Danzig ; dans ce cas la moitié qu'il renverrait se dirigerait sur Stettin où elle attendra de nouveaux ordres.

NAPOLÉON.

1616. — AU GÉNÉRAL CLARKE.

Paris, 17 février 1808.

Il paraît que la 20ᵉ compagnie du 1ᵉʳ régiment d'artillerie et les 7ᵉ et 21ᵉ du 5ᵉ régiment, faisant ensemble 350 canonniers, le détachement du train de la garde, formant 220 hommes et 500 chevaux, attelés à 116 voitures qui arrivent du 20 février au 1ᵉʳ mars, sont

---

(1) Sans date de jour; le rapport du maréchal Berthier est du 14, l'expédition de la décision du 17 février.

utiles pour compléter l'équipage du corps d'observation des côtes de l'Océan.

Je suppose que ce corps a 40 pièces de canon qui, avec les caissons d'infanterie, doivent avoir besoin pour leur service de 240 voitures, ce qui, à 4 chevaux chacune, fait les 960 chevaux, et de 500 hommes du train.

Les 40 pièces de canon à 15 canonniers par pièce, y compris le parc, auraient besoin de 600 hommes. Les trois compagnies d'artillerie à cheval et les trois compagnies d'artillerie à pied faisant 720 hommes, vous pouvez retenir une compagnie à Bayonne pour le service d'un autre corps.

Avant de donner ces ordres, je désirerais savoir quelles sont les voitures qu'attèle la garde et si elles suffisent pour le transport de l'approvisionnement et des cartouches du corps d'observation des côtes de l'Océan.

NAPOLÉON.

1617. — DÉCISION.

Paris, (1) février 1808.

Le maréchal Berthier fait le compte rendu suivant : .

Le colonel du 93° régiment d'infanterie expose qu'il existe, aux deux bataillons de guerre de ce corps, environ 72 hommes hors d'état de supporter les fatigues d'une campagne et qui ont tous des droits incontestables à la retraite, ayant été mutilés au siège de Kolberg.

Il propose de les faire examiner par M. le général Boudet et de les renvoyer ensuite à leur dépôt pour y attendre qu'il soit statué sur la retraite à laquelle chacun d'eux pourra avoir droit.

Leur dépôt est trop loin ; ces individus ainsi que ceux des divisions Boudet et Molitor, qui ont leurs dépôts en Italie et qui sont hors d'état de servir, se rendront à Wesel avec leurs livrets et états pour que l'inspecteur que j'enverrai à Wesel puisse les classer et leur donner ce qui leur revient.

NAPOLÉON.

---

(1) Sans date de jour; le rapport du maréchal Berthier est du 14, l'expédition de la décision du 17 février.

1618. — DÉCISION (1).

Paris, février 1808.

M. Daru rend compte à l'Empereur de malversations et d'exactions commises dans la Hesse-Cassel par les autorités françaises.

Renvoyé au ministre de la guerre pour me faire un rapport sur ces questions, faire arrêter le receveur, suspendre l'intendant de ses fonctions, l'appeler à Paris et prendre des mesures pour faire rentrer toutes les sommes. Il faut d'ailleurs traiter cette affaire comme une affaire secrète.

NAPOLÉON.

1619. — DÉCISION (2).

18 février 1808.

On propose à Sa Majesté de réduire à 48 francs par cheval et par an la masse de harnachement et ferrage dans l'arme du train d'artillerie, au lieu de 63 fr. 90, ce qui opérera une économie d'un quart sur la dépense totale de cette masse.

Approuvé.

1620. — DÉCISIONS (3).

18 février 1808.

On prend les ordres de Sa Majesté sur une dépense proposée pour prévenir la destruction du fort Vauban. Les réparations à y faire exigeraient une dépense de 36.000 francs.

L'intérieur fera cette dépense.

On propose à Sa Majesté d'ap-

Accordé.

---

(1) Sans date de jour; la lettre de M. Daru à l'Empereur est datée du 17 février.
(2) Non signée; extraite du « Travail du ministre directeur de l'administration de la guerre avec S. M. l'Empereur et Roi, daté du 17 février 1808 ».
(3) Non signées; extraites du « Travail du ministre de la guerre avec S. M. l'Empereur et Roi, du 17 février 1808 ».

prouver qu'il soit délivré des acomptes en bons d'annuités sur l'exercice de l'an XII aux entrepreneurs qui ont exécuté des travaux aux fortifications et aux bâtiments militaires, jusqu'à concurrence des trois quarts du montant de leurs créances.

On propose à Sa Majesté d'approuver que l'on compte la totalité de leurs services à 19 hommes du 27° régiment de ligne qui, ayant, pendant quelque temps, été absents de ce corps sans permission, avaient été rayés des contrôles comme déserteurs et qui, d'après les règlements, ne peuvent compter leurs services que de l'époque à laquelle ils sont rentrés sous les drapeaux.

Accordé.

Le général Chambarlhac, commandant la 21° division militaire, demande l'autorisation de venir passer quelques jours à Paris, pour des affaires d'intérêt qui exigent sa présence.

Accordé.

On soumet à l'approbation de Sa Majesté un congé de convalescence de six mois, accordé provisoirement le 15 janvier dernier par le roi de Naples au colonel Lapointe, du 4° régiment de chasseurs.

Approuvé.

On met sous les yeux de Sa Majesté une demande d'un congé de six mois de convalescence en faveur du major Baille, du 6° régiment d'infanterie de ligne.

Lui accorder un congé de six mois ; nommer à sa place.

On propose à Sa Majesté d'autoriser le sieur Holtzberger, sergent au 69° régiment d'infanterie de ligne, à passer au service du grand-duc de Berg;

Accordé.

D'admettre en qualité d'élève pensionnaire, à l'Ecole militaire de Fontainebleau, M. A.-M.-V. Tournon, frère de M. Tournon, chambellan de Sa Majesté;

Accordé.

D'accorder au gendarme Laviron, de la compagnie de la Sarthe, une indemnité de... (1), pour la perte de son cheval qui a été tué par des brigands.

Accordé.

On soumet à Sa Majesté la démission du sieur de Villequier, sous-lieutenant au 11ᵉ régiment de chasseurs.

Accordé.

On rend compte à Sa Majesté que le général Monnet, commandant supérieur à Flessingue, réclame, en faveur des troupes sous ses ordres, la continuation du paiement de leur solde sur le pied du tarif adopté par le gouvernement hollandais.
On prie Sa Majesté de faire connaître ses intentions sur cette demande.

Refusé ; payer sur le pied français, accorder pendant l'été les vivres de campagne, le vin, le vinaigre, depuis mai à novembre.

On propose à Sa Majesté d'approuver un état de secours montant en total à la somme de 4.350 francs, en faveur de plusieurs veuves ou parents de militaires morts, soit aux armées, soit en retraite ou en réforme et qui ne sont pas dans le cas d'obtenir des pensions ;

Approuvé.

D'approuver un état de secours montant en total à la somme de 1.950 francs, en faveur de plusieurs militaires désignés aux dernières revues d'inspection pour une solde de retraite, et qui ne sont pas dans le cas d'obtenir cette récompense.

Approuvé.

---

(1) Le chiffre de l'indemnité n'est pas indiqué.

1621. — DÉCISION.

Paris, 18 février 1808.

Le ministre de la guerre rend compte qu'en exécution de l'ordre de l'Empereur en date du 17 février, il a pris ses dispositions pour faire verser dans les deux premiers bataillons du 43ᵉ régiment d'infanterie de ligne l'excédent du 3ᵉ bataillon, de manière à compléter les deux premiers à 1.000 hommes chacun. Le 3ᵉ bataillon quittera ensuite Boulogne pour se rendre au Havre, où il doit tenir garnison.

Egaliser les trois bataillons en conservant dans les deux premiers tous les hommes qui viennent de la Grande Armée ; faire partir les grenadiers, voltigeurs et quatre compagnies du 3ᵉ bataillon pour le Havre, garder les trois dernières compagnies au dépôt à Boulogne. Les trois dernières compagnies du 3ᵉ bataillon pourront renforcer les six premières compagnies de quelques hommes, afin que ce bataillon arrive au Havre fort au moins de 700 hommes.

NAPOLÉON.

1622. — EXTRAIT DU PROCÈS-VERBAL DE LA SÉANCE DU CONSEIL D'ADMINISTRATION-LIQUIDATION DE LA GUERRE, TENU PAR S. M. L'EMPEREUR ET ROI, LE 18 FÉVRIER 1808 (1).

L'Empereur, après avoir entendu l'avis de la commission de liquidation sur les différents objets de liquidation mis sous les yeux du Conseil, prescrit les dispositions suivantes :

ART. 1ᵉʳ. — Sa Majesté approuve les ajournements et réductions de divers articles de dépense proposés par la commission et renvoie les observations faites par elle et consignées dans ses rapports au ministère de l'administration de la guerre.

ART. 2. — Sa Majesté charge le ministre de l'administration de la guerre de faire poursuivre le recouvrement de la somme de 164.904 fr. 42, payée en excédent à divers fournisseurs, ou de l'imputer sur le service subséquent, fait par ces mêmes fournisseurs.

ART. 3. — A l'avenir, le bordereau annexé à chaque liquidation

---

(1) D'après le registre des décrets du ministère de l'administration de la guerre, du 1ᵉʳ octobre 1806 au 25 mars 1808.

présentera, pour chaque exercice et pour chaque article de dépense qui y sera porté, la situation du service, tant liquidé que non liquidé.

Art. 4. — Relativement aux réquisitions de grains faites dans neuf départements de l'Empire, pendant l'an XIV et 1806 et qui font l'objet du 14ᵉ rapport de la commission, Sa Majesté, approuvant la proposition consignée audit rapport, charge néanmoins le ministre de l'administration de la guerre de réduire le quintal métrique de grains au maximum de 18 francs le quintal.

Art. 5. — Sa Majesté approuvant également l'avis de la commission sur la liquidation des dépenses qui font l'objet des dépenses du 54ᵉ rapport, charge néanmoins le ministre de l'administration de la guerre de régler, selon les marchés existants, les transports exécutés de Lyon à Turin et à Crémone, par le S. Sépolina, pendant l'exercice an XIII.

Art. 6. — Sa Majesté arrête de la manière suivante la liquidation définitive des diverses comptabilités qui font la matière des rapports de la commission :

Le montant général des dépenses mentionnées dans lesdits rapports est reconnu s'élever et demeure fixé à la somme de...................... 20.577.909 06

Les payements faits à compte à celle de........................ 17.013.254 99

Laquelle cependant (au moyen de ce qu'il a été payé à divers fournisseurs un excédent de.......... 164.904 42 qui sont à recouvrer et doivent être déduits des comptes payés),

ne doit plus entrer dans la balance du compte que pour............. 16.848.350 57 = 16.848.350 57

En conséquence, les sommes restant à payer pour solde final desdites dépenses sont définitivement liquidées à celle de...................... 3.729.618 49

Laquelle somme de trois millions sept cent vingt-neuf mille six cent dix-huit francs quarante-neuf centimes sera ordonnancée par le ministre de l'administration de la guerre sur les fonds qui seront mis, à cet effet, à sa disposition, sur les exercices IX, X, XI, XII, XIII et cent jours de l'an XIV, soldée par le Trésor public et distribuée entre les différentes parties prenantes dénommées et dont les comptes sont établis dans les bordereaux ci-après.

1623. — AU GÉNÉRAL CLARKE.

Paris, 18 février 1808.

Monsieur le général Clarke, donnez l'ordre au général Savary de partir demain pour Orléans, pour y passer la revue des 17e et 18e régiments provisoires ; et, s'il les trouve en état, autorisez-le à les faire partir pour Bordeaux. Vous le chargerez de dresser les procès-verbaux de la formation de ces 17e et 18e régiments, vous le chargerez également de former le 16e qu'il composera de trois bataillons de quatre compagnies chacun. Le 1er bataillon sera composé de quatre compagnies du 36e de ligne ; les autres des compagnies arrivées ; s'il peut former le 15e, il le formera. Il tiendra procès-verbal de ces formations, afin que cela nous serve d'indication. Les détachements qui arriveront formeront le 13e et le 14e.

NAPOLÉON.

1624. — AU GÉNÉRAL CLARKE.

Paris, 18 février 1808.

Monsieur le général Clarke, donnez l'ordre aux 10e et 22e régiments de chasseurs de former leurs deux premiers escadrons à 250 hommes chacun, à cheval, c'est-à-dire à 500 chevaux les deux escadrons, et de partir avec le colonel pour Poitiers. Les deux autres escadrons resteront avec le major au dépôt et se compléteront également à 500 chevaux. Donnez l'ordre à toute la garde impériale qui est à Bordeaux de se rendre à Bayonne, cavalerie, infanterie et artillerie. Le général de brigade Lepic la commande.

Il faut que la garde impériale soit arrivée à Bayonne du 1er au 3 mars.

NAPOLÉON.

1625. — DÉCISION (1).

La Chambre des domaines de la marche électorale de Brandebourg demande la suppression de la gendarmerie organisée à la fin de 1806 par ordre de l'Empereur. Cette troupe est devenue inutile et dispendieuse pour un pays accablé par d'autres dépenses d'une nécessité plus urgente.

Ajourné.

NAPOLÉON.

1626. — DÉCISION (2).

Paris, février 1808.

Le maréchal Berthier transmet à l'Empereur une demande de S. M. le roi de Saxe, tendant à rentrer en possession de 2.000 fusils saxons tirés de l'arsenal de Dresde et qui se trouvent à Varsovie.

Accordé. Renvoyé au ministre des relations extérieures pour faire connaître que j'ai accordé ces 2.000 fusils.

NAPOLÉON.

1627. — DÉCISION (3).

Février 1808.

Le ministre du roi de Saxe, envoyé extraordinairement en France, expose qu'il a été trouvé à Stralsund quatre pièces d'artillerie saxonne de 12 livres, qui avaient été prises dans la guerre de Sept ans.
Au nom de son souverain, il demande que l'Empereur veuille bien autoriser la remise de ces quatre pièces à l'armée saxonne.

Accordé. Renvoyé au ministre des relations extérieures pour faire connaître que j'ai accordé la remise de ces quatre pièces de canon.

NAPOLÉON.

(1) Non datée; mais le rapport à l'Empereur est du 11 février et l'expédition de la décision du 19.
(2) Sans date de jour, l'expédition a été faite le 19 février.
(3) Sans date de jour, le rapport à l'Empereur est du 15 et l'expédition de la décision du 19 février.

1628. — DÉCISIONS (1).

19 février 1808.

On propose à Sa Majesté de nommer chefs de bataillon ou d'escadron, pour être placés dans la ligne, les sieurs Ferry et Jardet, le premier capitaine, aide de camp du général Marmont, et le second capitaine adjoint à l'état-major de l'armée de Dalmatie.

Accordé.

On met sous les yeux de Sa Majesté la demande faite par le grand-duc de Berg, pour que M. Lacour, colonel du 5ᵉ régiment de dragons, obtienne le commandement d'une légion de gendarmerie.

Approuvé.

1629. — DÉCISION.

Paris, 19 février 1808.

Le ministre de la guerre rend compte du départ pour Bordeaux des détachements envoyés par les dépôts pour compléter les régiments provisoires du corps d'observation des côtes de l'Océan et demande quelles sont les intentions de l'Empereur au sujet de leur destination ultérieure.

Il faut donner l'ordre au général commandant à Bordeaux de réunir ces détachements au fur et à mesure qu'ils arrivent, de leur faire donner des souliers et tout ce qui peut leur être nécessaire au fur et à mesure ; et, lorsqu'il y aura 800 hommes réunis, de les faire partir en règle, sous les ordres au moins d'un capitaine et de les diriger sur Vitoria où ils joindront le corps du maréchal Moncey.

Voir le ministre Dejean pour qu'on mette quelques milliers de paires de souliers à la diposi-

---

(1) Non signées; extraites du « Travail du ministre de la guerre avec S. M. l'Empereur, du 27 janvier 1808 ».

tion du général commandant à Bordeaux.

Napoléon.

1630. — DÉCISION (1).

Paris, 19 février 1808.

On rend compte à Sa Majesté que le traitement de l'ordonnateur Joubert en Italie se compose :

1° Du traitement d'ordonnateur.	12.000 »
2° Du supplément accordé aux ordonnateurs en chef par l'arrêté du 9 pluviôse an VIII.	12.000 »
3° Des frais de bureau fixés par les divers généraux en chef.	90.000 »
4° De huit rations de fourrages allouées aux ordonnateurs en chef, remboursées à raison de 1 fr. 10 par ration.	3.212 »
Total.	117.212 »

90.000 francs de frais de bureau sont une chose absurde. Il faut réduire cela aux deux tiers. Il y a une grande différence d'un ordonnateur en chef d'une armée à l'ordonnateur en chef en Italie : ce n'est après tout qu'un ordonnateur d'une grande division.

Napoléon.

1631. — AU GÉNÉRAL CLARKE.

Paris, 19 février 1808.

Monsieur le général Clarke, je désire que vous donniez au général Savary ce supplément d'instructions. Les 13°, 14°, 15°, 16°. 17° et 18° régiments provisoires sont composés de régiments qui ont déjà fourni quatre compagnies aux douze premiers régiments provisoires. Mon intention est que le général Savary forme de tous ces détachements deux bataillons qu'il pourra appeler régiment de marche. Il composera ce régiment de tous les détache-

---

(1) Extraite du « Travail du ministre directeur de l'administration de la guerre avec S. M. l'Empereur et Roi, daté du 17 février 1808 ».

ments arrivés à Orléans et qui devaient faire partie des 13e et 14e régiments provisoires, ayant soin de ne pas envoyer les compagnies qui n'ont rien fourni aux régiments provisoires, telles que les compagnies du 34e par exemple. Ce régiment, qui sera fort de 700 ou 800 hommes, partira sous les ordres d'un chef de bataillon. Il fera la même opération pour les 15e et 16e. Il n'y mettra pas par exemple la compagnie du 32e de ligne et d'autres, s'il y en a qui n'ont rien fourni aux douze premiers régiments provisoires. Ces deux bataillons seront commandés par un des chefs de bataillon qui étaient destinés au commandement des 13e, 14e, 15e, 16e, 17e et 18e régiments provisoires. Le général Savary en fera dresser procès-verbal et les fera marcher en ordre. Ils feront une halte à Bordeaux où l'on fournira une paire de souliers à chaque homme, et où l'on fera à leur armement les réparations qui seraient nécessaires ; à leur arrivée au corps du maréchal Moncey, que vous en préviendrez, ils seront dissous et ils rejoindront les quatre compagnies fournies par le régiment. Ces renforts tiendront au complet les douze premiers régiments provisoires. Mon intention est que tout ce qui arrivera à Orléans, en conséquence des ordres qui ont été donnés pour la formation des six derniers régiments provisoires, soit, à fur et mesure qu'il y aura 800 hommes, réuni en un bataillon de marche et dirigé sur le quartier général du maréchal Moncey, pour être dissous à l'arrivée et incorporé. Le général Savary aura de quoi former les 17e et 18e régiments composés chacun de trois bataillons et de quatre compagnies qui n'ont rien fourni aux douze régiments provisoires. Il y aura, pour former le 16e régiment, d'abord quatre compagnies du 36e de ligne, une du 32e et une du 13e légère. Comme les états que j'ai sont anciens, je suppose qu'il pourra y avoir d'autres compagnies destinées à ces régiments provisoires, et qui n'ont pas de détachements au corps d'observation des côtes de l'Océan. Vous sentez la différence que je fais d'un régiment ou bataillon de marche à un régiment provisoire ; les uns restent organisés et les autres doivent être dissous du moment qu'ils arrivent. Alors, mon intention est que les 13e, 14e et 15e régiments provisoires soient composés de la manière suivante : 13e régiment provisoire : 1er bataillon, quatre compagnies de 150 hommes chacune, fournies par le 3e bataillon du 55e, qui partiront de Boulogne pour Orléans ; 2e bataillon, quatre compagnies du 17e de ligne ; 3e bataillon, quatre compagnies du 43e ; — 14e régiment provisoire : 1er bataillon, quatre compagnies du 48e ; 2e bataillon, quatre compagnies du 108ᵉ ; 3ᵉ bataillon, quatre compagnies du 72ᵉ ; — 15ᵉ régiment provisoire : 1ᵉʳ bataillon, quatre compagnies du 72ᵉ ; 2ᵉ bataillon, quatre compagnies du 13ᵉ légère ; 3ᵉ bataillon, quatre compagnies qui seront choisies, une compagnie par régiment, parmi ceux qui n'ont point fourni aux douze premiers régiments provisoires. Les 16ᵉ, 17ᵉ et 18ᵉ régiments provisoires seront composés comme il a été dit ci-dessus. Je désire donc que vous me fassiez faire un état qui me fasse connaître le nombre de bataillons de marche à former successivement pour compléter les douze premiers régiments provisoires et la formation définitive des six derniers régiments provisoires. Vous sentez la nécessité de ce que je prescris là. Il faut faire le même raisonnement pour la division de Poitiers. Je n'ai pas le temps de faire le travail. Mais il faut former un régiment de marche des cuirassiers qui ont fourni des détachements au 4ᵉ régiment provisoire de grosse cavalerie, et qui, cependant, ont déjà fourni des détachements aux trois premiers régiments provisoires. Ce régiment de marche se mettra en mouvement du moment qu'il aura 300 hommes ; il sera dirigé sur le quartier général du général Dupont, où il sera dissous, et incorporé dans les deux régiments de grosse cavalerie qui sont à cette armée. Il faut faire la même chose pour le régiment provisoire de dragons. On formera un régiment de marche qu'on fera partir lorsqu'il sera à 300 hommes, pour rejoindre le quartier général du maréchal Moncey, où il servira à renforcer les deux régiments provisoires de dragons. La même opération sera faite pour le 3ᵉ régiment de chasseurs ; on en formera un régiment de marche qui, lorsqu'il sera entre 200 et 300 hommes, partira pour se rendre au quartier général du général Dupont et renforcer ses deux régiments provisoires de chasseurs. La même opération sera faite au 3ᵉ régiment provisoire de hussards, et, comme il résulte de votre état de situation qu'il y a 1.700 chevaux arrivés à Poitiers, on pourra réunir un régiment de marche sous les ordres du général Lagrange, qui sera chargé de les conduire. Le général La Salle restera à Poitiers. Il ne restera à Poitiers que les détachements des régiments qui n'ont pas fourni de détachements aux premiers régiments provisoires, lesquels formeront les régiments provisoires de la division de Poitiers, qui restera sous les ordres du général de division La Salle, et, à fur et mesure que des détachements arriveront pour former les régiments provisoires de la division de Poitiers, on les divisera ; ceux qui ont déjà fourni aux régiments provisoires qui sont en Espagne seront réunis et formés en escadrons de marche, et, dès l'instant qu'ils formeront plus de 200 hommes, ils seront dirigés sur Bayonne. Les détachements, au contraire, qui n'auraient rien fourni pour la composition des régiments provisoires qui sont en Espagne, resteront pour former les régiments provisoires de la division de Poitiers. A cet effet, je vous invite à parcourir avec attention les états des dépôts de cavalerie, et à mettre en marche pour Poitiers de forts détachements, afin de composer cette division de régiments provisoires et de mettre en marche des détachements de régiments qui en ont déjà fourni aux régiments provisoires qui sont en Espagne, pour être formés en escadrons de marche. Vous donnerez cette instruction au général La Salle, et vous exigerez que le procès-verbal vous en soit envoyé afin que vous en instruisiez le maréchal Moncey et le général Dupont ; vous autoriserez le général La Salle à leur donner un ordre de marche sur Bordeaux d'où ils ne devront partir que sur vos ordres, après que vous aurez pris les miens. Je n'ai pas besoin de vous dire qu'en formant aux camps de Boulogne et d'Anvers les détachements qui doivent former les régiments provisoires, il faut prendre dans les trois bataillons des jeunes gens et non aucun des hommes qui ont fait les campagnes de la Grande Armée, à moins que ce ne soient quelques hommes de bonne volonté. Le 43ᵉ doit déjà être en marche pour le Havre ; vous le détournerez de sa route pour le diriger sur Orléans avec cette différence que les six compagnies se formeront à quatre, celles de grenadiers et voltigeurs compris. Ce qui restera du cadre des deux compagnies, après qu'elles auront complété le bataillon à 600 hommes, continuera sa route sur le Havre ; et des trois compagnies de dépôt, on tirera ce qu'il y a de disponible, afin de compléter ces deux compagnies du Havre à 100 hommes chacune ; après que vous aurez donné vos instructions, vous m'enverrez les états qui organisent tout cela de cette manière. Le principe fondamental est qu'aucun régiment d'infanterie de ligne, ni légère, ne doit fournir qu'à un régiment provisoire, mais peut fournir à plusieurs bataillons des régiments de marche. Ceci n'exige aucun contre-ordre à donner dans les dépôts. Il suffit seulement que le général qui commande à Orléans et Poitiers ait bien ses instructions et les documents nécessaires pour comprendre et saisir ma volonté (1).

(1) Ce qui suit est du ministre de la guerre, qui a écrit sous la dictée de Sa Majesté.

Le commencement n'est pas bien dit. Il ne faut pas faire deux régiments de marche, mais seulement deux bataillons formant un régiment commandé par un major, et chaque bataillon par un chef de bataillon. Quand ce régiment de marche arrivera à l'armée du maréchal Moncey, il gardera les officiers et chefs pour remplacer les malades, et vous le laisserez maître de conserver le cadre de la compagnie et d'avoir ainsi cinq compagnies d'un même corps, formant un bataillon d'un régiment provisoire, ou de la fondre dans les quatre compagnies. Cependant, mon intention n'est pas qu'il conserve le 5° cadre, à moins que les quatre compagnies n'aient chacune plus de 110 hommes présents sous les armes et que la 5° compagnie arrivante soit de même force. Il importe que l'opération se fasse par procès-verbaux et que le compte n'en soit pas rendu par une simple dépêche. Il faut aussi entendre bien, tant pour l'infanterie que la cavalerie, que lorsqu'un régiment de marche arrive, le général de l'armée ne peut incorporer un détachement d'un régiment dans une compagnie d'un autre régiment, sans quoi il y aurait confusion.

NAPOLÉON.

1632. — DÉCISION.

Paris, 19 février 1808.

Le maréchal Berthier soumet à l'Empereur le compte rendu de M. Denon, directeur des musées, au sujet de l'emploi des fonds mis à sa disposition pour l'enlèvement, l'emballage et le transport jusqu'à Paris des différents objets d'art par lui recueillis dans les pays conquis pendant le cours de la dernière campagne.

Approuvé.

NAPOLÉON.

1633. — AU GÉNÉRAL CLARKE.

Paris, 20 février 1808.

Monsieur le général Clarke, faites venir chez vous le grand-duc de Berg. Faites-lui connaître que je l'ai nommé mon lieutenant-général pour commander toutes les troupes que j'ai en Espagne et que mon intention est qu'il parte cette nuit pour porter son quartier général à Bayonne, où il sera rendu le 26 février et au plus tard le 27. Le général Belliard sera son chef d'état-major. En attendant que ce général soit arrivé, vous donnerez l'ordre à l'adjudant commandant Bailly-Monthion de partir pour remplir les fonctions de chef d'état-major.

Le général Lariboisière, comme je l'ai ordonné, commandera en chef l'artillerie. Présentez-moi un général du génie pour commander en chef le génie. Il faudrait aussi choisir un bon inspecteur aux revues ou un bon ordonnateur pour faire les fonctions d'intendant général.

Mon intention est que le général Moncey, le général Dupont, le général Duhesme et le général Merle soient sous les ordres du grand-duc de Berg et lui rendent tous les jours des comptes. Le grand-duc de Berg commandera la partie de ma garde qui se trouve à Bordeaux, et qui a ordre de se rendre à Bayonne.

Dans tous les événements imprévus, le grand-duc de Berg donnera des instructions et des ordres pour assurer la tranquillité et la sûreté de mes troupes. Le général commandant la 11e division militaire, ainsi que l'ordonnateur et les directeurs de l'artillerie et du génie de cette division, seront sous ses ordres, et il pourra en tirer tout ce qu'il jugera convenable.

Napoléon.

1634. — AU GÉNÉRAL CLARKE.

Paris, 20 février 1808.

Monsieur le général Clarke, donnez l'ordre aux deux premiers bataillons du 7e régiment de ligne, complétés à 1.000 hommes chacun, aux dépens du 3e bataillon, et à un bataillon formé de grenadiers et de voltigeurs et des quatre compagnies du 3e bataillon du 37e de ligne, chaque compagnie complétée le plus possible à 140 hommes, de partir de Turin, en une colonne formant près de 2.800 hommes, pour se rendre par le plus court chemin à Perpignan. Ils se mettront en route vingt-quatre heures après la réception de votre ordre.

Donnez ordre à une colonne formée de trois bataillons des 2e, 56e et 93e de ligne de se mettre en marche d'Alexandrie pour se rendre également à Perpignan. Ces trois bataillons seront sous les ordres d'un major d'un des régiments qui sont à Alexandrie. Ces trois bataillons seront composés, comme celui du 37ᵉ, de compagnies prises dans les trois bataillons, ce qui formera un complet de 2.520 hommes. Ces deux colonnes formeront par là plus de 5.000 hommes.

Tracez-leur la route la plus courte pour se rendre à Perpignan, où vous donnerez des ordres pour qu'ils trouvent une paire de souliers par homme et pour qu'ils en partent parfaitement en état. Vous me remettrez l'itinéraire de ces colonnes jour par jour.

NAPOLÉON.

1635. — AU GÉNÉRAL CLARKE.

Paris, 20 février 1808.

Monsieur le général Clarke, donnez ordre à deux escadrons du régiment de cavalerie du grand-duc de Berg, composés chacun de 200 hommes, sous les ordres du colonel, et qui vont entrer en France par Wesel, de se rendre à Paris. Du moment qu'ils seront entrés en France, ils seront nourris et entretenus à mes frais. La solde leur sera payée par le grand-duc.

NAPOLÉON.

1636. — DÉCISION (1).

20 février 1808.

On propose à Sa Majesté d'accorder à M. Joubert, ordonnateur en chef de l'armée d'Italie, la permission de venir passer un ou deux mois en France. Depuis le commencement de l'an XI, il est resté constamment à son poste et on ne pense pas que le bien du service puisse souffrir de son absence momentanée.	Approuvé.

(1) Non signée; extraite du « Travail du ministre directeur de l'administration de la guerre avec S. M. l'Empereur et Roi, daté du 17 février 1808 ».

1637. — DÉCISION (1).

21 février 1808.

On a l'honneur de présenter à Sa Majesté M. Mazade pour ordonnateur de la division militaire de la Toscane.

Approuvé.

1638. — AU GÉNÉRAL CLARKE.

21 février 1808.

Monsieur le général Clarke, les quatrièmes bataillons des cinq légions de réserve seront tous arrivés le 27 février à Bordeaux. La plus grande partie de ces 1.600 hommes de renfort, que doivent leur fournir les compagnies de département, seront également arrivés à Bordeaux le 1er mars, ce qui portera ces bataillons à l'effectif de 600 hommes et formera un corps de 3.000 hommes. Mon intention est que les cinq bataillons forment deux régiments, l'un composé de deux bataillons et l'autre de trois, commandés chacun par un major des légions de réserve. Ces deux régiments ou ces cinq bataillons formeront une brigade qui sera commandée par un des généraux de brigade, majors généraux des cinq légions, le plus habitué à faire la guerre. Cette brigade fera partie de la division d'observation des Pyrénées occidentales, commandée par le général Merle. Cette division aura donc deux brigades : l'une, qui sera sous les ordres du général Darmaignac, composée de ce qui est à Pampelune aujourd'hui, et l'autre de ces cinq bataillons, ce qui portera la division de Pampelune à 6.000 hommes ; ses douze pièces de canons sont celles qui étaient attachées à la réserve. Il est convenable d'envoyer à cette division un capitaine du génie, un chef de bataillon d'artillerie, un commissaire des guerres et un adjoint. Envoyez aussi au général Merle un adjudant commandant. Vous donnerez l'ordre au général de division qui commande à Bordeaux de passer la revue de ces cinq bataillons et de prendre toutes les mesures pour en activer l'organisation, de manière qu'ils puissent partir de Bordeaux le 5 mars. Vous préviendrez le général qui la commandera d'envoyer son état de situation au général

(1) Non signée; extraite du « Travail du ministre directeur de l'administration de la guerre avec S. M. l'Empereur et Roi, daté du 17 février 1808 ».

Merle et de se tenir en mesure de partir pour le joindre, aussitôt que vous lui en enverrez l'ordre.

NAPOLÉON.

1639. — AU GÉNÉRAL DEJEAN.

21 février 1808.

Monsieur Dejean, donnez des ordres pour qu'il soit embrigadé, dans les départements de la 11e division militaire, 500 mulets de bât avec leurs charges. L'ordonnateur passera pour cet effet un marché. Ces mulets seront mis à la disposition des ordonnateurs des corps du maréchal Moncey et du général Dupont pour le transport des vivres, indépendamment de ce que pourront offrir les localités. Les conducteurs seront basques ou français et leurs chefs seront des Français sur lesquels on puisse compter.

NAPOLÉON.

1640. — ORDRE DE L'EMPEREUR.

Orléans, 21 février 1808, 10 heures du soir.

Le général Savary fera partir demain pour Bordeaux le 1er bataillon du 16e régiment d'infanterie provisoire.

Les deux autres bataillons suivront la destination du premier à mesure qu'ils seront formés.

Le grand-duc de Berg,
JOACHIM.

1641. — AU MARÉCHAL BERTHIER.

Paris, 22 février 1808.

Mon Cousin, je vous prie de me faire faire un état comparatif de la situation de la Grande Armée au 1er juin 1807, c'est-à-dire avant le commencement de la campagne de Friedland, avec la situation au 1er janvier 1808 : 1° vous n'y comprendrez que les troupes françaises ; 2° vous n'y comprendrez pas les régiments provisoires et autres troupes françaises qui n'étaient pas encore rendues soit à Hamburg, soit à Stettin, Stralsund, etc. ; 3° vous ne porterez que les présents sous les armes ; 4° les régiments partis depuis de l'armée, il faut les porter pour zéro au 1er janvier, et mettre leur force avant juin ; de même porter ma garde pour ce qu'elle était alors, et zéro au 1er janvier, puisqu'elle n'est plus à la Grande Armée.

NAPOLÉON.

1642. — DÉCISION.

Paris, 22 février 1808.

Le ministre de la guerre propose de nommer le général Léry, pour assurer le service de son arme au grand état-major des armées d'Espagne, dont le commandement supérieur est confié à S. A. I. le grand-duc de Berg.

Approuvé, le général Léry.

NAPOLÉON.

1643. — AU GÉNÉRAL DEJEAN.

Paris, 22 février 1808.

Monsieur Dejean, je pense qu'il est convenable que vous achetiez les 18.000 paires de souliers que l'on vous offre et que vous les fassiez partir sur-le-champ pour Bayonne. Ces 18.000 paires, avec les 32.000 qui sont à Bayonne, feront 50.000 paires de souliers ; mais assurez-vous bien qu'ils sont de bonne qualité, car de mauvais souliers ne servent à rien.

NAPOLÉON.

1644. — DÉCISION.

Paris, 22 février 1808.

Rapport du maréchal Bernadotte au maréchal Berthier, lui faisant connaître que l'armée espagnole manque de cartouches et de fusils.

Lui faire fournir tous ces objets.

NAPOLÉON.

1645. — DÉCISION.

Paris, (1) février 1808.

Le maréchal Berthier rend

Autorisez la levée de 600 che-

---

(1) Sans date de jour; le rapport du maréchal Berthier est du 20 février, l'expédition de la décision du 23.

compte que, d'après un rapport du maréchal Soult, il existe à l'équipage d'artillerie du 4ᵉ corps un déficit de 520 chevaux. Le maréchal Soult propose d'y remédier au moyen d'une levée de chevaux dans la Poméranie suédoise.

vaux dans la Poméranie suédoise seulement. 400 seront pour l'artillerie et 200 pour les transports militaires du 4ᵉ corps.

NAPOLÉON.

1646. — DÉCISION (1).

On propose à Sa Majesté de nommer M. le général de division Dupont, ex-ambassadeur près S. M. le roi de Hollande, au commandement de la division militaire formée de la Toscane.

On proposera à Sa Majesté d'autres choix pour cette division.

1647. — EXTRAIT DU PROCÈS-VERBAL DE LA SÉANCE DU CONSEIL D'ADMINISTRATION-LIQUIDATION DE LA GUERRE DU 24 FÉVRIER 1808 (2).

Le ministre de l'administration de la guerre présente à l'approbation de Sa Majesté deux états de créances, provisoirement liquidées dans les bureaux de son Département, au profit des 14ᵉ et 31ᵉ régiments d'infanterie légère et du dépôt de conscrits à Strasbourg, causées pour fournitures sur leur masse d'habillement de l'an XIII et de l'an XIV et montant ensemble à la somme de 17.148 fr. 58.

Le ministre prie Sa Majesté d'autoriser le payement de ladite somme.

L'Empereur approuve la proposition du ministre et ordonne que la somme de 17.148 fr. 58 sera répartie ainsi qu'il suit :

---

(1) Sans signature ni date; extraite du « Travail du ministre de la guerre avec S. M. l'Empereur et Roi, du 24 février 1808 ».
(2) Registre des décrets du ministère de l'administration de la guerre, du 1ᵉʳ octobre 1806 au 25 mars 1808.

An XIII.

NOMS DES FOURNISSEURS.	DÉSIGNATION DES CORPS.	NATURE DE LA DÉPENSE.	MONTANT DE LA DÉPENSE.
»	14ᵉ régiment d'infanterie légère.	Pour solde de la 2ᵉ portion de sa masse générale de thermidor et fructidor, an XIII............	7.517 16
»	31ᵉ régiment d'infanterie légère.	Pour remboursement du prix de 263ᵐ,15 cadis bleu qu'il a acheté pour l'habillement de son bataillon d'élite en avril 1806........	394 72

An XIV.

MAUBONGAND....	Dépôt de conscrits à Strasbourg......	Tricots........................	9.236 70
			17.148 58

Hugues B. Maret.

1648. — AU GÉNÉRAL CLARKE.

24 février 1808.

Monsieur le général Clarke, écrivez au gouverneur des Sept-Iles de prendre les magasins qu'ont laissés les Russes et de s'en servir, en ayant soin d'en faire dresser des procès-verbaux en règle.

Napoléon.

1649. — DÉCISION.

Paris, 24 février 1808.

Compte rendu de l'exécution du décret du 17 janvier 1808 qui ordonne une levée de 4.032 hommes sur les compagnies de réserve départementale, dont 1.600 pour les légions de réserve à Bordeaux et 2.432 pour les dépôts des corps à cheval.

Renvoyé au grand-duc pour me faire connaître ce qui était arrivé au 1ᵉʳ mars de ces 1.600 hommes et lorsque ces bataillons pourront partir.

Napoléon.

1650. — DÉCISIONS (1).

On rend compte à Sa Majesté qu'aussitôt que les régiments pro-

Prendre des mesures pour accélérer l'envoi.

---

(1) Sans signature ni date; extraites du « Travail du ministre directeur de l'administration de la guerre avec S. M. l'Empereur et Roi, daté du 24 février 1808 ».

visoires des troupes à cheval ont reçu l'ordre de se former, on a essayé de leur procurer des vétérinaires, mais sans succès. Il paraît néanmoins que les deux écoles pourront leur en fournir d'ici à un mois.

M. Coste, inspecteur général du service de santé et médecin en chef de l'hôtel des Invalides, demande à cumuler les deux traitements ; on avait, en l'an XII, proposé à Sa Majesté d'accorder à ceux qui exerçaient deux fonctions un supplément égal à la moitié du traitement le plus faible. Elle s'y refusa. On prend de nouveau ses ordres.

Proposer de lui accorder une pension en récompense de ses services.

On rend compte à Sa Majesté des dispositions concertées avec les bureaux du ministre de l'intérieur pour la levée par réquisition de 500 mulets qu'Elle a demandés. Si Sa Majesté les approuve, les ordres d'exécution partiront sur-le-champ.

Approuvé.

1651. — DÉCISION.

Paris, (1) février 1808.

Le ministre de la guerre rend compte qu'une colonne formée de détachements des 2e, 4e, 5e régiments de ligne italiens et du 1er de ligne napolitain, est partie de Novare le 17 février pour se porter sur Avignon, où elle arrivera le 14 mars et attendra de nouveaux ordres.

La faire reposer à Avignon deux jours, après quoi elle continuera sa route sur Perpignan.

---

(1) Sans date de jour: le rapport du ministre est du 24 février, l'ordre d'expédition de la décision du 26.

1652. — DÉCISION.

Paris, (1) février 1808.

Sire, M. le général Oudinot vient de m'adresser l'état nominatif des militaires de sa division qui ont péri ou qui ont été blessés pendant l'incendie qui a eu lieu à Danzig, dans la nuit du 2 au 3 février, et qui a consumé environ 70 maisons et une grande caserne. Le nombre de ces militaires est de 41, dont un officier.

M. le général Oudinot m'annonce que, dans ce malheureux événement, il n'est aucun militaire de sa division qui ne se soit empressé de donner des preuves de générosité, d'humanité et de courage, et que tous se sont montrés dignes du nom français.

Le vice-connétable,
major général,
Prince ALEXANDRE.

Témoigner ma satisfaction à la division sur sa conduite dans cet événement.

NAPOLÉON.

1653. — AU GÉNÉRAL GASSENDI.

Paris, 27 février 1808.

Monsieur le Général, comment l'artillerie de l'armée du Portugal n'a-t-elle pas encore envoyé l'état de situation de ce qui a été pris de l'artillerie qui a été trouvée à Lisbonne et dans les forts ?

NAPOLÉON.

1654. — DÉCISION.

Paris, 27 février 1808.

Le général Clarke rend compte à l'Empereur que, par suite d'une consommation de munitions qui a

Il faut toujours avoir 200 milliers de poudre à Bayonne.

NAPOLÉON.

---

(1) Sans date de jour; le rapport du maréchal Berthier est du 23 février, l'expédition de la décision du 26.

dépassé toutes les prévisions, on craint de manquer de poudre pour la continuation du siège de Saragosse.

1655. — DÉCISION.

Paris, 28 février 1808.

Le ministre de la guerre demande les ordres de l'Empereur au sujet de la composition des 4es bataillons des légions de réserve.

Les légions de la réserve devront être formées de quatre bataillons à huit compagnies et d'un 5e bataillon de dépôt de quatre compagnies ; les cinq compagnies du 4e bataillon qui sont à Bordeaux et qui font partie du Corps d'observation des Pyrénées occidentales n'est (sic) qu'un détachement. Les trois compagnies qui sont restées au dépôt devront les joindre, lorsque j'en aurai donné l'ordre ; elles devront avoir de quoi compléter le 4e bataillon. Les quatre compagnies qui doivent former le dépôt ont été comprises dans la distribution, en les prenant parmi les régiments qui ont quatre bataillons. J'ai appelé 5.000 hommes des compagnies départementales. Les bataillons partis pour Bordeaux ne sont guère qu'à 500 hommes ; il faudra pour les compléter, 1.500 hommes. Les hommes restants serviront pour former les 5es bataillons qui ne sont pas complets et enfin pour former le fond des dépôts.

NAPOLÉON.

1656. — DÉCISION.

Paris, 29 février 1808.

Le ministre de la guerre rend compte de l'avis du général Durutte, gouverneur de l'île d'Elbe, sur les avantages qu'offrirait la prise de l'île de Ponza, située devant Terracine.

Renvoyé au roi de Naples pour avoir son opinion là-dessus, et tenter de s'en emparer s'il le juge praticable.

NAPOLÉON.

1657. — DÉCISION.

1ᵉʳ mars 1808.

Le maréchal Berthier présente une demande d'indemnité en faveur des auditeurs au Conseil d'État qui ont été chargés, à Berlin, de la direction des différents services pendant le cours de la campagne de Prusse.

Accordé 3.000 francs sur les fonds de la Grande Armée.

NAPOLÉON.

1658. — DÉCISION.

1ᵉʳ mars 1808.

Le ministre de la guerre propose de dispenser le 1ᵉʳ régiment prussien du remboursement des frais résultant des dégradations commises aux casernes de Berlin par un détachement de ce corps et d'imputer cette somme sur ce que doit la ville de Berlin.

Accordé.

NAPOLÉON.

1659. — DÉCISION.

1ᵉʳ mars 1808.

Le maréchal Berthier présente une requête du prince de Ponte-Corvo, tendant à obtenir une indemnité qui le dédommage des dépenses que lui occasionne l'envoi

Lui accorder 100.000 francs.

NAPOLÉON.

d'officiers en mission, l'expédition des courriers et pour d'autres objets. Il annonce être déjà à découvert d'une certaine somme et sans moyens pour faire de nouvelles avances.

Son Altesse prie en conséquence Votre Majesté de mettre un fonds à sa disposition pour subvenir aux dépenses imprévues et extraordinaires qu'elle sera obligée de faire.

Le vice-connétable,
major général,
Prince ALEXANDRE.

1660. — DÉCISION.

Paris, 1" mars 1808.

Le maréchal Berthier rend compte que les officiers de la Grande Armée se trouvent dans la gêne et les corps dans l'impossibilité de mettre au courant la masse de linge et de chaussure des sous-officiers et des soldats, parce qu'il leur est dû plusieurs mois de solde et que l'intendant général propose d'autoriser le paiement de deux mois de solde à l'armée.

Approuvé, et de plus le mois de février pour les officiers.

NAPOLÉON.

1661. — DÉCISION.

1" mars 1808.

L'Empereur ayant ordonné d'imprimer une grande activité aux constructions d'artillerie dans les arsenaux de Turin et de Gênes, le ministre de la guerre propose de faire venir à Turin la 3e compagnie d'ouvriers qui est à Mantoue et de réunir toute la 15e à Mantoue.

Approuvé.

NAPOLÉON.

1662. — DÉCISIONS (1).

1ᵉʳ mars 1808.

Le général Clarke soumet à l'Empereur le projet des commandes à faire dans les fonderies impériales pour l'année 1808.

On propose à Sa Majesté de faire revenir de l'armée de Naples les trois escouades de la 15ᵉ compagnie d'ouvriers pour la réunir en entier à Mantoue et d'employer la 13ᵉ compagnie à Turin.

Commander... (2) mortiers de 6 pouces à la Gomer pour servir aux obus de 6 pouces.

Approuvé.

Compte rendu de la gestion de la manufacture d'armes à Turin pendant l'année 1807 et proposition d'accorder une gratification de 1.200 francs au sieur Cotty, chef de bataillon d'artillerie, inspecteur de cette manufacture.

Accordé.

Le général Lafon Blaniac, écuyer de S. M. la reine de Naples, demande que les sieurs G. Donna et J.-B. Richard, le premier soldat et le second caporal au 62ᵉ régiment d'infanterie, soient autorisés à passer dans le régiment des voltigeurs de la garde de S. M. le roi de Naples; le sieur Donna est cousin germain du sieur Donna, colonel de ce corps.

On prie Sa Majesté de faire connaître ses intentions à ce sujet.

Accordé.

Le grand-duc de Berg demande que les sieurs Ant. Montgaillard, sergent au 6ᵉ régiment d'infanterie légère, et son frère Henry-Léonard, âgé de 17 ans et non encore mili-

Accordé.

---

(1) Non signées; extraites du « Travail du ministre de la guerre avec S. M. l'Empereur et Roi, du 24 février 1808 ».
(2) Resté en blanc.

taire, reçoivent l'autorisation de passer à son service.

On prie Sa Majesté de vouloir bien décider si les majors des légions employés au 2ᵉ corps d'observation de la Gironde jouiront du traitement de représentation de 1.800 francs attribué aux colonels d'infanterie de ligne.

Oui.

On propose à Sa Majesté de dégager le 1ᵉʳ régiment prussien d'un remboursement résultant de dégradations commises aux casernes de Berlin par un détachement de ce corps et de l'imputer sur ce que doit la ville de Berlin. Ces dégradations ont été légalement constatées et elles s'élèvent à la somme de 12.292 fr. 53.

Accordé.

On prie Sa Majesté de vouloir bien faire connaître si les dispositions de l'article 9 du décret du 23 septembre 1807, qui accorde des indemnités extraordinaires à l'armée de Portugal, sont applicables au 2ᵉ corps d'observation de la Gironde.

Non.

On soumet à l'approbation de Sa Majesté la démission du sieur Malher, sous-lieutenant à la 2ᵉ compagnie d'ouvriers d'artillerie.

Approuvé.

Des sommes considérables sont dues aux compagnies de gendarmerie pour supplément de fourrages des années XII, XIII, XIV, 1806 et 1807.

On propose à Sa Majesté de prélever, sur les fonds qui lui ont été accordés en bons de la caisse d'amortissement, une somme de 1.060.000 francs, dont 1 million pour la gendarmerie et 60.000 francs pour la solde des corps de troupes de l'an IX.

Représenter cela au Conseil d'Etat. Il me semble qu'il y a un an j'ai déjà payé un million pour cet objet.

1663. — DÉCISION (1).

1ᵉʳ mars 1808.

On rend compte du marché passé pour les hôpitaux d'Italie en 1808. Il en résulte que la journée, qui coûtait en 1807 environ 1 fr. 70, reviendra dans l'année courante à 1 fr. 50.

C'est trop cher. Refusé d'approuver. Il faut que cela ne coûte que 1 fr. 20.

1664. — DÉCISIONS (2).

1ᵉʳ mars 1808.

On rend compte à Sa Majesté qu'une somme de 10.000 francs est employée chaque mois à payer les employés des services administratifs en Italie. On lui demande si on doit les conserver.

Réduire.

Les ambulances coûtent par mois, pour l'armée d'Italie. 2.659 33
Pour le 2ᵉ corps d'armée en Frioul. . , ... 1.583 33

TOTAL. 4.242 66

Elles ne rendent aucun service dans le moment actuel. Doivent-elles être conservées ?

Il faut supprimer cette dépense en mettant les employés dans les hôpitaux.

On prie Sa Majesté de décider si on doit continuer à faire acquitter les délégations des employés de la Grande Armée sur les fonds de l'administration ou si elles doivent être acquittées par la caisse particulière du ministre, qui en serait couverte par les diverses régies.

Il faut donner l'état de tout ce qui a été payé pour 1807 pour le faire rembourser par les entrepreneurs qui ont été payés à la Grande Armée.

Pour 1808, vu l'existence des billets du Trésor avec lesquels on peut payer une partie des appointements, il semble que cela est inutile.

NAPOLÉON.

---

(1) Non signée; extraite du « Travail du ministre directeur avec S. M. l'Empereur et Roi, du 24 février 1808 ».

(2) Non signées, sauf la dernière; extraites du « Travail du ministre directeur avec S. M. l'Empereur et Roi, du 24 février 1808 ».

1665. — AU MARÉCHAL BERTHIER.

1" mars 1808.

Mon Cousin, donnez le commandement du génie du prince de Ponte-Corvo au général Lazowski, et adjoignez-lui les officiers de génie dont il peut avoir besoin. Envoyez-lui aussi l'adjudant commandant qu'il demande, s'il se trouve en Allemagne. Donnez l'ordre au général Liger-Belair de se rendre à Bayonne, pour être employé dans une des armées qui sont en Espagne. Donnez le même ordre aux adjudants commandants Lomet et Humbert, aux élèves de l'école de Fontainebleau Dericourt (1) et Demauroy, qui sont disponibles à la Grande Armée, et aux jeunes gens que j'avais placés comme officiers d'ordonnance. Ces jeunes gens commenceront mal leur service, s'ils n'entrent sur-le-champ dans des corps.

NAPOLÉON.

1666. — AU MARÉCHAL BERTHIER.

1" mars 1808.

Mon Cousin, donnez l'ordre au 36° de ligne de rentrer en France. Il se dirigera sur Wesel. Vous me ferez connaître le jour où il arrivera dans cette place. Donnez l'ordre au 9° régiment de dragons et au 26° régiment de chasseurs à cheval de rentrer également en France ; ils se dirigeront sur Mayence.

Dans l'état de situation que vous me remettez, je ne vois pas l'état de la légion polacco-italienne qui se trouve à Cassel. Je désire avoir cet état.

NAPOLÉON.

1667 — DÉCISION.

Paris, 2 mars 1808.

| Le ministre de la guerre demande, au nom du colonel du 2° régiment de carabiniers, qu'un petit détachement parte du dépôt de ce corps pour conduire aux escadrons de guerre de la Grande Armée des effets d'habillement dont ce régiment a le plus pressant besoin. | Faire partir un détachement de 100 hommes montés des 1er et 2° régiments de carabiniers, avec tout ce qui est nécessaire pour ces deux régiments et les diriger sur Berlin.

NAPOLÉON. |

---

(1) Ce nom et nul autre approchant ne figurent sur le contrôle de l'école de Fontainebleau.

1668. — AU GÉNÉRAL CLARKE.

Paris, 2 mars 1808.

Monsieur le général Clarke, donnez l'ordre que les 100 hommes des tirailleurs corses qui se trouvent à Deux-Ponts et les 300 hommes des tirailleurs du Pô qui se trouvent à Besançon soient dirigés sur Mayence. Vous donnerez l'ordre au maréchal Kellermann de leur faire fournir tout ce dont ils auront besoin, de les former en un bataillon de marche de 400 hommes et de les mettre en marche pour Stettin.

Napoléon.

1669. — DÉCISIONS (1).

On propose à Sa Majesté de décider que la taille des chevaux de chasseurs et de hussards sera de 1 mètre 489 millimètres à 1 mètre 529 millimètres (4 pieds 7 pouces à 4 pieds 8 pouces et demi), telle qu'elle était avant le décret du 21 avril 1807 qui l'a réduite à 1 mètre 407 millimètres ou 1 mètre 461 millimètres (4 pieds 4 pouces à 4 pieds 6 pouces).

Un simple avis ministériel suffit. Le décret avait été déterminé par les circonstances de la guerre. Ces circonstances n'existant plus, l'ancienne taille doit être de nouveau suivie.

Le régiment de cavalerie du grand-duc de Berg doit-il jouir des 15 centimes de masse d'ordinaire, et cette dépense sera-t-elle à la charge du Trésor français ou du grand-duc ?

L'opinion du ministre est approuvée.

On lui fera payer les masses de chauffage et de fourrage.

Faut-il prendre des mesures pour son habillement au compte de la France ?

On rend compte à Sa Majesté que le général des troupes espa-

Sa Majesté a entendu seulement que les troupes espagnoles

---

(1) Sans date ni signature; extraites du « Travail du ministre directeur de l'administration de la guerre avec S. M. l'Empereur et Roi, daté du 2 mars 1808 ».

gnoles demande un acompte de 500.000 francs pour l'habillement et les remontes, etc., de ses troupes. Le ministre n'avait pu faire aucune disposition pour elles depuis leur sortie de France. Il prend les ordres de Sa Majesté.

Le général des troupes espagnoles demande, d'après les comptes arrêtés par des commissaires nommés par M. Daru, 72.702 fr. 41 pour les dépenses de ces troupes dans leur passage en Bavière. M. Daru a refusé de les payer sur les fonds de l'armée, d'après les ordres de Sa Majesté.

On prend les ordres de Sa Majesté sur les demandes de congé faites par quatorze commissaires des guerres de la Grande Armée.

seraient nourries, c'est-à-dire qu'il leur serait fourni le pain, la viande et les fourrages.

Il n'y a pas lieu à faire ce paiement.
Sa Majesté, en général, ne paye rien pour passage de troupes dans les Etats de la Confédération du Rhin.

Refusé.

1670. — DÉCISIONS (1).

On propose à Sa Majesté de décider si, pour l'avenir, les indemnités dues aux propriétaires des terrains endommagés par les manœuvres des troupes en garnison seront supportées par les corps ou par le Département de la guerre.
On pense que c'est au Département de la guerre à payer, sauf modification.

Le ministre de l'intérieur demande encore 87.039 kg. 36 grammes de bronze pour l'entière exécution de la colonne d'Austerlitz.
On demande à ce sujet les ordres de Sa Majesté.

Partout où il y a garnison, la ville doit fournir un champ de manœuvres.

Approuvé.

---

(1) Ni datées ni signées; extraites du « Travail du ministre de la guerre avec S. M. l'Empereur, du 2 mars 1808 ».

On prie Sa Majesté de vouloir bien faire connaître si, comme le ministre de la guerre du royaume d'Italie l'annonce, elle ordonne que la division italienne, commandée par le général Lechi, serait à la charge du Trésor de France à compter du 1er janvier 1808.	Sa Majesté a donné une décision au ministre de l'administration de la guerre.
Les professeurs du Muséum d'histoire naturelle demandent la mise en liberté des frères Lambert, Anglais d'origine, qui ont été envoyés au dépôt de Givet et qui ont le corps couvert d'écailles (objets de curiosité publique).	Accordé.
Projet de décret tendant à la reprise, par le Département de la guerre, du bâtiment des ci-devant capucins à Wissembourg, sauf à indemniser l'hospice civil de Landau, dont il est devenu la propriété par la concession d'autres terrains ou bâtiments nationaux et notamment d'un bâtiment (coté 210) à Germersheim qui vient d'être remis, comme inutile, au service militaire.	Renvoyé au Conseil d'Etat.
Projet de décret tendant à la reprise, par le Département de la guerre, du bâtiment militaire du ci-devant grand séminaire de Castres, lequel avait été concédé pour l'établissement d'une école secondaire qui n'est plus en activité.	Renvoyé au Conseil d'Etat.

1671. — DÉCISIONS (1).

3 mars 1808.

On propose à Sa Majesté de former en bataillon les quatre compa-	Approuvé.

(1) Non signées; extraites du « Travail du ministre de la guerre avec S. M. l'Empereur et Roi, du 2 mars 1808 ».

gnies provisoires du train d'artillerie employées aux armées d'Espagne.

Le ministre rend compte à Sa Majesté de sa décision provisoire portant que les Albanais et gardes nationales laissés à Corfou seront traités par la France comme ils l'étaient par le gouvernement russe. Sa Majesté est priée de vouloir bien approuver cette mesure simple et économique.

Approuvé.

On rend compte à Sa Majesté du motif de l'ordre donné au chef d'escadron Faurax, du 10ᵉ régiment de dragons, de se rendre à l'armée de Portugal pour être employé dans un des régiments provisoires de cette armée, le major ne pouvant être retiré sans inconvénient pour le bien du service.

Approuvé.

On propose à Sa Majesté d'accorder au chef de bataillon Muriel, à dater du 1ᵉʳ vendémiaire an XIV, jusqu'au 1ᵉʳ octobre dernier, terme pendant lequel il est resté seul à la tête du Dépôt général de la guerre, une indemnité qui porte la totalité de son traitement à 10.000 francs et de décider que, tant qu'il exercera les fonctions de sous-directeur à ce dépôt, il lui sera accordé un supplément de traitement qui rendra ses appointements égaux à ceux d'un colonel.

Accordé.

Le général de division Monnet, commandant supérieur de la place de Flessingue, demande un congé de quinze jours pour venir à Paris près de sa femme qui est mourante.

Accordé.

Le général Menou demande qu'il soit accordé un congé au général

Accordé.

de division Chabot, commandant le département de Marengo.

On propose à Sa Majesté de remettre en activité le général de brigade Saudeur pour être employé à la division d'infanterie qui se réunit à Orléans.

Le nommer commandant d'armes de 2° classe.

1672. — DÉCISION (1).

4 mars 1808.

Le roi de Westphalie désire que le sous-lieutenant Guillaume, du 14° régiment de dragons, soit autorisé de passer à son service.

Approuvé.

1673. — DÉCISION.

Paris, 4 mars 1808.

Le maréchal Berthier rend compte que la légion polacco-italienne a cessé d'être portée sur les états de situation depuis le moment où elle a quitté le service de France pour faire partie de l'armée du roi de Westphalie.

J'ai donné l'ordre à cette légion de rentrer en France par Mayence ; il est convenable de l'arrêter à Hanau, d'en faire passer la revue par le maréchal Kellerman, et de m'en envoyer la situation. J'en disposerai immédiatement après que j'aurai reçu cet état.

NAPOLÉON.

1674. — DÉCISIONS (2).

4 mars 1808.

Rapport du maréchal Berthier à l'Empereur.
1ᵉʳ mars 1808.

Sire, j'ai l'honneur de soumettre

---

(1) Non signée; extraite du « Travail du ministre de la guerre avec S. M. l'Empereur et Roi, du 2 mars 1808 ».
(2) Non datées; l'expédition des décisions a eu lieu le 4 mars.

à Votre Majesté différentes demandes qui m'ont été faites par des officiers de la Grande Armée :

1° Un congé de trois mois demandé par MM. le général Songis et le général Suchet en faveur du général de division Foucher, commandant l'artillerie du 5ᵉ corps, qui vient d'essuyer une maladie aiguë et qui a besoin de respirer l'air natal pour se rétablir : le colonel d'artillerie Noury le remplacerait pendant son absence ;

Accordé.

2° Un congé de quatre mois demandé en faveur du chef de bataillon Pierre, du 12ᵉ régiment d'infanterie de ligne, qui est atteint d'infirmités qui s'aggravent journellement par son séjour en Pologne ;

Refusé.

3° Un congé de trois mois demandé pour le capitaine des voltigeurs Potel, du 100ᵉ régiment d'infanterie, qui, ayant perdu sa mère, a le pressant besoin de venir à Paris pour mettre ordre à ses affaires ;

Accordé.

4° Un congé de trois mois demandé par M. le maréchal Soult en faveur du sous-lieutenant Guérin, du 4ᵉ régiment d'infanterie de ligne, et du sous-lieutenant Myngher, du 26ᵉ régiment de chasseurs, neveu du général Vandamme, pour venir régler des affaires de famille importantes.

Accordé.

NAPOLÉON.

Le vice-connétable,
major général,
Prince ALEXANDRE.

1675. — DÉCISION.

Paris, 5 mars 1808.

L'intendant général de la Grande Armée expose que la solde n'étant maintenant payée à l'armée que lorsqu'un ordre du jour le prescrit, les masses d'entretien dues aux bataillons des équipages militaires sont, comme la solde, arriérés de six mois ; en conséquence, il propose à l'Empereur de décider qu'à l'avenir, les masses d'entretien seront payées régulièrement à ces bataillons à la fin de chaque mois.

Approuvé.

NAPOLÉON.

1676. — DÉCISION.

Paris, 5 mars 1808.

Le ministre de la guerre présente une demande du colonel du 2ᵉ régiment de cuirassiers tendant à ce qu'un détachement de 64 hommes à pied soit envoyé du dépôt de ce régiment aux escadrons de guerre, à la Grande Armée, tant pour monter 22 chevaux actuellement en main que pour avoir à ces escadrons au moins 5 à 6 hommes à pied par compagnie destinés à remplacer les cuirassiers que des accidents mettent momentanément hors de service.

Donnez l'ordre à 30 cuirassiers seulement de se rendre à pied à la Grande Armée.

NAPOLÉON.

1677. — AU GÉNÉRAL CLARKE.

Paris, 5 mars 1808.

Monsieur le général Clarke, je vous renvoie les lettres des généraux Dupont et Darmaignac. Le grand-duc de Berg, étant à Bayonne, donnera les ordres nécessaires au général Merle qui commande à Pampelune. J'ai des nouvelles de Pampelune du 27 février qui détruisent ce que la lettre du 19, que vous me communiquez, a d'alarmant ; tout, au contraire, est parfaitement tranquille.

NAPOLÉON.

1678. — DÉCISION.

Paris, 5 mars 1808.

Le maréchal Berthier rend compte que le général Songis réclame six bouches à feu françaises qui restent inemployées à Cassel pour remplacer dans les corps d'armée un pareil nombre de canons prussiens qui y sont employés. Ce général réclame également deux pièces hessoises que le gouverneur de Cassel a négligé de faire évacuer sur la France.

Approuvé.

Napoléon.

1679. — DÉCISION.

Paris, 5 mars 1808.

Le maréchal Berthier rend compte d'un rapport du prince héréditaire de Mecklenburg-Schwerin, duquel il résulte que les nouvelles d'après lesquelles des bâtiments anglais seraient entrés dans le port de Wismar sont absolument controuvées. Le prince renouvelle en même temps ses instances pour obtenir que la garde des côtes du Mecklenburg soit confiée aux troupes de ce pays.

Approuvé.

Napoléon.

1680. — AU MARÉCHAL BERTHIER.

Paris, 6 mars 1808.

Mon Cousin, écrivez au général Songis que j'ai reçu sa lettre du 21 janvier et les états qui y étaient joints ;

Qu'il faut laisser à Magdeburg une quantité de fusils, sabres et pistolets suffisante pour servir à l'armée ;

Qu'on sera toujours à temps d'évacuer les magasins de Magdeburg sur la France ;

Qu'il faut faire une estimation, mais ne pas se presser de rien remettre au roi de Westphalie ;

Que l'artillerie de Magdeburg doit être entre les mains de l'armée française, et que ce dépôt doit être tenu abondamment approvisionné de tout ;

Que Sa Majesté ayant donné des ordres pour que sa cavalerie fût montée, il est nécessaire que l'artillerie soit aussi remontée ;

Que je ne reçois point d'état de situation de l'artillerie ;

Que le dernier état du matériel que j'ai est du mois d'août 1807 ;

Qu'il faut augmenter les équipages d'artillerie des corps d'armée, qui sont trop peu nombreux ;

Que je désire que le 1er corps ait 12 pièces d'artillerie par division, 6 pièces pour la cavalerie et 6 pièces pour le parc de réserve ; total : 48 pièces ;

Que le 3e corps doit avoir 36 pièces pour ses trois divisions, 6 pièces pour sa cavalerie et 6 pièces pour le parc ; total : 48 pièces ;

Que le 4e corps, y compris la division Molitor, ait 12 pièces de canon par division, c'est-à-dire 48 pièces, 6 pièces pour la cavalerie et 6 pièces pour le parc ; total : 60 pièces ;

Que le 5e corps ait 12 pièces par division, c'est-à-dire 24 pièces, 6 pour la cavalerie et 6 pour le parc ; total : 36 pièces ;

Que le 6e corps ait également 36 pièces ;

Que chacune des cinq divisions de dragons ait 6 pièces d'artillerie ; total : 30 pièces ;

Que la division Nansouty ait 12 pièces, la division Saint-Sulpice 6, et la division Espagne 6 ; total 24 pièces ;

Et la division Oudinot, 18 pièces.

Ce qui fait, pour toute l'armée, un total de 300 pièces de canon, indépendamment de l'artillerie des divisions Boudet et Dupas faisant partie du corps d'observation que commande le prince de Ponte-Corvo, qui doivent avoir chacune 12 pièces de canon.

L'artillerie espagnole et hollandaise n'est pas comprise dans ce calcul.

Donnez l'ordre au général Songis de m'envoyer l'état de situation de l'artillerie et de ce qui manque pour compléter le nombre de pièces que je viens d'indiquer ;

Que, s'il est nécessaire, il s'entendra avec le sieur Daru pour se procurer 500 chevaux en Silésie.

J'ai déjà autorisé le maréchal Soult à s'en procurer 500 en Poméranie. On peut s'en procurer un millier dans le pays entre l'Oder et le Rhin : il y a assez de canonniers et de soldats du train à la Grande Armée.

Ecrivez donc dans ce sens au général Songis et au sieur Daru.

On ne peut pas se dissimuler que la Grande Armée n'a pas assez d'artillerie, et ce que je demande là est le moins qu'elle puisse avoir.

Il faut aussi demander au général Songis de vous envoyer, deux fois par mois, l'état du personnel, du matériel et des attelages de l'artillerie de la Grande Armée.

Ecrivez au sieur Daru que j'attends avec impatience de connaître la situation des équipages militaires ; qu'il sait combien cette partie est importante ; et d'apprendre que toutes les mesures sont prises pour que j'aie un millier de caissons.

NAPOLÉON.

P.-S. — Pour compléter cette organisation, le général Songis peut retenir les chevaux du parc d'infanterie de réserve, qui vient de Danzig, à Erfurt ou à Hanau. Recommandez-lui de faire ce mouvement de manière à ne donner aucune secousse dans l'opinion et à ce qu'on s'en aperçoive le moins possible.

1681. — AU GÉNÉRAL CLARKE.

Paris, 6 mars 1808.

Monsieur le général Clarke, donnez l'ordre aux 5es escadrons des trois régiments de cuirassiers qui sont dans le royaume d'Italie de se rendre à Turin avec leurs dépôts. Vous donnerez ordre au général Menou de les placer dans les environs de Turin, dans les emplacements où ils seront le mieux, et surtout dans des lieux très sains ; donnez également l'ordre aux 4es escadrons et dépôts des 3e, 14e et 24e de chasseurs, qui sont en Italie, de se rendre dans la 27e division militaire, où le général Menou les placera le plus convenablement. Ainsi, il y aura en Piémont six régiments de cavalerie, dont trois de cuirassiers et trois de chasseurs. Ces six régiments ont leurs escadrons de guerre à la Grande Armée. Il est indispensable que ces mouvements se fassent sans aucun retard, afin que la conscription puisse joindre à sa nouvelle destination.

NAPOLÉON.

1682. — DÉCISION.

Paris, 7 mars 1808.

Ordre du jour.

**Au quartier général impérial à Paris,
7 mars 1808.**

L'Empereur et Roi est instruit que plusieurs régiments de cavalerie ont laissé partir dans un dénuement absolu d'effets d'habillement les militaires infirmes renvoyés à leurs grands dépôts en France.

Cette insouciance est contraire aux intentions bienveillantes de Sa Majesté pour les soldats qui l'ont bien servie.

Elle ordonne en conséquence qu'à l'avenir, lorsque les régiments de cavalerie ou autres faisant partie de la Grande Armée renverront à leurs dépôts en France des militaires infirmes, il soit pourvu à leur vêtement d'une manière convenable.

MM. les maréchaux et généraux commandant les corps d'armée sont invités à veiller à l'exécution du présent ordre.

*Le vice-connétable,
major général,*
Prince ALEXANDRE.

Approuvé.

NAPOLÉON.

1683. — AU GÉNÉRAL CLARKE.

8 mars 1808.

Monsieur le général Clarke, que veut dire la plainte que fait la cour de Bade, qu'un détachement d'infanterie française de 166 hommes a débarqué à..... (1) le 10 février, à 4 heures du soir, y a pris des logements, s'est fait donner des vivres et y a séjourné un jour ? Faites-moi un rapport là-dessus ; faites punir l'officier qui

---

(1) Le texte porte Schrock. Ce nom n'a été trouvé ni sur la carte d'état-major, ni dans le dictionnaire des communes d'Allemagne.

s'est permis cette violation de territoire, et parlez-en ici à M. Dalberg, ministre de Bade.

NAPOLÉON.

1684. — DÉCISION (1).

8 mars 1808.

On prend les ordres de Sa Majesté sur la demande que fait M. Denniée, intendant général des troupes en Espagne, pour emmener à cette armée M. l'ordonnateur Dintrans, maintenant disponible à Paris.

On demande aussi s'il faut nommer des officiers de santé en chef et des directeurs généraux de service résidant au quartier général.

Approuvé.

NAPOLÉON.

1685. — AU GÉNÉRAL DEJEAN.

Paris, 8 mars 1808.

Monsieur Dejean, il résulte des états ci-joints que des hommes du corps d'observation des côtes de l'Océan manquent d'habits. Si ces individus appartiennent à des corps qui soient trop éloignés, comme sur le Rhin, etc., faites-leur faire des habits à Bayonne, au compte de ces corps et faites-les-leur envoyer sans délai.

NAPOLÉON.

1686. — AU MARÉCHAL BERTHIER.

9 mars 1808.

Mon Cousin, réunissez sans délai à Burgos tout le quartier général, et donnez ordre que mes officiers d'ordonnance et les aides de camp des généraux employés près de moi partent sans délai de

---

(1) Extraite du « Travail du ministre directeur de l'administration de la guerre avec S. M. l'Empereur et Roi, daté du 9 mars 1808 »; présentée à Sa Majesté dès le 7 mars.

Bayonne pour se rendre à Burgos. Je suppose que vos chevaux, ceux de vos aides de camp et des officiers qui vous sont attachés suivent constamment mes chevaux.

NAPOLÉON.

1687. — DÉCISIONS (1).

Exposé des demandes des gardes du génie, à l'effet d'être exemptés de la retenue du 50° de leur solde, à laquelle on veut les assujettir en vertu des dispositions prescrites pour les employés de la guerre.	Renvoyé au Conseil d'Etat.
Exposé des demandes des officiers du génie à l'effet de n'être point soumis à la retenue du 50° de leur traitement pour la contribution mobilière seulement dans les villes où l'on perçoit un droit additionnel aux octrois en remplacement de cette même contribution. Indication du mode d'exemption qui pourrait être adopté, afin d'en concilier le résultat avec l'exécution du décret impérial du 12 juillet 1807.	Renvoyé au Conseil d'Etat.

1688. — DÉCISIONS (2).

On répond à une note de Sa Majesté du 2 de ce mois que les indemnités de subsistances se payent aux troupes françaises passant sur le territoire de la Bavière, d'après un ordre du vice-roi d'Italie, dont il a été rendu compte à Sa Majesté le 15 juillet dernier. On demande si l'effet de cet ordre doit cesser.	Exécuter la décision et faire cesser tout payement.

(1) Ni datées ni signées; extraites du « Travail du ministre de la guerre avec S. M. l'Empereur et Roi, du 9 mars 1808 ».
(2) Ni datées ni signées; extraites du « Travail du ministre directeur de l'administration de la guerre avec S. M. l'Empereur et Roi, daté du 9 mars 1808 ».

On prie Sa Majesté de vouloir bien décider si l'habillement et l'équipement des 4.581 recrues admises dans la légion polacco-italienne, depuis que ce corps est au service de S. M. le roi de Westphalie, doivent être fournis par la France. Cet objet donnera lieu à une dépense de 595.530 francs.

Cet objet n'est pas susceptible de réponse (1).

Le 100ᵉ régiment, qui avait ses trois bataillons à la Grande Armée et un effectif de 2.633 hommes, n'ayant reçu que 4.000 paires de souliers à titre de gratification comme les autres corps, réclame le complément de cette gratification à raison de deux paires par homme. On prend les ordres de Sa Majesté.

La fixation ayant été faite corps par corps, il n'y a pas lieu à la changer (1).

On propose à Sa Majesté de réduire le prix de journée des hospices italiens, fixé à 1 fr. 25 par l'arrêté du 28 ventôse an II, et de déterminer quelle sera la quotité de cette réduction.

Suivre la dernière fixation prescrite par Sa Majesté (1).

Sa Majesté ayant décidé qu'on réduirait aux deux tiers les créances des entrepreneurs des lits militaires pour les ans XII, XIII et XIV, 1806, on propose d'autoriser le ministre à déterminer quelles seront les divisions sur lesquelles cette réduction portera suivant le plus ou moins grand nombre de lits qui y ont été occupés. Les lits d'officiers et demi-fournitures doivent tous être payés comme occupés, moins

Pour le Conseil d'Etat (2).

---

(1) De la main de Maret. — A propos de la décision portée en haut de la page 109, le général Dejean a ajouté l'observation suivante : « Il me paraît plus simple d'écrire au ministre du roi de Westphalie que cette dépense doit être au compte du royaume de Westphalie, mais sans qu'il soit besoin de citer la décision de l'Empereur. »

(2) De la main du général Dejean.

les frais de blanchissage. Quant aux lits au delà des Alpes, d'après les marchés et l'autorisation donnée dans le temps par Sa Majesté, tous doivent être payés comme occupés.

On rend compte à Sa Majesté du résultat du jugement rendu par la cour criminelle du département de la Seine sur les remontes de l'an IX et on propose des bases pour la liquidation définitive.

Pour le Conseil d'Etat (1).

La somme réclamée était de....... 5.398.925 »
A déduire pour réductions faites, 1.452.225 fr. 17.
Pour acomptes payés, 2.712.000 fr.
       4.164.225 17

Reste dû.... 1.234.699 83

On propose à Sa Majesté :

1° De déduire sur le budget de 1807, aux chapitres 2 et 4, une somme de 2.229.674 fr. 07 qui restera sans emploi et de la transporter au chapitre 19 (fonds supplémentaires) pour être répartie sur les chapitres qui présenteront insuffisance de crédit ;

A porter au premier conseil d'administration (2).

2° De prendre en considération la nécessité d'augmenter le budget pour couvrir toutes les dépenses.

Sa Majesté ayant, le 17 septembre 1806, autorisé le ministre à proposer des exceptions à son décret du 1er juillet précédent, relatif aux liquidations d'ensemble, pour les dépenses qui lui en paraîtraient sus-

Pour le Conseil d'Etat (1).

---

(1) De la main du général Dejean.
(2) De la main de Maret.

ceptibles, on soumet à sa sanction une liquidation provisoire de dépenses faites pendant l'an XIII à l'hôtel impérial des Invalides.

Cette liquidation monte à............ 76.779 52
Il a été payé à compte............. 38.042 59

Reste dû...... 38.736 93

On propose en même temps à Sa Majesté de vouloir bien accorder les fonds nécessaires pour solder cette somme.

1689. — AU GÉNÉRAL CLARKE.

Paris, 10 mars 1808.

Monsieur le général Clarke, vous recevrez un décret sur les régiments provisoires qui met un terme à toute équivoque. Vous verrez que je me suis attaché à ne point ôter le numéro à ceux qui en ont, parce que je pense qu'il vaut mieux laisser les numéros qu'ont actuellement les régiments que d'être fidèle à un ordre de numéros. Il faudra seulement que l'on donne les numéros vacants aux régiments qui seront à former. En conséquence, vous aurez à diriger la compagnie du régiment de hussards qui est à Poitiers sur un des régiments provisoires de hussards. Vous aurez à former des quatre compagnies de dragons qui sont à Poitiers un escadron de marche et à le diriger sur Valladolid. Ces escadrons de marche ont aussi besoin d'avoir des numéros bien fixes, afin qu'il n'y ait pas de confusion, et qu'on sache où ils se trouvent jusqu'à leur incorporation. Mais ces escadrons de marche n'ont pas besoin d'être composés de détachements de la même arme, mais comme ils se trouvent. Faites-moi un rapport qui me fasse connaître de quoi ils se composent, ceux qui sont partis de Poitiers, le jour où ils arriveront à Bayonne et à quels corps ils se rendent. Il est nécessaire qu'ils se dirigent sur les deux régiments primitifs pour y être incorporés. Je désire aussi que vous me fassiez faire un tableau qui me fasse connaître la force des régiments provisoires, tous les régiments qui ont fourni aux régiments provisoires plus de 120 hommes, soit directement aux régiments provisoires, soit par l'intermédiaire de la division de Poitiers. Il leur sera ordonné de ne rien envoyer, soit pour les régiments provisoires, soit pour la division de Poitiers, avant de nouveaux ordres. Toute la grosse cavalerie est dans ce cas, hormis le 6ᵉ régiment de cuirassiers. Vous donnerez ordre à ce régiment de faire partir 40 hommes armés pour Perpignan ; de là, ils joindront leurs corps en Espagne où ils seront montés. Tous les régiments, au contraire, qui n'ont rien fourni aux régiments provisoires, y compris les détachements passés par l'intermédiaire de la division de Poitiers, devront fournir leur complément jusqu'à 120 hommes. Il est nécessaire que chaque détachement ait au moins trois officiers, six maréchaux des logis et les autres sous-officiers nécessaires pour une compagnie. Ces régiments provisoires seront commandés par deux majors, mais il y manquera des chefs d'escadron. Il faut donc que vous me proposiez six chefs d'escadron à la suite des régiments de cuirassiers, quatre qui aient servi dans les dragons pour les deux régiments provisoires, quatre pour les hussards et six pour les chasseurs.

NAPOLÉON.

1690. — AU GÉNÉRAL CLARKE.

Paris, 10 mars 1808.

Monsieur le général Clarke, j'ai donné ordre que la légion polonaise se rendît à Mayence. Donnez ordre au maréchal Kellermann de la diriger sur Paris. Elle offrira une force de 5.000 hommes qui pourront être utiles pour la protection des côtes.

NAPOLÉON.

1691. — AU GÉNÉRAL CLARKE.

Paris, 10 mars 1808.

Monsieur le général Clarke, donnez l'ordre que les six premières compagnies des 1ᵉʳ et 2ᵉ bataillons du régiment toscan, qui est à Parme, ce qui fait douze compagnies à 120 hommes chacune, partent pour se diriger sur Turin où elles recevront de nouveaux ordres. Donnez ordre qu'on recrute sans délai en Toscane les compagnies de ces deux bataillons et que les troupes de Toscane se rendent à Parme. Donnez également l'ordre que deux escadrons de cavalerie toscane, formant quatre compagnies de 80 hommes chacune, montées, officiers compris, ce qui fait 240 hommes à cheval, partent de Parme pour Turin ; s'il arrivait qu'on ne pût faire partir de Parme qu'un escadron de quatre compagnies, on le fera toujours partir, sauf à organiser le second escadron plus tard.

NAPOLÉON.

1692. — DÉCISION (1).

10 mars 1808.

On demande si l'administration de la Toscane doit être indépendante de celle de l'Italie.

Il y aura toujours les mêmes rapports avec l'Italie.

1693. — AU GÉNÉRAL DEJEAN.

10 mars 1808.

Monsieur Dejean, au 5 mars, aucun commissaire des guerres n'était arrivé à la division des Pyrénées orientales à Barcelone ; faites-moi connaître celui que vous avez nommé. Il serait nécessaire d'y envoyer aussi un adjoint. Choisissez-en un parmi ceux employés dans la 10ᵉ division militaire et le plus à portée, et envoyez-le en poste à Barcelone.

NAPOLÉON.

1694. — DÉCISION.

Paris, 10 mars 1808.

Le maréchal Berthier rend compte d'une demande formée par le général Songis, à l'effet d'obtenir qu'il soit envoyé de France à la Grande Armée les mousquetons, pistolets, sabres et baïonnettes nécessaires pour l'armement des hommes à pied envoyés à Potsdam par les régiments de cavalerie de la Grande Armée.

J'avais abondamment de tout cela : en écrire au ministre de la guerre ; j'avais beaucoup de mousquetons prussiens qui étaient très bons. J'avais donné ordre que tout cela fût concentré à Magdeburg.

NAPOLÉON.

---

(1) Non signée; extraite du « Travail du ministre directeur de l'administration de la guerre avec S. M. l'Empereur et Roi, daté du 9 mars 1808 ».

1695. — DÉCISION.

Paris, 10 mars 1808.

Le maréchal Berthier rend compte que, la légion polacco-italienne passant du service de Westphalie au service français, le ministre de la guerre de ce royaume sollicite le remboursement des sommes qui ont été payées à cette légion, pendant son séjour en Westphalie, tant pour sa solde que pour ses masses.

Ce ministre fait des demandes ridicules ; s'il connaissait les traités, il saurait que le roi de Westphalie doit nourrir 12.500 hommes de mes troupes. Ecrivez-lui que c'est mal servir le roi que de faire des demandes indiscrètes et insensées.

NAPOLÉON.

1696. — DÉCISION.

Paris, 10 mars 1808.

Le maréchal Berthier rend compte que le roi de Westphalie sollicite pour son armée, comme don ou à titre onéreux, 6.000 fusils français, modèle 1777, et, à défaut, un prêt de 6.000 fusils prussiens, qui seraient rendus dès qu'on aurait pu pourvoir à leur remplacement.

Lui accorder 6.000 fusils prussiens ou des anciens de Hesse-Cassel ; il ne faut lui accorder de fusils français, ni comme prêt, ni autrement.

NAPOLÉON.

1697. — DÉCISION.

Paris, 10 mars 1808.

Le maréchal Berthier rend compte que, pour remplacer la légion polacco-italienne retirée de son service, le roi de Westphalie désirerait voir rentrer dans ses Etats le 1er bataillon du régiment de Westphalie, qui est en Espagne ; ce souverain désirerait aussi prendre à son service le régiment de chasseurs à cheval hanovriens qui est à Potsdam.

Refusé.

NAPOLÉON.

1698. — AU GÉNÉRAL CLARKE (1).

11 mars 1808, 10 heures du soir.

Il faut également donner l'ordre qu'au 15 mars, on tienne prêts à partir tous les hommes qui seraient disponibles aux dépôts de cavalerie, soit cuirassiers ou dragons, soit chasseurs, hussards et chevau-légers, mais surtout chevau-légers, pour se rendre à Mayence. Réitérez cet ordre ; qu'une revue de rigueur de ces dépôts soit passée. On formera des hommes disponibles, des compagnies de marche, en suivant la composition des corps de cavalerie, et tout cela sera dirigé sur l'Elbe.

Réitérez l'ordre que les compagnies de pontonniers, de mineurs, de sapeurs, des ouvriers, du train, du génie, notamment les compagnies qui viennent de Bayonne, se mettent en marche le 15 mars. Donnez le même ordre aux compagnies d'infirmiers qui suivent l'armée.

1699. — DÉCISION.

Paris, 11 mars 1808.

Rapport du maréchal Berthier à l'Empereur, lui rendant compte que le chef d'état-major de la gendarmerie impériale propose la rentrée de quelques officiers supérieurs de gendarmerie employés à la Grande Armée ou au delà du Rhin et qui seraient susceptibles de servir actuellement d'une manière plus utile dans l'intérieur de l'Empire.

Ces officiers sont : le colonel Jameron, les chefs d'escadrons Tassin, Moncey, Rivaud et André.

Accordé.

Napoléon.

---

(1) Extrait, non signé.

1700. — DÉCISION.

Paris, 12 mars 1808.

Le ministre de la guerre demande si le 2ᵉ escadron du 2ᵉ régiment de chasseurs napolitains, parti d'Avignon pour se rendre à Perpignan, devra continuer sa marche pour rejoindre la division d'observation des Pyrénées orientales ou attendre dans cette dernière place de nouveaux ordres.

Cet escadron attendra l'infanterie qui arrive le 30 à Perpignan.

NAPOLÉON.

1701. — DÉCISION.

Paris, 12 mars 1808.

Le ministre de la guerre présente à l'Empereur une demande du colonel du 2ᵉ régiment suisse, qui sollicite la réunion du 4ᵉ bataillon, qui est à Marseille, au dépôt de recrutement, qui est à Besançon.

Refusé. Ce bataillon doit rester où il est ; en l'approchant de la Suisse, c'est rendre plus facile la désertion.

NAPOLÉON.

1702. — DÉCISION.

Paris, 12 mars 1808.

Rapport du ministre de la guerre rendant compte que le ministre de la marine demande huit détachements d'infanterie de ligne de 100 hommes chacun, pour concourir à la formation de la garnison des huit vaisseaux de ligne en armement à Flessingue.

Le ministre de la marine ajoute qu'il serait important que quatre de ces détachements d'infanterie puissent être embarqués le 1ᵉʳ avril.

Ces quatre garnisons seront fournies, une par le 108ᵉ, une par le 65ᵉ, une par le 72ᵉ, et une autre par le 48ᵉ.

NAPOLÉON.

1703. — DÉCISION.

Paris, 13 mars 1808.

Le maréchal Berthier rend compte que le général Suchet sollicite un congé, pendant la durée duquel le général Beker pourrait être chargé du commandement provisoire de son corps d'armée.

Donner l'ordre au général Beker de se rendre en Silésie ; quand il aura rejoint, le général Suchet pourra s'absenter, en laissant ses bagages et chevaux.

NAPOLÉON.

1704. — AU MARÉCHAL BERTHIER.

Paris, 13 mars 1808.

Mon Cousin, un détachement de 40 hommes du 1er régiment de cuirassiers et un de 54 hommes du 9e doivent arriver à Valladolid le 25 mars. On doit savoir positivement le jour de son (sic) arrivée, en calculant du jour où ils sont passés à Bayonne. S'ils n'ont pas dépassé Vitoria, donnez ordre au général Malher de les retenir ; cela lui formera 100 hommes de cavalerie qui lui sont nécessaires. S'ils ont dépassé Vitoria, donnez ordre au général qui commande Valladolid de les y retenir. Je vois sur l'état que me remet le ministre de la guerre que 1.360 hommes de différents régiments avaient été dirigés sur Bayonne isolément. Il y a entre autres 292 hommes des 12e et 30e régiments de ligne. Ces détachements ont dû arriver à Bordeaux du 4 mars au 5 avril. Le ministre de la guerre dit qu'il a donné ordre de les former là en régiment de marche. Faites-moi connaître ce qui est arrivé de ces détachements, et où en est l'organisation de ce régiment de marche. Le ministre de la guerre porte 241 hommes, hussards et dragons, qui ont dû arriver à Bayonne vers le 20 mars, et dit qu'il a donné ordre qu'on les formât en bataillon de marche. Je désire que vous m'instruisiez de tout cela, et que vous ordonniez en général que rien ne parte de Bayonne sans mon ordre.

NAPOLÉON.

1705. — DÉCISION.

Paris, 13 mars 1808.

Le maréchal Berthier rend compte d'une requête du prince de

Donner l'ordre à l'intendant général d'envoyer des fonds

Ponte-Corvo, relative au paiement de la solde de son corps d'armée, non encore acquittée par les villes hanséatiques. pour payer la solde comme au reste de l'armée, sauf à avoir recours sur le Sénat d'Hamburg.

NAPOLÉON.

1706. — AU GÉNÉRAL CLARKE.

Paris, 13 mars 1808.

Monsieur le général Clarke, donnez l'ordre suivant par un courrier extraordinaire aux 13°, 14° et 15° régiments provisoires : au 13°, qui est déjà arrivé à Orléans, de se rendre à Bordeaux, et au 14° et 15°, qui n'y sont pas encore arrivés, de se diriger droit sur Bordeaux.

NAPOLÉON.

1707. — DÉCISION.

Paris, 14 mars 1808.

Le maréchal Berthier sollicite pour M. Redon, qui a rempli une mission à Hamburg, l'indemnité de 3.000 francs qui a été accordée par l'Empereur aux auditeurs qui ont été employés à Berlin.

Accordé.

NAPOLÉON.

1708. — DÉCISIONS (1).

14 mars 1808.

Le général Belliard, qui arrive à Paris, annonce qu'il part pour Bayonne : on demande à Sa Majesté ses ordres sur cet officier général qui paraît destiné à remplir les fonctions de chef d'état-major de S. A. I. le grand-duc de Berg.

Oui.

Le général de brigade Boyer demande un congé d'un mois avec appointements pour venir à Paris.

Accordé.

---

(1) Non signées; extraites du « Travail du ministre de la guerre avec S. M. l'Empereur, du 9 mars 1808 ».

Le général de division Mermet demande un congé de deux mois avec appointements pour se rendre dans sa famille. — Accordé.

Le général de brigade Darnaud demande l'autorisation de venir passer dix jours à Paris pour ses affaires personnelles. — Accordé.

Le ministre rend compte à Sa Majesté qu'en donnant des ordres pour faire délivrer les vivres de campagne pendant l'été aux troupes qui sont à Flessingue et dans l'île de Walcheren, il a prescrit de faire payer le supplément de solde de guerre aux officiers généraux pendant le même temps, et demande s'il a rempli les ordres de Sa Majesté. — Approuvé.

On prie Sa Majesté de vouloir bien décider si le décret impérial du 23 décembre 1807, qui ordonnait que le 2ᵉ corps d'observation serait payé sur les fonds provenant du Portugal, doit continuer à recevoir son exécution, en ce qui concerne ce corps d'armée. — Non.

On demande les ordres de Sa Majesté sur une demande d'indemnité faite par le major du 10ᵉ régiment de hussards Boyer, ancien chef d'escadrons au 22ᵉ régiment de dragons, qui a perdu huit chevaux et leur harnachement dans un incendie à la Grande Armée. — Renvoyé au major général.

Le ministre plénipotentiaire de Wurtemberg demande le renvoi dans ce royaume du lieutenant de Mayersbach, prisonnier de guerre en France. — Accordé.

On prie Sa Majesté de décider si, dans les régiments d'infanterie de — Lire le décret.

ligne et d'infanterie légère, l'officier payeur devra, comme le quartier-maître, jouir d'un traitement de 1.200 francs, et de déterminer son grade.

On pense qu'il y a erreur dans le nombre des capitaines de 2⁰ et de 3⁰ classe dans chaque régiment et qu'au lieu de 12, il ne doit y en avoir que 10, dans chacune de ces classes.

On soumet à Sa Majesté le projet de dessin d'une enseigne pour chaque bataillon de guerre et pour tous les corps qui ne sont pas compris sous la dénomination de régiments de ligne, ainsi que le porte l'article 18 du décret du 18 février dernier.

En faire un modèle.

Le sieur Hugé, propriétaire à Paris, demande que son fils unique, chasseur à cheval au 1ᵉʳ régiment, soit admis dans les vélites à cheval. Le maréchal Bessières a jugé que cette demande pouvait être accueillie.

Approuvé.

1709. — DÉCISIONS (1).

14 mars 1808.

On demande à Sa Majesté si elle veut mettre à la disposition de M. Denniée, intendant général de l'armée d'Espagne, des fonds dont il rendra compte.

Lui mettre 300.000 francs.

NAPOLÉON.

On propose à Sa Majesté :

1° De faire payer la masse de campement, à compter du 1ᵉʳ janvier 1808, aux troupes employées en Espagne ;

Accordé.

NAPOLÉON.

---

(1) Extraites du « Travail du ministre directeur de l'administration de la guerre avec S. M. l'Empereur et Roi, daté du 9 mars 1808 ».

2° De décider si le ministre peut affecter à cette destination les fonds disponibles du campement, exercice 1807 ;

3° Dans le cas contraire, d'autoriser le paiement de cette masse sur le fonds de 203.987 fr. 50, formant le total de cette même masse pour toute l'armée et compris au budget de 1808, et de mettre alors ce fonds à la disposition du ministre ;

4° De mettre également à la disposition du ministre, par addition au budget, 300.000 francs pour les dépenses présumées d'achats d'ustensiles et outils de campement, faits ou à faire par les troupes.

Oui.

Napoléon.

On propose à Sa Majesté d'accorder au 15° de ligne, à titre de gratification, la moitié de la valeur des redingotes qu'il a reçues à Paris en 1807, montant à 47.695 francs.

Ce corps observe que ses bataillons de guerre ont fait une marche de 1.280 lieues, et ont eu à Friedland 900 hommes tués ou blessés qui, la plupart, ont perdu leurs effets.

Approuvé.

Napoléon.

Les approvisionnements de réserve formés par le gouvernement romain à Ancône et à Civita-Vecchia ayant atteint leur terme de conservation, on demande à Sa Majesté s'ils devront être maintenus, et, dans ce cas, par qui ils devront être renouvelés.

L'entretenir tel qu'il est.

Napoléon.

On demande à Sa Majesté si Elle veut que toutes les dépenses des Russes, en Italie, soient à la charge de ce royaume, ou si sa décision du

Tout doit être au compte du royaume d'Italie.

Napoléon.

17 février dernier s'applique seulement aux convois militaires.

On demande à Sa Majesté si Elle ne juge pas convenable de supprimer à l'armée de Dalmatie le supplément de 4 onces de pain.

Il n'est dû que 24 onces aux soldats. S'ils n'ont pas de vivres en campagne, il leur est dû 4 onces de pain blanc.

NAPOLÉON.

1710. — DÉCISION.

14 mars 1808.

Le ministre de la guerre prie l'Empereur de décider si l'officier payeur, indiqué à l'article 4 du décret du 18 février 1808 comme figurant parmi les officiers d'état-major du corps, devra, comme le quartier-maître, jouir d'un traitement de 1.200 francs, si son grade est inférieur à celui de capitaine.

Le ministre estime qu'à l'article 12 du même décret, il doit y avoir erreur dans le nombre des capitaines de 2ᵉ et 3ᵉ classe, et qu'au lieu de 12 il doit n'y en avoir que 10 de chacune de ces classes.

Lire le décret.

NAPOLÉON.

1711. — DÉCISION.

14 mars 1808.

Le général Dejean propose à l'Empereur de réduire de moitié l'approvisionnement de réserve de l'île d'Yeu, formé pour une garnison de 1.000 hommes, attendu que, depuis plusieurs années, cette garnison n'est composée que de 400 hommes.

Approuvé. Il ne faut là que du biscuit, des farines, de l'eau-de-vie, des légumes et un peu d'huile. Il ne faut point de viande salée.

NAPOLÉON.

1712. — DECISION (1).

14 mars 1808.

Renseignements demandés par l'Empereur sur les changements apportés dans l'organisation de l'artillerie aux armées depuis 1764 jusqu'à ce jour, et sur ceux qu'on pourrait faire à l'artillerie de la Grande Armée.

Renvoyé au général Songis.

1713. — DÉCISION.

Paris, 15 mars 1808.

Le maréchal Berthier rend compte que le ministre de la guerre du roi de Westphalie propose d'acheter les effets d'habillement qui restent dans les magasins de Cassel.

Mes magasins ne doivent rien vendre.

NAPOLÉON.

1714. — DÉCISION (2).

16 mars 1808.

On propose à Sa Majesté d'approuver que le compte du 40° de ligne soit dégrevé dès à présent de 46.134 francs, en compensation des pertes d'effets que ce corps a éprouvées, et qu'il soit déduit ultérieurement, à son profit, sur les nouvelles imputations à faire à sa charge, la valeur de 852 capotes, un habit et 350 chemises, pour la même cause.

Ajourner cela, lorsqu'on aura définitivement les comptes des corps.

NAPOLÉON.

---

(1) Non signée; extraite du « Travail du ministre de la guerre avec l'Empereur, du 24 février 1808 ».
(2) Extraite du « Travail du ministre directeur de l'administration de la guerre avec S. M. l'Empereur et Roi, daté du 9 mars 1808 ».

1715. — DÉCISION.

Paris, 16 mars 1808.

Le ministre de la guerre rend compte que le conseil d'administration du 2ᵉ régiment d'artillerie à cheval demande l'envoi d'un détachement du régiment de Valence en Silésie, pour escorter les effets d'habillement, équipement et harnachement destinés à ses escadrons de guerre.

Approuvé.

NAPOLÉON.

1716. — AU MARÉCHAL BERTHIER.

16 mars 1808.

Mon Cousin, la seconde brigade du général Merle est composée de deux régiments, savoir : le 1ᵉʳ régiment des 4ᵉˢ bataillons des 3ᵉ, 4ᵉ et 5ᵉ légions de la réserve, formant 1.500 hommes, et le 2ᵉ régiment des 4ᵉˢ bataillons des 1ʳᵉ et 2ᵉ légions, ne formant que 300 hommes. Le 1ᵉʳ régiment est parti de Bordeaux le 9 et arrivera le 17 à Bayonne. Donnez ordre qu'il continue sa route sur Burgos, où il sera sous les ordres du général Merle. Le 2ᵉ régiment est parti de Bordeaux le 10 et arrivera le 18 à Bayonne. Donnez ordre qu'il se rende à Saint-Sébastien, où il sera sous les ordres du général Thouvenot. Il servira à la garde de cette place et à la police de la province de Guipuzcoa. Informez de cette disposition le général qui commande à Bordeaux, afin que, lorsqu'il aura 100 hommes des légions de la réserve, il les dirige successivement sur Saint-Sébastien, afin de porter ces deux bataillons à une force d'au moins 1.000 hommes, les deux réunis.

NAPOLÉON.

1717. — DÉCISIONS (1).

On rend compte à Sa Majesté des motifs qui ont forcé de suspendre, à l'entrée de la dernière cam-

Ajourné.

---

(1) Sans signature ni date, de la main de Maret; extraites du « Travail du ministre directeur de l'administration de la guerre avec S. M. l'Empereur et Roi, daté du 16 mars 1808 ».

pagne, la liquidation des comptabilités de la campagne d'Autriche, commencée à Strasbourg dans le cours de 1806.

On La prie de décider si ce travail y sera repris et continué par une commission spéciale, ou seulement ajourné jusqu'à ce que la commission actuelle ait terminé sa vérification des comptabilités de la campagne de Prusse.

On rend compte de la demande que fait M. Percy, chirurgien en chef de la Grande Armée, de venir passer quelques mois dans ses foyers pour y rétablir sa santé. On prend à cet égard les ordres de Sa Majesté. Il pourrait être remplacé par M. Heurteloup ou par un officier de santé principal de l'armée.

Accordé un congé de trois mois.
Le remplacement prévu est autorisé.

On rend compte à Sa Majesté qu'on n'a pas cru devoir déférer à la demande de S. A. I. le grand-duc de Berg, tendant à étendre le régime des étapes à tous les gîtes des États de Son Altesse Impériale que traversent les troupes françaises.

Approuvé la réponse du ministre.

1718. — DÉCISION.

17 mars 1808.

Des militaires isolés de la légion du Nord, passée au service du grand-duché de Varsovie, se sont présentés, à Landsberg, au colonel du 5ᵉ régiment de hussards, et lui ont demandé à entrer dans ce corps, se fondant sur ce qu'étant nés Français ils devaient jouir de la faculté laissée à leurs officiers de reprendre du service en France.

Accordé.

NAPOLÉON.

Ce colonel, en me rendant compte de la démarche de ces militaires, sollicite une autorisation pour les recevoir dans un régiment français.

1719. — DÉCISION.

Paris, 17 mars 1808.

Le ministre de la guerre soumet à l'Empereur différentes questions relatives à l'organisation particulière des 26e, 66e, 82e régiments d'infanterie de ligne et 32e d'infanterie légère.

Le 32e légère doit rester comme il est, c'est-à-dire à deux bataillons de neuf compagnies chacun, dix-huit compagnies. Le colonel en second peut être payé comme colonel; on lui donnera seulement 200 francs de moins.

NAPOLÉON.

1720. — DÉCISIONS (1).

17 mars 1808.

Rapport à Sa Majesté sur les moyens de pourvoir aux besoins en poudre du port de Toulon.

Autoriser la sortie de Gênes et Turin de 50.000 kilogrammes et 100.000 kilogrammes pris de Nîmes.

Sa Majesté est priée de prononcer sur la permission demandée par le roi de Naples de faire couler en France 100 canons de 33 en fer.

Approuvé.

On propose à Sa Majesté de faire escorter un envoi d'habillement, du dépôt du 2e régiment d'artillerie à cheval à ses escadrons de guerre à la Grande Armée, par 12 hommes qui y sont incorporés.

Approuvé.

On soumet à Sa Majesté les observations de M. le conseiller

Approuvé.

---

(1) Non signées; extraites du « Travail du ministre de la guerre avec S. M. l'Empereur, du 16 mars 1808 ».

d'État, directeur général de la conscription militaire et des revues, sur la nécessité d'une augmentation dans le corps des inspecteurs aux revues.

Le ministre demande les ordres de Sa Majesté sur la réclamation, par le 31ᵉ d'infanterie légère, du remboursement d'une somme de 28.063 fr. 30, qui lui a été enlevée par l'ennemi à l'affaire de Guttstadt.

Renvoyé au major général.

On rend compte à Sa Majesté que le général Darmaignac, qui commandait la garnison de Paris et qui se trouve maintenant à la division des Pyrénées occidentales, demande à conserver le supplément de traitement dont il jouissait comme commandant la garnison de Paris. On prie Sa Majesté de vouloir bien donner ses ordres sur cette demande.

Accordé.

On prie Sa Majesté d'accorder aux officiers de gendarmerie employés près les ateliers de déserteurs une augmentation de traitement d'un quart en sus.

Accordé.

Sa Majesté est priée de faire connaître si Elle a entendu nommer général de division le général de brigade Lefebvre-Desnoëttes, en le nommant, par son décret du 18 janvier dernier, colonel des chasseurs à cheval de la garde.

Il n'est que général de brigade ; une erreur n'est pas une promotion.
Il est vrai que je croyais l'avoir nommé général de division.

On propose à Sa Majesté de faire permuter le général Malye, employé dans le dépôt du Bas-Rhin, qui n'inspire pas confiance aux habitants de ce pays, avec le général de brigade Duverger, employé dans la 4ᵉ division militaire.

Approuvé.

On rend compte à Sa Majesté de la perte faite à l'ennemi, par le 69ᵉ régiment de ligne, d'une somme de 21.710 francs, et on lui demande ses ordres sur le remboursement de cette somme.	Renvoyé au major général.
On supplie Sa Majesté de prononcer sur une réclamation des 84ᵉ et 92ᵉ régiments, ayant pour objet d'obtenir l'allocation en dépense à la masse de pain de soupe : le premier, d'une somme de 5.061 fr. 73, et le deuxième de celle de 7.255 fr. 21. Ces dépenses ont été faites antérieurement au décret du 9 mai 1806. Elles étaient urgentes et réelles, et enfin M. le général Marmont les a autorisées.	Accordé.
On propose à Sa Majesté d'accorder la décoration de la Légion d'honneur à M. Hartmanis, colonel du 1ᵉʳ régiment prussien.	Refusé.
La princesse de la Lippe-Detmold demande le retour du lieutenant Hoffmann, prisonnier de guerre, dans ses Etats, où il est né.	Accordé.
Les généraux Paillard, Boyer et Boivin sont proposés à Sa Majesté pour commander chacun une des brigades d'infanterie du camp de réserve qui sera formé à Rennes.	Approuvé.
On propose à Sa Majesté d'assimiler les conscrits graveurs, attachés au Dépôt de la guerre, aux conscrits ouvriers des manufactures d'armes.	Accordé.
Des militaires isolés de la légion Nord, passée au service du grand-duché de Varsovie, demandent à être admis dans un régiment français.	Accordé.

1721. — DÉCISIONS (1).

17 mars 1808.

Note faite sur l'ordre de l'Empereur et relative aux officiers du corps impérial de l'artillerie employés au service des rois de Naples, de Hollande et de Westphalie, ainsi qu'à la situation actuelle des officiers généraux de cette arme.

On renouvelle à Sa Majesté la proposition d'être autorisé à extraire 1.222 hommes de la ligne pour être destinés au recrutement de la gendarmerie.

Je ne conçois pas comment on a mis les directeurs et sous-directeurs de l'artillerie à Varsovie et à Thorn, comme étant au service de la Pologne. Ils sont au service de la France et sont payés par la France.

La gendarmerie est assez nombreuse ; il ne s'agit que de la bien répartir. Dans le temps où dix-huit départements de la France étaient presque en insurrection, que les lois de l'Etat faisaient tant d'ennemis au gouvernement et lui aliénaient une grande partie de l'opinion, cette gendarmerie a suffi. Aujourd'hui que tout est à l'inverse, qu'il n'y a plus de nobles, de prêtres à surveiller, que les dix-huit départements de l'ouest vont aussi bien que les autres, la gendarmerie serait susceptible plutôt de diminution que d'augmentation. Je désire que le ministre me remette tous les mois un livret de la situation de la gendarmerie par division et par compagnie, qui me fera connaître les hommes à pied, à cheval, les présents, les malades, les hommes détachés soit aux armées, soit ailleurs.

---

(1) Non signées; extraites du « Travail du ministre de la guerre avec S. M. l'Empereur et Roi, du 9 mars 1808 ».

Le ministre de la guerre du royaume de Westphalie demande l'autorisation de choisir, parmi les gendarmes français qui se trouvent dans ce royaume, huit hommes parlant allemand, afin d'être répartis dans la gendarmerie de ce royaume.

Cela ne peut se faire ainsi ; il faut que ces individus adressent la demande au ministre ; alors j'accorderai, mais sur leur demande librement faite.

1722. — DÉCISION.

Paris, 17 mars 1808.

L'Empereur a décidé que les quatre compagnies du 34ᵉ régiment qui sont à l'armée d'observation des côtes de l'Océan seraient affectées à quatre dépôts, mais resteraient organisées en compagnies jusqu'à la dissolution du régiment provisoire dont elles font partie et qu'elles seraient portées aux corps auxquels elles seront données, pour mémoire, de sorte que les dépôts seront provisoirement composés de trois compagnies au lieu de quatre.

Le ministre demande si ces compagnies devront être attachées à leur nouveau régiment au moment de l'organisation, ou si elles seront censées rester à l'ancien jusqu'à l'époque de la dissolution du régiment provisoire auquel elles sont attachées.

Les compagnies resteront organisées telles qu'elles sont, officiers, sous-officiers et soldats, et formeront le dépôt des régiments où elles se trouveront. D'ailleurs il pourra être pris un parti définitif sur ce régiment provisoire qui rendra ces nuances moins importantes.

NAPOLÉON.

1723. — AU GÉNÉRAL CLARKE.

Paris, 17 mars 1808.

Monsieur le général Clarke, donnez l'ordre que les détachements de marche des 4ᵉ, 6ᵉ, 7ᵉ et 8ᵉ de cuirassiers, qui sont à Poitiers, se dirigent sur Bordeaux, où ils recevront de nouveaux ordres qui leur seront donnés par le major général pour leur destination ultérieure. J'ai reçu l'état des régiments provisoires. Je désire connaître la formation des deux compagnies de gendarmerie destinées pour l'Espagne et l'époque à laquelle elles seront réunies à Bayonne. Faites-moi connaître également les chefs d'escadrons que vous avez désignés pour les régiments provisoires. Il en faut deux par régiment, sans quoi, le colonel venant à manquer, le régiment se trouve sans chef. Cela est très urgent.

NAPOLÉON.

1724. — DÉCISION.

Paris, 19 mars 1808.

Le ministre de la guerre soumet à l'Empereur diverses questions touchant la formation des dépôts des cinq légions de réserve, la composition des conseils d'administration de tous les corps de l'armée, le traitement des colonels en second des 26e, 66e et 82e régiments et la composition en bataillons et compagnies du 32e régiment d'infanterie légère.

Le ministre doit actuellement avoir mes réponses à toutes ces questions.

NAPOLÉON.

1725. — AU MARÉCHAL BERTHIER.

19 mars 1808.

Mon Cousin, écrivez au maréchal Soult que j'approuve son décret sur l'organisation du pays.

NAPOLÉON.

1726. — AU MARÉCHAL BERTHIER.

Paris, 19 mars 1808.

Mon Cousin, j'ai envoyé votre lettre sur les différentes dénominations à donner aux régiments de marche au ministre de la guerre, pour s'assurer que ces dénominations se concilient avec celles qui leur ont déjà été données. Le bataillon que vous dénommez sous le titre de 3e bataillon de marche et qui est parti de Bordeaux le 7 mars, est composé de près de 600 hommes tirés de 16 régiments. Ecrivez au général Merle qu'aussitôt que ce bataillon arrivera à Burgos, il le forme à quatre compagnies provisoires, savoir : une d'infanterie légère composée des quatre détachements d'infanterie légère, qui formera un effectif de 90 hommes ; une des détachements des 3°, 8°, 94° et 96° de ligne, formant un effectif de 140 hommes, une des détachements des 12°, 22°, 100° et 39°, formant près de 140 hommes, et la 4° des détachements des 40°, 57°, 63° et 103°, formant également 140 hommes. En vous donnant l'ordre d'envoyer ce bataillon à Burgos, je suppose qu'il a dépassé Bayonne. Car s'il en était encore temps, vous donneriez ordre qu'il fût ainsi composé seulement pour la marche et pour la manœuvre, et il servirait à former la garnison de Pampelune, et, dès qu'il y serait arrivé, le commandant de cette place renforcerait la division Merle du bataillon du 15°. Donnez ordre au général Drouet de ne laisser dépasser Bayonne à aucun détachement d'infanterie et de cavalerie, sans mon ordre.

NAPOLÉON.

1727. — DÉCISION.

Paris, 19 mars 1808.

Rapport du ministre de la guerre.

19 mars 1808.

En attendant que les dépôts d'infanterie se mettent en mouvement pour se rendre dans les différentes garnisons qui leur sont assignées par le décret du 18 février, le ministre d'État, directeur général des revues et de la conscription, propose d'envoyer dans ces garnisons un petit dépôt composé au moins d'un officier et de quelques sous-officiers pour y recevoir les conscrits qui, d'après les ordres qu'il a donnés, vont être dirigés sur les nouveaux emplacements que les dépôts doivent occuper.

Approuvé ; le ministre de la guerre se concertera avec le ministre Dejean pour diriger l'habillement de 1808 pour les corps sur les nouveaux dépôts.

NAPOLÉON.

1728. — DÉCISION.

Paris, 19 mars 1808.

Le ministre de la guerre rend compte d'un rapport d'après lequel le général Duhesme, commandant la division d'observation des Pyrénées orientales, propose d'autoriser les généraux à recevoir, purement et simplement les déserteurs ou conscrits qui leur seront rendus sur les lieux par les autorités espagnoles, ainsi que ceux qui se présenteront de bonne volonté pour rentrer dans leurs corps, sauf à nommer une commission pour faire purger les jugements de contumace qui auraient pu être prononcés contre eux.

Approuvé.

Napoléon.

1729. — AU GÉNÉRAL CLARKE.

19 mars 1808.

Monsieur le général Clarke, donnez ordre au général Cavrois de se rendre à Valladolid et d'y être arrivé le 28 mars. Donnez ordre au général de division Chabran, au général de brigade Nicolas et au général de brigade Viala, qui est à Rodez, de se rendre à Perpignan. Ces trois généraux commanderont la division venant d'Italie qui arrive à Perpignan le 30 mars, et qui est composée d'un escadron napolitain de 250 chevaux, du 7º régiment de ligne fort de 1.800 hommes et de quatre bataillons des 37º, 56º, 93º et 2º de ligne, le tout formant 5.000 hommes ; cette division se mettra en marche le 1er avril pour se rendre à Barcelone, et prendra à Perpignan le reste de l'artillerie du général Duhesme ; vous ferez connaître au général Chabran qu'il est sous les ordres du général Duhesme ; cette division se servira pour sa solde du même payeur que la division Duhesme. Vous y joindrez un adjudant commandant, un officier d'artillerie et un du génie pris dans les 9º ou 10º divisions militaires : ainsi le corps du général Duhesme sera composé de deux divisions, celle du général Chabran, à laquelle seront joints le 16º de ligne et le régiment suisse qui la porteront à

6,000 hommes ; le général Duhesme lui donnera la moitié de son artillerie, c'est-à-dire neuf pièces de canon ; la seconde division sera celle du général Lechi, composée de tous les corps italiens et napolitains, ce qui formera le même nombre d'hommes ; enfin de deux brigades de cavalerie, l'une de chasseurs italiens et napolitains que commandera le général Viala, forte de 7 à 800 chevaux, l'autre d'un régiment provisoire de cuirassiers et d'un régiment provisoire de chasseurs que commande le général Bessières. Donnez ordre au général Caulaincourt, qui est à Poitiers, de se rendre à Burgos, où il devra être arrivé avant le 28 mars ; il lui sera donné une brigade de cavalerie de régiments provisoires. Donnez ordre au sous-inspecteur aux revues Porte, qui est dans la 10e division militaire, de se rendre à Barcelone pour y être aux ordres du général Duhesme. Donnez ordre au général de brigade d'Agoult de se rendre à Pampelune pour prendre le commandement de la citadelle et, aussitôt son arrivée, le général Darmaignac se rendra à la division du général Merle.

Napoléon.

1730. — AU GÉNÉRAL CLARKE.

Paris, 19 mars 1808.

Monsieur le général Clarke, donnez l'ordre au bataillon du prince de Neuchâtel, qui est à Besançon, de se rendre à Paris.

Napoléon.

1731. — DÉCISION.

Paris, 19 mars 1808.

Le maréchal Berthier rend compte que le général de brigade Levasseur, actuellement à Paris en congé de convalescence, demande une destination. Ce général, après avoir été blessé à la Grande Armée, a commandé à Magdeburg le régiment provisoire de garnison.

L'employer à Rennes dans cette division à moins qu'il ne se trouve assez bien portant pour être employé en Espagne.

Napoléon.

1732. — DÉCISION.

Paris, 19 mars 1808.

Le maréchal Berthier expose quels sont les corps provisoires auxquels il propose d'attribuer les dénominations suivantes :

1ᵉʳ régiment de marche ;
3ᵉ bataillon de marche ;
1ᵉʳ régiment de marche de cuirassiers ;
1ᵉʳ régiment de marche de dragons ;
1ᵉʳ régiment de marche de chasseurs ;
1ᵉʳ régiment de marche de hussards ;
1ᵉʳ et 2ᵉ escadrons de marche.

Renvoyé au ministre de la guerre, pour voir si ces noms sont conformes à ceux qu'il a donnés, et me présenter un projet d'organisation de ces bataillons et escadrons provisoires avec les noms qu'ils doivent porter. Le ministre doit recommander au chef d'état-major de l'instruire exactement quand ces bataillons et escadrons de marche seront incorporés dans les régiments provisoires.

NAPOLÉON.

1733. — ORDRE DE L'EMPEREUR.

19 mars 1808.

Faire partir le général d'Agoult pour commander à Pampelune ; le rendre porteur de l'ordre au général Darmaignac de se rendre à Burgos sous les ordres du général Merle pour y commander une brigade.

NAPOLÉON.

1734. — AU GÉNÉRAL CLARKE.

Paris, 20 mars 1808.

Monsieur le général Clarke, je vous envoie un état que je reçois du maréchal Kellermann. Il doit en être de même pour les autres régiments qui ne sont pas compris dans l'armée de réserve. Je crois qu'il faut annuler les ordres qui ont été donnés pour la réserve d'Orléans, puisque les commandes n'ont pas eu lieu, en laissant subsister celles qui ont été faites pour le corps d'observation des côtes de l'Océan. Il est hors de doute que les régiments qui n'ont pas fourni à ce corps tout leur contingent doivent le compléter le plus qu'ils pourront ; quant à la cavalerie, comme les régiments provisoires sont formés, il faut, pour tous les corps qui n'ont pas aux régiments provisoires des compagnies de 140 hommes, soit de première commande, soit par l'incorporation de différents escadrons de marche, laisser subsister les commandes faites, mais annuler les détachements qui ont fourni plus de 140 hommes. Dans le premier état que vous me remettrez des régiments provisoires d'infanterie et de cavalerie, vous aurez soin de mettre ce qu'ils ont dû recevoir par les incorporations déjà faites, les nouveaux envois de régiments pour porter les compagnies à 140 hommes et en encre rouge les commandes faites et que vous avez décommandées.

NAPOLÉON.

1735. — AU GÉNÉRAL CLARKE.

Paris, 20 mars 1808.

Monsieur le général Clarke, donnez ordre que le 36° de ligne, qui est arrivé à Wesel, continue sa route pour se rendre à Boulogne.

NAPOLÉON.

1736. — DÉCISION.

21 mars 1808.

Tableau d'organisation des régiments d'infanterie de ligne et d'infanterie légère dont les premiers bataillons font partie des camps de Rennes, Pontivy, Avranches et Vire. Les régiments dont il est question dans ce tableau sont : les 15° régiment de ligne et 2° régiment d'infanterie légère pour le camp de Pontivy, le 4° d'infanterie légère pour le camp de Rennes, les 14° de ligne et 12° d'infanterie légère pour les camps d'Avranches et de Vire.

Je ne comprends pas cette organisation du 15°. Il a dix-huit compagnies à Rennes ; il est naturel que ces dix-huit compagnies forment les trois premiers bataillons. Il a son troisième bataillon à l'armée de Portugal ; il est naturel que les six premières compagnies de ce bataillon forment le 4° bataillon nouveau, et que les trois compagnies restantes soient distribuées entre d'autres régiments qui seront désignés, mais en prescrivant qu'elles restent en attendant attachées au bataillon en Portugal. Enfin ce régiment a six compagnies à la division des Pyrénées occidentales ; ces six compagnies seront distribuées, entre les régiments cinq (sic), et la 6° sera réunie aux trois qui sont à Brest pour former le dépôt. Il est bien entendu que ces six compagnies resteront en attendant à la division des Pyrénées occidentales.

Approuvé.

NAPOLÉON.

1737. — DÉCISION.

Paris, 21 mars 1808.

Le maréchal Berthier rend compte d'une démarche par laquelle le général-major Zakomelski, au service de Russie, réclame, en vertu d'un ordre de son souverain, la remise de tous les sujets russes qui se trouvent parmi les prisonniers de guerre prussiens, même ceux nés dans le pays nouvellement acquis par le traité de Tilsit.

Accordé.

NAPOLÉON.

1738. — AU GÉNÉRAL CLARKE.

Saint-Cloud, 23 mars 1808.

Monsieur le général Clarke, je vous envoie l'état de situation de le légion polacco-italienne. Cette légion doit être arrivée à Mayence; donnez-lui l'ordre de se rendre à Paris.

NAPOLÉON.

1730. — DÉCISIONS (1).

On demande à Sa Majesté s'il faut remplacer les 200.000 rations de biscuit expédiées de Bellegarde sur Barcelone.	Ne pas remplacer.
Quoique Sa Majesté ait ordonné, le 9 juillet 1806, de continuer la location des bâtiments où était établi l'hôpital de la haute ville, à Boulogne-sur-Mer, on croit devoir lui demander si, attendu que cet établissement ne reçoit plus de malades depuis le 1er vendémiaire an XIV et que les deux autres hôpitaux sont plus que suffisants pour les besoins du service, Elle ne jugera pas convenable d'autoriser la remise de ces bâtiments au propriétaire. Cette remise économiserait des frais de location et ceux de conservation et d'entretien du mobilier.	Le conserver encore.
On demande à Sa Majesté si toutes les dépenses faites pour la poste militaire de la Grande Armée, à dater du 1er vendémiaire an XIV, seront acquittées par M. Daru sur les fonds de cette armée, ou s'il ne devra acquitter que celles faites depuis le 1er octobre 1806, époque de l'ouverture de la campagne contre la Prusse, sauf à faire faire dans les bureaux de l'administration la liquidation du service antérieur à ce jour.	L'administration ne doit rien payer pour la Grande Armée.
Il existe à la Grande Armée environ 50 employés des équipages auxiliaires. Comme ces employés deviendront inutiles si l'armée reste	Les conserver.

(1) Sans signature ni date, de la main de Maret; extraites du « Travail du ministre directeur avec S. M. l'Empereur et Roi, du 23 mars 1808 ».

dans l'inaction, on demande à Sa Majesté s'il faut les maintenir ou les licencier. M. Daru est d'avis qu'ils soient conservés.

On rend compte qu'il s'est trouvé un déficit de 1.940 paires de souliers sur une expédition faite de France à la Grande Armée à la fin de 1806. Ce déficit paraissant devoir être considéré comme de force majeure, on propose à Sa Majesté de le mettre à la charge de l'État.

Approuvé.

On présente à Sa Majesté deux candidats pour la place d'ordonnateur en chef de l'armée de Dalmatie : M. Maret, commissaire ordonnateur, et M. Volland, commissaire, faisant fonctions d'ordonnateur. Celui-ci serait promu au grade d'ordonnateur. Les projets de décret sont joints au rapport.

Laisser M. Aubernon comme commissaire ordonnateur et envoyer un inspecteur aux revues.

1740. — DÉCISIONS (1).

On demande à Sa Majesté l'autorisation de lui présenter l'état des officiers de la ligne reconnus susceptibles d'être employés comme colonels, chefs d'escadrons et capitaines de gendarmerie en concurrence avec les dix officiers de cette dernière arme les plus anciens et les plus méritants.

Renvoyé au ministre de la guerre. On nommera à la légion de Toscane des officiers de gendarmerie choisis dans les anciennes légions et on les remplacera dans leurs légions par des officiers de cavalerie de l'armée blessés ou retirés des deux dernières campagnes.

Le général de division Colli, admis à la solde de retraite en 1806, demande à être remis en activité.

Il justifie avoir payé ses dettes. Il annonce avoir respecté le bien de ses enfants et déclare, d'ail-

Refusé.

---

(1) Sans signature ni date; extraites du « Travail du ministre de la guerre avec S. M. l'Empereur et Roi, du 23 mars 1808 ».

leurs, avoir fait le sacrifice de toute sa fortune personnelle.

On supplie Sa Majesté de vouloir bien faire connaître ses intentions sur la demande de cet officier général.

M. Blanmont, adjudant commandant, chargé par M. le maréchal Soult d'apporter à Sa Majesté le sceptre de Gustave III, demande de l'avancement.

On prie Sa Majesté de vouloir bien faire connaître ses intentions sur cette demande.

Le général de division Cordellier jouissant à Paris du traitement de réforme de son grade depuis l'an VIII, demande du service, même dans le grade de chef de bataillon.

Sa Majesté est priée de vouloir bien faire connaître ses intentions sur cette demande.

Est nommé colonel d'un régiment.

Renvoyé sans décision et rayé.

1741. — AU MARÉCHAL BERTHIER.

Saint-Cloud, 24 mars 1808.

Mon Cousin, j'avais demandé des états sur les caissons de la Grande Armée : je ne reçois pas ces états qu'il m'est cependant bien important d'avoir.

NAPOLÉON.

1742. — DÉCISIONS (1).

Saint-Cloud, 24 mars 1808.

On propose à Sa Majesté d'appeler de Toulouse à Bayonne une escouade de la 2ᵉ compagnie d'ouvriers, l'arsenal de cette ville ayant encore des travaux à exécuter pour les besoins de l'armée d'Espagne.

Approuvé.

---

(1) Non signées; extraites du « Travail du ministre de la guerre avec S. M. l'Empereur et Roi, du 23 mars 1808 ».

Rapport à Sa Majesté sur la nécessité d'envoyer au moins deux compagnies d'artillerie aux armées françaises en Espagne pour armer et tenir garnison dans les places occupées.

On propose à Sa Majesté d'approuver le projet de ce mouvement.

Je n'approuve point ces dispositions : il faut me présenter un projet où il ne sera question de faire aucun mouvement dans les îles. Ces mouvements sont trop dangereux et trop coûteux.

On rend compte à Sa Majesté de la formation des compagnies de gendarmerie destinées à la police des corps d'armée français en Espagne.

Approuvé.

On prend les ordres de Sa Majesté sur la force de la garnison d'Aix-la-Chapelle et sur le projet d'affectation d'un ancien couvent au casernement de cette place, sauf à le remplacer au profit de la caisse d'amortissement par la cession d'un autre immeuble d'une égale valeur.

Refusé, je n'ai pas besoin de nouvelle caserne à Aix-la-Chapelle.

Le général de brigade Maison mande que l'état de sa santé ne lui a pas permis de se conformer, jusqu'à ce jour, à l'ordre qui lui a été dernièrement donné de se rendre au corps d'armée de M. le maréchal Moncey et sollicite un congé de quatre mois pour faire usage des eaux de Bourbonne.

Accorder le congé, le remplacer au 1er corps en Portugal.

On propose à Sa Majesté d'accorder une gratification de 300 francs au sieur Arnaud, adjudant du génie, chargé de la surveillance des travaux relatifs à la construction de la batterie du Grau d'Orgon sur les côtes d'Aigues-Mortes.

Accordé.

On met sous les yeux de Sa Majesté la demande de la dame Goujard tendant à obtenir le congé absolu de son mari, ancien militaire

Accordé.

faisant aujourd'hui partie du 53ᵉ de ligne. Elle la motive sur ce qu'elle a trois enfants, dont un est infirme, et sur l'offre que fait l'un de ses fils, âgé de 18 ans, de remplacer son père. Le ministre ne pense pas que, dans aucun cas, il fût à propos d'obliger le fils à s'enrôler pour remplacer son père. On prie Sa Majesté de faire connaître ses intentions.

On propose à Sa Majesté de réformer sans traitement M. Coroller, chef d'escadrons de gendarmerie à Vannes, qui s'est dispensé d'obéir à l'ordre itératif qui lui a été donné de se rendre en poste à Bayonne.

Il gardera les arrêts forcés pendant quinze jours. Il sera placé dans une autre résidence éloignée ; il sera retardé dans son avancement, on lui ôtera deux années de service.

On rend compte à Sa Majesté d'une réclamation faite par M. le général Monnet, commandant à Flessingue, pour une indemnité en faveur des officiers qui ont éprouvé des pertes d'effets par suite de l'inondation de la place de Flessingue.

Cette indemnité est portée à la somme de 6.813 francs pour 17 officiers.

Approuvé.

On rend compte à Sa Majesté de la réclamation du colonel du 16ᵉ régiment relativement aux pertes faites par les officiers de ce corps au combat de Trafalgar.

Ce colonel sollicite en faveur de ces officiers une indemnité du montant de la gratification de campagne qui s'élève à une somme totale de 8.600 francs.

Accordé.

Le conseil d'administration du 37ᵉ de ligne réclame avec instance le remboursement d'une somme de 2.488 fr. 93 qui s'est trouvée en dé-

Accordé.

ficit dans la caisse du détachement de ce corps, embarqué sur le vaisseau *le Wattignies*, lors de la mort du capitaine Duval, qui commandait ce détachement.

Sa Majesté est priée de me faire connaître ses intentions sur cette réclamation.

L'inspecteur général qui a passé la revue du 12ᵉ régiment d'infanterie légère, en rendant le compte le plus favorable de la belle tenue de ce régiment et des qualités qui distinguent M. le colonel Jeannin, réclame les bontés de Sa Majesté en faveur de ce colonel pour le remboursement d'une somme de 27.016 fr. 43 qu'il a prise sur son patrimoine pour combler le déficit opéré par la malversation du quartier maître.

On supplie Sa Majesté de faire connaître ses ordres.

Accordé.

On met sous les yeux de Sa Majesté la demande formée par le sieur Porlier de Rubelles, lieutenant au 23ᵉ régiment de dragons, pour obtenir l'autorisation de se retirer du service.

Le ministre ne pense pas que l'intention de Sa Majesté soit de permettre au sieur de Rubelles, âgé de 25 ans et très bien noté, de quitter en ce moment le service.

Accordé (1).

On prend les ordres de Sa Majesté sur une dépense de 100.000 francs qu'exigera la mise en état d'un bâtiment militaire de Mayence pour pouvoir y loger environ 1.100 conscrits.

Cela est inutile.

---

(1) C'est-à-dire que la démission est acceptée.

1743. — AU GÉNÉRAL CLARKE.

Saint-Cloud, 24 mars 1808.

Monsieur le général Clarke, j'approuve votre rapport du 16 mars et les mesures que vous voulez prendre pour que 340 voitures formant l'équipage de 48 pièces de canon avec un double approvisionnement soient disposées à La Fère pour le service de la garde. Si donc la garde était obligée de partir dans le courant de l'été, elle emmenerait ces pièces telles que vous les avez préparées. Je ne pense pas qu'il soit nécessaire de faire les voitures qui manquent puisqu'à son passage par Mayence ou Strasbourg la garde pourrait les y prendre ; il suffit que le bureau de l'artillerie sache où trouver ces voitures, les fasse mettre en bon état à Metz, Mayence ou Strasbourg et les note sur ses carnets comme appartenant à la garde ; ceci est pour le présent, mais je désire pour l'avenir avoir dès le printemps prochain à La Fère 48 pièces de canon des calibres suivants avec leurs équipages et tout ce qui est nécessaire. Si les 340 voitures que cela exige ne pouvaient pas être faites à La Fère, vous les prendriez sur celles que vous ferez faire à Metz ou à Strasbourg, et les destinerez à la garde, de manière que si ma garde entrait en campagne au mois de mars, vous puissiez lui fournir tous les équipages au nombre qui vient d'être prescrit. Par la suite, on s'occupera de les réunir entièrement à La Fère, et alors tout ce qui y existe aujourd'hui appartenant à la garde servira pour tous les besoins que nous pourrions avoir. Voici comme je désire que cet équipage soit composé : douze pièces de 12, vingt-huit pièces de 6 et huit obusiers de 24. Total quarante-huit pièces.

NAPOLÉON.

1744. — AU GÉNÉRAL CLARKE.

Saint-Cloud, 24 mars 1808.

Monsieur le général Clarke, donnez ordre que, du dépôt des conscrits réfractaires de Lille, 400 hommes soient transportés à Flessingue pour renforcer le bataillon colonial, que des 144 du dépôt de Perpignan, 120 soient envoyés à Barcelone pour renforcer le 16ᵉ de ligne, que des 180 du dépôt d'Alexandrie, 100 soient envoyés pour renforcer le 13ᵉ de ligne à Florence, que des 257 du dépôt de Bayonne, 150 soient envoyés en Portugal pour renforcer le bataillon du 66° qui s'y trouve, que des 220 de Briançon, 120 soient envoyés à Florence pour y renforcer le 112°, que des 120 du dépôt de Saint-Martin-de-Ré, 100 soient destinés à renforcer le bataillon colonial qui est de ce côté, que des 180 du dépôt de Caen, 120 soient envoyés à Belle-Ile pour renforcer le bataillon colonial qui est dans cette île.

NAPOLÉON.

1745. — DÉCISION.

Saint-Cloud, 24 mars 1808.

Le ministre de la guerre rend compte des instructions suivantes qu'il a adressées au maréchal Kellermann en exécution des ordres de Sa Majesté en date du 20 mars : les corps d'infanterie ne devront plus rien envoyer à la division d'infanterie de réserve à Orléans et ils devront seulement faire diriger sur cette place les détachements qui leur restent à fournir pour compléter leur contingent au corps d'observation des côtes de l'Océan.

Quant à la cavalerie, les corps qui ont fourni une compagnie de 140 hommes aux régiments provisoires de troupes à cheval ne devront plus rien envoyer à Poitiers et seuls ceux qui n'ont pas complété leur compagnie à 140 hommes devront continuer à faire diriger des détachements sur cette place pour les compléter.

Il faut ajouter que les détachements de troupes à cheval envoyés du camp de Poitiers doivent être joints aux régiments envoyés directement au corps d'observation de l'Océan.

NAPOLÉON.

1746. — DÉCISION.

Saint-Cloud, 24 mars 1808.

Le ministre de la guerre rend compte que le général Menou propose de placer de la manière suivante les trois dépôts de cuirassiers

Approuvé.

NAPOLÉON.

et les trois dépôts de chasseurs qui se rendent dans la 27ᵉ division militaire :

A Pignerol, les dépôts des 4ᵉ et 7ᵉ régiments de cuirassiers ;

A Rivoli, le dépôt du 8ᵉ de cuirassiers ;

A Ivrée, le dépôt du 3ᵉ régiment de chasseurs ;

A Savigliano, le dépôt du 14ᵉ régiment de chasseurs ;

A Fossano, le dépôt du 24ᵉ régiment de chasseurs.

1747. — DÉCISION.

Saint-Cloud, 24 mars 1808.

Le ministre de la guerre propose de mettre à la disposition du directeur de l'artillerie à Bayonne une escouade de la 2ᵉ compagnie d'ouvriers qui est à Toulouse pour remplacer à Bayonne une escouade de la même compagnie passée au corps d'observation des côtes de l'Océan.

Approuvé.

Napoléon.

1748. — DÉCISION.

Saint-Cloud, 24 mars 1808.

Le ministre de la guerre rend compte de l'établissement de la nouvelle ligne d'étapes de Chambéry au Mont-Cenis.

Approuvé, en supprimant la journée de Saint-Jean-de-Maurienne à Saint-Michel et en faisant aller la troupe de Saint-Jean-de-Maurienne à Modane, ce qui fera huit lieues. Les troupes n'auront séjour qu'à Saint-Jean-de-Maurienne.

Napoléon.

1749. — DÉCISION.

Saint-Cloud, 21 mars 1808.

Le ministre de la guerre rend compte de la formation des compagnies de gendarmerie destinées à la police des corps d'armée en Espagne.

Le major général donnera ordre à ces compagnies de se rendre à Burgos, d'où le maréchal Bessières les dirigera sur le quartier général du grand-duc de Berg.

NAPOLÉON.

1750. — DÉCISION.

Saint-Cloud, 24 mars 1808.

Le ministre de la guerre rend compte qu'un escadron de la garde de S. A. I. le grand-duc de Berg, composé de 203 hommes montés, et un escadron de chevau-légers, composé de 100 hommes non montés, partiront de Wesel le 5 avril pour se diriger sur Paris, où ils arriveront le 26.

Donnez ordre à Wesel que les 200 hommes montés restent formés en escadron, que les 100 hommes à pied restent en compagnie et que, s'ils étaient en plusieurs compagnies, les cadres restent au duché de Berg pour former d'autres hommes.

NAPOLÉON.

1751. DÉCISION (1).

Le maréchal Berthier transmet une demande du maréchal Victor tendant à faire réduire le nombre de troupes stationnées dans le 4ᵉ commandement, la disette qui règne dans le pays qu'elles occupent rendant cette mesure nécessaire et urgente.

Donner l'ordre à la 3ᵉ division de cuirassiers de se rendre à Bayreuth.

NAPOLÉON.

---

(1) Non datée; le rapport du maréchal Berthier est du 22 mars, l'expédition de la décision du 25.

1752. — AU MARÉCHAL BERTHIER.

Saint-Cloud, 26 mars 1808.

Mon Cousin, faites-moi connaître les ordres que j'ai donnés dans les campagnes d'Austerlitz et de Friedland sur les caissons, l'argent que j'ai accordé pour cela, combien les corps doivent avoir de caissons et ce qu'ils en ont.

Napoléon.

1753. — AU GÉNÉRAL CLARKE.

Saint Cloud, 26 mars 1808.

Monsieur le général Clarke, je désire créer un bataillon du train qui se réunisse à La Fère et soit tout composé de conscrits ; il faudra en conséquence appeler sur la réserve 800 conscrits. En attendant que ce bataillon soit formé, vous pourrez charger les canonniers de la garde de les recevoir à La Fère. Il ne faut pas que ce bataillon soit plus payé qu'un bataillon ordinaire du train. Je désire également avoir à Sampigny 200 caissons et les hommes nécessaires pour les mener. Je ne me souviens plus combien cela ferait de bataillons. Causez-en avec Dejean pour que cela soit compris dans le décret et présentez-moi la formation de ces deux projets.

Napoléon.

1754. — AU GÉNÉRAL CLARKE.

Saint-Cloud, 26 mars 1808.

Monsieur le général Clarke, donnez ordre qu'un officier, deux sergents et 110 hommes de chacune des cinq légions de réserve, partent de leur dépôt pour Bordeaux où, à leur arrivée, on en formera un bataillon de marche pour joindre leurs bataillons et les renforcer. Je désire que vous me fassiez connaître la situation des régiments suisses, combien de bataillons il y a ? Où ils sont ? L'effectif de chacun ? A combien est leur complet ? Et pourquoi ils ne sont pas complétés ? Je vois dans votre état de situation du 1er mars que le régiment de Prusse a son 3e bataillon à Valenciennes et que ce bataillon est à 1.100 hommes ; je ne sais pas trop ce que cela veut dire, tandis que le 1er bataillon de ce régiment qui est à Flessingue, n'est que de 300 hommes. Donnez ordre au général La

Salle, de partir avec les 10° et 22° de chasseurs, qui doivent être arrivés le 15 mars, et de se diriger sur Bordeaux où ils recevront de nouveaux ordres. Donnez ordre que le 3° bataillon du régiment de Prusse, qui est fort de 1.100 hommes, se rende à Flessingue pour renforcer la garnison de cette place. Son dépôt se rendra également à Flessingue.

NAPOLÉON.

1755. — DÉCISION.

Saint-Cloud, 27 mars 1808.

Le ministre de la guerre soumet à l'Empereur un ordre du maréchal Kellermann qui rappelle à Mayence, dès son arrivée prochaine à Paris, un détachement de sapeurs employé à escorter un convoi de fonds depuis Mayence.

Cette méthode de faire escorter dans l'intérieur par l'infanterie est nouvelle ; la gendarmerie est faite pour cela.

NAPOLÉON.

1756. — DÉCISION.

Saint-Cloud, 27 mars 1808.

Le ministre de la marine demande 25 hommes du 16° de ligne pour porter à 60 hommes la garnison de la frégate *l'Incorruptible*, en rade de Toulon.

Accordé.

NAPOLÉON.

1757. — DÉCISION (1).

27 mars 1808.

Le nommé A. Dubois, gendarme maritime à Dunkerque, décédé le 15 septembre dernier, cumulait avec son traitement de gendarme une retraite de 200 francs. La somme indûment perçue par ce gendarme s'élève à près de 1.500 francs. La veuve Dubois, qui a recueilli la succession de son mari, se

Approuvé.

---

(1) Non signée.

trouvant dans l'impossibilité de restituer cette somme au Trésor public, on propose à Sa Majesté de décider qu'il ne sera donné aucune suite à cette affaire.

1758. — DÉCISION (1).

Saint-Cloud, 28 mars 1808.

On rend compte à Sa Majesté de l'état d'habillement et du petit équipement de la légion polacco-italienne. Le remplacement de l'habillement de la légion, qui paraît être en très mauvais état, donnerait lieu à une dépense de.... 360.000 »
Le complément de la première mise de petit équipement, pour les 6.000 hommes qui la composent, nécessiterait une deuxième dépense de......... 111.300 »

471.300 »

On demande les ordres de Sa Majesté sur les dispositions à faire en faveur de ce corps et on la prie de décider si les dépenses à faire auront lieu au compte du Trésor français ou de celui de Westphalie.

Cette légion est à ma solde et doit être habillée à mes frais. Elle se rend à Paris où le ministre pourra s'assurer de la situation où elle est.

Il se fera rendre compte de ce qu'elle a reçu en Silésie et en Westphalie cette année, pour voir ce qu'elle a eu en magasin et pour ne pas l'accoutumer à des désordres.

NAPOLÉON.

1759. — DÉCISIONS (2).

29 mars 1808

Le ministre propose à Sa Majesté d'approuver la commission d'aide de camp qu'il a donnée au sous-

Approuvé.

---

(1) Extraite du « Travail du ministre directeur de l'administration de la guerre avec S. M. l'Empereur et Roi, daté du 23 mars 1808 ».
(2) Non signées, extraites du « Travail du ministre de la guerre avec S. M. l'Empereur et Roi, du 9 mars 1808 ».

lieutenant Gobert pour être employé en cette qualité auprès du grand-duc de Berg, ainsi que S. A. I. en a fait la demande.

On propose à Sa Majesté de nommer à différents emplois d'officiers vacants dans des régiments d'infanterie faisant partie de la Grande Armée, des armées de Dalmatie et de Naples ou qui sont stationnés dans l'intérieur.

Approuvé.

1760. — DÉCISION.

29 mars 1808

Le 6ᵉ dragons étant le seul régiment de troupes à cheval, dont les dépôts sont en France, qui n'ait rien fourni aux régiments provisoires de cavalerie employés à l'armée d'Espagne, le ministre de la guerre propose d'envoyer en Espagne la compagnie de ce régiment qui vient d'arriver à Poitiers et de la réunir au 6ᵉ régiment provisoire de dragons employé sous les ordres du général Dupont.

Approuvé.

NAPOLÉON.

1761. — DÉCISION.

Saint-Cloud, 29 mars 1808.

Le ministre de la guerre fait connaître à l'Empereur une démarche du cardinal Caprara qui sollicite, au nom du pape, la mise en liberté du sieur Rivarola, gouverneur de Macerata, détenu par ordre du général Heudelet dans la forteresse de Pesaro pour avoir protesté publiquement contre les ordres donnés pour le service de l'Empereur.

S'informer de quel pays est ce Rivarola, et où il a pris naissance.

NAPOLÉON.

1762. — AU GÉNÉRAL CLARKE.

Saint-Cloud, 29 mars 1808.

Monsieur le général Clarke, *la légion polacco-italienne* prendra le nom de *légion de la Vistule*. Vous me ferez connaître son organisation par compagnie et vous me présenterez les améliorations qu'il serait nécessaire d'y faire. Le général qui commande cette légion est à Paris. Ecrivez au maréchal Davout et prenez toutes les mesures pour qu'on envoie des recrues pour compléter les compagnies d'infanterie à 140 hommes et les escadrons à 250 hommes.

NAPOLÉON.

1763. — DÉCISION.

Saint-Cloud, 29 mars 1808.

L'article IV du décret du 18 février dernier sur l'organisation des régiments d'infanterie de ligne et légère comprend, dans le nombre des officiers d'état-major, un officier payeur. Comme aucun article du décret n'indique quel sera le traitement de l'officier qui remplira ce nouvel emploi, le ministre de la guerre prie l'Empereur de décider s'il devra, ainsi que le quartier maître, jouir du traitement de 1.200 francs, lorsque celui de son grade sera inférieur.	Accordé. NAPOLÉON.

1764. — DÉCISION (1).

Le ministre de la guerre rend compte que le général Heudelet, commandant la 13ᵉ division militaire, expose, par une lettre en date	Ce n'est pas là la situation de Brest ; il faut y joindre combien il y a de canonniers de la marine, combien de régiments en-

---

(1) Non datée; le rapport du ministre est du 29 mars.

du 22 mars, que la garnison de Brest se trouve réduite en ce moment à environ 500 hommes des dépôts des 15ᵉ et 70ᵉ régiments de ligne avec 150 hommes d'artillerie.

Le général Heudelet observe qu'il est à craindre que les Anglais ne cherchent à profiter de la belle saison pour tendre sur ce point quelque entreprise et que, dans ce cas, les troupes qui se rassemblent à Pontivy et à Rennes se trouveraient trop éloignées pour arriver à temps, soit pour défendre les approches de Brest, soit pour repousser les attaques de l'ennemi sur cette place.

D'après ces considérations le général Heudelet sollicite, avec la plus vive instance, une augmentation de troupes pour renforcer la garnison de Brest.

régimentés, afin que j'aie une idée précise.

NAPOLÉON.

1765. — DÉCISION (1).

29 mars 1808.

Le général Clarke propose de nommer le colonel Brué à la première place de sous-inspecteur aux revues qui sera vacante et de le remplacer dans le commandement du 19ᵉ régiment de chasseurs.

Approuvé.

1766. — DÉCISIONS (2).

31 mars 1808.

On demande à Sa Majesté l'autorisation de recruter, par enrôlement volontaire des prisonniers suédois, la compagnie de pionniers employée aux travaux du canal de Saint-Quentin.

Approuvé.

—

(1) Non signée; extraite du « Travail du ministre de la guerre avec l'Empereur, du 17 février 1808 ».
(2) Non signées; extraites du « Travail du ministre de la guerre avec l'Empereur, du 30 mars 1808 ».

Dépense de 6.200 francs à faire à la grande écurie de Courbevoie, pour réparer les dégâts d'un incendie occasionné par la chute d'une mèche sur la paille.

Sa Majesté est priée de faire connaître si cette dépense sera supportée par le Département de la guerre ou par la troupe de la caserne.

C'est au ministre de la guerre à décider cela, selon les règlements militaires.

On propose de décider si l'indemnité due à un aubergiste de Brest, pour dommages résultant de l'incendie de ses écuries occupées par les chevaux de M. le maréchal Augereau et par ceux du 7ᵉ régiment de chasseurs, sera supportée par le Département de la guerre.

Approuvé.

Le ministre rend compte d'une décision portant que les membres des conseils d'administration des gardes nationales de Saint-Omer et du département de la Somme et de la Seine-Inférieure conserveront leurs traitements d'activité, savoir : les premiers jusqu'au 1ᵉʳ février et les seconds jusqu'au 15 du même mois.

Il prie Sa Majesté de vouloir bien approuver cette mesure.

Approuvé.

On propose à Sa Majesté le rétablissement de onze portiers-consignes dans des places fortes de l'extrême frontière et des côtes.

Renvoyé à M. Lacuée.

Le général de brigade Ruby demande à prendre le commandement du département de l'Indre.

S'il est hors d'état de marcher, lui accorder sa retraite ou un commandement d'arme. Tous les généraux de l'intérieur doivent pouvoir faire la guerre.

Rapport demandé par Sa Majesté sur les services de M. Harel, commandant de Vincennes, qui

Accordé.

sollicite son admission dans la Légion d'honneur.

Demande d'un congé de quatre mois faite par l'adjudant commandant Blondeau, employé à l'armée d'Italie.

Accordé.

On soumet à l'approbation de Sa Majesté un état de secours, montant à 4.950 francs, en faveur de plusieurs militaires désignés aux dernières revues d'inspection pour une solde de retraite et qui n'ont pas été jugés susceptibles d'obtenir cette récompense.

Approuvé.

1767. — DÉCISION (1).

Saint-Cloud, 31 mars 1808.

On rend compte à Sa Majesté des mesures prises par le général Bourcier pour le harnachement des chevaux de remontes fournis aux escadrons de guerre de la Grande Armée. Il en résulte qu'il a passé des marchés pour 510 selles de cavalerie légère. Cette dépense sera régularisée plus tard et imputée au compte des divers corps.

Renvoyé à l'intendant général. Comment se fait-il qu'il faille tant de selles, lorsque le ministre en a tant envoyé et qui doivent se trouver à Magdeburg ? Je désire avoir un rapport là-dessus.

NAPOLÉON.

1768. — AU GÉNÉRAL DEJEAN.

Saint-Cloud, 31 mars 1808.

Monsieur Dejean, présentez-moi un projet pour lever deux bataillons du train qui serviront 288 voitures. Indépendamment de ces 288 voitures, il faut faire confectionner les 150 dont il reste du bois. J'approuve l'idée d'avoir toujours des bois pour 5 à 600 voitures dans mes magasins. Le parc de Sampigny a fourni bien peu de chose, puisqu'il n'a fourni que 400 caissons pendant les deux dernières campagnes. La plus grande partie de ces voitures doit être

---

(1) Extraite du « Travail du ministre directeur de l'administration de la guerre avec S. M. l'Empereur et Roi, daté du 30 mars 1808 ».

usée ; il est vrai qu'on en fait un grand nombre à Paris, à Vienne, à Munich, à Varsovie, à Breslau. J'approuve qu'on organise ces deux bataillons dans la place la plus voisine de Sampigny, sans que ce soit cependant à Verdun, à cause des prisonniers anglais. Il est nécessaire que les chevaux soient de bonne qualité et que les harnais soient bons. En général, cela est ordinairement très mauvais. Le 1er bataillon devra être en activité au 1er juin, et le 2e au 1er juillet. Les fonds nécessaires pour cette dépense doivent être pris sur les fonds accordés cette année pour les transports militaires. Que les chevaux soient bien harnachés, les hommes bien armés et exercés à l'école de peloton d'infanterie et de cavalerie. Il faut charger un officier accoutumé à l'inspection des parcs de recevoir ces caissons, et préposer quelqu'un de très probe à la réception des chevaux.

NAPOLÉON.

1769. — AU GÉNÉRAL DEJEAN.

Saint-Cloud, 31 mars 1808.

Monsieur Dejean, l'état ci-joint que vous m'avez remis a reçu des améliorations ; mais je ne le comprendrai que quand, à côté de la seconde colonne qui fait la distribution des 17.900.000 francs, vous mettrez une troisième colonne qui me fasse connaître la répartition des 1.595.000 du 18e chapitre. Jusque-là, je ne puis rien faire parce que je ne comprends pas votre état. Faites sentir aux chefs de divisions du ministère chargés des finances l'importance de tenir ces chiffres en règle.

NAPOLÉON.

1770. — AU GÉNÉRAL DEJEAN.

Saint-Cloud, 31 mars 1808.

Monsieur Dejean, je ne conçois pas qu'il ait fallu acheter des selles pour des corps de la Grande Armée, après la grande quantité que vous en avez envoyée à Magdeburg. Il doit y en avoir encore dans les magasins de Paris qu'on pourrait envoyer si cela était nécessaire.

NAPOLÉON.

1771. — DÉCISION.

Saint-Cloud, 31 mars 1808.

Le ministre de la guerre rend compte d'une démarche par laquelle le baron de Korff, au service de Russie, demande que tous les Russes servant dans la légion polonaise, que ce soit comme prisonniers de guerre, déserteurs ou enrôlés volontaires, soient rendus.

Cette proposition est absurde. Je ne conçois pas comment un officier russe peut la faire, et comment un officier français peut l'accueillir sans indignation.

NAPOLÉON.

1772. — DÉCISION.

Saint-Cloud, 31 mars 1808.

Le ministre de la guerre propose de placer les officiers français, faisant partie de la 1re légion du Nord, du grade de capitaine, lieutenant et sous-lieutenant, à la suite des régiments d'infanterie dont les dépôts sont dans l'intérieur.

Approuvé.

NAPOLÉON.

1773. — DÉCISION.

Saint-Cloud, 31 mars 1808.

Le général Dejean rend compte des causes de dépérissement des chevaux des 6e et 7e bataillons des équipages militaires et présente l'état des différents corps de la Grande Armée qui ont reçu les fonds nécessaires pour se pourvoir d'un caisson d'ambulance de premier secours.

Renvoyer à l'intendant général pour savoir : 1° si les corps ont les dits caissons ; 2° si je n'ai pas accordé d'autres fonds à Vienne pour cet objet. Je croyais avoir accordé à chaque régiment de quoi avoir un ou deux caissons par bataillon.

NAPOLÉON.

1774. — DÉCISION.

Saint-Cloud, 1er avril 1808.

Le maréchal Berthier rend compte que le maréchal Davout propose d'incorporer dans le 2e ba-

Approuvé.

NAPOLÉON.

taillon des équipages militaires 26 soldats français qui faisaient partie de la légion du Nord, et dans les régiments du 3° corps tous les autres soldats français qui servaient dans ladite légion. Depuis que cette légion, qui vient d'être incorporée dans un régiment polonais, a cessé d'être au service de France et que les officiers français l'ont quittée, tous les soldats français qui en faisaient partie demandent, en effet, à servir dans les troupes françaises.

1775. — DÉCISION.

Le maréchal Berthier sollicite les ordres de l'Empereur au sujet de la destination ultérieure de divers détachements de cavalerie qui doivent arriver prochainement à Bordeaux.

Saint-Cloud, 1" avril 1808.

Diriger tout cela sur Burgos.

Napoléon.

1776. — DÉCISION.

Le ministre de la guerre rend compte de la marche d'un détachement de vélites italiens, en route pour rejoindre la division Lechi à Barcelone et qui doit arriver le 16 avril à Avignon.

Saint-Cloud, 1" avril 1808.

Il continuera sa route pour Perpignan.

Napoléon.

1777. — DÉCISION.

Le maréchal Berthier met sous les yeux de l'Empereur un certificat des officiers de santé en chef de la Grande Armée, constatant que le général Villatte aurait besoin d'aller prendre les eaux de Plombières.

Paris, 1" avril 1808.

Accordé.

Napoléon.

1778. — DÉCISION.

Saint-Cloud, 1ᵉʳ avril 1808.

Le maréchal Berthier rend compte : 1° d'une demande du major du 19ᵉ régiment de chasseurs tendant à renvoyer au dépôt, à Plaisance, les officiers et sous-officiers du 4ᵉ escadron qui se trouvent aux escadrons de guerre ; 2° d'une demande du colonel du 95ᵉ régiment, à l'effet d'être autorisé à renvoyer au dépôt, en France, trois officiers appartenant au 3ᵉ bataillon. Ces deux demandes sont motivées par la nécessité d'avoir aux dépôts suffisamment d'officiers et de sous-officiers pour l'instruction des recrues.

Approuvé.

NAPOLÉON.

1779. — AU GÉNÉRAL CLARKE.

Bordeaux, 5 avril 1808.

Monsieur le général Clarke, j'ai donné ordre au bataillon de Neuchâtel de se rendre à Paris ; arrivé à Paris, vous le passerez en revue, et, immédiatement après, vous le dirigerez sur le Havre, où il tiendra garnison pour la défense du port. Vous passerez en revue, à son arrivée à Paris, le régiment des lanciers polonais qui doit être fort de 1.200 hommes ; vous pourrez le laisser reposer à Versailles, après quoi vous le dirigerez sur Evreux, à moins que, d'ici à ce temps, vous ne receviez de nouveaux ordres. Faites-moi connaître l'état de situation de la légion de la Vistule à son départ de Mayence et le jour où elle arrivera à Paris. Le 36ᵉ de ligne doit se diriger sur Wesel ou Mayence, je ne me souviens pas sur laquelle de ces deux villes. Vous lui donnerez ordre de continuer sa route sur Boulogne. Vous dirigerez la cavalerie du grand-duc de Berg sur Poitiers. Ecrivez à Düsseldorf pour savoir si ce prince a des troupes dans ses Etats. Je sais qu'il a un régiment à Stralsund, mais je suis dans l'idée qu'il a levé un nouveau régiment. Si cela est, faites-le partir pour Boulogne ; cela sera avantageux pour le grand-duc puisqu'il ne le nourrira plus ; il payera seulement sa solde, et ce régiment servira à la défense de Boulogne. Donnez ordre au général Heudelet d'avoir, le 15 avril, son quartier général à Pontivy, d'où il sera plus en mesure de se porter à Brest, à Lorient, à Saint-Malo, et de pouvoir aller au secours des points qui seraient menacés.

Le 26ᵉ de chasseurs et le 9ᵉ de dragons ont reçu l'ordre de rentrer en France. Donnez l'ordre au 26ᵉ de chasseurs de se diriger sur Saumur, où est son dépôt, et au 9ᵉ régiment de dragons de se rendre à Versailles.

NAPOLÉON.

1780. — DÉCISION.

Bordeaux, 6 avril 1808.

Le maréchal Berthier présente à l'Empereur des demandes de congé en faveur :	
Du général Bordessoule et du capitaine Cormery, du 33ᵉ de ligne, pour aller prendre les eaux ;	Approuvé.
Du capitaine Brouet, adjoint à la direction générale des parcs d'artillerie, pour affaires de famille.	Approuvé.

NAPOLÉON.

1781. — AU GÉNÉRAL CLARKE.

Bordeaux, 6 avril 1808.

Monsieur le général Clarke, je reçois votre lettre du 2. Comme je me trouve éloigné, il ne faut pas attendre mon approbation et faire subir aux corps leur nouvelle organisation.

Envoyez vos instructions aux commandants des différents corps d'armée et aux commandants des divisions militaires de l'intérieur, à mesure que vous pouvez les rédiger. Ce travail est pressant, parce que tous les conscrits marchent de tous côtés (j'en ai trouvé la route encombrée) et qu'ils se dirigent sur les nouveaux emplacements des dépôts.

NAPOLÉON.

1782. — DÉCISIONS (1).

On propose à Sa Majesté d'approuver la formation d'une compagnie de 60 canonniers invalides, qui est jugée nécessaire au service de 12 bouches à feu affectées à l'hôtel impérial des Invalides.

Approuvé. Elle sera de 100 hommes, dont deux escouades à Vincennes.

On soumet à Sa Majesté la demande faite par le général Chasseloup d'un supplément d'indemnité de 1.000 francs par mois, ce qui porterait son traitement extraordinaire à 4.400 francs par mois.

Approuvé.

On rend compte à Sa Majesté que le conseil d'administration du régiment d'infanterie toscan demande 40 jeunes gens sachant écrire correctement la langue française.

Tirer du Prytanée 10 sergents des fusiliers de la garde qui sont à Paris et qui ont fait la dernière campagne, 20 sujets sachant lire et écrire, pour être caporaux et sergents.

On supplie Sa Majesté de faire connaître le traitement qu'elle désire accorder au général Menou qui, comme commandant général des départements au delà des Alpes, jouissait d'un traitement annuel de 200.000 francs, et qui, comme commandant la 27e division militaire, n'aurait plus droit qu'au traitement de 15.000 francs, indépendamment des indemnités de son grade.

Il continue à être traité de même pendant toute l'année nécessaire pour aider de ses conseils le gouverneur.

Le général de brigade Préval demande un congé avec appointements. Sa Majesté est priée de fixer la durée de ce congé.

Accordé.

On propose à Sa Majesté de remettre en activité et d'employer à l'armée d'Espagne le général de brigade d'Hinnisdal.

Refusé.

(1) Ni datées ni signées; extraites du « Travail du ministre de la guerre avec l'Empereur, du 6 avril 1808 ». Revenues au ministère le 18 avril.

1783. — DÉCISION.

Bordeaux, 7 avril 1808.

Le ministre de la guerre rend compte que les six premières compagnies des 1er et 2e bataillons du régiment toscan et deux escadrons de dragons toscans sont partis de Parme pour se rendre à Turin, et il demande quelle sera leur destination ultérieure.

Les diriger sur Avignon et charger le sous-inspecteur aux revues et un officier entendant la comptabilité, de l'inspecter et de la mettre en règle.

NAPOLÉON.

1784. — DÉCISION (1).

Bordeaux, 7 avril 1808.

On prie Sa Majesté de vouloir bien faire connaître si Elle approuve la nouvelle fabrication de 200.000 rations de biscuit à Bayonne, ordonnée par S. E. M. le maréchal Bessières.

Approuvé.

NAPOLÉON.

1785. — DÉCISION.

Bordeaux, 7 avril 1808.

Le ministre de la guerre rend compte qu'il a décidé que la légion de la Vistule, dont l'arrivée à Paris est prochaine, serait assimilée, pour la solde et les masses, l'infanterie à l'infanterie légère française et les lanciers aux chasseurs à cheval.

Approuvé.

NAPOLÉON.

1786. — DÉCISION.

Bordeaux, 7 avril 1808.

En raison des difficultés que présente le recrutement de la lé-

S'il y a 900 hommes et dix compagnies, ce qui ferait 90

---

(1) Extraite du « Travail du ministre directeur de l'administration de la guerre avec S. M. l'Empereur et Roi, daté du 30 mars 1808 ».

gion du Midi, le ministre de la guerre propose de réduire les deux bataillons qui composent actuellement ce corps, avec un effectif de 899 hommes et 260 officiers, à un seul, fort de six compagnies à l'effectif de 140 hommes chacune.

hommes par compagnie, il n'y a aucun changement à faire et les laisser ainsi, et il faut continuer le recrutement pour tâcher de le compléter. J'avais oublié cette disposition et je croyais que les bataillons étaient de neuf compagnies.

Napoléon.

1787. — AU MARÉCHAL BERTHIER.

Bordeaux, 8 avril 1808.

Mon Cousin, réitérez l'ordre au général Thouvenot de réunir à Saint-Sébastien tous les hommes malades et isolés et de ne les mettre en marche que par votre ordre ; je vois avec déplaisir dans sa lettre qu'il va faire partir plusieurs détachements pour l'armée. Il a tort, il doit tout garder. Donnez-lui l'ordre qu'aussitôt qu'il aura 600 hommes appartenant aux corps qui sont en Portugal il les organise en un bataillon de marche de six compagnies et les dirige sur Almeida. Il faut que ce bataillon ait au moins deux ou trois officiers. Aussitôt qu'il pourra former un pareil bataillon de 600 hommes appartenant aux corps du maréchal Moncey, il les dépêchera pour Burgos. Mais recommandez-lui de retenir tous les hommes isolés, de les exercer, de faire réparer leur habillement, leur armement, et de tâcher de les faire traiter de la gale. Je ne vois pas ce qu'il veut dire par ce détachement de régiment provisoire de 400 hommes. Comment est-il resté à Saint-Sébastien ? Je ne sais pas non plus comment les bataillons des légions de réserve que commande le général Gaulois, qui étaient destinés pour Saint-Sébastien, ont été à Burgos. Vérifiez quel est l'ordre qui leur a été donné par le général Drouet en partant de Bordeaux. Il serait nécessaire, si ce bataillon est à Burgos, de l'y garder et d'ordonner au général Thouvenot d'y envoyer tous les hommes provenant des compagnies départementales. Ce mouvement rétrograde de 80 lieues ne pourrait être que nuisible. Vos ordres se donnent mal, ou vous ne veillez pas à leur exécution.

Napoléon.

1788. — DÉCISION.

Bordeaux, 9 avril 1808.

Le ministre de la guerre rend compte que le bataillon du prince de Neuchâtel est parti de Besançon pour se rendre à Paris, où il arrivera le 10 avril.

Je crois avoir écrit au ministre de laisser reposer ce bataillon deux ou trois jours à Paris et de l'envoyer ensuite au Havre pour servir à la défense de la côte.

NAPOLÉON.

1789. — DÉCISION.

Bordeaux, 9 avril 1808.

Le maréchal Berthier propose d'allouer aux ordonnateurs en chef des corps d'armée dissous une somme de 500 francs par mois pour frais de bureau, pendant le temps qu'ils resteront disponibles.

Approuvé.

NAPOLÉON.

1790. — AU GÉNÉRAL CLARKE (1).

Avril 1808.

Monsieur le général Clarke, je reçois votre lettre du 3 avec le rapport relatif aux vingt-quatre bataillons du train. Il en résulte que chaque bataillon du train doit avoir un complet de 594 hommes, qu'il en manque 188 aux trois bataillons qui sont en Espagne et 98 aux dix-sept bataillons qui sont à la Grande Armée. Il faut donc 286 hommes pour compléter les bataillons. Je désire que le complet d'un bataillon du train soit désormais de 660 hommes au lieu de 594 hommes. Le complet des 24 bataillons sera donc de 15.840 hommes. L'effectif actuel est de 15.000 hommes ; il manquera donc 840 hommes. Pour cette année, les quatre bataillons qui sont en Italie seront laissés dans la même situation, ce qui fera une économie de 280 hommes que l'on donnera à la garde ; ils seront dirigés sur La Fère pour former une ou deux compagnies supplémentaires à la garde. Les 560 autres hommes seront distribués dans les différents

---

(1) Sans date de jour; transmis au général Gassendi le 10.

bataillons du train. Il faudrait établir des dépôts pour les trois bataillons qui sont en Espagne. Les emplacements les plus convenables seraient Bayonne et Toulouse.

Napoléon.

1791. — AU MARÉCHAL BERTHIER.
Bordeaux, 10 avril 1808.

Mon Cousin, donnez ordre que le 3° escadron de marche, qui arrive le 13 à Bayonne, y reste jusqu'à nouvel ordre. Donnez l'ordre que les 4°, 5°, et 6° escadrons de marche, ainsi que la division de cavalerie du général La Salle, à mesure qu'ils arrivent à Bordeaux, s'y reposent un jour ou deux pour se blanchir et continuent leur route sur Bayonne. Donnez ordre que le 13° régiment provisoire, qui arrive à Bayonne le 13, y reste jusqu'à nouvel ordre. Recommandez au général qui y commande de faire exercer tous les jours ces troupes, le matin à l'exercice à feu et le soir à la cible. Donnez l'ordre que le 13 au soir ce régiment fasse laver ses effets, afin qu'il puisse partir le 15, si cela est nécessaire. Donnez ordre que le 14 on passe la revue des souliers et de l'armement de ce régiment. Le 14° régiment provisoire restera également à Bayonne jusqu'à nouvel ordre. Donnez ordre au général de brigade Sabatier de se rendre à Bayonne pour prendre le commandement de cette brigade. Donnez l'ordre que les 4°, 5° et 6° bataillons de marche prennent en passant à Bordeaux de quoi compléter leurs trois paires de souliers, et soient formés à Bayonne sous le titre de 2° régiment de marche et dirigés sur Pampelune par le plus court chemin pour tenir garnison dans cette place, ce qui rendra disponible le bataillon qui s'y trouve.

Napoléon.

1792. — AU MARÉCHAL BERTHIER.
10 avril 1808.

Mon Cousin, il est convenable que vous donniez l'ordre à Bayonne qu'on fasse transporter, avec les moyens du pays, 300.000 cartouches d'infanterie à Vitoria et 500.000 à Burgos. Il ne faut pas, pour cela, se servir des attelages d'artillerie qui sont à Bayonne, vu qu'ils sont nécessaires pour atteler les 100 voitures que je fais réunir dans cette place.

Napoléon.

1793. — AU GÉNÉRAL CLARKE.

Bordeaux, 10 avril 1808.

Monsieur le général Clarke, donnez des ordres à Naples pour qu'on renvoie en Italie le bataillon du train qui se trouve à cette armée. J'avais déjà donné cet ordre au roi de Naples ; réitérez-le.

NAPOLÉON.

1794. — DECISION.

Bordeaux, 12 avril 1808.

Le maréchal Berthier propose d'employer au paiement des pensionnaires invalides prussiens une somme de 100.000 francs restée disponible sur le budget du mois d'octobre dernier.

Accordé.

NAPOLÉON.

1795. — DÉCISION.

Bordeaux, 12 avril 1808.

Le maréchal Berthier propose de faire payer aux sous-officiers et soldats de la Grande Armée présents sous les drapeaux le restant de la solde arriérée de 1806 et 1807.

Accordé.

NAPOLÉON.

1796. — DÉCISION (1).

On propose à Sa Majesté d'autoriser une permutation d'emploi entre les chefs d'escadrons Campana, titulaire au 21e régiment de dragons, et Marsange, surnuméraire au 15e régiment de même arme.

Refusé.

---

(1) Non signée; extraite du « Travail du ministre de la guerre avec S. M. l'Empereur et Roi, du 13 avril 1808 ».

1797. — DÉCISION.

Bayonne, 15 avril 1808.

Le maréchal Berthier présente à l'Empereur deux demandes de congé : l'une pour le général Verrières, gouverneur de Glogau, l'autre pour le colonel Beurmann, du 17e dragons ; ces deux officiers ont besoin d'aller prendre les eaux.

Accordé.

NAPOLÉON.

1798. — AU GÉNÉRAL CLARKE.

Bayonne, 15 avril 1808.

Monsieur le général Clarke, je reçois votre lettre relative au mouvement de la légion de la Vistule. Vous pouvez laisser les lanciers soit à Versailles, soit dans les environs. Ces 1.200 chevaux me seraient utiles ici, mais il faut qu'il soit possible de les y faire venir. Les chevaux sont-ils dans un état tel qu'ils puissent être dirigés sur Poitiers? C'est à vous de m'éclairer là-dessus. Profitez du séjour que fera ce régiment à Versailles pour le munir de tout.

NAPOLÉON.

1799. — DÉCISION.

Bayonne, 15 avril 1808.

Le ministre de la guerre, ayant appris que l'infanterie de la légion de la Vistule avait toujours été assimilée pour les masses à l'infanterie de ligne française et non à l'infanterie légère, a cru devoir ne rien changer à cette tradition. Quant aux lanciers de cette légion, ils continueront à être traités comme chasseurs à cheval.

Approuvé.

NAPOLÉON.

1800. — DÉCISION.

Bayonne, 15 avril 1808.

Par un rapport en date de Turin, 5 avril 1808, le général Menou rend compte qu'il a passé la revue du régiment de dragons toscans.

Renvoyé au ministre de la guerre, pour diriger ces hommes sur Avignon et leur faire donner tout ce qui leur est nécessaire.

Napoléon.

1801. — AU MARÉCHAL BERTHIER (1).

Bayonne, 16 avril 1808.

Donner ordre que ce soir à 5 heures les 100 voitures du parc d'artillerie de la réserve soient toutes attelées et prêtes à partir. L'Empereur en passera la revue, elles iront parquer et coucher le soir à une lieue de Bayonne et demain à Saint-Jean-de-Luz où elles attendront de nouveaux ordres.

Le commandant d'artillerie apportera l'état des caissons et des munitions que devaient porter les 100 voitures ; le commissaire des guerres se trouvera à cette revue pour recevoir des ordres.

Donner l'ordre qu'à la même revue se trouvent tous les hommes du train, sans aucune exception, tous les chevaux malades, galeux et tous les harnais.

Donner ordre au commandant du 3e escadron de marche de cuirassiers de se trouver à la même revue pour prendre connaissance de ces voitures, qu'il fera escorter ce soir par 10 hommes et qu'il suivra demain avec le reste de son escadron.

Faire partir demain pour Burgos, sur 35 voitures du pays, 500.000 cartouches ; coucheront (*sic*) demain à Saint-Jean-de-Luz ; après demain 18, 500.000 autres aussi sur 35 voitures également pour Burgos.

Ce soir, à 5 heures, au même endroit que l'artillerie, Sa Majesté verra le 13e régiment provisoire ; à la même heure, il verra toutes les bandes de mulets qu'il a ordonné que l'on livre dans les Pyrénées et que l'on prenne à sa solde.

---

(1) Non signé; de la main du général Mathieu Dumas.

1802. — AU MARÉCHAL BERTHIER.

Bayonne, 16 avril 1808.

Mon Cousin, vous donnerez l'ordre que le 1ᵉʳ escadron de marche se réunisse à Villafranca et, de là, continue sa marche sur Burgos. A cet effet, les 60 hommes montés que le maréchal Bessières a laissés à Bayonne partiront demain et escorteront 100 voitures chargées de cartouches jusqu'à Saint-Jean-de-Luz. Là, ils se réuniront aux hommes que le maréchal Bessières y a laissés, et continueront leur marche, en ralliant toujours les hommes qu'ils rencontreront d'ici à Burgos. A Burgos, ils déposeront les 500.000 cartouches contenues dans les 100 voitures qu'ils escorteront et seront à la disposition du maréchal Bessières. Je vous ai fait connaître que le 3ᵉ escadron de marche devait partir pour Saint-Jean-de-Luz, en prenant pour son escorte 100 autres voitures. Il séjournera le 18 à Saint-Jean-de-Luz, où vous ferez passer la revue du convoi et de l'escadron, et vous m'en rendrez compte le 18 au soir. Cet escadron prendra également avec lui 6.000 paires de souliers qui seront chargées sur des mulets à bâts. Ces 6.000 paires de souliers seront prises sur la livraison de celles qu'a fait faire le maréchal Moncey.

николаï.

NAPOLÉON.

1803. — AU GÉNÉRAL CLARKE.

Bayonne, 17 avril 1808.

Monsieur le général Clarke, si vous trouvez que les chevaux du régiment des lanciers polonais soient en bon état, vous les dirigerez sur Poitiers. S'il vous paraît qu'il y ait des hommes et des chevaux fatigués, vous ne dirigerez sur Poitiers que trois escadrons que vous compléterez à 250 hommes chaque, c'est-à-dire que vous ferez partir 750 hommes et vous garderez un escadron plus faible à Versailles ; vous l'y laisserez se reposer quinze jours, après lesquels vous le ferez partir pour Poitiers, en laissant les plus fatigués, qui rejoindraient sitôt qu'ils seraient rétablis.

NAPOLÉON.

1804. — AU GÉNÉRAL DEJEAN.

Bayonne, 17 avril 1808.

Monsieur Dejean, vous trouverez ci-joint un état qui vous fera connaître que 12.400 paires de souliers venant de Paris sont expédiées sur Burgos ; que 40.000 paires, savoir : 20.000 provenant d'un marché passé par ordre du grand-duc de Berg, et 20.000 paires provenant d'un marché passé par le maréchal Moncey, sont livrées ; faites solder ces souliers s'ils ne le sont déjà. Il paraît, par l'apostille qui est au bas de cet état, que 18.000 paires de souliers sont attendus de Paris. S'ils ne sont pas confectionnés, il faut les contremander. On fait ici d'aussi bons souliers qu'à Paris, et on les a plus vite. S'ils sont confectionnés, faites-les partir sans délai, parce que, s'ils tardent trop à arriver, je serai obligé d'en faire faire ici. J'ai ordonné qu'on fabriquât 12.000 paires ici.

NAPOLÉON.

1805. — DÉCISION.

Bayonne, 18 avril 1808.

Sa Majesté a approuvé, le 1ᵉʳ mars dernier, que les trois escouades de la 15ᵉ compagnie d'ouvriers d'artillerie qui sont à l'armée de Naples fussent rappelées en Italie et que cette compagnie, dont la 4ᵉ escouade était à Palmanova, fût réunie en entier à Mantoue.

Le chef de l'état-major général de l'armée de Naples annonce que le roi a écrit à Sa Majesté pour demander que ces trois escouades ne lui fussent pas retirées, attendu le besoin qu'il en a pour les travaux qu'exigent l'armement et la défense de ses côtes, ainsi que les réparations à faire aux parcs de campagne, surtout à la veille des expéditions qui semblent se préparer.

Je prie Sa Majesté de me faire connaître ses intentions.

Quand je donne un ordre il doit être exécuté, puisque d'ailleurs, dans une grande ville comme Naples, il ne manque pas d'ouvriers et que j'ai des besoins plus pressants ailleurs.

NAPOLÉON.

1806. — DÉCISION.

Sire, j'ai l'honneur de rendre compte à Votre Majesté que le général Ducos, avec les trois premiers bataillons du 13° régiment provisoire d'infanterie, est parti ce matin de Bayonne pour arriver ce soir à Saint-Jean-de-Luz, où il rejoindra la réserve d'artillerie.

Je prie Votre Majesté de me faire connaître ses intentions pour la marche ultérieure de ces troupes.

Je demande aussi les ordres de Votre Majesté pour le 4° bataillon du 13° régiment provisoire, qui a l'ordre de se tenir prêt à partir demain 19 de Bayonne, mais qui n'a point l'ordre de départ.

Le vice-connétable,
major général,
Prince ALEXANDRE.

Bayonne, 18 avril 1808.

Donnez l'ordre au général de brigade Ducos de prendre le commandement du 3° escadron de marche et du convoi d'artillerie de 50 voitures de parc et de 100 mulets qui sont à Saint-Jean-de-Luz, ainsi que du 13° provisoire, et de partir pour prendre position à Hernani et se trouver par là en communication avec Saint-Sébastien ; il prendra des mesures de manière à arriver à Hernani après-demain 20 de bonne heure. Il instruira le général Verdier de son arrivée, afin que, si les circonstances étaient urgentes, il se rende où lui ordonnera ce général. Cependant, il fera connaître au général Verdier que, s'il n'était pas absolument nécessaire à Vitoria, je désire qu'il reste quelques jours à Hernani. Vous vous assurerez qu'il a ses 50 cartouches par homme. Le 4° bataillon du 13° provisoire partira également pour le joindre demain. Quant au convoi de 50 voitures et de 100 mulets, le général Ducos le fera escorter par 50 hommes de cavalerie et 100 hommes d'infanterie, de celles qu'il trouvera postées sur la route pour les relais : il doit s'en trouver depuis Irun jusqu'à Tolosa. Il sera ainsi escorté par tous les relais jusqu'à Vitoria, Burgos et Madrid, toutefois en ne supposant aucun mouvement dans le pays; s'il rencontre le général Savary, il lui demandera s'il peut filer; s'il y avait du danger pour son convoi, il le placerait, jusqu'à ce que les choses soient décidées, à Vitoria. Le général Ducos aura soin de tenir réuni et en bon état son corps et de se tenir à l'abri de tout événement. Il partira aujourd'hui deux pièces de 4.

NAPOLÉON.

1807. — AU GÉNÉRAL CLARKE (1).

Bayonne, 18 avril 1808.

Monsieur le général Clarke, Bayonne va bientôt manquer de poudre. Faites-y en diriger sans délai 100 milliers, poids de marc, de Blaye ou de Toulouse. Si vous pouvez y envoyer de Toulouse ou dans ce rayon 100 milliers de cartouches confectionnées, ce sera fort utile et cela aura l'avantage d'employer des munitions qui se perdent; si vous pouvez aussi y envoyer 6.000 coups de canon tout faits dans cette distance (sic). Il est nécessaire aussi de détacher à Bayonne deux officiers d'artillerie pour aider le sous-directeur; une compagnie serait aussi bien utile à Bayonne; il doit y en avoir à Toulouse.

1808. — DÉCISION (2).

Bayonne, 18 avril 1808.

Le maréchal Berthier rend compte d'un rapport du commandant du dépôt de cavalerie de Saint-Sébastien, qui constate dans ce dépôt un déficit de 34 chevaux. Il pro-

Il faut acheter ces chevaux, en envoyer à Burgos.

NAPOLÉON.

---

(1) Non signé.
(2) Non datée; l'expédition est du 20 avril.

pose d'autoriser l'acquisition des chevaux manquants et d'imputer cette dépense sur les fonds du ministère de l'administration de la guerre.

1809. — DÉCISION.

Bayonne, 19 avril 1808.

Le ministre de la guerre rend compte d'un rapport par lequel le général Heudelet expose que la place de Pontivy n'offre pas les ressources suffisantes pour loger la brigade d'infanterie et le 7ᵉ régiment provisoire de dragons qui doivent s'y réunir, et propose de faire camper sous la toile, près de cette ville, la brigade d'infanterie, sauf à laisser la cavalerie dans son quartier en ville.

Le quartier général doit être à Pontivy, la brigade doit être cantonnée sur le chemin de Pontivy à Brest, de sorte que la tête soit à une journée sur le chemin de Brest.

Napoléon.

1810. — AU MARÉCHAL BERTHIER.

Bayonne, 19 avril 1808.

Mon Cousin, donnez ordre que les 4ᵉ, 5ᵉ et 6ᵉ bataillons de marche ne séjournent à Bordeaux qu'un jour, qu'ils y soient passés en revue, qu'il leur soit fourni les objets dont ils auront besoin et qu'ils filent sur Bayonne.

Napoléon.

1811. — DÉCISIONS (1).

Bayonne, 19 avril 1808.

On demande les ordres de Sa Majesté, pour une dépense urgente, à l'effet d'agrandir le local de l'hôpital de la garde impériale établi au Gros-Caillou.

Approuvé.

---

(1) Non signées; extraites du « Travail du ministre de la guerre avec l'Empereur, du 20 avril 1808 ».

On propose à Sa Majesté d'autoriser à prendre sur les fonds des masses et indemnités de la garde impériale la somme de 525 francs pour couvrir la caisse des chasseurs à cheval de la garde de pareille somme, versée par les parents de deux vélites et divertie par le receveur de Châlon-sur-Saône.

Approuvé.

Sa Majesté est priée d'accorder un secours de 1.600 francs à un pêcheur qui a perdu son bateau par la chute d'un coffre à munitions de la batterie de la Floride au Havre. Il perd, par cet événement, les moyens de pourvoir à sa subsistance et à celle de sa famille.

Accordé.

MM. Frédéric et Charles de Furstemberg, sous-lieutenants au 28° régiment de ligne, fils de M. le général de Furstemberg, réclament la gratification extraordinaire de 300 francs accordée aux sous-officiers faits officiers après cinq ans de service.

Ces deux officiers ont servi dans la marine depuis l'an IX.

On prie Sa Majesté de faire connaître ses intentions.

Accordé.

Le duc de Holstein sollicite la mise en liberté de quatorze de ses sujets pris sous pavillon anglais.

Les envoyer à Flessingue sur la flotte.

1812. — DÉCISIONS.

Bayonne, 21 avril 1808.

Sire, j'ai l'honneur d'adresser à Votre Majesté la copie du rapport que M. Daru lui a envoyé sur la situation des bataillons des équipages militaires et sur les mesures qu'il prend pour les mettre au plus tôt dans le meilleur état. Mais il est des dispositions sur lesquelles Votre Majesté doit prononcer ; elles sont relatives :

1° A la distribution des carabines étrangères, d'un calibre différent de celui des armes françaises ;

Approuvé la distribution du calibre étranger.

2° A l'établissement d'un caisson affecté au transport du pain à la suite des régiments d'infanterie et de cavalerie ;

Cela compliquerait inutilement l'administration.

3° A la répartition des bataillons dans les corps d'armée ;

Approuvé.

4° A l'utilité d'un caisson d'ambulance que l'on accorderait aux régiments de cavalerie ;

Approuvé.

5° A la création d'un bataillon d'équipages uniquement affecté au service des hôpitaux ;

6° Enfin à la création des compagnies à pied à la suite de chaque bataillon pour le service des transports auxiliaires et à une augmentation d'hommes et de chevaux haut-le-pied dans chaque compagnie.

Refusé ; les quatre caissons par compagnie au-dessus du nombre de 30 seront destinés aux ambulances de la division. Cela pourrait être utile, mais il faut auparavant ôter les mauvais hommes qui sont dans les bataillons d'équipages, impotents et autres et les compléter.

J'ai l'honneur de proposer aussi à Votre Majesté de m'autoriser à faire mettre à l'ordre de la Grande Armée la défense expresse à MM. les officiers et généraux de faire transporter leurs bagages sur les voitures des équipages militaires, afin de conserver la libre disposition des caissons, et qu'ils ne soient plus désormais consacrés qu'à transporter le pain des soldats.

NAPOLÉON.

Le vice-connétable,
major général,
Prince ALEXANDRE.

1813. — DÉCISIONS (1).

Bayonne, 22 avril 1808.

On soumet à Sa Majesté la demande du vice-roi d'Italie de prélever mensuellement sur le subside les fonds nécessaires pour les hôpitaux. Moyennant cela, on pourrait passer avec le gouvernement italien un abonnement qui réduirait le prix de journée à 1 fr. 30 pour les hôpitaux militaires, à 1 franc pour les hospices en deçà du Pô et à 1 fr. 20 pour ceux au delà.

Approuvé.

NAPOLÉON.

On rend compte de l'emploi des 7.000 équipages de harnachement confectionnés à Paris pour la Grande Armée ; sur ces 7.000, il a été envoyé :

A la Grande Armée, 4.902 équipages ;

Aux bataillons des équipages militaires, 128 équipages ;

Au 2º régiment de chasseurs napolitains, 200 équipages ;

Et à plusieurs corps dans l'intérieur, 1.370 équipages.

Restent disponibles 400 équipages.

On prend, à l'égard de ces 400 équipages, les ordres de Sa Majesté.

Les distribuer dans l'intérieur.

NAPOLÉON.

1814. — DÉCISION.

Bayonne, 22 avril 1808.

Le ministre de la guerre rend compte qu'il a mis à la disposition du contre-amiral Missiessy, à Fles-

Approuvé.

NAPOLÉON.

---

(1) Extraites du « Travail du ministre directeur de l'administration de la guerre avec S. M. l'Empereur et Roi, daté du 6 avril 1808 ».

singue, 400 hommes pris, à raison de 100 hommes par régiment, dans les 3es bataillons des 25e, 36e, 46e et 75e d'infanterie, pour compléter la garnison des vaisseaux en armement dans ce port.

1815. — DÉCISION.

Bayonne, 22 avril 1808.

Le ministre de la guerre rend compte qu'il a donné l'ordre au régiment de lanciers polonais de se rendre à Alençon, au 1er régiment d'infanterie de la légion de la Vistule de se rendre à Évreux, au 2e à Rouen, au 3e à Beauvais.

J'ai depuis envoyé un ordre au ministre de la guerre pour que le régiment de lanciers se dirige sur Poitiers. Il ne faut envoyer aucun régiment ni à Beauvais ni à Rouen, mais les diriger tous les trois du côté d'Orléans, de manière qu'ils puissent être avancés d'autant si je me décide à les faire venir à Poitiers.

NAPOLÉON.

1816. — AU MARÉCHAL BERTHIER.

Bayonne, 22 avril 1808.

Mon Cousin, donnez l'ordre par un courrier extraordinaire au général Ducos de se rendre avec sa brigade à Tolosa où il prendra position jusqu'à nouvel ordre. Il mènera avec lui le 3e escadron de marche. Il fera part de ce mouvement au général Verdier. Donnez ordre au 4e escadron de marche, qui est sous les ordres du général La Salle, de partir demain pour Hernani. Il escortera un convoi de 200.000 cartouches qui sera envoyé à Vitoria. D'Hernani, le général Ducos fera escorter ce convoi jusqu'à Vitoria où les cartouches resteront.

NAPOLÉON.

1817. — DÉCISION.

Bayonne, 22 avril 1808.

Le maréchal Berthier propose de fixer une indemnité supplémentaire de frais de bureau aux sous-inspecteurs aux revues employés dans le duché de Varsovie.

Accordé.

Napoléon.

1818. — DÉCISIONS (1).

Bayonne, 24 avril 1808.

On invoque la bienfaisance de Sa Majesté en faveur de la veuve du commissaire des guerres Cassard, mort le 30 janvier 1808, à Blois, où il était en fonctions. Cette veuve reste avec une famille nombreuse dans un état de misère absolu.

Accordé.

Napoléon.

On rend compte que, pour venir au secours de dix veuves d'employés et sous-employés des hôpitaux militaires, morts dans l'exercice de leurs fonctions, on a cru devoir accorder à chacune trois mois des appointements dont jouissaient leurs maris. La totalité de cette indemnité s'élève à 3,750 francs. On prie Sa Majesté de vouloir bien approuver cette disposition.

Accordé.

Napoléon.

1819. — ORDRE (2).

24 avril 1808.

Donner l'ordre de faire partir demain avec le 14ᵉ régiment : 2 pièces de 4, 2 caissons de 4, 4 caissons d'infanterie ; ces pièces

---

(1) Extraites du « Travail du ministre directeur de l'administration de la guerre avec S. M. l'Empereur et Roi, daté du 13 avril 1808 ».
(2). De la main de Duroc, non signé ; il a été expédié le 24 avril.

seront servies par l'escouade de canonniers gardes-côtes qui est à la citadelle.

Comme il faudra donner aussi des cartouches au 14e régiment, s'il n'y en avait pas assez pour remplir les 4 caissons, on ne donnerait que 40 coups par homme au lieu de 50.

1820. — DÉCISION (1).

Bayonne, 25 avril 1808.

On demande à Sa Majesté si Elle veut que l'habillement des troupes de toutes armes soit fourni par les soins de l'administration. On lui soumettrait à cet égard un projet de décret. On remet sous ses yeux un rapport détaillé fait à ce sujet le 3 février. Le service de l'année courante est assuré. Les marchés seront passés pour 1809 du 15 au 20 mai 1808.

Je ne voudrais revenir en rien avant, afin de comparer les différents systèmes. Il faut donc agir l'année prochaine comme on a agi cette année.

NAPOLÉON.

1821. — DÉCISIONS (2).

Bayonne, 25 avril 1808.

On propose à Sa Majesté d'accorder au 30e régiment de dragons un nouveau secours de 25.000 francs à sa masse d'habillement pour le mettre en état d'acquitter les dettes qu'il a contractées lors de son changement d'arme, de conserver ainsi son crédit, et d'alimenter les diverses parties de service dont il est chargé.

Accordé.

NAPOLÉON.

On propose à Sa Majesté d'accorder au 7e régiment de ligne, en indemnité d'effets perdus à Suze

Accordé.

NAPOLÉON.

(1) Extraite du « Travail du ministre directeur avec S. M. l'Empereur et Roi, du 6 avril 1808 ».
(2) Extraites du « Travail du ministre directeur de l'administration de la guerre avec S. M. l'Empereur et Roi, daté du 13 avril 1808 ».

par suite d'un incendie, une somme de 1.793 fr. 52.

On propose à Sa Majesté d'accorder au 106ᵉ régiment, dont les finances sont depuis longtemps dérangées, une somme de 30.000 francs, comme secours à ses masses.

Accordé.

NAPOLÉON.

1822. — DÉCISIONS (1).

Bayonne, 25 avril 1808

Le capitaine Higonet, du 108ᵉ régiment, demande qu'une somme de 6.000 francs, due par son frère, colonel de ce régiment, qui a été tué à la bataille d'Iéna, soit acquittée par le Trésor public.

Il rend également compte à Sa Majesté qu'il est dû par l'Etat, à la succession du colonel Higonet, une somme de 3.077 fr. 77 pour appointements et indemnités.

Il demande les ordres de Sa Majesté pour savoir si les 6.000 francs de dettes seront payés par le Trésor public, et si, dans ce cas, on devra porter en déduction les 3.077 fr. 77 dus par l'Etat.

Accordé.

On demande les ordres de Sa Majesté sur le paiement de la gratification de campagne réclamée par plusieurs officiers de l'armée d'observation des côtes de l'Océan, commandée par M. le maréchal Moncey.

Accorder la gratification de campagne à 5 des officiers des armées d'Espagne qui ne les ont pas reçues (*sic*).

On prie Sa Majesté de vouloir bien accorder, à titre de gratification, au sieur Buisson, sous-lieutenant dans la 4ᵉ légion de réserve,

Accordé.

---

(1) Non signées; extraites du « Travail du ministre de la guerre avec S. M. l'Empereur et Roi, du 13 avril 1808 ».

ancien chasseur de la garde impériale, retiré avec la solde de retraite, une somme de 100 francs qu'il reste devoir sur la gratification extraordinaire qu'il a touchée en trop.

On soumet à l'approbation de Sa Majesté la démission du sous-lieutenant Castelan, du 9ᵉ régiment de dragons, employé en ce moment à l'armée de Portugal.

Proposition de désigner un certain nombre d'hommes de la garde nationale du département de la Manche pour servir dans la ligne.

Accordé.

Accordé.

1823. — DÉCISION.
Bayonne, 25 avril 1808.

Le ministre de la guerre propose de faire compléter, par des hommes envoyés du dépôt, les 1ʳᵉ, 2ᵉ, 5ᵉ et 6ᵉ compagnies du 2ᵉ bataillon de pontonniers qui sont à la Grande Armée.

Conserver à la Grande Armée les 1ʳᵉ, 2ᵉ et 5ᵉ ; renvoyer la 6ᵉ en Italie en conservant les hommes disponibles ; envoyer du dépôt 180 hommes pour compléter ces trois compagnies.

NAPOLÉON.

1824. — AU MARÉCHAL BERTHIER.
26 avril 1808.

Mon Cousin, donnez ordre aux généraux Razout et Grandjean de se rendre à Madrid, où le grand-duc de Berg les emploiera dans des divisions.

NAPOLÉON.

1825. — AU MARÉCHAL BERTHIER.
Bayonne, 26 avril 1808.

Mon Cousin, donnez ordre au détachement du 1ᵉʳ régiment de hussards et à toute espèce de cavalerie qui serait à Vitoria, de se rendre à Burgos, hormis aux petits détachements de ma garde qui sont placés là pour m'attendre. Faites-les remplacer par le 3e escadron de marche, composé de cuirassiers sous les ordres du général Ducos. Cet escadron restera désormais attaché à la division du général Verdier. Ecrivez au général La Salle d'envoyer au général Ducos une compagnie du 22e régiment de chasseurs, forte au moins de 80 hommes. Ecrivez au général d'Agoult de faire traiter tous les galeux de son arrondissement et de se hâter de les faire guérir. Donnez l'ordre au général Thouvenot de préparer la colonne mobile sous les ordres du colonel Pépin et de la composer de deux petits bataillons, chacun de cinq compagnies, chaque bataillon formant 600 hommes. Ces 1.200 hommes, avec deux pièces de canon, bien organisés, doivent se tenir prêts à prendre position pour protéger la route. Ils recevront un détachement de cavalerie. Faites-moi connaître quand cette colonne, qui devra être composée d'hommes valides et bien en état de faire la guerre, sera prête à marcher. Recommandez au général Thouvenot de distinguer dans ses états de situation les hommes mis en subsistance de ceux appartenant véritablement aux bataillons de réserve. Demandez au commissaire ordonnateur si les habillements qui ont été faits à Bordeaux pour les bataillons de réserve sont arrivés à Saint-Sébastien et si les hommes sont bien habillés. Ecrivez au général Drouet pour presser l'envoi de ces habillements.

Napoléon.

1826. — AU GÉNÉRAL CLARKE.

Bayonne, 26 avril 1808.

Monsieur le général Clarke, faites venir de Toulouse à Bayonne deux escouades de canonniers formant 40 hommes.

Napoléon.

1827. — DÉCISIONS (1).

On propose à Sa Majesté de renvoyer à l'examen du Conseil d'Etat la question de savoir si l'incendie

Renvoyé au Conseil d'Etat.

---

(1) Sans date ni signature; extraites du « Travail du ministre de la guerre avec S. M. l'Empereur et Roi, du 27 avril 1808 ».

qui s'est manifesté à la caserne de Courbevoie provient du fait de la troupe et si les dégâts doivent être à sa charge.

On propose à Sa Majesté de confirmer la décision du 5 thermidor an VIII, qui ordonne à tout militaire qui veut se marier de produire à l'officier civil un certificat de son conseil d'administration constatant qu'il peut contracter cet engagement.

Renvoyé au Conseil d'Etat.

On soumet à Sa Majesté un projet de décret tendant à autoriser la commune d'Andernach à faire exécuter, sous la surveillance des agents militaires, les travaux dont elle demande à se charger pour abaisser le mur d'enceinte de ce poste et le restaurer, ainsi que les fossés qui l'entourent, de même que pour rétablir les portes de la ville, au moyen des cessions de jouissance qu'elle réclame, tant à l'égard de l'enceinte même que des fossés et terrains militaires, ainsi que d'une petite maison, en se chargeant aussi, toutefois, de l'entretien de ladite enceinte et de ses dépendances.

Renvoyé au Conseil d'Etat.

On soumet à Sa Majesté un projet de décret tendant à la cession définitive des bâtiments et dépendances de l'ancien couvent de Sainte-Marie, en faveur de la ville de Bourg, sous l'offre qu'elle fait d'y maintenir l'établissement des vivres et de l'entretenir en bon état, sous la surveillance des agents militaires.

Renvoyé au Conseil d'Etat.

1828. — DÉCISIONS (1).

28 avril 1808.

Le colonel Maurice, commandant l'école d'instruction des troupes à cheval, demande le grade de général de brigade ou celui d'officier de la Légion d'honneur.

Sa Majesté est priée de faire connaître ses intentions sur la demande de cet ancien colonel.

Refusé. Il faut qu'il fasse des campagnes.

On propose à Sa Majesté de nommer un ancien capitaine d'artillerie à un emploi de capitaine dans le corps des vétérans.

Refusé. Je témoigne mon mécontentement au ministre de pareille présentation ; je ne veux placer que des hommes qui aient fait des campagnes.

On propose à Sa Majesté d'élever au grade de capitaine de 1re classe un capitaine de 2e classe à la 7e demi-brigade de vétérans.

Sa Majesté témoigne son mécontentement au ministre ; il devrait savoir qu'il n'a pas besoin de proposer de l'avancement dans les vétérans : ce sont des places de retraite où on n'avance plus.

1829. — DÉCISION.

Bayonne, 29 avril 1808.

Le duc d'Abrantès sollicite une pension pour la veuve d'un Portugais, sergent dans le 24e régiment d'infanterie légère, qui a été tué à la bataille d'Austerlitz.

Accordé la pension ; le général Junot m'enverra un projet de décret, ne sachant pas le nom de cette femme.

NAPOLÉON.

1830. — AU MARÉCHAL BERTHIER.

29 avril 1808.

Mon Cousin, donnez au général Savary l'ordre de voir à midi le 5e escadron de marche.

NAPOLÉON.

---

(1) Non signées; extraites du « Travail du ministre de la guerre avec S. M. l'Empereur et Roi, du 6 avril 1808 ».

1831. — AU MARÉCHAL BERTHIER.

Bayonne, 29 avril 1808.

Mon Cousin, donnez l'ordre au général Thouvenot de faire partir un détachement de 100 hommes appartenant aux 13e, 14e, 17e et 18e régiments provisoires, formant la division Verdier qui est à Vitoria, Tolosa et Mondragon. Ce détachement, à mesure qu'il passera dans ces villes, y laissera les hommes appartenant à ces différents régiments. Le général Thouvenot doit n'envoyer que des hommes bien portants, bien armés et en état de faire la guerre. Il est nécessaire que, dans ses états de chaque jour, il distingue les hommes appartenant aux bataillons de ceux en subsistance, et qu'au bas de cet état il mette la récapitulation de chaque corps et le nombre d'hommes armés et en état de partir distingué de ceux qui ne le peuvent pas, afin que, si je voulais les faire partir, je voie à quoi m'en tenir ; qu'il y porte aussi les officiers et sous-officiers appartenant à chaque corps d'armée. Recommandez-lui de faire exercer tous les jours ces hommes non seulement à l'école de peloton, mais encore à l'exercice à feu. Recommandez aux généraux Thouvenot et Verdier d'écrire tous les jours et de profiter de l'estafette.

Tâchez d'envoyer deux ou trois officiers réformés à Saint-Sébastien pour diriger et instruire ces dépôts ; ils pourraient servir dans le temps à conduire les détachements, si cela était jugé convenable. Ecrivez au maréchal Bessières de ne pas porter la portion de ma garde comme faisant partie de l'armée, ou du moins de ne pas la totaliser. On croit avoir 16.000 hommes à Burgos et on ne les a pas. Je vois avec peine qu'il y a un régiment suisse à Valladolid. Je ne veux pas de régiment suisse dans cette ville. Le maréchal Bessières peut y laisser un régiment portugais, s'il le juge convenable. Je vois que, dans son état de situation du 25 avril, les détachements à cheval de ma garde qui sont à Vitoria et à Burgos n'y sont pas compris. Faites-moi un travail qui me fasse connaître sur quels corps et à quelle division doivent être dirigés tous les régiments et escadrons de marche de cavalerie qui existent et qui ne sont pas incorporés, ainsi que tous les régiments de marche d'infanterie. A dater de demain, tous les hommes isolés de l'armée de Portugal continueront à se diriger sur Saint-Sébastien. Tous ceux qui appartiennent soit au corps du général Dupont, soit au corps du maréchal Bessières, se dirigeront sur Pampelune où le général commandant cette place les mettra en subsistance dans le bataillon du 47e qui est à Pampelune, de manière à le porter à 1.000 hommes. Vous expliquerez bien que ce n'est pas en incorporation, mais en subsistance. Par ce moyen, on augmentera bientôt la garnison de Pampelune dans la suffisance nécessaire.

Vous établirez la route d'ici à Pampelune en droite ligne par étapes pour que les troupes trouvent des vivres dans ces montagnes. Toutes les colonnes d'hommes isolés que l'on fera partir de Bayonne sont composées d'au moins 100 hommes. Recommandez de nouveau au général commandant Pampelune de faire traiter et guérir de la gale et d'avoir soin de faire bien armer et équiper les hommes qu'il a là.

Ecrivez également à Saint-Sébastien que, s'il y avait des hommes appartenant aux corps qui auront leurs hommes isolés à Pampelune, le général Thouvenot en forme un détachement et les renvoie là.

NAPOLÉON.

1832. — ORDRE.

Bayonne, 29 avril 1808.

Témoignez mon mécontentement à l'ordonnateur de ce que ces chefs de brigade ne sont pas partis. Les faire partir sur-le-champ.

NAPOLÉON.

1833. — AU MARÉCHAL BERTHIER.

Marracq, 30 avril 1808.

Mon Cousin, il arrive aujourd'hui une estafette partie de Burgos le 28, à 4 heures après midi, sans aucune lettre ni du maréchal Bessières ni de son chef d'état-major. Il est indécent que le chef d'état-major ne vous écrive pas tous les jours. Cette négligence est impardonnable, de sorte que j'ignore si, le 27, le roi Charles est arrivé à Burgos, s'il y séjournait, enfin rien de ce qu'il m'intéresse de savoir.

NAPOLÉON.

1834. — DÉCISION (1).

Marracq, 1er mai 1808.

Le ministre de la guerre rend compte des dispositions qu'il a prises pour faire fournir au régiment de lanciers polonais, qui doit partir le 1er mai d'Alençon pour Poitiers, les effets d'habillement, d'équipement et de harnachement dont ce corps a besoin.

Renvoyé par ordre de l'Empereur au maréchal prince de Neuchâtel.

1835. — DÉCISION.

Bayonne, 1er mai 1808.

Le ministre de la guerre rend compte à l'Empereur de la marche des régiments d'infanterie de la légion de la Vistule, qui doivent arriver le premier à Blois le 6 mai, le deuxième à Chartres le 4 mai, le troisième à Orléans le 10 mai.

Diriger tous ces régiments sur Poitiers.

Napoléon.

1836. — DÉCISION.

Bayonne, 2 mai 1808.

Les soldats à réformer pour raison de santé se réunissent à Berlin en attendant les ordres de l'Empereur.

Renvoyé au prince de Neuchâtel. Il faut décharger tous les corps de ces hommes inutiles.

Napoléon.

1837 — AU MARÉCHAL BERTHIER.

Bayonne, 2 mai 1808.

Mon Cousin, donnez l'ordre à l'escadron du 10e régiment de chasseurs, qui est à Saint-Jean-de-Luz, de se rendre à Tolosa, où il restera sous les ordres du général La Salle ; donnez ordre à l'escadron du 10e de chasseurs, qui est ici, de partir demain pour Saint-Jean-de-Luz, où il recevra de nouveaux ordres. Donnez or-

---

(1) Non signée.

dre au 22ᵉ de chasseurs, qui est à Tolosa, de se rendre à Burgos, où il sera sous les ordres du maréchal Bessières. Donnez ordre que demain à midi toute la garnison, hormis les piquets de marche, se trouve derrière le palais pour que j'en passe la revue (tant infanterie que cavalerie) ; enfin, donnez ordre de faire partir demain 800 coups de canon sur des charrettes du pays pour Burgos.

NAPOLÉON.

1838. — DÉCISION.
Bayonne, 2 mai 1808.

| Le ministre de la guerre rend compte que le conseil d'administration éventuel du 65ᵉ régiment d'infanterie, stationné à Anvers, demande l'autorisation de faire escorter par un détachement de vingt hommes un convoi d'effets d'habillement et de petit équipement qu'il a reçu l'ordre d'envoyer aux bataillons de guerre de ce régiment à Varsovie. | Approuvé. Faire escorter ces effets d'habillement par un officier et cent hommes.

NAPOLÉON. |

1839. — AU MARÉCHAL BERTHIER.
Bayonne, 4 mai 1808.

Mon Cousin, donnez l'ordre à l'escadron du 10ᵉ régiment de chasseurs, qui est à Saint-Jean-de-Luz, de se rendre à Tolosa, sous les ordres du général La Salle. Écrivez à celui-ci que le 4ᵉ escadron de marche ne fait pas partie de sa division et que cet escadron doit se diriger sur Madrid pour être incorporé dans les régiments provisoires. Donnez l'ordre que les 60 hommes du 22ᵉ de chasseurs partent après-demain de Bayonne pour se rendre à Burgos, escortant les convois de cartouches d'infanterie et à boulets, ainsi que les effets d'habillement que l'on pourrait envoyer. Donnez l'ordre à la compagnie du 13ᵉ régiment d'infanterie légère du 4ᵉ bataillon de marche, forte de 137 hommes, de partir demain de Bayonne pour se rendre à Tolosa, rejoindre le 14ᵉ provisoire et être incorporé dans le bataillon formé du 13ᵉ régiment d'infanterie légère qui fait partie de ce régiment. Profitez du départ de cette compagnie pour lui faire escorter des convois.

NAPOLÉON.

1840. — DÉCISION (1).

Le maréchal Berthier propose à l'Empereur de fondre en un seul, sous la dénomination de 5⁰ escadron de marche, les 5⁰ et 6⁰ escadrons de marche qui sont à Bayonne.

Approuvé.

NAPOLÉON.

1841. — DÉCISION (2).

On propose à Sa Majesté d'approuver un état de secours, montant à 4.850 francs, en faveur de plusieurs veuves ou parents de militaires morts, soit aux armées, en retraite ou en réforme, et qui, d'après la loi, ne sont pas susceptibles d'obtenir de pension.

Approuvé.

1842. — AU GÉNÉRAL CLARKE.

Bayonne, 5 mai 1808.

Monsieur le général Clarke, donnez l'ordre au général de brigade Dufresse de porter son quartier général dans l'île d'Aix au 1ᵉʳ juin, s'il ne l'y a déjà, et réunissez là 300 hommes du 26ᵉ de ligne, 200 hommes du 66ᵉ, 200 hommes du 82ᵉ et 200 hommes du 31ᵉ d'infanterie légère, afin que cette île se trouve à l'abri d'un coup de main.

NAPOLÉON.

1843. — DÉCISION.

Marracq, 5 mai 1808.

Le maréchal Berthier demande à quelle époque le 4ᵉ escadron de marche devra partir pour Madrid, où il doit être incorporé dans les régiments provisoires.

De suite.

NAPOLÉON.

---

(1) Sans date; expédiée le 4 mai 1808.
(2) Sans signature ni date; extraite du « Travail du ministre de la guerre avec S. M. l'Empereur et Roi, du 4 mai 1808 ».

1844. — DÉCISION.

5 mai 1808.

Sire, j'ai l'honneur d'adresser à Votre Majesté Impériale et Royale le rapport de la commission spéciale chargée de l'examen de la conduite du général Malet (1).

Si Votre Majesté ordonne le renvoi de cette affaire devant le Conseil d'Etat, il n'est pas douteux que le Conseil ne vote ou la destitution ou une peine de discipline sévère.

Cependant, la commission spéciale croit qu'il serait plus utile au bien du service de Votre Majesté de se borner à une peine de discipline infligée par le ministre de la guerre et qui consisterait en une forte expression de mécontentement de Votre Majesté et à la mise à la retraite.

Telle était aussi l'opinion de Son Altesse Impériale le prince Eugène Napoléon.

LACUÉE.

Renvoyé au ministre de la guerre.

NAPOLÉON.

1845. — DÉCISION.

Bayonne, 6 mai 1808.

Le maréchal Berthier rend compte que les deux colonels des régiments de carabiniers ayant reçu l'ordre de faire partir, des dépôts, des détachements pour l'armée d'Espagne, ont été obligés, faute d'officiers, de donner le commandement de ces détachements aux sous-officiers chargés d'instruire et de former les recrues, ce qui laisse l'instruction en souffrance. Ils demandent à être autorisés à envoyer

Accordé.

NAPOLÉON.

---

(1) Il s'agit du général (Claude-François) Malet, le conspirateur de 1812.

à Lunéville deux officiers par régiment et les sous-officiers qui se trouvent en sus des cadres des escadrons de guerre et qui appartiennent au 5ᵉ escadron.

1846. — AU MARÉCHAL BERTHIER.

Marracq, 6 mai 1808, 8 heures du matin.

Mon Cousin, envoyez cette lettre par un officier au général d'Agoult qui commande à Pampelune. Vous lui donnerez l'ordre de la remettre en mains propres au vice-roi. C'est une lettre du prince de la Paix qui l'engage à se comporter convenablement.

NAPOLÉON.

P.-S. — Faites connaître au général d'Agoult que le prince des Asturies a cédé sa couronne au roi Charles et qu'il n'y a plus d'autre roi que le roi Charles, lequel a nommé le grand-duc de Berg lieutenant général du royaume.

1847. — DÉCISION.

Bayonne, 6 mai 1808.

Les corps provisoires se trouvant presque tous sans armuriers, le ministre de la guerre propose d'envoyer à Madrid la moitié de la 2ᵉ compagnie d'armuriers.	Renvoyé au prince de Neuchâtel pour donner ordre qu'on forme une compagnie d'armuriers espagnols à Madrid.

NAPOLÉON.

1848. — DÉCISION.

7 mai 1808.

Mesures proposées par le ministre de la guerre pour le renforcement de l'artillerie française stationnée à Flessingue, afin de pouvoir retirer de cette place les 300 canonniers hollandais devenus nécessaires pour assurer la défense des ports du royaume de Hollande.	Approuvé.

NAPOLÉON.

1849. — DÉCISIONS (1).

7 mai 1808.

Les troupes composant l'armée de Portugal ayant reçu un habillement complet en gratification et, d'un autre côté, les dépôts qui y ont envoyé des détachements ayant fait pour les habiller des dépenses qui ne leur sont pas remboursées, puisque ces détachements cessent de compter dans leurs revues, on propose à Sa Majesté de décider que, pendant un an seulement, l'armée de Portugal ne recevra sur les contributions du pays que le quart de la masse d'habillement à l'effectif des hommes présents et que les trois autres quarts seront versés dans les caisses des dépôts des corps pour leur servir d'indemnité.

L'on ne doit rien donner à l'armée de Portugal du Trésor de France.

NAPOLÉON.

On propose à Sa Majesté d'autoriser une nouvelle dépense de 8.733 fr. 32 pour l'agrandissement et l'amélioration du logement du gouverneur des Invalides.

Accordé.

NAPOLÉON.

1850. — DÉCISIONS (2).

7 mai 1808.

Sa Majesté est priée de faire connaître ses intentions sur les questions suivantes :

1° Si les poudres nécessaires à la Toscane seront tirées des places du Piémont ou fournies par le royaume d'Italie ;

2° S'il faut organiser le service

Il faut organiser les poudres en Toscane.

---

(1) Extraites du « Travail du ministre directeur de l'administration de la guerre avec S. M. l'Empereur et Roi, daté du 27 avril 1808 ».
(2) Non signées; extraites du « Travail du ministre de la guerre avec S. M. l'Empereur et Roi, du 27 avril 1808 ».

des poudres dans la division militaire de la Toscane.

Le duc de Mecklenburg-Schwerin demande l'autorisation d'acheter, à Liège, 3.000 fusils du calibre français, pour l'armement de ses troupes : on sollicite à ce sujet les ordres de Sa Majesté.

Accordé.

On rend compte à Sa Majesté qu'en vertu d'un ordre du général en chef de l'armée de Dalmatie, il a été affecté des caissons aux différents généraux de cette armée.

Le ministre fait remarquer à Sa Majesté que, suivant le décret du 14 fructidor de l'an XIII, il a seulement été accordé un caisson aux chefs d'état-major. Il demande si ces caissons, actuellement affectés, doivent être maintenus.

Je ne sais pas pourquoi le ministre me consulte, il doit faire exécuter le décret ; l'on ne doit donner aucun caisson : les faire rentrer.

1851. — AU MARÉCHAL BERTHIER.

Bayonne, 8 mai 1808.

Mon Cousin, faites partir demain un convoi de 50.000 pierres à fusil pour Madrid, où l'on paraît en avoir grand besoin. Donnez l'ordre que sur les premiers chevaux de main provenant des régiments portugais, qui seraient disponibles par la désertion depuis leur départ, il en soit dirigé 100 sur Saint-Sébastien pour servir à monter les hommes de cavalerie isolés, et 60 sur Bayonne pour monter les hommes des dépôts des 10e et 22e de chasseurs.

Donnez ordre au général Savary de passer demain la revue des 109 hommes isolés qui sont à Bayonne, d'en former une compagnie, de faire compléter leur armement, leur habillement et de les mettre en état de partir pour Pampelune. Vous y joindrez les hommes qui arriveront aujourd'hui et demain. Savary les verra demain à midi ; ils me seront présentés après-demain à 10 heures du matin, et, après que je les aurai vus, je donnerai des ordres pour leur départ. Vous donnerez également l'ordre au général Savary de passer la revue des hommes des transports militaires qui sont à Bayonne, pour savoir à quels bataillons ils appartiennent et le parti qu'on pourrait en tirer. Après-demain, il passera la revue du dépôt des 10° et 22° régiments de chasseurs, afin de connaître les hommes montés et en état de partir.

Donnez ordre au commandant de Pampelune de prendre des fusils dans la citadelle pour compléter l'armement des hommes qui partent de cette place et d'armer de bons fusils les sous-officiers. même les sergents-majors. Donnez le même ordre au général Verdier ; il se servira des caisses de fusils qu'il a à Vitoria pour compléter l'armement de ses corps. Donnez le même ordre à Saint-Sébastien, et que les sous-officiers, même les sergents-majors, soient armés de bons fusils et munis de cartouches. Vous ordonnerez qu'on fasse dresser procès-verbal de l'état de ces fusils par les officiers d'artillerie, pour savoir s'ils sont bons.

NAPOLÉON.

1852. — AU MARÉCHAL BERTHIER.

Bayonne, 8 mai 1808.

Mon Cousin, je vois avec peine qu'on ait dirigé sur Pampelune 160 hommes isolés, sans s'assurer auparavant si ces hommes étaient, ou non, bien habillés et bien armés. Il est nécessaire que, désormais, on leur fasse toujours passer la revue du général Savary et qu'on ne les laisse partir de Bayonne qu'en bon état. On doit avoir ici quelques effets dont on pourra disposer pour cela, tels que chemises, pantalons, capotes.

Répondez au général d'Agoult qu'il n'est pas nécessaire encore de prendre possession de la forge d'Orbaiceta ; on sera toujours à même de le faire ; qu'il n'a pas besoin des officiers qui sont à Saint-Jean-Pied-de-Port, puisque le bataillon du 47° qui est à Pampelune a beaucoup d'officiers et peu de soldats, et que ce bataillon ne sera pas même complété à 900 hommes par les détachements qu'il va recevoir incessamment. Dites-lui de faire connaître de combien de compagnies le 3° bataillon se compose ; qu'il semble au premier coup d'œil qu'il a là des cadres pour recevoir 2.000 ou 3.000 hommes. Ecrivez au général Thouvenot que tout est fini, que le roi Charles a renoncé à sa couronne en ma faveur et que le prince des Asturies a renoncé également au trône, que les princes vont partir sous peu de jours pour Paris, que le grand-duc de Berg est lieutenant général du royaume et qu'il préside la junte de gouvernement, qu'il donne ces nouvelles au duc de Mahon et lui dise que je compte sur lui pour la tranquillité de la Biscaye.

NAPOLÉON.

1853. — AU GÉNÉRAL CLARKE.

Bayonne, 8 mai 1808.

Monsieur le général Clarke, vous avez reçu mon décret par lequel j'appelle 3.000 conscrits de la réserve pour former ici le dépôt des régiments provisoires qui sont en Espagne. S'il arrivait que la réserve des départements compris dans les sept divisions militaires indiquées au décret, ne pût pas fournir le nombre demandé, il faudrait alors, au lieu d'organiser quatre bataillons, ne nommer que le nombre d'officiers et sous-officiers nécessaires pour un, pour deux ou pour trois bataillons, selon le nombre d'hommes qui pourra être fourni.

Ainsi donc, si le reste de la réserve de ces départements ne se monte qu'à 800 hommes, vous ne nommerez des officiers et sous-officiers que pour un bataillon ; vous en nommerez pour deux s'il y a 1.600 hommes, et ainsi de suite.

NAPOLÉON.

1854. — AU MARÉCHAL BERTHIER.

Bayonne, 9 mai 1808.

Mon Cousin, vous trouverez ci-joint une cinquantaine d'exemplaires de la *Gazette de Bayonne*. Envoyez-en à Pampelune, à Tolosa, à Mondragon, à Saint-Sébastien, au préfet des Basses-Pyrénées et à ceux de Tarbes et de Perpignan.

NAPOLÉON.

1855. — AU MARÉCHAL BERTHIER (1).

9 mai 1808.

L'Empereur ordonne que tous les hommes isolés ou détachement quelconque, qui ne sera pas au moins de 400 hommes soit logé à la citadelle ; le commandant de la citadelle et le commissaire des guerres en passeront la revue des armes, habillement, équipement,

---

(1) Non signé. De la main de Savary.

linge et chaussures. Ils seront exercés trois fois par jour, on choisira des instructeurs dans la compagnie de vétérans, et on leur donnera une gratification.

On les organisera en compagnies de 200 hommes auxquels on attachera un capitaine et deux officiers qui logeront et resteront à demeure à la citadelle avec eux.

Lorsque la première compagnie sera en état de partir, les officiers la conduiront en quatre jours à Pampelune ; ils reviendront en un jour en poste et apporteront un certificat du commandant de la place qu'ils ont remis le nombre d'hommes porté sur leur feuille de route. Avec six officiers l'on fera cette organisation.

Savary me rend compte du mauvais état dans lequel il a trouvé le dépôt des hommes isolés ; je ne le verrai pas demain ; nommez des officiers pour organiser cette compagnie que je veux voir le 11.

Vous ordonnerez au commissaire d'avoir toujours prêts 2.000 chemises, 2.000 paires de souliers, 1.000 capotes, 1.000 culottes et autant de shakos en magasin.

Vous autoriserez le général Thouvenot à mettre le dépôt de Saint-Sébastien en bon état ; vous lui ferez un crédit d'argent pour cela ; il rendra compte de ce qu'il aura en état de marcher. Aucun homme ne partira des dépôts d'hommes isolés, avant d'avoir eu quatre jours de repos à la citadelle ; on leur fera prendre tous les deux jours des bains de mer.

Les deux bataillons de marche de la garnison iront aussi prendre des bains de mer par compagnie.

Vous ordonnerez que les conscrits arrivant au dépôt des bataillons du train soient armés. On leur fournira des harnais et des chevaux et on prendra les voitures qui sont au parc d'artillerie, on les couvrira en toile, afin d'avoir de suite une vingtaine de voitures en état de joindre les différents bataillons.

1856. — DÉCISION.

Bayonne, 9 mai 1808.

Le maréchal Berthier expose à l'Empereur les craintes du maréchal Mortier au sujet de l'approvisionnement des places de Glatz, Kosel et Silberberg, qui lui paraît compromis tant par l'enlèvement, sur l'ordre de l'intendant général,

Il ne peut manquer de subsistances en Silésie. Il faut, en général, laisser prendre le moins possible aux Prussiens.

NAPOLÉON.

des approvisionnements qui existaient dans les magasins de Breslau que par les récentes exportations de grain.

1857. — DÉCISION.

Bayonne, 9 mai 1808.

Le ministre de la guerre propose de transférer à Bruxelles le dépôt du 3ᵉ régiment de hussards, qui est très mal installé à Hasselt.

Le fourrage est bien mauvais à Bruxelles, il faut choisir une petite ville sur la Meuse.

NAPOLÉON.

1858. — DÉCISION.

Bayonne, 9 mai 1808.

Le ministre de la guerre soumet à l'Empereur une demande par laquelle le maréchal Kellermann sollicite l'autorisation de compléter par 1.200 conscrits de 1809 le contingent que les corps d'infanterie de l'armée de réserve doivent fournir aux régiments provisoires de l'armée d'Espagne.

Non, il faut bien s'en garder.

NAPOLÉON.

1859. — DÉCISION.

Bayonne, 9 mai 1808.

Le général d'Agoult rend compte que la cavalerie espagnole a quitté Pampelune, qu'il ignore sa destination et en vertu de quel ordre elle a fait ce mouvement.

Ecrire au général d'Agoult pour savoir où se rend cette cavalerie, ce qu'il est bien important de savoir (1). Qu'il en parle au vice-roi.

NAPOLÉON.

---

(1) L'Empereur a barré ces mots : « Ce qu'il est bien important de savoir. »

1860. — AU MARÉCHAL BERTHIER (1).

Mon Cousin, donnez l'ordre que les deux détachements des légions de réserve qui sont à Vitoria et à Irun continuent leur route sur Burgos, où ils seront incorporés dans le bataillon de leur légion faisant partie de la brigade du général Gaulois. Donnez ordre que celui qui est à Bayonne vienne passer ma revue demain à midi, ainsi que tous les hommes isolés qui sont dans la place. En général, je désire voir tous les jours à midi à ma parade tous les hommes isolés et les détachements de cavalerie, infanterie ou artillerie, qui seraient arrivés la veille. Donnez ordre au général Ducos de se rendre avec son régiment à Vitoria. Faites connaître au général Verdier qu'il tienne réunis à Vitoria ses trois régiments, et que tous les détachements qu'il aurait, il les envoie à Burgos, hormis le troisième escadron de marche de grosse cavalerie qu'il doit garder avec lui. Donnez ordre au général Verdier de se mettre en correspondance avec le général qui commande à Pampelune.

1861. — DÉCISIONS (2).

Bayonne, 11 mai 1808.

On rend compte à Sa Majesté des dispositions faites pour l'habillement, grand et petit équipement du régiment d'infanterie légère toscane. Suivant la revue passée, ce corps doit être considéré comme de nouvelle formation. Les dépenses pour l'habillement, grand et petit équipement, de première mise de 1.706 hommes composant l'effectif actuel, de 2.053 recrues qu'il doit recevoir, s'élèveront à 365.360 fr. 07. Les dispositions provisoires qu'on vient de faire pour 1.706 hommes et 1.000 recrues donneront lieu à une dépense de 157.841 fr. 39 ; celles relatives

Il est inutile de penser à faire des fonds pour les 2.000 recrues, parce qu'ils ne les auront pas. Il ne faut faire des fonds que pour ce qui existe. Ils n'auront guère les recrues que l'année prochaine.

NAPOLÉON.

---

(1) Non datée et non signée; l'expédition a eu lieu le 10 mai.
(2) Extraites du « Travail du ministre directeur de l'administration de la guerre avec S. M. l'Empereur et Roi, daté du 4 mai 1808 ».

aux dragons s'élèveront à 21.397 fr. 77. On prie Sa Majesté de vouloir bien approuver ces dispositions.

On rend compte du résultat du travail de la commission extraordinaire qui a examiné la comptabilité du régiment d'Isembourg. Comme il paraît qu'il n'y a pas eu de dilapidations dans l'administration du conseil d'administration, mais seulement une infraction aux règlements militaires, dont la cause doit être attribuée au prince d'Isembourg, à raison de l'influence que son nom lui donnait nécessairement sur les autres membres du conseil, on croit devoir proposer à Sa Majesté d'accorder à ce corps une somme de 52.180 francs pour solde des dépenses de première mise, d'ordonner que l'emploi de cette somme, ainsi que de celle de 19.000 francs due pour sa masse de recrutement, soit consacré au paiement des dettes qu'il a contractées, et de constituer ce prince responsable, envers les créanciers du régiment, des autres dettes évaluées à 92.819 fr. 57, qui ne peuvent être à la charge du gouvernement.

Accordé.

NAPOLÉON.

On rend compte à Sa Majesté de la situation des remontes dans l'intérieur et dans l'Italie au 1ᵉʳ mai 1808. Sur 32.013 chevaux nécessaires pour porter les régiments au complet, il en reste encore à acheter 5.705.

Il résulte de cette dépense supplémentaire que le budget de 1808 doit être porté à 5.983.529 fr. 18 au lieu de 4.600.000 francs et qu'il est

Il faut faire mes observations. Il est inutile que les corps achètent autant de chevaux qu'ils ont d'hommes. Il y a nécessairement un certain nombre d'hommes malades qui font la différence de l'effectif aux présents, et qui, en la portant à 50 hommes par régiment, cela (sic) ferait une différence de 4.000 chevaux et de 2.000.000. Il y aura nécessaire d'ouvrir pour le mois de juin un crédit de 1.800.000 francs.

quelques chevaux de plus à donner aux carabiniers. Le ministre peut ainsi s'arranger de manière à ne pas dépasser le budget, et c'est mon intention. Faire économiquement la répartition.

NAPOLÉON.

1862. — DÉCISIONS (1).

Bayonne, 11 mai 1808.

Son Altesse Impériale et Royale le vice-roi d'Italie désire employer à son service le sieur Grosjean, ancien colonel au 3ᵉ régiment de chasseurs, en qualité de chef d'équitation des troupes à cheval, et demande que cet officier soit autorisé à jouir de la solde de retraite en acceptant cet emploi.

Accordé.

On propose à Sa Majesté d'accepter la démission de M. Lander, quartier-maître de 1ʳᵉ classe au 4ᵉ régiment suisse ;

Accordé.

D'accepter la démission du sieur Clausade, capitaine du génie.

Accordé.

Sa Majesté est priée de faire connaître si son intention est que le ministre de la guerre expédie provisoirement l'ordonnance de 24 millions 362.000 francs, demandée par le ministre du Trésor public, pour le remboursement de la solde de 1806, payée à la Grande Armée sur les fonds des contributions levées en Prusse.

Donner cette ordonnance pour que la solde soit payée à la Grande Armée.

221 hommes des compagnies de pionniers ayant été reconnus aptes

Oui.

---

(1) Non signées; extraites du « Travail du ministre de la guerre avec S. M. l'Empereur et Roi, du 4 mai 1808 ».

à reprendre un service actif, ont été dirigés sur différents corps. Sa Majesté est priée de faire connaître si Elle approuve que cette mesure soit renouvelée lorsque la situation de ces compagnies le fera juger nécessaire.

Le roi de Westphalie désire attacher à son service le chef de bataillon Valazé.

Refusé.

1863. — DÉCISIONS (1).

On soumet à Sa Majesté une demande en grâce, en faveur de 820 déserteurs, savoir : 672 condamnés aux travaux publics et 148 condamnés au boulet.

Renvoyé au grand juge.

On soumet à Sa Majesté un rapport tendant à faire ajourner le percement d'une nouvelle rue, qui doit traverser le terrain servant de promenade, dans l'hôpital militaire du Val-de-Grâce où, par l'effet de cette disposition, il ne resterait plus aucun moyen de faire jouir les malades du bon air qu'ils y respirent et de l'exercice si nécessaire au rétablissement de leur santé.

Renvoyé au Conseil d'Etat.

On soumet à Sa Majesté un projet de décret pour annuler la vente et pour prendre un jardin qui a été cédé à la caisse d'amortissement et qui se trouve enclavé entre trois bâtiments, à Ardres, dont il forme une dépendance immédiate et tellement nécessaire qu'il ne pourrait en être détaché sans porter un grand préjudice à l'usage et à la valeur de ces bâtiments.

Renvoyé au Conseil d'Etat.

(1) Ni datées ni signées; extraites du « Travail du ministre de la guerre avec S. M. l'Empereur, du 11 mai 1808 ».

1864. — DÉCISION.

Bayonne, 11 mai 1808.

Le ministre de la guerre demande s'il ne conviendrait pas d'augmenter d'un escadron la légion hanovrienne, dont l'effectif au 1er avril était de trois escadrons et 572 officiers et soldats.

Trois escadrons à 250 hommes font 750 hommes. Ainsi donc ce régiment peut être autorisé à se compléter à 750 hommes, en conservant toujours ses trois escadrons.

NAPOLÉON.

1865. — DÉCISION

11 mai 1808.

Le ministre de la guerre rend compte d'un rapport par lequel le gouverneur général des îles Ioniennes demande un nouvel envoi de troupes pour remplacer à Corfou les trois compagnies d'infanterie qui ont été faites prisonnières par les Anglais pendant la traversée d'Otrante à cette place.

On peut former une nouvelle compagnie. Il ne faut point que de nouvelles compagnies se rendent à Corfou.

NAPOLÉON.

1866. — AU MARÉCHAL BERTHIER (1).

Marracq, 12 mai 1808, à 4 heures après midi.

Mon Cousin, le service des piquets de troupes à cheval aux portes de Bayonne cessera dès ce soir. Je passerai demain, à 9 heures du matin, derrière le jardin, la revue des deux bataillons de marche qui sont ici, et la compagnie d'hommes isolés, des détachements des légions de réserve, ainsi que de l'escadron de marche et des autres détachements de cavalerie qui se trouveraient ici. J'ai chargé le général Savary de passer différentes revues ; il vous en a rendu compte, mais vous ne m'avez rien remis. Envoyez-moi sur-le-champ les rapports de ces revues.

---

(1) Non signé.

1867. — AU MARÉCHAL BERTHIER (1).

Bayonne, 12 mai 1808.

Mon Cousin, il est nécessaire d'écrire au maréchal Victor d'empêcher qu'on ne mette dans la *Gazette de Berlin* des articles qui fassent penser que je fais aucun armement. Je vois avec peine qu'on y ait parlé des camps. Il faut dire au contraire que mes troupes s'en vont. Les camps à la Grande Armée commenceront au 1ᵉʳ juillet. Il faut qu'ils soient près des bois pour avoir du frais et pouvoir prendre du bois, comme on le fait dans les pays étrangers, sans avoir besoin d'en acheter, et aussi près des rivières pour avoir facilement de l'eau.

1868. — AU GÉNÉRAL CLARKE.

Bayonne, 12 mai 1808.

Monsieur Clarke, je reçois votre rapport du 4 de ce mois. Les trois départements de la Toscane fourniront dès l'année prochaine leur conscription qui ne doit pas être moindre de 2.000 hommes. On aura soin de les destiner en entier aux régiments toscans.

NAPOLÉON.

1869. — AU GÉNÉRAL CLARKE.

Bayonne, 12 mai 1808.

Monsieur le général Clarke, donnez ordre qu'on fasse partir du dépôt du régiment suisse qui est dans la 8ᵉ division militaire, 160 hommes pour compléter à 600 hommes le 3ᵉ bataillon de ce régiment qui est à Barcelone.

NAPOLÉON.

1870. — AU MARÉCHAL BERTHIER.

Bayonne, 13 mai 1808.

Mon Cousin, donnez ordre au commandant de l'armée portugaise de désigner 5 officiers et 10 sous-officiers de chacun des régiments d'infanterie portugais, c'est-à-dire 30 officiers et 60 sous-officiers et caporaux, pour se rendre en Portugal, dans les lieux où il le jugera convenable, pour ramasser des recrues pour renforcer

---

(1) Non signé.

ses régiments. Vous enverrez cet ordre au maréchal Bessières qui le fera parvenir. Aussitôt qu'il y aura 100 hommes de chaque régiment, on les fera partir avec deux officiers et trois sous-officiers. Vous manderez ces dispositions au général Junot, pour qu'il fasse mettre la plus grande activité dans ce recrutement qui servira à purger le pays, et mettra ces régiments en état d'être employés à quelque chose. Jusqu'à cette heure, il n'a envoyé que des officiers et des sous-officiers, ce qui est un peu cher.

NAPOLÉON.

1871. — DÉCISION.

14 mai 1808.

Le maréchal Berthier propose de fixer à 1.000 francs par mois l'indemnité de frais de bureau des chefs de l'état-major des corps d'armée des maréchaux Moncey et Bessières, des généraux Dupont et Duhesme, et à 300 francs celles des chefs d'état-major des petites divisions.

Accordé.

NAPOLÉON.

1872. — AU MARÉCHAL BERTHIER (1).

Bayonne, 15 mai 1808.

Mon Cousin, vous donnerez l'ordre qu'il soit formé deux compagnies de 300 hommes appartenant au corps du maréchal Bessières qui se trouvent à Saint-Sébastien, en état de partir. La première sera composée de détachements des 13°, 14°, 17° et 18° régiments provisoires qui font partie de la division Verdier. La seconde sera composée des hommes de la garde et de la division Merle.

Ces deux compagnies, ainsi formées, ayant à leur tête un officier et au moins un capitaine pour commander les deux compagnies, organisées en peloton, de manière à pouvoir se remuer et se défendre, chaque homme muni de ses 50 cartouches, partiront pour rejoindre leurs corps. Ces compagnies partiront le 18. Le 16 et le 17, le général Thouvenot les fera manœuvrer, leur fera faire les feux de deux rangs et de peloton, mettra des sergents et des vieux sol-

---

(1) Non signé.

dats à la tête de chaque peloton. Vous demanderez un état plus détaillé des officiers et sous-officiers qui se trouvent dans les 400 hommes appartenant aux corps des généraux Moncey et Dupont.

Quand j'aurai cet état de situation, et que le nombre de ces hommes sera de 500, je donnerai des ordres. Quant à ceux appartenant à l'armée de Portugal, il faut les garder en subsistance jusqu'à ce qu'on puisse réunir 300 hommes.

Donnez ordre que les deux compagnies isolées que l'on forme à Bayonne se rendent ce soir à 5 heures au camp de la garde où je les verrai. Ayez soin que les officiers aient leur contrôle en règle.

1873. — AU MARÉCHAL BERTHIER.

Bayonne, 15 mai 1808.

Mon Cousin, mon intention est que le 12e régiment provisoire soit supprimé et qu'il soit incorporé dans le 11e de la manière suivante : 1er bataillon, trois compagnies du 85e et une compagnie du 69e ; 2e bataillon, quatre compagnies du 3e de ligne ; 3e bataillon, deux compagnies du 21e de ligne et deux compagnies du 59e ; 4e bataillon, quatre compagnies du 33e de ligne.

NAPOLÉON.

1874. — DÉCISION.

Bayonne, 15 mai 1808.

Le maréchal Berthier, n'ayant pas été avisé du mouvement d'un détachement du 1er régiment napolitain qui a escorté de Barcelone à Perpignan 86 hommes sortis de ce corps pour se rendre dans le duché de Varsovie, demande s'il y a erreur ou si l'Empereur a donné à cet effet des ordres directs.

Berthier enverra un officier à Barcelone qui passera par Perpignan, et qui demandera par quel ordre et où vont ces 89 hommes. Je crains que cela ne provienne de l'adjudant commandant Dentzel, chargé de l'échange des prisonniers, qui fait des enquêtes partout pour déterrer les Russes et cela sans mon ordre.

NAPOLÉON.

1875. — DÉCISION.

Bayonne, 15 mai 1808.

Le maréchal Berthier présente à l'Empereur une demande du général Montbrun qui, atteint de douleurs rhumatismales, sollicite un congé de quatre mois pour aller prendre les eaux.

Accordé.

NAPOLÉON.

1876. — DÉCISION.

Bayonne, 15 mai 1808.

Le maréchal Berthier propose à l'Empereur de prendre au dépôt du régiment de chasseurs hanovriens, stationné en Italie, quelques officiers pour combler les vides qui existent dans les cadres de ce régiment.

Accordé le mouvement et l'envoi des officiers en Italie.

NAPOLÉON.

1877. — DÉCISION.

Bayonne, 15 mai 1808.

Le maréchal Berthier propose à l'Empereur l'acquisition d'un brigantin appartenant à un négociant espagnol et rend compte de l'armement de l'aviso *le Rapide*.

J'approuve toutes ces dispositions. Prévenez-en le ministre de la marine pour que les fonds soient mis à la disposition du commissaire de marine ici.

NAPOLÉON.

1878. — AU GÉNÉRAL CLARKE (1).

Bayonne, 15 mai 1808.

Monsieur le général Clarke, donnez l'ordre à un officier du génie de se rendre sur-le-champ à Breskens pour être employé dans l'île de Kadzand.

---

(1) Extrait certifié d'un ordre de l'Empereur.

1879. — DÉCISION.

Bayonne, 15 mai 1808.

Le maréchal Berthier rend compte à l'Empereur de l'arrivée à Bayonne, avec leurs escortes, de plusieurs convois d'effets d'habillement destinés aux légions de réserve et il demande des ordres pour leur faire continuer leur route.

Il ne faut rien faire partir et laisser tout cela se reposer encore la journée de demain et se réunir ici. On me remettra demain à midi un état de tout ce qui serait arrivé. Il est nécessaire de distinguer l'habillement qui serait arrivé pour les légions qui sont à Burgos de celui destiné pour les légions qui sont à Saint-Sébastien.

NAPOLÉON.

1880. — DÉCISION.

Bayonne, 15 mai 1808.

Le général La Salle fait observer au maréchal Berthier qu'il a peu de monde avec lui. Il ne lui restera qu'un escadron s'il en envoie un du 10° de chasseurs au général Verdier et si le 14e provisoire se rend aussi à Vitoria après le départ des gardes du corps.

Je ne conçois rien à cette lettre. Le major général n'aurait pas dû écrire au général La Salle que le 14e provisoire se rendrait à Vitoria, lorsque les gardes du corps ne seraient plus à Tolosa : c'était au maréchal Bessières ; car le cas arrivant, le général La Salle ira à Burgos commander la cavalerie avec le second escadron du 10° de chasseurs.

NAPOLÉON.

1881. — DÉCISION.

Bayonne, 15 mai 1808.

Tableau des frais qu'ont à supporter les villes du royaume de Saxe situées sur route militaire en raison du séjour des commandants

Sa Majesté l'Empereur ordonne qu'à dater du 1er juin prochain, ces rétributions soient annulées et cessent d'être payées de place et employés de l'armée française. Les villes en question sont celles de Wittenberg, Leipzig, Düben, Weissenfels, Naumburg, Merseburg. Au total, ces frais se montent à la somme de 58.923 fr. 10 s. 8 d.

par les villes du royaume de Saxe aux officiers et employés militaires ou d'administration français.

NAPOLÉON.

1882. — AU MARÉCHAL BERTHIER.

Bayonne, 16 mai 1808.

Mon Cousin, donnez ordre que le détachement de 64 hommes de la 1re légion de réserve, le détachement de 27 hommes de la même légion, qui sont à Bayonne, partent demain pour se rendre à Saint-Sébastien avec les ballots d'habillement appartenant au 4e bataillon de la 1re légion, et ceux de la 2e légion, qui sont dans cette place. Vous donnerez ordre que le détachement de la 5e légion de réserve, composé de 62 hommes, ainsi que les détachements de la même légion qui se trouveraient ici, partent pour Burgos en suivant la ligne d'étapes avec les ballots d'habillement destinés au quatrième bataillon de cette légion qui est à Burgos. Vous ferez partir avec ce convoi une compagnie de 160 hommes des hommes isolés appartenant au corps du maréchal Bessières, de sorte que ces habillements seront escortés par plus de 220 hommes, sous le commandement du plus ancien capitaine. Vous aurez soin qu'ils partent en ordre, chaque homme ayant ses cartouches. Le 18, à 7 heures du soir, vous passerez la revue de ce convoi. Vous donnerez ordre au général Rey de passer avant la revue de ces hommes pour les mettre dans le meilleur état. Mon intention est qu'aucun galeux ne parte et que la gale soit traitée ici. Vous feriez mettre sous la même escorte toutes les chemises et souliers que vous auriez à envoyer à Madrid. Ces effets arriveront à Burgos d'où le maréchal Bessières les fera escorter sur Madrid. Vous profiterez de cette occasion pour faire partir les effets d'ambulance sur les mulets à bât que vous avez ici. Tous les hommes isolés de la 1re et de la 2e légion de réserve qui sont ici, vous les ferez partir pour Saint-Sébastien.

NAPOLÉON.

1883. — AU MARÉCHAL BERTHIER.

Bayonne, 16 mai 1808.

Mon Cousin, mon intention est que le général Rey reste chargé du commandement du dépôt des seize régiments provisoires et qu'il s'établisse, à cet effet, à Bayonne. Donnez-lui un quartier-maître pour diriger l'administration et tout ce qui lui est nécessaire pour l'organisation de ce dépôt et l'inspection des régiments.

NAPOLÉON.

1884. — DÉCISION.

Bayonne, 16 mai 1808.

Le maréchal Berthier rend compte que l'officier commandant le dépôt du train d'artillerie de la garde impériale demande 30 hommes du dépôt des équipages militaires pour pouvoir envoyer à l'armée un fort détachement.

Accordé.

NAPOLÉON.

1885. — DÉCISION (1).

Le maréchal Berthier soumet à l'approbation de l'Empereur la nomination de M. Stassart, auditeur au Conseil d'État, comme intendant pour être employé sous les ordres de M. Bignon, commissaire impérial et intendant de la province de Berlin.

Accordé.

1886. — DÉCISION.

Bayonne, 17 mai 1808.

Bayonne étant le point central pour la réunion et le départ des troupes qui sont dirigées sur l'armée d'Espagne, le commissaire or-

Approuvé.

NAPOLÉON.

---

(1) Non signée; expédiée le 17 mai 1808.

donnateur de la 11ᵉ division militaire demande l'autorisation de faire venir des magasins de Bordeaux divers lots d'objets d'habillement et d'équipement.

1887. — DÉCISION.

Bayonne, 17 mai 1808.

Le maréchal Berthier soumet à l'Empereur la composition du détachement qu'il destine à escorter de Bayonne à Madrid une somme de 400.000 francs expédiée par le payeur de l'armée.

Approuvé.

Napoléon.

1888. — DÉCISION.

Bayonne, 17 mai 1808.

Le maréchal Berthier rend compte que le commandant du dépôt du train d'artillerie de la garde ayant reçu l'ordre de faire partir de suite tout ce qui est disponible, il va expédier 26 hommes et 26 chevaux. Il ne restera plus alors au dépôt que 7 hommes et 8 chevaux.

Ce dépôt restera ici jusqu'à nouvel ordre.

Napoléon.

1889. — DÉCISION.

Bayonne, 17 mai 1808.

Compte rendu par le général Dejean des dispositions prises pour l'habillement, la coiffure, le grand et le petit équipement des 3.200 conscrits de la réserve de 1809 appelés par le décret du 4 mai 1808.

Renvoyé au major général pour communiquer au général Rey. Activer toutes ces mesures et s'assurer qu'elles sont suffisantes.

Napoléon.

1890. — DÉCISIONS (1).

Bayonne, 18 mai 1808.

On demande à Sa Majesté si les fournitures de pain faites à des Morlaques, employés à des extractions de pierres pour les fortifications de la place de Zara, doivent être supportées par l'administration de la guerre ou acquittées sur les fonds du génie.

Sur les fonds du génie.

NAPOLÉON.

On rend compte des mesures adoptées pour le payement de l'indemnité de logement aux officiers stationnés en Toscane.

Indépendamment de l'indemnité, on a cru devoir les faire jouir du supplément du tiers en sus, d'après l'assurance donnée par M. l'intendant général de la Toscane que ce supplément pouvait être acquitté par le pays sans réclamation. On prie Sa Majesté de vouloir bien faire connaître si Elle approuve cette disposition.

A dater du 1er janvier 1809, il sera de ce pays comme du Piémont. On procédera de la même manière.

NAPOLÉON.

On prie Sa Majesté de décider si des souliers et sacs à distribution, délivrés aux corps de l'armée de Dalmatie, des magasins de cette armée, seront accordés en gratification ou seront retenus aux corps. Leur valeur totale s'élève à 14.370 francs.

Accordé en gratification.

NAPOLÉON.

Des effets ont été perdus dans un transport. Le conducteur du convoi a été traduit à un conseil de guerre et déchargé de toute responsabilité. On propose à Sa Majesté d'indemniser les corps auxquels appartenaient ces effets.

Accordé.

NAPOLÉON.

---

(1) Extraites du « Travail du ministre directeur de l'administration de la guerre avec S. M. l'Empereur et Roi, daté du 11 mai 1808 ».

La perte s'élève pour le 14ᵉ de ligne à.............. 1.400 »
Et pour le 10ᵉ d'infanterie légère à.......... 2.475 »

On rend compte à Sa Majesté qu'on a ordonné le versement sur Maëstricht de 10.819 décalitres d'avoine de l'approvisionnement de siège de Wesel et que ces avoines y seront distribuées aux corps de cavalerie, sauf à en imputer le montant sur leur masse de fourrage.

Approuvé.

NAPOLÉON.

On prend les ordres de Sa Majesté sur la demande que fait M. l'intendant général de la Grande Armée d'un congé de six semaines pour M. Desgenettes, médecin en chef. Il assure que, dans les circonstances actuelles, cette absence ne peut compromettre en rien l'intérêt du service.

Approuvé.

NAPOLÉON.

On rend compte de la nomination qu'on a faite du sieur Lacroix-Lacombe à la place de chirurgien-major du régiment de dragons de la garde municipale de Paris. Ce chirurgien a été blessé deux fois et a donné des preuves de zèle et de dévouement. Il est membre de la Légion d'honneur. On prie Sa Majesté de vouloir bien approuver cette disposition.

Approuvé.

NAPOLÉON.

On demande à Sa Majesté si son intention est que le service soit fait par les soins de l'administration de la guerre dans les Etats romains.

Je pense qu'il serait plus convenable qu'à dater du 1ᵉʳ juin, les Etats de Rome, comme la Toscane et Parme et Plaisance, fussent soldés par le Trésor d'Italie. Les revenus seraient perçus par la France et on verra après à compenser.

NAPOLÉON.

1891. — DÉCISION (1).

Bayonne, 18 mai 1808.

On prie Sa Majesté de faire connaître ses intentions au sujet de la demande, faite par M. l'intendant général de la Grande Armée, du payement de la masse de campement depuis le 1ᵉʳ janvier 1806, et d'une fourniture d'effets et d'ustensiles de campement pour les troupes de cette armée qui vont camper. On propose de faire payer à ces troupes la masse de campement seulement depuis le 1ᵉʳ janvier 1808, de faire compléter sur les fonds des contributions du pays la fourniture de première mise des effets de campement et d'expédier, en cas d'insuffisance d'effets de ce genre, ceux qui se trouvent disponibles à Metz, Strasbourg et Mayence.

Il ne faut rien envoyer, rien, absolument rien de France. La proposition de l'intendant général d'envoyer des couvertures de France est une folie. Il ne manque pas de couvertures dans les pays conquis.

NAPOLÉON.

1892. — AU GÉNÉRAL DEJEAN.

Bayonne, 18 mai 1808.

Le service des Sept-Iles se divise entre les troupes françaises, italiennes et albanaises. Toutes les troupes françaises sont soldées par le Trésor de France, les troupes albanaises par le budget du pays et les troupes italiennes par le Trésor d'Italie. Le ministre doit faire établir ce budget ; les états de situation de ces troupes au 1ᵉʳ avril sont connus ; il doit savoir si les 250.000 francs qui sont envoyés chaque mois à Corfou sont de trop. Qu'il me fasse donc un rapport sur les troupes françaises et albanaises. Quant aux troupes italiennes, le royaume d'Italie doit y pourvoir.

NAPOLÉON.

(1) Extraite du « Travail du ministre directeur de l'administration de la guerre avec S. M. l'Empereur et Roi, daté du 18 mai 1808 ».

1893. — DÉCISIONS (1).

Bayonne, 18 mai 1808.

On propose à Sa Majesté de faire diriger sur la Grande Armée, pour être réparties entre les huit premières compagnies de sapeurs du 4ᵉ bataillon qui y sont employées, les 120 recrues actuellement à Juliers au dépôt du bataillon.

Non, ne rien envoyer à la Grande Armée, mais faire travailler ces conscrits aux fortifications de Juliers. Si, par la suite, les événements exigent le départ de ces hommes, ils seront bientôt rendus.

On demande les ordres de Sa Majesté sur la réclamation du supplément de guerre faite par les officiers généraux, adjudants commandants et inspecteurs aux revues employés au camp de Rennes.

Accordé.

On soumet à Sa Majesté la demande que fait le général de division Chabot d'être employé à une armée, particulièrement à celle d'Espagne.

L'envoyer commander à Montpellier.

On prie Sa Majesté de faire connaître si elle permet au sieur Desmazis d'accepter l'emploi de capitaine dans l'artillerie du royaume d'Italie en conservant sa solde de retraite d'ancien capitaine d'artillerie.

S'il est en état de servir, pourquoi a-t-il sa retraite ?

Le général chargé de la surveillance du 1ᵉʳ camp de vétérans de la 25ᵉ division réclame en faveur du capitaine Marie, commandant de ce camp, le grade de chef de bataillon honoraire.

Cette demande n'a pas de sens, on ne peut pas avancer au camp des vétérans, il faut faire partie de l'armée.

On soumet cette demande à Sa Majesté.

On prie Sa Majesté de faire connaître la destination à donner à des

Approuvé.

---

(1) Non signées; extraites du « Travail du ministre de la guerre avec S. M. l'Empereur et Roi, du 11 mai 1808 ».

prisonniers de guerre anglais débarqués dans les Etats napolitains. S. M. le roi de Naples, n'ayant pas de dépôt, désirerait qu'ils fussent nommés en France.

On prend les ordres de Sa Majesté pour accorder à M. Piacenza, curé à Alexandrie, le titre d'aumônier des hôpitaux militaires de cette place avec un traitement de 600 francs imputable sur les fonds des travaux.

Approuvé.

On propose à Sa Majesté de rayer M. Joudioux, lieutenant au 13ᵉ régiment d'infanterie de ligne, du tableau des officiers de l'armée.

Approuvé.

De nommer à un emploi de lieutenant dans les vétérans M. Jean Méon, lieutenant au 3ᵉ régiment de ligne, désigné par M. l'inspecteur général Schauenburg comme susceptible de servir dans cette armée.

Approuvé.

1894. — DÉCISION.

Bayonne, 18 mai 1808.

Le maréchal Berthier présente à l'Empereur un aperçu des dépenses et des besoins de fonds du port de Bayonne tant pour l'acquisition du brick *San-Pedro* que pour les divers armements ordonnés par Sa Majesté. Ces dépenses montent à la somme de 122.609 francs.

Le commissaire de la marine demande que les fonds nécessaires soient mis dès maintenant à sa disposition.

Vous pourrez lui faire donner ces 122.000 francs, en ayant soin d'écrire au ministre de la marine pour qu'il les impute sur ses ordonnances pour le mois de juin. Le brick *San Pedro* s'appellera le *Consolateur*.

NAPOLÉON.

1895. — DÉCISION.

Bayonne, 18 mai 1808.

Le général Clarke propose d'envoyer à la Grande Armée les recrues du 2ᵉ bataillon de sapeurs qui se trouvent au dépôt à Metz et un détachement de 30 hommes qui est à Mayence appartenant à la 2ᵉ compagnie du 5ᵉ bataillon de sapeurs, actuellement employée aux démolitions de la place de Hameln.

Réunir ces hommes à Strasbourg, Mayence et Wesel, et les faire travailler aux fortifications. Il sera temps après cela de les envoyer à la Grande Armée.

Napoléon.

1896. — DÉCISION.

Bayonne, 18 mai 1808.

Le général Clarke demande les ordres de l'Empereur au sujet de la suppression de la direction du génie de Parme qui s'effectuerait en réunissant une partie de cette direction à celle d'Alexandrie et l'autre à celle de Gênes.

Un sénatus-consulte va réunir Parme à Plaisance et la Toscane à la France. Aussitôt que cela sera fait, un projet sera présenté pour régulariser le service de la guerre au delà des monts.

Napoléon.

1897. — DÉCISION.

Bayonne (1), mai 1808.

Le maréchal Berthier rend compte que le 1ᵉʳ régiment d'infanterie de la légion de la Vistule est parti de Poitiers le 17 mai pour arriver le 25 à Bordeaux.

Me faire connaître quand est-ce que le 2ᵉ et le 3ᵉ régiments arrivent à Poitiers.

Napoléon.

1898. — DÉCISION.

Bayonne, (2) mai 1808.

Le maréchal Berthier rend compte à l'Empereur qu'un déta-

Le détachement de la 2ᵉ légion de réserve restera ici deux

---

(1) Sans date de jour; l'expédition de la décision a eu lieu le 19.
(2) Sans date de jour; le rapport du maréchal Berthier est du 18 mai, l'expédition de la décision du 19.

chement d'environ 107 hommes de la 2ᵉ légion de réserve doit arriver aujourd'hui 18 à Bayonne pour d'ici se diriger sur Saint-Sébastien.

jours et me sera présenté avant son départ.

NAPOLÉON.

1899. — DÉCISION (1).

19 mai 1808.

On propose à Sa Majesté de créer une nouvelle compagnie de canonniers gardes-côtes sous le n° 1 pour le service de la batterie de Terneuse et d'autres dépendantes dans la direction d'Anvers.

Sa Majesté a jugé le décret inutile; qu'il suffit d'une escouade de vétérans, et que si le besoin arrive de servir cette batterie, des troupes s'y porteraient.

1900. — DÉCISIONS (2).

Bayonne, 19 mai 1808.

On propose à Sa Majesté de faire passer à l'armée d'Espagne l'un des officiers inspecteurs des équipages et de le remplacer par le sieur Beaudesson, capitaine commandant du 1ᵉʳ bataillon. On soumet un projet de décret pour la nomination de ce dernier.

Nommer un officier.

NAPOLÉON.

On prie Sa Majesté de vouloir bien accorder à Mme Leroy, mère d'un employé des hôpitaux de la Grande Armée, mort à son poste, une somme de 540 francs à titre de secours.

Accordé.

NAPOLÉON.

On rend compte à Sa Majesté qu'on a cru devoir accorder, à titre de secours, à trois veuves d'employés à l'hôpital militaire de Lille, morts de la maladie qu'ils ont con-

Approuvé.

NAPOLÉON.

---

(1) Non signée; extraite du « Travail du ministre de la guerre avec S. M. l'Empereur et Roi, du 4 mai 1808 ».
(2) Extraites du « Travail du ministre directeur de l'administration de la guerre avec S. M. l'Empereur et Roi, daté du 4 mai 1808 ».

tractée dans l'exercice de leurs fonctions, un mois du traitement dont jouissaient les maris, en tout 266 francs. On la prie de vouloir bien approuver cette disposition.

1901. — AU MARÉCHAL BERTHIER.

Bayonne, 19 mai 1808.

Mon Cousin, vous donnerez ordre au 2ᵉ régiment d'infanterie de la Vistule de partir le 20 de Poitiers pour se rendre à Bordeaux. Le 3ᵉ restera à Poitiers jusqu'à nouvel ordre pour se reposer et se laver.

NAPOLÉON.

1902. — DÉCISION.

Bayonne, 19 mai 1808.

Le général Clarke présente à l'Empereur une demande par laquelle le major du 1ᵉʳ régiment de chasseurs, qui est à Gand, sollicite l'autorisation de faire partir un détachement de 20 hommes à pied pour accompagner un convoi d'effets d'habillement et équipement qu'il a reçu l'ordre d'envoyer aux escadrons de guerre de ce régiment à la Grande Armée.

Approuvé.

NAPOLÉON.

1903. — DÉCISION.

Bayonne, 19 mai 1808.

Le maréchal Berthier rend compte que les gardes du corps, les gardes wallonnes et les gardes espagnoles sont parties de Tolosa pour se rendre à Madrid, que le 14ᵉ régiment provisoire d'infanterie doit partir aujourd'hui de Tolosa pour Vitoria et que le 10ᵉ régiment de chasseurs est réuni en entier à Tolosa.

Partir avec ce régiment pour se rendre à Burgos où le général La Salle prendra le commandement de toute la cavalerie du corps du maréchal Bessières.

NAPOLÉON.

1904. — DÉCISION.

Bayonne, 19 mai 1808.

Le maréchal Berthier rend compte que les armateurs du navire corsaire l'*Amiral-Martin* proposent d'expédier, conformément aux instructions de l'Empereur, ce bâtiment dans l'une des colonies françaises.

Pour la Guadeloupe.

NAPOLÉON.

1905. — DÉCISION.

Bayonne, (1) mai 1808.

Le maréchal Berthier sollicite des ordres pour la destination ultérieure d'un détachement du 6ᵉ de cuirassiers, qui vient d'arriver à Perpignan, venant de Plaisance.

A-t-il ses selles ? On écrira dans ce cas au général Duhesme de les faire venir, sans quoi on le montera à Perpignan.

NAPOLÉON.

1906. — DÉCISION (2).

Aux termes d'un rapport du maréchal Berthier, les compagnies du régiment de Westphalie, qui fait partie du corps d'observation des côtes de l'Océan, ne devant compter, d'après le décret de formation, que 117 hommes chacune, le prince de Hohenzollern-Sigmaringen, colonel de ce régiment, demande l'autorisation de former un nouveau bataillon, dans lequel seraient versées les 320 recrues que le régiment vient d'obtenir.

Les six compagnies seront portées à 160 hommes chacune, ce qui fait 43 hommes d'augmentation par compagnie, c'est-à-dire 258 hommes que l'on dirigera sur le bataillon.

NAPOLÉON.

---

(1) Sans date de jour; le rapport du maréchal Berthier est du 18 mai, l'expédition du 20.

(2) Non datée; le rapport de Berthier est du 19 mai; l'expédition de la décision est du 20.

1907. — DÉCISION (1).

Le maréchal Berthier rend compte de l'effectif de la cavalerie portugaise qui arrive en France et il propose de la placer à Auch, Tarbes et Pau.	Je demande l'état de toutes les troupes portugaises et non simplement l'état de la cavalerie. Pour la cavalerie portugaise, comme elle ne forme pas plus de 500 hommes, on peut la réunir toute dans une seule ville.

NAPOLÉON.

1908. — AU GÉNÉRAL CLARKE.

Bayonne, 20 mai 1808.

Monsieur le général Clarke, je reçois votre lettre du 13 mai, relative aux anciens et nouveaux dépôts. Je conçois que les conscrits ont été dirigés sur les nouveaux dépôts. Le 4ᵉ de ligne avait son dépôt à Strasbourg ; on a dirigé les conscrits sur Nancy. Je pense qu'il serait convenable de diriger définitivement les magasins de ce régiment qui sont à Strasbourg sur Nancy. Le 17ᵉ a son nouveau dépôt à Lille et l'ancien à Boulogne ; je pense qu'il serait convenable d'en faire de même et qu'ainsi de suite il faudrait diriger les magasins du 19ᵉ de Boulogne sur Douai, du 22ᵉ de Wesel sur Maëstricht, du 24ᵉ d'Huningue sur Lyon, du 25ᵉ de Boulogne sur Landrecies, du 28ᵉ de Boulogne sur Saint-Omer, du 34ᵉ de Strasbourg sur Givet, du 46ᵉ de Boulogne sur Arras, du 50ᵉ de Boulogne sur Cambrai, du 61ᵉ de Mayence sur Worms, du 65ᵉ d'Anvers sur Gand, du 72ᵉ d'Anvers sur Bruxelles, du 75ᵉ de Boulogne sur Lille, du 76ᵉ de Landau sur Sarrelibre, du 85ᵉ de Mayence sur Coblenz, du 88ᵉ de Strasbourg sur Rocroi, du 96ᵉ de Landau sur Thionville, du 100ᵉ de Strasbourg sur Metz, du 111ᵉ de Mayence sur Spire, du 6ᵉ légère de Landau sur Phalsbourg, du 9ᵉ *idem* de Landau sur Longwy, du 16ᵉ *idem* de Neuf-Brisach sur Mâcon, du 24ᵉ *idem* de Lauterburg sur Metz, du 26ᵉ de Strasbourg sur Metz, du 27ᵉ d'Aix-la-Chapelle sur Bruges, du 31ᵉ de Napoléon sur Bayonne. Aucun de ces mouvements n'est bien considérable et, moyennant cette mesure, les conseils d'administration et magasins seront établis à de-

---

(1) Non datée; le rapport du maréchal Berthier est du 19 mai, l'expédition est du 20.

meure. Les quatre compagnies qui forment le dépôt recevront les conscrits de leurs corps, et au fur et mesure qu'ils auront 60 hommes armés et habillés, sachant tenir leurs fusils, prêts à partir, vous m'en rendrez compte dans les états particuliers pour que je les envoie à celui des quatre bataillons de guerre qui en a besoin. Il serait possible que le reflux d'un si grand nombre de dépôts dans l'intérieur diminuât beaucoup l'armée de Boulogne. Mon intention est donc que tous les soldats disponibles y restent et que les officiers seulement se rendent aux dépôts avec les cadres des compagnies, de sorte que, s'il y a à Boulogne 150 soldats dans le cas de se battre, qui, en conséquence de ces arrangements, quitteraient Boulogne, le général Saint-Cyr gardera un des cadres des quatre compagnies avec ces hommes. Quant aux 9e, 13e, 35e, 42e, 53e, 84e, 92e et 100e de ligne et 1er régiment d'infanterie légère, on peut laisser le vice-roi y pourvoir ; tous les anciens dépôts sont dans les pays vénitiens, les nouveaux sont dans le Milanais, la distance est donc petite ; le vice-roi pourvoira à cela. Il n'en est pas de même pour l'armée de Dalmatie. Le 5e de ligne de cette armée a son dépôt actuel près de Venise, son nouveau dépôt à Grenoble, ainsi que le 11e de ligne. Le 23e de ligne a son dépôt actuel à Venise et va se rendre à Genève, le 60e à Chioggia et va se rendre à Genève. Le 79e de Venise va se rendre à Chambéry, le 81e *idem*, le 8e d'infanterie légère de Venise à Genève, le 18e *idem*, de Venise à Grenoble ; ces distances sont très considérables ; mais tous ces régiments ont leurs bataillons de guerre en Dalmatie et leurs quatrièmes bataillons sont tous réunis près de Venise où sont les emplacements actuels de leur dépôt. Vous donnerez des ordres aux majors d'envoyer, des nouveaux dépôts où se sont rendus les conscrits, autant de conscrits non habillés que le régiment a d'effets d'habillement à l'ancien dépôt près de Venise. Ces hommes seront habillés là à leur arrivée et seront encadrés dans le 4e bataillon. Ainsi, le 5e de ligne reçoit 440 hommes, le 11e 100, le 23e 300, le 60e 100, le 79e 300. Il est clair que ces contingents ne sont juste que le nécessaire pour compléter les dépôts. Cependant si ces régiments ont des effets d'habillement à leurs anciens dépôts près de Venise, autorisez les majors à faire partir 150 hommes des nouveaux dépôts où ils seront habillés et incorporés. Pour le 8e et le 18e d'infanterie légère qui reçoivent près de 800 hommes, cette mesure est indispensable, car comment les cadres des quatre compagnies, dans lesquels il y aura nécessairement des officiers et sous-officiers absents, pourraient-ils gouverner ces 800 hommes ? Il est donc nécessaire que ces régiments puissent envoyer au moins 400 hommes chacun à leur 4° bataillon près de Venise. Le même raisonnement s'applique aux autres régiments. Le premier de ligne a son dépôt à Faënza ; il doit avoir son nouveau dépôt à Marseille ; les 6° et 10°, qui l'ont à Bologne, doivent l'avoir à Turin et à Plaisance. Je ne vois pas d'inconvénient que le dépôt du 6° se rende de Bologne à Turin, que celui du 20° se rende d'Imola à Verceil, celui du 29° de Fermo à Asti. Ainsi de suite des autres. Il est donc nécessaire qu'on opère de la même manière et qu'on dirige sur les anciens dépôts où reste toujours le 4° bataillon un nombre de soldats qui profitent de ce qu'il y a d'habillement pour s'habiller, et qui complètent les quatrièmes bataillons. Ces régiments reçoivent beaucoup de monde : le 1er reçoit 600 hommes, le 6° 700, le 10° 500, le 20° 300, le 29° 800, le 52° 800, le 62° 100, le 101° 600, le 102° 600, le 14° légère près de 900, le 22° *idem* près de 800, le 23° *idem* également près de 800. Les quatre compagnies des dépôts, probablement incomplètes, seraient insuffisantes pour un si grand nombre d'hommes et il faudra qu'elles se hâtent de diriger sur les quatrièmes bataillons en proportion des effets d'habillement de l'ancien dépôt. Mais comme je vois qu'une partie de l'armement sera aux anciens dépôts, faites connaître ce que vous aurez fait là-dessus. Ainsi donc les majors laisseront aux anciens dépôts d'Italie la quantité de fusils et d'habillement nécessaires pour les nouveaux conscrits et tout le reste, les papiers, les cadres des compagnies de dépôts, etc., ils le dirigeront sur les nouveaux dépôts afin de les sortir une fois pour toutes du premier embarras.

Napoléon.

1909. — AU MARÉCHAL BERTHIER.

Bayonne, 21 mai 1808.

Mon Cousin, donnez l'ordre qu'il soit formé à Saint-Sébastien trois compagnies des 370 hommes en état de partir qui appartiennent au corps du maréchal Moncey, en ayant soin qu'ils partent bien habillés, bien armés, et ayant chacun leurs 50 cartouches.

La 1re compagnie sera composée des hommes des 1er, 2°, 3° et 4° régiments provisoires qui forment la 1re division du maréchal Moncey. La 2° compagnie sera composée des hommes des 5°, 6°, 7° et 8° régiments provisoires qui forment la 2° division du même corps. La 3ᵉ compagnie sera composée des hommes des 9ᵉ, 10ᵉ, 11ᵉ et 12ᵉ régiments provisoires qui forment la 3ᵉ division. On y joindra tous les hommes étrangers. On mettra des officiers avec ces compagnies. Les officiers, ainsi que ceux qui ont conduit les détachements au corps du maréchal Bessières, doivent retourner à Saint-Sébastien pour former d'autres compagnies.

Proposez-moi un chef de bataillon pour remplacer le chef de bataillon Leroy, de la 2ᵉ légion de réserve, auquel j'accorde sa retraite.

Napoléon.

1910 — AU MARÉCHAL BERTHIER.
Bayonne, 22 mai 1808.

Mon Cousin, j'approuve que les trois régiments de cavalerie portugais qui arrivent en France se réunissent tous les trois à Auch. Écrivez au préfet de leur procurer du fourrage à Auch à très bon marché et en abondance, c'est-à-dire à moins de vingt sous la ration, et d'empêcher qu'on ne profite de la circonstance pour le renchérir trop ; car s'il en était ainsi, je retirerais ces régiments. Il est nécessaire qu'un inspecteur aux revues se rende auprès de ces régiments pour mettre tout en règle et leur montrer l'administration à notre manière.

Napoléon.

1911. — DÉCISION.
Bayonne, 23 mai 1808.

Le maréchal Berthier rend compte que le général Songis a fait délivrer au royaume de Westphalie 6.000 fusils prussiens, qui serviront à armer les troupes de ce royaume en attendant qu'il en ait été fabriqué d'autres.

Répondre à tout cela que l'on a tort de ne pas se servir des fusils prussiens.

Napoléon.

1912. — DÉCISION.
Bayonne, 23 mai 1808.

Le colonel du 1ᵉʳ régiment de ligne napolitain demande 500 sabres pour les sous-officiers, grenadiers et tambours de ce corps.

Approuvé.

Napoléon.

1913. — AU MARÉCHAL BERTHIER.

Bayonne, 23 mai 1808.

Mon Cousin, donnez ordre au 4ᵉ bataillon de marche de partir demain matin pour aller coucher à Saint-Jean-de-Luz et après-demain à Saint-Sébastien où il tiendra garnison jusqu'à nouvel ordre. La compagnie qui est au camp partira comme les autres. Faites partir un officier d'état-major, qui sera de retour demain dans la nuit, pour annoncer au général Thouvenot l'arrivée de ce bataillon. Vous ferez connaître au général Thouvenot que vous lui envoyez cet officier pour qu'il rapporte l'état exact des troupes qui sont à Saint-Sébastien, soit cavalerie, soit infanterie. Le général Thouvenot fera connaître le nombre de chevaux qu'il a reçus du régiment portugais, la situation des deux bataillons de légions de réserve en officiers, sous-officiers et soldats ; il notera ceux qui sont habillés et ceux qui ne le sont pas, et s'ils ont reçu leurs effets d'habillement de Bordeaux ; il fera connaître également la quantité de fusils qu'il a reçus provenant des fabriques de la Biscaye, quel est l'esprit public du pays, enfin tout ce qui peut m'intéresser. L'officier que vous enverrez passera au retour au port du Passage. Il portera une lettre au commandant de la frégate *la Comète*, et rapportera sa réponse qui fera connaître pour combien de temps il a de vivres, la situation de son équipage, si la frégate marche, si elle est en état d'aller en Amérique ou de rentrer dans un port de France, en allant auparavant à Santander prendre une cinquantaine de mâts de 80 pieds que j'ai dans cette ville, pour les apporter soit à Rochefort, soit à Bayonne.

NAPOLÉON.

1914. — DÉCISION.

Bayonne, 23 mai 1808.

Le ministre de la marine demande qu'un détachement de 45 hommes, commandé par un officier, soit mis à la disposition de la marine, à Cherbourg, pour être employé sur la frégate *l'Amphitrite*.	Accordé. NAPOLÉON.

1915. — DÉCISION.

Bayonne, 24 mai 1808.

Le ministre de la guerre rend compte que le colonel Chlopicki, du 1ᵉʳ régiment d'infanterie de la légion de la Vistule, demande d'être autorisé à prendre des Français pour remplir dans son régiment les emplois de sergents-majors et de fourriers. Il fonde cette demande sur le manque absolu de sujets qui entendent la langue française et qui puissent établir la comptabilité d'après les règlements auxquels les régiments de la légion de la Vistule doivent se conformer.

Le ministre propose d'appliquer la même mesure aux autres régiments d'infanterie et de cavalerie de la légion de la Vistule.

Accordé.

NAPOLÉON.

1916. — AU MARÉCHAL BERTHIER.

Bayonne, 24 mai 1808.

Mon Cousin, envoyez un officier au général Junot, qui passera par Madrid et lui portera l'ordre de diriger 2.500 hommes d'infanterie et 500 chevaux dans la Galice et dans la Corogne pour remplacer les milices qui vont être licenciées. Ainsi donc, le général Junot aura 4.000 Espagnols à Porto, 3.000 à Lisbonne et 3.000 dans les Algarves. Recommandez-lui de faire presser la marche des 4.000 Français, infanterie, cavalerie et artillerie, sur Cadix, d'avoir l'œil sur cette colonne et de l'appuyer au besoin. Vous chargerez de vos dépêches le sieur Lacuée, auditeur au Conseil, auquel vous donnerez l'ordre de se rendre à Lisbonne, pour être chargé de l'administration de la marine.

NAPOLÉON.

1917. — DÉCISION (1).

En raison de la belle conduite de huit sous-officiers et canonniers du 2ᵉ d'artillerie à cheval dans un incendie qui menaçait le parc de la 2ᵉ division de cuirassiers, le général Songis sollicite le remboursement, s'élevant à la somme de 762 francs, des effets qu'ils ont perdus dans cette circonstance.

Accordé.

1918. — DÉCISION.

Bayonne, 25 mai 1808.

Le général Clarke prie l'Empereur de vouloir bien faire connaître si son intention est que les 26 hommes du train appartenant au 2ᵉ bataillon de sapeurs qui se trouvent à Mayence rejoignent la Grande Armée.

Ne faire aucun mouvement jusqu'à nouvel ordre.

NAPOLÉON.

1919. — DÉCISIONS (2).

Bayonne, 25 mai 1808.

On prie Sa Majesté de faire connaître si Elle approuve la révocation définitive des dispositions déjà faites pour la formation des compagnies nᵒˢ 1 et 2 des colonies, vu les difficultés qu'en présente la levée.

Approuvé.

On prie Sa Majesté de faire connaître si le décret du roi de Westphalie, qui rappelle ceux de ses sujets servant chez les puissances

Il n'est pas applicable à la France, mais j'autorise ce canonnier à rentrer.

---

(1) Ni datée ni signée; l'expédition de cette décision a eu lieu le 24 mai 1808.
(2) Non signées; extraites du « Travail du ministre de la guerre avec S. M. l'Empereur et Roi, du 18 mai 1808 ».

étrangères, est applicable à la France.

Proposition de faire payer, sur le montant des amendes qui ont dû être prononcées contre les déserteurs des gardes nationales d'élite des 10° et 11° divisions militaires, la valeur des 200 fusils demandés par le général Lamartillière pour le complément de l'armement de cette légion.

Accordé.

On prend les ordres de Sa Majesté pour la dépense qu'exigeront divers établissements accessoires au manège ordonné à Saint-Cyr par le décret impérial du 24 mars.

1° Accorder les 5.000 francs qu'il y a de surplus ; 2° 5.000 francs sur la recette de 1808 ; 3° 7.000 francs qui sont dépensés en 1809.

On rend compte à Sa Majesté que le général Donzelot, en se rendant de Brindisi à Corfou, a eu tous ses chevaux et bagages enlevés par l'ennemi, et on prie Sa Majesté de vouloir bien déterminer l'indemnité qu'Elle jugera à propos d'accorder au général Donzelot.

Accordé, 6.000 francs.

On rend compte à Sa Majesté des pertes que M. le général Monnet, commandant à Flessingue, a faites par suite de l'inondation de cette ville, le 15 janvier dernier.

Ce général porte ses pertes à 5.720 francs et le ministre propose de lui accorder le montant de la gratification de campagne de 3.000 francs.

Accordé.

On soumet à Sa Majesté le tableau des indemnités mensuelles à allouer aux officiers du génie attachés aux travaux extraordinaires dans les places qui y sont désignées, aux dépens des fonds affectés à ces travaux et jusqu'à leur achèvement.

Accordé.

On propose à Sa Majesté d'approuver le passage au service du roi de Westphalie du sieur Bernard Geoffroi, originaire du département de la Roer, dragon au 13° régiment.

Accordé.

1920. — DÉCISIONS (1).

Bayonne, 25 mai 1808.

On demande à Sa Majesté si les troupes à cheval de la division des Pyrénées-Orientales doivent participer à la gratification d'une paire de souliers par homme, accordée à l'armée d'Espagne par le décret du 12 mars 1808.

Oui.

NAPOLÉON.

Les prisonniers détenus par mesure de haute police devant être assimilés aux prisonniers d'Etat détenus dans les châteaux forts, en exécution des ordres du gouvernement, on propose à Sa Majesté de décider que la dépense de ceux traités dans les hôpitaux militaires sera à la charge du ministère de la police.

Approuvé la dépense.

NAPOLÉON.

M. Joubert, ordonnateur en chef en Italie, étant, outre le service courant, chargé de la liquidation de la campagne de 1806, on croit qu'il serait juste de lui accorder, avec les 2.000 francs de frais par mois, 1.500 francs, également par mois, qu'on cesserait de lui payer quand la liquidation serait terminée.

Accordé 1.000 francs par mois seulement pour le reste de l'année.

NAPOLÉON.

On prie Sa Majesté, vu la position malheureuse du chef de bataillon Pinel, commandant les îles Tatihou, de décider si Elle veut

Approuvé.

NAPOLÉON.

---

(1) Extraites du « Travail du ministre directeur de l'administration de la guerre avec S. M. l'Empereur et Roi, daté du 18 mai 1808 ».

l'exempter d'une retenue de 975 fr. 73, encourue par lui pour exagérations dans les classes des corps de garde de ces îles.

1921. — AU MARÉCHAL BERTHIER.

Bayonne, 25 mai 1808.

Mon Cousin, donnez l'ordre au général de brigade Habert, ancien colonel du 55°, de se rendre à Saint-Sébastien où il arrivera dans la journée de demain. Il prendra le commandement du 2° régiment supplémentaire formé des 4es bataillons de la 1re et de la 2° légion de réserve, et se mettra en marche pour Burgos le 28, avec ce régiment, pour faire partie de la division du général Merle. Il aura soin qu'en partant ces troupes soient bien armées, qu'il ne leur manque rien, qu'elles aient leurs cinquante cartouches par homme, leurs cinq pierres à fusil, deux paires de souliers dans le sac et que tous les hommes soient habillés à neuf. Chaque bataillon laissera un officier et deux sous-officiers pour recevoir les hommes éclopés qui seraient obligés de rester à Saint-Sébastien et qui rejoindront le plus tôt possible. Vous donnerez l'ordre au général Thouvenot de former un bataillon des hommes isolés appartenant aux corps du maréchal Moncey et du général Dupont, de l'armée de Portugal et du maréchal Bessières. Ce bataillon de marche sera composé de quatre compagnies : la 1re des hommes de l'armée de Portugal, la 2° de ceux du corps de la Gironde (général Dupont), la 3° de ceux du corps des côtes de l'Océan (maréchal Moncey) et la 4° de ceux du corps du maréchal Bessières. Le général Thouvenot nommera un chef de bataillon pour commander ce bataillon qui sera sous les ordres du colonel Pépin.

NAPOLÉON.

1922. — DÉCISION.

Bayonne, 25 mai 1808.

Le maréchal Berthier fait connaître à l'Empereur la composition de l'escadron des gardes et de la compagnie de chevau-légers non montée du grand-duc de Berg qui doivent arriver à Bayonne le 28 mai.

J'avais, il me semble, donné l'ordre que ceux-ci fussent arrêtés à Bordeaux. S'il en est temps encore, le leur donner.

NAPOLÉON.

1923. — DÉCISION.

Bayonne, 25 mai 1808.

Le maréchal Berthier rend compte que le 1ᵉʳ régiment d'infanterie de la légion de la Vistule doit arriver ce soir à Bordeaux et que le 2ᵉ arrivera dans cette ville le 29 mai.

Donner l'ordre au 1ᵉʳ régiment de la Vistule de partir le 28 mai pour Bayonne. Le 2ᵉ restera à Bordeaux jusqu'à nouvel ordre.

NAPOLÉON.

1924. — DÉCISION.

Bayonne, 26 mai 1808.

Le maréchal Berthier soumet à l'Empereur une demande du conseiller d'Etat Jollivet, commissaire plénipotentiaire de l'Empereur en Westphalie, au sujet des échanges de biens domaniaux qui lui paraissent indispensables pour pouvoir constituer les dotations situées dans ce pays.

Jollivet restera à Cassel pour lever toutes les difficultés jusqu'à ce que la distribution des six millions soit faite. J'approuve ces échanges, pourvu qu'ils soient faits de manière à ce que mes intérêts ne soient pas lésés.

NAPOLÉON.

1925. — DÉCISION.

Bayonne, 26 mai 1808.

Le général Rey sollicite la faveur d'être compris sur le tableau des officiers généraux employés à l'armée d'Espagne et de jouir en conséquence du traitement de guerre.

Approuvé.

NAPOLÉON.

1926. — DÉCISION.

Bayonne, 26 mai 1808.

Sire, M. le général Muller m'adresse les observations suivantes au sujet de quelques dispositions omises dans le décret qui crée la légion portugaise et qui détermine son organisation :

Il n'y a pas de doute que tout cela ne doive avoir lieu ; ce sera l'objet d'une circulaire du ministre de la guerre.

NAPOLÉON.

1° Par ce décret, il n'est point affecté à l'infanterie de tambour-major ni de caporal tambour ;

2° Il n'est pas dit non plus s'il doit y avoir, au bataillon et à l'escadron de dépôt, les maîtres ouvriers qu'ont les autres corps de l'armée, tels que guêtrier, tailleur, bottier, cordonnier, armurier, éperonnier ;

3° Que tous les régiments ont des chirurgiens et que le décret ne leur en affecte pas ;

4° Qu'ils ont aussi des aumôniers auxquels ils paraissent attachés, et que le décret n'en parle pas.

Enfin, il observait également que le décret ne fait aucune mention des adjudants-majors et adjudants-sous-officiers des régiments de cavalerie ; mais comme les corps de cette arme doivent, selon l'article 6, être assimilés pour l'organisation aux régiments de chasseurs en France, cette question se trouve résolue.

Quant aux autres, j'ai l'honneur de prier Votre Majesté de me faire connaître ses intentions.

Le prince de Neuchâtel,
vice-connétable, major général,
ALEXANDRE.

1927. — AU MARÉCHAL BERTHIER.

Bayonne, 26 mai 1808.

Mon Cousin, donnez l'ordre au 8° escadron de marche qui est à Bayonne d'en partir demain pour se rendre à Vitoria, où il restera jusqu'à nouvel ordre pour renforcer le corps du général Verdier. Si vous avez ici un capitaine qui ait servi dans la cavalerie, qui mérite confiance, donnez-lui le commandement de cet escadron.

NAPOLÉON.

P.-S. — Cet escadron pourra escorter le Trésor.

1928. — DÉCISION.

Bayonne, 26 mai 1808.

Le maréchal Berthier rend compte que la ville de Lehe (Hanovre), en partie détruite par un incendie, sollicite l'autorisation de s'approvisionner de tuiles et briques par les navires d'Emden qui remontent le Weser.

Accordé.

NAPOLÉON.

1929. — AU GÉNÉRAL CLARKE.

Bayonne, 26 mai 1808.

Monsieur le général Clarke, vous voudrez bien donner ordre que, sous quelque prétexte que ce soit, aucun étranger ni Français, hormis l'officier du génie et ceux qui sont préposés à la garde du château, de débarquer (sic) dans l'île du château d'If à Marseille. Des étrangers qui passent vont causer avec les prisonniers. Mon intention est que cela n'ait pas lieu désormais, sous la responsabilité du commandant. Tenir la main à l'exécution du présent ordre.

NAPOLÉON.

1930. — DÉCISION (1).

Bayonne, 26 mai 1808.

On prie Sa Majesté de faire faire directement des fonds pour le service de l'artillerie française en Espagne, ainsi que cela s'est pratiqué en Allemagne, ou d'augmenter les fonds ordinaires de l'artillerie, si son intention est qu'ils continuent à fournir aux dépenses de l'artillerie française en Espagne.

L'artillerie française en Espagne ne peut être comparée à celle de la Grande Armée ou de l'armée du Portugal, puisqu'on ne fait aucune recette en Espagne.

---

(1) Non signée; extraite du « Travail du ministre de la guerre avec S. M. l'Empereur et Roi, du 18 mai 1808 ».

1931. — AU MARÉCHAL BERTHIER.

Bayonne, 27 mai 1808.

Mon Cousin, expédiez un officier en courrier extraordinaire dans la baie de Roses, en Catalogne, où ma flûte *la Baleine* est mouillée. Donnez-lui l'ordre de débarquer les farines et vivres dont elle est chargée et de les mettre à la disposition du général Duhesme. Si même cela est nécessaire pour la liberté de sa manœuvre, elle peut laisser son artillerie dans le fort de Roses, avec un ou deux hommes. Vous lui donnerez l'ordre de se rendre à Toulon, en la prévenant qu'il y a une escadre anglaise qui se tient à 14 lieues du cap Sicié. L'officier que vous enverrez continuera sa route à Barcelone et portera au général Duhesme l'ordre d'envoyer du monde pour secourir cette flûte, et de faire venir les vivres qui se trouvent à bord dans le fort de Barcelone.

Chargez l'officier de voir les autorités du pays, afin qu'on protège par tous les moyens cette belle flûte.

Napoléon.

1932. — AU MARÉCHAL BERTHIER.

Bayonne, 27 mai 1808.

Mon Cousin, je désire accorder à l'armée d'Espagne deux paires de souliers et une chemise par homme, en gratification, mais en comprenant là-dedans tout ce que je lui ai fait déjà fournir, c'est-à-dire les souliers envoyés de Paris par le ministre Dejean, les 20.000 qu'a fait faire le maréchal Moncey, les 20.000 qu'a fait faire le grand-duc de Berg et ceux que vous avez vous-même ordonnés. Ecrivez à l'intendant général pour qu'il vous fasse connaître la quantité exacte qu'il a reçue de ces différentes fournitures, ainsi que la quantité de chemises qui ont été envoyées, et que tout cela entre en déduction de la gratification que mon intention est d'accorder.

Napoléon.

1933. — NOTES DICTÉES PAR L'EMPEREUR.

Bayonne, 27 mai 1808.

L'intention de l'Empereur est que l'artillerie s'occupe de suite à mettre en état de transporter des bois, 60 porte-corps des 89 qui existent à l'arsenal de Bayonne. Les 10 déjà en état devront être organisés aujourd'hui de la manière qu'il a été réglé ce matin et transportés demain matin au chantier de la marine. Après-demain matin ces voitures devront se mettre en marche pour Langon. On prendra à cet effet des attelages de 6 chevaux ou mulets parmi ceux du train d'artillerie de la garde ou du 6ᵉ bataillon *bis* du train, qui se trouvent à Bayonne. A mesure que d'autres porte-corps seront mis en état, on organisera d'autres attelages. Je suppose qu'il faut sept à huit jours pour se rendre à Langon ; plus tard le chargement se fera à Mont-de-Marsan.

Sa Majesté désire qu'il soit donné aux marins espagnols de la chaloupe canonnière 20 sols par jour, en remplacement de ration, d'après l'usage espagnol. Cet équipage demandé pour quinze jours.

Le colonel LACOSTE, par ordre.

1934. — DÉCISION.

Bayonne, 27 mai 1808.

Le maréchal Berthier fait connaître à l'Empereur que le général de brigade Kirgener, chef de l'état-major général du génie, a cru pouvoir donner l'ordre à la 8ᵉ compagnie du 5ᵉ bataillon de sapeurs de se rendre à Odense, conformément à une demande du prince de Ponte-Corvo.

Blâmez fortement ce général de brigade, et défendez-lui de faire désormais pareille chose.

NAPOLÉON.

1935. — DÉCISION.

Bayonne, 27 mai 1808.

Les approvisionnements de selles et harnais de Magdeburg étant presque épuisés, le général Songis demande l'autorisation de faire confectionner 3.000 harnais et 1.500 selles.

Approuvé pour la moitié.

NAPOLÉON.

1936. — DÉCISION.

Bayonne, 28 mai 1808.

Le maréchal Berthier rend compte de la marche des différents corps d'infanterie et de cavalerie de l'armée portugaise se dirigeant sur la France.

Toute l'armée portugaise se rendra à Bayonne. Toute la cavalerie sera réunie à Auch. Pour toute l'infanterie, vous me présenterez un projet pour la distribuer entre Pau, Tarbes et Saint-Jean-Pied-de-Port.

NAPOLÉON.

1937. — AU GÉNÉRAL CLARKE.

28 mai 1808.

Monsieur Clarke, je vois dans l'état de situation de l'artillerie au 1er mai que la 1re compagnie du 1er bataillon du 3e régiment d'artillerie à pied, forte de 88 hommes, et que la 1re compagnie du 2e bataillon, forte de 104 hommes, sont l'une et l'autre à l'île d'Yeu. Je suppose qu'il y a erreur. Deux compagnies de près de 200 hommes à l'île d'Yeu seraient beaucoup trop et exposeraient à une perte disproportionnée au besoin. Une seule compagnie suffit.

La 3e compagnie du 1er bataillon, forte de 109 hommes, est portée comme étant à la division du général Zayonchek. Ce général, ayant une division polonaise, n'a pas d'artillerie française depuis longtemps.

La 7e compagnie du 2e bataillon du 3e régiment est à la Martinique. Si cette compagnie compte comme la 11e du bataillon, cela est bien, mon intention étant que chaque bataillon ait une 11e compagnie aux îles.

Vous avez porté le 6e bataillon principal du train comme étant à Naples : il me semble qu'il y a longtemps que ce bataillon est arrivé en Italie.

Je vois avec peine que le 10e bataillon du train n'a que 400 hommes et 350 chevaux, le 4e 600 hommes et 780 chevaux, le 10e (*bis*) 400 hommes et 300 chevaux. Il faudrait s'occuper de recruter ces bataillons. Je vois, en général, avec surprise qu'il y a 14.700 hommes du train et 17.500 chevaux. Il me semble que la proportion n'y est pas et qu'il devrait y avoir au moins 2.000 chevaux de plus.

L'organisation des bataillons de pontonniers en deux bataillons seulement ne me paraît pas bonne ; il faudrait en avoir trois de cinq ou six compagnies chacun, de sorte qu'on pût en avoir deux à la Grande Armée et un en Italie.

Il faut faire revenir de l'île d'Elbe la compagnie de mineurs qui s'y trouve ; elle y est desormais inutile ; immédiatement après son débarquement, elle se rendra à la Spezia.

Donnez les ordres pour que la compagnie qui est à Gaëte et celle qui est à Naples rentrent à Alexandrie.

Je vois deux compagnies de canonniers gardes-côtes à Caprera : une est plus que suffisante. Donnez ordre que la 4ᵉ soit supprimée et établissez-en une de plus au golfe de la Spezia. Il restera à former des compagnies de canonniers gardes-côtes pour la Toscane, mais il ne faut pas qu'elles soient composées de naturels du pays qui, jusqu'à cette heure, méritent peu de confiance ; c'est là surtout qu'il faudrait des canonniers vétérans.

Napoléon.

1938. — DÉCISION.

Bayonne, 28 mai 1808.

Le général de brigade Rey, commandant le dépôt général des régiments provisoires à Bayonne, demande si les conscrits qui vont arriver à ce dépôt pour y être organisés en compagnies et bataillons provisoires, devront recevoir les vivres de campagne ou la masse d'ordinaire.

La masse d'ordinaire.

Napoléon.

1939. — AU MARÉCHAL BERTHIER (1).

Bayonne, 29 mai 1808.

Mon Cousin, donnez ordre au commandant de la frégate *la Comète* de tâcher de rentrer à Bayonne. Après les renseignements qu'on m'a donnés, je ne veux pas que cette frégate se hasarde à courir les mers. D'ailleurs, on m'assure qu'elle n'est pas bonne marcheuse. Il faut donc qu'elle tâche de rentrer. Vous répondrez au maréchal Moncey que je n'approuve point le projet proposé par

---

(1) Non signé.

l'inspecteur aux revues ; qu'il est vrai que le 21e doit incorporer quatre de ses compagnies dans quatre régiments différents, mais qu'il faut savoir, avant de faire cette opération, si les quatre compagnies doivent faire partie des bataillons qui restent en Espagne ou des nouveaux dépôts. Quant à l'objection qu'il fait sur le complet des bataillons, il n'y a pas lieu à en faire : ils doivent être considérés sous deux points de vue, la réalité et la manœuvre. En réalité, ils sont composés de quatre compagnies ; mais, dans la manœuvre, les compagnies ne comptent que trois, afin que tous les bataillons de l'armée d'Espagne soient égaux dans leurs mouvements ; ordonnez donc que le procès-verbal soit dressé le plus tôt possible. Si les corps qui sont à Pampelune n'ont point reçu de souliers depuis leur départ de leur corps, ni à leur passage à Bayonne ou à Bordeaux, vous leur en ferez donner une paire à chacun.

1940. — AU GÉNÉRAL CLARKE.

29 mai 1808.

Monsieur le général Clarke, donnez ordre que le 3e bataillon de dépôt du régiment toscan, qui est à Parme, se rende à Avignon avec tout ce qu'il a. Il serait nécessaire que le commandant de Parme prît des mesures pour que, s'il y avait des fusils ou autres armes au dépôt, il les fît passer à Parme, puisqu'on en donnera en France au régiment ; ainsi, désormais, ce régiment et son dépôt seront réunis à Avignon ; faites passer la revue de ce régiment à son arrivée à Avignon ; il est organisé comme l'étaient les régiments français à trois bataillons ou vingt-sept compagnies. Il faut le former à quatre bataillons de six compagnies chacun et à un bataillon de dépôt de quatre compagnies. Faites-moi connaître qui est le colonel de ce régiment. Il paraît qu'avec le dépôt il serait à 1.900 hommes ; selon l'organisation, il doit être de 3.500 hommes : il ne manque donc que 1.600 hommes. Il faut le compléter le plus tôt possible. Donnez ordre que les déserteurs qui seraient arrêtés par la gendarmerie toscane soient envoyés à Avignon.

Vous écrirez à Parme que le gouverneur général y restera, revêtu de son autorité, jusqu'au 1er septembre ; après ce temps, il est nécessaire que tout rentre dans la situation naturelle.

NAPOLÉON.

1941. — AU GÉNÉRAL CLARKE.

29 mai 1808.

Monsieur le général Clarke, donnez ordre qu'au camp de Blankenberghe, comme au camp d'Eecloo, les troupes soient exercées tous les jours et les conscrits formés avec la plus grande activité.

Vous pouvez employer les troupes du camp d'Eecloo pour former la garnison de la division de la flottille garde-côte de Flessingue.

NAPOLÉON.

1942. — DÉCISION.

Bayonne, 29 mai 1808.

L'intendant général demande l'autorisation de disposer d'une somme de 4.000 francs, pour récompenser les employés chargés de la rentrée des contributions dans le Hanovre.

Accordé.

NAPOLÉON.

1943. — DÉCISION (1).

Rapport du maréchal Berthier.

Le payeur de la guerre à Bayonne demande si les 122.000 francs que l'Empereur a ordonné de mettre à la disposition du commissaire principal de marine de ce port doivent être payés sur les fonds de la caisse de réserve établie à Bordeaux pour le paiement immédiat des dépenses urgentes et imprévues.

Oui.

NAPOLÉON.

1944. — DÉCISION (2).

30 mai 1808.

Le maréchal Berthier propose d'envoyer, sous l'escorte de la 2ᵉ

Cet argent et ces souliers partiront demain avec le 6ᵉ de mar-

---

(1) Non datée; l'expédition de la décision a eu lieu le 30 mai.
(2) De la main de Maret.

compagnie des hommes isolés, les 80.000 francs que le payeur de Bayonne doit faire passer à Pampelune. Un convoi de souliers serait joint à cet envoi.

che auquel on joindra la 2ᵉ compagnie isolée. Ordonnez également qu'il soit donné sur-le-champ 250 carabines aux lanciers. Ce nombre de 250 sera donné aux officiers et sous-officiers et complété en en donnant aux meilleurs soldats. La lance n'empêche pas de porter la carabine. La carabine est nécessaire à la cavalerie légère pour repousser quelques hommes embusqués. Mon intention est que le quart des hommes ait des carabines. Donnez aussi l'ordre d'attacher les pistolets avec de la ficelle. Le régiment des lanciers doit laisser son dépôt et même quelques hommes et chevaux fatigués qui rejoindront ensuite.

Napoléon.

1945. — AU MARÉCHAL BERTHIER (1).
30 mai 1808.

Le major général donnera l'ordre au grand-duc de Berg de faire partir le maréchal Moncey avec la 1ʳᵉ division, 12 pièces d'artillerie, 700 à 800 chevaux et 4 pièces servies par l'artillerie à cheval, formant un total de près de 9.000 Français, un régiment espagnol de 400 hommes de cavalerie, deux bataillons d'infanterie espagnols formant un total de 1.500 hommes, ce qui portera la colonne à 11.000 hommes et 16 pièces d'artillerie ; de se porter sur Cuenca pour surveiller l'ennemi depuis l'embouchure de l'Ebre jusqu'à Carthagène, en recommandant de tenir constamment ses troupes réunies.

Le grand-duc donnera l'ordre au général Duhesme de faire partir le général de division Chabran avec sa division, formant 6.000 hommes d'infanterie française ; le général de brigade Bessières avec

(1) Minute, de la main de Maret.

le 3ᵉ régiment de cuirassiers et le 3ᵉ provisoire de chasseurs formant ensemble 900 chevaux, 12 pièces d'artillerie, dont 4 servies par l'artillerie légère, ce qui portera cette division à 7.000 hommes, pour se placer à mi-chemin entre Barcelone et Valence, c'est-à-dire à la hauteur de Tarragone, si toutefois cette ville est saine en cette saison.

La division Chabran portera avec elle six jours de biscuit. Si, comme je le crois, le général Duhesme a 200.000 rations à Barcelone, il n'en sera fait aucune consommation, pour être réservées pour les circonstances où le général Chabran pourrait en avoir besoin. Dans la position de Tarragone, le général Chabran restera sous les ordres de Duhesme, mais correspondra avec Moncey.

Et quand le général Moncey sera à Cuenca et le général Chabran à Tarragone, les troubles de Valence continuant, le maréchal Moncey marchera sur cette ville de manière à se réunir aux portes avec ses deux divisions et y réunira ainsi une force de 16.000 Français et de 1.800 chevaux, y compris les Espagnols.

Si, au contraire, les troubles avaient cessé, il pourrait y envoyer une partie des Espagnols pour avoir des moyens de surveiller la côte et de renforcer la garnison.

Dans tous les cas, de sa position de Cuenca, le maréchal Moncey correspondra avec les consuls à Algésiras, Valence et Carthagène.

Vous donnerez l'ordre au maréchal Bessières de diriger sur-le-champ le 1ᵉʳ régiment de marche d'infanterie sur Madrid, afin d'y être incorporé dans les régiments provisoires et de faire occuper Aranda par d'autres troupes.

Le grand-duc de Berg ajoutera à la 1ʳᵉ division du général Moncey un autre général de brigade, afin qu'indépendamment des généraux Brun et prince d'Isembourg, il y en ait un troisième qu'il prendrait parmi les généraux bons commandants et de ceux éprouvés. Il nommera un général pour commander la cavalerie du général Moncey.

Vous aurez soin d'ordonner que le général Chabran, en partant de Barcelone, complète ses 50 cartouches par homme de quatre pierres à fusil dans la giberne et dix caissons d'infanterie à ses régiments. Que le général Moncey ait dix caissons indépendamment des 50 cartouches par homme.

Toute l'artillerie aura son approvisionnement complet pour le nombre de caissons formant un approvisionnement double qui restera au parc, mais pour les pièces d'artillerie légère.

1946. — DÉCISION.

Bayonne, 31 mai 1808.

Le maréchal Berthier demande des ordres au sujet de la destination ultérieure du 2ᵉ régiment suisse, qui doit arriver le 12 juin à Perpignan.

Il s'y reposera deux jours, après quoi il continuera sa route.

Napoléon.

1947. — AU GÉNÉRAL CLARKE.

31 mai 1808.

Monsieur le général Clarke, donnez l'ordre au 2ᵉ bataillon de la 2ᵉ demi-brigade de vétérans, qui se trouve à Turin, d'en partir pour Florence ; donnez le même ordre à la compagnie de ce bataillon qui est à Gavi.

Donnez ordre au 1ᵉʳ bataillon de la 2ᵉ demi-brigade, qui est à Pontarlier, au fort de Joux, à la citadelle de Besançon, à Besançon, à Blamont et à Salins, d'en partir pour se rendre par le plus court chemin à Florence.

Donnez ordre au 3ᵉ bataillon de la même demi-brigade, qui est au fort de l'Eperon, Nice, Villefranche et Montalban, de se rendre également à Florence. Cette demi-brigade tout entière sera destinée à faire le service en Toscane. L'état-major du 1ᵉʳ bataillon sera placé à Livourne, le 2ᵉ à Sienne, le 3ᵉ à Florence. Le 1ᵉʳ bataillon gardera trois compagnies pour la garde du port et de l'arsenal. Trois compagnies seront postées l'une entre Livourne, Massa-di-Carrara et Lucques, et les deux autres entre Livourne et les confins du département.

Une compagnie du 2ᵉ bataillon restera à Sienne pour le service de la préfecture, la garde des magasins, etc. Les trois autres compagnies seront envoyées sur les côtes les plus importantes jusqu'à Piombino. Les deux autres seront placées à Orbetello.

Le 3ᵉ bataillon gardera deux compagnies à Florence pour le service des musées et palais de la couronne ; une fera le service de la préfecture. Les trois autres seront réparties dans les maisons de plaisance impériales, soit dans les forts des montagnes environnantes qu'il serait nécessaire de garder. Le grand nombre d'officiers que le général Menou a à sa disposition pourrait être placé comme commandants et adjudants de place dans ces petits forts et postes.

Vous donnerez ordre au commandant de la 6ᵉ division militaire de mettre un détachement du 64ᵉ au fort de Joux, et d'envoyer un détachement de gardes départementales à Pontarlier.

Vous donnerez ordre au commandant de la 28ᵉ division militaire d'envoyer à Gavi un détachement de 40 hommes d'infanterie jusqu'à ce que la nouvelle compagnie de vétérans soit arrivée dans cette place.

Vous donnerez ordre au commandant de la 8ᵉ division militaire de se servir du dépôt de Nice pour la garde de Montalban et Villefranche jusqu'à ce que la nouvelle compagnie soit arrivée.

Vous donnerez ordre que cette nouvelle demi-brigade soit complétée de manière qu'au lieu de 1.000 hommes à l'effectif elle ait 1.800 hommes, c'est-à-dire 100 hommes par compagnie. A cet effet, vous ordonnerez que les hommes marqués pour la vétérance dans les 27ᵉ, 28ᵉ, 6ᵉ et 8ᵉ divisions militaires soient dirigés sur cette demi-brigade.

Donnez ordre que la 5ᵉ demi-brigade de vétérans ait son état-major à Gênes et que son premier bataillon, qui est à Grenoble, Barraux, Genève, Crest et Montlion (1), se rende tout entier dans cette ville. Une compagnie sera placée au fort l'Eperon, une à Gavi, une à la Lanterne et les trois autres à Gênes pour la garde des palais impériaux, pour la garde de l'arsenal de terre et de mer et pour le service de la préfecture.

Donnez ordre au 2ᵉ bataillon de la même demi-brigade de se rendre à la Spezia, où sera son état-major : deux compagnies seront placées à la Spezia pour la garde des magasins de la marine, et les autres dans les forts et batteries qui défendent le port à l'entrée de cette importante rade.

Donnez ordre que tout le 3ᵉ bataillon se rende à Savone ; une compagnie occupera la citadelle, une autre sera placée à Vintimille et dans les batteries situées sur ce cap, une autre à San-Remo et dans les batteries de ce mouillage, une autre à Vado, une autre à Oneglia, et ainsi répandues sur les points les plus importants de cette côte. Le 2ᵉ bataillon de cette demi-brigade fournira aussi deux escouades au fort de Bardi, à portée de la Spezia.

Donnez ordre que trois compagnies du 2ᵉ bataillon de la 6ᵉ demi-brigade se rendent à Flessingue pour y tenir garnison.

Donnez l'ordre que deux compagnies du 3ᵉ bataillon de la 6ᵉ demi-brigade se rendent à Wesel.

---

(1) Nom révolutionnaire de Mont-Dauphin.

Donnez l'ordre que la 2ᵉ compagnie du 2ᵉ bataillon de la 9ᵉ demi-brigade qui est à Gênes, se rende à Monaco ; que les 1ʳᵉ, 3ᵉ, 4ᵉ, 5ᵉ et 6ᵉ de la même demi-brigade se rendent de Genève aux îles Sainte-Marguerite, à Nice, à Montalban, à Villefranche.

Donnez ordre que le 3ᵉ bataillon de la 9ᵉ demi-brigade qui est à Worms, Bingen, Spire et Coblenz, se dirige tout entier sur la 8ᵉ division militaire et soit placé sur les points de la côte qui seront jugés les plus importants.

Donnez ordre que la 1ʳᵉ demi-brigade de vétérans, qui est à Versailles, Orléans, etc., se réunisse à Versailles où les six compagnies de chacun des trois bataillons seront réduites à quatre compagnies (le 3ᵉ bataillon, qui est à Nantes, sera réduit à Nantes), de manière que cette demi-brigade, au lieu d'être composée de dix-huit compagnies, ne le sera plus que de douze. Vous réformerez les officiers et sous-officiers les plus âgés et les moins dans le cas de faire le service et vous leur accorderez leur retraite, de sorte que cette demi-brigade, composée aujourd'hui de 871 hommes, c'est-à-dire ayant moins de 50 hommes par compagnie, en ait plus de 70.

Donnez ordre que le 1ᵉʳ bataillon de la 2ᵉ demi-brigade soit réuni à Genève, d'où il passera le Simplon pour se rendre à sa nouvelle destination. Là, ses dix compagnies seront réduites à quatre. Le 2ᵉ bataillon sera réduit également à quatre compagnies avant de partir de Turin. Le 3ᵉ bataillon se réunira à Gênes, où il sera également formé à quatre compagnies et ensuite dirigé sur sa destination ; par ce moyen, la 2ᵉ demi-brigade, qui est de plus de 1.000 hommes, aura de plus de (sic) 90 hommes par compagnie ; vous réformerez également les officiers et sous-officiers arrivés à un âge qui ne leur permet plus de faire de service.

Vous chargerez de ces opérations le commandant de Paris pour la 1ʳᵉ demi-brigade et les commandants des 27ᵉ et 28ᵉ divisions militaires pour les deux derniers bataillons de la 2ᵉ demi-brigade.

Vous ferez également réduire la 3ᵉ demi-brigade à quatre compagnies pour chaque bataillon ; l'opération se fera à l'île de Ré pour le 1ᵉʳ bataillon, pour le 2ᵉ par le commandant de la 13ᵉ division militaire ; quant au 3ᵉ bataillon, je ne vois dans mes états que 144 hommes. Si cela est, il faut les supprimer et incorporer les hommes disponibles dans le bataillon qui est aux îles de Ré et d'Oléron.

La 4ᵉ demi-brigade qui est à Paris subira la même réforme et sera réduite à quatre compagnies par bataillon, la 5ᵉ demi-brigade de même ; vous ferez faire la réduction à mesure que les bataillons arriveront à la Spezia et à Gênes.

Dans la 6ᵉ demi-brigade, même réforme pour le 1ᵉʳ bataillon, pour le 2ᵉ, dont trois compagnies vont à Flessingue et trois restent à Bruxelles, et pour le 3ᵉ qui est à Maëstricht et à Venloo ; selon mes états, ces deux bataillons n'ont que 170 hommes.

Même opération sera faite pour la 7ᵉ et la 8ᵉ demi-brigade.

Quant à la 9ᵉ, vous réduirez les deux premiers bataillons à quatre compagnies chacun et vous y incorporerez les hommes disponibles du 3ᵉ bataillon.

Vous réduirez également la 10ᵉ demi-brigade à deux bataillons de quatre compagnies.

Ainsi, il y a aujourd'hui dix demi-brigades de vétérans ou trente bataillons de 180 compagnies ; en réformant 60 compagnies par la réduction des bataillons à quatre compagnies, ce ne sera plus que 120.

J'ai, de plus, réformé trois bataillons, c'est-à-dire douze compagnies ; il ne restera donc que 108 compagnies, ce qui fera une économie notable.

Je désire qu'il ne soit plus nommé à aucun grade dans l'état-major des bataillons, mon intention étant de réduire toutes les demi-brigades à deux bataillons de quatre compagnies chacun ; et à mesure que l'état-major des 3ᵉˢ bataillons s'éteindra, les 3ᵉˢ bataillons seront incorporés dans les deux bataillons existants : il ne faut plus me présenter de nominations de chefs de bataillon, afin de réduire les cadres de manière à n'avoir que 20 bataillons ou 80 compagnies de vétérans en portant chaque compagnie à 120 hommes.

NAPOLÉON.

1948. — NOTE (1).

Les dix départements suivants : Hautes-Pyrénées, Basses-Pyrénées, Pyrénées-Orientales, Ariège, Landes, Lot-et-Garonne, Gers, Haute-Garonne, Aude, Hérault, Tarn, Lot, Aveyron, Gard, Gironde, fournissent 10.000 hommes sur le nombre de 80.000 conscrits. On pourrait appeler sans délai pour ces départements la cons-

---

(1) Sans date, présumée du 1ᵉʳ juin 1810. — Cette note, non signée, est de la main de Meneval.

cription de 1810, c'est-à-dire les hommes nés depuis le 1er janvier 1790, ou qui ont aujourd'hui 18 ans et demi.

On formerait de ces 10.000 hommes 60 compagnies, ce qui ferait 180 hommes pour chaque compagnie. On réunirait la moitié à Perpignan, et l'autre moitié à Bayonne. Il faudrait 60 capitaines, 60 lieutenants et 60 sous-lieutenants qui ne seraient point difficiles à prendre. Il faudrait 60 sergents-majors qu'on prendrait aux lycées, 240 sergents qu'on prendrait dans les fusiliers de la garde, 480 caporaux qu'on prendrait également dans les fusiliers de la garde.

Ce serait la manière la plus prompte d'avoir 10.000 hommes.

Les 60 sous-lieutenants pourraient être choisis à l'Ecole militaire.

Un conseil d'administration serait formé à Perpignan et à Bayonne pour pourvoir à leur habillement et armement. Comme il y a quinze régiments provisoires, on attacherait deux compagnies à chaque régiment provisoire, pour les y incorporer.

1949. — DÉCISIONS (1).

Bayonne, 1er juin 1808.

On prie Sa Majesté de vouloir bien faire connaître si Elle juge convenable d'ordonner une réduction dans l'approvisionnement de réserve de Belle-Ile, attendu que sa garnison est ordinairement de moitié inférieure à celle pour laquelle l'approvisionnement est entretenu.

On pense que, dans le cas de réduction, cet approvisionnement pourrait être basé sur une garnison de 2.000 hommes pendant trois mois.

Approuvé pour 2.000 hommes pendant quatre mois.

NAPOLÉON.

On propose à Sa Majesté d'approuver qu'il soit payé directement

Approuvé. J'avais demandé là-dessus une mesure générale,

---

(1) Extraites du « Travail du ministre directeur de l'administration de la guerre avec S. M. l'Empereur et Roi, daté du 25 mai 1808 ».

aux corps de la Grande Armée, par les soins de M. l'intendant général et sur les fonds des contributions, savoir : aux corps d'infanterie le quart de la masse d'habillement, à ceux de cavalerie le quart de cette masse et les trois quarts de celle de harnachement et ferrage.

Cette mesure est sollicitée par M. le général Bourcier.

On demande à Sa Majesté :

1° Si l'on peut autoriser un envoi, de l'intérieur à la Grande Armée, d'objets de premier secours pour les caissons d'ambulance à la suite des régiments ;

2° Si le remplacement des consommations en ce genre et des caissons perdus par force majeure doit être à la charge du gouvernement.

Le gouvernement italien refusant de pourvoir aux réparations locatives, qu'il semblerait devoir payer, puisque toutes les dépenses du casernement sont à sa charge et qu'en France c'est le génie qui acquitte ces dépenses, on demande à Sa Majesté si l'Administration de la guerre doit les supporter jusqu'à ce que l'on remette le service par abonnement au gouvernement italien, ce qui donnera lieu à de nouvelles dispositions sur les bâtiments.

mais, en attendant qu'elle soit prise, approuvé.

NAPOLÉON.

Approuvé.

NAPOLÉON.

Elles doivent être payées par le royaume d'Italie.

NAPOLÉON.

1950. — AU MARÉCHAL BERTHIER.

Bayonne, 1ᵉʳ juin 1808.

Mon Cousin, envoyez l'ordre au grand-duc de Berg de faire former une compagnie de tous les hommes isolés appartenant à la 1ʳᵉ division du corps du général Dupont; de faire réunir tous ces hommes isolés dans un couvent aux environs de Madrid, où ils seront gardés jusqu'à ce que la compagnie soit de 150 hommes ; elle sera commandée par un officier et les sous-officiers nécessaires. Avant de la faire partir, il en fera passer une revue pour s'assurer que chaque homme a ses cartouches et ses souliers, et elle sera dirigée sur Tolède. A Tolède, il sera réuni un bataillon d'hommes isolés composé de quatre compagnies, chaque compagnie de 150 hommes. Une de ces compagnies se formera de tous les hommes de la 1re division du général Dupont qui sortiraient des hôpitaux de l'Escurial et de Madrid et une autre de tous les hommes qui sortiraient des hôpitaux d'Aranjuez et de Tolède. On dirigera sur Cadix ce bataillon d'hommes isolés, commandé par un chef de bataillon, bien divisé en pelotons et en divisions et assez exercé pour pouvoir faire sur la route le coup de fusil avec avantage. Faites-moi connaître quand la 1re compagnie du 1er bataillon du dépôt général des régiments provisoires établi à Bayonne sera armée, habillée et équipée et pourra m'être présentée. Écrivez au général Habert, à Pampelune, pour savoir s'il y a dans les cadres des régiments supplémentaires des capitaines capables d'être faits chefs de bataillon. Le bataillon qui se réunit à Saint-Sébastien ne s'appellera pas bataillon de marche, mais bataillon des hommes isolés de Saint-Sébastien.

NAPOLÉON.

1951. — DÉCISION.

Bayonne, 1er juin 1808.

Le général Clarke sollicite l'attention de l'Empereur sur la situation des officiers des compagnies de grenadiers à la suite, au point de vue de l'avancement et de la solde.

Il n'est pas dans mon intention de laisser subsister plus longtemps ces dix-neuf compagnies de grenadiers. Il est probable qu'au mois de septembre j'en disposerai pour faire un régiment ou les renvoyer à leurs bataillons. Il faut les laisser comme elles sont. Que personne ne perde rien, mais il n'y a pas lieu de s'occuper de leur avancement.

NAPOLÉON.

1952. — DÉCISION.

Bayonne, 1ᵉʳ juin 1808.

Le maréchal Berthier soumet à l'Empereur un projet d'organisation d'équipages pour le service de l'imprimerie de la Grande Armée.

Accordé.

NAPOLÉON.

1953. — DÉCISION.

Bayonne, 1ᵉʳ juin 1808.

Le maréchal Berthier propose de faire payer à MM. Basterreche, négociants de Bayonne, la somme de 30.000 francs stipulée par le traité conclu avec eux, relativement à la mission accomplie par leur navire l'*Amiral-Martin*.

Accordé.

NAPOLÉON.

1954. — DÉCISIONS (1).

Bayonne, 1ᵉʳ juin 1808.

On rend compte à Sa Majesté d'un versement, dans les caisses publiques, de 176.120 fr. 94, provenant des économies faites sur les masses des gardes nationales réunies à Saint-Omer, et on sollicite l'autorisation d'admettre dans ce versement une somme de 359 fr. 89 en pièces démonétisées.

Approuvé.

On rend compte à Sa Majesté que le sieur Robidat, adjudant-sous-officier au 5ᵉ bataillon de sapeurs, subit la retenue d'une somme de 895 francs qu'il a touchée de bonne foi, mais illégalement, parce qu'on a donné un effet rétroactif au décret du 22 brumaire

Accordé.

---

(1) Non signées; extraites du « Travail du ministre de la guerre avec S. M. l'Empereur et Roi, du 25 mai 1808 ».

an XIV, et qu'il demande à ne point supporter cette retenue, extrêmement pénible pour un sous-officier qui n'a que 1.100 francs de traitement.

Le ministre propose à Sa Majesté d'accueillir favorablement cette demande.

On propose à Sa Majesté de nommer au commandement du département de Seine-et-Oise le général de brigade Darnaud, commandant le département du Calvados. Le général Hulin témoigne le désir d'avoir sous ses ordres cet officier général, dont il connaît le zèle, l'activité et les talents.

Il est beaucoup plus utile dans le Calvados.

On soumet à Sa Majesté le vœu qu'exprime le prince de Hohenzollern-Sigmaringen, colonel du régiment de Westphalie, de rester au service de la France.

Témoigner mon mécontentement au colonel Morio de ce qu'il s'est permis d'écrire à mes généraux, que ce bataillon n'appartient pas au roi de Westphalie, puisque je l'ai formé et payé.

On prie Sa Majesté de faire connaître si Elle approuve que M. Lageon, capitaine, aide de camp du général Rivaud, passe au service de S. M. le roi de Westphalie.

Approuvé.

On prie Sa Majesté de faire connaître si Elle approuve que le sieur C. Poirson, soldat au 1er régiment d'infanterie légère, passe dans les troupes de S. M. le roi de Naples.

Approuvé.

On demande à Sa Majesté si le sieur L. Cambreleng, retiré du service de la garde impériale et maintenant sous-piqueur au service de S. M. le roi de Westphalie, conservera sa solde de retraite dont il sollicite la jouissance.

Accordé.

On propose à Sa Majesté de rétablir M. Buffa dans la jouissance

Refusé. C'est au roi de Naples à lui donner la réforme.

du traitement de réforme de capitaine.

Le général Oudinot demande le retour en Prusse de M. de Platen, officier prussien, prisonnier de guerre, qui a rendu des services aux Français détenus en Autriche.

Accordé.

Le ministre plénipotentiaire de Bavière demande le renvoi dans ce royaume de M. C. de Hisch, lieutenant prussien, prisonnier à Nancy.

Accordé.

Renseignements sur la dénonciation de trois officiers du 53ᵉ régiment de ligne contre M. Songeon, colonel de ce régiment.

Ces officiers ont affirmé que c'était à leur insu qu'ils avaient été proposés pour la retraite.

Leur dénonciation porte tous les caractères d'une calomnie.

Renvoyé au ministre de la guerre pour faire punir ces officiers.

1955. — DÉCISION (1).

Les sous-officiers des troupes de ligne qui, après deux ans de service dans leur grade de sous-officier, passent comme soldats dans la garde impériale, doivent-ils, lorsqu'ils sont proposés pour la solde de retraite, la recevoir sur le pied du grade qu'ils avaient dans la ligne, indépendamment de la moitié en sus, accordée à la garde impériale par le décret du 9 pluviose an XIII ?

La retraite comme sous-officier et (la moitié) en sus.

1956. — DÉCISION (2).

Attendu l'excessive cherté de l'in-

Renvoyé au Conseil d'Etat (3).

(1) Sans signature ni date; extraite du « Travail du ministre de la guerre avec S. M. l'Empereur et Roi, du 1ᵉʳ juin 1808 ».
(2) Sans signature ni date; extraite du « Travail du ministre directeur de l'administration de la guerre avec S. M. l'Empereur et Roi, daté du 1ᵉʳ juin 1808 ».
(3) De la main de Maret.

digo et de la cochenille, on propose à Sa Majesté :

1° De substituer le rouge garance à l'écarlate et le gris beige au bleu céleste, au gris de fer et au gris argentin ;

2° D'habiller les régiments étrangers en brun marron.

On lui propose également de supprimer le bleu dans les lycées, les collèges et les pensions.

1957. — DÉCISION.

Bayonne, le (1) juin 1808.

Le maréchal Berthier rend compte d'une demande du ministre de la guerre tendant à la réunion du 1er bataillon du 47e d'infanterie et des compagnies du 3e bataillon du même corps qui, d'après la nouvelle organisation de ce régiment, doivent concourir à la formation des 1er et 2e bataillons.

Cette réunion n'est pas possible.

NAPOLÉON.

1958. — AU MARÉCHAL BERTHIER.

Bayonne, 2 juin 1808.

Mon Cousin, il faut organiser le dépôt du 12e bataillon principal et *bis* du train, et procéder à l'habillement des hommes. Il est urgent de nommer un quartier-maître pour le dépôt général des quinze régiments provisoires à Bayonne.

Faites partir le 1er régiment d'infanterie portugais pour Pau et le 2e pour Tarbes.

NAPOLÉON.

1959. — AU MARÉCHAL BERTHIER.

Bayonne, 2 juin 1808.

Mon Cousin, il faut donner ordre que tous les officiers, chefs de bataillon, majors, qui viennent avec des régiments ou batail-

---

(1) Sans date de jour; l'expédition a eu lieu le 2 juin 1808.

bons de marche, soient renvoyés aux dépôts de leurs régiments avec des frais de poste, pour veiller à leur organisation.

NAPOLÉON.

1960. — AU GÉNÉRAL DEJEAN.
Bayonne, 2 juin 1808.

Monsieur Dejean, toutes les troupes françaises qui sont soit à Ancône, soit à Rome, soit dans le royaume d'Italie, soit en Toscane et à Parme et Plaisance, doivent être soldées et nourries par les soins du ministre de la guerre et du ministre de l'administration de la guerre, à commencer du 1er juillet.

NAPOLÉON.

1961. — AU MARÉCHAL BERTHIER.
Bayonne, 3 juin 1808.

Mon Cousin, donnez ordre au régiment polonais qui est à Bordeaux de se rendre à Bayonne, et au régiment polonais qui est à Poitiers de se rendre à Bordeaux.

NAPOLÉON.

1962. — AU MARÉCHAL BERTHIER.
Bayonne, 3 juin 1808.

Mon Cousin, faites-moi connaître quel est le général de brigade ou l'officier supérieur qui commande dans les départements des Hautes et Basses-Pyrénées. Mon intention est que, désormais, la 10e division militaire fasse partie de l'armée d'Espagne et que les états de situation vous en soient envoyés. Vous devez prescrire aux commandants de la gendarmerie qui borde les Pyrénées d'exercer la plus grande surveillance sur les porteurs de lettres qui passeraient d'Espagne en France ou de France en Espagne. Vous donnerez ordre aux commandants des départements des Hautes et Basses-Pyrénées de vous rendre compte de la situation des régiments portugais, de veiller à ce qu'ils manœuvrent et qu'ils soient exactement payés et qu'ils aient leur comptabilité tenue à la française. Ces commandants doivent avoir à Tarbes et à Pau une trentaine de milliers de cartouches pour pouvoir, avec des officiers et sous-officiers de gendarmerie, des vétérans, de l'état-major ou de la garde départementale et des piquets de Portugais, repousser dans l'occasion quelques miquelets, s'il s'en formait.

NAPOLÉON.

1963. — AU MARÉCHAL BERTHIER.

Bayonne, 3 juin 1808.

Mon Cousin, donnez ordre au bataillon de marche qui est ici de partir demain matin pour aller coucher à Irun et arriver le surlendemain à Saint-Sébastien, où il tiendra garnison. Vous ordonnerez au général Thouvenot de faire incorporer ce bataillon de marche dans le 4ᵉ bataillon de marche, ce qui portera ce bataillon à 800 hommes. Donnez ordre à la compagnie d'hommes isolés appartenant au corps du maréchal Bessières, en quelque nombre qu'elle soit, de partir demain à 8 heures du matin pour Saint-Sébastien. Vous en passerez la revue avant son départ ; elle sera incorporée à Saint-Sébastien dans les quatre compagnies d'hommes isolés qui s'y trouvent.

Ecrivez au colonel Pépin que ce n'est point par mécontentement que je ne l'ai point fait suivre les régiments supplémentaires, mais parce que je désire avoir un homme de confiance pour mettre à la tête d'une colonne mobile que je voudrais diriger sur quelque point de la province ; qu'il faut donc qu'il prenne le commandement du bataillon de marche qui est là, afin qu'il puisse, si l'occasion s'en présente, se distinguer.

NAPOLÉON.

1964. — DÉCISION.

Bayonne, 3 juin 1808.

Le maréchal Victor, commandant le 1ᵉʳ corps de la Grande Armée, demande le général Semellé pour chef d'état-major.

Accordé.

NAPOLÉON.

1965. — DÉCISION.

Bayonne, 4 juin 1808.

Rapport par lequel le maréchal Berthier propose de faire payer au régiment des lanciers de la Vistule

Accordé.

NAPOLÉON.

une somme de 20.000 francs à compte sur leurs masses et 14.000 francs de gratifications d'entrée en campagne.

1966. — DÉCISION (1).

Le maréchal Berthier rend compte à l'Empereur que MM. Basterreche, armateurs à Bayonne, demandent l'autorisation d'expédier un bâtiment pour les colonies d'Amérique.

Approuvé par l'Empereur.

1967. — DÉCISION (2).

Rapport du maréchal Berthier.

5 juin 1808.

Le payeur de la guerre à Bayonne demande que les premières troupes qui partiront soient chargées d'escorter une somme de 7 à 800.000 francs qu'il a à envoyer à l'armée.

Cela partira lorsqu'il y aura 300 hommes cavaliers ensemble pour les escorter.

NAPOLÉON.

1968. — DÉCISION.

Bayonne, 6 juin 1808.

Le maréchal Berthier propose de changer la destination d'un fonds de 320.000 francs devenu sans effet pour l'appliquer aux premières mises des caissons d'ambulances des régiments de cavalerie et autres dépenses.

Accordé.

NAPOLÉON.

1969. — DÉCISION (3).

Composition de la colonne d'in-

Faire partir demain pour

---

(1) Ni datée ni signée; le rapport du maréchal Berthier est du 4 juin, l'expédition de la décision du 5.
(2) Non datée.
(3) Non datée; l'expédition de la décision a eu lieu le 6 juin 1808.

fanterie et de cavalerie qui doit partir demain 7 juin pour Pampelune. Pampelune, pour tenir garnison dans la citadelle.

NAPOLÉON.

1970. — DÉCISION (1).

Le maréchal Berthier propose d'envoyer à Saint-Sébastien 600 paires de souliers, 600 chemises et 6 caisses de tambours.

Approuvé.

NAPOLÉON.

1971. — DÉCISION.

Bayonne, 7 juin 1808.

Par un rapport en date du 27 avril 1808, le général Clarke rend compte que le général Canclaux demande la décoration de la Légion d'honneur pour les chefs de légion et officiers supérieurs des départements de la Seine-Inférieure et de la Somme.

Le ministre de la guerre doit faire connaître les services, fussent-ils antérieurs à la Révolution, qui peuvent donner des droits à la décoration de la Légion d'honneur, les services dans les gardes nationales n'étant pas seuls un titre suffisant.

Par ordre de l'Empereur (2).

1972. — AU GÉNÉRAL CLARKE.

Bayonne, 7 juin 1808.

Monsieur le général Clarke, il faut faire donner les vivres de campagne aux troupes qui sont dans l'île de Kadzand.

NAPOLÉON.

1973. — AU GÉNÉRAL DEJEAN.

Bayonne, 7 juin 1808.

Monsieur Dejean, à dater du 1er juillet prochain, mon intention est que les vivres, l'habillement et la solde des troupes qui sont à Rome, à Ancône, dans le royaume d'Italie et en Toscane soient

(1) Non datée; l'expédition de la décision a eu lieu le 7 juin 1808.
(2) Non signée.

payés par le Trésor du royaume d'Italie. Les bois, les lumières, l'indemnité de logement seront seuls payés par le pays.

Napoléon.

1974. — DÉCISION (1).

Le maréchal Berthier demande l'autorisation de faire payer la solde d'avril et de mai et, à l'avenir, régulièrement à la fin de chaque mois.

Oui, au courant.

Napoléon.

1975. — DÉCISION (2).

Le maréchal Berthier demande l'autorisation de faire fournir à la marine, par l'arsenal de la place de Bayonne, les canons, munitions et autres objets d'artillerie nécessaires à l'armement des six avisos actuellement en construction à Bayonne.

Approuvé.

Napoléon.

1976. — AU MARÉCHAL BERTHIER (3).

Les deux régiments polonais seront mis sous les ordres du général Grandjean avec deux pièces de 8, deux pièces de 4, deux obusiers et six caissons d'infanterie, pour se porter partout où il sera nécessaire.

1977. — DÉCISIONS (4).

8 juin 1808.

On propose à Sa Majesté d'employer les généraux de brigade Meunier et Daumas, ainsi que l'adjudant commandant Parigot, dans la division de la Toscane.

Approuvé.

On prie Sa Majesté de faire connaître si Elle est dans l'intention

Approuvé.

---

(1) Non datée; les ordres d'exécution ont été expédiés le 7 juin 1808.
(2) Non datée; l'ordre d'expédition de la décision a été donné le 7 juin 1808.
(3) Ni datée ni signée, mais de la main de Maret; l'expédition est du 8 juin 1808.
(4) Non signées; extraites du « Travail du ministre de la guerre avec S. M. l'Empereur et Roi, du 1ᵉʳ juin 1808 ».

d'accepter la demande que fait le général sénateur Latour-Maubourg de prendre le commandement du département de la Manche pendant l'absence du général Préval, en congé pour quatre mois aux eaux de Barèges.

On met sous les yeux de Sa Majesté l'état des services du sieur Desmazis, qui a demandé la permission d'accepter l'emploi de capitaine dans l'artillerie du royaume d'Italie en conservant sa solde de retraite.

Sa Majesté a fait écrire en marge du rapport qui lui a été écrit à ce sujet le 11 mai, 1808 : « S'il est en état de servir, pourquoi a-t-il sa retraite ? »

On soumet à Sa Majesté la proposition de fixer à 500 francs par mois le traitement extraordinaire du général de division Durutte, commandant à l'île d'Elbe, et de régler à 250 francs par mois seulement le traitement extraordinaire des généraux de division qui ne commandent qu'un département.

On rend compte à Sa Majesté qu'il a été fourni d'après ses ordres, par les corps de la garde impériale, aux vélites qui ont été envoyés à Bayonne, des effets d'habillement pour une somme de 18.909 fr. 05.

On demande l'autorisation de Sa Majesté pour faire payer cette somme sur les fonds des dépenses extraordinaires.

Accordé.

Accordé.

Accordé.

1978. — DÉCISION.

Le général Clarke rend compte que le major du 69ᵉ régiment d'infanterie de ligne sollicite l'autorisation de faire escorter par un détachement de vingt cinq hommes, sous le commandement d'un officier, un convoi considérable de shakos qu'il est chargé d'envoyer de Luxembourg aux bataillons de guerre de ce régiment à la Grande Armée en Silésie.

Bayonne, 8 juin 1808.

On les fera escorter par 100 hommes qui recruteront les bataillons de guerre. Ces shakos partiront quand ce détachement sera prêt.

NAPOLÉON.

1979. — DÉCISION (1).

On soumet à Sa Majesté un projet de décret ayant pour objet d'arrêter l'assiette des établissements militaires et des fortifications à l'île d'Elbe pour une garnison dont la force présumée est de 5.100 hommes, dont 3.600 dans la place de Porto-Ferrajo et 1.500 dans celle de Longone.

Renvoyé au Conseil d'Etat.

1980. — DÉCISION (2).

9 juin 1808.

On propose à Sa Majesté d'approuver que le sieur Sopranzi, chef d'escadron, aide de camp du prince de Neuchâtel, vice-connétable, soit admis à servir titulairement dans le 1ᵉʳ régiment de dragons en remplacement du chef d'escadron Curnieux, autre aide de camp du prince, qui reprendra sa fonction près de S. A. S.

Approuvé.

---

(1) Ni datée ni signée; extraite du « Travail du ministre de la guerre avec S. M. l'Empereur et Roi, du 8 juin 1808 ».
(2) Non signée.

1081. — AU MARÉCHAL BESSIÈRES (1).

Bayonne, 9 juin 1808, à 10 heures du soir.

L'Empereur, Monsieur le Maréchal, reçoit votre lettre du 8 juin avec les détails de la soumission de Palencia. Sa Majesté a vu avec peine que l'on n'ait pas désarmé cette ville et qu'on n'ait pas fait une enquête pour connaître et faire arrêter les plus coupables. Le général Verdier n'a pas non plus fait désarmer Logroño, ni fait aucun exemple. Sa Majesté trouve que, de cette manière, on n'en imposera pas et que les Espagnols prendront l'habitude de s'insurger à la moindre chose, puisque la ville de Castrogeriz s'est insurgée. Désarmez les habitants et prenez des otages que vous pourrez renfermer dans le petit fort de Burgos. Le général Verdier couche ce soir à Miranda. Je lui avais envoyé l'ordre de se rendre à Burgos. Je ne sais s'il l'a reçu. Le général La Salle a dû être à Valladolid aujourd'hui 9, et ce qui s'y sera passé décidera la conduite à tenir. Prenez des mesures pour avoir toutes les armes de Palencia et aussi les canons et les armes de Valladolid. Vous aurez aussi appris ce qui se passe à Ségovie. La plus grande partie de la cavalerie qu'il sera inutile de porter sur Santander restera pour maintenir les plaines de Valladolid avec l'infanterie et l'artillerie du général La Salle. Dirigez le général Verdier, le général Merle, même le général Ducos, sur Santander : il faut reprendre toutes les armes qu'on a prises dans les arsenaux, et si l'on était forcé d'entrer à Santander les armes à la main, l'intention de Sa Majesté est qu'on donne un terrible exemple à cette ville. Vous ferez prendre en otage l'évêque et quelques personnes des plus considérables. Si le nommé Valdès qui est cité dans le rapport du général La Salle est l'ancien ministre de la marine, celui qui était à Burgos, sa conduite serait bien suspecte et on serait porté à croire qu'il est parti exprès pour faire une insurrection : alors, vous feriez prendre en otage sa femme et ses enfants. Vous feriez apposer les scellés sur ses papiers et sur ses biens et vous feriez dresser par le fiscal un acte portant accusation de crime de lèse-majesté pour être jugé et condamné, s'il est coupable : innocenté s'il est innocent. Vous pouvez cependant, Monsieur le Maréchal, envoyer quelqu'un à l'évêque de Santander ; s'il se rend lui-même à Burgos avec les membres de la junte, si les habitants

---

(1) Copie non signée.

restituent les armes dans les arsenaux royaux, si enfin tout rentre dans l'ordre, Sa Majesté consent à ce que la ville soit pardonnée. L'évêque et les membres de la junte rendus à Burgos, vous ne les laisserez pas partir sans m'en rendre compte. Il est bien entendu qu'avant de partir de Santander, l'évêque et les membres de la junte feront reconnaître pour roi le roi Joseph Napoléon auquel ils doivent obéissance, et qu'enfin ils auront tout rétabli comme avant l'insurrection. L'opinion de l'Empereur, Monsieur le Maréchal, est que le général Merle s'est amusé à des vétilles et que, s'il avait marché plus vivement, il aurait soumis Santander et serait de retour ; qu'il a marché contre des paysans comme il le ferait vis-à-vis des armées réglées. Nul doute que quelques coups de canon et le pas de charge n'eussent tout mis en déroute dans les gorges.

Assurez-vous confidentiellement, Monsieur le Maréchal, si le général Verdier n'a pas fait prendre d'argent à Logroño, autre que les 30.000 francs dont il parle. Sa Majesté défend expressément toute contribution ou rétribution d'argent. Quant aux 30.000 francs que le général Verdier s'est fait remettre pour la troupe, veillez à ce qu'ils soient loyalement répartis parmi les soldats ; il eût été plus convenable, au lieu d'argent, de prendre des otages à Logroño, de saisir les plus coupables et de les faire passer par les armes. Prévenez bien que l'Empereur n'entend pas qu'aucun individu de son armée se fasse donner, sous quelque forme que ce soit, aucune espèce de contribution.

1982. — AU MARÉCHAL BERTHIER.

Bayonne, 9 juin 1808.

Mon Cousin, il faut envoyer au général Duhesme quelques copies de la proclamation de la Junte et de celle de l'Assemblée de Bayonne. Envoyez-lui l'ordre de diriger le général Chabran sur Tortose, et, de là, sur Valence.

NAPOLÉON.

1983. — DÉCISION (1).

9 juin 1808.

Sa Majesté est priée de faire connaître si M. de Maillardoz, qui a été nommé adjudant commandant pour être chargé du travail de l'organisation des régiments suisses jusqu'à ce que le colonel général fût nommé, doit être considéré comme adjudant commandant et s'il doit jouir du traitement de non-activité.

Il est adjudant commandant.

1984. — DÉCISION.

Bayonne, 9 juin 1808.

Comme il ne reste dans les magasins de Bayonne que 56.156 rations de biscuit, le maréchal Berthier propose d'en faire confectionner suffisamment pour porter cet approvisionnement à 200.000 rations.

En faire faire 100.000 rations.

NAPOLÉON.

1985. — DÉCISION.

Bayonne, 9 juin 1808.

Le maréchal Berthier propose à l'Empereur :

1° De porter la 2ᵉ brigade de mulets de bât à 204 mulets et 106 conducteurs, y compris le haut-le-pied;

2° De tenir toujours cette brigade à Bayonne, pour faire faire par elle tous les transports que le service de l'armée exigera.

Approuvé.

NAPOLÉON.

---

(1) Non signée; extraite du « Travail du ministre de la guerre avec S. M. l'Empereur du 18 mai 1808 ».

1986. — DÉCISION.

Bayonne, 9 juin 1808.

Le maréchal Berthier présente une demande de crédit supplémentaire sur l'exercice 1807 pour régularisation de dépenses extraordinaires de la garde impériale pendant la campagne de Prusse.

Il faut me faire connaître de quelle nature sont ces fonds.

NAPOLÉON.

1987. — DÉCISION.

Bayonne, 9 juin 1808.

Le maréchal Berthier propose de réunir le régiment de chasseurs à cheval de la légion hanovrienne à la division de cavalerie légère du 1er corps.

Approuvé.

NAPOLÉON.

1988. — DÉCISIONS (1).

9 juin 1808

On propose à Sa Majesté d'approuver qu'à l'armée de Portugal, les masses d'habillement, de harnachement et de ferrage soient payées sur ordonnances du commissaire ordonnateur en chef de cette armée;

Qu'il ne soit mis à la disposition des corps que le quart de la masse d'habillement et que les trois autres quarts, toujours imputables sur les contributions du pays, soient envoyés aux dépôts en France pour les indemniser des avances qu'ils ont faites pour l'habillement des hommes passés en Portugal,

Et que cette mesure ait lieu jusqu'au 1er janvier prochain, époque à laquelle les corps pourront rece-

Approuvé.

NAPOLÉON.

---

(1) Extraites du « Travail du ministre de l'administration de la guerre avec l'Empereur, du 1er juin 1808 ».

voir la totalité de la masse d'habillement.

On rend compte à Sa Majesté de la demande faite par M. le maréchal Soult pour que les dépôts en France soient autorisés à envoyer à leurs bataillons et escadrons de guerre à la Grande Armée les effets qui leur sont nécessaires, notamment les souliers dont Sa Majesté avait particulièrement défendu l'envoi. On la prie de vouloir bien décider s'il y a lieu à donner cette autorisation.

Demander à l'intendant Daru un rapport.

NAPOLÉON.

1989. — DÉCISION.

Bayonne, 9 juin 1808.

Le général Clarke soumet à l'approbation de Sa Majesté une permutation d'emploi entre les chefs d'escadron Campana, titulaire au 21ᵉ dragons, et Marsange, surnuméraire au 15ᵉ de même arme.

Refusé.

NAPOLÉON.

1990. — DÉCISION.

Bayonne, 9 juin 1808.

Le maréchal Berthier propose de retirer du pays de Münster le chef d'escadron et le détachement de gendarmerie qui s'y trouvent encore, leur présence ne paraissant plus nécessaire.

Approuvé.

NAPOLÉON.

1991. — AU MARÉCHAL BERTHIER.

Bayonne, 10 juin 1808

Mon Cousin, donnez ordre à l'officier qui commande la garde du grand-duc de Berg de passer un marché pour acheter les chevaux et les harnais nécessaires pour monter tout son monde.

NAPOLÉON.

1992. — AU MARÉCHAL BERTHIER.

Bayonne, 10 juin 1808.

Mon Cousin, faites préparer demain à partir deux compagnies du dépôt des régiments provisoires de 100 hommes chacune, bien armés et bien habillés, et une centaine d'hommes, soit des hommes isolés, soit des détachements à pied et à cheval de la légion de la Vistule. Ces 300 hommes partiront pour Pampelune avec 25.000 rations de biscuit, 50.000 cartouches et cinq milliers de poudre.

NAPOLÉON.

1993. — AU GÉNÉRAL CLARKE.

10 juin 1808.

Monsieur le général Clarke, donnez ordre à deux bataillons du 44° de ligne de se rendre à Avranches pour y remplacer le 12° régiment d'infanterie légère.

Donnez ordre au 12° légère de se rendre à Rennes.

Donnez ordre au 4° régiment d'infanterie légère, qui est à Rennes, de se rendre à Bordeaux.

Donnez ordre au 15° de ligne, qui est à Pontivy, de se rendre également à Bordeaux. Ce régiment sera remplacé par le 3° bataillon du 4° régiment suisse, qui est à Rennes, et par le 5° bataillon de la 3° légion de réserve, qui est également à Rennes. Le 12° légère remplacera à Rennes ces deux bataillons.

Donnez ordre à un bataillon complété aussi fort que possible de la 4° légion de réserve, qui est à Versailles, de se rendre à Rennes, pour y remplacer le bataillon suisse qui se rend à Pontivy.

Donnez ordre à un bataillon provisoire de quatre compagnies, chaque compagnie de 150 hommes, composé d'une compagnie du 32° de ligne, d'une du 58°, d'une du 12° de ligne et d'une du 15° légère, formant 600 hommes, de se rendre à Rennes pour y remplacer le bataillon de la légion qui se rend à Pontivy.

Donnez ordre que les 7° et 8° régiments provisoires de dragons se rendent à Bordeaux. Faites-les remplacer à Rennes par deux escadrons du 9° de dragons complétés à 500 hommes.

Donnez ordre que les deux bataillons du 2° légère, du 12° légère et du 14° de ligne, qui se trouvent au camp de Rennes, soient complétés à l'effectif de 140 hommes par compagnie, c'est-à-dire à

840 hommes par bataillon : faites partir de Paris tous les détachements nécessaires ; le 2e légère n'a qu'un effectif de 1.200 hommes au camp de Rennes, il lui manque donc 400 hommes. Le 12e légère n'a qu'un effectif de 1.000 hommes, il lui manque donc 600 hommes ; le 14e de ligne est complet. Je remarque que ce régiment a 400 malades : cela me paraît bien fort. Il faut également compléter les deux bataillons du 4e légère. Faites partir, à cet effet, 300 hommes de Paris pour Bordeaux. Tous ces hommes seront fournis par les dépôts : le 44e ne fera marcher que deux bataillons, son dépôt ne devant pas bouger ; ces deux bataillons auront chacun six compagnies, formant un effectif de 1.680 hommes.

Dans le prochain état de situation, vous aurez bien soin de me faire connaître ceux déjà organisés à six compagnies et de faire mettre le lieu où se trouve chaque bataillon et chaque compagnie.

Par ce changement, le 15e de ligne et le 4e légère passeront à Bordeaux, ainsi que les 7e et 8e régiments provisoires de dragons et le camp de Rennes sera ainsi composé, savoir :

1re brigade. {	2e régiment d'infanterie légère.... 3e bataillon du 4e régiment suisse.. 5e bataillon de la 4e légion de réserve...............	3.000 hommes.
2e brigade. {	12e régiment d'infanterie légère.... Un bataillon provisoire du camp de Rennes................ Un bataillon de la 3e légion de réserve............	3.000 —
3e brigade : 14e de ligne et 44e de ligne..........		3.000 —
Enfin, deux escadrons du 9e de dragons........		500 —

Donnez ordre qu'au camp de Boulogne on réunisse le 3e bataillon du 36e aux deux autres.

Le major général envoie l'ordre aux 4e légère et 15e de ligne de partir en poste de Rennes et de Pontivy pour Bordeaux ; ainsi, il suffira que vous envoyiez ces ordres par la poste ordinaire, mais ne perdez pas un moment pour donner les différents ordres et compléter le camp de Rennes en y envoyant des dépôts.

NAPOLÉON.

1994. — AU GÉNÉRAL SAVARY (1).

Bayonne, 11 juin 1808.

L'intention de l'Empereur, M. le général Savary, est que vous vous rendiez à Pampelune où vous prendrez le commandement de la Navarre et celui de la division du général Lefebvre qui doit avoir occupé Tudela, savoir : un escadron de marche de 300 chevaux ; le régiment de lanciers polonais, 800 chevaux ; le 47e régiment d'infanterie, 800 hommes ; le 70e régiment d'infanterie, 500 hommes ; le 15e régiment d'infanterie, 500 hommes ; deux régiments supplémentaires de réserve composés des 4es bataillons des légions, 1.000 hommes ; enfin, deux bataillons de marche, 1.100 hommes ; le 1er régiment d'infanterie de la Vistule, 1.000 hommes ; quatorze pièces de canon dont cinq de 8, un obusier et huit pièces de 4 ; douze caissons d'infanterie. Total environ 6.500 hommes.

Il serait à désirer que le général Lefebvre eût trois obusiers ; il doit y en avoir à la citadelle de Pampelune ; on pourrait en prendre deux à la place de deux pièces de 4.

Indépendamment de cette force, le général d'Agoult reste à Pampelune avec environ 1.000 hommes qui sont dans la citadelle, savoir : deux compagnies du 1er bataillon du dépôt général des régiments provisoires, 200 hommes ; deux compagnies du 1er régiment de la Vistule, 200 hommes ; compagnie d'hommes isolés, environ 300 hommes ; hommes isolés de cavalerie et d'artillerie, environ 150 hommes.

Ces hommes doivent tous rester pour la garde de la citadelle et de la ville de Pampelune.

Le général de brigade Grandjean part demain 12 avec le 2e régiment de la Vistule fort de 1.400 hommes et 30 et quelques hommes de cavalerie, deux pièces d'artillerie, pour se rendre en quatre jours à Pampelune où ils arriveront le 15 au soir. Vous pourrez, Général, suivant les circonstances, faire venir la colonne du général Grandjean pour garder le pont de l'Ebre à Tudela et être en position intermédiaire entre Pampelune et Saragosse.

L'intention de Sa Majesté, Général, est que vous visitiez la citadelle de Pampelune où il doit y avoir 200.000 rations de biscuit, de la poudre et des munitions en suffisance ; organisez là le ser-

---

(1) Minute d'une lettre du maréchal Berthier.

vice et faites connaître aux habitants, aux curés, aux autorités qu'ils doivent maintenir la tranquillité dans la ville et répondre de toute insulte faite aux Français, et vous leur ferez aussi connaître qu'une grande quantité de troupes sont en marche pour Pampelune et l'Aragon. On pense que le général Lefebvre a passé l'Ebre à Tudela le 8, mais nous n'en avons pas de nouvelles. Sa Majesté désire, Général, que vous arriviez à Tudela dans la journée du 13, et là vous agirez suivant les circonstances et d'après les nouvelles que vous aurez de Saragosse ; vous devez surtout agir de manière à ne vous point exposer à faire une fausse démarche.

Le grand-duc de Berg doit avoir fait marcher une colonne sur Saragosse, mais on n'en a pas de nouvelles.

Si vous le pouvez, envoyez des gens du pays sur la route de Saragosse à Madrid pour avoir quelques renseignements.

Faites préparer à Pampelune dans des caisses une certaine quantité de munitions à canon, afin de renouveler l'approvisionnement de votre artillerie, dans le cas où vous seriez obligé d'en user beaucoup à Saragosse, car cette ville même a du canon ; c'est d'ailleurs une grande cité où, si la canaille veut résister, il est nécessaire de faire beaucoup d'usage d'artillerie.

Le général Ritay et l'adjudant commandant Lomet menaceront le 12 et le 13 la tête des vallées par les départements des Hautes et Basses-Pyrénées du côté de la frontière et feront mine de se porter sur Jaca, ce qui attirera d'autant les habitants de ces vallées, qui sans cela pourraient se porter sur Saragosse.

Saragosse est située en partie sur la rive droite de l'Ebre ; il y a trois ponts que l'on suppose en pierre : il faut s'en emparer, car on pense que l'ennemi ne peut en disputer longtemps le passage. Après-demain 13, je fais partir de Bayonne environ 400 hommes d'hommes isolés et du dépôt général des régiments provisoires et quelques pièces de canon ; mais ces hommes n'étant que des recrues, l'ordre de l'Empereur est qu'ils restent dans la citadelle de Pampelune pour y être institués (sic) et former le dépôt du 1er bataillon du dépôt général des régiments provisoires. Quant aux hommes isolés, ils doivent tous rester dans la citadelle dans les compagnies provisoires, ces hommes étant destinés à en imposer à la ville de Pampelune et aux environs.

L'intention de l'Empereur, Général, est que vous ayez à vos ordres les troupes que le grand-duc de Berg aurait fait marcher sur Saragosse ainsi que les troupes qui seraient en Aragon. Je vous donne à cet effet un ordre qu'il vous suffira de montrer au commandant des troupes et notamment à celui qui commandera le corps que le grand-duc de Berg envoie à Saragosse, aussitôt que vous pourrez communiquer avec la colonne venant de Madrid. On est porté à penser que cette colonne est très arriérée. C'est à vous à chercher à en avoir des nouvelles.

1995. — ORDRE (1).

Bayonne, 11 juin 1808.

Sa Majesté ayant donné au général Savary, duc de Rovigo, le commandement de l'Aragon, et ayant mis à ses ordres les troupes commandées par le général Lefebvre et la colonne que le grand-duc de Berg doit avoir dirigée de Madrid sur Saragosse, il est ordonné aux autorités militaires, administratives et civiles de le reconnaître et de lui obéir en qualité de général de division, aide de camp de Sa Majesté, commandant dans l'Aragon et dans la Navarre.

De par l'Empereur.

1996. — AU MARÉCHAL BESSIÈRES (2).

Bayonne, 11 juin 1808, 9 heures du soir.

Le général Savary vous remettra cette lettre. Le général Lefebvre a joint, dans la journée du 8, 12.000 rebelles, leur a pris leurs canons, en a tué un millier ; qu'il (*sic*) n'a eu que deux hommes blessés. Les fuyards en grand désordre ont été porter la consternation à Saragosse.

Que le général La Salle est entré aujourd'hui à Valladolid, que j'approuve fort qu'il n'ait pas laissé venir le général Ducos ; que, si les affaires de Valladolid ont réussi, il faut s'occuper sérieusement de Santander.

Que le général Ducos, en position à Miranda, va se porter de suite sur Santander, que c'est la route, tandis que le maréchal re-

---

(1) Non signé.
(2) De la main de Berthier, sous la dictée de l'Empereur.
En marge, on lit l'annotation suivante, de la même main : « Porté par le général Savary, allant à Madrid. »
La lettre se termine par le post-scriptum suivant : « Au général Belliard. Lui écrire l'affaire de Tudela. — Au grand-duc. »

viendra sur la Reinosa, que le général La Salle, avec la plus grande partie de la cavalerie et de l'infanterie qu'il avait d'abord, est suffisant pour être en observation à la plaine de Valladolid.

Que le général Lefebvre marche sur Saragosse, qu'il est fort à craindre que la force de Santander se porte sur Bilbao, vu qu'elle n'est menacée par aucune tête de colonne ; qu'il aura sûrement reçu les lettres de Ségovie, où on a pris trente pièces de canon et dissipé les rebelles.

Que tous les canons qu'on trouverait à Valladolid, les faire venir à Burgos dans le château.

1997. — DÉCISION.

Bayonne, 12 juin 1808.

Le maréchal Berthier sollicite un crédit de 7.976 fr. 55 pour pouvoir avancer six mois de solde à l'équipage espagnol qui doit monter une des mouches construites à Bayonne.

Accordé.

NAPOLÉON.

1998. — AU GÉNÉRAL CLARKE.

12 juin 1808.

Monsieur le général Clarke, vous trouverez ci-joint un état que m'envoie le gouverneur général du Piémont. Envoyez-en copie au vice-roi d'Italie, que j'ai autorisé à correspondre avec lui, et écrivez au vice-roi qu'il vous envoie un état pareil pour les conscrits qui arrivent aux dépôts des armées d'Italie, de Naples et de Dalmatie, qui sont dans le royaume d'Italie.

NAPOLÉON.

1999. — AU MARÉCHAL BERTHIER (1).

Bayonne, 13 juin 1808.

Mon Cousin, faites préparer :

1° La 1re et la 2e compagnies du 2e bataillon du dépôt des régiments provisoires, fortes d'au moins 100 hommes chacune ;

2° Une compagnie du 1er régiment de la Vistule ;

---

(1) Non signé.

3° Une compagnie de 120 hommes du 2ᵉ régiment de la Vistule;
4° 50 lanciers polonais à cheval ;
5° 50 hommes des différents dépôts de cavalerie qui sont à Bayonne, ce qui fera une colonne de plus de 500 hommes.

Vous ferez partir avec cette colonne deux pièces de 8, 100.000 cartouches et 50.000 rations de biscuit. Je désirerais que cette colonne fût prête à partir le 15, sous le commandement de l'adjudant commandant qui est ici.

2000. — DÉCISION (1).

Bayonne, 13 juin 1808.

Le maréchal Berthier rend compte d'un rapport du préfet du département des Hautes-Pyrénées duquel il résulte que la cavalerie portugaise serait plus avantageusement placée à Tarbes qu'à Auch sous le rapport de l'abondance des fourrages.

En mettre la moitié à Tarbes.

2001. — AU MARÉCHAL BERTHIER (1).

15 juin 1808.

Mon Cousin, faites partir après-demain 17 tous les hommes isolés polonais qui se trouvent ici et ce qu'il y a de disponible du 1ᵉʳ et du 2ᵉ régiments de la Vistule, habillés et en bon état, avec 10 hommes montés du 10ᵉ régiment de chasseurs à cheval, 26 hommes du 22ᵉ de chasseurs, 20 hommes du régiment de lanciers polonais, 2 capitaines du 4ᵉ de dragons, 1 lieutenant du 7ᵉ de cuirassiers, 12 hommes de différents régiments isolés, un détachement de 35 hommes du 16ᵉ de chasseurs, total 90 hommes à cheval. Ces 90 hommes se rendront à Pampelune.

2002. — DÉCISION.

Bayonne, 15 juin 1808.

Rapport du général Clarke à l'Empereur au sujet de l'effectif in-

Il faut rappeler tous les sapeurs que j'ai à Naples. On peut

---

(1) Non signée.

suffisant des sapeurs et mineurs dans le royaume de Naples et les îles Ioniennes.

faire des sapeurs du pays. On centralisera tous ces sapeurs à Alexandrie pour les travaux.

NAPOLÉON.

2003. — DÉCISION.

Bayonne, 15 juin 1808.

L'arsenal de Metz manquant de chevaux d'artillerie, le général Clarke propose à l'Empereur de faire venir de Mayence à Metz une compagnie du 11e bataillon principal du train.

Approuvé.

NAPOLÉON.

2004. — DÉCISIONS (1).

Bayonne, 15 juin 1808.

On propose à Sa Majesté de faire escorter par 20 ou 30 hommes du dépôt du 1er régiment d'artillerie à pied, à Strasbourg, un convoi considérable d'habillement pour les besoins de ses compagnies à la Grande Armée, où ces hommes pourront être incorporés dans les compagnies qui en auraient le plus besoin.

Approuvé.

On soumet à l'approbation de Sa Majesté le remboursement d'une dépense de 21.576 fr. 97 faite en 1806 par la ville de Wesel pour la réparation des casernes et autres établissements militaires de cette place, afin de les mettre en état de recevoir les troupes françaises.

Accordé.

On propose à Sa Majesté de réintégrer sur le tableau du corps im-

Il doit être employé dans l'arme du génie et compter comme

---

(1) Non signées; extraites du « Travail du ministre de la guerre avec S. M. l'Empereur et Roi, du 8 juin 1808 ».

périal du génie M. le général Sorbier, aide de camp de S. A. I. le vice-roi d'Italie, ancien colonel du génie, et de déterminer que le grade de général de brigade qu'il a obtenu sans désignation d'arme sera considéré comme lui ayant été accordé dans l'arme du génie.

tel. Il n'est plus aide de camp du vice-roi ; je ne l'ai fait général de brigade qu'à cette condition.

On prie Sa Majesté de faire connaître si Elle approuve que le général Sorbier retourne auprès de S. A. I. le vice-roi, dont il est aide de camp, à l'expiration de son congé.

Refusé.

Le général de brigade d'Oraison, commandant d'armes de la place de Besançon, demande un congé de vingt jours pour suivre des affaires urgentes à Pontoise, où il a des propriétés.

Accordé.

On prie Sa Majesté de faire connaître si l'adjudant commandant Donnadieu, maintenant aux eaux d'Aix, près Chambéry, pour le rétablissement de sa santé, doit se rendre à l'armée de Portugal, sa première destination, ou s'il continuera d'être employé à l'armée d'Italie.

Il n'y a pas de difficulté à le laisser en Italie.

On propose à Sa Majesté d'approuver l'ordre qui a été donné à l'adjudant commandant Massabeau de se rendre dans la 16e division militaire pour y servir dans son grade. Il est beau frère de feu le général Malher et est le seul qui puisse se charger d'assurer l'existence et l'éducation de la nombreuse famille de cet officier général.

Accordé.

Demande d'un congé de convalescence en faveur de M. Songeon,

Accordé.

colonel du 53ᵉ régiment d'infanterie de ligne.

M. Aussenac, colonel du 7ᵉ régiment d'infanterie de ligne, demande un congé de trois mois avec appointements pour aller régler des affaires de famille.

Accordé.

Huit gendarmes français que le ministre de la guerre du royaume de Westphalie avait demandés pour les répartir dans les huit départements, émettent le vœu d'entrer au service de ce royaume. On prie Sa Majesté de faire connaître ses instructions sur cette demande.

Accordé.

On propose à Sa Majesté d'accepter la démission de M. Pittié, sous-lieutenant au 8ᵉ régiment d'infanterie légère ;

Accordé.

D'accepter la démission du sieur Dupeyroux, capitaine adjudant-major du 1ᵉʳ régiment de dragons.

Accordé.

Le maréchal Soult demande le renvoi dans leurs foyers de sept matelots poméraniens prisonniers de guerre.

Accordé.

Le général Carra Saint-Cyr demande le retour à Stargard de deux officiers prussiens prisonniers de guerre.

Accordé.

On propose à Sa Majesté de vouloir bien fixer les dépenses extraordinaires de l'état-major du gouvernement général des départements au delà des Alpes à une somme de 800 francs par mois.

Accordé.

Le ministre rend compte à Sa Majesté que, par suite des ordres de M. le maréchal Moncey, il a été affecté des caissons aux généraux du corps d'armée sous son commandement.

Les généraux ne doivent avoir aucun caisson.

Le ministre informe Sa Majesté qu'il donne des ordres pour que ces caissons soient retirés, à moins que Sa Majesté ne juge à propos de les maintenir.

Le ministre rend compte à Sa Majesté que M. le ministre d'Etat Lacuée demande que la décision de Sa Majesté qui a accordé un caisson aux inspecteurs et sous-inspecteurs aux revues de l'armée de Portugal soit rendue commune à ceux qui sont employés dans les corps d'armée qui composent l'armée d'Espagne.

On peut donner une indemnité, mais pas de caisson.

M. le maréchal Bessières réclame en faveur de trois officiers du génie de la garde qui ont été envoyés en poste à La Fère, Laon, Soissons, Fontainebleau et Compiègne, pour y assurer le service du casernement de la garde, le payement d'une somme de 632 fr. 25 pour frais de poste.
On demande les ordres de Sa Majesté.

Accordé.

On propose à Sa Majesté de vouloir bien accorder au sieur Paulin Mahon, sous-lieutenant au 2ᵉ régiment d'infanterie légère, blessé grièvement de huit coups de sabre sur la tête, une gratification de 400 francs pour lui faciliter les moyens de se rendre aux eaux thermales nécessaires pour son rétablissement.

Accordé.

On met sous les yeux de Sa Majesté le compte qu'elle a demandé de la situation de la gendarmerie dans les trois départements de la Toscane et dans celui de Parme et Plaisance.

Approuvé.

2003. — DÉCISIONS (1).

Bayonne, 15 juin 1808.

On prie Sa Majesté de décider si la dépense du casernement des troupes françaises en Albanie, depuis la réunion de ce pays au royaume d'Italie, ne doit pas être au compte de ce royaume.

Oui.

NAPOLÉON.

On prie Sa Majesté de décider si MM. les maréchaux d'Empire honoraires, membres du Sénat, qui reçoivent des lettres de service, doivent ou non, pendant leur mission, jouir de l'indemnité de fourrages accordée aux maréchaux d'Empire titulaires et de celle de logement lorsque, pendant cette mission, ils n'ont pas le logement en nature.

Quand ils sont employés, oui.

NAPOLÉON.

Quoique Sa Majesté ait dit que l'achat des chevaux nécessaires aux 10º et 11º bataillons des équipages n'était point pressé, on croit devoir lui observer qu'il en faudrait provisoirement 150 tant pour ces bataillons que pour le dépôt à Commercy, afin d'exercer les conscrits au pansement et à la conduite des chevaux, et on la prie de vouloir bien en autoriser l'achat.

Cette dépense pourra s'élever à. . . . . 58.000 »
auxquels il faudra ajouter pour la sellerie. . . . 8.000 »

TOTAL. . . . . . 66.000 »

Approuvé.

NAPOLÉON.

Le 8º bataillon des équipages, employé en Espagne, ayant besoin de 278 chevaux ou mulets pour

Les faire lever en Espagne.

NAPOLÉON.

(1) Extraites du « Travail du ministre directeur de l'administration de la guerre avec S. M. l'Empereur et Roi, date du 8 juin 1808 ».

remplacer ceux perdus ou réformés en Portugal, on demande à Sa Majesté s'ils doivent être levés dans ce royaume et payés par la caisse de l'armée ou s'ils doivent être tirés de France.

On demande à Sa Majesté si son intention est que la caisse de l'armée d'Espagne soit couverte par un crédit d'ordre des 30.000 francs qui ont été accordés sur cette caisse au 8ᵉ bataillon des équipages par S. A. I. le grand-duc de Berg.

Il n'y a pas de caisse d'armée en Espagne.

Napoléon.

On demande à Sa Majesté si l'on doit faire des fonds pour le loyer des brigades de mulets de bât levées en France et maintenant attachées à l'armée d'Espagne ou s'il y sera pourvu par la caisse avec les fonds de l'armée.

En Espagne, il n'y a encore ni caisse d'armée ni fonds d'armée.

Napoléon.

On demande à Sa Majesté si les transports de biscuit, souliers et autres effets qui s'effectuent de Bayonne en Espagne doivent être payés par la France ou s'ils doivent être soldés avec les fonds de l'armée.

Il n'y a pas de fonds d'armée en Espagne.

Napoléon.

On prie Sa Majesté de vouloir bien approuver le secours de 600 francs accordé par M. l'intendant général à la veuve de l'économe de l'hôpital militaire de Lerma, décédé à la suite d'une maladie contractée dans l'exercice de ses fonctions.

Approuvé.

Napoléon.

2006. — DÉCISION (1).

Le général Clarke demande quels seront les corps qui devront fournir les détachements destinés à

Les prendre dans les régiments nᵒˢ 82 et 66.

Napoléon.

---

(1) Non datée; le rapport du ministre est du 8 juin, l'ordre d'exécution de la décision est du 16.

former les garnisons des frégates la *Pallas* et l'*Elbe*, en armement à Nantes.

2007. — DÉCISION (1).

Bayonne, 16 juin 1808.

On prie Sa Majesté d'accorder sur la masse des hôpitaux une pension provisoire de 900 francs à M. Gouget, ex-administrateur général des hôpitaux militaires, âgé de 74 ans, et qui a 44 ans de services effectifs et 12 campagnes.

Accordé.

NAPOLÉON.

2008. — AU MARÉCHAL BERTHIER.

Bayonne, 16 juin 1808.

Mon Cousin, faites partir le colonel Barrère, du 26e, l'enseigne de vaisseau Bourdin, l'officier de santé Jacquin, le médecin Canal, tous destinés pour Lisbonne, pour se rendre à Saint-Sébastien. Ils seront employés à l'organisation du détachement d'hommes appartenant à l'armée du Portugal. Le colonel Barrère remplacera le colonel Pépin et commandera l'infanterie sous les ordres du général Thouvenot. Les 15 ou 16 autres officiers qui doivent se rendre à Burgos ou à Madrid, vous les destinerez à partir avec des compagnies d'hommes isolés qu'ils commanderont et qu'ils formeront. On pourra faire partir ces compagnies lorsqu'elles seront de 50 hommes. Arrivées à Burgos, elles seront dissoutes et les officiers rejoindront leurs corps ; bien entendu que, si des officiers trouvaient leurs corps en route, ils les rejoindraient. Quant à l'adjudant commandant Grundler, il y a assez d'officiers d'état-major à Burgos. Quant aux chevaux des officiers de la garde et autres qui sont ici, aux effets, au million à envoyer à Madrid, il faut en faire un convoi dont on donnera le commandement à un des capitaines qui doivent partir et qui sera escorté par deux compagnies d'hommes isolés, chacune de 60 hommes, composées d'hommes appartenant au corps du maréchal Bessières et à des corps qui

(1) Extraite du « Travail du ministre directeur de l'administration de la guerre avec S. M. l'Empereur et Roi, daté du 25 mai 1808 ».

sont à Madrid. Il faudrait disposer ces convois de manière qu'ils partent le 20, époque où Santander étant soumis, il y aura plus d'ordre et de sûreté pour la route. Vous pouvez faire partir l'aide de camp du général Bazancourt avec un détachement pour Burgos.

Napoléon.

P.-S. — Vous manquez de sacs ; il y a ici appartenant au 47e régiment un ballot de sacs provenant de soldats morts dans les hôpitaux ; il y a, appartenant à la 2e légion de réserve à Madrid, trois ballots contenant 800 bonnets de police, quatre ballots contenant 500 sacs, deux ballots contenant 130 sacs à peau. Il me semble que vous pouvez prendre ces effets, en les faisant remplacer aux corps d'ici à huit jours.

2009. — AU MARÉCHAL BERTHIER.

Bayonne, 16 juin 1808.

Mon Cousin, voyez si l'on peut faire partir demain les 2e et 3e compagnies du dépôt des régiments provisoires, chacune à 100 hommes, pour Saint-Sébastien. Faites partir demain pour Pampelune une compagnie d'hommes isolés de 100 hommes. Vous lui ferez escorter le convoi de cartouches et de biscuit que j'ai ordonné.

Napoléon.

2010. — DÉCISION.

Bayonne, 16 juin 1808.

Le maréchal Berthier rend compte que les 225 hommes des 1er et 2e régiments d'infanterie de la Vistule qui doivent partir demain de Bayonne n'ont pas encore reçu d'habits et qu'il n'y a ni selles, ni brides pour les chevaux du 10e hussards qui font partie du même détachement.

Prendre des mesures pour avoir des brides et des selles.

Napoléon.

2011. — DÉCISION.

Bayonne, 16 juin 1808.

Le général Rey, commandant le dépôt général à Bayonne, rend compte au maréchal Berthier qu'il n'y a ni selles, ni brides pour les chevaux du 10° hussards qui doivent partir demain et que les hommes des 1er et 2e régiments de la Vistule en état de partir n'ont pas encore reçu leur habillement.

Faire partir ceux qui ont des selles et des brides et les dix chevaux du 10°, si on peut leur en procurer, et faire partir avec une compagnie de 120 hommes isolés, comme j'en ai déjà donné l'ordre.

NAPOLÉON.

2012. — AU MARÉCHAL BERTHIER (1).

Mon Cousin, écrivez au général Verdier de diriger toutes les armes dont il n'a pas besoin sur Saint-Sébastien et au général Thouvenot de diriger sur Bayonne 6.000 autres fusils.

NAPOLÉON.

2013. — NOTE POUR LE MAJOR GÉNÉRAL (2).

17 juin 1808.

Ecrire au général d'Agoult qu'après les trois combats de Tudela, Melida et Alagon, le général Lefebvre doit être entré le 15 à Saragosse. Il ne faut point pour cela se relâcher. Il faut continuer à lui envoyer tous les secours qui lui sont destinés. Il suffit de garder simplement dans Pampelune le 1er bataillon du dépôt des régiments provisoires, 300 ou 400 hommes de dépôt, et envoyer toutes les compagnies des hommes isolés et tous les renforts possibles au général Lefebvre, afin qu'il se trouve en force pour en imposer à Saragosse.

Il faut aussi lui envoyer la moitié des canonniers qui sont à Pampelune ; huit à dix canonniers suffisent dans telle citadelle. Peut-être faudra-t-il préparer trois mortiers et des bombes et des approvisionnements, une centaine de milliers de cartouches pour envoyer à Saragosse aussitôt que le général Lefebvre le demandera.

(1) Sans date; l'expédition de la lettre a eu lieu le 17 juin 1808.
(2) Non signée; expédiée le 17 à 10 heures du soir.

Tous les détachements et dépôts du 1er régiment de la Vistule doivent être envoyés à Saragosse, du moment que le général aura nouvelle que cette ville est occupée, afin de tenir garnison dans le fort.

2014. — DÉCISION (1).

Bayonne, 17 juin 1808.

Le maréchal Berthier rend compte que les 3e et 4e compagnies du 2e bataillon du dépôt général des régiments provisoires d'infanterie sont en état de partir demain de Bayonne pour Saint-Sébastien.

Je les verrai demain à 9 heures après mon lever, et immédiatement après ils continueront leur route sur Saint-Sébastien.

2015. — DÉCISION.

Bayonne, 17 juin 1808.

Le maréchal Berthier propose à l'Empereur d'approuver l'ordre donné par le grand-duc de Berg de tenir une somme de 30.000 francs à la disposition du général Léry pour les travaux qui sont en cours d'exécution au Retiro.

Accordé.

NAPOLÉON.

2016. — DÉCISION.

17 juin 1808.

M. Daru demande à partir de quelle date le Trésor royal westphalien doit entretenir, payer et nourrir les 12.500 hommes de troupes françaises stationnées dans le royaume de Westphalie.

Depuis l'installation du roi.

NAPOLÉON.

---

(1) Non signée.

2017. — DÉCISION (1).

18 juin 1808.

On rend compte qu'on a communiqué à S. A. I. le vice-roi d'Italie la décision de Sa Majesté portant que les dépenses dans ce royaume, la Toscane et les Etats romains, seront à la charge du gouvernement italien.

On lui observe qu'il conviendrait que l'habillement continuât à être géré jusqu'en 1808 par l'administration de la guerre et que les étoffes pour les troupes fussent comprises dans les marchés que l'on va passer pour 1809.

Je ne comprends rien à cette lettre. Je me fais représenter mon ordre du 7 juin et j'y vois que, par erreur, on a mis que la solde, vivres, etc..., seraient payés par le *Trésor d'Italie*, au lieu de mettre par le *payeur de l'armée d'Italie*. Avec un peu d'attention, cette interprétation ne devait pas échapper ; puisqu'il est dit plus bas que les bois, lumières, indemnités de logements, seraient payés par le pays, il est donc évident que les premières ne doivent pas l'être. Votre lettre jettera une grande terreur en Italie. Hâtez-vous d'écrire dans ce sens pour mieux expliquer mon idée. J'ai pris un décret que vous recevrez.

NAPOLÉON.

2018. — DÉCISION.

18 juin 1808.

Le maréchal Berthier rend compte à l'Empereur d'une démarche faite par le comte Tolstoï en faveur de la mise en liberté d'un négociant russe pris par un corsaire français à bord du navire marchand *la Britannia*.

Accordé par l'Empereur.

Le prince ALEXANDRE.

---

(1) Extraite du « Travail du ministre directeur de l'administration de la guerre avec S. M. l'Empereur et Roi, daté du 15 juin 1808 ».

2019. — DÉCISION (1).

Rapport du général Clarke à l'Empereur en date du 18 juin 1808 au sujet d'une demande du colonel commandant l'infanterie de la légion hanovrienne à l'effet d'obtenir que tous les hommes disponibles au dépôt de ce corps à La Rochelle aillent rejoindre le corps à l'armée de Portugal.

Approuvé.

Napoléon.

2020. — DÉCISION (2).

Rapport du général Lamartillière au maréchal Berthier, daté de Pau, 18 juin 1808, sur l'organisation de la garde nationale requise dans les 10ᵉ et 11ᵉ divisions militaires.

Je désirerais connaître quelle est la cohorte arrivée à Pau et quelle est la demi-cohorte qui est à l'île d'Oleron ; il faut faire connaître de nouveau par un courrier au général Lamartillière qu'il trouvera des cartouches à Saint-Jean-Pied-de-Port, et qu'il sera armé à neuf à Pampelune où il y a 30.000 fusils qui sont très bons. Savoir s'ils ont une ou deux paires de souliers dans le sac. Connaître où est chaque compagnie ; il faut qu'en arrivant à Pampelune vous ordonniez que 3.000 fusils des meilleurs soient tenus en bon état pour en armer le corps du général Lamartillière sans que cela retarde d'un moment.

Napoléon.

---

(1) Non datée.
(2) Non datée ; a été expédiée le 19 juin. Le texte de la décision est de la main de Maret ; la signature, seule, est de Napoléon.

2021. — AU GÉNÉRAL DEJEAN.

Bayonne, 19 juin 1808.

Monsieur Dejean, les 3° et 4° escadrons des 4°, 9° et 25° régiments de chasseurs et des 28° et 29° de dragons doivent être complétés à 250 chevaux par escadron, c'est-à-dire à 500 chevaux pour les deux escadrons, de sorte que ces dix escadrons, qui sont dans le royaume d'Italie, devraient former 2.500 hommes de cavalerie. Ils n'en forment aujourd'hui que 1.300. Prenez des mesures pour les porter au complet et faites-moi connaître l'état de la remonte de ces régiments.

NAPOLÉON.

2022. — DÉCISION.

Bayonne, 19 juin 1808.

Le maréchal Berthier propose de mettre à la disposition de l'administration française les casernes de Hameln, pour y conserver les approvisionnements de siège de cette place.

Accordé.

NAPOLÉON.

2023. — DÉCISION.

Bayonne, 19 juin 1808.

Le général Clarke demande à l'Empereur si les officiers et les sous-officiers des 4ᵉˢ bataillons de l'armée de réserve doivent rejoindre ces bataillons en Espagne ou s'ils doivent être maintenus provisoirement à la suite des 5ᵉˢ bataillons pour être employés à conduire les recrues aux bataillons de guerre.

Les laisser à la suite des dépôts pendant deux mois pour exercer les conscrits. En dresser pendant ce temps des états, et me les envoyer ; je donnerai des ordres.

NAPOLÉON.

2024. — AU MARÉCHAL BERTHIER.

Bayonne, 20 juin 1808.

Mon Cousin, je vois par l'état de la place de Bayonne du 20 juin qu'il y a 180 militaires isolés et 120 hommes du dépôt général. Il est donc nécessaire de faire partir demain une compagnie d'hommes isolés et une compagnie du 3ᵉ bataillon des dépôts des régiments provisoires, chacune forte de 100 hommes.

NAPOLÉON.

2025. — AU MARÉCHAL BERTHIER.

Bayonne, 20 juin 1808.

Mon Cousin, donnez l'ordre au 9ᵉ escadron de marche de partir demain pour Pampelune avec le 3ᵉ régiment de la Vistule.

NAPOLÉON.

2026. — DÉCISION.

Bayonne, 21 juin 1808.

Le maréchal Berthier demande si, pendant la durée de leur service extraordinaire, les compagnies départementales de réserve seront payées par les fonds du ministre de la guerre ou si elles continueront à l'être par le département.	Par les départements. NAPOLÉON.

2027. — AU MARÉCHAL BERTHIER.

Bayonne, 21 juin 1808.

Mon Cousin, 500 hommes du 3ᵉ bataillon de la 5ᵉ légion de réserve partent de Grenoble pour se rendre à Bayonne, où ils doivent arriver le 28 juillet. Envoyez-leur l'ordre en route de se diriger sur Perpignan.

NAPOLÉON.

2028. — DÉCISION (1).

Bayonne, 21 juin 1808.

Le général Clarke rend compte à l'Empereur du désir manifesté par le roi de Naples pour que le 2ᵉ régiment de ligne napolitain, qui est à Mantoue, soit envoyé en France.	J'ai donné l'ordre qu'ils se rendissent à Avignon.

(1) Non signée.

2029. — DÉCISION.

Bayonne, 21 juin 1808.

Le général Clarke rend compte à l'Empereur qu'il a donné l'ordre de faire partir pour Bayonne les 7ᵉ et 8ᵉ compagnies du 3ᵉ bataillon de la 5ᵉ légion de réserve, et qu'il a chargé le général Laroche de réunir à ces compagnies tout ce qui appartient aux 1ᵉʳ, 2ᵉ et 3ᵉ bataillons de cette légion qui sont à l'armée d'Espagne.

Au lieu de diriger ces troupes sur Bayonne, il faut les diriger sur Perpignan.

Napoléon.

2030. — DÉCISION.

Bayonne, 21 juin 1808.

Le général Clarke demande si, conformément à l'ordre de l'Empereur, la solde des troupes qui sont à Rome, à Ancône, dans le royaume d'Italie et en Toscane doit, à partir du 1ᵉʳ juillet prochain, être acquittée par le Trésor du royaume d'Italie.

J'ai déjà répondu au ministre Dejean qu'on s'était trompé parce qu'on avait mis dans ma lettre le *Trésor d'Italie* au lieu de mettre le *payeur de l'armée d'Italie*.

Napoléon.

2031. — DÉCISION.

Bayonne, 22 juin 1808.

Le général Clarke rend compte que le général Drouet demande l'autorisation de disposer des 200 hommes du 31ᵉ d'infanterie légère qui sont à l'île d'Aix pour pouvoir porter au complet de 140 hommes la compagnie de ce régiment qui, avec une compagnie du 82ᵉ, une du 66ᵉ et une du 26ᵉ de ligne, doivent servir à composer un bataillon provisoire à Bordeaux.

Accordé.

Napoléon.

2032. — DÉCISION (1).

On propose à Sa Majesté de décréter :

Que le colonel Pianelli, commandant d'armes à Bastia, est admis à prendre sa retraite ;

Que le colonel Coste, commandant de la place de Gavi, est nommé en la même qualité à Bastia ;

Que le capitaine Ess, du 86° régiment de ligne, est nommé chef de bataillon et commandant d'armes de 4° classe de la place de Gavi.

Sa Majesté désire un rapport détaillé sur les motifs qui déterminent à donner la retraite au colonel Pianelli.

Sa Majesté observe qu'on n'avance pas dans les commandements de place (2).

2033. — DÉCISIONS (3).

Bayonne, 23 juin 1808.

On prie Sa Majesté de faire connaître ses intentions sur l'autorisation d'être définitivement attaché au service du royaume de Westphalie que sollicite le sieur Norvins de Montbreton, ex-lieutenant en 1er des gendarmes d'ordonnance, resté à Cassel, où il a été nommé secrétaire général provisoire du Conseil d'Etat du royaume de Westphalie.

Accordé.

On soumet à Sa Majesté la demande de M. Dessaix, résidant à Palmanova, par laquelle il réclame l'agrément de Sa Majesté pour l'union de Mlle Dessaix, sa fille aînée, avec M. Breissand, colonel du 35° régiment de ligne, qui désire s'allier à cette famille.

Répondre que je vois avec plaisir ce mariage.

---

(1) Extraite du « Travail du ministre de la guerre avec S. M. l'Empereur et Roi, du 22 juin 1808 ».

(2) De la main de Maret.

(3) Non signées; extraites du « Travail du ministre de la guerre avec S. M. l Empereur et Roi, du 15 juin 1808 ».

2034. — DÉCISIONS (1).

23 juin 1808.

On prie Sa Majesté de vouloir bien faire connaître si les troupes françaises qui sont à Rome et dans les provinces de l'Etat romain non réunies au royaume d'Italie continueront de recevoir les vivres de campagne ou si elles seront traitées sur le pied de paix à compter du 1er juillet prochain, comme le sont celles dans le royaume d'Italie et dans la Toscane.

Les Etats romains payeront en supplément les vivres de campagne.

NAPOLÉON.

On a l'honneur de représenter à Sa Majesté qu'Elle n'a point encore prononcé sur la proposition qui lui a été faite le 20 avril dernier de remettre au gouvernement hollandais 197.390 rations de biscuit envoyées à Wesel en 1806.

Cette proposition était motivée sur ce que ce biscuit ne paraissait pas propre à la subsistance des troupes françaises, sur ce que, fabriqué conformément aux règlements hollandais, il pourrait, sans doute, être distribué aux troupes de terre ou de mer de cette nation, et sur ce que le gouvernement hollandais n'en avait point réclamé le remboursement.

Les faire passer à Flessingue pour l'approvisionnement de cette ville.

NAPOLÉON.

On demande à Sa Majesté si Elle veut accorder une gratification de 800 francs au sieur Meyer, chirurgien civil, employé par réquisition comme chirurgien sous-aide à l'hôpital militaire de Spire, qui a perdu l'usage d'une main en pansant un militaire.

Accordé.

NAPOLÉON.

___

(1) Extraites du « Travail du ministre directeur de l'administration de la guerre avec S. M. l'Empereur et Roi, daté du 15 juin 1808 ».

2035. — AU GÉNÉRAL CLARKE.

Bayonne, 23 juin 1808.

Monsieur le général Clarke, je désire que vous me fassiez un rapport sur le projet suivant :

Former cinq régiments de marche d'infanterie, lesquels se réuniraient en Allemagne, entre le Rhin et l'Elbe, et partiraient de leur cantonnement vers la mi-août, pour être arrivés dans les quinze premiers jours de septembre.

Le 1er régiment de marche serait composé de détachements fournis par les dépôts des douze régiments qui composent le 1er corps de la Grande Armée ; chacun de ces régiments fournirait une, deux, trois ou quatre compagnies, chacune de 140 hommes, selon la force du dépôt. Le régiment serait composé d'autant de bataillons qu'il y aurait de fois six compagnies à 140 hommes. Ainsi, si chaque dépôt ne fournissait qu'une compagnie, cela ferait deux bataillons, ou 780 hommes, pour le 1er régiment de marche ; mais comme il est évident que plusieurs dépôts peuvent fournir au moins deux et trois compagnies, le 16e de ligne, par exemple, peut en fournir au moins deux.

L'objet du rapport que je vous demande est justement de me faire connaître de combien de compagnies, et par conséquent de bataillons, pourra être composé le 1er régiment de marche.

Le 2e régiment de marche sera composé des détachements des quinze régiments qui composent le 3e corps de la Grande Armée, chaque compagnie à 140 hommes et chaque dépôt fournissant autant de compagnies que possible ; si chaque dépôt ne fournissait qu'une compagnie, on aurait deux bataillons et demi ; mais comme il y en a beaucoup qui peuvent fournir plus d'une compagnie, plusieurs même plus de deux, il est à espérer que ce régiment pourra être de trois ou quatre bataillons.

Le 3e régiment de marche sera composé de ce que pourront fournir les dépôts des treize régiments qui forment le 4e corps. Je n'y comprends pas la division Molitor, dont les dépôts, étant en Italie, sont susceptibles de combinaisons particulières. Si chaque dépôt fournissait seulement une compagnie, on aurait deux bataillons et une compagnie; mais comme plusieurs dépôts peuvent fournir plus d'une compagnie, ce régiment serait composé probablement de plus de trois bataillons.

Le 4° régiment de marche sera composé de détachements des dépôts des neuf régiments du 5° corps.

Le 5° régiment de marche sera composé de détachements des dépôts des neuf régiments du 6° corps.

Je désirerais savoir quelle force pourront avoir ces cinq régiments de marche, en y comprenant même les conscrits de 1809. Cela pourra-t-il former un corps de 10.000 hommes ?

Je désirerais également former un régiment de marche de hussards, un de chasseurs, un de dragons, et un de grosse cavalerie, composés de quatre escadrons de 250 à 300 hommes, en ne comprenant dans la formation de ces régiments que les corps de la Grande Armée.

Peut-on espérer que le régiment de hussards soit de 1.000 chevaux, celui de chasseurs, de 2.000, celui de dragons et celui de cuirassiers, chacun 3.000 chevaux ? Total : 9.000 chevaux.

Je vous prie de me faire un rapport là-dessus, et, comme de raison, de ne donner aucun ordre. J'attendrai votre rapport et les états qui le justifient pour vous envoyer les ordres d'exécution. Mon but est de préparer un renfort de 9.000 chevaux, et de 10.000 à 12.000 hommes d'infanterie, pour la Grande Armée.

Je désire que vous me remettiez un état de situation de la Grande Armée, dans sa nouvelle organisation, afin de voir son effectif et ce qui lui manque, pour être au grand complet.

NAPOLÉON.

2036. — AU GÉNÉRAL CLARKE.

Bayonne, 23 juin 1808.

Monsieur le général Clarke, donnez des ordres et tenez la main à leur exécution, pour que les 7° et 13° compagnies du 2° régiment d'artillerie à pied, qui sont à Naples, rentrent à Vérone, ainsi que le détachement de la 7° compagnie du 2° bataillon de pontonniers ; pour que la 3° et la 8° compagnie du 3° bataillon de sapeurs qui sont à Naples, se rendent à la Spezia, pour être employées aux fortifications, pour que les détachements de la 2° compagnie des mineurs, qui est à Naples, se rendent à Vérone, et pour que le reste du 6° bataillon principal du train, qui est également à Naples, rejoigne son corps dans le royaume d'Italie. Donnez ordre que les cadres du 3° bataillon de nouvelle formation des 1er, 29° et 52° régiments de ligne, et des 22° et 23° légères, rejoignent leurs 4°° bataillons dans le royaume d'Italie, en complétant les deux premiers bataillons de ces régiments de tous les hommes disponibles de ces 3ᵉˢ bataillons. Je ne donne pas le même ordre pour les 102ᵉ, 101ᵉ et 10ᵉ de ligne, ni pour les 20ᵉ et 62ᵉ, parce que ces régiments, restant à deux bataillons, seront portés moyennant le versement des hommes disponibles à près de 780 hommes, c'est-à-dire au complet de 840 hommes par bataillon, et les régiments à trois bataillons seront à plus de 700 hommes par bataillon. Par ce moyen, l'armée d'Italie sera augmentée de cinq bataillons et l'armée de Naples sera affaiblie des cadres des 5 bataillons. Réitérez l'ordre que tout ce qu'il y a à l'armée de Naples des 3ᵉ et 4ᵉ escadrons des cinq régiments de chasseurs et de dragons, rejoignent (sic) les 3ᵉ et 4ᵉ escadrons dans le royaume d'Italie. Enfin, prenez des mesures efficaces pour que mes ordres soient exécutés.

Envoyez des ordres de marche et faites-moi connaître quand tout cela sera rentré en Italie. Il ne doit y avoir ni train, ni pontonniers, ni sapeurs, ni mineurs français à l'armée de Naples. Le train, les pontonniers, les sapeurs et mineurs doivent être fournis par l'armée napolitaine.

Donnez ordre également que le matériel de l'artillerie française rentre dans les parcs de l'armée d'Italie, l'artillerie napolitaine ayant des moyens suffisants ; ainsi, toutes les pièces, caissons, voitures que l'armée de Naples a menés à Naples, lors de l'expédition, doivent retourner dans la haute Italie et le commandant de l'artillerie du royaume de Naples doit pourvoir au matériel de l'artillerie de l'armée, avec les moyens du royaume.

NAPOLÉON.

2037. — PROJETS ET NOTES RELATIFS A L'ORGANISATION DE L'INFANTERIE ET DE LA CAVALERIE.

1° NOTE (1).

Il y a dix-neuf compagnies de grenadiers et de voltigeurs hors de ligne ; la 5ᵉ d'infanterie légère, la 21ᵉ, 17ᵉ, 15ᵉ, 93ᵉ doivent être conservées exclusivement pour le 4ᵉ bataillon de ces régiments ainsi que deux basses compagnies du régiment.

---

(1) De la main de Napoléon. Sans date. — On a cru pouvoir classer cette note, ainsi que les quinze suivantes, au 23 juin 1808, date de la lettre de l'Empereur à Clarke, publiée dans la correspondance officielle et qui résume le mode d'organisation des régiments de marche.

Les 20°, 62°, 93°, 35°, 92° également. Ces corps sont à Naples ou en Italie. Il faut que les compagnies de grenadiers et chasseurs de ces régiments restent à la place ainsi que les basses compagnies. Ces régiments se forment ou à Naples ou en Italie ; la distance n'est pas assez grande pour ne pouvoir entrer dans l'organisation.

Les 16	On les laissera sous le titre de régiments d'élite. For-
25	meront 750 hommes ou 375 par bataillon ; il manque
32	donc 185 hommes par bataillon, ou 370 hommes qui
34	seront fournis, savoir : 70 par le 21° de ligne et 10 hom-
24	mes par chaque régiment, en prenant les 30 plus forts.
1.120	
Les 5	On les laissera, sous le titre de régiments d'élite, déta-
11	chés à cet effet. Ces dix compagnies seront réduites à
23	huit et formeront deux bataillons de quatre compagnies
60	chacun, un de voltigeurs et l'autre de grenadiers. Le to-
79	tal est de 870 pour les dix compagnies, ce qui fait, pour
	huit, 108 hommes. Il manque donc encore 32 hom-
1.120	mes, ou 128 hommes par bataillon, 256 en tout, qui se-

ront fournis pour les douze régiments qui sont organisés à raison de 20 hommes par régiment.

2° GRANDE ARMÉE.

Relevé de la différence de l'effectif au grand complet (ainsi qu'elle est établie pour chaque corps, en marge de l'état général).

Savoir :   Manque au complet.

Infanterie de ligne.	Pour porter chaque régiment à 2.500 hommes.	24.423	33.890
Infanterie légère.	De même.	9.467	
Cavalerie.	Carabiniers (id., à 900 hommes).	269	
	Cuirassiers (id., à 900 hommes).	2.562	
	Dragons (id., à 250 hommes par escadron).	509	7.035
	Chasseurs (id., à 800 hommes par régiment).	2.940	
	Hussards (id., à 800 hommes par régiment).	755	

A reporter. 40.925

	Report............		40.925
Artillerie.....	A pied (à 140 hommes par compagnie).............	2.667	
	A cheval (le complet varie pour chaque régiment. On s'est conformé à ces variations).............	1.021	
	Train (à 660 hommes, par bataillon, conformément à la lettre de Sa Majesté, du 6 avril dernier)...........	1.137	5.188
	Ouvriers (à 100 hommes par compagnie).............	22	
	Armuriers (à 48 hommes par demi-compagnie)........	6	
	Pontonniers (à 100 hommes par compagnie).............	335	
Génie.......	Sapeurs (à 140 hommes par compagnie).............	2.511	2.677
	Mineurs (à 96 hommes par compagnie).............	166	
	Equipages militaires (à 382 hommes par bataillon).....	114	114
	Gendarmerie, marins, etc. pour mémoire...........		
	Total de ce qui manque au complet de la Grande Armée.		48.904

3° NOTE (1)

1ᵉʳ régiment de marche : deux bataillons à Wesel (deux bataillons).................................	1.860
2ᵉ régiment de marche : deux bataillons de dix-huit compagnies (à Mayence).....................	2.520
3ᵉ régiment de marche à Strasbourg : deux bataillons de huit compagnies chacun.................	2.240
A reporter...............	6.620

(1) De la main de Napoléon.

Report.		6.620
4° régiment de marche :		
1er bataillon, à Strasbourg, six compagnies.	840	1.960
2e bataillon, à Hanovre, huit compagnies.	1.120	
5° régiment de marche :		
1er bataillon, à Nancy, six compagnies.....	840	2.100
2e bataillon, à Mayence, neuf compagnies..	1.260	
		10.680

Réunir cette division à Magdeburg.

4° GRANDE ARMÉE.

PROJET DE FORMATION DE RÉGIMENT DE MARCHE.

Infanterie.

1er régiment de marche......................	1.860		
2e Id.	3.920		
3e Id.	4.340	15.020	
4e Id.	1.540		
5e Id.	2.520		
6e Id. (un bataillon seulement).	840		

PROJET DE DÉCRET.

Article premier. — Il sera formé six régiments de marche de la Grande Armée ; ils seront organisés conformément au tableau ci-annexé.

Art. 2. — Toutes les troupes qui doivent composer ces régiments seront bien habillées, bien armées, enfin mises en bon état et prêtes à partir de leur garnison le 1er août prochain.

Art. 3. — Le 1er régiment de marche se réunira à Hanau.

    Le 2e   —   —   à
    Le 3e   —   —   à
    Le 4e   —   —   à
    Le 5e   —   —   à
    Le 6e   —   —   à

Art. 4. — Nos ministres de la guerre, de l'administration de la guerre et du Trésor public, sont chargés de l'exécution du présent décret.

5° 1ᵉʳ RÉGIMENT DE MARCHE OU RÉGIMENT DE MARCHE DU 1ᵉʳ CORPS (1).

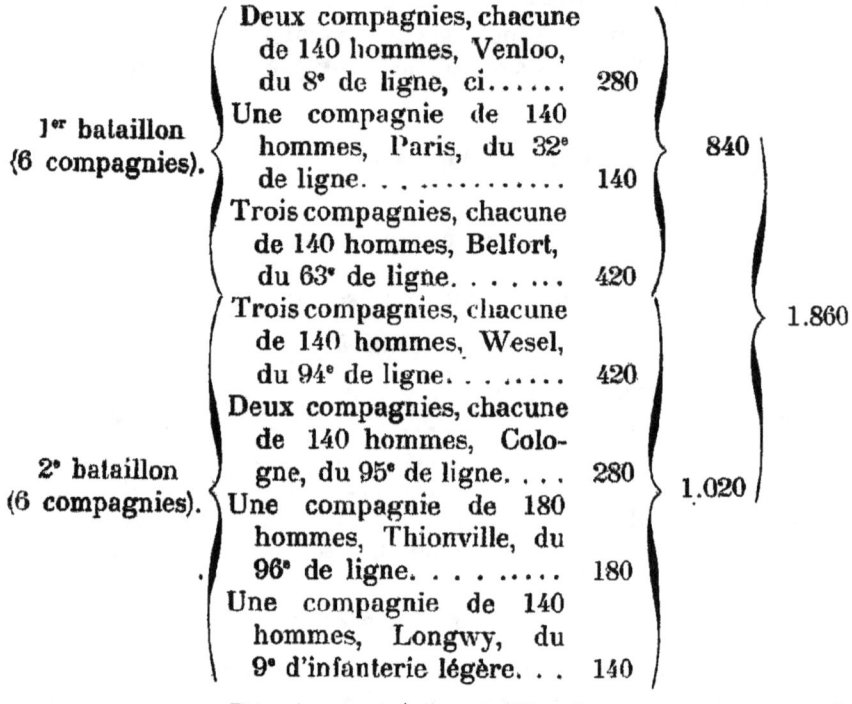

Réunir ce régiment à Wesel.

---

(1) Portant des corrections de la main de Napoléon.

6° 2° RÉGIMENT DE MARCHE OU RÉGIMENT DE MARCHE DU 3° CORPS (1).

1ᵉʳ bataillon (7 compagnies).	Trois compagnies, chacune de 140 hommes, d'Ostende, 13ᵉ d'infanterie légère à	420	980	
	Deux compagnies, chacune de 140 hommes, de Paris, 15ᵉ d'infanterie légère.	280		
	Deux compagnies, chacune de 140 hommes, Landrecies, 25ᵉ de ligne.	280		
2ᵉ bataillon (7 compagnies).	Une compagnie de 140 hommes, de Mézières, 12ᵉ de ligne.	140	980	3.920
	Trois compagnies, chacune de 140 hommes, de Mayence, 30ᵉ de ligne.	420		
	Trois compagnies, chacune de 140 hommes, de Mayence, 33ᵉ de ligne.	420		
3ᵉ bataillon (7 compagnies).	Trois compagnies, chacune de 140 hommes, de Worms, 61ᵉ de ligne. . .	420	980	
	Trois compagnies, chacune de 140 hommes, d'Anvers, 48ᵉ de ligne.	420		
	Une compagnie de 140 hommes, d'Anvers, 65ᵉ de ligne.	140		
4ᵉ bataillon (7 compagnies).	Trois compagnies, chacune de 140 hommes, de Coblenz, 85ᵉ de ligne.	420	980	
	Trois compagnies, chacune de 140 hommes, d'Anvers, 108ᵉ de ligne.	420		
	Une compagnie de 140 hommes, de Spire, 111ᵉ de ligne.	140		

---

(1) En partie de la main de Napoléon.

1............	15ᵉ d'infanterie légère...... 2 12ᵉ de ligne...... 1 30ᵉ Id. ...... 3 33ᵉ Id. 3	Mayence, 840		
2............	61ᵉ............ 3 85ᵉ............ 3 111ᵉ............ 3	Mayence, 840		1.680

7° 3ᵉ RÉGIMENT DE MARCHE OU RÉGIMENT DE MARCHE DU 4ᵉ CORPS.

1ᵉʳ bataillon (7 compagnies).	Une compagnie, Nancy, de 140 hommes du 4ᵉ de ligne............	140	980	
	Trois compagnies, Wesel, de 140 hommes du 22ᵉ de ligne............	420		
	Trois compagnies, Saint-Omer, de 140 hommes du 28ᵉ de ligne........	420		
2ᵉ bataillon (6 compagnies).	Une compagnie, Strasbourg, de 140 hommes du 18ᵉ de ligne........	140	840	2.660
	Trois compagnies, Arras, de 140 hommes du 46ᵉ de ligne............	420		
	Deux compagnies, Strasbourg, de 140 hommes du 57ᵉ de ligne........	280		
3ᵉ bataillon (6 compagnies).	Trois compagnies, Anvers, de 140 hommes du 72ᵉ de ligne............	420	840	
	Trois compagnies, Lille, de 140 hommes du 75ᵉ de ligne............	420		

A reporter............ 2.660

---

(1) En partie de la main de Napoléon, ainsi que les trois notes suivantes.

| | | | Report........... | 2.660 |

4ᵉ bataillon (6 compagnies).	⎧Trois compagnies, Neuf-Brisach, de 140 hommes du 105ᵉ de ligne......	420	⎫ 840 ⎬ ⎭	⎫	
	⎨Trois compagnies, Schlestadt, de 140 hommes du 10ᵉ d'infanterie légère...	420		⎬ 1.680	
5ᵉ bataillon (6 compagnies).	⎧Trois compagnies, Metz, de 140 hommes du 24ᵉ d'infanterie légère....	420	⎫ 840 ⎬ ⎭	⎭	
	⎨Trois compagnies, Metz, de 140 hommes du 26ᵉ d'infanterie légère....	420			

                                                                                            4.340

4. . . . . . 1 ⎫
18. . . . . . 1 ⎬ Strasbourg, 7 compagnies.
57. . . . . . 2 ⎪
105. . . . . . 3 ⎭

10. . . . . . 3 ⎫
24. . . . . . 3 ⎬ Metz, 9 compagnies.
26. . . . . . 3 ⎭

8° 4ᵉ RÉGIMENT DE MARCHE OU RÉGIMENT DE MARCHE DU 5ᵉ CORPS.

1ᵉʳ bataillon (6 compagnies).	⎧Deux compagnies, Besançon, à 140 hommes du 64ᵉ.................	280	⎫ 840 ⎬ ⎭	⎫
	⎨Trois compagnies, Besançon, à 140 hommes du 88ᵉ.................	420		⎬ 1.540
	⎩Une compagnie, Strasbourg, à 140 hommes du 17ᵉ d'infanterie légère..............	140		⎭
2ᵉ bataillon (5 compagnies).	⎧Deux compagnies, Wesel, de 140 hommes du 21ᵉ d'infanterie légère....	280	⎫ 700 ⎬ ⎭	
	⎨Trois compagnies, Mayence, à 140 hommes du 28ᵉ d'infanterie légère. ..	420		

64ᵉ 2		
88ᵉ 3	}	Strasbourg.
17ᵉ légère... 1		
Wesel, 21ᵉ de ligne.. 2		
Mayence, 28ᵉ. 3	}	8 Hanovre.
Wesel, 22ᵉ de ligne.. 3		

9° 5ᵉ RÉGIMENT DE MARCHE OU RÉGIMENT DE MARCHE DU 6ᵉ CORPS.

1ᵉʳ bataillon de 6 compagnies.	Trois compagnies, Mayence, à 140 hommes chacune, du 27ᵉ de ligne, à.	420	840	
	Trois compagnies, Landau, à 140 hommes chacune, du 39ᵉ de ligne, à.	420		
2ᵉ bataillon de 6 compagnies.	Trois compagnies, Cambrai, à 140 hommes chacune, du 50ᵉ de ligne, à.	420	840	2.520
	Deux compagnies, Luxembourg, à 140 hommes, chacune, du 59ᵉ de ligne, à.	280		
	Une compagnie, Sarrelouis, à 140 hommes, du 76ᵉ de ligne, à.	140		
3ᵉ bataillon de 6 compagnies.	Deux compagnies, Luxembourg, à 140 hommes chacune, du 69ᵉ de ligne.	280	840	
	Deux compagnies, Phalsbourg, à 140 hommes chacune, du 6ᵉ d'infanterie légère.	280		
	Une compagnie, Verdun, à 140 hommes, du 25ᵉ d'infanterie légère.	140		
	Une compagnie, Bayonne, à 140 hommes, du 31ᵉ d'infanterie légère. . . .	140		

59°.	2	
76°.	1	6° corps, Luxembourg.
69°.	3	
6° légère.	2	
25° —	1	9° corps, Mayence.
27° de ligne.	3	
39° —	3	

10° 6° RÉGIMENT DE MARCHE OU RÉGIMENT DE MARCHE DE LA RÉSERVE DU PRINCE DE PONTE-CORVO.

Un bataillon de 6 compagnies.	Trois compagnies, Douai, à 140 hommes chacune, du 19° de ligne.	420	840
	Deux compagnies, Paris, à 140 hommes chacune, du 58° de ligne.	280	
	Une compagnie, Cherbourg, à 140 hommes du 5° d'infanterie légère.	140	

11° COMPOSITION DE LA CAVALERIE DE LA GRANDE ARMÉE.

Il y a à la Grande Armée quatorze régiments de grosse cavalerie, vingt-trois régiments de dragons, neuf régiments de hussards, seize régiments de chasseurs ;

Cinq corps d'armée, ayant chacun une division, composée de :

Trois régiments de cavalerie légère, 2.400 hommes, commandés par un général de brigade ;

Trois régiments de dragons, 1.800 hommes, commandés par un général de brigade.

Total de la division : 4.200 hommes, commandés par un général de division.

En ôtant le quart pour les petits dépôts, il resterait toujours 3.200 hommes ; cela emploierait quinze régiments de cavalerie légère et quinze régiments de dragons.

Il resterait donc huit régiments de dragons et dix régiments de cavalerie légère.

On en formerait trois divisions, composées chacune de :

Trois régiments de cavalerie légère, 2.400 hommes, commandés par un général de brigade ;

Deux régiments de dragons, 1.200 hommes, commandés par un général de brigade.

Total de la division : 3.800 hommes, commandés par un général de division.

Cela ferait neuf régiments de cavalerie légère et six régiments de dragons.

Il resterait donc un régiment de chasseurs et deux régiments de dragons pour la division Oudinot.

On pourrait aussi joindre à chaque division d'éclaireurs un régiment polonais, si la guerre était en Pologne, et un régiment d'Allemands, ce qui augmenterait la division d'un millier d'hommes.

On ferait de la grosse cavalerie quatre divisions ;

Une division de carabiniers, 1.800 hommes ;

Trois divisions de cuirassiers, chacune de quatre régiments, 3.200 hommes.

On pourrait ne donner que deux régiments de dragons à quatre corps de la Grande Armée ; on aurait alors quatre régiments de dragons, dont on formerait une division qui ferait partie de la réserve.

12° GRANDE ARMÉE.
PROJET DE FORMATION DE RÉGIMENTS DE MARCHE.

Cavalerie.

Régiments de carabiniers et cuirassiers.........	831
— dragons....................	346
— chasseurs....................	700
— hussards....................	425
	2.302

13° RÉGIMENT DE MARCHE DE CARABINIERS ET DE CUIRASSIERS.

RÉGIMENTS.	PROJET DE FORMATION. CONTINGENT à fournir par chaque dépôt.			RENSEIGNEMENTS A L'APPUI DU PROJET.				
	Hommes montés.	Compagnies.	Escadrons.	Manque au complet du corps.	Existant au dépôt Hommes.	Existant au dépôt Chevaux.	Conscrits de 1809. Reçus.	Conscrits de 1809. A recevoir.
Carabiniers :								
Le 1er........	90	1		146	274	107	201	27
Le 2e.........	45	» 1/2	1	123	322	92	200	30
Cuirassiers :								
Le 1er........	90	1		229	294	115	185	25
Le 2e.........	90	1	1	197	221	105	151	34
Le 3e.........	112	1 1/4		244	244	160	176	»
Le 4e.........	»	»		En Italie.				
Le 5e.........	112	1 1/4		279	306	137	80	140
Le 6e.........	»	»		En Italie.				
Le 7e.........	»	»	1	Id.				
Le 8e.........	»	»		Id.				
Le 9e.........	112	1 1/4		113	262	132	195	»
Le 10e........	90	1		142	269	111	185	40
Le 11e........	»	»	1	177	189	30	128	73
Le 12e........	90	1		152	200	125	116	50
	831	9 1/4	4					

14° RÉGIMENT DE MARCHE DE DRAGONS (1).

RÉGIMENTS.	PROJET DE FORMATION.			RENSEIGNEMENTS A L'APPUI DU PROJET.				
	CONTINGENT à fournir par chaque régiment.			Manque au complet.	Existant au dépôt.		Conscrits de 1809.	
	Hommes montés.	Compagnies.	Escadrons.		Hommes.	Chevaux.	Reçus.	A recevoir.
Le 1er........	»	»		Plus qu'il ne faut.	91	36	27	»
Le 2e........	»	»		Id.	179	145	45	»
Le 3e........	»	»		Id.	107	81	32	»
Le 4e........	»	»		Id.	190	99	62	10
Le 5e........	»	»		Id.	102	96	52	2
Le 6e........	»	»		Id.	184	78	110	7
Le 8e........	63	1/2		81	170	81	69	3
Le 10e.......	32	1/4	1	46	120	77	60	75
Le 11e.......	25	1/5		25	136	87	»	90
Le 12e.......	63	1/2		99	154	104	71	1
Le 13e.......	»	»	1	Plus qu'il ne faut.	142	104	106	»
Le 14e.......	49	1/2		49	260	78	124	2
Le 15e.......	»	»		Plus qu'il ne faut.	166	137	135	»
Le 16e.......	8	»		8	119	114	135	»
Le 17e.......	»	»		Plus qu'il ne faut.	137	102	81	»
Le 18e.......	»	»		Id.	171	103	107	1
Le 19e.......	»	»	1	Id.	90	73	34	2
Le 20e.......	83	1/2		83	160	149	71	1
Le 21e.......	»	»		95	207	»	133	2
Le 22e.......	23	1/4		23	236	111	189	»
Le 25e.......	»	»		Plus qu'il ne faut.	227	151	135	2
Le 26e.......	»	»		Id.	105	54	36	»
Le 27e.......	»	»		Id.	121	106	27	»
	346	3	1					
	2/3 d'un régiment.							

(1) Dans les chiffres, quelques corrections de la main de Napoléon.

15° RÉGIMENT DE MARCHE DE CHASSEURS.

RÉGIMENTS.	PROJET DE FORMATION.			RENSEIGNEMENTS A L'APPUI DU PROJET.				
	CONTINGENT à fournir par chaque régiment.			Manque au complet.	Existant au dépôt.		Conscrits de 1809	
	Hommes montés.	Compagnies.	Escadrons.		Hommes.	Chevaux.	Reçus.	A recevoir.
1ᵉʳ corps :								
5ᵉ régiment...	100	1	} 1	120	156	116	68	21
3ᵉ corps :								
1ᵉʳ régiment..	100	1	} 1 incomplet.	198	251	145	983	1
2ᵉ — ..	100	1		119	227	110	74	»
12ᵉ — ..	50	1/2		54	200	87	42	3
4ᵉ corps :								
16ᵉ régiment...	100	1	} 1 incomplet.	161	202	144	108	18
5ᵉ corps :								
21ᵉ régiment...	50	1/2		63	212	104	134	1
6ᵉ corps :								
15ᵉ régiment...	»	»		124	En Italie.			
Réserve du prince de Ponto-Corvo :								
14ᵉ régiment...	»	»		328	id.			
23ᵉ — ...	»	»		38	Id.			
Grenadiers et Voltigeurs :								
7ᵉ régiment...	100	1		107	206	207	122	2
20ᵉ — ...	»	»		195	En Italie.			
Réserve générale de cavalerie :			1					
3ᵉ régiment...	»	»		190	Id.			
11ᵉ — ...	25	} 1		33	108	82	27	»
13ᵉ — ...	75			118	282	190	134	1
19ᵉ — ...	»	»		93	En Italie.			
24ᵉ — ...	»	»		127	Id.			
	700	7	4					

16° RÉGIMENT DE MARCHE DE HUSSARDS (1).

RÉGIMENTS.	PROJET DE FORMATION.			RENSEIGNEMENTS A L'APPUI DU PROJET.				
	CONTINGENT à fournir par chaque régiment.			Manque au complet.	Existant au dépôt.		Conscrits de 1809.	
	Hommes montés.	Compagnies.	Escadrons.		Hommes.	Chevaux.	Reçus.	A recevoir.
1er corps :								
2e régiment....	25			71	159	43	69	1
4e —	50			88	214	91	27	»
4e corps :		1						
8e régiment....	25			29	220	141	45	»
5e corps :			1					
10e régiment...	25			24	239	123	115	»
6e corps :		1						
3e régiment....	125			165	229	156	129	»
Grenadiers et voltigeurs :								
9e régiment....	»			Plus qu'il ne faut.	»	»	»	»
Réserve générale de cavalerie :								
1er régiment....	25			100	137	62	27	»
5e —	75	2	1	165	89	102	27	»
7e — ,...	75			113	133	104	52	»
	425	4	2					

(1) Corrigé par Napoléon.

2038. — DÉCISION.

Bayonne, 23 juin 1808.

Le maréchal Berthier demande s'il faut faire escorter par le détachement du 7e bataillon de marche, arrivé hier à Bayonne, le convoi de vivres et munitions qui doit partir demain pour Pampelune.

Oui.

Napoléon.

2039. — DÉCISION (1).

Le maréchal Berthier rend compte que 120 élèves de l'Ecole militaire sont susceptibles d'être présentés pour le grade de sous-lieutenant et que cette promotion est supérieure par l'instruction à toutes celles qui ont précédé. Il demande l'autorisation d'envoyer au ministre de la guerre l'état de ces élèves.

Oui.

NAPOLÉON.

2040. — AU MARÉCHAL BERTHIER.

Bayonne, 24 juin 1808.

Mon Cousin, il faut écrire à Pampelune que toutes les gardes nationales qui y arriveraient par détachement y restent un jour pour se reposer, et que le général d'Agoult ne les fasse partir pour rejoindre leur colonne que lorsqu'il y en aura 2 ou 300, qu'il aura visité leur armement pour leur en donner de neufs, et qu'il leur aura fait distribuer des cartouches.

NAPOLÉON.

2041. — NOTE DICTÉE PAR L'EMPEREUR (2).

Marracq, 24 juin 1808.

L'Empereur est mécontent de la manière dont les ordres parviennent. Comment les imprimés et ordres du 18 ne sont-ils arrivés que le 22 à Saint-Sébastien ?

Il faut organiser le moyen que propose le général Thouvenot pour correspondre tous les jours.

Envoyez-lui avant dîner une estafette avec tous les imprimés et les nouvelles de Santander.

Il faut demander au général Lamartillière l'état des déserteurs pour qu'on les fasse rejoindre.

Il peut donner désormais aux troupes qui arriveront un jour de séjour à Saint-Jean-Pied-de-Port pour les voir et les remettre en état.

---

(1) Non datée; le rapport du maréchal Berthier est daté de Bayonne 24 juin 1808.
(2) Non signée; elle a été expédiée le 24 juin 1808.

Ecrire au général Thouvenot qu'il a dû recevoir aujourd'hui 24 une compagnie de 120 hommes et qu'il va incessamment recevoir l'autre compagnie du 3° bataillon.

Envoyer également l'ordre au payeur d'envoyer l'argent nécessaire pour payer les troupes françaises à Saint-Sébastien.

Faites connaître au général Thouvenot que 10.000 hommes de troupes de ligne, arrivant en poste, ont déjà dépassé Bordeaux, que la tête, composée du 4° léger, sera demain à Bayonne.

Donner les ordres à Bayonne pour que le 4° léger et le 15° de ligne, formant 3.000 hommes, soient logés l'un à la citadelle, l'autre à la ville, que les casernes soient balayées et mises en état avec leurs fournitures.

2042. — DÉCISION.

Bayonne, 24 juin 1808.

Le général Dejean rend compte à l'Empereur que Sa Majesté n'a point encore fixé le traitement qui doit être attribué au conseiller d'Etat Maret, en sa qualité de directeur général des vivres, et il propose de lui donner le même traitement qu'aux conseillers d'Etat directeurs généraux attachés au ministère des finances.

Accordé.

Napoléon.

2043. — DÉCISION.

24 juin 1808.

Le maréchal Berthier soumet à l'Empereur deux demandes présentées, l'une par le général Suchet afin d'obtenir une prolongation de congé de deux mois pour affaires, l'autre par le général Legrand afin d'obtenir un congé de trois mois pour raison de santé.

Accordé un mois.

Napoléon.

2044. — AU MARÉCHAL BERTHIER.

Bayonne, 25 juin 1808.

Mon Cousin, témoignez au général Lacombe Saint-Michel que je suis satisfait des mesures qu'il a prises pour procurer les six pièces de canon au général Ritay. Vous pouvez donner ordre à Toulouse, qu'on garde les fusils qui y arriveraient désormais pour Bayonne. Nous ne manquons point de fusils ici.

NAPOLÉON.

2045. — AU MARÉCHAL BERTHIER.

Bayonne, 25 juin 1808.

Mon Cousin, écrivez au général Thouvenot qu'il n'y a pas de doute qu'il doive faire prendre les fusils qui sont à Tolosa.

NAPOLÉON.

2046. — DÉCISION.

Bayonne, 25 juin 1808.

Le général Lamartillière, commandant en chef les gardes nationales d'élite des 10ᵉ et 11ᵉ divisions militaires, rend compte au maréchal Berthier qu'une colonne de gardes nationales d'élite, à l'effectif de 706 hommes, partira demain 25 de Saint-Jean-Pied-de-Port pour rejoindre la colonne Piré.

Répondre au général Lamartillière de faire connaître le jour où ces troupes arrivent à Pau, l'état de situation de chaque compagnie, qui est-ce qui commande et si ces hommes pourront partir après-demain 27.

NAPOLÉON.

2047. — DÉCISION.

Bayonne, 26 juin 1808.

Le maréchal Berthier rend compte à l'Empereur de la composition de la colonne de 1.200 hommes de gardes nationales, commandée par le colonel de Piré, ainsi que de la composition du détachement qui se trouve encore avec le général Lamartillière.

Faire partir ces 1.200 hommes pour la citadelle de Pampelune où ils resteront jusqu'à nouvel ordre.

NAPOLÉON.

2048. — DÉCISION (1).

Le maréchal Berthier propose à l'Empereur d'alléger les charges qui pèsent sur le pays d'Erfurt, où se trouvent depuis longtemps plus de 2.000 chevaux des parcs d'artillerie et du génie, en envoyant le parc du génie et 500 chevaux du parc d'artillerie à Fulda.

L'intendant de la province et l'intendant général attestent la détresse de ce pays.

Accordé.

NAPOLÉON.

2049. — AU GÉNÉRAL CLARKE.

26 juin 1808.

Monsieur le général Clarke, le 2ᵉ régiment d'infanterie de ligne qui a son dépôt à Alexandrie a 18 sous-officiers au dépôt des conscrits réfractaires à Briançon. Donnez ordre que 9 de ces sous-officiers se rendent à Alexandrie pour instruire les conscrits.

NAPOLÉON.

2050. — DÉCISION (2).

Bayonne, 26 juin 1808.

Le maréchal Berthier rend compte à l'Empereur que la troisième colonne des gardes nationales du général Lamartillière, forte de 202 hommes, a dû arriver hier 24 à Pau.

Ces 200 hommes sont-ils compris dans les 1.200 ?

2051. — DÉCISION.

Bayonne, 26 juin 1808.

Pour rassurer les habitants des communes frontières du département de l'Ariège, qui se disent me-

J'avais ordonné qu'il fût levé un bataillon de gardes nationales dans ce département, et que

---

(1) Non datée; elle a été expédiée le 26 juin 1808.
(2) Non signée.

nacés par les incursions de brigands espagnols, le général de brigade Miquel propose de donner des armes à ceux de ces habitants connus pour leur bon esprit et de les placer sous les ordres de la gendarmerie.

500 fusils fussent dirigés sur Foix à cet effet. Faites partir sur-le-champ ces 500 fusils et demandez au préfet pourquoi ce bataillon n'est pas levé. Ecrire également dans les départements de la Haute-Garonne qu'on envoie un bataillon de gardes nationales sur la frontière.

NAPOLÉON.

2052. — DÉCISION.

Bayonne, 27 juin 1808.

Le général Legrand demande un congé de trois mois pour aller aux eaux.

Accordé.

NAPOLÉON.

2053. — DÉCISION.

27 juin 1808.

Le maréchal Berthier demande l'autorisation de faire payer sur les fonds de la caisse de réserve une somme de 43.900 francs à titre d'acompte aux entrepreneurs chargés du transport de 60.000 pieds cubes de bois de construction de Bayonne à Bordeaux.

Accordé.

NAPOLÉON.

2054. — DÉCISION (1).

Bayonne, 28 juin 1808.

Le maréchal Berthier demande s'il est conforme à l'intention de l'Empereur que la compagnie d'apprentis canonniers, arrivée hier à Bayonne, parte sur-le-champ pour Lisbonne, ainsi qu'elle en a reçu l'ordre du ministre de la marine.

L'armer de bons fusils et me la présenter demain à 9 heures à mon lever.

---

(1) Non signée.

2055. — DÉCISION (1).

Bayonne, 28 juin 1808.

Le maréchal Berthier sollicite les ordres de l'Empereur relativement à la destination du bataillon provisoire formé à Bordeaux de quatre compagnies tirées des 26°, 66°, 82° régiments de ligne et 31° légère.

Le diriger en toute diligence sur Bayonne.

2056. — DÉCISION (2).

Le ministre demande quel sera le traitement de l'intendant général de l'armée d'Espagne et quelle sera la somme accordée pour ses frais de bureau.

Accordé 25.000 francs d'extraordinaire, 3.000 francs de traitement par mois et 10.000 de frais de bureau.

NAPOLÉON.

2057. — DÉCISIONS.

Bayonne, 30 juin 1808.

Sire, M. le maréchal Victor fait une demande de congé de trois mois en faveur de M. le général de division Lapisse qui, ayant la santé très délabrée, a besoin d'aller prendre les eaux minérales.

Accordé pour six semaines.

Le même maréchal fait également une demande de congé de trois mois en faveur de M. Gérard, colonel du 2° régiment de hussards, pour aller vaquer aux affaires du corps au dépôt et à ses affaires de famille à Strasbourg.

Accordé pour six semaines.

M. le duc d'Arenberg sollicite aussi un congé de trois mois en faveur de M. Ameil, major du régiment des chevau-légers belges, pour venir en France mettre ordre

Accordé pour six semaines.

---

(1) Non signée.
(2) Non datée; extraite du « Travail du ministre directeur de l'administration de la guerre avec S. M. l'Empereur et Roi, daté du 29 juin 1808 ».

à ses affaires de famille qui, depuis longtemps, sont en souffrance.

M. le maréchal Soult fait une pareille demande en faveur de M. Cazeneuve, chef de bataillon au 57ᵉ régiment, pour venir prendre les eaux en France ; sa santé se trouve très délabrée par suite des blessures qu'il a reçues.

Accordé.

Le colonel du 69ᵉ régiment demande un congé de quatre mois pour M. Demange, capitaine dans ce régiment, qui a des affaires de famille pressantes à régler.

Accordé.

Le général Reynaud demande un congé de deux mois en faveur de M. Begeon, l'un de ses aides de camp, pour venir en France rétablir sa santé et vaquer à des affaires de famille. M. le général Espagne appuie cette demande.

Accordé.

NAPOLÉON.

Je prie Votre Majesté de me faire connaître ses intentions.

*Le prince de Neuchâtel,
vice-connétable, major général,*
ALEXANDRE.

2058. — DÉCISION.

Bayonne, 30 juin 1808.

Rapport par lequel le maréchal Berthier rend compte à l'Empereur que des négociants de Berlin demandent l'autorisation de faire fabriquer 400 fusils à Spandau et Potsdam pour le compte du prince de Mecklenburg-Strelitz.

Accordé.

NAPOLÉON.

2059. — DÉCISION.

Bayonne, 30 juin 1808.

Le maréchal Berthier rend compte à l'Empereur qu'il a donné l'ordre aux troupes destinées à composer la division du général Mouton de continuer leur marche sur Vitoria. Ces troupes sont : le 4⁰ d'infanterie légère, le 15⁰ de ligne, le bataillon de la garde de Paris.

Il a, en même temps, donné l'ordre au 4⁰ d'infanterie portugais de se rendre de Vitoria à Bayonne.

Donnez également l'ordre au bataillon du 14⁰ provisoire qui est à Vitoria d'en partir le 2 juillet, aussitôt l'arrivée du 4⁰ régiment d'infanterie légère, pour se rendre à marches forcées sur Burgos. Tout ce qui se trouve à Vitoria faisant partie de la division Verdier restera sous les ordres du général Mouton.

NAPOLÉON.

2060. — DÉCISION (1).

Par un rapport en date du 29 juin 1808, le maréchal Berthier présente à l'Empereur une pétition de la municipalité de Vitoria ayant pour objet d'obtenir la mise en liberté de trois habitants de cette ville injustement accusés d'embauchage.

Accordé.

NAPOLÉON.

2061. — DÉCISION (2).

Juillet 1808.

Demande du colonel du 2⁰ régiment de chasseurs napolitains à l'effet d'être autorisé à conserver dans son corps un militaire, atteint aujourd'hui par la conscription, qui s'y est enrôlé volontairement et qui, par sa bonne conduite, est parvenu au grade de brigadier fourrier.

Approuvé.

---

(1) Non datée; elle a été expédiée le 30 juin.
(2) Sans date de jour, non signée; extraite du « Travail du ministre de la guerre avec S. M. l'Empereur et Roi, du 22 juin 1808 ».

2062. — AU MARÉCHAL BERTHIER.

Bayonne, 1ᵉʳ juillet 1808.

Mon Cousin, envoyez l'ordre aux deux premiers escadrons du 26ᵉ de chasseurs qui sont à Saumur, sur la Loire, de se compléter à 500 chevaux et de partir pour Bayonne. Envoyez-moi l'état des mouvements que j'ai ordonnés sur Perpignan.

NAPOLÉON.

2063. — DÉCISION.

Bayonne, 1ᵉʳ juillet 1808.

Le maréchal Berthier demande les ordres de l'Empereur au sujet de 6 hommes du bataillon de chasseurs de la Guyane embarqués à Cayenne sur le brick *l'Oreste* pour aller en course, puis débarqués à Bayonne.	Les rembarquer sur le troisième mouche pour les renvoyer à Cayenne, s'ils sont dans le cas de servir.

NAPOLÉON.

2064. — AU GÉNÉRAL CLARKE.

1ᵉʳ juillet 1808.

Monsieur le général Clarke, vous voudrez bien ordonner que les 108ᵉ et 48ᵉ complètent chacun le bataillon qu'ils ont au camp d'Eecloo, à six compagnies à 600 ou 700 hommes, et que le 65ᵉ envoie à ce camp deux compagnies de 100 hommes chacune, lesquelles, avec quatre compagnies du 72ᵉ, formeront un bataillon provisoire. Ces trois bataillons formeront un régiment qui sera commandé par un adjudant commandant ou par un général de brigade qui aura le commandement du camp d'Eecloo ; ce renfort portera ce camp à près de 2.000 hommes ; vous donnerez ordre que ces troupes soient exercées et qu'elles reçoivent les vivres de campagne. Il n'y aura plus alors de bataillon provisoire.

Vous donnerez ordre également que le 13ᵉ d'infanterie légère fournisse six compagnies formant 800 hommes ; que la 1ʳᵉ légion fournisse également un bataillon de 800 hommes et le 3ᵉ régiment suisse quatre compagnies de 400 hommes pour le camp de Blankenberghe, ce qui portera ce camp également à 2.000 hommes, qui seront commandés par un adjudant commandant ou un général de brigade. Ces hommes recevront les vivres de campagne, seront exercés et tenus prêts à se porter partout.

Vous donnerez ordre que les 19°, 25°, 28°, 46°, 50° et 75° forment chacun un bataillon de six compagnies et de 700 à 800 hommes, y compris les grenadiers et voltigeurs qui sont au camp de Boulogne et qui se réuniront à leurs bataillons, ce qui renforcera de 4.000 à 5.000 hommes le camp de Boulogne.

Vous donnerez ordre que la 2° légion, qui est à Metz, fasse partir un bataillon de 1.000 hommes pour Paris ; que le régiment suisse, qui est à Rennes, complète le bataillon qu'il a à ce camp, au moins à 600 hommes, et que les 3° et 4° légions complètent les bataillons qu'elles ont au même camp, à 1.000 hommes chacun.

Aussitôt que les dépôts des 44°, 43°, 51° et 14° auront habillé leur monde, ils les feront partir par détachements de 200 hommes pour compléter les deux bataillons qu'ils ont audit camp.

Vous ordonnerez que les dépôts des 36° et 55°, à mesure qu'ils auront 100 hommes disponibles, les envoient au camp de Boulogne pour compléter leurs bataillons ; par ce moyen, les camps de Boulogne et de Rennes recevront une grande augmentation.

Vous donnerez l'ordre que le dépôt du 14° de ligne, qui est à Sedan, fasse partir 400 hommes pour compléter ses cadres au camp de Rennes ; à mesure qu'il aura 100 hommes disponibles, il les fera également partir jusqu'au complétement desdits cadres.

Vous donnerez l'ordre que les dépôts du 15° de ligne, 47°, 86° et 70° fournissent chacun deux compagnies de 140 hommes pour se réunir à Rennes et former un bataillon provisoire qui s'y exercera et augmentera la force du camp.

NAPOLÉON.

2065. — DÉCISION (1).

Par un rapport en date du 30 juin 1808, le maréchal Berthier propose à l'Empereur de faire armer le fort de Mont-Louis, dans les Pyrénées-Orientales, et d'y mettre les troupes les moins valides de la colonne mobile.

Accordé.

NAPOLÉON.

(1) Sans date; la décision a été expédiée le 2 juillet.

2066. — DÉCISIONS (1).

2 juillet 1808.

On demande les ordres de Sa Majesté sur le remplacement provisoire du manège couvert de Mayence, qui a été prêté à la ville pour servir de salle de spectacle pendant le séjour de S. M. l'impératrice dans cette place.

La proposition du ministre est approuvée.

Projet de décret tendant à céder les casernes de Saint-Jean-d'Angély à la ville à charge d'entretien et sous la condition que la dépense à faire pour l'achèvement de la caserne des Capucines sera supportée par les communes de l'arrondissement.

Approuvé.

On soumet à Sa Majesté un projet de décret afin d'autoriser la remise à la ville de Cette d'un corps de logis servant de caserne, lequel est contigu à l'hôtel de la mairie, à charge par la commune de payer, suivant l'offre qu'elle en a faite, une somme de 18.000 francs pour être appliquée à l'achèvement d'une grande caserne établie dans l'ancienne manufacture de tabac.

Approuvé.

On propose à Sa Majesté de décréter que la place de Kehl est dans la 3ᵉ classe.

Sa Majesté n'a pas jugé qu'il fût nécessaire de changer de classe la place de Kehl.

2067. — AU MARÉCHAL BERTHIER.

Bayonne, 2 juillet 1808.

Mon Cousin, faites partir demain la compagnie des apprentis canonniers de la marine, destinée pour le Portugal, pour Saint-Sébastien, où elle tiendra garnison jusqu'à ce que le passage soit

---

(1) Non signées; extraites du « Travail du ministre de la guerre avec S. M. l'Empereur et Roi, du 15 juin 1808 ». Ces décisions sont de la main de Maret.

ouvert. Faites partir également 100 hommes des conscrits du dépôt des régiments provisoires, conduits par trois officiers. Ces 100 hommes seront partagés à raison de 25 entre les quatre compagnies du 3ᵉ bataillon qui se trouvent à Saint-Sébastien.

Demandez au général Belliard un état de situation qui fasse connaître où en sont tous les régiments de l'armée à l'époque de l'envoi dudit état.

NAPOLÉON.

2068. — DÉCISIONS (1).

Bayonne, 3 juillet 1808.

On prie Sa Majesté de faire connaître ses intentions relativement à l'imputation sur le fonds de réserve d'une dépense de 72.000 francs qu'exige le rétablissement d'une partie de revêtement détruit par la tempête à Flessingue.	Accordé.
On demande à Sa Majesté l'autorisation de payer sur les fonds du ministère de la guerre la dépense faite en 1807 à l'occasion de la fête relative à la remise de l'épée du grand Frédéric.	Approuvé.
On propose d'autoriser les commissaires des guerres à faire payer aux militaires pensionnés les rappels auxquels ils ont droit, en justifiant de la cause qui les a empêchés de se présenter chez le payeur du 1ᵉʳ au 30 du premier mois du trimestre expiré.	Accordé.
On propose d'accorder une gratification de 1.200 francs à l'inspecteur par intérim de la manufacture impériale d'armes de Liège.	Accordé.

(1) Non signées; extraites du « Travail du ministre de la guerre avec S. M. l'Empereur et Roi, du 22 juin 1808 ».

On soumet à Sa Majesté la demande que fait le général de division Trelliard d'être employé dans les armées actives.

Ce général de division sera employé à former, réunir et commander les escadrons provisoires dont je vais ordonner incessamment la formation pour se rendre à la Grande Armée; en attendant, qu'il reste où il est.

On propose à Sa Majesté de vouloir bien accorder à M. le général Buquet, chef de l'état-major de la gendarmerie, le traitement extraordinaire déterminé pour les généraux de brigade qui commandent un département.

Accordé.

M. Truc, qui commandait la batterie Napoléon à Cherbourg, a perdu la totalité de ses effets, ceux de sa famille, et se trouve dans le dénuement le plus absolu. On prie Sa Majesté d'accorder à cet officier une indemnité de 2.000 francs.

Accordé.

Les officiers du régiment des dragons toscans, qui doivent prendre un nouvel uniforme, sollicitent une indemnité.

Accordé.

On demande à Sa Majesté si son intention est d'accorder à ces officiers le montant de la gratification de campagne.

2069. — DÉCISION (1).

Bayonne, 3 juillet 1808.

On demande à Sa Majesté si la dépense résultant :
1° Des fournitures en nature qui seront faites aux troupes hollandaises à Blankenberghe et à l'île de Kadzand ;

Ils seront soldés par la Hollande et entretenus par moi, s'ils font le service sur mon territoire.

NAPOLÉON.

(1) Extraite du « Travail du ministre directeur de l'administration de la guerre avec S. M. l'Empereur et Roi, daté du 22 juin 1808 ».

2° Du traitement de leurs malades dans les hôpitaux français, sera à la charge de la France ou remboursée par le gouvernement hollandais.

2070. — DÉCISION.

Bayonne, 4 juillet 1808.

Le maréchal Berthier rend compte que le 6ᵉ bataillon *bis* du train d'artillerie n'a que 10 hommes en état de servir.

Accordé la moitié des hommes qui sont au dépôt des équipages militaires.

Napoléon.

2071. — DÉCISION (1).

Bayonne, 5 juillet 1808.

On prie Sa Majesté de vouloir bien faire connaître ses intentions relativement à une fabrication de 100.000 rations de biscuit ordonnée par le commissaire des guerres à Perpignan.

Approuvé.

Napoléon.

2072. — AU MARÉCHAL BERTHIER.

Bayonne, 5 juillet 1808.

Mon Cousin, faites payer aujourd'hui au 12ᵉ régiment d'infanterie légère sa gratification de la Grande Armée.

Napoléon.

2073. — AU GÉNÉRAL CLARKE.

5 juillet 1808.

Monsieur le général Clarke, le 14ᵉ et le 44ᵉ de ligne ont reçu l'ordre de se rendre en poste à Bayonne. Le 43ᵉ remplace le 14ᵉ au camp de Pontivy. Le 44ᵉ sera remplacé à Rennes par un bataillon provisoire composé de deux compagnies de chacun des 15ᵉ de

---

(1) Extraite du « Travail du ministre directeur de l'administration de la guerre avec S. M. l'Empereur et Roi, daté du 6 juillet 1808 ».

ligne, 70°, 86° et 47°, et par un bataillon de la 2° légion de réserve qui est à Metz et que vous avez reçu l'ordre de faire venir à Paris ; après que vous en aurez fait passer la revue et que vous lui aurez fait fournir tout ce dont il aura besoin, vous lui ferez continuer sa marche sur Rennes.

Donnez ordre que tout ce que les dépôts des 14° et 44° de ligne peuvent fournir pour compléter leurs trois premiers bataillons parte sans délai pour Bayonne ; à leur arrivée à Bayonne, ces régiments seront formés à dix-huit compagnies ou trois bataillons chacun.

J'ai ordonné que les 2° et 12° légère qui sont ici fussent également formés à trois bataillons. Le cadre du 3° bataillon attend ici les détachements qui doivent le compléter.

Faites partir de Paris, pour recruter les bataillons, tout ce qu'il y a de disponible des 2°, 4° et 12° d'infanterie légère.

NAPOLÉON.

2074. — DÉCISION.

Bayonne, 5 juillet 1808.

Rapport par lequel M. Daru rend compte à l'Empereur qu'il reste disponible dans la caisse du receveur général des contributions une somme de 718,422 fr. 22 en billets du Trésor prussien, et il demande l'autorisation d'en disposer pour faire payer un acompte aux fonctionnaires, invalides, pensionnaires et rentiers des provinces conquises.

Accordé.

NAPOLÉON.

2075. — DÉCISION (1).

Bayonne, 5 juillet 1808.

Le maréchal Berthier rend | Ces deux détachements seront

---

(1) Sur la même feuille figurait une autre décision, relative au même rapport de Berthier et qui a été barrée et remplacée par la présente. Cette première décision était ainsi conçue : « Faire passer demain la revue de ces détachements par le commandant de la place, pour leur fournir tout ce qui leur manque et les diriger sur Saint-Sébastien. Ces deux détachements entreront dans le bataillon des hommes isolés destinés à entrer en Portugal aussitôt que les communications seront ouvertes. »

compte à l'Empereur que le détachement de la légion du Midi, composé de 1 capitaine et 46 sous-officiers et soldats, et le détachement de la légion hanovrienne, composé de 1 capitaine et de 64 sous-officiers et soldats, viennent d'arriver à Bayonne.

joints au bataillon provisoire qui a été formé à Bordeaux et qui va arriver.

NAPOLÉON.

2076. — ORDRE DE L'EMPEREUR.

6 juillet 1808.

Presser la formation des chasseurs de la montagne ou miquelets que le département de l'Ariège doit fournir.

Le secrétaire général,

FRIRION.

2077. — AU GÉNÉRAL CLARKE.

Bayonne, 6 juillet 1808.

Monsieur le général Clarke, il sera formé trois brigades composées de régiments de marche, sous les ordres du maréchal Kellermann.

La 1re brigade se réunira à Wesel, la 2e à Mayence et la 3e à Strasbourg.

La 1re brigade sera composée du 1er et du 5e régiments de marche.

Le 1er régiment de marche sera composé de détachements d'hommes nécessaires pour compléter les régiments d'infanterie du 1er corps de la Grande Armée ; le 5e régiment de marche, des détachements nécessaires pour compléter le 5e corps de la Grande Armée.

Le 1er régiment de marche sera composé de deux bataillons :

1er bataillon.... { 2 compagnies de 140 hommes chacune du 8e de ligne.
4 compagnies de 140 hommes chacune du 63e de ligne.

2ᵉ bataillon.....
- 2 compagnies de 140 hommes chacune du 94ᵉ de ligne.
- 2 compagnies de 140 hommes chacune du 95ᵉ de ligne.
- 1 compagnie de 140 hommes du 96ᵉ de ligne.
- 1 compagnie de 140 hommes du 9ᵉ légère.

Le 5ᵉ régiment de marche sera composé de deux bataillons :

1ᵉʳ bataillon....
- 2 compagnies de 140 hommes chacune du 64ᵉ de ligne.
- 3 compagnies de 140 hommes chacune du 88ᵉ de ligne.
- 3 compagnies de 140 hommes chacune du 22ᵉ de ligne.

Le 22ᵉ de ligne n'appartient pas au 5ᵉ corps, il appartient au 4ᵉ ; mais, comme il se trouve à Wesel, on a jugé à propos de le comprendre dans le 5ᵉ régiment de marche.

2ᵉ bataillon.....
- 2 compagnies de 140 hommes chacune du 21ᵉ légère.
- 3 compagnies de 140 hommes chacune du 28ᵉ légère.
- 1 compagnie de 140 hommes du 27ᵉ légère.

Chacun de ces régiments sera commandé par un major et chaque bataillon par un chef de bataillon. Cette brigade, forte de 3.000 à 3.500 hommes, sera formée sans délai et sera composée d'hommes bien habillés et bien équipés. Le maréchal Kellermann proposera un général de brigade pour la commander et la tiendra prête à se porter partout où elle serait nécessaire.

La 2ᵉ brigade, qui se réunira à Mayence, sera composée des 3ᵉ et 6ᵉ régiments de marche, composés chacun de détachements des 3ᵉ et 6ᵉ corps de la Grande Armée, qui ont besoin d'être renforcés pour être portés au complet.

Le 3ᵉ régiment de marche sera composé de deux bataillons :

1ᵉʳ bataillon....
- 3 compagnies de 140 hommes chacune du 30ᵉ de ligne.
- 3 compagnies de 140 hommes chacune du 33ᵉ de ligne.

2ᵉ bataillon..... { 3 compagnies de 140 hommes chacune du 61ᵉ de ligne.
3 compagnies de 140 hommes chacune du 85ᵉ de ligne.
3 compagnies de 140 hommes chacune du 111ᵉ de ligne.

Le 6ᵉ régiment de marche sera composé de deux bataillons :

1ᵉʳ bataillon.... { 3 compagnies de 140 hommes chacune du 69ᵉ de ligne.
3 compagnies de 140 hommes chacune du 59ᵉ de ligne.
1 compagnie de 140 hommes du 76ᵉ de ligne.

2ᵉ bataillon..... { 2 compagnies de 140 hommes chacune du 6ᵉ légère.
2 compagnies de 140 hommes chacune du 25ᵉ légère.
3 compagnies de 140 hommes chacune du 27ᵉ de ligne.

Cette brigade se réunira à Mayence.

La 3ᵉ brigade sera composée du 4ᵉ régiment de marche, qui sera formé des détachements du 4ᵉ corps.

Le 4ᵉ régiment de marche sera composé de deux bataillons :

1ᵉʳ bataillon.... { 1 compagnie de 140 hommes du 4ᵉ de ligne.
1 compagnie de 140 hommes du 18ᵉ de ligne.
2 compagnies de 140 hommes chacune du 57ᵉ de ligne.
3 compagnies de 140 hommes chacune du 105ᵉ de ligne.

2ᵉ bataillon..... { 3 compagnies de 140 hommes chacune du 10ᵉ légère.
3 compagnies de 140 hommes chacune du 24ᵉ légère.
3 compagnies de 140 hommes chacune du 26ᵉ légère.

Cette brigade se réunira à Strasbourg.

Les brigades de Wesel et de Mayence doivent être prêtes à se porter, soit sur la Grande Armée, pour être incorporées dans les régiments et les porter au complet, soit en Hollande et sur les côtes, si les Anglais tentaient quelque chose sur Flessingue ou Boulogne.

NAPOLÉON.

2078. — DÉCISION (1).

Marracq, 6 juillet 1808.

Renvoyé au major général pour écrire à l'adjudant commandant Lomet de faire faire des fonds pour payer les gardes nationales.

2079. — DÉCISION.

Bayonne, 6 juillet 1808.

Le maréchal Berthier rend compte à l'Empereur qu'il a fait payer hier, au 12º régiment d'infanterie légère conformément aux ordres de Sa Majesté, une avance de 100.000 francs ; il demande l'autorisation de faire payer la même somme au 2º d'infanterie légère.

Accordé.

NAPOLÉON.

2080. — DÉCISION (2).

On propose à Sa Majesté d'accorder à M. Ameil, major du 27º régiment de chasseurs, le congé demandé pour cet officier par M. le duc d'Arenberg, colonel de ce régiment.

Cela a été fait par le prince vice-connétable.

NAPOLÉON.

---

(1) Non signée. La pièce à laquelle se rapporte la présente décision n'a pas été retrouvée.
(2) Sans date; extraite du « Travail du ministre de la guerre avec S. M. l'Empereur et Roi, du 6 juillet 1808 ».

2081. — AU MARÉCHAL BERTHIER.

Bayonne, (1) juillet 1808.

Mon Cousin, expédiez sur-le-champ le décret ci-joint (2) à l'état-major à Madrid. Les colonels seront choisis parmi les majors les plus capables, et le plus possible dans la même division. S'il y a des chefs de bataillon de trop, il faut en affecter aux 5es bataillons jusqu'à ce qu'il y ait des places vacantes. Vous chargerez l'intendant général de choisir les quartiers-maîtres. Il ne sera pas formé, quant à présent, de compagnies de grenadiers et de voltigeurs ; les unes et les autres ne le seront qu'à la fin de la campagne. Ce sera un moyen de récompenser les officiers et soldats qui se seront distingués. Vous donnerez pour instruction que ceux qui seront désignés pour grenadiers et voltigeurs ne recevront de haute paye qu'à partir du 15 août. Le 1er bataillon du dépôt général des régiments provisoires, qui est à Pampelune, formera le 3e bataillon du 118e ; le 2e bataillon du dépôt, qui est à Burgos, formera le 4e bataillon. Il faudra porter ces deux bataillons à six compagnies. Quant au 3e bataillon du dépôt général des régiments provisoires, on le laissera subsister comme il est, soit pour être incorporé dans les régiments définitifs qui en auront le plus besoin, soit dans le 15e de ligne.

2082. — AU MARÉCHAL BERTHIER.

Bayonne, 8 juillet 1808.

Mon Cousin, le bataillon de marche dont j'ai passé hier la revue et qui est composé d'une compagnie du 31e légère, d'une du 20e, d'une du 66e, d'une du 82e, d'une de la légion hanovrienne et d'une de la légion du Midi, portera le nom de bataillon de marche de l'armée du Portugal, ce bataillon étant destiné à se rendre, aussitôt que cela sera possible, en Portugal, pour renforcer les corps qui s'y trouvent.

NAPOLÉON.

---

(1) Sans date de jour, expédié le 8.
(2) Il s'agit du décret du 7 juillet qui organise les 15 régiments provisoires des armées d'Espagne en 8 régiments d'infanterie.

2083. — AU MARÉCHAL BERTHIER.

Bayonne, 8 juillet 1808.

Mon Cousin, le bataillon de marche composé de trois compagnies du 7ᵉ de ligne et de trois compagnies du 93ᵉ portera le nom de 1ᵉʳ bataillon de marche de Catalogne. Le bataillon de marche composé de deux compagnies du 37ᵉ, de deux compagnies du 2ᵉ de ligne et de deux compagnies du 56ᵉ, portera le nom de 2ᵉ bataillon de marche de Catalogne. Le bataillon de marche composé de deux compagnies suisses et de deux compagnies du 16ᵉ de ligne portera le nom de 3ᵉ bataillon de marche de Catalogne.

NAPOLÉON.

2084. — AU GÉNÉRAL CLARKE.

Bayonne, 8 juillet 1808.

Monsieur le général Clarke, le 26ᵉ de ligne a 270 hommes à l'île d'Aix, 300 à l'île d'Yeu, 500 au dépôt. Donnez l'ordre que tout un bataillon soit réuni à l'île d'Aix de manière à réunir là 600 hommes de ce régiment.

Le 66ᵉ a 49 hommes à l'île d'Aix, 400 aux Sables et 200 à Bordeaux ; lors de la situation il avait encore 300 conscrits à recevoir ; il aura donc un millier d'hommes. Donnez l'ordre qu'un bataillon entier soit réuni à l'île d'Aix de manière qu'il y ait là au moins 600 hommes.

La 82ᵉ a 150 hommes à l'île d'Aix, 600 au dépôt de La Rochelle ; il avait encore 200 conscrits à recevoir, ce qui fait 950 hommes. Donnez ordre qu'on réunisse un bataillon entier d'au moins 600 hommes à l'île d'Aix.

Par ce moyen, il y aura à l'île d'Aix trois bataillons formant 1.800 hommes présents sous les armes ; alors, le détachement du 31ᵉ d'infanterie légère pourra quitter l'île d'Aix et se rendre à Bayonne.

Donnez l'ordre également que tout ce que le 31ᵉ d'infanterie légère aurait à Napoléonville ou sur tout autre point de la 12ᵉ division militaire se réunisse à son dépôt à Bayonne.

Donnez l'ordre que le 3ᵉ bataillon de la 3ᵉ légion de réserve, qui est à Belle-Ile, à Lorient et autres points, soit relevé par le 5ᵉ bataillon, et que ce 3ᵉ bataillon remplace le 5ᵉ au camp de Pontivy. Ce 3ᵉ bataillon, composé de soldats tout formés, sera plus utile au camp.

Napoléon.

2085. — AU GÉNÉRAL CLARKE.

Bayonne, 8 juillet 1808.

Monsieur le général Clarke, je vous ai mandé de faire partir des dépôts des 2ᵉ, 4ᵉ, 12ᵉ d'infanterie légère et 14ᵉ de ligne, tout ce qui serait disponible, pour compléter les bataillons qui sont à l'armée d'Espagne.

Le 12ᵉ d'infanterie légère a une compagnie à Rennes ; il faut la faire partir pour Bayonne.

Les 14ᵉ et 44ᵉ de ligne sont en route pour se rendre à Bayonne, faites partir de leurs dépôts tout ce qui sera disponible afin que les trois bataillons de ces régiments puissent être complets. Le 14ᵉ a 800 hommes à son dépôt à Sedan ou Mézières ; il peut donc en faire partir 600. Le 44ᵉ a aussi des hommes à son dépôt ; il faut que vous les fassiez partir.

Complétez également les trois premiers bataillons des 43ᵉ et 51ᵉ qui doivent être à Rennes. Il est possible que j'appelle d'un moment à l'autre ces régiments à Bayonne ; il faut qu'ils soient complets.

Napoléon.

2086. — AU GÉNÉRAL CLARKE.

Bayonne, 8 juillet 1808.

Monsieur le général Clarke, donnez ordre que les compagnies de grenadiers et de voltigeurs des 44ᵉ et 58ᵉ de ligne qui sont à la division Oudinot, soient réunies en un seul bataillon de marche et dirigées sur Wesel. Vous me ferez connaître l'époque de leur arrivée dans cette ville, afin que je vous donne des ordres pour qu'elles rejoignent leurs corps.

Je suppose qu'il n'y a pas, à la division Oudinot, d'autres compagnies dont les régiments soient rentrés en France ; s'il y en a, faites-le moi connaître, afin que je donne des ordres en conséquence.

NAPOLÉON.

2087. — DÉCISION (1).

Le maréchal Berthier rend compte à l'Empereur que le duc de Frioul, en vue de la formation d'une nouvelle division d'artillerie, propose d'autoriser les commandants des dépôts du train de la garde et du 6⁰ bataillon *bis* à acheter entre eux 100 chevaux ou mulets de trait et à faire confectionner 100 harnais, ainsi qu'à prendre à Bayonne les hommes des équipages militaires qui y sont encore.

Approuvé.

NAPOLÉON.

2088. — DÉCISIONS (2).

10 juillet 1808.

Compte rendu sur l'organisation actuelle du service des côtes en Toscane et sur les mesures prises et à prendre pour l'assimiler à celle de l'Empire.

Il faut faire construire au pied des tours une petite batterie avec un fossé, qui sera défendue par la tour, et ces batteries seront de deux pièces de 24 et de 36.

On prie Sa Majesté de faire connaître ses intentions sur la demande du sieur Allix, ex-colonel d'artillerie, d'être autorisé à faire imprimer un ouvrage relatif aux moyens d'effectuer sur les monta-

Faire voir cet ouvrage par un comité de l'artillerie, et, s'il est bon, il est inutile de l'imprimer, il faut le garder au dépôt.

---

(1) Non datée; la décision a été expédiée le 8 juillet.
(2) Non signées; extraites du « Travail du ministre de la guerre avec S. M. l'Empereur et Roi, du 29 juin 1808 ».

gnes le passage de l'artillerie d'une armée en même temps que l'armée.

Le ministre rend compte à Sa Majesté qu'il a accordé le supplément de guerre sans traitement de représentation aux officiers généraux et d'état-major employés dans l'île de Kadzand pour le temps où les troupes qu'ils commandent recevront les vivres de campagne. Sa Majesté est priée de vouloir bien approuver cette mesure.

Approuvé.

Le ministre rend compte à Sa Majesté qu'il a accordé le supplément de guerre sans traitement de représentation aux officiers généraux et d'état-major commandant les troupes à l'île d'Aix pour le temps où ces troupes recevront les vivres de campagne.

Accordé.

Proposition d'accorder une gratification de 1.000 francs à M. Collombier, professeur de dessin à l'école d'artillerie à Turin.

Accordé.

On prie Sa Majesté de vouloir bien faire connaître si son intention est qu'une compagnie des chevau-légers du grand-duc de Berg soit soldée aux frais du Trésor de France.

Ni soldé, ni nourri, ni habillé.

On propose à Sa Majesté d'autoriser le sieur Clary, sous-lieutenant au 4ᵉ régiment de chasseurs, à passer au service du royaume de Naples.

Accordé, le remplacer.

2089. — DÉCISIONS (1).

10 juillet 1808.

Le ministre prie Sa Majesté de l'autoriser à prendre dans le dépôt des équipages, à Commercy, les 105 hommes qui manquent au complet des 10ᵉ et 11ᵉ bataillons de ce service.

Approuvé.

NAPOLÉON.

On rend compte à Sa Majesté des dispositions faites pour garnir en objets de premier secours les fourgons d'ambulance à la suite des régiments d'infanterie et de cavalerie de la Grande Armée. On a ordonné l'envoi à Berlin de ceux de ces objets en réserve à Mayence et à Strasbourg, de sorte que la dépense restant à faire pour compléter les demandes de M. l'intendant général se trouve réduite à 33.920 francs, tandis qu'elle se serait élevée à environ 83.000 francs s'il avait fallu tout acheter. Des mesures sont prises pour accélérer les achats.

Approuvé.

NAPOLÉON.

On prie Sa Majesté de vouloir bien faire connaître si l'on doit entretenir au mont Lambert, à Boulogne, l'approvisionnement de réserve pour 400 hommes pour un mois, qui y a été formé en exécution d'un décret impérial du 18 janvier 1807.

Oui.

NAPOLÉON.

On prie Sa Majesté de vouloir bien faire connaître :

1° Si Elle consent à autoriser la mise en consommation de 357.625 rations de biscuit de l'approvision-

Il faut les remplacer.

NAPOLÉON.

---

(1) Extraites du « Travail du ministre directeur de l'administration de la guerre avec S. M. l'Empereur et Roi, daté du 29 juin 1808 ».

nement de réserve de Palmanova qui ne peut se conserver que huit mois ;

2° Si, dans le cas d'affirmative, cette quantité de biscuit devra être remplacée.

On propose à Sa Majesté d'accorder à un médecin de l'hôpital militaire de Mayence la permission de passer au service de S. A. R. le grand-duc de Hesse, l'obtention de cette faveur ne pouvant en rien compromettre le service.

Accordé.

Napoléon.

2090. — AU MARÉCHAL BERTHIER.
Bayonne, 10 juillet 1808.

Mon Cousin, donnez ordre au général de division Grandjean de se rendre à Paris. Il est à Stettin.

Napoléon.

2091. — AU MARÉCHAL BERTHIER.
Bayonne, 10 juillet 1808.

Mon Cousin, je suppose que vous avez envoyé un courrier au prince de Ponte-Corvo avec une centaine d'exemplaires des imprimés, discours, proclamations qui ont été faits à Bayonne, et autant de la Constitution.

Mandez au prince de Ponte-Corvo de faire prêter le serment au roi par les troupes espagnoles, en prenant pour cela le moment favorable. Ecrivez-lui une longue dépêche et envoyez-lui un détail circonstancié de l'entrée du roi en Espagne.

Napoléon.

2092. — DÉCISION.
10 juillet 1808.

Le général Clarke demande l'autorisation de pourvoir au remplacement d'officiers de troupes à cheval qui comptent à leurs corps respectifs, quoique employés comme aides de camp.

Accordé.

Napoléon.

2093. — DÉCISION.

10 juillet 1808.

Le général Clarke rend compte que le général Demarçay a donné sa démission de premier inspecteur de l'artillerie et du génie du royaume de Hollande et qu'il sollicite la faveur de rentrer au service de l'Empereur en y conservant le grade de général de brigade qu'il avait en Hollande.

Le ministre propose de ne l'admettre qu'avec le grade de colonel qu'il avait quand il est passé au service du roi de Hollande.

Le grade qu'il avait.

NAPOLÉON.

2094. — DÉCISION.

10 juillet 1808.

Le général Clarke rend compte à l'Empereur d'une demande par laquelle le vice-roi d'Italie sollicite l'autorisation de rapprocher de ses escadrons de guerre qui sont à la Grande Armée le dépôt des chasseurs à cheval hanovriens stationné à Spoleto.

Donnez l'ordre à ce dépôt de se rendre à Vérone.

NAPOLÉON.

2095. — DÉCISION (1).

Rapport du général Reille au maréchal Berthier pour lui rendre compte qu'il a conduit un convoi à Figuières. Il fait observer notamment que le général Guillot l'a bien secondé dans cette opération et que ce général, qui n'a qu'un ordre pour venir à Perpignan, aurait besoin de lettres de service.

Donnez des ordres de service au général Guillot.

NAPOLÉON.

---

(1) Non datée; expédiée le 10 juillet 1808.

2096. — AU MARÉCHAL BERTHIER (1).

Bayonne, 11 juillet 1808.

Mon Cousin, je vous renvoie les dépêches du général d'Agoult. J'y vois avec plaisir deux choses : qu'il y a dans la citadelle 80 milliers de poudre et 200.000 rations de biscuit avec 240.000 rations de froment ou de farine. Il est convenable de maintenir toujours cet approvisionnement, de sorte qu'il y ait toujours 300.000 ou 400.000 rations de vivres dans la citadelle. Je suppose qu'il y a dans la citadelle des fours, du bois et des moyens de moudre le blé. S'il n'y avait pas de moyens de moudre le blé, il faudrait le convertir en farine.

Envoyez de Bayonne à Pampelune un médecin et quelques chirurgiens avec des moyens pour un hôpital.

2097. — AU GÉNÉRAL CLARKE.

11 juillet 1808.

Monsieur le général Clarke, il sera formé une brigade de marche de cuirassiers composée de deux régiments, savoir :

	1 compagnie commandée par 1 officier, 2 maréchaux des logis, 2 brigadiers, 1 trompette et de 114 hommes, du 1ᵉʳ de carabiniers.	120 hommes.
	1 compagnie composée de même, du 2ᵉ de carabiniers.	120 —
1ᵉʳ régiment.	1 compagnie composée de même, du 2ᵉ de cuirassiers.	120 —
	1 compagnie composée d'un officier, 2 maréchaux des logis, 2 brigadiers et 140 hommes, du 9ᵉ de cuirassiers.	145 —
	1 compagnie du 12ᵉ de cuirassiers, composée de même, mais de 114 hommes seulement.	120 —
	TOTAL du 1ᵉʳ régiment...	625 hommes.

---

(1) Non signé, mais a été expédié.

2ᵉ régiment..	1 compagnie commandée par 1 officier, 2 maréchaux des logis, 2 brigadiers, 1 trompette, et de 114 hommes, du 1ᵉʳ régiment de cuirassiers............	120 hommes.
	1 compagnie composée de même, du 10ᵉ de cuirassiers........	120 —
	1 compagnie composée de même, du 11ᵉ de cuirassiers........	120 —
	2 officiers, 4 maréchaux des logis, 4 brigadiers, et 200 hommes, du 5ᵉ de cuirassiers........	210 —

TOTAL du 2ᵉ régiment... 570 hommes.

Ainsi cette brigade sera composée de 1.200 hommes, dont le 1ᵉʳ régiment, de 625 hommes, est composé des détachements des régiments appartenant à la division du général Nansouty, et le 2ᵉ régiment, de 570 hommes, se compose des détachements des régiments appartenant à la division Saint-Sulpice.

Faites-moi connaître si ces détachements seront prêts au 10 août, pour se réunir dans le comté de Hanau où ils se formeront.

Il sera formé une brigade de marche de chasseurs, composée de deux régiments de cinq compagnies chacun.

1ᵉʳ régiment.	1 compagnie commandée par un officier, 2 maréchaux des logis, 2 brigadiers, du 1ᵉʳ régiment de chasseurs........	120 hommes.
	1 compagnie composée de même, du 2ᵉ régiment........	120 —
	1 compagnie composée de même, du 5ᵉ régiment........	120 —
	1 compagnie composée de même, du 12ᵉ régiment........	120 —
	1 compagnie composée de même, du 16ᵉ régiment........	120 —

TOTAL du 1ᵉʳ régiment de chasseurs. 600 hommes.

2ᵉ régiment..
- 1 compagnie, commandée par 1 officier, 2 maréchaux des logis, 2 brigadiers, du 20ᵉ de chasseurs. .... 120 hommes.
- 1 compagnie du 11ᵉ de chasseurs, Id. .... 100 —
- 1 compagnie du 7ᵉ de chasseurs, Id. .... 140 —
- 1 compagnie du 13ᵉ de chasseurs, Id. .... 140 —
- 1 compagnie du 21ᵉ de chasseurs, Id. .... 140 —

TOTAL du 2ᵉ régiment de chasseurs. 640 hommes.

Il sera formé une brigade de marche de hussards, composée de deux régiments, savoir :

1ᵉʳ régiment.
- 1 compagnie du 1ᵉʳ régiment de hussards, de. .... 100 hommes.
- 1 compagnie du 7ᵉ régiment de hussards, de. .... 100 —
- 1 compagnie du 9ᵉ régiment de hussards, de. .... 100 —
- 1 compagnie du 2ᵉ régiment de hussards, de. .... 120 —
- 1 compagnie du 5ᵉ régiment de hussards, de. .... 120 —

TOTAL du 1ᵉʳ régiment de hussards. 540 hommes.

2ᵉ régiment..
- 1 compagnie du 3ᵉ régiment de hussards. .... 140 hommes.
- 1 compagnie du 10ᵉ régiment de hussards. .... 140 —
- 1 compagnie du 4ᵉ régiment de hussards. .... 160 —
- 1 compagnie du 4ᵉ régiment de hussards. .... 160 —

TOTAL du 2ᵉ régiment de hussards. 600 hommes.

Il sera formé une brigade de marche de dragons composée de deux régiments de huit compagnies chacun, savoir :

1er régiment.
- 1 compagnie du 2e régiment de dragons de............... 100 hommes.
- 1 compagnie du 6e régiment de dragons de............... 100 —
- 1 compagnie du 8e régiment de dragons de............... 100 —
- 1 compagnie du 11e régiment de dragons de............... 100 —
- 1 compagnie du 12e régiment de dragons de............... 100 —
- 1 compagnie du 16e régiment de dragons de............... 100 —
- 1 compagnie du 17e régiment de dragons de............... 100 —
- 1 compagnie du 18e régiment de dragons de............... 100 —

Total du 1er régiment de dragons. 800 hommes.

2e régiment..
- 1 compagnie du 19e régiment de dragons............... 100 hommes.
- 1 compagnie du 20e régiment de dragons............... 100 —
- 1 compagnie du 22e régiment de dragons............... 100 —
- 1 compagnie du 25e régiment de dragons............... 100 —
- 1 compagnie du 27e régiment de dragons............... 100 —
- 1 compagnie du 26e régiment de dragons............... 100 —
- 1 compagnie du 13e régiment de dragons............... 120 —
- 1 compagnie du 21e régiment de dragons............... 120 —

Total du 2e régiment de dragons. 840 hommes.

Ces quatre brigades, faisant ensemble 5.200 hommes, ne partiront qu'après avoir reçu de nouveaux ordres.

Vous enverrez aux dépôts l'ordre de former ces régiments et de les tenir prêts à partir pour leurs dépôts respectifs au 10 août, de manière à être arrivés dans le comté de Hanau ou en Hanovre, selon les lieux où on les réunira, au commencement de septembre.

Le ministre de la guerre, en m'envoyant l'état de ce que ces dépôts peuvent fournir, me fera connaître le nombre de journées de marche que ces compagnies auront à faire pour arriver à Hanau ou en Hanovre.

NAPOLÉON.

2098. — AU GÉNÉRAL CLARKE.

11 juillet 1808.

Monsieur le général Clarke, j'ai donné l'ordre au major général de vous écrire pour un mouvement de différentes compagnies d'artillerie et de sapeurs à faire de ce côté-ci.

Faites partir un chef de bataillon, deux capitaines et deux lieutenants d'artillerie de ma garde. Dirigez deux de ces officiers sur Figuières où ils seront attachés au général Reille qui est parti de Perpignan, a débloqué Figuières et va prendre position là.

Trois ou quatre officiers seraient aussi nécessaires de ce côté-ci, moitié à Figuières, moitié ici.

Donnez ordre aux dépôts des Toscans à pied et à cheval de se rendre à Perpignan où sera désormais ce dépôt.

NAPOLÉON.

2099. — DÉCISION.

Bayonne, 11 juillet 1808.

Le maréchal Berthier demande à l'Empereur si les 107 militaires isolés qui sont en état de partir doivent être dirigés de Bayonne sur Pampelune.	Les envoyer à Pampelune. NAPOLÉON.

2100. — DÉCISION.

Bayonne, 11 juillet 1808.

Le maréchal Berthier rend compte à l'Empereur que les 40 canonniers gardes côtes que Sa Majesté avait ordonné de réunir à Bayonne y sont arrivés.

Les envoyer à Pampelune pour tenir garnison.

NAPOLÉON.

2101. — DÉCISIONS (1).

12 juillet 1808.

Le général Roguet, commandant l'île de Kadzand, réclame en faveur des officiers de l'artillerie, du génie et de l'état-major, employés sous ses ordres, la gratification de campagne.

Accordé.

Les officiers du 6ᵉ régiment de chasseurs à cheval ont touché la gratification de campagne en l'an XIV à l'armée d'Italie comme dépense à imputer sur les fonds des contributions ; cette somme n'ayant point été régularisée par le commissaire ordonnateur en chef pour cause d'insuffisance de recette, le payeur qui en a fait l'avance a exercé la retenue.

On demande à Sa Majesté si cette retenue doit être maintenue.

Si cette gratification était due, il faut qu'on n'exerce aucune retenue.

On prie Sa Majesté de vouloir bien faire connaître si les officiers des corps de la garde municipale de Paris qui ont précédemment supporté des retenues pour composer un fonds de retraite pourront obtenir le remboursement de ces retenues, attendu qu'ils doivent maintenant avoir leur solde de re-

Il me semble qu'il a été décidé que cet argent provenant de retenues serait rendu à la commune de Paris.

---

(1) Non signées; extraites du « Travail du ministre de la guerre avec S. M. l'Empereur et Roi, du 6 juillet 1808 ».

traite sans supporter de retenue, comme les officiers de troupes de ligne.

On prie Sa Majesté de faire connaître ses intentions sur la demande que fait l'adjudant commandant Jubé, préfet d'un département au delà des Alpes, d'être payé comme adjudant commandant en non-activité.

Accordé.

On propose à Sa Majesté d'approuver la nomination d'un portier-consigne provisoire dans la place de Concarneau.

Approuvé.

On propose à Sa Majesté d'accepter la démission offerte par M. Dondey de son emploi de sous-lieutenant au 10° régiment d'infanterie légère.

Accordé.

2102. — DÉCISION (1).

12 juillet 1808.

On propose à Sa Majesté de nommer chef de bataillon le capitaine Coteau, adjudant de la place de Paris. Le général Bellavène désirerait que M. Coteau fût employé à l'Ecole militaire, où il pourrait être très utile.

Ses états de service ?

2103. — DÉCISION (2).

Marracq, 12 juillet 1808.

On propose à Sa Majesté de nommer colonel du 4° régiment de cuirassiers le sieur Le Marchant, major de ce régiment.

Le prince Aldobrandini-Borghese a été nommé colonel de ce régiment.

---

(1) Non signée; extraite du « Travail du ministre de la guerre avec S. M. l'Empereur et Roi, du 25 mai 1808 ».

(2) Non signée; extraite du « Travail du ministre de la guerre avec S. M. l'Empereur et Roi, du 8 juin 1808 ».

2104. — DÉCISIONS (1).

Bayonne, 12 juillet 1808.

On demande à Sa Majesté si l'approvisionnement de siège de Flessingue doit être entretenu aux quantités déterminées par le gouvernement hollandais, c'est-à-dire pour 6.000 hommes et 600 chevaux pendant quarante-cinq jours, ou s'il doit être réduit d'après les bases indiquées par S. E. le ministre de la guerre, savoir à raison de 4.000 hommes et de 100 chevaux pendant un mois.

4.000 hommes et 100 chevaux me paraissent une base raisonnable, mais un mois ne me paraît pas suffisant. Il faut en mettre trois.

Napoléon.

On va prendre, conformément à la décision de Sa Majesté du 23 juin, les mesures convenables pour faire transporter à Flessingue les 197.390 rations de biscuit hollandais existant à Wesel. Cependant, on a l'honneur de lui représenter qu'on croit devoir attendre de nouveaux ordres pour effectuer ce transport, attendu que le biscuit dont il s'agit est très vieux et n'est guère susceptible d'être employé soit à un approvisionnement de siège, soit à la subsistance des troupes françaises. On persiste à penser que le seul moyen d'en tirer parti serait de le rendre au gouvernement hollandais qui n'en a point encore réclamé le remboursement, et qui pourrait le faire distribuer à ses troupes de terre ou de mer.

Si ces biscuits ne sont pas susceptibles de se conserver, il n'y a qu'à les mettre en consommation.

Napoléon.

On prie Sa Majesté de vouloir bien faire connaître si, jusqu'à l'arrivée des nouvelles enseignes ordonnées par le décret du 18 février

L'aigle du 1er bataillon restera au 1er bataillon. Celui du 2e sera donné au 2e. Celui du 3e, s'il est à l'armée, sera donné au 3e ; s'il

---

(1) Extraites du « Travail du ministre directeur de l'administration de la guerre avec S. M. l'Empereur et Roi, daté du 6 juillet 1808 ».

dernier, les aigles non conservées doivent rester aux plus anciens bataillons et dans le lieu où il y a le plus de bataillons réunis. n'est pas à l'armée, il sera donné au 4ᵉ, et ce jusqu'à ce que les nouveaux drapeaux soient arrivés.

NAPOLÉON.

2105. — AU MARÉCHAL BERTHIER.
Bayonne, 12 juillet 1808, à 7 heures du matin.

Mon Cousin, faites partir ce soir, à 4 heures après-midi, la compagnie d'hommes isolés pour se rendre à Saint-Sébastien. Elle couchera aujourd'hui à Saint-Jean-de-Luz. Divisez le régiment de dragons qui est ici en deux escadrons de marche, et faites partir ce soir le 1ᵉʳ escadron, fort de 200 hommes, pour Irun ; il ira demain 13 à Tolosa et sera rendu à Vitoria le 14 ou, au plus tard, le 15 au matin. Cet escadron restera à Vitoria pour former la garnison de la place. Si le lieutenant-colonel Tascher est encore ici, il prendra le commandement de cet escadron et marchera avec lui. Vous lui recommanderez de s'appliquer à le former et à l'exercer tous les jours. Vous aurez soin qu'en partant tous ces hommes prennent des cartouches. Donnez l'ordre par un courrier extraordinaire au général Thouvenot de faire partir demain, à la pointe du jour, le 3ᵉ bataillon du dépôt général des régiments provisoires, fort de 400 hommes, lequel se dirigera en toute diligence sur Vitoria pour y tenir garnison. Ainsi, le colonel Barrère aura à Vitoria 200 hommes à cheval avec des fusils et près de 450 hommes d'infanterie, ce qui est suffisant pour maintenir la tranquillité, garder les magasins et les hôpitaux. Passez demain la revue des détachements des dépôts des 2ᵉ, 4ᵉ, 12ᵉ légère et du 15ᵉ de ligne, et faites-moi connaître le nombre d'officiers et de sous-officiers, sergents, caporaux, soldats et tambours qui sont disponibles, et s'ils sont habillés. Vous recommanderez au général Thouvenot que, s'il y avait quelques hommes du 3ᵉ bataillon des régiments provisoires qui n'eussent pas de gibernes et que les Espagnols ne pussent pas leur en procurer, il leur en fasse donner de celles des hommes isolés, afin que ce bataillon parte en bon état. Vous le préviendrez qu'on attend ici des gibernes et qu'on leur remplacera le nombre qu'il en aurait donné. Le 3ᵉ bataillon supplémentaire, qui part de Saint-Sébastien, couchera le 13 à Tolosa et sera arrivé le 15 au plus tard, à 5 heures du matin, à Vitoria.

NAPOLÉON.

2106. — DÉCISION (1).

Bayonne, 13 juillet 1808.

Le capitaine en retraite Monpatry, ayant demandé de l'emploi dans les états-majors, a reçu l'ordre de se rendre à l'île de Kadzand en qualité de capitaine adjoint.

Sa Majesté est priée d'approuver cette disposition.

Accordé.

2107. — AU MARÉCHAL BERTHIER (2).

Bayonne, 13 juillet 1808, à 7 heures du soir.

Mon Cousin, demain à 5 heures du matin, je passerai la revue du détachement du 15°, du détachement de Polonais, de l'escadron et du Trésor qui partent pour Vitoria. Je passerai également la revue des 300 hommes du 4° légère, partagés en deux compagnies, qui sont arrivés aujourd'hui. Je passerai également la revue de la 6° compagnie du 118° et du détachement de Polonais. Immédiatement après la revue, ces détachements partiront pour leur destination. Le 11° escadron de marche, composé de 600 chevaux, sera partagé en deux. Les détachements des 10°, 2°, 13°, 6° et 8° de dragons, qui ont des détachements en Espagne, formeront un escadron. Les détachements des 5°, 3°, 15°, 1er et 4° de dragons, qui ont leurs détachements en Portugal, formeront un autre escadron.

2108. — AU MARÉCHAL BERTHIER (3).

Marracq, 13 juillet 1808.

Donner l'ordre au général Drouet, commandant la 11° division militaire, de partir de Bordeaux pour porter son quartier général à Bayonne, où il devra être jusqu'à nouvel ordre. Il laissera à Bordeaux un général de brigade pour y commander sous ses ordres et pour correspondre avec lui.

---

(1) Non signée; extraite du « Travail du ministre de la guerre avec S. M. l'Empereur et Roi, du 8 juin 1808 ».
(2) Non signé, expédié le 13.
(3) Note dictée par l'Empereur, non signée.

2109. — DÉCISION (1).

14 juillet 1808.

On propose à Sa Majesté de nommer capitaine dans les vétérans le sieur Chargey Dampierre, ancien capitaine au 59ᵉ régiment, admis à la retraite.

Refusé.

2110. — DÉCISION (2).

14 juillet 1808.

On soumet à Sa Majesté le projet définitif des travaux de Cassel rédigé d'après les observations énoncées dans l'ordre de Sa Majesté en date du 3 juin.

Approuvé le tracé du comité.

2111. — DÉCISION (3).

Marracq, 14 juillet 1808.

Compte rendu d'un mécanisme très simple et très avantageux pour la facilité et la promptitude de la manœuvre des gros mortiers à semelle.

Proposition de l'adapter aux mortiers et d'accorder au sieur Cheramy, mécanicien au Havre, qui en est l'inventeur, une gratification de 3.000 francs.

J'accorde la gratification de 3.000 francs au sieur Cheramy, mécanicien du Havre, sur ce premier rapport ; mais je ne le trouve pas assez récompensé si l'expérience prouve l'avantage de son invention, c'est-à-dire qu'on puisse manœuvrer un mortier avec quatre hommes et en deux minutes et demie. J'approuve que le ministre fasse faire un de ces affûts partout où j'ai des mortiers à semelle, et sur le compte qu'il me rendra ensuite, j'accorderai une pension à ce mécanicien.

---

(1) Non signée; extraite du « Travail du ministre de la guerre avec S. M. l'Empereur et Roi, du 25 mai 1808 ».

(2) Non signée; extraite du « Travail du ministre de la guerre avec S. M. l'Empereur et Roi, du 29 juin 1808 ».

(3) Non signée; extraite du « Travail du ministre de la guerre avec S. M. l'Empereur et Roi, du 6 juillet 1808 ».

2112. — AU GÉNÉRAL CLARKE.

Bayonne, 14 juillet 1808.

Monsieur le général Clarke, moyennant les ordres que j'ai donnés ces jours-ci, le camp de Rennes se trouve considérablement diminué ; il n'y reste maintenant :

Qu'un bataillon suisse ;

Le 5ᵉ bataillon de la 1ʳᵉ légion de réserve ;

Un bataillon provisoire composé de deux compagnies du 47ᵉ, de deux du 86ᵉ, de deux du 70ᵉ et de deux du 15ᵉ de ligne ;

Et les 3ᵉˢ bataillons des 43ᵉ et 51ᵉ.

En tout cinq bataillons.

Vous donnerez ordre au 55ᵉ, qui est au camp de Boulogne, de se rendre à Rennes, ce qui portera ce camp de cinq bataillons à huit bataillons.

Ces huit bataillons seront divisés en deux brigades, dont l'une restera à Pontivy et l'autre à Rennes.

La brigade d'Avranches sera supprimée.

Aussitôt que je serai instruit que les 4ᵉˢ bataillons que je vous ai donné l'ordre de former pour le camp de Boulogne sont arrivés, et font une force de plus de 6.000 hommes, on pourra faire partir les trois bataillons du 36ᵉ également pour Rennes.

NAPOLÉON.

2113. — AU GÉNÉRAL CLARKE.

Bayonne, 14 juillet 1808.

Monsieur le général Clarke, donnez l'ordre au 5ᵉ bataillon de la 1ʳᵉ légion de réserve qui est au camp de Boulogne et à Lille de se former à six compagnies de 140 hommes chacune, et dirigez ce bataillon de 840 hommes sur Rennes. Je remarque qu'il manque beaucoup d'officiers à cette légion. Occupez-vous de les nommer. Ce bataillon remplacera à Rennes le 5ᵉ bataillon de la 2ᵉ légion, qui, de Metz, a eu l'ordre de se rendre à Rennes, mais auquel vous donnerez l'ordre de faire un changement de direction, et de se diriger en droite ligne sur Bayonne.

Donnez ordre que le 3ᵉ bataillon de la 3ᵉ légion de réserve, qui est à Belle-Ile et à Quiberon, soit complété à 840 hommes et se dirige en toute diligence sur Bayonne ; ce bataillon a déjà eu l'ordre de sortir de Belle-Ile pour se rendre au camp de Rennes.

Donnez ordre que le 5ᵉ bataillon de la 4ᵉ légion, qui, de Versailles, se dirige sur Rennes, fasse un changement de direction dans sa route sur cette ville et se dirige sur Bayonne.

NAPOLÉON.

2114. — AU GÉNÉRAL CLARKE.

14 juillet 1808.

Monsieur le général Clarke, donnez l'ordre que les deux premiers bataillons des 43ᵉ et 51ᵉ de ligne, composés chacun de six compagnies, complétées avec tous les hommes disponibles, partent sans délai en poste pour se rendre à Bayonne. Ces deux régiments auront donc chacun deux bataillons forts de 800 hommes à Bayonne.

Donnez l'ordre que les cadres des 3ᵉˢ bataillons de ces régiments soient réunis à Rennes et faites-y diriger de leurs dépôts des conscrits pour compléter ces 3ᵉˢ bataillons.

Moyennant cet ordre, le camp de Bayonne se trouvera renforcé :

1° Du 2ᵉ bataillon de marche du Portugal ;
2° Du 5ᵉ bataillon de la 2ᵉ légion qui est réunie à Metz ;
3° Du 5ᵉ bataillon de la 4ᵉ légion qui est à Versailles ;
4° Du 3ᵉ bataillon de la 3ᵉ légion.

Total de quatre bataillons, ou de 3.200 hommes ; de deux bataillons du 43ᵉ et de deux bataillons du 51ᵉ, chacun de six compagnies.

Ces huit bataillons formeront deux petites divisions de réserve, dont la première sera commandée par le général de division Grandjean.

Ces deux divisions seront campées à Bayonne et ne sortiront pas de France sans mon ordre : elles auront 2 pièces de canon et 300 à 400 chevaux chacune.

NAPOLÉON.

2115. — AU GÉNÉRAL CLARKE.

14 juillet 1808.

Monsieur le général Clarke, donnez ordre que le régiment de

Westphalie fournisse deux compagnies de 150 hommes chacune, le régiment de Prusse deux compagnies de même force et le bataillon irlandais deux compagnies pareilles, et que ces six compagnies, formant 900 hommes, se rendent à Bayonne, où elles formeront un bataillon de marche étranger.

NAPOLÉON.

2116. — AU GÉNÉRAL CLARKE.

14 juillet 1808.

Monsieur le général Clarke, il sera formé deux bataillons de marche de Portugal, composés :

1ᵉʳ bataillon.
- 1 compagnie du 31ᵉ d'infanterie légère ;
- 1 compagnie du 26ᵉ ;
- 1 compagnie du 66ᵉ ;
- 1 compagnie du 86ᵉ ;
- 1 compagnie composée mi-partie de la légion du Midi et mi-partie de la légion hanovrienne.

Ce bataillon est déjà formé. Il est actuellement à Pampelune.

2ᵉ bataillon.
- 2 compagnies du 32ᵉ de ligne ;
- 2 compagnies du 58ᵉ de ligne ;
- 2 compagnies du 15ᵉ légère.

La compagnie du 32ᵉ, celle du 58ᵉ et celle du 15ᵉ légère, qui sont au camp de Rennes, se rendront sur-le-champ à Bayonne pour faire partie de ce bataillon. Une compagnie de chacun des mêmes régiments partira de Paris pour se rendre également à Bayonne et porter ce deuxième bataillon à six compagnies. Vous nommerez un chef de bataillon et un adjudant-major pour commander ce bataillon. Par ce moyen, le bataillon provisoire du camp de Rennes n'existera plus.

NAPOLÉON.

2117. — AU GÉNÉRAL CLARKE.

14 juillet 1808.

Monsieur le général Clarke, je vous avais mandé de faire partir de Paris tout ce qu'il y avait de disponible des 2ᵉ, 4ᵉ et 12ᵉ légère.

Je vois qu'au 9 juillet rien n'était encore parti ; faites donc partir sans délai :

Du 2ᵉ d'infanterie légère.................. 300 hommes
Du 4ᵉ   —   300   —
Du 12ᵉ   —   200   —

Ce qui fera.................... 800 hommes.

Il suffit d'un officier et de deux sergents par détachement. Ces détachements arrivés à Bayonne trouveront les cadres de leurs régiments.

NAPOLÉON.

2118. — AU GÉNÉRAL DEJEAN.

Bayonne, 14 juillet 1808.

Monsieur Dejean, je reçois votre lettre du 30 juin sur les approvisionnements de Corfou. Avec 12.000 hommes, le général Donzelot aura toujours le temps de renfermer dans sa place les bois nécessaires, les vins, vinaigres, eaux-de-vie, sel, paille, avoine, etc. ; ainsi l'approvisionnement qu'il faut qu'il ait, ce sont des grains et des farines ; il en a un tiers de plus qu'il ne lui en faut, cela est un bien, car il ne saurait trop en avoir. Il a indépendamment de cela la farine russe qui est un objet considérable. Il porte un million de rations de biscuit comme nécessaires, et seulement 71.000 rations comme existantes ; il doit en avoir bien davantage. Il y a dans l'île de la viande fraîche. Je crois qu'il est utile d'envoyer au général Donzelot un millier de quintaux de riz, parce que c'est le seul approvisionnement qui, avec l'huile, aidera la garnison ; il ne faut pas s'occuper du sel, du vinaigre, des vins, de l'eau-de-vie, du bois, ni de la paille. Faites-vous rendre compte pourquoi il n'y a que 70.000 rations de biscuit et faites compulser les registres et les procès-verbaux de réception. L'escadre seule de l'amiral Ganteaume en a porté bien davantage. Ainsi, des 400.000 francs que vous proposez pour les approvisionnements de siège, la seule dépense que j'approuve est celle de 36.000 francs pour les 1.000 quintaux de riz.

NAPOLÉON.

2119. — DÉCISION (1).

Le maréchal Berthier propose d'accorder à l'artillerie de la division Boudet comme secours aux masses, savoir :

1.100 francs à la compagnie d'artillerie à cheval et 20.000 francs au 4ᵉ bataillon du train.

Accordé.

NAPOLÉON.

2120. — TABLEAU DE FORMATION DES 11ᵉ, 12ᵉ, 13ᵉ, 14ᵉ et 15ᵉ ESCADRONS DE MARCHE, AVEC LES DÉTACHEMENTS QUI COMPOSAIENT LES 7ᵉ ET 8ᵉ RÉGIMENTS PROVISOIRES DE DRAGONS ET LE 10ᵉ ESCADRON DE MARCHE (2).

11ᵉ escadron de marche.

Détachements :

Du 2ᵉ de drag.	79 hᵉˢ	79 chˣ	} arrivent le 18 à Bayonne.	} Corps du général Dupont.
Du 6ᵉ — .	50	50		
Du 10ᵉ — .	76	76		
	205	205		

12ᵉ escadron de marche.

Détachements :

Du 12ᵉ de drag.	51 hᵉˢ	51 chˣ	} Parti le 12 de Bayonne.	} Corps du maréchal Moncey.
Du 18ᵉ — .	29	32		
Du 21ᵉ — .	73	80		
Du 25ᵉ — .	34	41		
	187	204		

---

(1) Non datée ; l'expédition de la décision est du 14 juillet 1808, le rapport de Berthier du 11.
(2) Sans date, expédié le 15 juillet 1808.

13ᵉ escadron de marche.

Détachements :

Du 8ᵉ de drag.	14 hᵒˢ	15 chˣ	}	
Du 11ᵉ — .	27	27	} Parti le 14 de Bayonne. Corps	
Du 19ᵉ — .	33	36	} du maréchal Moncey.	
Du 20ᵉ — .	23	23	}	
Du 22ᵉ — .	17	17	}	
Du 5ᵉ de huss.	24	24	Parti le 15. Corps du maréchal Moncey.	
Du 27ᵉ de drag.	17	17	Arrive le 16. Corps du général Dupont.	
Du 14ᵉ — .	29	31	Arrive le 20. }	Corps du maré-
Du 13ᵉ — .	9	9	} Arrivent le 18. {	chal Moncey.
Du 8ᵉ — .	6	6	}	
	199	205		

14ᵉ escadron de marche.

Détachements :

Du 15ᵉ de drag.	75 hᵉˢ	75 chˣ	} Arrivent le 18.	} Armée de Por-
Du 3ᵉ — .	35	35	{ Arrive le 20.	{ tugal.
Du 3ᵉ — .	27	32	{ Arrive le 18.	}
Du 4ᵉ — .	59	59	)	
	196	201		

15ᵉ escadron de marche.

Détachements :

Du 1ᵉʳ de drag.	71 hᵉˢ	71 chˣ	} Arrivent le 18 à	} Armée de Por-
Du 5ᵉ — .	50	50	{ Bayonne.	{ tugal.
Du 9ᵉ — .	73	73	}	
	194	194		

Napoléon.

2121. — AU MARÉCHAL BERTHIER.

Bayonne, 16 juillet 1808.

Mon Cousin, faites-moi connaître quels sont les officiers qui commandent les 3°, 5°, 8°, 9°, 10°, 11°, 12° escadrons de marche et successivement ceux qui arriveront à Bayonne. Il s'ensuivrait de l'état que vous m'avez remis qu'il y aurait devant Saragosse :

Le 3° escadron de marche...............	160	chevaux.
Le 5° —	300	—
Le 8° —	130	—
Le 9° —	100	—
	690	chevaux.

C'est une force bien considérable. Je ne croyais pas qu'il y en eût autant. Faites vérifier cela.

NAPOLÉON.

2122. — AU MARÉCHAL BERTHIER.

Bayonne, 16 juillet 1808.

Mon Cousin, je reçois l'état que vous m'envoyez des bataillons de marche d'infanterie ; on a oublié d'y comprendre les deux bataillons de Perpignan.

NAPOLÉON.

2123. — AU MARÉCHAL BERTHIER.

Bayonne, 16 juillet 1808.

Mon Cousin, écrivez au général Belliard que je vois avec peine que, dans l'état de situation qu'il envoie, il n'y ait aucun détail qui fasse connaître où est chaque corps, rien qui fasse connaître comment est composée la colonne du général Caulaincourt. Les 1er, 2° et 3° régiments de la Vistule, les lanciers polonais, les 4°, 6° et 7° bataillons de marche et le bataillon de gardes nationales qui sont devant Saragosse n'y sont pas portés. Le 1er bataillon de marche de Portugal qui est à Pampelune, les 1er, 2° et 3° bataillons des dépôts, les 2°, 4° et 12° légère, le 15° de ligne, le bataillon de Paris, les 11° et 12° escadrons de marche y manquent également, ce qui fait un effectif de plus de 16.000 hommes. Je n'y vois pas non plus la division du général Reille qui est réunie à Figuières et qui est composée d'un régiment d'infanterie toscan, de deux escadrons toscans, des 1er, 2e et 3e bataillons de marche de Catalogne, d'un bataillon du 32e léger, d'un bataillon de la 5e légion de réserve, des 1er et 2e bataillons provisoires de Perpignan, d'un bataillon valaisan et d'un escadron de marche de Catalogne. Tout cela forme un effectif de 24.000 hommes, qui ne se trouvent pas dans l'état du général Belliard. Faites-moi faire ici, à l'état-major général, un état de situation, selon ces nouvelles données.

NAPOLÉON.

2124. — AU MARÉCHAL BERTHIER.

Bayonne, 16 juillet 1808.

Mon Cousin, donnez des ordres au régiment napolitain, qui est parti le 1er juillet de Mantoue et qui arrive le 1er août à Perpignan, d'accélérer sa marche, de s'embarquer sur le Rhône aussitôt que possible et de continuer sa route sur Perpignan. Faites partir demain 300 fusils et 30.000 cartouches pour être à la disposition de l'adjudant commandant Lomet, pour en armer les gardes nationales qui en ont besoin ; 200 fusils pour être à la disposition du général Vouillemont, dans les Hautes-Pyrénées.

Envoyez aussi des constitutions et des imprimés espagnols tout le long de la ligne. Ecrivez tout le long de la ligne pour faire connaître que Saragosse est cerné de tous côtés, qu'il est bombardé et que les rebelles sont battus sur tous les points. Mandez également au général Lacombe-Saint-Michel qu'il ait à envoyer 200 fusils à Foix et 100 au chef-lieu de district de la Haute-Garonne, qui est près de la frontière (Saint-Gaudens). Envoyez-moi l'état de la nature d'imprimés de toute espèce que vous envoyez dans les vallées. En les adressant à Perpignan, écrivez au préfet qu'il fasse tirer 2.000 exemplaires de toutes les pièces, discours de la junte au roi, réponse du roi à la junte, du discours de la junte à l'Empereur, de la réponse, de la constitution et que cela soit envoyé au général Reille pour les répandre.

NAPOLÉON.

2125. — DÉCISION.

Bayonne, 16 juillet 1808.

Le général Clarke rend compte de la marche du 2ᵉ régiment d'infanterie de ligne napolitaine qui est parti de Mantoue pour Avignon, ainsi que de la demande du colonel Bigarré, commandant ce corps, à l'effet d'obtenir pour chaque soldat une paire de souliers à titre de gratification.

Le major général donnera des ordres pour activer leur arrivée, et prendra des mesures pour qu'il y ait une paire de souliers prête à leur donner au moment de leur arrivée à Perpignan.

NAPOLÉON.

2126. — DÉCISION

Bayonne, 16 juillet 1808.

Le général Clarke soumet à l'Empereur l'état des officiers, sous-officiers et soldats qui appartiennent aux 4ᵉˢ bataillons employés à l'armée d'Espagne et qui se trouvent être restés à la suite du 5ᵉ bataillon ou dépôt de leur corps respectif.

Ayant donné des ordres pour que les détachements qui sont en Espagne soient fondus dans les huit régiments définitifs, le ministre peut déclarer que les officiers et sous-officiers qui restent aux dépôts sont attachés à leurs anciens régiments, à moins que cette mesure ne porte le nombre des officiers des régiments à plus qu'il ne faut.

NAPOLÉON.

2127. — AU GÉNÉRAL CLARKE.

16 juillet 1808.

Monsieur le général Clarke, j'approuve que la compagnie d'artillerie qui était aux îles Marcouf et qui est à Rennes se rende à Bayonne. J'ai déjà ordonné qu'une de celles qui étaient à Bayonne se rendît à Pampelune.

Il n'y a aucune espèce de doute que l'équipage de siège que j'ai ordonné de former à Bayonne ne doive faire partie de celui plus fort que je demande aujourd'hui.

NAPOLÉON.

2128. — AU MARÉCHAL BERTHIER.

Bayonne, 17 juillet 1808.

Mon Cousin, remettez-moi un petit état qui me fasse connaître la situation des deux 1ers bataillons du 4e légère au moment de leur départ de Bayonne, et celle du 15e de ligne, 2e et 12e légère. Vous ferez mettre dans une colonne : 1° les premiers détachements qui sont arrivés et déjà en chemin pour rejoindre les régiments ; 2° les deuxièmes détachements partis en poste de Paris le 13 juillet ; dans une troisième colonne, ce qui a été fourni des dépôts ; dans une quatrième colonne, ce qui manque pour que chaque bataillon soit à l'effectif de 840 hommes, en y comprenant ce qu'ils ont reçu. Je verrai par là la destination que je dois donner aux 1.400 conscrits que je crois avoir encore à recevoir des 3.000 conscrits qui ont été dirigés sur le dépôt des régiments provisoires. Aussitôt que le 14e et le 44e seront arrivés, vous me ferez dresser un état pareil pour ces régiments.

NAPOLÉON.

2129. — DÉCISION (1).

Bayonne, le (1) juillet 1808.

Le maréchal Berthier présente à l'Empereur une demande du grand-duc de Berg tendant à obtenir l'autorisation de faire escorter ses équipages par le détachement de ses gardes qui est resté à Bayonne.

Le grand-duc de Berg propose également d'autoriser le major de sa garde à se rendre à Paris.

Accordé.

NAPOLÉON.

2130. — DÉCISION.

Bayonne, 17 juillet 1808.

Le maréchal Berthier présente une demande du directeur d'artillerie de la place de Bayonne tendant à obtenir pour les dépenses de son

Accordé.

NAPOLÉON.

---

(1) Sans date de jour, mais évidemment du 17, cette date étant celle de l'expédition de la décision ainsi que du rapport du maréchal Berthier.

service une somme de 30.000 francs à prélever provisoirement sur les fonds de la caisse de réserve.

2131. — DÉCISION.

17 juillet 1808.

Le maréchal Berthier rend compte à l'Empereur qu'un détachement du 2ᵉ d'infanterie légère, fort de 400 hommes, est arrivé à Bayonne, et que les 14ᵉ et 44ᵉ d'infanterie de ligne sont sur le point d'y arriver.

Donnez l'ordre que ces 400 hommes soient placés dans les quatre premières compagnies du 3ᵉ bataillon du 2ᵉ, ce qui fera 100 hommes, et avec les caporaux et sergents près de 120.

Vous ferez mettre dans ces compagnies 20 hommes et exigerez la disposition de 80 conscrits, ce qui formera un petit bataillon de 520 hommes que je passerai en revue demain à 6 heures du soir et qui se tiendra prêt à partir le 19. Les cadres des deux autres compagnies resteront pour prendre des conscrits au fur et à mesure qu'il en arrivera et qu'il y aura des habits ; de sorte que ce bataillon doit se trouver fort de 840 hommes. Vous ferez la même opération pour le 3ᵉ bataillon du 12ᵉ d'infanterie légère. Vous mettrez tous les hommes qui vont arriver dans les quatre premières compagnies, et s'ils peuvent se trouver à la revue demain, vous les y ferez venir, afin que ces deux bataillons, faisant 1.040 hommes, puissent partir ensemble. Les officiers et sous-officiers qui ont amené ces détachements seront à la revue de demain et partiront après-demain en poste pour rejoindre leur dépôt à Paris.

NAPOLÉON.

2132. — AU MARÉCHAL BERTHIER.

Bayonne, 17 juillet 1808.

Mon Cousin, vous donnerez ordre au major d'Audenarde de prendre le commandement du 14° et du 15° escadron de marche formant 400 chevaux. Il en passera la revue le jour même de leur arrivée ici le 18, veillera, pendant le temps qu'ils resteront à Bayonne, à leur bonne organisation et à leur instruction, et se tiendra prêt à partir pour entrer en campagne avec eux.

NAPOLÉON.

2133. — AU MARÉCHAL BERTHIER.

Bayonne, 17 juillet 1808.

Mon Cousin, il doit arriver à Bayonne 2.860 conscrits pour le dépôt des régiments provisoires et 608 pour les équipages du Portugal. Faites-moi connaître ce qui est arrivé, pour que je dispose de ce qui reste à arriver.

Donnez ordre que la compagnie basque qui est ici se repose et soit complétée à 140 hommes.

NAPOLÉON.

2134. — DÉCISIONS (1).

Schönbrunn, 18 juillet 1808.

On propose à Sa Majesté d'accorder un secours annuel de 198 francs à la veuve d'un ancien garçon de bureau de la régie des poudres et salpêtres, mort après quarante ans de services.

Approuvé.

---

(1) Non signées; extraites du « Travail du ministre de la guerre avec S. M. l'Empereur, du 5 juillet 1808 ».

On propose à Sa Majesté de gracier onze fusiliers de la 16ᵉ demi-brigade provisoire condamnés pour désertion par le conseil de guerre réuni à Alexandrie, le douzième coupable ayant été fusillé comme chef de complot.

Approuvé. A communiquer au grand juge.

2135. — DÉCISION.

Bayonne, 19 juillet 1808.

Le maréchal Berthier propose à l'Empereur de décider qu'une somme de 50.000 francs, prélevée sur les fonds de la caisse de réserve, sera affectée au paiement partiel des achats de chevaux, mulets et harnais faits à Bayonne tant pour l'artillerie que pour les équipages militaires et pour lesquels il reste à payer une somme de 384.485 francs.

Approuvé.

NAPOLÉON.

2136. — AU MARÉCHAL BERTHIER (1).

Marracq, 19 juillet 1808.

Il sera formé de tous les chevaux écloppés des deux escadrons un dépôt qui sera placé dans des villages voisins, qui sera ainsi que tous les dépôts qui se trouvent à Bayonne, tant infanterie que cavalerie, sous l'inspection et les ordres du colonel Lagrange.

Les six pièces de canon qui doivent marcher avec les 14ᵉ et 44ᵉ doivent être prêtes à partir demain, ainsi que les caissons d'infanterie et quelques mulets d'ambulance.

---

(1) Non signé. L'ordre ci-dessus commençait par le paragraphe ci-après, qui a été barré : « Le major d'Audenarde partira aujourd'hui 19, à 5 heures après-midi, avec un bataillon du 2ᵉ d'infanterie légère, fort de 4 compagnies et de 520 hommes, et un bataillon du 12ᵉ d'infanterie légère, fort de 3 compagnies et de 420 hommes. Total : 940 hommes d'infanterie, bien armés, avec 40 cartouches par homme, 2 pièces de canon et deux escadrons formant 400 chevaux, qui seront plus immédiatement sous les ordres du major de cavalerie qui est arrivé; il ira coucher à Saint-Jean-de-Luz, où il recevra de nouveaux ordres. »

2137. — AU MARÉCHAL BERTHIER (1).

Je vais bientôt partir de Bayonne pour faire une tournée. Il faut laisser ici le colonel Lagrange pour recevoir les estafettes et les diriger du côté où je serai. Qu'il réunisse tous les hommes isolés et vous envoie tous les jours le rapport de tous les hommes isolés, de tous les hommes qui arriveront, et qu'il veille à l'armement et à l'instruction des recrues.

Des conscrits qui vont arriver, soit destinés pour la marine, soit des seize départements, 210 hommes seront destinés pour le 12ᵉ d'infanterie légère, ce qui portera les trois dernières compagnies de ce régiment chacune à 70 hommes, et, comme il arrivera le 28 à ce régiment, venant de Paris, 100 hommes, et qu'il en arrivera 112 de Rennes, ce qui fera 212 hommes, les compagnies seront portées à 140 hommes chacune.

Ce petit bataillon, composé de ces trois dernières compagnies, restera à Bayonne et n'en partira que par mon ordre.

Les deux compagnies du 2ᵉ d'infanterie légère qui sont restées prendront d'abord chacune 100 hommes des détachements qui viennent de Paris et chacune 50 hommes des conscrits, ce qui portera chacune de ces compagnies à 150 hommes. Ce petit bataillon restera également ici jusqu'à nouveaux ordres.

Les 14ᵉ et 44ᵉ seront formés dans la journée à trois bataillons par le même procédé que pour les 2ᵉ et 12ᵉ d'infanterie légère. Tous les hommes disponibles seront placés dans les deux premiers bataillons et les 3ᵉˢ bataillons resteront ici.

Ces 3ᵉˢ bataillons seront complétés à 840 hommes, savoir : par 400 hommes qui viendront des dépôts et par 400 hommes des conscrits qui arriveront. Ces 3ᵉˢ bataillons ne partiront de Bayonne que par mon ordre.

Ainsi, trois compagnies du 12ᵉ formeront un petit bataillon de 420 hommes, deux compagnies du 12ᵉ formeront un petit bataillon de 300 hommes, le 3ᵉ bataillon du 14ᵉ formant un bataillon de 800 hommes, le 3ᵉ bataillon du 44ᵉ formant un bataillon de 800 ; enfin, un détachement du 4ᵉ d'infanterie légère venant de Paris de 200 hommes.

Il sera ajouté 100 conscrits à ces détachements et il en sera formé deux compagnies de 300 hommes qui seront disposées pour pou-

---

(1) Sans date; expédié le 19 juillet 1808. — Non signé.

voir rejoindre les régiments. Cela fera cinq petits bataillons dont la force sera de 2.500 hommes.

Ainsi, par ce moyen, les 1.200 premiers conscrits arrivant seront disposés de la manière suivante :

    210 hommes du 12ᵉ d'infanterie légère ;
    100 — 2ᵉ Id.
    100 — 4ᵉ Id.
    400 — 14ᵉ de ligne ;
    400 — 44ᵉ Id.

Total : 1.210 hommes.

Quant aux hommes isolés, ils seront formés en deux compagnies, détachement de la Vistule des anciens Polonais qui, aussitôt qu'ils seront forts de 100 hommes, se rendront à Pampelune aux hommes isolés.

2138. — AU GÉNÉRAL CLARKE.

19 juillet 1808.

Monsieur le général Clarke, le dépôt du 31ᵉ légère étant à Bayonne, il est nécessaire que tout ce qu'il a dans la 12ᵉ division militaire, même les 105 hommes qui sont employés dans la 1ʳᵉ division de bâtiments gardes-côtes, se rende à Bayonne. Ces 105 hommes seront suppléés par la garnison de l'île d'Aix.

NAPOLÉON.

2139. — DÉCISIONS (1).

Bayonne, 20 juillet 1808.

On prend les ordres de Sa Majesté sur l'établissement d'un magasin à poudre à Flessingue.	Approuvée ladite construction.
En exécution de l'ordre de Sa Majesté du 1ᵉʳ de ce mois, l'adjudant commandant Le Berton est envoyé au camp de l'Eecloo, et l'adjudant commandant Massabeau est	Approuvé.

---

(1) Non signées; extraites du « Travail du ministre de la guerre avec S. M. l'Empereur et Roi, du 13 juillet 1808 ».

envoyé au camp de Blankenberghe.

On prie Sa Majesté d'approuver ces dispositions.

Le général Menou, à défaut d'officiers supérieurs, a cru devoir confier à M. Caissoti de Chiusano, colonel de cavalerie disponible, le commandement du département de la Stura, où cet officier réside. Le ministre a confirmé cette mesure commandée par la nécessité et prie Sa Majesté de l'approuver.

Accordé.

On propose à Sa Majesté d'accorder une gratification de 500 francs à un lieutenant d'artillerie, pour la conduite d'un convoi de poudre à Corfou, expédié par terre de Raguse.

Accordé.

On propose à Sa Majesté d'accorder au colonel. chargé de la surveillance des dépôts de condamnés employés aux travaux du canal de Saint-Quentin, une gratification de 800 francs pour le service extraordinaire dont il a été chargé relativement à la surveillance des prisonniers de guerre suédois et prussiens employés aux mêmes travaux.

Accordé.

On prie Sa Majesté de vouloir bien faire connaître si elle approuve le paiement d'une gratification de 12 francs, dont les fonds seraient faits par le ministre de la marine, pour chaque prisonnier de guerre fait sur les côtes par les employés des douanes.

Accordé.

S. A. I. le prince vice-roi d'Italie désire attacher au 7ᵉ régiment italien M. Dolder, capitaine au régiment de la Tour d'Auvergne.

Accordé.

Demande d'un congé de deux mois avec appointements pour le major Mermet, du 10ᵉ régiment de chasseurs, soumise à Sa Majesté.	Accordé.
On met sous les yeux de Sa Majesté une demande d'échange entre le capitaine français Chapron, du 72ᵉ régiment, maintenant prisonnier de guerre en Suède, et le major suédois de Lagrange, rentré dans ses foyers sur parole. Le gouvernement suédois a donné son assentiment à cet échange.	Accordé.
On propose à Sa Majesté d'accorder la décoration de la Légion d'honneur au gendarme Guillot, et une gratification de 50 francs à chacun des cinq gendarmes qui ont concouru avec lui à sauver du pillage la recette de la Flèche.	Accordé, je crois avoir déjà fait cela.
S. M. le roi de Naples désire attacher à son service un ancien maréchal des logis du 6ᵉ bataillon principal du train d'artillerie, actuellement lieutenant dans le bataillon napolitain de cette armée.	Accordé.
Le général de division Bonet, employé à l'armée d'Espagne, sollicite le paiement de sa gratification de campagne, quoique l'ayant déjà touchée en l'an XII : il fonde sa demande sur ce qu'il a été en non-activité pendant plusieurs années et qu'il a dû renouveler ses équipages.	Accordé.
On propose à Sa Majesté d'accorder un secours de 300 francs, une fois payé, en faveur des enfants du cantinier de la batterie Napoléon qui a péri, ainsi que sa femme, par suite de la tempête qui a détruit cette batterie.	Accordé.

On soumet à l'approbation de Sa Majesté l'allocation d'indemnités relative à des officiers supérieurs et autres, choisis par S. A. I. le grand-duc de Berg, pour remplir les fonctions de sous-inspecteurs aux revues et d'adjoints provisoires à l'armée d'Espagne, où le nombre de ces fonctionnaires n'était point en proportion de la force et de la dissémination de cette armée.

Accordé.

Compte rendu de deux paiements faits à S. A. I. le grand-duc de Berg, comme maréchal de l'Empire, postérieurement à une décision de Sa Majesté du 29 août 1807, qui porte que les grands dignitaires ne peuvent recevoir aucun autre traitement que celui attribué aux grandes dignités.

Sa Majesté est priée de faire connaître si son intention est de maintenir ce paiement.

Tout cela doit être restitué, hormis l'indemnité de 10.000 francs.

2140. — DÉCISIONS (1).

Bayonne, 20 juillet 1808.

On rend compte à Sa Majesté des mesures prises pour faire fournir, en septembre, des capotes à l'armée d'Espagne.

Approuvé.

NAPOLÉON.

M. le maréchal duc de Valmy a ordonné la formation, dans les bataillons de dépôts qui sont sous ses ordres, d'une compagnie de grenadiers et d'une de voltigeurs surnuméraires.

Ces détachements de grenadiers et de voltigeurs sont inutiles. C'est une mauvaise méthode que de former des grenadiers et des voltigeurs avec des recrues qui ne sont pas à l'école de bataillon.

NAPOLÉON.

(1) Extraites du « Travail du ministre directeur de l'administration de la guerre avec S. M. l'Empereur et Roi, daté du 13 juillet 1808 ».

On prie Sa Majesté de vouloir bien faire connaître si la convention conclue avec le ministère italien, le 22 août 1807, pour la fourniture des subsistances aux troupes françaises, continuera d'avoir son exécution après le 1er octobre prochain, tant en Italie que dans la Toscane. Dans le cas où elle se déciderait pour l'affirmative, on lui propose d'étendre cette mesure à la portion des Etats romains non réunie au royaume d'Italie.

J'approuve que cette mesure soit étendue aux Etats romains. Je désire qu'il soit fait une diminution. Le gouvernement italien prend beaucoup trop sur cet objet.

NAPOLÉON.

On demande à Sa Majesté si le gouvernement des Etats de Piombino, Lucques et Massa-Carrara devra nourrir à ses frais les troupes françaises, soit stationnées, soit en marche sur son territoire, ou si cette dépense sera au compte de la France.

L'état de Lucques est si pauvre qu'on ne peut rien lui demander.

NAPOLÉON.

2141. — AU MARÉCHAL BERTHIER (1).

20 juillet 1808.

Le général Guilleminot mande que l'on a mis les Portugais sur les côtes. Il ne faut pas les mettre en première ligne, sans quoi ils pourront déserter.

Envoyez l'ordre au major d'Audenarde, qui couche aujourd'hui avec son infanterie, son artillerie et sa cavalerie à Irun, de se rendre demain à Tolosa et de partir le 22 de Tolosa pour arriver le 24 au soir à Vitoria, où il est nécessaire qu'il soit arrivé pour maintenir la police le 25, jour de la Saint-Jacques, où une grande quantité de peuple se réunit dans cette ville.

Il est nécessaire que le général Monthion garde toutes les troupes qu'il a pour, ce jour-là, maintenir la police et réprimer toute espèce de mouvement.

Faites-moi connaître les ordres qui ont été donnés aux bataillons et escadrons qui sont partis d'ici depuis le départ du roi, prenant la route de Burgos.

---

(1) Non signé; de la main de Duroc.

Faites-moi connaître également quels sont les hommes isolés que l'on pourrait faire partir demain, ainsi que la situation des dépôts des 2ᵉ et 12ᵉ d'infanterie légère. Je désirerais qu'une compagnie d'hommes isolés pût partir demain avec les 80 officiers mariniers qui doivent se rendre en Portugal. Les armer et organiser en compagnie.

Ces 200 hommes se réuniraient à Saint-Sébastien, où ils tiendraient garnison. Les marins se joindraient aux canonniers de la marine et ils profiteraient de la première circonstance pour se rendre en Portugal.

2142. — DÉCISION.

Bayonne, 20 juillet 1808.

Le général Clarke propose de renvoyer à leurs corps respectifs 23 sous-officiers et soldats du 1ᵉʳ bataillon colonial et 8 caporaux et fusiliers de la légion du Midi qui sont à Saint-Malo.	Approuvé. Napoléon.

2143. — AU GÉNÉRAL CLARKE.

21 juillet 1808.

Monsieur le général Clarke, témoignez ma satisfaction au général Devaux sur la prise du bâtiment anglais et sur la conduite qu'il a tenue dans cette circonstance.

Donnez ordre que les quatre bataillons de guerre des 44ᵉ, 14ᵉ, 43ᵉ et 51ᵉ de ligne, soient dirigés sur Bayonne, afin que ces quatre régiments soient réunis en Espagne. Le 44ᵉ de ligne par exemple a laissé son 4ᵉ bataillon à Boulogne.

Les états de situation au 1ᵉʳ juillet que vous m'avez envoyés hier sont encore pleins de fautes ; il est bien important que, dans les bureaux, on prenne des renseignements précis et qu'on mette la situation exacte de chaque corps, sans confusion, en suivant le procès-verbal de formation.

Napoléon.

2144. — AU GÉNÉRAL SAVARY (1).

23 juillet 1808.

Je reçois votre lettre du 19 juillet à midi. Nous espérons toujours que le général Gobert n'aura pas rétrogradé ou qu'il aura été arrêté à temps. Le maréchal Moncey aura été arrêté aussi à temps. Voyez le roi. Vous vous conformerez désormais à tous les ordres qu'il vous donnera. L'Empereur désire beaucoup que les circonstances soient telles qu'il puisse se passer de vous et vous envoyer commander le corps de siège de Saragosse. Le général Verdier est un peu faible; ce corps est le plus beau de l'armée, il est de près de 20.000 hommes.

Mais, désormais, l'Empereur s'éloigne du théâtre de la guerre; toutes les dispositions dépendront du roi comme général en chef.

AU ROI.

J'ai l'honneur d'envoyer au roi une lettre ouverte pour le général Savary; elle (la) lui remettra si elle le juge nécessaire. Votre Majesté, comme commandant en chef, voudra bien correspondre avec moi ou ordonner à son chef d'état-major.

Sa Majesté vous ayant envoyé le 20 une partie de l'armée, je n'ai rien à ajouter.

D'ailleurs, les dispositions de Votre Majesté sont parfaitement d'accord avec l'Empereur pour battre l'Andalousie.

Il sera peut-être nécessaire, si les communications du maréchal Bessières n'étaient pas libres, de faire dire au général Lefebvre, qui est à Valladolid, de se mettre en communication avec le maréchal Bessières.

Général Drouet.

Qu'il doit profiter des courriers pour écrire ce qu'il a fait pour connaître si l'estafette du 22 est arrivée.

Bonet.

Qu'il n'y a pas de nouvelles, qu'il doit profiter de tous les courriers disponibles pour écrire.

Je fais remettre les lettres de la poste pour empêcher de circuler les mauvaises nouvelles.

Demain la compagnie Rollet entrera à Vitoria.

---

(1) Minute de la main du maréchal Berthier, écrite sous la dictée de l'Empereur; non signée.

2145. — AU GÉNÉRAL CLARKE.

24 juillet 1808.

Monsieur le général Clarke, donnez l'ordre que l'exercice à feu commence au camp de Boulogne au 1er août, et qu'il ait lieu trois fois par semaine, dont deux fois à poudre pour les feux de l'école de bataillon et de deux rangs, et une fois à la cible et isolément ; il faut y faire participer les conscrits, pour peu qu'ils aient dépassé l'école de peloton.

Donnez le même ordre au camp d'Eecloo et au camp de Blankenberghe.

NAPOLÉON.

2146. — DÉCISIONS (1).

Auch, 26 juillet 1808.

On demande à Sa Majesté si le régiment de chevau-légers belges, devenu le 27e de chasseurs, doit continuer à se monter sur des chevaux de 4 pieds 4 pouces, conformément au décret de sa création, ou s'il doit se compléter avec des chevaux de la taille ordinaire des chasseurs (4 pieds 7 pouces à 4 pieds 8 pouces 1/2).	Il se montera avec des chevaux de 4 pieds 4 pouces. NAPOLÉON.
Compte rendu des distributions faites aux corps de la Grande Armée pendant la campagne de 1807 et propositions relatives à celles de ces distributions qui leur seraient précomptées.	Accordé. NAPOLÉON.
Excédent de dépenses faites par les dépôts des corps de l'armée de Naples, que le ministre propose de faire retenir sur ce qui reste dû par le Trésor de Naples aux corps français.	Approuvé. NAPOLÉON.

(1) Extraites du « Travail du ministre directeur de l'administration de la guerre avec S. M. l'Empereur et Roi, daté du 20 juillet 1808 ».

On prie Sa Majesté de vouloir bien fixer les frais de bureau de MM. les ordonnateurs ou faisant fonctions d'ordonnateurs à l'armée d'Espagne.

Accordé moitié.

NAPOLÉON.

On lui demande :
1° Si MM. Dintrans et Giroust, employés comme ordonnateurs en chef auprès de l'intendant général, doivent avoir 2.000 francs de frais de bureau comme les ordonnateurs en chef de la Grande Armée ;
2° Si MM. les commissaires Turmann et Martin, faisant fonctions d'ordonnateurs en chef de deux corps d'armée, jouiront du même traitement.

On demande à Sa Majesté si les lanciers de la Vistule devront être remontés de la même manière que les corps de la cavalerie française, c'est-à-dire en mettant des fonds à leur disposition pour cet objet.

Oui.

NAPOLÉON.

On propose à Sa Majesté d'envoyer en Dalmatie quatre caissons pris dans les deux compagnies existant à Mantoue, et qui seront répartis entre les deux compagnies de mulets de bât qui se trouvent en Dalmatie, où les routes nouvellement ouvertes donnent le moyen de se servir de caissons.

Refusé.

NAPOLÉON.

2147. — DÉCISIONS (1).

Auch, 26 juillet 1808.

On prend les ordres de Sa Majesté pour imputer la somme de 30.000 francs, accordée pour les travaux du génie à l'armée d'Espa-

Approuvé.

---

(1) Non signées; extraites du « Travail du ministre de la guerre avec S. M. l'Empereur, du 20 juillet 1808 ».

gne, sur le fonds de réserve affecté aux dépenses imprévues du ministère de la guerre.

Le roi de Westphalie demande que l'ancien colonel d'artillerie Allix, retiré depuis l'an XII avec une pension de 1.500 francs, soit autorisé à passer à son service. — Accordé.

Le roi de Hollande demande le passage à son service du sieur Darancey fils, capitaine en second au 2ᵉ régiment d'artillerie à pied. Le général Darancey père et le fils consentent à ce changement, qui a pour motif un mariage que celui-ci doit contracter à Utrecht. — Refusé.

Une dame de compagnie de lady Yarmouth demande un passeport pour les Etats-Unis, où elle dit être appelée afin de diriger l'éducation de jeunes demoiselles. On prie Sa Majesté de faire connaître si Elle consent à l'expédition du passeport réclamé. — Refusé.

On soumet à l'approbation de Sa Majesté la démission présentée par un ancien brigadier des gendarmes d'ordonnance, qui, pour cause de mauvaise santé, vient de renvoyer sa lettre de nomination au grade de sous-lieutenant surnuméraire au 8ᵉ régiment de chasseurs. — Accepté.

On soumet également à l'approbation de Sa Majesté la démission de M. Villedieu, sous-lieutenant au 6ᵉ régiment de hussards. — Accepté.

Le général de brigade Lahure, major-général de la 5ᵉ légion de réserve, à Grenoble, demande l'autorisation d'aller aux boues de Saint-Amand. — Accordé.

2148. — DÉCISION.

Le général Clarke rend compte à l'Empereur que M. Schouler, porte-drapeau dans le 3ᵉ régiment suisse, vient de présenter sa démission.

Auch, 26 juillet 1808.

Où est dans ce moment cet officier ?

NAPOLÉON.

2149. — DÉCISION (1).

On propose à Sa Majesté d'accorder par exception au capitaine du génie Lepot, l'un des aides de camp du général Suchet, l'autorisation de rentrer dans le corps du génie.

27 juillet 1808.

Approuvé.

2150. — DÉCISION (2).

Après avoir délibéré sur la question de la couleur à adopter pour l'habillement des troupes, le Conseil d'Etat est d'avis que le ministre directeur de l'administration de la guerre soit autorisé à employer indistinctement pour l'habillement de l'infanterie de ligne et légère, en 1809, les couleurs blanche et marron garance, en se servant néanmoins de la couleur blanche le plus qu'il sera possible.

Toulouse, 27 juillet 1808.

Le bleu ou le blanc.

NAPOLÉON.

2151. — DÉCISION (3).

Le maréchal Berthier propose à l'Empereur de mettre à la disposi-

28 juillet 1808.

Approuvé par l'Empereur le 28.

---

(1) Extraite du « Travail du ministre de la guerre avec S. M. l'Empereur et Roi, du 6 juillet 1808 ».
(2) Registre des décrets, 1808.
(3) Non signée.

tion du général Lacombe Saint-Michel une somme de 41.128 francs qui reste due pour compléter le paiement des frais de levée des équipages militaires de la division du général Reille.

2152. — AU MARÉCHAL BERTHIER (1).

Donnez l'ordre au général de division Dessolle de se rendre à Bayonne, où il sera rendu le 1ᵉʳ août. Il en partira de manière à être rendu le 4 à Vitoria et le 6 à Burgos, où il prendra le commandement des colonnes de Burgos, de Vitoria et d'Aranda. La surveillance de la province de la Vieille Castille, de la Biscaye, de la Montaña (de Léon) ou de Santander, et de maintenir la tranquillité sur les derrières du maréchal Bessières qui est arrivé le 24 à Léon (*sic*). Vous ferez connaître à ce général que le 14 juillet le maréchal Bessières a battu en bataille rangée les insurgés de la Castille et de la Galice réunis à Rio Seco, a tué 10.000 hommes commandés par les généraux Cuesta et Blake, qu'après cette bataille le général Cuesta, seulement avec 500 hommes de cavalerie, a paru se retirer du côté de Salamanque, que le général Blake avec ses débris se retirait en Galice, que de Léon, le maréchal Bessières avait le projet de passer les montagnes et de se porter en Galice, que cependant, il était nécessaire qu'il y eût sur ses derrières un général intelligent qui pût réunir selon les circonstances les différents corps, tant pour maintenir la communication avec le maréchal Bessières que celle avec la France, contenir Burgos et mettre (*sic*) que possible... (2) empesté par le grand nombre de soldats espagnols éparpillés, également de surveiller tout ce qui pourrait déboucher de Santander ou de tout autre point sur les derrières de l'armée.

Le général Dessolle trouvera à Burgos le général Godinot, à Vitoria le général Monthion, à Aranda le général qui a dû y être envoyé de Madrid.

A Burgos, il y a 600 hommes de dépôt pour garder la citadelle, un bataillon du 118ᵉ, le 3ᵉ bataillon du dépôt général, deux compagnies du 4ᵉ légère formant un petit bataillon, les 12ᵉ et 13ᵉ esca-

---

(1) Non signée; minute de la main de Meneval. — Sans date; dans la marge on lit : « Expédiée à Agen le 30 juillet 1808 ».
(2) En blanc.

drons de marche, un petit bataillon de deux compagnies du 15° de ligne, 2 pièces de canon ; toute cette colonne sous les ordres du major Dumolard formant 3.000 hommes, infanterie et cavalerie.

La colonne que commande le major d'Audenarde est composée du 3° bataillon du 2° légère, du 3° du 12° légère, des 14° et 15° escadrons de marche et de 2 pièces de canon formant 1.500 hommes, part de Vitoria le 1er août pour arriver à Burgos le 4.

Il y aura donc alors à Burgos plus de 4.000 hommes, dont 500 chevaux.

Et dans le même temps, il y aura à Vitoria deux compagnies du 2° léger, deux compagnies du 12° léger, un détachement du 4° léger, quatre compagnies du 3° bataillon du 14° de ligne, un détachement de chevau-légers polonais, formant un total de 1.600 hommes ; cette colonne arrivera à Vitoria le 2 août.

Le général Dessolle pourra, si aucun événement imprévu ne dérange ces combinaisons, ordonner que les deux compagnies du 2° et les deux du 12°, le détachement du 4° idem (sic) qui arrivent à Vitoria le 2, continuent leur route sur Burgos, afin de compléter le 3° bataillon du 2° légère et le 3° du 12°, qui seront chacun alors de 800 à 900 hommes et le détachement du 4° idem qui se trouverait à 600 hommes, ce qui porterait la colonne de Burgos à près de 5.000 hommes, dont 6 pièces de canon attelées et 800 chevaux de cavalerie.

Il laissera les quatre compagnies du 14° de ligne à Vitoria. Arrivé à Burgos, le général Dessolle divisera ces forces en trois colonnes et mettra à la..... (1) généraux de brigade, colonels et majors qui seront là, veillera à l'instruction des troupes, à ce qu'ils fassent tous les jours l'exercice à feu et s'en servira selon les circonstances pour maintenir la tranquillité sur les derrières du maréchal Bessières, réprimer les mouvements de l'Estramadure, enfin exécutera les ordres qu'il recevrait du maréchal ou de l'état-major qui est à Madrid.

Il aura soin de surveiller le point de Santander et se fera rendre compte de tout ce qui s'est passé sur ce point depuis deux mois.

Le général Merle, avec 4.000 hommes, s'empara de toute la Montaña (2), mit en déroute l'armée des insurgés de cette province et ne perdit presque personne ; mais, au commencement de juillet,

---

(1) En blanc sur le document.
(2) **Montaña** de León.

le maréchal Bessières, apprenant que la Galice prenait parti contre lui, résolut de réunir toutes ses troupes et ordonna au général Gaulois, qui était à Santander avec 1.800 hommes, de venir le joindre, ce qui permit à l'évêque de ce pays de revenir à Santander.

Tous les pays au delà de l'Ebre, Zamora, Palencia, Valladolid sont une immense plaine.

Le général Dessolle aura à Burgos le 26ᵉ de chasseurs, fort de 500 hommes ; les Polonais de la garde qui sont à Bayonne et ceux qui arriveront insensiblement porteront à 1.500 ou 1.800 hommes la cavalerie du général Dessolle. Il fera passer au maréchal Bessières la partie de cette cavalerie dont ce maréchal pourra avoir besoin.

Donnez l'ordre, de votre côté, au général Drouet de faire partir les deux escadrons du 26ᵉ de chasseurs avec tous les Polonais à cheval et de la garde existant à Bayonne sous les ordres du colonel du 26ᵉ et de les diriger sur Burgos en marchant autant que possible sans se fatiguer ; ils seront sous les ordres des généraux qui commandent là et du maréchal Bessières.

Le 26ᵉ peut être le 1/31 au soir à Irun, le 5/4 au soir à Vitoria, le 8/7 au soir à Burgos.

Une fois cette colonne partie avec les Polonais disponibles le 5, le général Drouet attendra, pour faire partir les détachements de Polonais qui avaient été envoyés pour l'escorte de l'Empereur, qu'ils soient tous arrivés.

Recommandez au général Dessolle de correspondre avec le général Monthion à Vitoria et avec le général Thouvenot à Saint-Sébastien.

2153. — DÉCISION.

Bordeaux, 1ᵉʳ août 1808.

Le général Clarke sollicite les ordres de l'Empereur au sujet de la destination ultérieure du 5ᵉ régiment de dragons qui arrivera le 8 à Wesel.

Lui donner l'ordre de continuer sa route sur Paris.

NAPOLÉON.

2154. — DÉCISION.

2 août 1808.

Le maréchal Berthier rend compte que l'officier commandant l'artillerie à Pampelune demande un nouveau crédit de 10.000 francs pour faire face aux dépenses nécessitées par les transports de l'artillerie et des munitions sur le camp de Saragosse.

Approuvé.

NAPOLÉON.

2155. — AU MARÉCHAL NEY (1).

2 août 1808.

L'Empereur, Monsieur le Maréchal, désirerait que vous vous rendiez sans délai à Bayonne, que vous vous mettiez à la tête des 43° et 51° de ligne, du 26° de chasseurs, 6 pièces de canon avec les convois d'infanterie, tout ce que vous rencontrerez sur la route appartenant au 2° d'infanterie légère, au 12° d'infanterie légère, au 4° d'infanterie légère, au 15° d'infanterie de ligne ;

Que vous vous rendiez près du roi. Qu'en suivant aussi votre marche vous remettiez à la raison les villages qui se révoltent et que vous vous rendiez près du roi pour l'assister de vos conseils et de votre bras.

Vous avez été instruit que le maréchal Bessières avait remporté une grande victoire dans le royaume de Léon ; il a, depuis, continué à marcher de succès en succès. Mais le général Dupont, en Andalousie, s'est laissé acculer à des montagnes inaccessibles avec 12.000 hommes, a capitulé son retour en France par mer (*sic*). Cet événement, vraiment incroyable, paraît avoir décidé le roi à réunir toutes ses troupes sur la *Duero* et peut-être même à Burgos pour livrer une bataille générale aux troupes espagnoles insurgées.

Arrivé près du roi, il vous donnera un commandement (2). Vous sentez combien l'Empereur, qui vous connaît, attache de l'importance que vous vous trouviez à cette bataille, puisque ses officiers généraux s'opposent à ce que lui-même s'y trouve.

---

(1) Minute de la main de Berthier, non signée.
(2) Cette phrase a été biffée.

Vous enverrez les ordres au général Drouet et qu'il fasse toujours marcher les 43ᵉ, 51ᵉ, 26ᵉ de chasseurs, les Polonais à cheval et 6 pièces d'artillerie afin que le maréchal Ney les trouve déjà réunis.

Avoir soin que ces troupes aient 50 cartouches avant de partir.

Ordre au général Drouet de faire toujours occuper le pont de la Bidassoa, qu'il peut y employer soit le bataillon de marche de Portugal, soit le bataillon de la réserve.

Qu'il est nécessaire de faire arrêter les courriers et les malles avec des courriers au pont de la Bidassoa.

AU DIRECTEUR GÉNÉRAL DES POSTES LAVALLETTE.

Retarder, au delà du pont de la Bidassoa, de trois heures, les courriers de l'Espagne qui vont en France, pendant huit jours. Faire connaître ce qui se passe au général Drouet et lui ordonner de ne pas répandre ces nouvelles.

Que si le roi appelle les troupes de Saragosse, il deviendra d'autant plus nécessaire que les gardes nationales qui gardent les cols aient des fusils et soient en règle.

Envoyer ordre à Reims, au général Heudelet, de faire partir le 27ᵉ d'infanterie, qui s'y trouve, et, en même temps, de faire venir le régiment de ligne, qui reste encore à Boulogne, à Reims.

Au commandant la 13ᵉ division militaire de mettre en marche le 13ᵉ de dragons sur Bayonne.

AVIS AU ROI.

Que le maréchal Ney a l'ordre de partir de Bayonne avec les 43ᵉ, 51ᵉ (de ligne), 26ᵉ de chasseurs, 6 pièces de canon, qu'il se porte près de lui, que c'est un des meilleurs hommes de guerre que nous ayons, et qu'il peut lui donner confiance : un bon commandant intéresse un jour de bataille.

2156. — AU GÉNÉRAL SAVARY, AIDE DE CAMP DE L'EMPEREUR, A MADRID (1).

Bordeaux, 3 août 1808.

Les événements du général Dupont sont une chose sans exemple ; elle dépasse le ridicule, et la lettre de la rédaction de l'acte est de niveau avec la conduite.

On n'a pas permis sans doute que les détachements qui étaient devant vous aient marché pour se rendre aux Anglais. Vous ne dites pas un mot de cela, car, du moins, où prend-on de laisser en aller à Madrid les garnisons qui formaient les échelons ?

Après avoir lu avec attention la relation du général Dupont, on voit qu'il ne capitula que le lendemain de la bataille et que le général Gobert, et Vedel, ne s'est pas battu (sic).

Et tout laisse à penser que l'armée du général Castaños n'était pas aussi forte qu'on le dit, s'il avait réuni à la position de Baylen tout ce qu'il avait, nous ne lui calculons pas ici plus de 25.000 hommes de troupes de ligne et 15.000 paysans.

Il n'y a rien à dire sur la mesure prise par le roi d'évacuer Madrid. Peut-être aurait-il été possible de réunir à Madrid la moitié (du corps) du maréchal Bessières, ce qui arrive, quelque chose de Saragosse, et avoir 36.000 hommes à Madrid. Mais enfin le parti qu'on a pris est plus approprié à ce qui se passe et à la composition de l'armée.

Il a paru dans la lettre du général Belliard qu'il faisait lever trop tôt le siège de Saragosse et on comprend qu'il n'est pas possible qu'on ne laisse un corps qui couvre Pampelune et contienne la Navarre.

Sans quoi l'ennemi cernera Pampelune et insurgera la Navarre et alors la communication par Tolosa sera coupée et l'ennemi se trouvera sur les derrières de l'armée. Beaucoup de troupes devront être disséminées pour couvrir la route, il faut donc, même pour l'intérêt de l'armée, conserver la Navarre.

Supposons l'ennemi réuni à Pampelune bloquant la ville, vous voyez facilement qu'il sera à six marches sur les derrières de Burgos.

L'armée qui assiège Saragosse est donc à peu près nécessaire

---

(1) Minute de la main de Berthier, sous la dictée de l'Empereur, non signée.

pour contenir les insurgés de la Navarre, de l'Aragon, de Valence, pour les empêcher de percer sur votre flanc gauche (1).

Enfin, tandis que le général Belliard mande qu'on lève le siège de Saragosse et du coup de venir par Tudela, sur Aranda, en jetant 2.000 hommes sur Pampelune : si cette opération se fait ainsi, la communication de Burgos à Bayonne sera sur-le-champ interceptée.

Si le général Castaños s'avance et que vous puissiez lui livrer bataille, on ne peut prévoir que les plus heureux résultats.

Mais de la manière dont il a marché, tout prouve qu'il mettra la plus grande circonspection. Si, par le canal des parlementaires, l'on peut établir une suspension d'armes sans que le roi y soit pour rien en apparence, ledit armistice, que chacun pourra rompre en prévenant huit jours d'avance, pourra donner aux Français la ligne de la Duero, passant ensuite par Almanza et joignant là l'Ebre. Il semble que cette suspension d'armes serait avantageuse aux insurgés qui s'organisent à Madrid ; elle ne nous serait pas désavantageuse, parce qu'on verra pendant ce temps ce qu'ils veulent et comment le gouvernement s'organise.

Comme il est possible que les lettres soient interceptées, il faut convenir que tous les nombres de troupes seront doublés, nous mettrons sous le nombre un petit point : ainsi, pour 10.000, on mettra 20.000.

2157. — DÉCISION (2).

Le colonel Schobert demande le renvoi sur parole d'un lieutenant prussien prisonnier de guerre en France.

Accordé.

2158. — DÉCISION (3).

Rochefort, 3 août 1808.

Le général Clarke rend compte

Diriger tous ces corps le plus

---

(1) Sur une expédition de cette même lettre à Savary, l'Empereur a ajouté ici, de sa main, la phrase suivante : « On peut seulement renforcer le corps du roi des 14ᵉ et 44ᵉ et de 8 à 10 pièces d'artillerie. »
(2) Sans signature ni date; extraite du « Travail du ministre de la guerre avec S. M. l'Empereur et Roi, du 3 août 1808 ».
(3) De la main de Maret.

que le 23° de ligne, parti de Berlin le 22 juillet, arrivera à Wesel le 13 août. Il demande quelles sont les intentions de l'Empereur au sujet de la destination ultérieure de ce régiment, ainsi que des 28°, 58° et 75° de ligne, auxquels le maréchal Berthier a envoyé l'ordre de se rendre à Wesel.

promptement possible sur Paris. Me rendre compte de tout ce qu'il peut y avoir à leurs dépôts et aux 4es bataillons, afin de compléter ces corps.

NAPOLÉON.

2159. — DÉCISION.

Nantes, 8 août 1808.

Le général Clarke sollicite les ordres de l'Empereur au sujet de la destination ultérieure du 5° dragons, des 28°, 32°, 58° et 75° régiments de ligne qui sont en marche pour se rendre à Wesel.

Les diriger d'abord sur Paris.

NAPOLÉON.

2160. — DÉCISION (1).

Nantes, 10 août 1808.

Le général Clarke fait connaître à l'Empereur que M. Helflinger, chargé d'affaires de Sa Majesté près la cour de Darmstadt, sollicite un ordre de mouvement pour le régiment d'infanterie du grand-duché de Hesse-Darmstadt qui est organisé et prêt à passer le Rhin.

Le ministre, en outre, rend compte que le grand-duc désirerait connaître les intentions de l'Empereur sur la composition de l'artillerie qui doit être attachée à ce régiment.

Diriger le régiment sur Metz : les canonniers seront ce que voudra le grand-duc. Faire connaître le jour où il arrivera à Metz.

Le duc de Nassau, l'Electeur de Bade doivent fournir chacun un régiment. Il faut également diriger ces régiments sur Metz.

NAPOLÉON.

---

(1) De la main de Berthier.

2161. — AU GÉNÉRAL CLARKE (1).

Route de Rambouillet, 14 août 1808, à midi.

Sa Majesté désire que Votre Excellence fasse tirer aujourd'hui, à 6 heures du soir, 100 coups de canon pour annoncer son arrivée.

Le duc de Frioul.

2162. — DÉCISION.

15 août 1808.

Le général Clarke propose à l'Empereur de diriger de Besançon et de Dijon sur Perpignan deux compagnies du 7ᵉ d'artillerie à pied venant de Mayence, et de Bordeaux sur Bayonne deux compagnies du 6ᵉ.	Approuvé. Napoléon.

2163. — DÉCISION.

15 août 1808.

Le général Clarke propose à l'Empereur de faire passer à l'école d'application de Metz 75 élèves de l'École polytechnique, dont 25 pour le génie et 50 pour l'artillerie, et de faire examiner à la fin de l'année les élèves de ces deux armes qui sont à l'école depuis un an seulement, afin que la moitié des plus instruits puisse être désignée pour passer à des emplois de 2ᵉˢ lieutenants, si les circonstances l'exigeaient.	Accordé. Napoléon.

2164. — DÉCISION.

15 août 1808.

Le général Pille ayant pris sur lui d'accorder une gratification aux	Approuvé. Napoléon.

---

(1) De la main de Duroc.

sous-officiers du 23º d'infanterie légère qui se sont distingués par leur zèle et leur activité à instruire les conscrits, le général Clarke propose à l'Empereur d'approuver cette dépense, bien qu'elle soit irrégulière.

2165. — DÉCISION.

15 août 1808.

Le général Clarke rend compte que le général Sahuc, commandant la 19ᵉ division militaire, a cru bien faire de diriger de Lyon sur Perpignan la 7ᵉ compagnie du 7ᵉ bataillon de sapeurs venant de Kehl.

Approuvé.

Napoléon.

2166. — DÉCISION.

15 août 1808.

Le général Clarke demande si les 10ᵉ et 11ᵉ compagnies du 7ᵉ régiment d'artillerie à pied qui arriveront incessamment à Besançon et Dijon doivent être dirigées sur Lyon et Bordeaux.

Les diriger sur Perpignan.

Napoléon.

2167. — DÉCISION.

15 août 1808.

Le général Clarke propose à l'Empereur de faire diriger sur Lyon les grenadiers et voltigeurs, ainsi que les sous-officiers du 4ᵉ bataillon du 24ᵉ de ligne restés isolés à Huningue, afin de rejoindre le dépôt dans cette première ville et faciliter par cette mesure la réorganisation du bataillon.

Approuvé.

Napoléon.

2168. — DECISION.

15 août 1808.

Le général Clarke rend compte à l'Empereur que le maréchal Berthier a adressé au vice-roi d'Italie, de la part de Sa Majesté, l'ordre de faire former et de diriger sur Lyon une division sous le commandement du général Pino. Le ministre a demandé au vice-roi des renseignements sur la marche des divers corps de troupe qui composeront cette division et l'époque précise de leur arrivée à Lyon.

Cette division doit se rendre par le plus court chemin de Turin à Perpignan.

NAPOLÉON.

2169. — DÉCISION.

15 août 1808.

Le général Clarke rend compte que le 4ᵉ bataillon du 3ᵉ régiment d'infanterie légère, qui est à Parme, n'est composé que de quatre compagnies de chasseurs, les carabiniers et voltigeurs de ce bataillon se trouvant employés à la division du général Miollis à Rome.

Le ministre demande si l'intention de l'Empereur est de réunir ces deux compagnies de carabiniers et de voltigeurs à leur bataillon qui se rend à Perpignan.

Oui.

NAPOLÉON.

2170. — DÉCISIONS (1).

15 août 1808.

On propose à Sa Majesté de tirer 75 élèves de l'Ecole polytechnique pour passer à celle d'application à Metz, dont 25 pour le génie et 50 pour l'artillerie ;

Accordé.

---

(1) Non signées; extraites du « Travail du ministre de la guerre avec S. M. l'Empereur et Roi, du 27 juillet 1808 ».

De faire examiner à la fin de l'année les élèves de ces deux armes qui ne sont à l'école que depuis un an, afin que la moitié des plus instruits passent à des emplois de 2es lieutenants si les circonstances l'exigent.

On propose à Sa Majesté d'approuver que la compagnie de gendarmerie du 1er arrondissement maritime ait une brigade à cheval de plus et que celle du 2e arrondissement ait une brigade à pied de moins. Les besoins du service ont été consultés et ces dispositions ont été jugées nécessaires.

Approuvé.

On met sous les yeux de Sa Majesté la demande que fait le colonel de Broc de rester au service de S. M. le roi de Hollande, dont il est aide de camp et qui l'a nommé général de brigade, et de conserver ses droits de citoyen français.

Accordé ; mais effacé du tableau de l'armée.

On propose à Sa Majesté d'autoriser le sieur Lachese, sergent-major au 60e régiment, à passer dans le 5e régiment de ligne italien pour y occuper l'emploi de sous-lieutenant auquel il a été nommé le 22 juin 1808 par décret de S. A. I. le prince vice-roi d'Italie ;

Accordé.

D'autoriser un maréchal des logis de gendarmerie à passer au service de S. M. le roi de Westphalie qui veut bien disposer en sa faveur de la place de sous-lieutenant quartier maître de la gendarmerie de ses Etats ;

Accordé.

D'autoriser les généraux de brigade Merlin et Franceschi-Delonne à passer au service de S. M. le roi d'Espagne.

Accordé ; rayés du tableau des officiers français.

Napoléon Ier, tome II.

Le général de division Salligny mande que Votre Majesté lui a donné la permission verbale de rester auprès de S. M. le roi d'Espagne. On propose en conséquence d'autoriser cet officier général à passer au service du royaume d'Espagne.	On l'effacera du tableau.
On soumet à Sa Majesté la demande de mise en liberté faite par M. le maréchal Soult en faveur de six membres de la régence de la Poméranie suédoise qui ont été envoyés en France et qui sont détenus au château de Joux.	Accordé.
On soumet à Sa Majesté la demande de traitement extraordinaire que fait le général Roguet comme commandant les troupes à l'île de Kadzand.	Accordé.
On prie Sa Majesté de vouloir bien faire connaître ses ordres sur la demande que fait le général Rigaud, homme de couleur en surveillance à Tours, où il touche son traitement de réforme, d'aller faire sa résidence à Toulouse.	Accordé.

2171. — DÉCISIONS (1).

15 août 1808.

On rend compte à Sa Majesté des dispositions faites pour l'habillement des bataillons de chasseurs des montagnes qui se lèvent dans les départements de l'Ariège et des Hautes-Pyrénées.	Accordé. NAPOLÉON.
Le ministre avait demandé des renseignements à plusieurs préfets sur la possibilité de faire voyager	Accordé. NAPOLÉON.

(1) Extraites du « Travail du ministre directeur de l'administration de la guerre avec S. M. l'Empereur et Roi, daté du 27 juillet 1808 ».

des troupes en poste. Il est résulté des mesures prises par quelques-uns de ces fonctionnaires pour accélérer leur réponse, une dépense d'environ 2.000 francs. Le ministre prie Sa Majesté de vouloir bien l'autoriser à faire acquitter cette dépense sur ses crédits.

2172. — DÉCISION.

Saint-Cloud, 16 août 1808.

Le général Clarke rend compte d'une demande du colonel du génie chargé de la direction des travaux de fortification en cours d'exécution à Mayence, afin d'obtenir comme renfort une compagnie de sapeurs et de mineurs.

Il faut laisser les sapeurs à Juliers où ils se trouvent.

NAPOLÉON.

2173. — AU GÉNÉRAL CLARKE.

16 août 1808.

Monsieur le général Clarke, vous donnerez l'ordre que deux des régiments français qui sont à Naples, qui n'ont que deux bataillons et qui tiennent garnison dans la ville de Naples ou dans les environs, en partent pour se rendre à Rome où ils feront partie de l'armée d'Italie.

NAPOLÉON.

2174. — AU GÉNÉRAL CLARKE.

16 août 1808.

Monsieur le général Clarke, vous donnerez l'ordre au général Saint-Cyr, qui commande à Boulogne, de se rendre à Perpignan pour prendre le commandement du corps d'armée de Catalogne ; il y joindra aussi le commandement de la 10° division militaire.

Vous donnerez l'ordre au général de division Vandamme de se rendre à Boulogne pour y prendre le commandement du camp de Boulogne ; il conservera aussi le commandement de la 16° division militaire.

NAPOLÉON.

2175. — AU GÉNÉRAL CLARKE.

16 août 1808.

Monsieur le général Clarke, il y a à l'armée d'Italie quatre bataillons du train et 2.400 chevaux. Mon intention est que vous fassiez venir pour le corps d'armée de Catalogne, en le dirigeant par Perpignan, un de ces bataillons, en complétant ses chevaux et harnais à 1.100 ; bien entendu que la compagnie qui servira à la division Souham est comprise dans ce nombre.

Il ne resterait donc plus que 1:300 chevaux de trait à l'armée d'Italie. Mon intention est qu'il en soit acheté 1.000, afin que le même nombre de 2.400 reste toujours à cette armée ; mais il faut faire ces achats économiquement et sans précipitation, de manière à avoir de bons chevaux. Il faut, au contraire, activer la marche des 1.100 chevaux du train destinés au corps d'armée de Catalogne ; s'ils passent par Lyon, vous pourrez vous en servir pour transporter l'artillerie nécessaire pour compléter l'armement des places des Pyrénées.

NAPOLÉON.

2176. — DÉCISIONS (1).

On soumet à Sa Majesté la demande, que fait le régiment de dragons de la garde, de guidons, pavillons de trompettes et tabliers de timbales. Cette fourniture pourra occasionner une dépense d'environ 20.000 francs.	Renvoyé au moment où le régiment aura tous ses chevaux.
Sa Majesté est priée de faire savoir si Elle approuve qu'il soit fait un achat de 100 chevaux pour former à Flessingue une demi-compagnie du train. On observe qu'il est impossible de compter sur les cultivateurs hollandais, lorsqu'il s'agit de chevaux de réquisition.	Non.

(1) Sans signature ni date; extraites du « Travail du ministre de la guerre avec S. M. l'Empereur et Roi, du 17 août 1808 ».

Trois officiers prussiens d'origine polonaise, qui renoncent au service de Prusse, sollicitent la faveur de retourner en Saxe et en Pologne.	Les autoriser à rentrer chez eux.

2177. — DÉCISIONS (1).

Vu l'augmentation du territoire occupé par les armées et l'insuffisance du cadre des commissaires des guerres, on propose à Sa Majesté de porter le nombre des ordonnateurs de 36 à 50, celui des commissaires des guerres de 204 à 240, celui des adjoints de 50 à 70. On lui propose pour ces places des personnes qui en remplissent déjà dans ce moment les fonctions.	Approuvé.
On prie Sa Majesté de décider par quel gouvernement sera supportée la dépense qui résultera du passage des 10.000 hommes italiens qui se rendent sur le territoire français.	Au compte de la France.
On demande à la charge de qui seront, soit pour la nourriture, soit pour l'habillement et l'entretien, les troupes de Hesse, de Bade et de Nassau, qui vont rentrer en France.	Au compte de la France (2).

2178. — DÉCISION.

18 août 1808.

Le général Clarke propose d'accepter la démission du lieutenant Sinner d'Aarbourg, du 3ᵉ régiment suisse, provoquée par ses camarades.	Accordé. NAPOLÉON.

---

(1) Sans signature ni date; extraites du « Travail du ministre directeur de l'administration de la guerre avec S. M. l'Empereur et Roi, daté du 17 août 1808 ».
(2) De la main de Maret, ainsi que les deux précédentes.

2179. — DÉCISION.

18 août 1808.

Le général Clarke rend compte que M. Schouler, porte-drapeau au 3ᵉ régiment suisse, présente sa démission, pour pouvoir vaquer à ses affaires particulières et soigner sa santé.

Refusé.

Napoléon.

2180. — AU GÉNÉRAL CLARKE.

18 août 1808.

Monsieur le général Clarke, les deux régiments de cavalerie portugais qui sont partis d'Auch le 9 août arrivent le 24 à Avignon ; donnez ordre qu'ils continuent leur route pour se rendre sur un point quelconque sur la Saône où les fourrages sont à meilleur marché.

Napoléon.

2181. — AU GÉNÉRAL CLARKE.

18 août 1808.

Monsieur le général Clarke, donnez l'ordre à 100 hommes du dépôt de la 1ʳᵉ légion de réserve, qui est à Lille, de se rendre à Rennes pour compléter le 5ᵉ bataillon de cette légion ; à 150 hommes du dépôt de la 2ᵉ légion, qui est à Metz, de se rendre à Bayonne pour compléter le 5ᵉ bataillon de cette légion ; à une centaine d'hommes du dépôt de la 4ᵉ légion, qui est à Versailles, de partir pour Bayonne, pour y compléter le 5ᵉ bataillon ; à 300 hommes du dépôt de la légion qui est à Grenoble, de partir pour Perpignan, pour joindre le 5ᵉ bataillon au corps du général Reille.

Ordonnez que tous ces hommes ne partent que lorsqu'ils seront bien habillés, bien armés et un peu exercés.

Napoléon.

2182. — DÉCISION (1)

On présente à l'Empereur l'itinéraire des régiments de la légion portugaise, qui se rendent, savoir : l'infanterie et l'état-major à Grenoble, la cavalerie à Avignon.

Laisser deux bataillons d'infanterie à Valence, deux à Grenoble, deux à Romans.

NAPOLÉON.

2183. — DÉCISION.

Saint-Cloud, 18 août 1808.

Le général Clarke rend compte à l'Empereur de la marche et de l'effectif des corps de troupes composant la division polonaise en route pour Mayence, et il demande des ordres pour leur destination future.

Tous ces corps se dirigeront sur Sedan, où ils seront complètement armés. Me proposer des généraux pour commander cette division.

NAPOLÉON.

2184. — DÉCISION.

Saint-Cloud, 18 août 1808.

Le général Clarke rend compte que le duc de Nassau est dans l'impossibilité de fournir les deux compagnies d'artillerie et les deux pièces de canon qui lui ont été demandées, mais que ce prince a un très bel escadron de chasseurs qu'il met à la disposition de l'Empereur.

Accepter l'escadron de chasseurs.

NAPOLÉON.

2185. — DÉCISION (2).

Le général Clarke soumet à l'Empereur une modification à l'ordre que Sa Majesté a donné, de faire partir d'Italie pour Perpignan un bataillon du train d'artillerie.

Il faut laisser le vice-roi maître d'envoyer celui des quatre bataillons qu'il voudra. Quant aux 400 chevaux que lève le général Lacombe Saint-Michel, on

---

(1) Non datée; la date du départ de ces divers corps, indiquée par l'itinéraire, est celle du 18 août.
(2) De la main de Berthier, non datée; le rapport du ministre de la guerre est du 18 août 1808.

lui a déjà envoyé un détachement de 50 hommes de la garde; il faut que cela serve de fond à la formation du nouveau bataillon du train, et faire partir de tous les dépôts des bataillons du train qui sont en France 350 hommes, ce qui formera un bataillon de 400 hommes qui sera complété par les levées prochaines. Alors il y aura à l'armée de Catalogne deux bataillons du train, un venant d'Italie et le nouveau qu'on propose de lever. Il faut que le ministre donne les ordres dans la journée pour que les hommes partent des dépôts pour Toulon et Perpignan. Le ministre présentera un projet de décret pour régulariser tout ce qui est relatif aux bataillons du train, en Espagne.

Ainsi le bataillon *bis* de la garde doit prendre un numéro dans la ligne ; ainsi il ne doit y avoir attaché au train de la garde, en Espagne, que ce qui sert véritablement aux pièces de la garde.

NAPOLÉON.

2186. — DÉCISIONS (1).

18 août 1808.

On propose à Sa Majesté d'autoriser les bataillons de guerre à tirer

Approuvé. Mais rien ne partira de France avant le 1er oc-

---

(1) Extraites du « Travail du ministre directeur de l'administration de la guerre avec S. M. l'Empereur et Roi, daté du 3 août 1808 ».

l'habillement de leurs dépôts et de leur laisser la liberté de se pourvoir du grand et du petit équipement de la manière qu'ils jugeront la plus convenable à leur intérêt, sauf les souliers, dont le mode de remplacement sera ultérieurement déterminé.

Pour restaurer et maintenir en bon état les deux compagnies du 9e bataillon des équipages, on propose à Sa Majesté de les faire passer de Mantoue à Plaisance.

On prend les ordres de Sa Majesté sur la demande du directeur général des vivres, tendant à ce que, pour éviter du retard et des dépenses, on fabrique de suite la quantité nécessaire de biscuit, si on croit qu'elle doive être étendue au delà des 100.000 rations que l'on doit confectionner à Bayonne.

On rend compte à Sa Majesté d'une réquisition de 62 bœufs, faite par le général Reille, son aide de camp, commandant à Bellegarde. On a l'honneur de La prévenir qu'on a approuvé cette fourniture et qu'on approuvera celles qui pourraient, par la suite, être faites en vertu de la même réquisition, à moins d'ordre contraire de Sa Majesté.

tobre, temps où les quartiers d'hiver seront réglés.

NAPOLÉON.

Accordé.

NAPOLÉON.

La porter à 500.000 rations.

NAPOLÉON.

Approuvé.

NAPOLÉON.

2187. — DÉCISIONS (1).

18 août 1808.

On rend compte à Sa Majesté que, conformément à ses ordres, les sept bataillons des équipages employés à la Grande Armée ont

Le général de cavalerie Fouler.

NAPOLÉON.

(1) Extraites du « Travail du ministre directeur de l'administration de la guerre avec S. M. l'Empereur et Roi, daté du 10 août 1808 ».

été complétés. On pense qu'il serait utile de leur faire passer une revue de rigueur pour connaître exactement l'état dans lequel se trouvent les chevaux, les caissons, les harnais, l'habillement, l'instruction et la discipline de chaque bataillon, ainsi que ses masses et son administration intérieure. Si Sa Majesté veut que cette revue ait lieu, on la prie de vouloir bien désigner le général de cavalerie ou d'artillerie par lequel elle devra être passée.

On demande à Sa Majesté quel gouvernement devra supporter les fournitures à faire en Italie et en France à la garde de Sa Majesté catholique, qui se rend de Naples à Madrid.

La France, en tenant un compte séparé.

Napoléon.

On propose à Sa Majesté de décider qu'à dater du 1er octobre prochain, les officiers généraux ayant des missions diplomatiques ou d'autres fonctions non militaires qui les éloignent du territoire de l'Empire, ne recevront aucune indemnité de fourrages pendant la durée de leurs missions.

Accordé.

Napoléon.

2188. — DÉCISION.

Saint-Cloud, 18 août 1808.

Le général Clarke demande à l'Empereur s'il ne conviendrait pas d'autoriser provisoirement les généraux chargés de l'organisation des 3es bataillons des régiments d'infanterie de ligne et légère, de choisir pour les grenadiers des hommes jugés propres à ce genre de service, quoique ne réunissant pas les conditions requises, c'est-à-dire compter quatre ans de ser-

Non, il vaut mieux alors suspendre pour un an la formation des compagnies de grenadiers et de voltigeurs.

Napoléon.

vice et avoir fait deux des quatre campagnes d'Ulm, d'Austerlitz, d'Iéna et de Friedland.

2189. — DÉCISION.

18 août 1808.

Le général Clarke propose à l'Empereur que, dans les régiments ayant, par les décrets du 27 juillet et 9 août 1808, subi une diminution de quatre compagnies, le capitaine commandant le dépôt et le capitaine d'habillement resteront attachés au dépôt.

Approuvé.

NAPOLÉON.

2190. — DÉCISION.

Saint-Cloud, 18 août 1808.

Le maréchal Berthier prie l'Empereur de vouloir bien faire connaître si son intention est bien que le dépôt du régiment de cavalerie toscan soit transféré à Perpignan.

Oui.

NAPOLÉON.

2191. — DÉCISION.

Saint-Cloud, 18 août 1808.

M. Gaudin, ministre des finances, soumet à l'Empereur diverses propositions relatives à la répartition des contributions en Toscane.

Approuvé.

NAPOLÉON.

2192. — DÉCISION.

Saint-Cloud, 18 août 1808.

Le général Clarke demande l'autorisation de faire envoyer au 10ᵉ bataillon principal du train d'artillerie à la Grande Armée un détachement d'une trentaine d'hommes, ainsi que des effets d'habillement.

Ne rien envoyer avant le 1ᵉʳ octobre, où l'armée aura pris ses quartiers d'hiver.

NAPOLÉON.

2193. — DÉCISION.

Saint-Cloud, 18 août 1808.

Le général Clarke demande que le prix des effets emportés par les hommes des compagnies de réserve qui ont rejoint l'armée soit remboursé par le ministre directeur de l'administration de la guerre.

Approuvé.

NAPOLÉON.

2194. — DÉCISION.

Saint-Cloud, 18 août 1808.

A l'occasion de la réunion du département du Taro au gouvernement de S. A. S. le prince Borghese, le général Clarke propose à l'Empereur de décider : 1° que la 27° division militaire restera composée des départements du Pô, de la Sesia, de la Doire, de la Stura et de Marengo ; 2° que la 28° division militaire sera composée des départements de Gênes, de Montenotte, des Apennins et du Taro.

Approuvé.

NAPOLÉON.

2195. — DÉCISION.

Saint-Cloud, 18 août 1808.

Le général Clarke propose de faire rayer des contrôles du 25° de chasseurs 52 hommes qui sont passés à Corfou et qui ont formé le noyau d'un corps de chasseurs grecs.

Approuvé.

NAPOLÉON.

2196. — DÉCISIONS (1).

18 août 1808.

On prie Sa Majesté de vouloir

Approuvé.

---

(1) Non signées; extraites du « Travail du ministre de la guerre avec S. M. l'Empereur et Roi, du 3 août 1808 ».

bien accorder un fonds supplémentaire de 58.193 fr. 57, pour la valeur des terrains et bâtiments qui se trouvaient sur l'emplacement du fort et du réduit dont la construction a été ordonnée cette année sur le plateau du Moulin-à-l'Huile, près Boulogne.

Le général de brigade Sionville, commandant la 19ᵉ division militaire, vient de mourir à Dijon, laissant une fille âgée de 4 ans.
On propose à Sa Majesté d'admettre Mˡˡᵉ Sionville à la maison d'Ecouen lorsqu'elle aura l'âge requis.

Accordé.

Le général de division Pully demande d'être autorisé à venir à Paris, où ses affaires personnelles exigent sa présence. Si Sa Majesté veut bien lui accorder un congé, le ministre propose d'en fixer la durée à deux mois avec appointements.

Accordé.

On soumet à Sa Majesté une demande de prolongation de congé de trois mois, faite par le général de brigade Maison, pour le rétablissement de sa santé.

Accordé ; sera rendu le 1ᵉʳ octobre à Bayonne.

On prie Sa Majesté de faire connaître si Elle approuve qu'il soit expédié un congé de deux mois au général Tirlet, commandant l'artillerie de l'armée de Dalmatie, pour le rétablissement de sa santé.

Refusé.

On propose à Sa Majesté d'autoriser le sieur Ulliac, capitaine, aide de camp du général Canuel, à passer au service du royaume de Westphalie.

Accordé.

Sa Majesté est priée de vouloir bien accorder un congé absolu au sieur Emmanuel-Joseph Urbain,

Accordé.

canonnier au 1ᵉʳ régiment d'artillerie à pied, dont le père a treize enfants vivants, sept garçons et six filles.

On présente à l'approbation de Sa Majesté la démission du sieur Lemoine, sous-lieutenant au 66ᵉ régiment d'infanterie.

Approuvé.

2197. — DÉCISIONS (1).

18 août 1808.

On rend compte à Sa Majesté des dispositions qui ont été ordonnées pour l'échange et le complétement de l'armement de la légion portugaise.

Les Portugais se rendront à Grenoble ; il faut laisser les fusils à Bayonne.

On prie Sa Majesté de donner son autorisation spéciale pour que M. de Flahault, aide de camp de S. A. le prince de Neuchâtel, ne cesse point de compter au 13ᵉ régiment de chasseurs à cheval comme chef d'escadrons titulaire, Son Altesse ayant déclaré que Sa Majesté l'a autorisée à le prendre en cette qualité.

Le remplacer à son corps.

On propose à Sa Majesté de vouloir bien accorder à M. Dubreuil, inspecteur aux revues, qui, d'après les ordres de Sa Majesté, a rempli une mission très importante dans les îles Ioniennes, une gratification de 6.000 francs à titre d'indemnité.

Accordé.

On propose à Sa Majesté de vouloir bien accorder à M. Zœpffel, aide de camp du ministre de la guerre, envoyé en mission dans les îles Ioniennes, une gratification de 1.000 francs.

Accordé.

---

(1) Non signées; extraites du « Travail du ministre de la guerre avec S. M. l'Empereur et Roi, du 10 août 1808 ».

2198. — DÉCISIONS (1).

18 août 1808.

L'estimation de l'artillerie cédée à la France par la Hollande, à Flessingue, monte à la somme de 1.364.798 fr. 99.

Sa Majesté voit bien l'estimation de l'artillerie de Flessingue, mais Elle ne voit pas celle de l'artillerie d'Emden et de l'Ost-Frise.

Les achats de poudres en Toscane montent à une somme de 177.000 francs qui a été successivement avancée par le payeur général d'après l'autorisation de la junte.

Sa Majesté est priée de faire un fonds extraordinaire pour le remboursement de cette somme.

Cette dépense est à la charge du pays.

Cela sera payé par la junte.

On propose à Sa Majesté d'approuver qu'il soit pris parmi les officiers toscans des adjudants pour être employés dans les places de la division de la Toscane, en réservant néanmoins une partie de ces emplois pour des officiers français.

Approuvé.

On met sous les yeux de Sa Majesté la demande que fait le général de division Leval, commandant la 14ᵉ division, d'être employé dans une armée active.

Il se rendra à Metz pour prendre le commandement de la division allemande, composée des régiments de Hesse, Nassau, Bade et du prince primat.

Le général de brigade Picard, inspecteur des dépôts de cavalerie des 2ᵉ et 3ᵉ divisions militaires, demande à être employé dans une armée active et l'autorisation de venir passer quinze jours à Paris.

Accordé.

Le général de division Macors, commandant le département du Nord et la place de Lille, demande un congé de deux mois avec appoin-

Accordé avec appointements.

---

(1) Non signées; extraites du « Travail du ministre de la guerre avec S. M. l'Empereur et Roi, du 17 août 1808 ».

tements pour venir à Paris et pour s'y faire traiter d'une maladie grave.

Le général Marmont demande un congé de trois mois en faveur de l'adjudant commandant Delort, employé à l'armée de Dalmatie, pour venir régler à Paris des affaires majeures. — Refusé.

Le général Campredon, commandant en chef le génie dans le royaume de Naples, demande que le sieur Petitjean, sergent à la 1re compagnie de mineurs, soit autorisé à passer au service du roi de Naples. — Accordé.

On prend les ordres de Sa Majesté sur le retour des prisonniers de guerre portugais qui ne peuvent être admis dans la marine et sur l'indemnité de route à leur accorder, etc. — Les laisser jusqu'à nouvel ordre.

On soumet à l'approbation de Sa Majesté un état de démission des officiers d'infanterie Guérin, sous-lieutenant au 4e régiment, Desmontis, sous-lieutenant au 55e régiment. — Approuvé.

Le ministre rend compte à Sa Majesté des ordres provisoires qu'il a donnés pour faire jouir l'adjudant commandant Lomet, chargé du commandement du département des Basses-Pyrénées, du traitement extraordinaire de 250 francs par mois attribué au général de brigade commandant un département.

Le ministre soumet cette mesure à la sanction de Sa Majesté. — Accordé.

On propose à Sa Majesté de laisser dans les régiments qui ont quatre compagnies de moins le capitaine commandant le dépôt, et celui d'habillement au dépôt, et de déci- — Approuvé.

der que, pour ces régiments, ces capitaines seront remplacés dans le commandement de leurs compagnies respectives.

On prie Sa Majesté de décider que le prix des effets emportés par les hommes des compagnies de réserve qui ont rejoint l'armée et qui ont passé dans différents corps, soit remboursé par le ministre directeur.

Approuvé.

On soumet à Sa Majesté la demande que fait le général Hulin pour que le traitement de 1re classe continue d'être payé aux capitaines et lieutenants des 4e et 10e demi-brigades de vétérans, en garnison à Paris, qui, par l'effet de la réorganisation, sont descendus de la 1re classe à la 2e.

Approuvé.

On présente le jeune Swagers pour une place d'élève pensionnaire au prytanée militaire de La Flèche.

Refusé.

2199. — AU GÉNÉRAL CLARKE.

18 août 1808.

Monsieur le général Clarke, lorsque les régiments de Hesse-Darmstadt, de Nassau, de Bade et du prince primat seront arrivés à Metz, on en passera la revue et on complétera leur armement. Les mauvais fusils seront laissés à Metz où leurs princes les enverront prendre.

NAPOLÉON.

2200. — AU GÉNÉRAL CLARKE.

19 août 1808.

Monsieur le général Clarke, envoyez-moi un état particulier du corps du général Oudinot :

La première colonne comprendra l'effectif ;
La 2e colonne les présents sous les armes ;

La 3° ce qui est destiné de chaque dépôt pour le renforcer ;
La 4° ce qui manque pour compléter les compagnies à 140 hommes.

NAPOLÉON.

2201. — DÉCISION (1).

Le maréchal Berthier rend compte que la 3° division de dragons est partie de Hanovre pour se rendre à Wesel, où elle doit recevoir les ordres du ministre pour se rendre à Bayonne.

Cette division se rendra à Paris.

NAPOLÉON.

2202. — DÉCISION (2).

Le maréchal Berthier demande si la Westphalie doit payer la solde de 12.500 hommes de troupes françaises, quand même il y en aurait moins dans ce royaume.

Seulement les hommes existant jusqu'à concurrence de 12.500.

NAPOLÉON.

2203. — AU GÉNÉRAL DEJEAN.

Saint-Cloud, 19 août 1808.

Monsieur Dejean, je suppose que vous avez donné ordre aux 10° et 11° bataillons d'équipages militaires de se mettre en marche pour Poitiers, et à un des officiers de ces bataillons de se rendre dans la Vendée pour commander les achats. Avant le 1er octobre, ces deux bataillons du train doivent être attelés et les mulets levés. Les 500.000 à 600.000 francs nécessaires pour cela seront fournis.

NAPOLÉON.

---

(1) Non datée; le rapport du maréchal Berthier porte la date du 19 août 1808.
(2) Non datée; le rapport du maréchal Berthier est du 19 août 1808, l'expédition de la décision du 25.

2204. — DÉCISION (1).

Dispositions proposées par le maréchal Berthier pour faire rentrer en France une partie de la gendarmerie employée à la Grande Armée.

En rappeler la moitié.

NAPOLÉON.

2205. — AU GÉNÉRAL CLARKE, MINISTRE DE LA GUERRE (2).

Saint-Cloud, 23 août 1808.

J'ai ordonné que les pièces relatives au corps d'armée sous les ordres du général Dupont vous fussent transmises. Elles contiennent les détails d'un événement extraordinaire. Un général a laissé couper ses communications quoiqu'elles fussent menacées depuis cinq jours. Il a laissé couper son corps. Il s'est mis dans la nécessité de combattre avec une seule division et il n'a point attaqué en colonne serrée, mais toujours sur deux lignes. Le général Vedel étant arrivé le 19, après le combat, il n'a pas attaqué de nouveau l'ennemi. Il a capitulé le 20, quoique la communication ne fût pas entièrement fermée le 19, comme cela est prouvé par le rapport du capitaine Tavel, du 3° régiment suisse ; et elle ne pouvait l'être que par quelques paysans insurgés ou des contrebandiers. Il a compris dans la capitulation les divisions des généraux Vedel et Dufour qui n'avaient pas combattu et il a fait ainsi mettre bas les armes à 8.000 hommes sans qu'ils eussent tiré un coup de fusil. Il a, de plus, compris dans la capitulation trois bataillons qui se trouvaient en échelons à plus de 30 lieues et dont deux ont été surpris parce que l'officier d'ordonnance qui apportait les nouvelles ne les a pas prévenus.

Il a signé une capitulation où il a compromis les intérêts de son armée, en ne la faisant pas garantir par les agents anglais qui étaient au camp de l'ennemi.

Il a, de plus, rempli cette capitulation de détails d'intérêts particuliers et de conditions déshonorantes pour la nation.

Dans ces circonstances, que convient-il de faire ? C'est le con-

---

(1) Sans date; le rapport du maréchal Berthier est du 19 août 1808, l'ordre d'expédition de la décision est du 22.
(2) Non signé, copie.

seil que je demande aux militaires que vous réunirez dans un conseil qui sera présidé par vous.

Ce conseil sera composé des maréchaux Masséna, Augereau, Lannes, Lefebvre, Serurier, du sénateur Klein, du général Songis et des deux conseillers d'Etat Lacuée et Gassendi.

2206. — QUESTIONS FAITES A M. DE VILLOUTREYS, ECUYER DE L'EMPEREUR, PAR LE GÉNÉRAL DE DIVISION NANSOUTY, PREMIER ÉCUYER, CONFORMÉMENT AUX ORDRES DE SA MAJESTÉ, ET RÉPONSES DE M. DE VILLOUTREYS.

Paris, 23 août 1808.

QUESTIONS.

Vous n'avez pas rendu un compte exact des événements désastreux et déshonorants auxquels vous avez participé au moins comme témoin.

Quel jour et à quelle heure le général Vedel est-il arrivé à portée de l'ennemi ?

Comment avez-vous appris son arrivée ?

Combien de temps y est-il resté ?

Comment et par qui a-t-il été informé de la négociation entamée par la division Barbou ?

RÉPONSES.

J'ai fait à l'Empereur le récit de tous les événements dont j'ai été le témoin et je n'ai jamais eu d'intérêt à omettre aucuns détails qui pouvaient donner des renseignements sur ce qui s'est passé.

Le 19 juillet à 4 ou 5 heures du soir.

J'étais alors à Andujar, quartier général de l'armée espagnole, où je suis arrivé à 8 heures du soir, et j'ai appris l'arrivée du général Vedel par le général Castaños. Il n'était pas arrivé au moment de mon départ du camp français.

Je suis revenu d'Andujar dans la nuit et j'ai appris à mon retour la retraite du général Vedel.

J'étais à Andujar, où je crois que les informations ont été portées par un aide de camp du général en chef.

Quels ordres lui a envoyés le général Dupont ?

A-t-il reçu plusieurs fois des ordres ? Les premiers ont-ils été révoqués par des ordres contraires ? Ces ordres ont-ils été donnés par écrit ; soit écrits ou verbaux, par quelle voie ont-ils été transmis ?

Est-il vrai qu'à 2 heures après midi il avait déjà commencé l'attaque en tirant plus de quinze coups de canon ?

Pourquoi a-t-il cessé son attaque ?

Après l'avoir cessée, a-t-il cherché à se retirer ?

S'il a cherché à se retirer, jusqu'à quelle distance a-t-il fait sa retraite ?

S'il a commencé sa retraite, pourquoi y a-t-il renoncé et pourquoi est-il revenu et s'est-il fait comprendre dans la capitulation ?

Je l'ignore puisque j'étais absent.

J'ignore les premiers ordres qui ont été donnés, mais à mon retour le général Dupont m'a dit que le général Vedel n'avait opéré sa retraite que sur la recommandation verbale qu'il lui avait envoyée par un de ses aides de camp de se retirer pour sauver du moins toutes les troupes qu'il avait sous ses ordres.

Je me suis mépris sur l'heure de son arrivée dans mes premiers rapports, puisqu'il ne s'est présenté qu'entre 4 ou 5 heures du soir. J'ai appris à mon retour d'Andujar, qu'en prenant position, il avait tiré quelques coups de canon.

A mon retour du quartier général espagnol, j'ai appris que le général Dupont l'avait informé de la trêve au moment même de son arrivée.

Il a gardé sa position jusqu'à 11 heures ou minuit, qu'il a opéré sa retraite, sur l'avis qui lui a été envoyé par le général Dupont.

J'ai appris qu'il s'était retiré à deux ou trois lieues.

D'après le refus de l'ennemi de continuer un traité qui devait comprendre la division Vedel, le général Dupont, instruit de ce refus par les généraux Marescot et Chabert, a envoyé l'adjudant

Pensez-vous qu'il eût eu le temps d'effectuer sa retraite s'il avait persisté dans son mouvement ?

Avez-vous vu le général Vedel ? Que vous a-t-il dit ?

Déclarez franchement et loyalement ce que vous savez sur cette affaire et comment les divisions Vedel et Dufour sont entrées dans la capitulation sans s'être battues ? Et comment, à l'arrivée de Vedel, la division Barbou n'a-t-elle pas recommencé son attaque ?

commandant, Martial Thomas au général Vedel pour lui faire reprendre sa position.

Le général Vedel m'a dit qu'en continuant son mouvement, il eût ramené à peu près 1.500 hommes à Madrid.

Cette question est répondue par l'article précédent.

Je déclare que j'ai observé à plusieurs reprises que les divisions Vedel et Dufour ne devaient pas être comprises dans le traité et qu'après une discussion assez vive, que je soutenais seul, le capitaine général qui a signé le traité et le comte de Tilly ont déclaré que, n'étant chargé d'aucun pouvoir, je n'avais aucun avis à donner ; mon opinion n'étant pas soutenue, j'ai dû me retirer.

Le général Dupont m'a dit qu'il avait conçu l'espoir d'une nouvelle attaque à l'arrivée de la division Vedel, mais que le découragement général des troupes ne lui a pas permis de rompre la trêve.

Est-il vrai que M. Marescot s'est déguisé en Espagnol, lui et ses domestiques, pour se sauver, ne se croyant pas en sûreté en suivant le sort des soldats ?

Le général de division,
Premier écuyer de l'Empereur,
Nansouty.

L'assurance de tous ces détails m'a été donnée le 22 à Andujar par le général Castaños et le comte de Tilly.

C. Villoutreys,
Ecuyer de l'Empereur.

2207. — DÉCISION.

Saint-Cloud, 23 août 1808.

Le général Clarke propose de faire partir en poste pour l'Espagne la 2ᵉ compagnie d'armuriers qui est en France.

Approuvé.

Napoléon.

2208. — AU GÉNÉRAL CLARKE (1).

Saint-Cloud, 23 août 1808.

Monsieur le général Clarke, donnez l'ordre que le détachement de 900 hommes de ma garde à cheval qui sont partis de Paris pour former mon escorte dans la Vendée et qui sont, je crois, actuellement à Tours ou à Angers, retournent à Paris.

2209. — DÉCISION.

Saint-Cloud, 23 août 1808.

Le général Clarke demande à l'Empereur s'il peut disposer pour Perpignan d'une partie des approvisionnements d'artillerie rassemblés à Toulon.

Non.

Napoléon.

2210. — AU GÉNÉRAL CLARKE.

Saint-Cloud, 23 août 1808.

Monsieur le général Clarke, je reçois votre état de situation du corps du général Oudinot. Je vois qu'il est à un effectif de 7.500 hommes, ce qui, avec les 1.200 hommes qu'il va recevoir, formera un effectif de près de 9.000 hommes ; mais il n'y a que 49 compagnies qui reçoivent un renfort de 25 hommes, ce qui fait le nombre de 1.200. Il y a 39 autres compagnies qui ne reçoivent

---

(1) Non signé.

rien. Présentez-moi un projet pour que 34 de ces compagnies reçoivent également 25 hommes, et pour que les cinq autres, c'est-à-dire celles des 32ᵉ, 34ᵉ, 16ᵉ légère, 24ᵉ et 25ᵉ de ligne, qui sont à la suite, soient incorporées dans les compagnies de la division où elles sont le plus nécessaires, de sorte que l'on n'entendra plus parler de compagnies supplémentaires. Alors l'effectif sera de 11.000 hommes qui, partagés en 85 compagnies, feront un effectif de 130 hommes par compagnie. Il manquera donc 850 hommes pour les porter au complet de 140 hommes. Ces 11.000 hommes, partagés en huit régiments, feront 1.300 hommes par régiment, ou, en seize bataillons, feront 600 à 700 hommes par bataillon.

Napoléon.

2211. — AU GÉNÉRAL CLARKE.

24 août 1808.

Monsieur le général Clarke, j'ai lu avec attention l'état de situation n° 3 des corps de la Grande Armée. Je vous le renvoie pour que vous y fassiez quelques changements :

1° En distinguant dans le mot *dépôt*, le dépôt formé par l'ordonnance ou le 5ᵉ bataillon, du dépôt extraordinaire formé par un piquet. En effet, je ne vois pas la différence des régiments à vingt-quatre compagnies de ceux à vingt-huit compagnies.

2° Les résultats ne me paraissent pas exacts, et je désire que la colonne du manquant au complet de 840 hommes par bataillon, qui est la dernière dans l'état, soit mise à côté de chaque bataillon ; bien entendu que, pour les 5ᵉˢ bataillons, au lieu de la différence de 840, on mettrait 420, ce qui est la force du dépôt. Alors je pourrai bien comprendre la situation.

Je pense que le résultat sera alors différent. Par exemple, le corps du maréchal Davout, composé de quinze régiments, a besoin de beaucoup plus de 5.000 hommes pour être au complet fixé par l'ordonnance. Je pense qu'il lui faut plus de 12.000 ou 14.000 hommes, puisqu'il lui faudrait d'abord soixante bataillons qui, à 840 hommes chacun, font seuls 50.000 hommes, et tous les 5ᵉˢ bataillons qui feraient 7.800 hommes, si tous les corps étaient à cinq bataillons. Le complet serait donc de 58.000 hommes ; mais, comme il y a plusieurs corps qui n'ont que quatre bataillons et pas de dépôt, cela doit former une diminution assez considérable. Ces changements sont très nécessaires à faire.

Je veux porter les régiments qui sont en Allemagne, d'abord à trois bataillons au grand complet. Après, je les porterai à quatre bataillons.

Or, je remarque que, bien loin de pouvoir compléter les 4es bataillons, j'ai à peine, en France, aux 4es et 5es bataillons, de quoi compléter les trois premiers.

Par exemple, le 13e légère a à la Grande Armée 1.775 hommes dans ses trois premiers bataillons ; il lui manque donc 725 hommes; mais, comme il a à son 4e bataillon près de 1.100 hommes, il peut les fournir ; il ne faut donc pas songer à envoyer son 4e bataillon à la Grande Armée.

Aux trois bataillons du 17e de ligne, il manque 640 hommes ;
Aux trois bataillons du 30e, il manque 180 hommes ;
Aux trois bataillons du 61e, il manque 100 hommes ;
Aux trois bataillons du 65e, il manque 300 hommes ;
Aux trois bataillons du 15e légère, il manque 700 hommes ;
Aux trois bataillons du 33e, il manque 100 hommes ;
Aux trois bataillons du 48e, il manque 500 hommes ;
Aux trois bataillons du 108e, il manque 700 hommes ;
Il ne manque rien aux trois bataillons du 111e ;
Aux quatre bataillons du 7e légère, il manque 400 hommes ;
Aux trois bataillons du 12e de ligne, il manque 700 hommes ;
Aux quatre bataillons du 21e de ligne, il ne manque rien ;
Aux trois bataillons du 25e, il manque 500 hommes ;
Il ne manque rien au 85e.

Il manque donc plus de 4.000 hommes au corps du maréchal Davout pour porter ses quarante-huit bataillons au complet.

Il manquera ensuite de quoi former les douze 4es bataillons qui restent en France et les 5es bataillons pour les régiments qui en ont. Dans ce travail, je suppose qu'est compris le 3e régiment de marche, qui a eu son ordre de départ et qui doit être incorporé.

En faisant des recherches pour bien faire cet état, vous me ferez un rapport qui me fasse connaître s'il est possible de former à Mayence un 3e régiment de marche (*bis*) de trois bataillons, qui serait composé de la manière suivante :

1ᵉʳ *bataillon*.

4 compagnies	du 13ᵉ légère............	600	hommes.
3 —	du 17ᵉ de ligne............	450	—
1 —	du 30ᵉ................	140	—
1 —	du 61ᵉ................	140	—
2 —	du 65ᵉ................	300	—
	Total..............	1.630	hommes.

2ᵉ *bataillon*.

1 compagnie	du 15ᵉ légère............	120	hommes.
1 —	du 23ᵉ de ligne............	120	—
4 —	du 48ᵉ................	600	—
4 —	du 108ᵉ................	600	—
	Total..............	1.440	hommes.

3ᵉ *bataillon*.

1 compagnie	du 7ᵉ légère............	150	hommes.
2 —	du 12ᵉ de ligne............	300	—
3 —	du 25ᵉ de ligne............	450	—
	Total..............	900	hommes.

Ce régiment serait de 4.000 hommes. Il serait suffisant que chaque compagnie fût commandée par un officier, deux sergents, quatre caporaux. Ce corps, après avoir passé la revue à Mayence et dans le comté de Hanau, serait dirigé en temps opportun sur le corps du maréchal Davout, pour renforcer les quarante-huit bataillons, et alors ce maréchal aurait un effectif de 39.000 hommes.

On ferait de même pour la division Oudinot, conformément à la lettre que je vous ai écrite hier, de manière à porter cette division à 11.000 hommes, ce qui mettrait sous le commandement du maréchal Davout un effectif de 50.000 hommes d'infanterie.

On ferait la même opération pour le corps du maréchal Soult.

Le 10ᵉ légère manque de 100 hommes ;

Le 3ᵉ de ligne de 260 hommes ;
Le 22ᵉ de ligne de 200 hommes ;
Le 72ᵉ de 500 hommes.

Ainsi, la 1ʳᵉ division du corps du maréchal Soult a besoin d'un millier d'hommes pour que les trois premiers bataillons soient à 840 hommes chacun ; ne pourrait-on pas former un 1ᵉʳ bataillon de marche de ces détachements ?

Le 24ᵉ légère, le 4ᵉ de ligne, le 46ᵉ, le 57ᵉ manquent également de beaucoup de monde.

Le 46ᵉ n'a que deux bataillons à la Grande Armée. On pourrait y envoyer le 3ᵉ bataillon, en le complétant, ce qui formerait le 2ᵉ bataillon du 4ᵉ régiment de marche (*bis*), dont le 3ᵉ serait formé des détachements destinés à compléter le 26ᵉ légère, les tirailleurs corses, les 18ᵉ et 105ᵉ de ligne.

Ce 4ᵉ régiment de marche (*bis*) serait ainsi composé de 4.000 hommes, qui se réuniraient à Hanau, où, après s'être reposés et avoir passé la revue du maréchal Kellermann, ils iraient renforcer le corps du maréchal Soult qu'ils porteraient à un effectif de 36.000 hommes.

Le 5ᵉ légère, le 19ᵉ de ligne pourraient envoyer des détachements pour compléter les 3ᵉˢ bataillons de ces régiments au corps du prince de Ponte-Corvo, ce qui porterait l'infanterie de ce corps à 10.000 hommes ; et, dès lors, le 3ᵉ corps, la division Oudinot, le 4ᵉ corps et l'infanterie du prince de Ponte-Corvo feraient un effectif de 96.000 hommes d'infanterie et au moins 90.000 hommes sous les armes.

Il resterait à pourvoir, par la conscription, au complément des 4ᵉˢ bataillons et des 5ᵉˢ bataillons pour ceux qui en ont.

Pour la cavalerie, il faudrait, indépendamment des escadrons de marche qui doivent rejoindre, me présenter un projet d'ordre pour faire partir du dépôt de Saint-Omer ou de Kadzand, où sont tous les 1ᵉʳ, 2ᵉ et 12ᵉ de chasseurs, le 9ᵉ de hussards, les 7ᵉ, 20ᵉ, 3ᵉ et 11ᵉ de chasseurs, et les 5ᵉ et 7ᵉ de hussards, un millier de chevaux, afin de compléter au corps du maréchal Davout 8.000 chevaux de cavalerie légère ; pour envoyer 330 dragons à la division de dragons, afin de la compléter à plus de 3.000 chevaux, ce qui, avec les 2.400 chevaux de la division Espagne, portera la cavalerie du maréchal Davout à 13.500 chevaux ; ainsi, avec l'artillerie et le train, son armée serait de 70.000 hommes.

Pour la cavalerie du maréchal Soult, il faut envoyer 400 chevaux à ses six régiments de cavalerie légère, afin d'en porter le nombre à 5.000 chevaux ;

Porter la division de dragons à 3.000 chevaux ;

Envoyer à la division Nansouty les cuirassiers disponibles aux dépôts, de manière à porter cette division à 3.600 chevaux.

Porter la division Saint-Sulpice à 3.600 chevaux.

De sorte que le maréchal Soult aurait 17.000 chevaux, ce qui, avec 36.000 hommes d'infanterie et l'artillerie, formerait une armée de 60.000 hommes.

En portant les trois régiments de cavalerie du prince de Ponte-Corvo à 2.600 chevaux, son corps serait de 14.000 hommes. Les trois corps formeraient donc un effectif de 144.000 hommes, tous Français.

Il faut que tout ce travail soit le résultat de l'état n° 3 auquel vous allez faire retoucher.

Tout ceci peut exister au mois d'octobre ; mais avec la conscription, on peut, au printemps prochain, si les circonstances l'exigent, augmenter chaque régiment du 4° bataillon, et porter l'effectif de l'infanterie à 116.000 hommes.

Il faut, pour cela, que les cadres des 4ᵉˢ bataillons et des dépôts, avec ce qui leur reste de la conscription, soient bien spécifiés dans l'état.

николаев.

Napoléon.

2212. — AU GÉNÉRAL CLARKE.

24 août 1808.

Monsieur le général Clarke, donnez ordre que les majors, quartiers-maîtres des huit nouveaux régiments qui sont en Espagne, se rendent aux dépôts de ces régiments qui sont, un à Pau, un à Tarbes, un à Oleron, un à Dax, un à Mont-de-Marsan, un à Auch et un à Gien, ainsi que les ouvriers, la musique et ce qui est nécessaire aux dépôts sans rien tirer des régiments.

Donnez ordre que les capitaines d'habillement s'y rendent également d'Espagne et s'occupent de faire confectionner les souliers, les habits et tout ce qui doit être envoyé aux régiments.

Napoléon.

2213. — DÉCISION (1).

Compte rendu de la demande de 3.000 fusils par LL. AA. SS. les duc et prince de Nassau. Le ministre a cru pouvoir l'accorder sous la condition cependant que 1.500 de ces fusils seraient tirés de la manufacture impériale d'armes de Liège et les autres 1.500 de celle de Mutzig.

Sa Majesté a accordé à peu près ce qu'on demande, puisqu'elle a ordonné que le contingent sera armé à son passage à Metz et que les armes avec lesquelles il sera arrivé dans cette ville soient rendues au grand-duc et renvoyées à ses frais par la Moselle (2).

2214. — AU GÉNÉRAL CLARKE.

Saint-Cloud, 26 août 1808.

Monsieur le général Clarke, de Bordeaux à Bayonne, il y a deux routes, l'une qui passe par Mont-de-Marsan et l'autre qui est plus courte et qui va directement. Qui empêche de prendre cette route ? C'est qu'il n'y a pas d'étape. Il y a de Bordeaux à Bayonne, par cette route, cinq à six jours ; il faut y former deux magasins, de manière qu'on partira de Bordeaux avec deux jours de vivres, et on prendra dans ce magasin deux autres jours de vivres ; on construira donc, dans chacun de ces magasins, deux fours et on y aura des farines pour tenir toujours du pain de prêt ; on y aura également des bœufs et de l'eau-de-vie. Par ce moyen, l'armée n'éprouvera aucun retard dans sa marche et arrivera à Bayonne par trois routes, l'une de droite par Bordeaux, qui est celle que je viens de vous tracer, l'autre par Langon et Mont-de-Marsan et la troisième par Périgueux. Si vous ne prenez pas des mesures pour organiser la première, il y aura l'immense inconvénient qu'il n'y aura qu'une route qui est de trois jours plus longue et où l'armée éprouvera beaucoup de retard.

NAPOLÉON.

(1) Sans signature ni date; extraite du « Travail du ministre de la guerre avec S. M. l'Empereur et Roi, daté du 24 août 1808 ».
(2) De la main de Maret.

2215. — DÉCISION (1).

26 août 1808.

On prend les ordres de Sa Majesté sur la demande que fait le général Salligny pour que la garde de S. M. C. se rende en Espagne par Bayonne et non par Perpignan, et qu'elle soit transportée par relais une partie de sa route en France. Il résulterait de ce transport une dépense de 56.800 francs.

La diriger sur Bayonne, mais sans aller en poste.

Napoléon.

2216. — AU MARÉCHAL BERTHIER.

Saint-Cloud, 27 août 1808.

Mon Cousin, vous trouverez ci-joint une lettre que j'écris au ministre de la guerre. Donnez aujourd'hui même les ordres pour ce qui vous regarde, après quoi vous la lui enverrez. Que toutes ces compagnies se rendent à Mayence où elles trouveront l'ordre de se rendre à Bayonne.

Napoléon.

2217. — DÉCISIONS (2).

27 août 1808.

On soumet à Sa Majesté l'état des denrées à verser dans les places et postes de guerre des 10° et 11° divisions pour leur approvisionnement de siège. La dépense totale sera de 519.000 francs. Ces approvisionnements sont indépendants de ceux ordonnés par Sa Majesté pour le service de l'armée.

Moyennant que j'ai ôté Perpignan, l'on peut réduire à moitié, c'est-à-dire 250.000 francs (3).

Napoléon.

---

(1) Extraite du « Travail du ministre directeur de l'administration de la guerre avec S. M. l'Empereur et Roi, daté du 24 août 1808 ».
(2) Extraites du « Travail du ministre directeur de l'administration de la guerre avec S. M. l'Empereur et Roi, daté du 24 août 1808 ».
(3) Publiée par Brotonne, *Dernières lettres inédites de Napoléon Ier*, t. I, p. 349, mais avec faute de lecture.

On rend compte à Sa Majesté de l'engagement pris par le munitionnaire général des vivres-viande d'acheter 1.000 bœufs dans la Vendée et de les faire arriver par échelons à Bayonne. Il est dû à ce munitionnaire 2.856.000 francs, dont 1.400.000 exigibles qu'il importe de lui faire payer.

Me faire connaître si le ministre a encore du crédit sur ce chapitre.

Napoléon.

Propositions tendant à l'organisation à Perpignan d'un service de transport pour l'approvisionnement de l'armée d'Espagne, à la protection des convois et aux indemnités à accorder pour les chevaux et voitures perdus dans le service.

Approuvé.

Napoléon.

2218. — DÉCISIONS (1).

27 août 1808.

On rend compte à Sa Majesté du marché passé par S. E. le ministre de la guerre du royaume d'Italie pour la fourniture du pain aux troupes françaises en Italie, dans la Toscane et dans les Etats romains.

22 centimes et demi, c'est-à-dire 4 sols la ration, c'est trop cher.

Napoléon.

Compte rendu des réductions de personnel subies par les administrations de l'armée d'Italie, conformément à la décision de Sa Majesté du 1er mars dernier. On demande s'il faut rétablir ces administrations sur le pied de guerre.

Les laisser comme elles sont.

Napoléon.

Le travail étant considérablement augmenté, on demande un supplément au chapitre du budget relatif aux frais d'administration intérieure.

Renvoyé au budget qui sera fixé en septembre.

Napoléon.

---

(1) Extraites du « Travail du ministre directeur de l'administration de la guerre avec S. M. l'Empereur et Roi, daté du 24 août 1808 ».

2219. — DÉCISIONS (1).

27 août 1808.

Proposition d'admettre M. Adam dans la Légion d'honneur.	Accordé.
Sa Majesté est priée d'approuver le payement, à raison de 1 fr. 50 par jour, des conducteurs des brigades levées dans les départements de l'Aude, Haute-Garonne, Ariège et Pyrénées-Orientales, ainsi que les chevaux et mulets également à raison de 2 francs par jour.	Accordé.
On propose d'augmenter le nombre des officiers attachés à l'école d'application de Metz d'un capitaine du génie et d'un lieutenant d'artillerie. Répartition d'une somme de 2.000 francs entre divers professeurs de cette école soumise à l'approbation de Sa Majesté.	Approuvé.
On prend les ordres de Sa Majesté sur une dépense de 10.000 francs proposée pour réparer les dégâts qui ont été occasionnés par de fortes marées au fort en bois en avant du chenal du port de Boulogne.	Accordé.
On prie Sa Majesté de vouloir bien accorder un fonds supplémentaire de 34.667 fr. 09 pour la valeur des terrains et bâtiments qui se trouvaient sur l'emplacement du fort dont la construction a été ordonnée cette année sur la hauteur du Renard, près Boulogne ;	Accordé.
De décider si le 28ᵉ régiment de dragons sera dispensé de fournir le contingent de 10 hommes qui lui a été demandé pour le complément de la garde impériale.	Oui.

(1) Non signées; extraites du « Travail du ministre de la guerre avec S. M. l'Empereur et Roi, du 24 août 1808 ».

Il est dû au 50ᵉ régiment de ligne une somme de 6.423 fr. 64 pour solde arriérée de l'an VIII, que ce corps ne peut plus toucher, attendu qu'il n'a pas fait sa réclamation en temps utile.

Le ministre propose à Sa Majesté de faire payer cette somme sur les économies faites par le corps sur la masse de pain de soupe.

Accordé.

On propose à Sa Majesté d'accorder un congé d'un mois au général de brigade Duverger pour se rendre auprès de S. E. le ministre directeur de l'administration de la guerre, à qui il a des détails particuliers à communiquer au sujet des comptes du bataillon des tirailleurs corses ;

Accordé.

D'autoriser le sieur Cattaneo, lieutenant au bataillon des tirailleurs corses, à passer au service de S M. le roi de Naples.

Accordé.

Trois frères, officiers prussiens prisonniers de guerre, sollicitent leur retour en Silésie.

Accordé.

Le chef d'escadron Weigold, employé à l'état-major du 4ᵉ corps de la Grande Armée, demande à être autorisé à quitter le service : on propose à Sa Majesté d'accepter sa démission.

Accordé.

On soumet à l'approbation de Sa Majesté la démission du lieutenant Maupetit, du 9ᵉ régiment de dragons.

Accordé.

On soumet à Sa Majesté la demande que fait le général Morand, commandant en chef la 23ᵉ division militaire, d'accorder une indemnité de 3 francs par jour aux hommes composant les détachements em-

Accordé.

ployés en Corse à la levée des marins. On propose à Sa Majesté d'accorder cette indemnité jusqu'au 1er octobre prochain.

Le ministre prie Sa Majesté de l'autoriser à faire prendre à Boulogne 500 bouches à feu de campagne qui ont été prêtées à la marine et dont elle n'a plus besoin et de les répartir sur les frontières d'après les besoins actuels du service.

Sur quelle frontière ?

2220. — AU GÉNÉRAL CLARKE (1).

28 août 1808.

Monsieur le général Clarke, les deux divisions cantonnées dans le Frioul, sous les ordres du général Baraguey d'Hilliers, cesseront de porter le nom de 2e *corps de la Grande Armée ;* elles formeront la 1re et la 2e division de l'armée d'Italie et seront commandées par leurs généraux de division. J'ai nommé le général Baraguey d'Hilliers gouverneur de Venise.

2221. — AU GÉNÉRAL CLARKE (1).

29 août 1808.

Monsieur le général Clarke, en lisant votre rapport du 30 mars dernier, je vois qu'il reste dix-neuf compagnies de grenadiers ou de carabiniers et dix-neuf compagnies de voltigeurs qui n'entrent dans aucuns cadres. Voici ce que je pense qu'il faudrait faire. Les compagnies de grenadiers et de voltigeurs des 24e, 32e et 34e de ligne et des 16e et 25e légères qui sont à la division Oudinot doivent être incorporées dans cette division. Les officiers, dans les compagnies où il en manque, les sergents de même et les soldats dans les compagnies les plus faibles. Procès-verbal de cette incorporation vous sera envoyé afin que vous fassiez faire les lettres de passe nécessaires pour les officiers qui changent de régiment. Par ce moyen les cinq compagnies seront diminuées. Quant aux quatorze autres

(1) Non signé.

compagnies, il faut qu'elles soient incorporées dans leurs régiments respectifs. Les grenadiers et voltigeurs serviront à compléter les compagnies de grenadiers et de voltigeurs des quatre bataillons, lorsque les quatre bataillons seront à peu près dans le même lieu, ou seulement celles du 4e bataillon, lorsque les trois premiers bataillons seront trop éloignés, comme par exemple ceux qui sont à l'armée de Dalmatie.

Par ce moyen, l'armée éprouvera une diminution de 38 compagnies.

2222. — AU GÉNÉRAL CLARKE.

29 août 1808.

Monsieur le général Clarke, je vois que, dans sa situation actuelle, le corps du général Oudinot n'a que 8.794 hommes, tandis qu'il devrait être de 11.200 hommes ; il lui manque donc 2.500 hommes. Je désire que vous donniez les ordres suivants aux bataillons de guerre.

	NOMBRE D'HOMMES A FOURNIR.	
	Grenadiers.	Voltigeurs.
Du 7e légère, de fournir aux grenadiers et voltigeurs du corps du général Oudinot, en prenant des hommes capables d'être grenadiers, et qui aient fait la guerre avec distinction.	25	25
Du 30e de ligne, de fournir audit corps	30	15
Au 33e id.	»	15
Au 10e légère.	40	15
Au 24e id.	15	15
Au 26e id.	15	15
Au 4e de ligne.	30	30
Au 18e id.	50	50
Au 22e id.	30	30
Au 57e id.	30	30
Au 65e id.	30	30
Au 72e id.	20	20
Au 3e id.	20	20
Au 12e id.	30	30
Au 61e id.	50	50
Au 85e id.	50	50
Au 111e id.	40	40

Ces hommes seront fournis sur-le-champ, en les choisissant aux bataillons de guerre de la Grande Armée, ce qui complétera ces compagnies à 140 hommes chacune.

Vous donnerez aussi l'ordre que tous les hommes sortant des hôpitaux appartenant au 1ᵉʳ corps, se réunissent à Berlin ; que ceux appartenant au 5ᵉ et au 6ᵉ corps, se réunissent à Glogau, et qu'on ne laisse rentrer en France aucun homme isolé.

On choisira dans les hommes sortant des hôpitaux les meilleurs, pour renforcer les compagnies que les 1ᵉʳ, 5ᵉ et 6ᵉ corps ont au corps du général Oudinot, et les porter à 140 hommes, sans, toutefois, qu'aucun homme sorte de son régiment ; le surplus sera constitué en bataillons d'hommes isolés.

Il sera formé à Berlin un bataillon d'hommes isolés de onze compagnies, composé des officiers, sous-officiers et soldats sortant des hôpitaux, qui n'auront pas suivi le 1ᵉʳ corps. Le maréchal Soult chargera un officier de le commander, en passera lui-même la revue, s'assurera qu'ils sont bien armés, bien équipés et en bon état, et le placera à Charlottenburg ou à Potsdam. L'état de ce bataillon sera envoyé tous les jours, compagnie par compagnie. Le major général, qui le mettra sous mes yeux, prendra mes ordres sur sa destination. Il portera le nom de bataillon des hommes isolés du 1ᵉʳ corps.

Un bataillon des hommes sortant des hôpitaux, appartenant au 5ᵉ corps, sera réuni à Glogau et portera le nom de bataillon des hommes isolés du 5ᵉ corps.

Un bataillon des hommes du 6ᵉ corps sera réuni également à Glogau, et portera le nom de bataillon des hommes isolés du 6ᵉ corps.

Il est important que vous ordonniez que, passé le 1ᵉʳ septembre, aucun homme sortant des 1ᵉʳ, 5ᵉ et 6ᵉ corps ne soit dirigé sur France, mais bien sur Berlin et Glogau. Cette mesure est importante.

Chargez un inspecteur aux revues de voir ces bataillons tous les quinze jours et je pourrai, selon les circonstances, les diriger où il sera convenable.

Au moyen de cet arrangement, il sera facile de recruter parfaitement le corps du général Oudinot, sans qu'aucun soldat change de bataillon. Il ne sera plus nécessaire d'envoyer personne à ce corps. S'il existe l'année prochaine, je lui fournirai un millier de conscrits, de ceux que je vais lever cette année, que je ferai servir provisoirement dans la garde.

NAPOLÉON.

2223. — AU GÉNÉRAL CLARKE.

29 août 1808.

Monsieur le général Clarke, donnez ordre de passer la revue du 3ᵉ bataillon de la légion de réserve, qui est à Rennes, pour voir les officiers et sous-officiers qui manquent.

Recommandez qu'on exerce ce bataillon avec la plus grande activité et qu'on lui fasse faire l'exercice à feu.

NAPOLÉON.

2224. — AU GÉNÉRAL CLARKE.

29 août 1808.

Monsieur le général Clarke, je reçois votre lettre du 25, relative à la formation des différents escadrons de marche. Je désire que vous y apportiez les modifications suivantes :

Il ne faut rien tirer des dépôts des 14ᵉ, 23ᵉ, 19ᵉ, 3ᵉ de chasseurs, qui sont en Italie et en Piémont. En général, il serait ridicule de faire marcher, des dépôts d'Italie et du Piémont, des détachements pour Mayence, pour de là rejoindre la Grande Armée.

Faites-moi un rapport qui me fasse connaître ce qu'il y a de disponible aux dépôts des corps de la Grande Armée. J'en disposerai selon les circonstances.

NAPOLÉON.

2225. — AU GÉNÉRAL CLARKE.

29 août 1808.

Monsieur le général Clarke, avez-vous donné l'ordre au 36ᵉ de ligne, qui est à Rennes, de se rendre à Bayonne ?

Envoyez-moi le dernier état de situation que vous aviez du camp de Boulogne.

NAPOLÉON.

2226. — AU GÉNÉRAL CLARKE.

29 août 1808.

Monsieur le général Clarke, je reçois votre lettre du 28, dans laquelle vous me faites part des différents détachements qui se rendent à Versailles, pour de là se diriger sur Bayonne. J'y remarque qu'un détachement du 16e d'infanterie légère part de Mâcon pour Versailles. Il vaudrait mieux, ce me semble, que de Mâcon il se rendît directement à Bayonne.

Je remarque également un détachement du 4e de dragons, qui part de Moulins ; il vaut mieux qu'il rejoigne son régiment à Poitiers.

Ces deux seuls changements m'ont paru nécessaires.

NAPOLÉON.

2227. — AU GÉNÉRAL CLARKE.

29 août 1808.

Monsieur le général Clarke, il y a au dépôt de Sedan 1.200 hommes des trois régiments de la Vistule. Faites-en passer la revue, et faites partir pour Bayonne au moins un millier d'hommes bien armés et bien équipés. Si tous les habillements et équipements ne sont pas prêts, faites-les partir en deux détachements de 500 hommes chacun. Que le premier détachement parte le 1er septembre au plus tard pour Bayonne.

Il y a au dépôt de lanciers polonais, 140 hommes ; il est nécessaire que ce dépôt ait l'autorisation d'acheter des chevaux, qu'il enverrait en Espagne.

NAPOLÉON.

2228. — DÉCISIONS.

Saint-Cloud, 29 août 1808.

Pour renforcer la défense de la côte entre Cette et Aigues-Mortes, où les Anglais viennent d'effectuer deux débarquements, le ministre de la guerre propose à l'Empereur de mettre en activité deux cohortes de gardes nationales, dont une dans chacun des départements du Gard et de l'Hérault.

Approuvé.

NAPOLÉON.

2229. — DÉCISION.

Saint-Cloud, 29 août 1808.

Le général Clarke rend compte que le ministre de la marine demande des détachements pour former les garnisons des vaisseaux *le Jemmapes* et *le Breslau*.

Faire fournir la garnison du *Jemmapes* par le 82° ou le 26°, celle du *Breslau*, par le 67°.

NAPOLÉON.

2230. — DÉCISION.

Saint-Cloud, 29 août 1808.

Le général Clarke demande l'autorisation de faire diriger de Turin sur Bordeaux le détachement du 15° régiment de chasseurs, qui doit rejoindre les escadrons de guerre de ce corps, au lieu de le diriger de Turin sur Paris, comme Sa Majesté l'avait précédemment ordonné.

Approuvé.

NAPOLÉON.

2231. — AU MARÉCHAL BERTHIER.

Saint-Cloud, 30 août 1808.

Mon Cousin, le 3° bataillon du 43° qui arrive à Bayonne le 7 septembre, le 3° bataillon du 51° qui y arrive le même jour, le 4° bataillon du 47° qui y arrive le 9 septembre, le 4° bataillon du 86° qui y arrive le même jour, doivent rester dans cette ville, et y attendre leurs grenadiers. Il faut y mettre autant de conscrits qu'on aura, les bien former, envoyer l'état des places vacantes, et y placer quelques sous-officiers, afin de pouvoir tirer de ces bataillons ce qui est nécessaire pour compléter ceux de l'armée d'Espagne. Il faudrait près de 1.800 conscrits pour ces seuls quatre bataillons.

NAPOLÉON.

2232. — AU GÉNÉRAL CLARKE.

Saint-Cloud, 30 août 1808.

Monsieur le général Clarke, les huit régiments qui ont été créés en Espagne et le 112°, qui est nouveau, sont composés de beaucoup d'officiers des 3°° bataillons qui seront à réformer. Je désire que vous preniez, dans les six régiments qui sont à l'armée d'Italie et dans les huit qui sont en Dalmatie, 1 capitaine par régiment pour être fait chef de bataillon, 2 lieutenants et 2 sous-lieutenants par régiment pour être faits capitaines et lieutenants, en choisissant de bons officiers jeunes et vigoureux ; que ces 50 ou 60 officiers se dirigent sur le dépôt de ces nouveaux régiments, d'où ils seront envoyés aux bataillons de guerre, soit en place des morts, soit en place de ceux à qui on sera obligé de donner la retraite.

Il est également convenable qu'il soit pris dans les vélites de la garde, qui sont en Espagne, 80 fusiliers ayant fait la campagne de Pologne, sachant bien lire et écrire, qui seront promus au grade de sergent, pour remplacer les sergents que ces corps pourraient avoir perdus.

Il faudrait également envoyer à chacun de ces régiments quatre anciens sous-officiers ayant fait toute la guerre, qui seraient promus au grade de sous-lieutenant et employés dans ces corps.

On pourrait prendre également dans les régiments de Dalmatie deux bons chefs de bataillon pour être majors.

NAPOLÉON.

2233. — DÉCISION (1).

Saint-Cloud, 30 août 1808.

On propose à Sa Majesté de confier le commandement d'armes de Palmanova à M. Marion, ancien commandant d'armes, en remplacement du général de brigade Davin, admis à la retraite par le décret du 19 mai dernier.

Palmanova est la place de France (sic) la plus importante; il faut que je sache qui j'y nomme pour commandant; je ne connais pas les états de service du général Marion ; un général qui aurait servi dans l'artillerie et encore dans la force de l'âge paraîtrait indiqué pour ce commandement.

---

(1) Non signée; extraite du « Travail du ministre de la guerre avec S. M. l'Empereur et Roi, du 20 juillet 1808 ».

2234. — DÉCISION.

Saint-Cloud, 30 août 1808.

Le général Clarke rend compte à l'Empereur qu'il n'a point voulu donner au 31ᵉ de ligne, qui est à Rennes, l'ordre de se rendre à Bayonne, avant de connaître à cet égard les intentions de Sa Majesté.

Donner cet ordre.

NAPOLÉON.

2235. — AU GÉNÉRAL CLARKE.

31 août 1808.

Monsieur le général Clarke, le grand-duché de Berg a un régiment de 600 chevaux ; je ne sais où il se trouve. Ecrivez au sieur Beugnot de vous en envoyer l'état de situation et de vous faire connaître, en outre, où sont les différents détachements de ce régiment. Je sais qu'il a un détachement à Maestricht ; faites-le venir à Versailles ; s'il n'a pas de chevaux, il faut que le commandant s'en procure ; vous lui ferez connaître les règlements existant là-dessus ; il se procurera également les selles en France ; les dépenses seront payées par le sieur Beugnot, sur les fonds du duché de Berg.

Il faudrait connaître si ce régiment a quelque chose de commun avec l'escadron de 150 hommes qui est en Espagne et qui portait la dénomination de gardes du grand-duché de Berg. Celui qui est allé à Naples a passé au service du roi et ne doit plus faire partie des forces du grand-duché de Berg.

NAPOLÉON.

2236. — DÉCISIONS (1).

Le duc de Valmy a ordonné que le convoi d'artillerie de campagne que Sa Majesté avait accordé au grand-duc de Berg, fût entreposé à l'arsenal de Mayence jusqu'à de nouveaux ordres de Sa Majesté, qui

Laisser cette artillerie à Mayence.

---

(1) Sans signature ni date; extraites du « Travail du ministre de la guerre avec S. M. l'Empereur et Roi, du 31 août 1808 ».

est priée de faire connaître ses intentions.

On soumet à l'approbation de Sa Majesté un projet de décret tendant à ce que les militaires en retraite ou en réforme puissent donner des procurations sur papier libre, afin d'être payés des arrérages qui leur sont dus.

Renvoyé au Conseil d'Etat.

On demande les ordres de Sa Majesté pour savoir si les acomptes payés en route à la garde royale napolitaine seront au compte des Trésors de Naples et d'Espagne ou de France.

C'est l'Espagne qui paiera.

2237. — NOTE SUR LA ROUTE D'ÉTAPES PAR LES GRANDES-LANDES (1).

Ecrire au général Drouet de marquer les étapes.

Ecrire aux préfets pour y envoyer un conseiller de préfecture et y faire fournir les étapes.

Ecrire que l'intention de l'Empereur est d'y faire passer 20.000 hommes et 6.000 hommes de cavalerie par colonnes de 3.000 hommes. La route se fera en sept jours.

2238. — DÉCISIONS (2).

On pense que les troupes qui se réunissent dans les Pyrénées doivent entrer immédiatement en Espagne et que, par ce motif, il devient inutile de faire de l'approvisionnement en chauffage.

Approuvé.

Rapport relatif aux réquisitions de foin, de paille et d'avoine ordonnées dans la 11ᵉ division militaire,

Se borner à l'avoine.

---

(1) Non signée; le titre et le texte de la note sont de la main de Maret; la note fait partie du « Travail du ministre de la guerre avec l'Empereur, du 31 août 1808 ».

(2) Non signées; extraites du « Travail du ministre de la guerre avec S. M. l'Empereur et Roi, du 31 août 1808 ».

en vue d'assurer la subsistance des chevaux qui vont traverser l'Empire.

On soumet à Sa Majesté la demande que fait M. Percy d'une retraite honorable. On la prie de décider si Elle ne désire pas qu'il fasse encore une campagne et se rende comme inspecteur chirurgien en chef à l'armée d'Espagne.

Sa Majesté agréera qu'il fasse encore une campagne. S'il ne le peut, il sera remplacé par M. Gallée, dans la supposition où ce chirurgien devrait être préféré à ceux des 1er et 6e corps.

On prie Sa Majesté d'approuver que le mobilier des hôpitaux militaires français dans l'Etat romain reste à la charge du gouvernement pontifical comme faisant partie du casernement ; on prie aussi Sa Majesté de décider si, comme on le pense, le décret impérial du 18 juin 1808 met la dépense de l'indemnité aux officiers à la charge du royaume d'Italie, des Etats romains et de la Toscane.

C'est le contingent incorporation d'Ancône. Etablir des chiffres en recette et en dépense, pour savoir si cela est possible.

Proposition tendant à accorder aux membres du conseil d'administration du 2e régiment de chasseurs la remise de la retenue de 55.000 francs qui pèse sur leurs appointements.

Renvoyé au Conseil d'Etat.

M. Cliquot, inspecteur des équipages militaires à Berlin, est proposé pour aller diriger le service des équipages à l'armée d'Espagne.

Approuvé comme major.

M. le marquis d'Alorna, commandant la légion portugaise, demande que le sieur Caractery soit nommé à la place de médecin en chef de cette légion avec le grade et le traitement de médecin en chef d'armée.

Approuvé.

2239. — DÉCISION.

Saint-Cloud, le (1) août 1808.

Le général Clarke demande des ordres à l'Empereur au sujet de la marche ultérieure du bataillon du prince primat, qui, parti de Mayence le 28 août, arrivera à Metz le 5 septembre.

Faire passer ces troupes en revue à leur arrivée à Metz ; s'assurer de leur habillement et les diriger sur Orléans.

NAPOLÉON.

2240. — AU GÉNÉRAL CLARKE.

1er septembre 1808.

Monsieur le général Clarke, je vous envoie l'état de situation de la première partie de l'armée d'Espagne. Vous y verrez qu'il manque au 2e d'infanterie légère 500 hommes, que le dépôt peut fournir 100 hommes, qu'il doit faire partir le plus tôt possible pour Bayonne ;

Qu'il manque au 4e légère 500 hommes, que le dépôt peut faire partir pour Bayonne 50 hommes ;

Qu'il manque au 12e légère 500 hommes et que le dépôt peut faire partir également 50 hommes.

Ces 200 hommes pouvant partir de Paris, faites-en former une compagnie et dirigez-la sans délai sur Bayonne.

Il ne manquerait au 14e de ligne rien, si ce régiment n'avait perdu 200 hommes à Saragosse : le dépôt qui est à Sedan peut fournir 200 hommes. Faites-les partir sans délai.

Le dépôt du 15e de ligne, qui est à Brest, peut fournir 400 hommes. Faites-les partir sans délai ; il manquera encore 250 hommes.

Le dépôt du 44e peut fournir 200 hommes ; il ne manque que 400 hommes au 44e, mais il a perdu 200 hommes à Saragosse, c'est donc de 600 hommes qu'il a besoin.

Le dépôt du 43e peut lui fournir 100 hommes : faites-les partir sans délai ; ce régiment aura besoin alors de 900 hommes.

Le dépôt du 47e, qui est en Bretagne, peut fournir 200 hommes, ce régiment aura alors besoin de 300 conscrits.

Le 51e peut recevoir 200 conscrits de son dépôt : faites-les partir. Ce régiment aura alors besoin de 300 hommes.

---

(1) Sans date de jour; le rapport du ministre est du 31 août.

Le 55ᵉ peut tirer de son 4ᵉ bataillon et de son dépôt, qui sont à Boulogne, encore 400 hommes ; ce régiment aura alors besoin de 800 hommes.

Le dépôt du 70ᵉ peut fournir 350 hommes : il faut les faire partir.

Le 80ᵉ peut fournir 240 hommes : faites-les partir.

Il faudra donner 400 conscrits à chacun de ces deux derniers régiments en les dirigeant sur leurs dépôts.

En total, il y a, à l'armée d'Espagne, un effectif de 54.000 hommes d'infanterie, sans y comprendre le corps d'armée de Catalogne. En y envoyant 12.000 conscrits, il sera porté à 66.000 hommes, ce qui est le grand complet. Faites voir s'il n'y a rien d'oublié dans cet état, faites-le mettre au net et vérifier de cette manière.

Je fais faire des états semblables pour le 1ᵉʳ et le 6ᵉ corps de la Grande Armée qui vont en Espagne ; par ce moyen, nous connaîtrons notre situation.

NAPOLÉON.

2241. — AU MARÉCHAL BERTHIER.

Saint-Cloud, 1ᵉʳ septembre 1808.

Mon Cousin, vous donnerez l'ordre que tous les détachements de ma garde qui sont en Espagne soient réunis, et que toute ma garde fasse le service auprès du roi, en une seule division, qui doit se trouver forte de 3.000 hommes d'infanterie, de 500 hommes d'artillerie et de 1.400 à 1.500 chevaux. Le roi pourra seulement donner les Polonais à cheval de ma garde au corps du maréchal Bessières. Mais mon intention est que ma garde reste tout entière auprès du roi, pour faire mon service, lorsque je me rendrai à l'armée. Le général Lepic commandera toute la garde réunie auprès du roi, et prendra les ordres du roi pour tous les mouvements. L'état de situation de l'armée d'Espagne au 15 août est très fautif. Les Polonais de ma garde n'y sont portés que pour 351 hommes, tandis qu'il est de fait qu'il y en a en Espagne 900. Mandez cela au roi, et écrivez-lui de réunir tous les régiments, sans quoi, il n'y aura pas l'ombre d'une armée en Espagne. Il faut remplacer au corps du maréchal Bessières ce qu'il perdra par la réunion de tous les corps de la garde, en lui donnant le 43ᵉ et le 51ᵉ de ligne et le 20ᵉ de chasseurs. Cet état est tellement fautif qu'il ne comprend pas tout ce qui se trouve à Pampelune, à Saint-Sébastien, à Vitoria, à Tolosa, etc... Seulement, on a mis sur un état à part que ces détachements se montent à 8.000 hommes et à 400 chevaux, mais rien n'indique à quels corps ils appartiennent. Le 2ᵉ léger est porté pour 828 hommes ; le 12ᵉ léger pour 1.700 hommes. Pourquoi ne fait-on pas revenir les 3ᵉˢ bataillons et les détachements que ces régiments ont à Vitoria et en arrière, et qui porteraient ces régiments à trois bataillons chacun ?

Donnez ordre que tous les détachements des 2ᵉ et 12ᵉ régiments d'infanterie légère qui sont à Bayonne, à Saint-Sébastien, à Pampelune, à Vitoria, rejoignent la brigade du général Rey, et que ces deux corps se forment convenablement. Je vois dans le même état, parmi les troupes qui étaient devant Saragosse, les 4ᵉ et 6ᵉ bataillons de marche. Il faudrait dissoudre autant que possible ces deux régiments, et que chaque détachement se rendît à son régiment. Il faut également détruire le 2ᵉ bataillon de marche qui est à la division Frère, en l'incorporant. Il faut faire rejoindre également le 14ᵉ provisoire. Je vois également que les trois bataillons de dépôt qui ont été formés à Bayonne et compris sous la dénomination de 118ᵉ régiment ne sont pas portés dans cet état. Le 4ᵉ d'infanterie légère n'est porté qu'à 1.000 hommes, le 15ᵉ de ligne qu'à 1.100, c'est-à-dire qu'on n'a pas fait joindre les 3ᵉˢ bataillons et les détachements de ce régiment qui sont à Vitoria, ce qui les porterait au double. Au total, on ne fait rien pour organiser l'armée. Il paraît même qu'à l'état-major général une grande partie des corps n'est pas connue. Par exemple, au corps de Saragosse, le 14ᵉ et le 44ᵉ ne sont pas portés. Le 43ᵉ et le 51ᵉ ne sont pas portés. Le 55ᵉ et le 36ᵉ n'ont pu y être compris, puisqu'ils ne sont pas encore arrivés. Ecrivez au maréchal Jourdan qu'il vous envoie un meilleur état de situation et qu'il forme enfin l'armée. Tous les 5ᵉˢ bataillons des légions de réserve n'y sont pas compris, non plus que les 1ᵉʳ et 2ᵉ bataillons de marche de Portugal. Enfin, on voit que, dans cette armée, personne ne fait rien pour l'organiser.

NAPOLÉON.

2242. — DÉCISIONS (1).

1ᵉʳ septembre 1808.

On propose à Sa Majesté :   Accordé.
1° De faire relever à Kadzand les

---

(1) Non signées; extraites du « Travail du ministre de la guerre avec S. M. l'Empereur et Roi, du 31 août 1808 ».

deux compagnies d'artillerie par deux autres à prendre au camp de Boulogne, où reviendront les premières ;

2° D'accorder une somme de 3.000 francs aux canonniers qui ont construit les batteries de Kadzand, pour leur être distribuée en gratification pour les travaux extraordinaires qu'ils y ont exécutés.

On fait à Sa Majesté la demande d'un fonds extraordinaire de 3.254 fr. 59 pour acquitter une créance de l'an XII pour travaux au casernement de la gendarmerie, au profit de l'ex-entrepreneur du bâtiment militaire d'Avignon et de Carpentras, qui pourra par ce moyen se libérer envers le gouvernement de ce qu'il redoit sur l'exercice an IX (626 fr. 50).

Accordé.

On propose à Sa Majesté de vouloir bien ordonner que les sommes dues au corps de la garde impériale pour leur première monture seront régularisées par les revues comme les autres dépenses de la garde.

Approuvé.

On prie Sa Majesté de prononcer si le remboursement des pertes que des officiers qui ont servi à Saint-Domingue ont éprouvées antérieurement à leur retour en France sera fait par le ministère de la guerre ou bien par celui de la marine.

Par celui des colonies.

On prend les ordres de Sa Majesté pour le paiement, sur les fonds extraordinaires de la guerre, d'une gratification de 290 francs, qui a été accordée au quartier-maître et à trois sous-officiers du dépôt de conscrits réfractaires à Lille, qui ont concouru par leur zèle à

Accordé.

rétablir le bon ordre dans la comptabilité de ce dépôt.

Le major Faverot, du 25ᵉ régiment de chasseurs, demande un congé de trois mois avec appointements pour se rendre dans ses foyers : cet officier vient de perdre son père.

Accordé.

Le général de division Mermet, dont le congé expire, annonce que Sa Majesté lui a donné verbalement l'ordre de rester à Paris, son intention étant de l'employer activement. Sa Majesté est priée de faire connaître ses ordres.

Il faut l'employer en Espagne.

2243. — AU GÉNÉRAL CLARKE.

2 septembre 1808.

Monsieur le général Clarke, j'ai lu avec attention votre rapport du 24 août sur l'artillerie de l'armée d'Espagne et l'état qui y était joint. Il en résulte que le 1ᵉʳ et le 6ᵉ corps de la Grande Armée, qui se rendent en Espagne avec les divisions de dragons, ont onze compagnies d'artillerie à pied, six à cheval et deux de pontonniers, et, enfin, vingt-neuf compagnies du train, servant 4,000 chevaux. Je pense qu'il y a suffisamment d'artillerie à cheval et de pontonniers; mais qu'il faudrait y ajouter trois compagnies d'artillerie à pied.

Pour compléter ce travail, j'aurais désiré que vous y eussiez joint l'état des compagnies d'ouvriers qui sont également nécessaires.

Donnez donc l'ordre à trois nouvelles compagnies d'artillerie à pied de se diriger du parc de la Grande Armée sur Paris, d'où on les fera passer, selon les circonstances, en Espagne.

Les choses étant ainsi réglées, vous me ferez un rapport qui me fasse connaître quelle sera la situation de l'artillerie d'Espagne, en basant votre travail sur les rapports reçus depuis le 10 août. Comprenez dans ce travail l'artillerie étrangère de la division allemande et l'artillerie de la division Sébastiani, qui part de Paris.

Il me semble que j'aurai en Espagne non loin de 500 pièces de canon.

Il faut également faire marcher un bataillon du train entier, avec 1.100 chevaux, de sorte que, de la Grande Armée en Espagne, il marche 5.000 chevaux, qui, ôtés de 14.000 qui sont à la Grande Armée, y laisseront encore 8.000 à 9.000 chevaux. Ce bataillon du train sera spécialement chargé d'alimenter les approvisionnements.

NAPOLÉON.

2244. — AU GÉNÉRAL CLARKE.

2 septembre 1808.

Monsieur le général Clarke, donnez l'ordre aux détachements qui se trouvent à Saint-Omer ou dans l'île de Kadzand, appartenant, soit à la cavalerie légère du 1er corps, soit à celle du 6e corps de la Grande Armée, soit à la 3e division, soit à la 4e division, soit à la 1re division de dragons, de se diriger sur Paris, afin de pouvoir joindre leurs corps à mesure qu'ils passeront.

Il y a entre autres détachements, à Saint-Omer, 116 hommes du (1) de hussards, 30 hommes du 5e de chasseurs, 36 hommes du 3e de hussards, etc.

Vous avez fait partir les 3es escadrons, forts de 240 hommes, des 10e et 22e de chasseurs ; faites partir à présent un détachement de 100 hommes des 4es escadrons de ces régiments, qui se rendra à Bayonne, pour compléter les trois premiers escadrons et réparer les pertes qu'ils ont faites.

Les officiers et les sous-officiers qui conduiront ces 100 hommes retourneront au 4e escadron, après les avoir amenés à Bayonne.

Faites partir le plus tôt que faire se pourra un escadron de 240 hommes du 26e régiment de chasseurs. Pourra-t-il partir de Saumur le 10 octobre ?

NAPOLÉON.

---

(1) Resté en blanc.

2245. — DÉCISION.

Saint-Cloud, 3 septembre 1808.

Le général Clarke rend compte à l'Empereur qu'il se présente journellement des Polonais pour entrer soit dans la légion de la Vistule, soit dans les chevau-légers de cette nation, mais qu'on ne peut les y admettre avant que Sa Majesté ait statué sur le mode de recrutement de ces corps.

Tous les hommes qui veulent entrer dans la légion de la Vistule, il faut les diriger sur Sedan. Tous les hommes qui veulent entrer dans les chevau-légers polonais, il faut les diriger sur Chantilly. Il est entendu qu'il ne faut recevoir dans les chevau-légers polonais que des nobles ou des hommes ayant 8 ans de service.

NAPOLÉON.

2246. — AU MARÉCHAL BERTHIER.

Saint-Cloud, 3 septembre 1808.

Mon Cousin, donnez ordre que la compagnie de canonniers de la marine qui est à Bayonne se rende à Pampelune où elle servira pour la garnison de la place. Donnez également l'ordre que 200 hommes militaires isolés qui sont à Bayonne se rendent à Saint-Sébastien pour renforcer le bataillon qui est dans cette place ; que 200 hommes du 15ᵉ de ligne se rendent à Vitoria, d'où ils seront dirigés sur ce régiment pour le renforcer.

Faites également partir de Bayonne des compagnies du 51ᵉ pour renforcer ce régiment, en ayant soin que les compagnies qu'on envoie soient complétées à 140 hommes. Faites passer une revue des hommes hors d'état de servir qui sont au dépôt de Bayonne. Donnez ordre que le détachement du 44ᵉ, qui est à Saint-Jean-Pied-de-Port, se rende à Pampelune, d'où il rejoindra son régiment. Donnez le même ordre au détachement du 14ᵉ. Donnez ordre au détachement du 4ᵉ légère de se rendre à Vitoria d'où il rejoindra son régiment.

NAPOLÉON.

2247. — AU MARÉCHAL BERTHIER.

Saint-Cloud, 3 septembre 1808.

Mon Cousin, écrivez au maréchal Victor que j'ai donné ordre que les troupes soient fêtées à leur passage par les villes de Metz, Nancy et Reims, et qu'il doit se concerter avec ces villes pour que ces fêtes municipales se passent convenablement et sans désordre.

NAPOLÉON.

2248. — AU GÉNÉRAL CLARKE.

3 septembre 1808.

Monsieur le général Clarke, je reçois l'itinéraire du 6ᵉ corps et de la 1ʳᵉ division de dragons.

La 1ʳᵉ division de dragons marche par la route du centre : mon intention est qu'elle marche par brigade, que la 1ʳᵉ brigade, composée des 1ᵉʳ et 2ᵉ régiments, parte le 9.

Que la 2ᵉ, composée du 4ᵉ et du 14ᵉ régiments, parte le 10, et la 3ᵉ brigade, composée du 20ᵉ et du 26ᵉ régiments, le 11. Il faut que leur marche soit dirigée de manière que toute la division soit arrivée le 29 octobre à Bayonne.

Mon intention est que la cavalerie légère du 6ᵉ corps marche, le 3ᵉ régiment d'hussards le 9 septembre avec le 50ᵉ et le 15ᵉ de chasseurs, le 10 avec le 59ᵉ, de sorte que ces régiments soient également arrivés le 28.

Ces changements peuvent se faire sans inconvénient ; un régiment de cavalerie peut marcher avec un régiment d'infanterie.

NAPOLÉON.

2249. — AU GÉNÉRAL CLARKE.

3 septembre 1808.

Monsieur le général Clarke, envoyez-moi la situation et la marche de tous les détachements qui sont dirigés sur Bayonne.

Je vois, dans votre lettre du 28 août, que les détachements des 2ᵉ, 4ᵉ et 12ᵉ légère partent le 29 pour arriver à Bayonne le 27 septembre ; que les détachements des 14ᵉ, 15ᵉ, 70ᵉ, 47ᵉ, 86ᵉ, 43ᵉ, 44ᵉ, 51ᵉ, 55ᵉ, 36ᵉ partent à différentes époques ; mais il m'est nécessaire d'avoir un état général qui me fasse connaître la marche de tous ces détachements.

NAPOLÉON.

2250. — DÉCISION.

Saint-Cloud, 3 septembre 1808.

Le général Clarke propose d'envoyer à Rochefort la 1re compagnie du régiment de pionniers, qui a cessé d'être employée aux travaux du canal de Saint-Quentin.

Approuvé.

NAPOLÉON.

2251. — DÉCISION.

Saint-Cloud, 3 septembre 1808.

Après avoir rendu compte des circonstances de l'arrestation d'une bande de brigands qui, depuis deux ans, désolait les départements de Marengo et de la Sésia, le général Clarke propose à l'Empereur d'écrire une lettre de satisfaction aux fonctionnaires qui ont coopéré à cette arrestation et d'accorder une gratification de 100 francs à chacun des quatre hommes de la garde nationale qui se sont signalés par leur courage et leur dévouement.

Approuvé.

NAPOLÉON.

2252. — DÉCISION.

3 septembre 1808.

Bien que le régiment de la Tour d'Auvergne ne doive être composé que d'étrangers, le général Clarke propose à l'Empereur de conserver à ce corps deux sous-officiers, Français d'origine, qui y sont nécessaires pour aider le quartier-maître dans la tenue de la comptabilité, étant les seuls dans le régiment, par leur connaissance de la langue française, qui soient en état de coopérer à ce travail.

Accordé.

NAPOLÉON.

2253. — DÉCISIONS (1).

3 septembre 1808.

On rend compte à Sa Majesté des dispositions faites pour réunir, à Bordeaux, tant par les envois des corps que par ceux de l'administration, un approvisionnement de 20.000 habillements complets, 20.000 shakos, 20.000 effets de grand équipement et 20.000 havresacs.

Oui.

NAPOLÉON.

On lui demande s'il faut aussi faire, sur le même point, un approvisionnement de 40.000 chemises, 40.000 paires de souliers, 20.000 paires de guêtres noires et 20.000 de grises, indispensablement nécessaires pour le petit équipement de 20.000 conscrits.

On demande s'il y a lieu de confirmer les mesures prises à Mayence par le duc de Valmy pour l'habillement et l'équipement complets des troupes polonaises qui se rendent en France, à Sedan.

Non, il faut que ces troupes trouvent ce qui leur faut à Sedan.

NAPOLÉON.

2254. — AU GÉNÉRAL CLARKE.

4 septembre 1808.

Monsieur le général Clarke, par le dernier travail que vous m'avez fourni sur l'artillerie de ma garde, il en résulte que les plus anciens officiers, ceux qui ont servi dans mes guides, en sont chassés. Voyez de réformer ce travail ; il eût fallu un décret particulier pour renvoyer un officier de ma garde.

J'ai signé ce travail, mais j'ai supposé que tous les officiers qui y sont actuellement en activité y resteraient.

Vous me présenterez un nouveau travail dans la journée de de-

---

(1) Extraites du « Travail du ministre directeur de l'administration de la guerre avec S. M. l'Empereur et Roi, daté du 31 août 1808 ».

main, dans lequel il ne sera renvoyé hors de la garde aucun des officiers qui y sont.

NAPOLÉON.

2255. — AU GÉNÉRAL CLARKE.

4 septembre 1808.

Monsieur le général Clarke, j'ai lu avec le plus grand intérêt le travail que vous m'avez remis sur les corps de la Grande Armée. Ce travail m'a paru bien fait. J'aurais voulu plus d'exactitude dans quelques titres. Voici les fautes importantes que je crois avoir remarquées ; faites-les rectifier, si mes observations sont exactes.

Vous portez le corps du maréchal Davout à l'effectif à 33.000 hommes. Vous portez la 1re colonne de marche à 2.000 hommes ; celle que vous appelez la 2e, qui est la 2e et la 3e, comme vous le verrez par ma lettre d'aujourd'hui, à 3.000 hommes, et la 3e à 2.000 ; mais il me semble que les dépôts ne peuvent pas fournir les 2.000 hommes ; il était plus clair de mettre : manquants.

Vous portez 2.200 hommes dans l'intérieur, 1.500 hommes non disponibles aux dépôts, et près de 900 dans les hôpitaux ; mais il y manque une colonne ; ce sont les compagnies de grenadiers et de voltigeurs que ce corps a à la division Oudinot.

Ainsi, il paraîtrait résulter de cet état que le nombre de conscrits nécessaires pour compléter ce corps se monte à 9.000 hommes.

Mettre un autre titre à la colonne de marche, et dire : manque aux corps qui sont en Allemagne. Même observation pour le corps du maréchal Soult.

Mon intention est que le corps du maréchal Davout ait, au mois de mars, en Allemagne, un effectif de 49.000 à 50.000 hommes d'infanterie. A cet effet, mon intention est de retirer de la division Oudinot les vingt compagnies de grenadiers et de voltigeurs qui s'y trouvent et de les rendre au maréchal Davout ; de compléter pendant l'hiver les quinze 4es bataillons, qui sont en France, et de les envoyer en Allemagne, portés au grand complet, hormis un bataillon du 15e légère qui est en Portugal, et ceux des 17e et 21e de ligne, qui se trouvent déjà en Allemagne ; c'est donc douze nouveaux bataillons à envoyer. Le maréchal Davout aura donc cinquante-neuf bataillons, formant un effectif de 49.000 hommes.

Quelle est la quantité de conscrits à envoyer des dépôts pour arriver à ce résultat ? Il ne faut pas compter dans ce nombre les ouvriers et les hommes nécessaires aux dépôts. Il faudrait avoir assez de monde pour compléter les 5ᵉˢ bataillons, car, si les choses tournaient à la guerre, je les reformerais aux corps qui n'en ont pas.

Le corps du maréchal Soult est composé aujourd'hui de quarante-cinq bataillons ayant 32.000 hommes à l'effectif. Mon intention est que les compagnies de grenadiers et de voltigeurs du général Oudinot puissent rejoindre ce corps et que les 4ᵉˢ bataillons soient complétés pendant cet hiver, de manière à porter ce corps à cinquante-six bataillons ou 46.000 hommes.

Le 5ᵉ corps a vingt-huit bataillons, formant 21.000 hommes ; il sera porté à trente-six bataillons ou 30.000 hommes. En ôtant à la division Oudinot les compagnies de grenadiers et de voltigeurs, qui appartiennent aux corps des maréchaux Soult et Davout, il n'y restera plus que quarante-deux compagnies ; les quatre compagnies de fusiliers appartenant à ces corps, qui sont en France, les rejoindront ; par là, la division Oudinot aura vingt et un bataillons ou dix régiments, et 17.000 hommes.

Le prince de Ponte-Corvo a treize bataillons ou 10.000 hommes ; il en aura seize, ou 13.000 hommes.

Il y a en Allemagne cent quarante-six bataillons ou 105.000 hommes ; en faisant marcher, comme il a été dit ci-dessus, les 4ᵉˢ bataillons, il y aura cent quatre-vingt-huit bataillons, faisant 155.000 hommes. Or la force actuelle de la Grande Armée est de 153.000 hommes ; après avoir perdu le 1ᵉʳ et le 6ᵉ corps, elle sera encore aussi forte.

Les 4ᵉˢ bataillons du 3ᵉ corps qui doivent rejoindre l'armée cet hiver sont ceux des 13ᵉ et 7ᵉ légère, 12ᵉ, 21ᵉ, 25ᵉ, 30ᵉ, 33ᵉ, 48ᵉ, 61ᵉ, 65ᵉ, 85ᵉ, 108ᵉ et 111ᵉ.

Les 4ᵉˢ bataillons du 4ᵉ corps sont ceux des 10ᵉ, 26ᵉ et 24ᵉ légère, des 3ᵉ et 4ᵉ de ligne, 18ᵉ, 22ᵉ, 46ᵉ, 57ᵉ, 72ᵉ et 105ᵉ.

Les neuf 4ᵉˢ bataillons du 5ᵉ corps sont les 4ᵉˢ bataillons de chaque régiment.

Le bataillon dont s'accroît le corps du prince de Ponte-Corvo est celui du 19ᵉ.

Quant à la cavalerie, les 14ᵉ régiments de carabiniers et de cuirassiers seront mis en situation de pouvoir avoir 14.000 à cheval, indépendamment de leurs dépôts, et tous les régiments de cavalerie légère qui sont en Allemagne seront portés à 1.000 chevaux, indépendamment de leurs dépôts, ce qui fera : 155.000 hommes d'infanterie, 37.000 hommes de cavalerie, 13.000 hommes de troupes d'artillerie et du génie.

Ainsi, l'effectif de la Grande Armée sera de 205.000 hommes. C'est là-dessus qu'il faut faire tout le travail. Il faut donc tenir un état particulier des 4es bataillons, afin de leur fournir le nombre de conscrits nécessaires. Que les officiers s'y trouvent, et qu'avant le mois de janvier ou février, ils puissent rejoindre leurs régiments.

Ainsi, les opérations à faire se réduisent à deux : 1° envoyer les hommes disponibles pour porter au complet les bataillons qui sont en Allemagne ; 2° organiser cet hiver les 4es bataillons, de sorte qu'au printemps, ils puissent se trouver en ligne. Je suppose que pour arriver à ce résultat, il ne faut pas loin de 30.000 à 40.000 conscrits.

Faites-moi un pareil travail pour l'armée d'Italie et pour celles de Dalmatie et de Naples. C'est-à-dire que les trente régiments qui sont dans ces armées aient, avant le printemps, cent vingt bataillons en ligne, ou un effectif de plus de 100.000 hommes, indépendamment des 5es bataillons et dépôts ; et que tous les régiments de cavalerie soient à 1.000 hommes.

Indépendamment de cela, il faut y comprendre les 3es et 4es bataillons du 67e, le 4e du 56e, le 3e et le 4e du 2e de ligne, le 4e du 37e, le 4e du 16e de ligne, le 4e du 3e légère, le 4e du 93e, ce qui ferait dix bataillons, lesquels pourraient former une division et rester en Italie, sans aller au Nord. On pourrait y joindre les 4es bataillons des 7e de ligne, 1re légère et 42e, ce qui ferait cent trente-trois bataillons.

Quant à l'armée d'Espagne, il faut me faire un travail pareil à celui de la Grande Armée, qui me fasse connaître les moyens de compléter les bataillons qui y sont ou qui y marchent, et de compléter, pendant cet hiver, les 4es bataillons pour les diriger sur l'Espagne, si cela est nécessaire, hormis les vingt-et-un qui ont des compagnies de grenadiers à la division Oudinot, lesquels seraient formés dans les dépôts pour la rejoindre.

En résumé, pour faire ce travail, il faut d'abord répartir les 160.000 hommes de la conscription qui va être levée, conformément au tableau ci-joint, en observant qu'on doit diriger sur Mayence 2.000 hommes comme dépôt général pour être habillés et armés et servir à compléter les régiments qui ont leurs 4ᵉˢ bataillons en Italie.

Il serait, en conséquence, dirigé sur Mayence :

Du 2ᵉ de ligne.	300	hommes.
Du 37ᵉ id.	500	—
Du 16ᵉ id.	300	—
Du 67ᵉ id.	100	—
Du 3ᵉ légère.	200	—
Du 93ᵉ de ligne.	300	—
Du 56ᵉ id.	300	—
Total	2.000	hommes.

Le maréchal Kellermann aura soin de surveiller l'habillement de ces hommes, qui seraient, de là, dirigés sur le Nord, ce qui n'empêcherait pas de diriger sur les armées d'Italie les hommes nécessaires pour compléter les 4ᵉˢ bataillons, comme il a été dit ci-dessus.

Sur les 30.000 hommes destinés pour l'Espagne, une partie devrait se rendre à Bayonne, en dépôt général (18.000 par exemple, au moins) où ils seraient habillés, et, de là, dirigés sur leurs corps. Le travail que vous allez faire rédiger en conséquence de ces bases servira à rectifier le projet de répartition que je vous envoie. Je désire que vous me le soumettiez dès qu'il sera fait.

NAPOLÉON.

2256. — AU GÉNÉRAL CLARKE.

Saint-Cloud, 4 septembre 1808.

Monsieur le général Clarke, il sera réuni à Louvain un régiment de marche composé de détachements appartenant au 3ᵉ corps, qui portera le nom de 3ᵉ régiment de marche du 3ᵉ corps de la Grande Armée.

Ce régiment sera composé de la manière suivante :

1ᵉʳ bataillon.	3 compagnies du 13ᵉ légère, à 200 hommes chacune.	600	hommes.
	3 compagnies du 48ᵉ, à 200 hommes.	600	—
	A reporter.	1.200	hommes.

	Report..................	1.200 hommes.	
2ᵉ bataillon.	3 compagnies du 108ᵉ, à 200 hommes...................	600 hommes.	
	2 compagnies du 17ᵉ de ligne, à 250 hommes.............	500	—
	1 compagnie du 65ᵉ, à 200 hommes...................	200	—
	2 compagnies du 25ᵉ de ligne, à 150 hommes.............	300	—
	Total du régiment..........	2.800 hommes.	

Les majors seront prévenus de tenir ces détachements en règle, de manière qu'ils puissent partir le 1ᵉʳ octobre et être arrivés à Louvain avant le 10 octobre.

Ce régiment est destiné à se rendre en Allemagne, pour compléter les régiments du 3ᵉ corps.

Il sera également réuni à Louvain un régiment de marche, qui portera le titre de 3ᵉ régiment de marche du 4ᵉ corps de la Grande Armée et qui sera composé comme il suit :

1ᵉʳ bataillon.	6 compagnies du 46ᵉ de ligne, formant..................... 200 hommes étant destinés pour renforcer les autres bataillons.	1.040 hommes.	
2ᵉ bataillon.	3 compagnies du 72ᵉ, à 150 hommes chacune............	450	—
	Total du régiment.........	1.500 hommes.	

Ces deux régiments feront donc une force de 4.300 hommes et devront être prêts à partir au 15 octobre de Louvain, bien habillés, bien armés, ayant des capotes et ne manquant de rien. Vous demanderez mes ordres le 1ᵉʳ octobre pour le mouvement ultérieur de ces régiments.

Il sera formé à Strasbourg un régiment de marche du 4ᵉ corps, qui portera le nom de 2ᵉ régiment de marche du 4ᵉ corps de la Grande Armée et qui sera ainsi composé :

Une compagnie du 26ᵉ régiment d'infanterie légère.............................	140 hommes.
Une compagnie du 24ᵉ régiment d'infanterie légère.............................	140 —
Une compagnie du 3ᵉ régiment d'infanterie de ligne............................	200 —
Une compagnie du 59ᵉ........................	140 —
Une compagnie du bataillon des tirailleurs corses.............................	140 —
Une compagnie du bataillon des tirailleurs du Pô.	200 —
TOTAL des six compagnies..........	960 hommes.

Ces détachements se mettront en marche avant le 10 septembre, de manière que, le 25, ils soient prêts à partir réunis de Strasbourg.

Il sera formé à Mayence un régiment de marche qui portera le nom de 2ᵉ régiment de marche du 3ᵉ corps de la Grande Armée, et qui sera composé :

D'une compagnie du 33ᵉ de...................	140 hommes.
D'une compagnie du 30ᵉ de...................	140 —
D'une compagnie du 12ᵉ de...................	140 —
D'une compagnie du 21ᵉ de...................	140 —
	560 hommes.

Ce régiment sera réuni avant le mois d'octobre, dans le pays de Hanau, pour, de là, se rendre où il sera nécessaire ; ce qui fera, pour le 3ᵉ corps, un renfort de 3.360 hommes, et pour le 4ᵉ corps, un renfort de 2.460 hommes d'infanterie.

Il ne sera rien tiré des dépôts d'Italie pour le 4ᵉ corps.

Il sera réuni dans le pays de Hanau une colonne de marche qui portera le nom de 2ᵉ colonne de cavalerie de marche du 3ᵉ corps de la Grande Armée, qui sera composée de la manière suivante :

Une compagnie du 1ᵉʳ régiment de chasseurs..	150 hommes.
Une — 2ᵉ — ..	150 —
Une — 12ᵉ — ..	50 —
Une — 9ᵉ de hussards...........	75 —

Une compagnie du 7ᵉ de chasseurs . . . . 80 hommes.
Un détachement du 20ᵉ   —   20   —
Un   —   11ᵉ   —   20   —
Un   —   5ᵉ d'hussards.   20   —
Un   —   7ᵉ   —   50   —

Ce qui portera à 8.000 chevaux les trente-neuf escadrons de cavalerie légère du corps du maréchal Davout.

Ces détachements seront réunis à Hanau, avant le 25.

Jusqu'à nouvel ordre, il ne sera pas envoyé de dragons à la Grande Armée ; il ne sera rien envoyé à la 3ᵉ division de cuirassiers, puisqu'elle a ses dépôts en Italie.

Il sera formé une colonne de marche, qui portera le nom de seconde colonne de cavalerie légère de marche du 4ᵉ corps, qui sera composée de la manière suivante :

150 chevaux du 8ᵉ régiment de hussards ;
 60   —   du 16ᵉ régiment de chasseurs ;
 50   —   du 1ᵉʳ de hussards ;
 80   —   du 13ᵉ de chasseurs.

340

Il ne sera rien tiré des dépôts des 19ᵉ de chasseurs, ni du 24ᵉ idem, puisqu'ils sont en Italie.

Il sera formé une colonne de marche, qui portera le nom de 2ᵉ colonne de marche de cuirassiers, qui sera composée de la manière suivante :

1ᵉʳ régiment de carabiniers. . . . . 100 hommes.
2ᵉ   —   —   100   —
2ᵉ   —   de cuirassiers.   150   —
9ᵉ   —   —   100   —
3ᵉ   —   —   160   —
12ᵉ   —   —   100   —
                                                              ———
                                                              710 hommes.

Il sera formé une troisième colonne de marche, qui portera le nom de 3ᵉ colonne de marche de cuirassiers, qui sera composée de la manière suivante :

1ᵉʳ régiment de cuirassiers		100 hommes.	
5ᵉ	—	200	—
10ᵉ	—	250	—
11ᵉ	—	60	—
		710 hommes.	

Ces colonnes de grosse cavalerie se prépareront à leurs dépôts, mais n'en partiront que le 15 septembre, pour être rendues le 1ᵉʳ octobre en Allemagne.

NAPOLÉON.

P.-S. — Je ne statue rien ici pour le 5ᵉ corps, je laisse les choses *in statu quo* ; préparez-m'en cependant le travail, en cas que je me décide à le laisser en Allemagne, afin que je sache comment je puis former les trois régiments de marche, pour les recruter.

Préparez le même travail pour les deux divisions de dragons qui restent à la Grande Armée, sur lesquelles je ne décide également rien.

2257. — AU MARÉCHAL BERTHIER.

Saint-Cloud, 6 septembre 1808.

Mon Cousin, je vous renvoie vos lettres. Je désire que vous me fassiez rédiger un état qui me fasse connaître les détachements qui sont partis en juillet, août et septembre pour l'Espagne, de manière que je voie le total que doit avoir chaque régiment qui est en Espagne. Il faut écrire au général Drouet que les 58ᵉ et 32ᵉ partent de Paris pour se rendre à Bayonne, et que, lorsqu'ils y seront arrivés, les détachements seront fondus dans ces corps ; qu'ainsi, il n'y a pas lieu à aucune promotion. Recommandez de nouveau au général Drouet d'envoyer sur Pampelune, pour être réunis aux 14ᵉ et 44ᵉ régiments, tous les détachements qui appartiennent à ces régiments.

NAPOLÉON.

2258. — AU GÉNÉRAL CLARKE.

Saint-Cloud, 6 septembre 1808.

Monsieur le général Clarke, il me semble que les 5ᵉˢ bataillons des 2ᵉ, 4ᵉ et 12ᵉ régiments d'infanterie légère doivent rester à Paris ;

ceux des 14°, 43°, 44°, 51° et 55° à l'endroit qui leur est désigné par chaque régiment ; deux des 15°, 47°, 70° et 86° dans la 13° division militaire, à l'endroit qui leur est désigné, car les dépôts ne doivent jamais changer d'emplacement.

Ceux qui doivent marcher sur Bayonne sont les 4es bataillons et les hommes disponibles.

NAPOLÉON.

2259. — DÉCISION.

Saint-Cloud, 6 septembre 1808.

Le maréchal Berthier propose à l'Empereur d'accorder des congés au général Bazancourt, à l'adjudant commandant Gressot et au capitaine du génie Combes, qui ont tous trois pris part au siège de Saragosse ; le premier y a été blessé, les deux autres y sont tombés malades.	Accordé. NAPOLÉON.

2260. — DÉCISION (1).

Le général Clarke prévient l'Empereur du mouvement d'une colonne de troupes hollandaises d'Anvers sur Gand, ne sachant si ce mouvement a eu lieu d'après un ordre de Sa Majesté.	Les diriger sur Paris de suite. NAPOLÉON.

2261. — DÉCISION.

7 septembre 1808.

Le général Clarke rend compte à l'Empereur des mesures qu'il a prises pour organiser des compagnies d'artillerie à pied et du train d'artillerie, destinées à passer en Espagne.	Approuvé. NAPOLÉON.

---

(1) Non datée; le rapport du ministre est du 6 septembre 1808, l'ordre d'exécution de la décision est du même jour.

2262. — DÉCISION.

7 septembre 1808.

Le général Clarke demande des ordres à l'Empereur au sujet de la marche ultérieure de la colonne de troupes hollandaises, venant de Gand, qui doit arriver à Paris le 20 de ce mois.

On passera en revue cette colonne à Paris pour voir s'il lui manque quelque chose. Elle continuera sa route sur l'Espagne ; elle fait partie du corps du maréchal Lefebvre.

NAPOLÉON.

2263. — AU MARÉCHAL BERTHIER (1).

Mon Cousin, mon intention est de laisser décidément le 5ᵉ corps en Allemagne, avec une division de dragons. Faites-moi connaître les ordres que vous avez donnés aux deux dernières divisions de dragons qui restent en Allemagne et où se trouve celle qui est le plus près.

NAPOLÉON.

2264. — AU MARÉCHAL BERTHIER.

Saint-Cloud, 7 septembre 1808.

Mon Cousin, donnez l'ordre au régiment du duc d'Arenberg, qui est au corps du prince de Ponte-Corvo, de se diriger sur Wesel.

NAPOLÉON.

2265. — AU GÉNÉRAL CLARKE.

7 septembre 1808.

Monsieur le général Clarke, la division Sébastiani, la division Leval, composée d'Allemands, la division polonaise, qui se réunit à Sedan, la brigade hollandaise, qui arrive à Gand et la garde westphalienne, qui va passer le Rhin et que vous donnerez ordre au maréchal Kellermann de laisser passer, formeront un corps d'armée composé de quatre divisions qui sera sous les ordres du duc de Danzig.

Vous donnerez ordre à ce maréchal de faire partir ses chevaux

---

(1) Non datée; a été expédiée le 7 septembre 1808.

et ses équipages avec ses aides de camp, de manière à être arrivés le 1er et, au plus tard, le 10 octobre à Bayonne.

Vous vous concerterez avec le maréchal pour me proposer l'organisation de son corps, soit en artillerie, mineurs, pontonniers, soit en administration.

La division de Polonais pourra être commandée par le sénateur Valence.

NAPOLÉON.

2266. — AU GÉNÉRAL CLARKE.
Saint-Cloud, 7 septembre 1808.

Monsieur le général Clarke, envoyez l'ordre à Bréda, à la brigade de troupes hollandaises, que le roi de Hollande a mise à ma disposition, de se rendre à Paris.

Cette brigade est forte de 3.000 hommes, infanterie, cavalerie et artillerie.

NAPOLÉON.

2267. — DÉCISIONS (1).
8 septembre 1808.

On met sous les yeux de Sa Majesté un état montant à la somme de 333.000 francs, estimatif de la dépense à faire à Bayonne pour la mise en état de défense de cette place.	Refusé.
On propose à Sa Majesté de décider, sur la demande qu'en a fait faire S. M. le roi de Hollande, si l'on fera rentrer dans le royaume moitié des canonniers qui se trouvent à la division hollandaise, sous les ordres du prince de Ponte-Corvo.	Accordé la moitié.
On propose la liquidation définitive de dépenses relatives au service du génie pendant l'an IX, montant à 92.357 fr. 23.	Approuvé.

(1) Non signées; extraites du « Travail du ministre de la guerre avec S. M. l'Empereur et Roi, du 7 septembre 1808 ».

2268. — AU MARÉCHAL BERTHIER

Saint-Cloud, 8 septembre 1808.

Mon Cousin, cet état est incomplet ; il y manque un bataillon du 43° qui est parti, ceux des 86°, 70° et 47° et d'autres détachements.

NAPOLÉON.

2269. — DÉCISIONS.

Saint-Cloud, 8 septembre 1808.

Le général Janssens écrit au général Clarke pour lui faire connaître que, conformément à la demande de l'Empereur, une brigade de l'armée hollandaise se met en mouvement et arrivera le 5 septembre à Gand, où elle se trouvera à la disposition du maréchal Berthier. Il expose, en outre, que le 1ᵉʳ bataillon du régiment de chasseurs, stationné à l'île Kadzand, est fort éprouvé par les maladies et il demande l'autorisation de le soustraire à ces climats malsains.

On peut renvoyer le bataillon qui est à l'île de Kadzand.

NAPOLÉON.

2270. — DÉCISION.

Saint-Cloud, 8 septembre 1808.

Rapport du maréchal Berthier portant qu'il a donné ordre à la 5° division de dragons de se rapprocher du Rhin et de se diriger, à cet effet, sur Bayreuth, et qu'il a aussi donné ordre à la 2° division de dragons, stationnée entre Stettin et Danzig, de se rendre directement à Mayence.

On demandera mes ordres pour la 5° division, lorsqu'elle sera arrivée à Bayreuth. Faire connaître au maréchal Soult que je le laisse maître de disposer de la 2° division de dragons comme il l'entendra.

NAPOLÉON.

2271. — DÉCISION.

Saint-Cloud, 9 septembre 1808.

Le maréchal Berthier propose d'envoyer à Bayonne le général d'Aultanne, ex-chef d'état-major du 3ᵉ corps d'armée, qui se trouve à Varsovie sans commandement et qui désirerait être employé au grand état-major général.

Accordé.

NAPOLÉON.

2272. — DÉCISION.

Saint-Cloud, 9 septembre 1808.

Proposition du général Clarke tendant à la dissolution et à l'incorporation de compagnies de grenadiers et de voltigeurs qui sont à la suite des 17ᵉ et 93ᵉ régiments d'infanterie de ligne ; cette opération pourrait s'exécuter : 1° en incorporant les compagnies du 17ᵉ dans les quatre bataillons de guerre de ce régiment ; 2° en incorporant les compagnies de grenadiers et voltigeurs du 93ᵉ dans les compagnies correspondantes du 3ᵉ bataillon de ce corps.

Approuvé.

NAPOLÉON.

2273. — AU GÉNÉRAL CLARKE.

9 septembre 1808.

Monsieur le général Clarke, donnez ordre qu'au 10 octobre le général Dufresse soit prêt à partir de l'île d'Aix avec sa brigade pour se rendre à Bayonne. Il emmenera avec lui le 5ᵉ bataillon du 26ᵉ de ligne complété avec le dépôt de Napoléon, de manière à être au grand complet de 840 hommes ; un bataillon complété de même et un bataillon du 82ᵉ de même force, ce qui fera 2.400 hommes. Ils seront remplacés à l'île d'Aix par d'autres détachements des dépôts des mêmes régiments, de manière qu'il y ait 200 hommes à chacun de ces détachements et 600 hommes en tout.

Vous prendrez mes ordres au 1ᵉʳ octobre pour le mouvement de cette brigade.

Vous recommanderez que les anciens soldats de ces bataillons qui sont à l'île d'Yeu reviennent à l'île d'Aix pour faire partie de la brigade du général Dufresse et soient remplacés à l'île d'Yeu par des soldats conscrits de l'armée.

Napoléon.

2274. — AU GÉNÉRAL CLARKE.

9 septembre 1808.

Monsieur le général Clarke, vous trouverez ci-joint deux états de situation relatifs à l'armée d'Espagne. Vous y verrez que les vingt-quatre régiments qui composent la division Sébastiani et les 1ᵉʳ et 6ᵉ corps qui se rendent en Espagne, ont besoin de 27.000 conscrits pour être portés au grand complet. Ces vingt-quatre régiments, qui forment aujourd'hui un effectif de 68.000 hommes, formeront alors un effectif de 94.000 hommes.

Dans cet état, tous les régiments sont portés à cinq bataillons, parce que mon intention est de former les 5ᵉˢ bataillons pour tous les régiments qui sont en Espagne.

Mon intention est que vous donniez l'ordre que les deux compagnies du 32ᵉ d'un des bataillons de marche du Portugal soient incorporées dans le 3ᵉ bataillon, à leur arrivée à Bayonne, et que les cadres de ces compagnies restent à Bayonne comme dépôt et reçoivent les 220 conscrits qui seront dirigés sur Bayonne et habillés par le dépôt général.

Vous ordonnerez que le dépôt du 32ᵉ, qui est à Paris, fournisse 100 hommes, qui se joindront au régiment, à son passage ; ainsi, l'effectif de ce régiment, arrivé à Bayonne, sera de 2.200 hommes ; ce qui, avec les 400 conscrits que je lui attribue, fera 2.600 hommes.

Il sera également dirigé sur son dépôt, à Paris, 460 conscrits, pour porter également le 5ᵉ bataillon au grand complet. Ainsi, le 32ᵉ sera compris pour 860 hommes dans la première conscription.

Les deux bataillons du 58ᵉ recevront, à leur arrivée à Bayonne, 240 hommes du bataillon de marche du Portugal, ce qui portera l'effectif de ce bataillon à 1.720 hommes. Le 3ᵉ bataillon de ce régiment est à Vincennes ; vous ordonnerez au dépôt de lui fournir tout ce qui est disponible ; il peut fournir à peu près 100 hommes, et vous le dirigerez sur Bayonne, où il recevra 640 conscrits, afin de porter ce 3⁰ bataillon au grand complet. Le dépôt à Vincennes recevra également 433 hommes. Ainsi, le régiment recevra 1.073 conscrits.

Vous donnerez l'ordre au dépôt du 28⁰ de faire partir 260 hommes pour Bayonne, où ils seront incorporés dans les deux premiers bataillons. Si le dépôt ne les pouvait point fournir, le 4⁰ bataillon fournirait ce qui serait nécessaire, de manière que ces deux bataillons aient, à leur arrivée à Bayonne, un effectif de 1.660 hommes. Vous ferez partir de Saint-Omer le 3⁰ bataillon. Vous le ferez porter, par le 4⁰ bataillon, à 300 hommes. Il recevra, à son arrivée à Bayonne, 500 conscrits, ce qui portera ce régiment au grand complet. Au total, le corps recevra 1.160 conscrits.

Le 75⁰ recevra 100 hommes de son dépôt, qui partiront de Lille en droite ligne pour Bayonne. Son 3⁰ bataillon sera également complété à 300 hommes par le dépôt et le 4⁰ bataillon se mettra en marche pour Bayonne, où il recevra 500 conscrits. Le dépôt recevra, tant pour lui que pour le bataillon qui est à Boulogne, 560 conscrits, ce qui portera à 1.060 les conscrits destinés pour ce régiment.

Ainsi donc, sur vingt bataillons qui forment la division Sébastiani, neuf entreront sur-le-champ en campagne, trois se rendront à Bayonne pour y être complétés par des conscrits, deux sont en Portugal, deux sont au camp de Boulogne et les quatre 5ᵉˢ bataillons resteront à leur dépôt.

Aussitôt que les deux bataillons qui sont à Boulogne pourront en être retirés, sans compromettre la sûreté de ce camp, mon intention est de les diriger également sur l'armée, de sorte que cette division ait quatorze bataillons ou un effectif de 11.760 hommes. A cet effet, cette division recevra à Bayonne 2.040 conscrits ; elle en recevra à son dépôt 2.100, en tout 4.140 conscrits. Le fonds d'habillement sera fait pour 2.000 hommes au dépôt général et pour 2.100 hommes au dépôt du corps.

1ᵉʳ CORPS DE LA GRANDE ARMÉE, qui désormais sera le 1ᵉʳ corps de l'armée d'Espagne.

1ʳᵉ *division*. — Le 9⁰ d'infanterie légère recevra 100 hommes de son dépôt, qui partiront sans délai de ce dépôt pour Bayonne, s'ils n'en sont déjà partis, ce qui portera son effectif à 2.400 hommes ; 200 conscrits seront dirigés sur Bayonne pour compléter ces trois bataillons. Le 4⁰ bataillon est à Longwy, il n'y a que quatre compagnies, le reste est détaché à la division Oudinot ; 700 hommes seront dirigés sur Longwy, tant pour compléter le 4ᵉ bataillon que pour compléter le dépôt, ce qui fera 900 hommes qui seront destinés pour ce régiment. Le corps laissera à Bayonne 1 capitaine, 1 lieutenant, 2 sergents et 4 caporaux pour recevoir les 200 conscrits et les conduire au corps aussitôt qu'ils seront habillés.

Je me déciderai dans l'hiver, selon les circonstances, lorsque le 4ᵉ bataillon sera complété, à l'envoyer en Espagne ou à la division Oudinot.

Le 24ᵉ de ligne a 280 hommes au bataillon de marche de Perpignan. Donnez ordre que ces 280 hommes se rendent à Bayonne. Donnez ordre à son dépôt de faire également partir 100 hommes pour Bayonne, ce qui portera l'effectif de ce régiment à 3.000. Le cadre des deux compagnies qui sont au bataillon de Perpignan restera à Bayonne pour y recevoir les 100 conscrits que j'y destine.

Le 4ᵉ bataillon, qui est à Lyon ainsi que le dépôt, recevra 600 conscrits. Je me déciderai sur la destination à donner à ce 4ᵉ bataillon, selon les événements..

Le 96ᵉ recevra 60 hommes de son dépôt, qui partiront sur-le-champ de Thionville pour Bayonne. Il recevra à Bayonne 200 conscrits, et, à cet effet, le régiment y laissera 1 capitaine, 1 lieutenant, 2 sergents, 4 caporaux.

600 conscrits seront dirigés sur le dépôt de Thionville pour les 4ᵉ et 5ᵉ bataillons.

Cette division recevra donc 600 conscrits à Bayonne, 1.900 aux dépôts, total 2.500 conscrits. Elle n'aura que neuf bataillons à l'armée, tout au complet, formant 7.500 hommes.

2ᵉ *division*. — Le 16ᵉ d'infanterie légère recevra à Bayonne 210 hommes du bataillon de marche de Perpignan, auxquels vous donnerez l'ordre de se rendre à Bayonne, 100 hommes du dépôt, ce qui portera son effectif à 2.800 hommes. 200 conscrits seront dirigés sur Bayonne, 700 conscrits sur le dépôt de Mâcon, pour le 4ᵉ bataillon et le dépôt.

Le dépôt du 45ᵉ enverra de Maëstricht 200 hommes sur Bayonne, ce qui portera les deux bataillons du 45ᵉ à 2.900. Ce régiment recevra à Bayonne 200 hommes, et le 4ᵉ bataillon et le 5ᵉ recevront à Maëstricht 600 hommes.

Le 8ᵉ de ligne recevra 150 hommes de son dépôt, qui partiront sur-le-champ de Venloo pour Bayonne, ce qui portera son effectif à 2.650 hommes. Il recevra 200 hommes à Bayonne ; le 4ᵉ bataillon et le 5ᵉ recevront à leur dépôt 800 conscrits, ce qui fera 1.000 conscrits pour le régiment.

Le 54ᵉ recevra 150 hommes de son dépôt, qui partiront sans délai de Maëstricht, ce qui portera son effectif à 2.800 hommes. Il recevra 200 conscrits à Bayonne et 700 à son dépôt, total 900 hommes.

Cette 2ᵉ division aura donc douze bataillons en Espagne au grand complet, recevra 800 conscrits à Bayonne, 2.800 à son dépôt, total 3.400 conscrits.

3ᵉ *division*. — Le 27ᵉ régiment d'infanterie légère recevra 200 hommes qui, de Bruges, se dirigeront sans délai sur Bayonne ; il recevra 300 conscrits à Bayonne et 600 à son dépôt.

Le 63ᵉ recevra 145 hommes de son dépôt, qui partiront de Belfort, s'ils n'en sont déjà partis. Il recevra 300 conscrits à Bayonne et 800 conscrits à son dépôt. Le 94ᵉ recevra 120 hommes de son dépôt ; il recevra 300 conscrits à Bayonne et 600 à son dépôt.

Cette division aura donc douze bataillons, recevra 1.200 conscrits à Bayonne, 2.000 à son dépôt, total 3.800 conscrits.

6ᵉ CORPS : 1ʳᵉ *division*. — Le 6ᵉ d'infanterie légère recevra 150 hommes de son dépôt, 400 conscrits à Bayonne et 600 à son dépôt.

Le 69ᵉ de ligne recevra 200 hommes de son dépôt, 300 conscrits à Bayonne, 600 à son dépôt.

Le 39ᵉ recevra 300 hommes de son dépôt qui est à Wissembourg, 500 conscrits à Bayonne, 500 à son dépôt.

Le 76ᵉ recevra 100 hommes de son dépôt, 500 conscrits à Bayonne, 500 à son dépôt.

Cette division aura donc 12 bataillons en Espagne, et recevra 1.700 conscrits à Bayonne, 2.200 à son dépôt, total 3.900 conscrits.

2ᵉ *division*. — Le 25ᵉ d'infanterie légère recevra 100 hommes de son dépôt, 700 conscrits à Bayonne et 500 à son dépôt.

Le 27ᵉ de ligne recevra 200 hommes qui partiront sur-le-champ de Mayence où est son dépôt, 350 conscrits à Bayonne et 600 conscrits à son dépôt.

Le 50ᵉ recevra 150 hommes de son dépôt. Le 4ᵉ bataillon, qui est au camp de Boulogne, dirigera également 300 hommes sur Bayonne, ce qui portera l'effectif de ce régiment à 2.300 hommes ; il recevra 500 conscrits à Bayonne, 600 à son dépôt.

Le 59ᵉ recevra 120 hommes de son dépôt, 300 conscrits à Bayonne, 600 à son dépôt.

Le 31ᵉ d'infanterie légère recevra 300 hommes de son dépôt et 1.000 conscrits à Bayonne, qui est aussi le lieu de son dépôt.

Cette division aura quinze bataillons en Espagne ; elle recevra 2.850 conscrits à Bayonne, 2.300 à ses dépôts, en total 5.150 hommes.

Récapitulation générale. — Ces 24 régiments fourniront 69 bataillons et 3 bataillons qui se dirigent sur Bayonne, pour être complétés, ce qui fera 72 bataillons. Ces 72 bataillons feront un effectif de 61.000 hommes ; ils recevront près de 10.000 hommes à Bayonne et près de 14.000 hommes à leurs dépôts, total 23.000 hommes.

Trois bataillons qui sont à Boulogne, savoir : les bataillons des 28ᵉ, 75ᵉ et 50ᵉ de ligne, devront en partir, aussitôt qu'on pourra s'en passer à Boulogne, c'est-à-dire dans le commencement de l'hiver.

Tous les 4ᵉˢ bataillons seront complétés et offriront une ressource de 24 bataillons formant près de 20.000 hommes dont je pourrai me servir pour renforcer soit la division Oudinot, soit la Grande Armée, soit l'armée d'Espagne. J'ai commandé 20.000 habits à Bayonne. Ces 24 régiments en prendront 10.000. Les 19 régiments qui sont aujourd'hui à l'armée d'Espagne prendront les 10.000 autres.

Vous remarquerez que toutes les fois qu'il est dit dans ce qui précède que c'est le dépôt qui doit fournir, cela doit s'entendre aussi du bataillon qui est avec le dépôt, et qui ne marche pas.

Il résulte de tout ceci qu'il faut donner l'ordre que chacun de ces 24 régiments, en passant à Bayonne, y laisse un dépôt composé d'un capitaine, d'un lieutenant, de deux sergents, de quatre caporaux et d'un tambour, tant pour ramasser tous les hommes isolés du régiment, y réunir les écloppés, avoir la correspondance pour les affaires des officiers, recevoir les blessés, etc..., que pour recevoir les conscrits, présider à leur habillement et les diriger sur le corps.

Il y a à l'armée d'Espagne 45 régiments de ligne, sans comprendre ce qui est en Catalogne. Ce serait donc 45 dépôts de ces régiments qu'il faudrait avoir à Bayonne. Il faudra les loger de préférence dans les casernes et loger les soldats qui passeront chez le bourgeois ou dans les campagnes environnantes.

Il faut que ces 45 dépôts puissent loger chacun 200 hommes à la fois ; ce serait donc un casernement de 9.000 hommes, ce qui n'est pas énorme pour Bayonne. Il faut diriger des fournitures extraordinaires pour tous les bâtiments qui peuvent en avoir besoin. Il est nécessaire d'avoir là un bon inspecteur aux revues.

Il résulte de l'état n° 1 qu'il faut 17.000 conscrits, dont 9.800 à Bayonne et 7.200 aux dépôts.

Il résulte de l'état n° 2 qu'il faut 23.400 conscrits, dont 9.500 à Bayonne et 13.900 aux dépôts, ce qui fait 19.300 à Bayonne et 21.100 aux dépôts, ce qui fait 40.400 conscrits pour les 45 régiments qui sont en Espagne. Ces conscrits peuvent être pris, les 19.300 qui doivent être envoyés à Bayonne sur les conscriptions de 1806, 1807, 1808 et 1809, en prenant les hommes disponibles dans tous les dépôts du Midi. Les 21.100 hommes destinés aux dépôts, peuvent être pris, 11.100 sur les conscriptions de 1806, 1807, 1808 et 1809, et 10.000 sur la conscription de 1810. Il est nécessaire que vous donniez, en conséquence, tous les ordres, et que vous communiquiez sur-le-champ ces états au directeur général de la conscription.

P.-S. — Vous trouverez un troisième état relatif à la Grande Armée ; vous y verrez que le nombre de conscrits nécessaire pour porter les corps de la Grande Armée à leur grand complet, est de 32.000 hommes, qui, joints aux 40.000 hommes nécessaires à l'armée d'Espagne, font 72.000 hommes pour les deux armées.

Dans l'intérieur, il n'y a que les 26°, 82° et 66° qui ont besoin chacune de 1.000 hommes, ce qui fait 3.000 hommes.

Le 113° sera porté à part sur la conscription de la Toscane, qui ne doit pas compter dans les 80.000 hommes.

Il résulte des états ci-joints de la cavalerie et de l'artillerie, qu'il faut 3.700 hommes pour l'artillerie et 3.200 pour la cavalerie, ce qui fait 6.900 hommes. Je pense qu'il faudrait accorder davantage à ces deux armes, en faisant la répartition sur la conscription des années passées et sur celle de l'année prochaine, c'est-à-dire sur les 160.000 hommes.

Par l'état n° 4, vous verrez que le nombre de conscrits nécessaires pour compléter les corps des armées en Italie, à leur grand complet, est de 21.000 hommes.

Récapitulation.

Il faut à l'armée d'Espagne...............	40.000	hommes.
A la Grande Armée....................	32.000	—
Aux armées en Italie...................	21.000	—
Dans l'intérieur.......................	3.000	—
Aux légions de réserve.................	8.000	—
A la garde impériale...................	10.000	—
Total de ce qui est nécessaire pour l'infanterie........................	114.000	hommes.
Il faut pour la cavalerie................	10.000	—
Pour l'artillerie.......................	6.000	—
Pour le génie.........................	2.000	—
Pour les équipages militaires............	1.000	—
A distribuer..........................	7.000	—
Total.....................	140.000	hommes.

Il restera à lever 20.000 hommes ; on pourra ne lever sur la conscription de 1810 que 60.000 hommes et garder 20.000 hommes en réserve. La répartition pourrait donc se faire selon l'état n° 5.

NAPOLÉON.

2275. — AU GÉNÉRAL CLARKE.

Saint-Cloud, 9 septembre 1808.

Monsieur le général Clarke, les 200 hommes que le ministre de la marine demande pour *le Calcutta* sont destinés à servir de garnison dans les colonies.

Les 100 hommes demandés pour les frégates *la Pallas*, *l'Elbe*, *la Vénus* et *la Junon*, et les 200 hommes pour *le Calcutta*, ce qui fait 600 hommes, doivent être fournis par les dépôts de conscrits réfractaires les plus voisins.

Vous pouvez aussi prendre dans le dépôt colonial le plus près, mais ne point prendre de troupes de ligne.

NAPOLÉON.

2276. — AU GÉNÉRAL CLARKE.

Saint-Cloud, 9 septembre 1808.

Monsieur le général Clarke, donnez ordre au dépôt du 9ᵉ régiment de chasseurs, qui est en Italie, de faire partir 100 hommes pour compléter les deux premiers escadrons qui sont dans le royaume de Naples et porter l'effectif à 580 hommes.

Comme de ces 550 hommes il faut en ôter 80 hors de service, il restera 460 hommes, nombre égal à celui des chevaux qui s'y trouvent.

NAPOLÉON.

2277. — ORDRE.

9 septembre 1808.

Le ministre donnera ordre à 3.000 hommes de se tenir prêts à partir de leurs dépôts respectifs, au 1ᵉʳ octobre, pour se diriger sur les dépôts en Italie. Le ministre fera faire un nouveau relevé des hommes disponibles aux dépôts, afin de compléter les 3ᵉ et 4ᵉˢ bataillons qui en ont tant besoin.

NAPOLÉON.

2278. — DÉCISIONS (1).

9 septembre 1808.

Le marché de l'entrepreneur du service des vivres et liquides dans les 27ᵉ et 28ᵉ divisions militaires et dans les États de Parme et de Plaisance expirant au 1ᵉʳ octobre prochain; on prie Sa Majesté de vouloir bien faire connaître si son intention est qu'il soit passé un nouveau marché ou que la direction générale des vivres soit chargée de ce service comme dans l'intérieur.	Faire une entreprise. NAPOLÉON.
On soumet à Sa Majesté le projet d'établir à Gand un dépôt de	Accordé. NAPOLÉON.

(1) Extraites du « Travail du ministre directeur de l'administration de la guerre avec S. M. l'Empereur et Roi, daté du 7 septembre 1808 ».

convalescents pour les malades provenant de la garnison de l'île de Kadzand.

On demande si, malgré la commande de 3.000 selles pour Perpignan, Pau et Paris, Sa Majesté juge nécessaire d'envoyer à Bayonne les 1.000 selles dont il est question dans ses ordres du 22 août et d'augmenter l'approvisionnement en ce genre et dans quelles proportions.

Oui.

Napoléon.

Marchés pour l'achat de 2.000 mulets, 272 canons, 8 forges, 8 prolonges, 10 chariots, 298 attelages de harnais soumis à l'approbation de l'Empereur.

Refusé.

Napoléon.

Les compagnies de réserve départementale mises en réquisition sur la frontière d'Espagne continueront-elles d'être à la charge des départements ou seront-elles payées sur les fonds de l'administration de la guerre ?

Continuer à être entretenues par les départements.

Napoléon.

On rend à Sa Majesté le compte qu'Elle a demandé sur l'ex-commissaire des guerres Grobert. On la prie d'autoriser le ministre à l'employer dans les fonctions de commissaire des guerres.

Approuvé.

Napoléon.

2279. — DÉCISIONS (1).

Saint-Cloud, 9 septembre 1808.

Rapport demandé par Sa Majesté sur la répartition à faire de 500 bouches à feu à prendre à Boulogne sur celles prêtées à la marine.

Il n'en faut prendre qu'en cas de nécessité.

---

(1) Non signées; extraites du « Travail du ministre de la guerre avec S. M. l'Empereur et Roi, du 7 septembre 1808 ».

On prend les ordres de Sa Majesté sur une demande d'exportation d'armes pour le Sénégal faite par les sieurs Basterrèche frères, négociants à Bayonne.

Renvoyé au ministre de la marine pour avoir son opinion.

Rapport et observations relatifs à la formation de la compagnie de grenadiers du 3º bataillon du 20º régiment d'infanterie de ligne : on demande les ordres de Sa Majesté.

Faire ce qui est le meilleur.

On propose à Sa Majesté de décider qu'il sera attaché un petit état-major et un centre commun d'administration à chaque bataillon des chasseurs de la montagne.

Approuvé.

On demande les ordres de Sa Majesté pour la dissolution et l'incorporation des compagnies de grenadiers et de voltigeurs à la suite des 17º et 93º régiments.

Approuvé.

On demande les ordres de Sa Majesté sur le mode de payement des troupes de la Confédération du Rhin à dater du jour de leur arrivée en France.

Ils seront payés par leur prince et nourris par moi.

On prie Sa Majesté de faire connaître si son intention est que les enfants des réfugiés égyptiens à Marseille qui auront atteint l'âge de 16 ans soient incorporés dans l'escadron de mamelucks ou dans le bataillon de chasseurs d'Orient qui est employé à l'armée de Dalmatie.

S'ils ont les qualités, on peut les mettre dans les mamelucks.

On propose à Sa Majesté d'accorder la décoration de la Légion d'honneur au colonel Levasseur et au major Lepage de Villeneuve.

Accordé.

On soumet à Sa Majesté un projet d'organisation d'une académie ionienne à Corfou.

Accordé, on n'a pas besoin de mon approbation.

On propose à Sa Majesté de réunir les fonctions d'inspecteur en chef aux revues à celles d'intendant général des armées en Espagne dans la personne de M. Denniée.	Accordé.
On propose à Sa Majesté de confier le commandement du département des Vosges à M. le général de brigade Cassagne, dont l'état de santé permet qu'il soit employé dans l'intérieur ;	L'envoyer à l'île d'Aix à la place du général Dufresse qui en doit partir.
De confier le commandement d'un régiment à l'adjudant commandant Blondeau ou de l'élever au grade de général de brigade.	Le faire général de brigade.
On soumet à Sa Majesté un projet de décret qui règle le mode d'avancement des officiers payeurs et des officiers porte-aigles.	Refusé.
On prie Sa Majesté d'accorder au sieur Pascalis, lieutenant au 4ᵉ régiment de chasseurs à cheval, la permission qu'il sollicite de passer au service de S. M. le roi d'Espagne.	Accordé.
On soumet à Sa Majesté la demande de passer au service de Westphalie faite en faveur d'un hussard du 3ᵉ régiment, employé dans les bureaux du ministère de l'intérieur et de la justice de ce royaume.	Accordé.
S. M. le roi de Naples désire que le sieur Colard, adjudant major au 2ᵉ régiment d'infanterie de la garde municipale de Paris, soit autorisé à passer à son service dans la garde royale de Naples.	Accordé.
Démission du sieur Dargenteuil, sous-lieutenant au 27ᵉ régiment de	Accordé.

-chasseurs, soumise à l'approbation de Sa Majesté.

Le maréchal duc de Dalmatie demande le renvoi d'un capitaine prisonnier de guerre prussien.

Accordé.

Le ministre de Saxe demande le renvoi du sieur Koblinski, officier prussien, né à Varsovie, et de 209 sous-officiers, soldats, prisonniers de guerre, nés dans le cercle de Cottbus. On demande les ordres de Sa Majesté.

Accordé.

La princesse de Schwarzburg-Rudolstadt demande la mise en liberté du baron de Buttlar, prisonnier de guerre prussien.

Accordé.

On met sous les yeux de Sa Majesté une demande de congé absolu en faveur du sieur Henry Merlin, qui s'est enrôlé volontairement depuis cinq ans dans le 4e régiment de hussards, fils du sieur Merlin, mécanicien à Strasbourg.

Accordé.

On propose à Sa Majesté d'accorder la décoration de la Légion d'honneur au chef de bataillon du génie Mayniel, qui a fait le pont de Juliers, construit le pont éclusé d'Alexandrie; etc.

Accordé.

On présente à Sa Majesté les états de la composition de l'équipage d'artillerie des armées d'Espagne quand les corps et divisions qui sont dirigés sur ce royaume y seront arrivés.

M. le général Clarke, je vous renvoie votre travail sur l'artillerie de l'armée d'Espagne, j'attendrai que vous ayez reçu les états du 1er ou du 10 septembre, époque à laquelle le général Lariboisière aura reçu les états de tous les corps et pourra vous faire connaître tout ce qui existe; vous me présenterez alors ce travail.

Le sieur Letondal, caporal au 10ᵉ régiment d'infanterie de ligne, expose qu'il a cinq frères en activité de service dans différents régiments et demande qu'il soit accordé une pension à sa mère, âgée de 70 ans et infirme, ou qu'un de ses enfants lui soit rendu.

On fait observer à Sa Majesté que la mère de ces six militaires n'est point, aux termes de la loi, susceptible d'obtenir une pension.

On propose à Sa Majesté d'approuver un état de secours montant à 5.670 francs en faveur de plusieurs veuves ou parents de militaires morts soit aux armées, soit en retraite ou en réforme qui, d'après la loi du 8 floréal an XI, ne sont point dans le cas d'obtenir de pension.

Lui accorder 150 francs.

Approuvé.

2280. — AU GÉNÉRAL CLARKE.

Saint-Cloud, 9 septembre 1808.

Monsieur le général Clarke, donnez ordre que la 2ᵉ escouade de la compagnie d'ouvriers se rende à Bayonne, et, lorsque la 1ʳᵉ compagnie sera arrivée à Bayonne, cette compagnie et trois escouades de la seconde seront de service à l'armée d'Espagne ; une escouade y est déjà et les deux autres s'y rendront.

Donnez ordre que la 2ᵉ escouade de la 6ᵉ compagnie d'ouvriers qui est à La Fère, se rende à Bayonne ; que la 3ᵉ escouade de la même compagnie, qui est à Douai, se rende également à Bayonne. Par ce moyen, cette compagnie aura deux escouades en Espagne.

Donnez ordre que la 2ᵉ et la 3ᵉ escouade de la 8ᵉ compagnie se rendent à Bayonne ; elles rejoindront la 1ʳᵉ et la 4ᵉ qui sont au 1ᵉʳ corps de la Grande Armée, ce qui réunira toute cette compagnie en Espagne.

Donnez ordre que la 12ᵉ compagnie, qui est au grand parc de la Grande Armée, se rende à Paris, où elle recevra une destination ultérieure. Par ce moyen, il y aura suffisamment d'ouvriers en Espagne et il n'y aura pas besoin de créer une nouvelle compagnie.

NAPOLÉON.

2281. — AU MARÉCHAL BERTHIER.

Saint-Cloud, 12 septembre 1808.

Mon Cousin, donnez ordre que la 10⁰ compagnie du 6ᵉ régiment d'artillerie qui est à Bayonne se rende à Pampelune. Donnez ordre également que les détachements des 44ᵉ et 51ᵉ et les hommes disponibles à Bayonne des dépôts des différents régiments rejoignent leurs corps, en complétant chaque compagnie qui partira à 150 hommes, et que les cadres des compagnies soient renvoyés à Bayonne, lorsqu'elles seront arrivées.

Donnez ordre au général Thouvenot de faire partir les 530 hommes isolés qui appartiennent au corps du maréchal Bessières, en ayant soin qu'ils soient bien armés, bien équipés et en bon état, et, deux jours après, de faire partir les 400 hommes isolés du corps du maréchal Moncey, en s'assurant également qu'ils sont en bon état, et qu'ils n'appartiennent pas à la division Gobert, qui a été comprise dans les dispositions du général Dupont. Vous prescrirez qu'il soit fait aux dépôts des corps des généraux Moncey et Dupont les changements nécessaires, c'est-à-dire de mettre le corps de la division Gobert avec le corps de Dupont et ceux de la division Frère avec celui de Moncey. Par ce moyen, les corps des maréchaux Bessières et Moncey se trouveront renforcés de près de 1.000 hommes.

NAPOLÉON.

2282. — AU MARÉCHAL BERTHIER (1).

Saint Cloud, 12 septembre 1808.

Le remède à tout cela est simple. Le maréchal Kellermann fera partir les escadrons de grosse cavalerie et les escadrons de chas-

---

(1) Cette note est la réponse de l'Empereur aux questions faites par le maréchal Berthier au cours d'un rapport en date du 10 septembre relatif à l'impossibilité, pour la principauté de Hanau, de cantonner en totalité les régiments provisoires de marche.

seurs et hussards, à fur et mesure qu'ils seront formés, en les dirigeant sur Berlin ou sur la Silésie.

Le maréchal Kellermann sera prévenu qu'il se peut que du 19 au 25, j'aie besoin d'escortes de Mayence à Erfurt ; qu'il fasse donc préparer des détachements de cavalerie sur cette ligne, de manière qu'il y ait à chaque relai une centaine d'hommes à cheval ; cela emploiera à peu près tous les escadrons de marche.

NAPOLÉON.

2283. — AU GÉNÉRAL CLARKE.

Saint-Cloud, 12 septembre 1808.

Monsieur le général Clarke, il faudrait retarder le départ du 75ᵉ régiment d'un jour, afin de lui donner le temps de recevoir les hommes qu'il a envoyés en permission.

NAPOLÉON.

2284. — DÉCISION.

Saint-Cloud, 12 septembre 1808.

Le maréchal Berthier propose d'accorder à M. Belleville, intendant du Hanovre, qui n'a point d'appointements, une gratification de 12.000 francs.

Accordé.

NAPOLÉON.

2285. — DÉCISION.

Saint-Cloud, 12 septembre 1808.

Proposition du général Clarke tendant à retirer de l'île de Kadzand la 16ᵉ compagnie du 1ᵉʳ régiment d'artillerie à pied et à la placer temporairement à Gand pour se refaire.

Accordé.

NAPOLÉON.

2286. — DÉCISION (1).

Saint-Cloud, 12 septembre 1808.

Sa Majesté est priée de faire connaître si son intention est que la répartition des bouches à feu destinées à l'armement du golfe de la Spezia, ordonné par décret du 3 juin, soit maintenue ou que les changements proposés par les officiers de marine soient exécutés.

Il faut savoir en quoi consistent les changements demandés et me faire un rapport.

2287. — DÉCISION (2).

Saint-Cloud, 12 septembre 1808.

On met sous les yeux de Sa Majesté le procès-verbal des conférences de la commission composée d'officiers d'artillerie, du génie et de marine sur un projet de fort à Dunkerque, en remplacement du fort Risban, détruit par la tempête.
On prie Sa Majesté de décider si on fera le projet d'un fort en maçonnerie ou d'une simple batterie en fascinages.

On fera le devis pour savoir ce que cet ouvrage doit coûter et on ne se jettera point dans une dépense trop forte.

2288. — AU GÉNÉRAL CLARKE.

13 septembre 1808.

Monsieur le général Clarke, donnez ordre au dépôt du 8ᵉ légère, qui est à Genève, au dépôt du 14ᵉ léger, qui est à Turin, au dépôt du 18ᵉ léger, qui est à Grenoble, au dépôt du 22ᵉ léger, qui est à Nice, au dépôt du 23ᵉ léger, qui est à Mondovi, d'envoyer tous les détachements qu'ils ont de disponibles, bien armés et bien équipés, avec leurs officiers, aux quatrièmes bataillons en Italie, pour les porter au grand complet.
Des états vous seront envoyés, qui vous feront connaître ce que

---

(1) Non signée; extraite du « Travail du ministre de la guerre avec S. M. l'Empereur et Roi, du 24 août 1808 ».
(2) Non signée; extraite du « Travail du ministre de la guerre avec S. M. l'Empereur et Roi, du 31 août 1808 ».

chaque dépôt fera partir et pourquoi il n'en fait pas partir davantage. Ces détachements se mettront en marche à la fois au 1er octobre.

Donnez ordre au dépôt du 1er régiment de ligne, qui est à Marseille, au dépôt du 5e, qui est à Grenoble, au dépôt du 6e, qui est à Turin, au dépôt du 9e, qui est à Milan, au dépôt du 10e, qui est à Parme, au dépôt du 11e, qui est à Grenoble, au dépôt du 13e de ligne, qui est à Milan, au dépôt du 20e, qui est à Verceil, au dépôt du 23e, qui est à Genève, au dépôt du 29e, qui est à Asti, au dépôt du 35e, qui est à Milan, au dépôt du 52e, qui est à Gênes, au dépôt du 53e, qui est à Milan, au dépôt du 60e, qui est à Genève, au dépôt du 62e, qui est à Marseille, au dépôt du 79e, qui est à Chambéry, au dépôt du 81e, qui est à Chambéry, aux dépôts du 84e et du 92e, qui sont à Côme, au dépôt du 101e, qui est à Gênes, au dépôt du 102e, qui est à Savone, et au dépôt du 106e, qui est à Novare, de faire partir tout ce qu'ils ont de disponible pour renforcer leurs quatrièmes-bataillons en Italie.

Ces détachements se mettront également en marche au 1er octobre. Vous me ferez connaître l'augmentation qu'éprouvera l'armée d'Italie par ce renfort.

NAPOLÉON.

2289. — AU GÉNÉRAL CLARKE (1).

13 septembre 1808.

Monsieur le général Clarke, donnez l'ordre au dépôt de la 1re légion de réserve, qui est à Lille, d'envoyer à Rennes 100 hommes, pour compléter le 5e bataillon à 140 hommes par compagnie.

Faites-moi connaître ce que le dépôt de la 2e légion, qui est à Metz, peut fournir pour compléter le 5e bataillon qui est à Bayonne ; ce que le dépôt de la 4e légion, qui est à Versailles, peut fournir pour compléter le bataillon qu'elle a à Bayonne ; également ce que le dépôt de Grenoble peut fournir pour compléter la 5e légion.

---

(1) Non signé, copie conforme.

2290. — DÉCISION.

Saint-Cloud, 13 septembre 1808.

Le colonel du 2ᵉ régiment de chasseurs napolitains propose, pour réparer les pertes subies par ce corps devant Girone, d'incorporer dans les deux premiers escadrons un détachement de 113 hommes, qui se trouve à Perpignan sous le commandement du général Chabot.

Approuvé.

Napoléon.

2291. — AU MARÉCHAL BERTHIER.

Saint-Cloud, 14 septembre 1808.

Mon Cousin, écrivez au préfet de Pau qu'il se serve des compagnies en sus pour porter les compagnies à 120, 130 et 140 hommes. Ecrivez au général Saint-Cyr qu'il vous envoie l'état de l'artillerie des divisions Chabot et Reille et des chevaux du train que lève le général Lacombe-Saint-Michel ; et qu'en outre de cela, les divisions Pino et Souham arrivent avec toute leur artillerie.

Napoléon.

2292. — AU MARÉCHAL BERTHIER.

Saint-Cloud, 14 septembre 1808.

Mon Cousin, le 21ᵉ et le 16ᵉ régiments de dragons arrivent demain et après-demain à Paris. Donnez l'ordre que l'un et l'autre, au lieu de venir à Paris, se rendent à Versailles, où j'en passerai la revue le 16, à 6 heures du soir. Ce jour-là, la partie de ma garde qui est à Versailles leur donnera à dîner. Le 12ᵉ et le 8ᵉ de dragons arrivent les 17 et 18. Ils se rendront également à Versailles, où j'en passerai la revue le 18, à 6 heures du soir. La partie de ma garde qui est à Versailles leur donnera également à dîner. Je ne me souviens pas du jour où le 5ᵉ de dragons doit partir. Je désirerais que, le 16, il se trouvât à la revue du 21ᵉ et du 16ᵉ ; il partirait après. Le 21ᵉ partira le 18, le 16ᵉ partira le 19, le 12ᵉ le 20, le 8ᵉ le 21. Tout cela se dirigera par la route de Saumur, afin de traverser la Vendée. Ecrivez cette nuit même au ministre de la guerre.

Napoléon.

2293. — AU GÉNÉRAL CLARKE.

14 septembre 1808.

Monsieur le général Clarke, vous donnerez l'ordre que six compagnies de sapeurs et trois compagnies de mineurs soient rendues avec leurs caissons d'outils à Bayonne, le 25 octobre.

Vous trouverez ci-joint un état des officiers du génie destinés au siège de Saragosse. Donnez l'ordre à ceux de ces officiers qui ne sont pas encore à l'armée d'Espagne, d'être rendus à Bayonne le 25 octobre.

NAPOLÉON.

2294. — DÉCISION (1).

14 septembre 1808.

Le ministre prend les ordres de Sa Majesté pour la formation du champ de Mars d'Alexandrie, dans l'emplacement du Seraglio, au moyen de l'échange qui serait fait de cet emplacement contre des biens nationaux de même valeur.

On me proposera cet échange.

NAPOLÉON.

2295. — DÉCISION (2).

On soumet à Sa Majesté la demande que font les officiers généraux portugais d'être payés jusqu'à nouvel ordre suivant la fixation déterminée par le général Junot.

Comme les généraux français.

2296. — DÉCISION.

15 septembre 1808.

Le général Clarke propose à l'Empereur de laisser dans le régiment d'Isembourg 43 Français qui ont été enrôlés au moment de la formation de ce corps et qui y sont nécessaires pour la tenue des contrôles et de la comptabilité.

Approuvé.

NAPOLÉON.

---

(1) Extraite du « Travail du ministre de la guerre avec S. M. l'Empereur et Roi, du 10 août 1808 ».

(2) Sans signature ni date; extraite du « Travail du ministre de la guerre avec S. M. l'Empereur et Roi, du 14 septembre 1808 ».

2297. — AU GÉNÉRAL HULIN.

Saint-Cloud, 15 septembre 1808.

Monsieur le général Hulin, ne retardez point le départ du 5° régiment de dragons.

Napoléon.

2298. — ORDRE POUR L'ORGANISATION DU DÉPOT DE BAYONNE (1).

Saint-Cloud, 15 septembre 1808.

TITRE Ier

APPROVISIONNEMENTS.

1° Il sera réuni au dépôt de Bayonne par les soins du ministre de l'administration de la guerre :

20.000 habits ;
20.000 schakos ;
20.000 vestes et culottes ;
40.000 chemises ;
40.000 paires de bas ;
40.000 paires de souliers ;
20.000 guêtres ;
20.000 gibernes ;
20.000 épinglettes.

2° Il sera réuni au même dépôt par les soins du ministre de la guerre :

20.000 fusils avec baïonnettes ;
2.000 sabres d'infanterie avec leurs ceinturons.

3° La moitié de ces effets devra être rendue à Bayonne avant le 15 octobre et l'autre moitié avant le 15 novembre.

4° A mesure de l'arrivée de ces effets à Bayonne, l'ordonnateur les fera déposer à la citadelle dans des magasins particuliers, sans qu'il puisse en être disposé pour aucun autre usage que pour ce qui est dit ci-dessous.

Dépôts des corps.

5° Tous les régiments dont le numéro est ci-joint auront à

---

(1) En marge, on lit ces mots, de la main de l'Empereur : « A Berthier. »

Bayonne ou le cadre d'un de leurs bataillons, ou au moins un dépôt composé d'un capitaine, de deux lieutenants, d'autant de sous-lieutenants, du double de sergents et autres sous-officiers, pour recevoir non seulement les hommes isolés qui arriveraient, mais encore les conscrits portés dans l'état de distribution. Ces conscrits seront remis aux dépôts de leurs régiments, et, dans les vingt-quatre heures, ils seront armés et habillés par les soins de l'ordonnateur avec les effets des magasins établis ci-dessus.

6° Les dépôts des sept nouveaux régiments qui ont été formés en Espagne, qui doivent avoir leurs 5ᵉˢ bataillons à Bayonne, Pau et environs, seront passés en revue par le général Drouet, afin que les officiers, sous-officiers et soldats hors de service soient congédiés et remplacés, pour maintenir les cadres de ces dépôts à leur grand complet.

7° Tous les officiers à la suite qui seraient en Espagne, excédant le nombre voulu par l'organisation, se rendront à Bayonne pour être attachés aux dépôts de leurs corps.

Dépôt général.

8° Il sera, en outre, formé à Bayonne un dépôt général d'officiers et de sous-officiers, pour y placer en subsistance les soldats, lorsque les cadres des dépôts des régiments seront remplis ou qu'ils seraient en route pour conduire des hommes aux régiments.

Ce dépôt serait composé d'un bataillon, commandé par le chef de bataillon, et de 6 capitaines, de 10 lieutenants, de 10 sous-lieutenants, de 10 sergents-majors, de 40 sergents, de 80 caporaux et de 40 tambours.

Les capitaines et les lieutenants seront nommés par le ministre de la guerre et choisis parmi les officiers encore en état de servir. Les capitaines seront le plus possible capables d'être adjudants-majors.

Les sous-lieutenants seront pris parmi les vélites de la garde. Ils partiront de Paris.

Les sergents seront pris parmi les fusiliers de la garde sachant lire et écrire et ayant fait la dernière campagne. Ils seront choisis à Miranda parmi ceux qui se trouveront au corps.

Les caporaux seront pris parmi les fusiliers les plus instruits ayant plus d'un an de service. Ils seront choisis à Paris ou à Bayonne.

Ce dépôt général devra être réuni à Bayonne avant le 10 octobre. Il sera établi à la citadelle, et pourra ainsi, lorsque les cadres des dépôts seront remplis, ou en route pour conduire les hommes aux corps, prendre en subsistance les conscrits et les instruire.

NAPOLÉON.

. Le prince de Neuchâtel communiquera cet ordre au ministre de la guerre, au ministre Dejean, au major général de l'armée d'Espagne et au général Drouet.

2299. — DÉCISION.

Saint-Cloud, 15 septembre 1808.

Le général Clarke rend compte à l'Empereur de la marche de la 4ᵉ division de dragons, en route pour Bayonne.

Il faudrait diriger cette division de manière qu'elle gagnât huit jours.

NAPOLÉON.

2300. — DÉCISION.

Saint-Cloud, 15 septembre 1808.

Rapport du général Clarke tendant à ce que la route de Bordeaux à Bayonne, par les grandes Landes, soit divisée en six journées de marche au lieu de cinq.

Approuvé.

NAPOLÉON.

2301. — DÉCISION.

15 septembre 1808.

Le général Clarke rend compte que le 4ᵉ régiment d'infanterie portugaise a, en raison de la faiblesse de son effectif, été réduit à un seul bataillon.

Approuvé.

NAPOLÉON.

2302. — DÉCISIONS (1).

Saint-Cloud, 15 septembre 1808.

On propose à Sa Majesté d'accorder, *pour régularisation*, la somme de 20.024 francs, qui a été dépensée en l'an IX et en l'an X à l'*Ecole du génie à Metz*, pour subvenir à tous les frais de cette école au delà de la somme de 30.000 francs fixée par l'arrêté du Directoire exécutif du 4 floréal an V.

Approuvé.

Le général Cervoni, commandant la 8ᵉ division militaire, demande une gratification en faveur de M. Dubouchet, commandant d'armes du poste militaire de Saint-Tropez, qui est chargé d'un service pénible.
On propose à Sa Majesté de lui accorder une somme de 300 francs.

Accordé.

On soumet à Sa Majesté la demande que font les commandants des bataillons de pontonniers d'une indemnité de représentation de 600 francs par an, ainsi que la reçoivent les chefs de bataillons de sapeurs.

Accordé, lorsque le bataillon a plus de la moitié de sa compagnie réunie.

L'inspecteur aux revues d'Avrange d'Haugéranville a reçu un excédent de solde montant à 1.751 fr. 07 en l'an XIV, pendant qu'il était employé à l'armée du Nord ; il demande que cette somme lui soit accordée à titre d'indemnité, à raison des pertes qu'il a éprouvées à cette armée.
Sa Majesté est priée de faire connaître ses intentions sur cette demande.

Accordé.

---

(1) Non signées; extraites du « Travail du ministre de la guerre avec S. M. l'Empereur et Roi, du 14 septembre 1808 ».

On propose à Sa Majesté d'employer dans une division de l'intérieur le général de brigade Levasseur, employé à l'armée d'Espagne, qui se trouve hors d'état de faire un service actif, soit par l'effet des blessures qu'il a reçues dans divers combats, soit à cause des infirmités dont il est atteint;

Approuvé.

De maintenir la destination que le général Wolodkowicz a reçue et de décider qu'il passera au service de Saxe.

Approuvé.

2303. — DÉCISIONS (1).

Saint-Cloud, 15 septembre 1808.

Les 1er et 3e bataillons des équipages étant dirigés sur Paris, on demande à Sa Majesté s'ils recevront, comme ceux qui accompagnent les 1er et 6e corps, une remonte en mulets égale au dixième de leur complet et s'ils devront la recevoir à Poitiers.

Leur accorder le vingtième.

NAPOLÉON.

On rend compte à Sa Majesté de l'établissement d'un dépôt de convalescents à Bruges.

Approuvé.

NAPOLÉON.

2304. — DÉCISIONS (2).

On propose à Sa Majesté de renvoyer à l'examen du Conseil d'Etat la réclamation du sieur Thierry, ex-conservateur des approvisionnements de siège pendant les années IX et X, tendant à être déchargé du

Renvoyé à la section de la guerre.

---

(1) Extraites du « Travail du ministre directeur de l'administration de la guerre avec S. M. l'Empereur et Roi, daté du 14 septembre 1808 ».
(2) Ni datées ni signées, de la main de Maret; extraites du « Travail du ministre directeur de l'administration de la guerre avec S. M. l'Empereur et Roi, daté du 14 septembre 1808 ».

paiement d'une somme de 458.528 fr. 11, dont il est constitué reliquataire envers le gouvernement par suite de la liquidation de ses comptes.

On rend compte à Sa Majesté des évacuations considérables qui ont eu lieu de l'armée d'Espagne sur l'intérieur.

Près de 8.000 malades ont passé à Bayonne. On écrit à M. Denniée de restreindre ces évacuations, qui tendraient à diminuer beaucoup la force de l'armée.

Faire rentrer en Espagne tous les médecins et chirurgiens.

2305. — AU GÉNÉRAL CLARKE (1).

16 septembre 1808.

Monsieur le général Clarke, j'approuve que la compagnie d'artillerie, qui était aux îles Marcouf et qui est à Hyères, se rende à Bayonne. J'ai déjà ordonné qu'une de celles qui étaient à Bayonne se rendît à Pampelune.

2306. — AU GÉNÉRAL CLARKE (2).

16 septembre 1808.

Monsieur le général Clarke, il résulte de la distribution des 30.000 hommes que je viens de signer, que 6.000 ou 7.000 hommes se réunissent à Paris. Il faut, en conséquence, que le 4ᵉ bataillon du 58ᵉ ne parte pas de Paris ; s'il en était déjà parti, comme je crois qu'il a dû partir ce matin, il faudrait le faire rentrer.

Les 3ᵉˢ bataillons du 75ᵉ et du 28ᵉ, qui doivent être partis de la 16ᵉ division militaire, seront dirigés sur Vincennes et Versailles, vu que ces régiments, et les 32ᵉ, 58ᵉ, 2ᵉ, 4ᵉ et 12ᵉ légère et 15ᵉ, doivent recevoir leurs conscrits à Paris ; après qu'ils auront été armés et habillés à leurs dépôts, vous les dirigerez sur Bayonne, pour renforcer l'armée d'Espagne.

---

(1) Non signé, copie conforme.
(2) Non signé.

2307. — AU GÉNÉRAL CLARKE.

Saint-Cloud, 16 septembre 1808.

Monsieur le général Clarke, donnez des ordres pour que les deux bataillons du 6° italien, à l'effectif de 140 hommes par compagnie, c'est-à-dire les dix-huit compagnies des deux bataillons, formant 2.500 hommes, s'embarquent sur la division de frégates que le ministre de la marine envoie à Porto-Ferrajo, pour être débarqués en France et dirigés sur Perpignan.

NAPOLÉON.

2308. — AU MARÉCHAL BERTHIER.

Saint-Cloud, 17 septembre 1808.

Mon Cousin, donnez ordre au général Drouet de faire partir tous les détachements qu'il avait momentanément incorporés dans le 43°, etc., pour rejoindre les bataillons de guerre, afin que le cadre des 4es bataillons reste seul sans conscrits, vu qu'ils vont tous en recevoir près d'un millier.

NAPOLÉON.

2309. AU GÉNÉRAL CLARKE.

17 septembre 1808.

Monsieur le général Clarke, les régiments de dragons qui passent en Espagne ont reçu l'ordre de ne porter que leur habit et point de surtout. Il me semble que cet ordre a été donné depuis longtemps ; il faut le renouveler.

Mon intention est que les divisions de dragons qui passent en Espagne soient réduites à deux escadrons par régiment, s'ils ont moins de 500 ou 520 chevaux, officiers non compris, et alors des mesures seront prises pour porter les troisièmes escadrons à 250 hommes, soit avec les détachements qu'ils auront à Potsdam, soit avec les hommes qu'ils doivent recevoir de leurs dépôts, par la conscription et par les remontes. Ainsi aucun escadron de dragons et de cavalerie légère quelconque ne peut dépasser, pour ceux qui sont déjà avancés, Paris, Melun ou Orléans, et pour ceux qui sont encore en Allemagne, Mayence. Ces derniers recevront l'ordre de laisser le cadre de leurs 3es escadrons en arrière, lesquels rejoindront leurs dépôts ; ceux restés à Paris, Melun et Orléans se concentreront à Versailles. Cette mesure est très importante, afin d'avoir de quoi maintenir dans une bonne situation la cavalerie de l'armée d'Espagne, dont la consommation, par défaut de nouvelle nourriture ou autre, sera très considérable en chevaux.

Napoléon.

2310. — AU GÉNÉRAL CLARKE.

17 septembre 1808.

Monsieur le général Clarke, faites partir de quelque lieu qu'ils se trouvent tous les soldats disponibles des 10ᵉ, 22ᵉ et 26ᵉ régiments de chasseurs, 5ᵉ et 9ᵉ de dragons, même quand ils auraient reçu une destination pour Saint-Omer, pour l'île de Kadzand ou tout autre endroit. Faites-moi connaître quand les 3ᵉˢ et 4ᵉˢ escadrons de chacun de ces cinq régiments pourront fournir chacun 250 hommes montés.

Napoléon.

2311. — AU GÉNÉRAL CLARKE.

Saint-Cloud, 17 septembre 1808.

Monsieur le général Clarke, les 16ᵉ et 21ᵉ régiments de dragons, qui partent de Versailles, seront formés à deux escadrons dans lesquels on mettra tous les hommes disponibles. Les cadres des 3ᵉˢ escadrons resteront à Versailles et y recevront : 1° tous les détachements qui viennent de leurs dépôts et qui n'arrivent qu'à la fin du mois ; 2° ceux qui viennent de Potsdam, ce qui complétera ces 3ᵉˢ escadrons. Vous prendrez mes ordres ensuite pour leur direction. Les chevaux écloppés et hors d'état de faire la campagne resteront à Versailles. Vous en ferez passer la revue et vous ferez remplacer ceux nécessaires pour compléter le 3ᵉ escadron. Vous écrirez aux dépôts de faire partir pour Versailles tout ce qu'ils auront de disponible, afin de porter promptement ce 3ᵉ escadron à 250 hommes.

Vous donnerez ordre également que le détachement du 12ᵉ régiment de dragons, qui vient de Potsdam, se rende à Versailles, d'où il joindra le 3ᵉ escadron ; car mon intention est que les 12ᵉ et 8ᵉ régiments de dragons soient également formés à deux escadrons et laissent le cadre de leur 3ᵉ escadron à Versailles, pour recevoir tous les détachements qui arrivent à Potsdam et ceux qui doivent venir de leur dépôt. Cette réduction à deux escadrons aura lieu, si, à la revue que j'en passerai demain à Versailles, il y a moins de 500 à 520 chevaux, officiers non compris, mon intention étant de compléter tous les escadrons qui sont en Espagne à 250 hommes.

NAPOLÉON.

2312. — AU MARÉCHAL BERTHIER.

Saint-Cloud, 18 septembre 1808.

Mon Cousin, mon intention est que le général de brigade Montbrun, prenne le commandement de la cavalerie légère du 1ᵉʳ corps que commande le maréchal Victor.

NAPOLÉON.

2313. — DÉCISION.

Saint-Cloud, 18 septembre 1808.

| Le maréchal Victor propose le général Maison pour commander l'une des deux brigades de son corps d'armée qui sont sans chef. | Lui donner la brigade d'infanterie.

NAPOLÉON. |

2314. — DÉCISION.

Saint-Cloud, 18 septembre 1808.

| Rapport du ministre de la guerre sur l'organisation des deux régiments de marche de cavalerie du 3ᵉ corps et 2ᵉ régiment de marche de cavalerie du 4ᵉ corps. | Je désire avoir l'état de situation de ces régiments, mon intention n'étant pas qu'il parte avant qu'on ait mis cet état sous mes yeux et que je sois assuré qu'ils ne manquent de rien.

NAPOLÉON. |

2315. — DÉCISION.

Saint-Cloud, 18 septembre 1808.

Le général Clarke propose à l'Empereur d'ordonner au général Hulin de faire passer en revue, à son arrivée à Paris, le 1er régiment de marche d'infanterie, venant de Wesel, afin de constater la situation de l'habillement, armement et équipement de ce corps et de pourvoir à tous ses besoins avant d'incorporer les compagnies qui le composent dans leurs régiments respectifs au fur et à mesure de leur passage sur divers points de la 1re division militaire.

Il faut distribuer ces détachements en trois colonnes, celle qui passe à Paris, celle qui passe à Melun et celle qui passe à Orléans. Dirigez-les de manière, en les faisant aller même en poste si cela est nécessaire, qu'ils soient dissous, l'un à Paris, l'un à Melun, l'autre à Orléans.

NAPOLÉON.

2316. — DÉCISION.

Saint-Cloud, 18 septembre 1808.

Le général Clarke rend compte qu'il a donné l'ordre à un détachement de 100 hommes, tiré du dépôt de la 1re légion de réserve, de partir de Lille pour se rendre à Rennes, afin de compléter le 5e bataillon de cette légion. Il rend compte, en même temps, de ce que peuvent fournir en hommes les dépôts des 2e, 4e et 5e légions.

Faire partir tout ce qui est disponible.

NAPOLÉON.

2317. — DÉCISION.

Saint-Cloud, 18 septembre 1808.

Rapport du général Clarke sur une demande du colonel du 81e régiment d'infanterie de ligne, tendant à compléter à 840 hommes chacun les deux premiers bataillons de ce corps employés à l'armée de Dalmatie.

Pour actuellement, mon intention n'est pas d'augmenter l'armée de Dalmatie.

NAPOLÉON.

2318. — DÉCISION.

Saint-Cloud, 18 septembre 1808.

Le général Clarke rend compte des mesures prises pour l'organisation et la réunion à Louvain du 3ᵉ régiment de marche du 3ᵉ corps et du 3ᵉ régiment de marche du 4ᵉ corps de la Grande Armée, et il expose que le général Chambarlhac, commandant la 24ᵉ division militaire, demande l'autorisation de prélever, sur le régiment provisoire qui est à Eecloo et sur les détachements fournis pour les garnisons des bâtiments gardes-côtes, le nombre d'hommes nécessaires pour compléter les compagnies destinées à ces deux régiments de marche.

Approuvé, mais avec cette restriction qu'il ne fera rien tirer ni du camp de Boulogne, ni du camp d'Eecloo que passé le 15 octobre.

Napoléon.

2319. — AU MARÉCHAL BERTHIER.

Saint-Cloud, 19 septembre 1808.

Mon Cousin, remettez-moi un état de la composition des escadrons et régiments de marche et provisoires qui se trouvent en Espagne, afin de connaître tout ce qui va en être dissous parce que cela va rejoindre le régiment, et ce qui restera; et de donner une destination définitive à tout ce qui n'appartient pas aux régiments qui vont en Espagne.

Napoléon.

2320. — AU GÉNÉRAL CLARKE.

19 septembre 1808.

Monsieur le général Clarke, des deux bataillons provisoires de Perpignan, il n'en sera formé qu'un. En conséquence, le 2ᵉ bataillon sera incorporé dans le 1ᵉʳ et les deux compagnies du 24ᵉ de ligne et du 16ᵉ légère, qui se trouvent dans le 1ᵉʳ bataillon, se rendront de Perpignan ou de La Jonquière à Bayonne pour être incorporées dans leurs régiments. Les deux bataillons de marche de Portugal n'en feront qu'un. En conséquence, le détachement du

31e légère, qui se trouve dans le 1er bataillon, se rendra à Saint-Sébastien et sera remplacé par le détachement du 15e légère qui se rendra, à cet effet, à Perpignan, pour être incorporé dans le 1er bataillon. Le 2e bataillon de marche de Portugal, qui se trouvera composé des détachements des 58e et 32e et 31e légère, sera dissous. Et, à fur et mesure que ces régiments, détachements, ainsi que celui du 31e passeront à la hauteur de Saint-Sébastien, ils seront incorporés dans leurs régiments, et les cadres avec les officiers retourneront à Bayonne pour recevoir des conscrits.

NAPOLÉON.

2321. — AU GÉNÉRAL CLARKE.

19 septembre 1808.

Monsieur le général Clarke, le détachement de 778 hommes appartenant aux dépôts du 1er corps, qui arrive le 20 à Versailles, le régiment de marche qui arrive le 22, fort de 1.400 hommes, seront réunis à Versailles et partagés en trois détachements ; celui qui fera partie des corps qui passent à Paris, les rejoindra à son passage à Paris ; celui qui fait partie de la colonne qui passe à Gien, la rejoindra à Gien. Les officiers et sous-officiers retourneront aux dépôts après l'incorporation de ces hommes.

Il sera fait la même chose pour le détachement de cavalerie qui arrive le 24 à Versailles, appartenant au 1er corps ; il sera envoyé à la rencontre des régiments dont il fait partie à Paris ou à Melun ou à Gien, pour être là incorporé.

Les détachements de la division de dragons de Latour-Maubourg, qui arrivent à Versailles, se rendront au passage de leurs régiments, à Paris, à Melun ou à Gien, pour y être incorporés.

NAPOLÉON.

2322. — AU GÉNÉRAL CLARKE.

Saint-Cloud, 20 septembre 1808.

Monsieur le général Clarke, le 8e régiment de dragons partira à trois escadrons, étant fort de plus de 600 chevaux, mais vous ordonnerez au 4e escadron de préparer 100 chevaux pour joindre les trois premiers escadrons.

Le 12e régiment de dragons partira à deux escadrons, le cadre du 3e escadron restera à Versailles pour y recevoir les chevaux venant de Potsdam, qui arrivent le 24, et il sera écrit au dépôt d'envoyer à Versailles tous les hommes disponibles, afin que cet escadron soit le plus tôt possible à 250 hommes montés, pour rejoindre les deux premiers escadrons en Espagne.

NAPOLÉON.

2323. — AU GÉNÉRAL CLARKE.

Saint-Cloud, 20 septembre 1808.

Monsieur le général Clarke, renvoyez à Gand et à Bruxelles les cadres des 3es escadrons des 10e et 22e régiments de chasseurs.

NAPOLÉON.

2324. — AU GÉNÉRAL CLARKE.

Saint-Cloud, 20 septembre 1808.

Monsieur le général Clarke, je vois, par votre lettre du 18, que vous faites rétrograder les détachements des 17e, 18e, 19e et 27e dragons de Metz sur leurs dépôts pour y attendre l'arrivée des cadres de leurs 3es escadrons et y être incorporés. Cette mesure est mauvaise.

Donnez ordre que ces détachements attendent à Metz le passage des 17e, 18e, 19e et 27e de dragons, et si, avec ces détachements, ces régiments ont plus de 500 chevaux, ils garderont leurs trois escadrons ; s'ils ont moins de 500 chevaux, ils n'en garderont que deux. Il faut éviter ces mouvements rétrogrades qui coûtent toujours beaucoup de chevaux.

Je vois en note d'un des tableaux que les 2e et 4e régiments de hussards doivent rester à Versailles avec leurs 3es escadrons. Les détachements de ces deux régiments, l'un de 60 hommes et l'autre de 80 hommes, doivent aller à Versailles, si ces régiments passent à Versailles, à Melun, s'ils passent à Melun, à Gien s'ils passent à Gien, et si, après la réunion de leurs détachements, les régiments n'ont pas 500 chevaux, ils n'emmeneront que deux escadrons ; si, après la réunion de leurs détachements, ils passent 600 chevaux, ils garderont leurs trois escadrons.

Je vois, par les notes mises en marge des tableaux, que mon ordre a été mal saisi ; voici donc celui qu'il faut suivre :

Donnez ordre que les détachements des 17e, 18e, 19e et 27e de dragons restent à Metz, si leurs régiments passent à Metz, à Nancy ou à Reims, si leurs régiments doivent passer à Nancy ou à Reims, et là, soient incorporés dans leurs dits régiments.

Donnez ordre que le détachement du 8° de dragons, qui arrive le 21 à Versailles, suive son corps, ou que ce régiment garde ses trois escadrons ; que le détachement du 12° de dragons, qui vient du dépôt, rejoigne les deux premiers escadrons, pour les compléter à 500 chevaux ; mais que le détachement de 117 hommes, qui vient du Hanovre, se rende à Versailles pour servir au 3° escadron. Donnez ordre que les détachements des 16° et 21° de dragons, qui arrivent à Versailles, y restent, pour servir aux 3°° escadrons.

Donnez ordre que les détachements des 2° et 4° de hussards, du 5° de chasseurs et tous ceux des corps de la 1re division de dragons, qui sont déjà arrivés à Versailles, soient partagés en trois détachements, et que, selon que les régiments auxquels ils appartiennent passent à Paris, à Melun ou à Gien (sic), soient dirigés respectivement sur ces villes, pour y être incorporés.

Dans le tableau des détachements d'infanterie, je vois que le 24° de ligne n'a rien pu fournir, cela m'étonne ; on s'est adressé au dépôt, mais en demandant au 4° bataillon les 100 hommes dont on a besoin, il les fournira.

Je suis également étonné que le 25° légère n'ait rien pu fournir ; il faut demander de même au 4° bataillon, ainsi que pour le 27° de ligne. Du reste ce qui est porté dans ces tableaux me paraît bien ordonné.

Je vous prie de les faire refaire avec les rectifications que j'indique et de me les renvoyer, afin que je sois bien certain qu'il n'y a aucun faux mouvement et que tout est bien entendu.

NAPOLÉON.

2325. — DÉCISION.

Saint-Cloud, 20 septembre 1808.

Le ministre de la guerre rend compte de la composition et de la marche de l'escadron de chasseurs du duc de Nassau et propose à l'Empereur de faire suivre à cet escadron le mouvement de la division allemande, qui est en marche pour se rendre à Bayonne.

Approuvé.

NAPOLÉON.

2326. — DÉCISION.

20 septembre 1808.

Le général Heudelet, commandant la 13ᵉ division militaire, demande la permission d'établir son quartier général à Rennes, où la plus grande partie des troupes qui composent le camp de ce nom se trouve réunie.

Accordé.

NAPOLÉON.

2327. — AU GÉNÉRAL CLARKE (1).

21 septembre 1808.

Monsieur le général Clarke, je vous envoie l'état de l'artillerie qui se trouve dans les places de Pampelune et de Saint-Sébastien. On peut y prendre tout ce qui est nécessaire pour le siège de Saragosse.

Je vous envoie également l'état de situation de l'artillerie d'Espagne, pour vous servir de règle.

2328. — ORDRE (2).

21 septembre 1808.

Les deux bataillons hollandais sont composés de neuf compagnies chacun. Ordonnez que les cadres des trois dernières compagnies de chaque bataillon restent à Saint-Denis. Les hommes de ces trois compagnies serviront à compléter de 120 à 130 hommes chacune des six compagnies qui partent. On laissera au dépôt à Saint-Denis une vingtaine d'hommes fatigués.

Ecrivez en Hollande pour avoir 840 hommes nécessaires pour compléter. Ces hommes devront être dirigés sur Saint-Denis, ainsi que tous les isolés et sortants des hôpitaux ; ils ne partiront de Saint-Denis que sur un ordre exprès.

L'artillerie hollandaise laissera une de ses deux forges à la garde impériale qui lui donnera en échange un caisson.

La cavalerie hollandaise laissera aussi une de ses deux forges à la garde impériale, qui lui donnera en échange un caisson à pain qui sera attaché à l'infanterie.

---

(1) Non signé, copie conforme.
(2) Non signé, copie conforme.

Ecrivez en Hollande pour demander 140 hommes montés pour recruter les hussards hollandais. Ce détachement devra se rendre à Saint-Denis.

2329. — ORDRE (1).

21 septembre 1808.

Nous avons réglé l'ordre du service pour le temps de notre absence de la manière suivante :

Nos ministres se réuniront, chaque semaine, dans une salle de notre palais des Tuileries, sous la présidence de notre cousin l'archichancelier de l'Empire. Ils remettront à ce conseil le travail de leurs départements respectifs, qui nous sera transmis et qui sera porté, à cet effet, à notre ministre secrétaire d'Etat par un auditeur qui se rendra chez les princes et les ministres pour prendre leurs ordres et partir dans les vingt-quatre heures.

Les renvois des rapports de nos ministres qui doivent être délibérés au Conseil d'Etat seront signés par notre cousin l'archichancelier de l'Empire.

Tous nos ministres correspondront avec nous pour les affaires de leurs départements et nous écriront tout aussi souvent que les affaires de leurs ministères l'exigeront.

NAPOLÉON.

2330. — DÉCISION (2).

On demande à Sa Majesté si l'on doit laisser sortir de Bayonne les denrées achetées par l'alcade d'Irun pour le service de cette place.

Laisser sortir.

2331. — AU GÉNÉRAL CLARKE.

Erfurt, 27 septembre 1808.

Monsieur le général Clarke, la 5ᵉ division de dragons se dirige sur Strasbourg, d'où elle continuera sa route sur Bayonne. Faites

---

(1) Registre des décrets, 1808.
(2) Sans signature ni date; extraite du « Travail du ministre directeur de l'administration de la guerre avec S. M. l'Empereur et Roi, daté du 21 septembre 1808 ».

en sorte que tous les détachements qui appartiennent aux régiments qui la composent et les hommes des dépôts prennent une direction telle qu'ils puissent la rencontrer en route.

NAPOLÉON.

2332. — DÉCISION (1).

27 septembre 1808.

On demande les ordres de Sa Majesté pour le projet de construction d'une caserne à Ajaccio.	On se contentera des casernes de la citadelle sans en construire d'autres, puisque les Capucins sont démolis.

2333. — DÉCISION (2).

On propose à Sa Majesté d'accorder une pension viagère à chacune des quatre veuves d'ouvriers tués par l'explosion de la poudrerie de Montechiarugolo.	Décret signé et le ministre des finances chargé de l'exécution (3).

2334. — DÉCISIONS (4).

On prie Sa Majesté de faire connaître si son intention est d'accorder au colonel Renaud, du 30ᵉ régiment de dragons, le congé de deux mois qu'il sollicite.	Accordé.
On soumet à Sa Majesté la demande d'un congé de quatre mois, que fait M. Clusowicz, chef de bataillon au 1ᵉʳ régiment d'infanterie de la Vistule, pour se rendre en Russie, où il est appelé pour recueillir la succession de sa mère.	Refusé.

(1) Non signée; extraite du « Travail du ministre de la guerre avec S. M. l'Empereur et Roi, du 21 septembre 1808 ».
(2) Sans signature ni date; extraite du « Travail du ministre de la guerre avec S. M. l'Empereur et Roi, du 28 septembre 1808 ».
(3) De la main de Maret.
(4) Sans signature ni date; extraites du « Travail du ministre de la guerre avec S. M. l'Empereur et Roi, du 28 septembre 1808 ».

On propose à Sa Majesté d'approuver la démission du sous-lieutenant Fenzi, du 28ᵉ régiment de chasseurs à cheval, ci-devant dragons toscans.

Approuvé.

2335. — AU MARÉCHAL BERTHIER.

Erfurt, 29 septembre 1808.

Mon Cousin, réitérez l'ordre au général Drouet de faire partir tous les hommes disponibles du 3ᵉ bataillon du 44ᵉ, du 4ᵉ bataillon du 47ᵉ, du 3ᵉ du 43ᵉ et du 3ᵉ du 51ᵉ, pour rejoindre leurs régiments, en ordonnant aux cadres de revenir pour recevoir les conscrits qui vont arriver des deux côtés.

NAPOLÉON.

2336. — DÉCISION.

Erfurt, 30 septembre 1808.

Le maréchal Berthier rend compte à l'Empereur des changements qu'il a apportés aux dispositions prises par le maréchal Kellermann pour assurer le service des escortes lors du retour de Sa Majesté.

Approuvé.

NAPOLÉON.

2337. — DÉCISION.

Erfurt, 30 septembre 1808.

Rapport du général Clarke au sujet d'un bataillon russe formé de sujets russes au service du roi de Hollande, qui attend à Nimègue l'autorisation de passer sur le territoire français pour se diriger par Clèves sur Mayence.

Donnez ordre pour qu'il passe.

NAPOLÉON.

2338. — DÉCISIONS (1).

Erfurt, 30 septembre 1808.

On soumet à Sa Majesté la proposition de faire rembourser par le Trésor public une somme de 1.500 francs volée à Berlin au capitaine Bertrand, qui faisait les fonctions d'officier payeur des bataillons de guerre du 96° régiment et qui a été tué à la bataille de Friedland avant d'avoir remboursé cette somme, dont le vol a été constaté par procès-verbal authentique.

Accordé.

On soumet à Sa Majesté la demande d'un congé absolu faite par le conseil d'administration du 26° régiment d'infanterie légère en faveur d'un grenadier de ce régiment qui se trouve, par le décès de ses père et mère, tuteur de trois orphelins.

Accordé.

On propose à Sa Majesté d'autoriser la nomination des sous-officiers en activité aux emplois de secrétaires écrivains des places de la Dalmatie et de l'Istrie.

Accordé.

2339. — DÉCISION.

Erfurt, 30 septembre 1808.

Le général Clarke annonce l'arrivée prochaine à Wesel de plusieurs détachements espagnols et il demande les ordres de l'Empereur au sujet de leur destination ultérieure.

S'entendre avec le ministre Dejean pour les distribuer aux régiments qui ont le plus d'hommes aux dépôts.

NAPOLÉON.

---

(1) Non signées; extraites du « Travail du ministre de la guerre avec S. M. l'Empereur et Roi, du 21 septembre 1808 ».

2340. — DÉCISION.

Erfurt, 30 septembre 1808.

Le maréchal Berthier rend compte que le 27ᵉ de chasseurs (chevau-légers belges du duc d'Arenberg) est parti de Kiel pour se rendre à Wesel et qu'il est à craindre que beaucoup d'hommes ne désertent si ce corps passe par Wesel. Il propose en conséquence de changer son itinéraire dès son arrivée à Minden.

Approuvé.

NAPOLÉON.

2341. — AU MARÉCHAL BERTHIER.

Erfurt, 1ᵉʳ octobre 1808.

Mon Cousin, je vous renvoie votre correspondance. Il n'y a pas d'inconvénient à permettre au sieur Bignon de venir à Erfurt.

NAPOLÉON.

2342. — AU MARÉCHAL BERTHIER.

Erfurt, 1ᵉʳ octobre 1808.

Mon Cousin, faites réunir les détachements de cavalerie qui ont servi à mon escorte, formant 600 hommes, et qui appartiennent à la division de grosse cavalerie qui est à Hanovre et faites-les diriger sans délai sur cette division. Faites partir les dix détachements de carabiniers et de cuirassiers qui appartiennent à la division Nansouty, en les dirigeant sur Berlin pour être incorporés dans cette division. Faites venir à Erfurt même le détachement du 8ᵉ régiment de hussards, ainsi que ceux des 16ᵉ, 13ᵉ, 7ᵉ, 2ᵉ et 1ᵉʳ de chasseurs, ce qui fera 700 à 800 hommes, et faites partir le 3 octobre le 1ᵉʳ régiment de hussards pour Mayence ; faites connaître sa marche au maréchal Kellermann qui pourra s'en servir pour mon escorte si cela est nécessaire. Ecrivez au maréchal Kellermann et au ministre de la guerre que les détachements de cavalerie légère qui appartiennent au 5ᵉ corps doivent se diriger sur Strasbourg, si leurs dépôts sont dans le commandement du maréchal Kellermann, ou sur Versailles, ainsi que tous ceux qui seraient sur d'autres points, pour être ensuite envoyés à Bayonne, afin que ce corps soit en Espagne le plus considérable possible.

NAPOLÉON.

2343. — AU MARÉCHAL BERTHIER.

Erfurt, 1ᵉʳ octobre 1808.

Mon Cousin, demandez au général Bourcier l'état du dépôt de Potsdam et celui des chevaux donnés aux régiments de dragons qui sont partis. Donnez l'ordre au maréchal Soult de faire partir la 2ᵉ division de dragons et de la diriger sur Mayence.

NAPOLÉON.

2344. — DÉCISION.

Erfurt, 1ᵉʳ octobre 1808.

Le général Clarke rend compte que le 27ᵉ chasseurs (régiment du duc d'Arenberg) doit arriver à Wesel du 8 au 10 octobre pour y attendre de nouveaux ordres. Le ministre fait en outre observer que si ce régiment passe par la Belgique, il y aura une grande désertion.	J'ai déjà ordonné que ce régiment filât par l'Allemagne sur Mayence. De là, le diriger par la plus courte route sur Bayonne. NAPOLÉON.

2345. — AU GÉNÉRAL CLARKE.

Erfurt, 2 octobre 1808.

Monsieur le général Clarke, je vous renvoie votre état. Comme je suis décidé à faire venir le 5ᵉ corps de la Grande Armée en Espagne et qu'il est déjà en marche pour Strasbourg, ainsi que la 2ᵉ et la 5ᵉ division de dragons, cela portera quelques changements à cet état.

Je n'y vois pas l'artillerie de la division Pino, ni celle du corps du maréchal Lefebvre, c'est-à-dire celle servie par les Allemands.

NAPOLÉON.

2346. — AU GÉNÉRAL CLARKE.

Erfurt, 2 octobre 1808.

Monsieur le général Clarke, le 40ᵉ de ligne a 212 hommes à son dépôt à Wissembourg en état de marcher, le 17ᵉ légère en a 60 à Strasbourg. Il faut donner ordre au maréchal Kellermann d'incorporer ces détachements dans les régiments auxquels ils appartiennent à leur passage par Strasbourg. Le 21ᵉ légère a à Wesel 190 hommes. Je suppose que c'est indépendamment de ce qu'il a au régiment de marche du 5ᵉ corps. Si cela est ainsi, il faut les diriger d'abord sur Versailles, pour, de là, être réunis à leur régiment, qui marche avec le 5ᵉ corps sur l'Espagne. Le 28ᵉ légère a également 180 hommes à Mayence ; il faut les diriger sur Strasbourg pour être joints à leur corps. Le 100ᵉ et le 108ᵉ ont de très forts détachements à Metz ; il faut les diriger sur leurs régiments lorsqu'ils passeront avec le 5ᵉ corps. Je vous envoie la situation de l'armée de réserve que m'a remise le maréchal Kellermann. Il est convenable que tout ce qu'il y a de disponible appartenant soit aux cinq divisions de dragons qui vont en Espagne, soit aux régiments de cavalerie légère des 1ᵉʳ, 5ᵉ et 6ᵉ corps, soit dirigé sur ces corps.

NAPOLÉON.

2347. — AU GÉNÉRAL CLARKE.

2 octobre 1808.

Monsieur le général Clarke, je vois que la légion hanovrienne est portée dans les états pour 500 hommes et seulement pour 300 chevaux.

Il est nécessaire que cette légion soit formée à deux escadrons et que le reste soit placé sur la route à Poitiers ou à Niort, où ce que cette légion a au dépôt en Italie recevra l'ordre de se rendre, et là, on prendra des mesures nécessaires pour fournir des chevaux à ces hommes.

NAPOLÉON.

2348. — AU GÉNÉRAL CLARKE.

2 octobre 1808.

Monsieur le général Clarke, je vois que la 9ᵉ compagnie de mineurs n'arrive à Bayonne que le 24, que la 9ᵉ compagnie du 4ᵉ bataillon de sapeurs n'y arrive que le 22, et les 6ᵉ et 7ᵉ compagnies du 1ᵉʳ bataillon, les 1ʳᵉ, 3ᵉ et 4ᵉ du 2ᵉ bataillon et les 4ᵉ et 6ᵉ du 5ᵉ bataillon seulement le 29.

Il serait nécessaire que cette compagnie de mineurs et ces huit compagnies de sapeurs arrivassent à Bayonne avant le 20 octobre. Faites donc accélérer leur route.

NAPOLÉON.

2349. — AU GÉNÉRAL CLARKE.
2 octobre 1808.

Monsieur le général Clarke, je vous ai envoyé l'ordre de faire compléter à 140 hommes par compagnie un régiment de chasseurs à pied et un régiment de grenadiers à pied de ma garde pour être envoyés à Bayonne.

Il restera donc à Paris un régiment à pied de chasseurs et un régiment de grenadiers à pied, c'est-à-dire quatre bataillons ou seize compagnies.

Les 3.200 premiers conscrits qui arriveront pour les fusiliers de la garde seront mis en subsistance, à raison de 200 hommes par compagnie, dans ces deux régiments de chasseurs et de grenadiers restant.

J'évalue que ces deux régiments ne seront pas composés d'un effectif de plus de 60 hommes par compagnie. Les 200 conscrits qui y seront joints porteront les compagnies à 250 hommes.

On les logera dans des chambrées séparées à Rueil et à Courbevoie, dans les lieux où sont les régiments. Les commandants prendront des mesures pour l'instruction de cette jeunesse, qu'on fera même instruire par les anciens grenadiers et chasseurs.

Les conseils d'administration des chasseurs et des grenadiers feront chacun habiller ces 3.000 hommes ; on leur accordera la même masse qu'aux fusiliers.

Vous me présenterez un projet de décret pour régulariser ces dispositions ; mais, en attendant, donnez les ordres nécessaires pour que cela soit ainsi exécuté et que les habits soient préparés sans délai.

Vous me ferez connaître ce qui reste des cadres des dépôts des régiments de chasseurs et de grenadiers à pied, et s'il y resterait assez de monde pour leur confier à chacun un millier d'hommes, ce qui ferait 5.200 hommes de recrues pour la garde, qu'elle instruira. Ces hommes ne feront aucun service ; les anciens chasseurs et grenadiers seront chargés de leur instruction, et je les emploierai par la suite comme il convient.

NAPOLÉON.

2350. — DÉCISION.

Erfurt, 3 octobre 1808.

Le maréchal Mortier rend compte au maréchal Berthier qu'il a fait suivre à la 5ᵉ division de dragons le mouvement du 5ᵉ corps, que cette division arrivera à Strasbourg les 22 et 23 octobre et que lui-même partira pour Strasbourg avec le 5ᵉ corps, conformément aux ordres de Sa Majesté.

Renvoyé au ministre de la guerre, pour donner des ordres pour la diriger de Strasbourg sur Bayonne par deux routes.

NAPOLÉON.

2351. — NOTE (1).

Monsieur Dejean, Sa Majesté désire qu'on lui envoie tous les quinze jours l'état de situation des hommes, chevaux, caissons et harnais du bataillon du train des équipages militaires.

2352. — DÉCISION (2).

Erfurt, 9 octobre 1808.

On demande à Sa Majesté s'il faut mettre à la disposition du général commandant l'armée de Catalogne l'approvisionnement qui sera formé à Perpignan d'après ses ordres et, dans ce cas, s'il devra être renouvelé au fur et à mesure, ou bien, si cet approvisionnement doit être gardé en réserve, par quelles voies il sera pourvu à la subsistance de cette armée.

Tant que l'armée sera en France, il faut y pourvoir sur les fonds de l'Etat.

NAPOLÉON.

2353. — DÉCISION.

Erfurt, 9 octobre 1808.

Le général Dejean rend compte que le ministre de la marine de-

Tout cela est ridicule. Le ministre de la marine perd un

---

(1) De la main de Maret; annexée au « Travail du ministre directeur de l'administration de la guerre avec S. M. l'Empereur et Roi, du 7 octobre 1808 ».
(2) Extraite du « Travail du ministre directeur de l'administration de la guerre avec S. M. l'Empereur et Roi, daté du 28 septembre 1808 ».

mande si l'administration de la guerre ne doit pas participer à la fourniture de 500.000 rations que la 6ᵉ préfecture maritime a reçu l'ordre d'envoyer à Barcelone.

temps précieux en babioles. Sous une bonne administration, une partie de ces objets devraient déjà être partis.

NAPOLÉON.

2354. — AU GÉNÉRAL CLARKE, MINISTRE DE LA GUERRE.

Erfurt, 9 octobre 1808.

Monsieur le général Clarke, le colonel Daugier, commandant les marins de la garde, sera mis à la disposition du ministre de la marine ainsi que tous les autres officiers du bataillon des marins de la garde revenus avec lui.

Ils ne peuvent être considérés comme prisonniers de guerre, la capitulation (1) n'ayant pas été exécutée par l'ennemi, et le ministre de la marine me proposera de les employer de la manière la plus conforme à leurs talents. Tous les officiers du génie seront envoyés à Bayonne pour y être employés ; les connaissances locales qu'ils ont acquises pourront être utiles, et de même aucun d'eux ne peut être considéré comme prisonnier de guerre. Vous donnerez le même ordre pour les officiers d'artillerie. Le général de division Barbou se rendra à Milan auprès du vice-roi qui l'emploiera en Italie. Les généraux Schramm, Pannetier, Legendre et Laplane se rendront à Paris. Le général de brigade Roize se rendra en Italie. Le colonel Huché, de la gendarmerie, retournera à son poste, ainsi que le chef d'escadron et tous les autres officiers de gendarmerie. Les aides de camp du général Duprés se rendront à leurs régiments.

Le lieutenant Leclerc, aide de camp du général Dupont, ira servir dans un régiment de cavalerie. Le général Rouyer se rendra en congé chez lui. Tous les aides de camp des généraux qui se rendent à Paris iront attendre de nouveaux ordres à Bayonne. Tous les officiers d'état-major se rendront à Bayonne où ils seront attachés à l'état-major général.

Les différents officiers de cavalerie se rendront au dépôt de leur régiment. Par ce moyen, tout ce qui est arrivé à Marseille recevra une autre destination. Vous déclarerez à chacun de ces officiers qu'ils ne sont pas prisonniers de guerre, la capitulation n'ayant pas

(1) De Baylen.

été observée pour le général Vedel, ni pour les troupes qui n'ont pas été renvoyées en France.

Napoléon.

2355. — DÉCISIONS (1).

Erfurt, 9 octobre 1808.

L'approvisionnement en farines qui doit être formé à Saint-Sébastien sera-t-il à la charge de la France ou aux frais de S. M. catholique ?	S. M. catholique aujourd'hui n'a rien. <p align="right">Napoléon.</p>
Demandes du général Gouvion-Saint-Cyr, commandant en chef l'armée de Catalogne, relatives à l'approvisionnement de Figuières et à diverses fournitures.	Lui fournir tout ce dont il a besoin. <p align="right">Napoléon.</p>

2356. — DÉCISION.

Erfurt, 9 octobre 1808.

Le général Gouvion-Saint-Cyr, commandant le 5⁰ corps de l'armée d'Espagne, ayant demandé un certain nombre d'officiers du génie, le ministre a désigné pour rejoindre le corps d'armée en question un colonel, un chef de bataillon et un capitaine de cette arme.

Accordé, lui en envoyer trois autres d'un grade inférieur.

Napoléon.

2357. — DÉCISION.

Erfurt, 9 octobre 1808.

Le général Clarke rend compte qu'il a donné l'ordre au régiment de chevau-légers de Westphalie de partir de Metz pour se rendre à Orléans et il prie l'Empereur de vouloir bien fixer la destination ultérieure de ce corps.

Il sera attaché à la division du général Valence qui le passera en revue à Orléans.

Napoléon.

---

(1) Extraites du « Travail du ministre, directeur de l'administration de la guerre avec S. M. l'Empereur et Roi, daté du 5 octobre 1808 ».

2358. — DÉCISION.

Erfurt, 9 octobre 1808.

Le ministre de la guerre demande des instructions au sujet de la destination à donner à 643 chevaux qui proviennent des troupes espagnoles et qui se trouvent à Maëstricht et Mayence.

Les faire soigner, les faire prendre par des conscrits français et les diriger du côté d'Angers, pour être donnés à la cavalerie de l'armée de Portugal.

NAPOLÉON.

2359. — DÉCISION.

Erfurt, 9 octobre 1808.

Le général Clarke rend compte à l'Empereur des dispositions qu'il a prises en vue de l'organisation des régiments de marche en formation à Louvain et il sollicite les ordres de Sa Majesté au sujet de la destination ultérieure de ces régiments.

On passera au 15 octobre la revue de ce régiment de marche et on me fera connaître le nombre des bataillons, des compagnies, des officiers et soldats et la situation à l'effectif et au présent sous les armes et la situation de l'armement et habillement. Après ce rapport, je donnerai des ordres.

NAPOLÉON.

2360. — DÉCISION.

Erfurt, 9 octobre 1808.

Après avoir examiné les pièces relatives à la capitulation de Baylen, les généraux Clarke, Dejean, Lacuée et Gassendi estiment que le général Dupont et les autres officiers compromis dans cette capitulation doivent être traduits devant une commission militaire.

Approuvé pour être exécuté sous les rapports ultérieurs d'exécution que nous fera notre ministre de la guerre.

NAPOLÉON.

2361. — AU GÉNÉRAL CLARKE.

10 octobre 1808.

Monsieur le général Clarke, j'ai signé tous les décrets que vous m'avez présentés isolément sur les miquelets. Vous sentez, cependant, l'importance de faire un décret général qui régularise toutes ces décisions.

NAPOLÉON.

2362. — DÉCISIONS (1).

12 octobre 1808.

On propose à Sa Majesté :

D'approuver le passage du sieur Perquit, chef d'escadron au 4ᵉ régiment de dragons, à l'emploi de même grade vacant au 3ᵉ régiment de chasseurs par la retraite de M. Feulat ;

Accordé.

De décider si M. Astruc, capitaine à la 110ᵉ demi-brigade, revenu des colonies comme prisonnier de guerre, doit être considéré comme dégagé de sa parole envers le gouvernement anglais. Aux termes de la capitulation, il devait être ramené en France prisonnier sur parole avec toute la garnison du Cap, mais lui et tous ses compagnons d'armes ont été conduits en Angleterre ;

Il n'est pas prisonnier.

De commissionner adjudant de 1ʳᵉ classe le sieur Arrighi, capitaine adjudant de 2ᵉ classe à Corte.

Approuvé.

2363. — DÉCISIONS (2).

Erfurt, 12 octobre 1808.

On propose à Sa Majesté :

De désigner pour commander le 6ᵉ régiment provisoire de dragons à l'armée d'Espagne, vacant par la

Approuvé.

---

(1) Non signées; extraites du « Travail du ministre de la guerre avec S. M. l'Empereur et Roi, du 7 septembre 1808 ».
(2) Non signées; extraites du « Travail du ministre de la guerre avec S. M. l'Empereur et Roi, du 14 septembre 1808 ».

mort du sieur Laclède, le sieur Ruat, major du 20° régiment de dragons ;

D'approuver le passage au 3° régiment provisoire de hussards, à Boulogne, de M. Lamarche, chef d'escadrons au 2° de hussards.

Il existe entre cet officier et le colonel de ce régiment une mésintelligence qui nuit au bien du service.

On propose à Sa Majesté de réformer M. Thouars, capitaine au 94° régiment d'infanterie, en lui accordant trois mois d'appointement.

Rapport demandé par Sa Majesté sur la proposition faite par le général Hulin d'accorder la décoration de la Légion d'honneur à MM. Legentil, capitaine aide de camp de ce général ; Laborde, Coteau, chefs de bataillons ; Cordiez et Graillard, capitaines, adjudants de la place de Paris.

Approuvé.

Accordé.

Approuvé.

2364. — DÉCISIONS (1).

Erfurt, 12 octobre 1808.

On soumet à Sa Majesté la demande d'un congé d'un mois avec appointements faite par M. Jourdan, major du 72° régiment d'infanterie de ligne.

On propose à Sa Majesté de faire reprendre le commandement du 8° régiment de chasseurs au colonel Curto et de maintenir auprès de S. A. I. le prince vice-roi d'Italie le sieur Triaire, son aide de camp,

Accordé.

Approuvé.

---

(1) Non signées; extraites du « Travail du ministre de la guerre avec S. M. l'Empereur et Roi, du 21 septembre 1808 ».

qui avait été pourvu du commandement de ce régiment.

On propose à Sa Majesté de faire passer à l'emploi de chef d'escadron, vacant au 18ᵉ régiment de dragons par le changement du sieur Wolff, admis au service de S. M. le roi de Westphalie, le sieur Henriet, chef d'escadron à la suite du 6ᵉ régiment de même arme.

Approuvé.

Demande de l'aigle de la Légion d'honneur et du grade de maréchal des logis de gendarmerie pour le sieur Sechet, brigadier de gendarmerie à La Flèche, commandant de l'escorte qui, le 11 mars dernier, empêcha la recette de La Flèche d'être pillée par une bande de brigands.

Accordé.

2365. — DÉCISION (1).

12 octobre 1808.

On propose à Sa Majesté d'attacher au 4ᵉ corps de l'armée d'Espagne, commandé par M. le maréchal duc de Danzig, M. Guillot, ingénieur géographe.

Approuvé.

2366. — DÉCISION.

Erfurt, 12 octobre 1808.

Rapport du ministre de la guerre sur une demande du général Gouvion-Saint-Cyr, commandant le 7ᵉ corps de l'armée d'Espagne, tendant à obtenir que les compagnies de grenadiers et de voltigeurs du 1ᵉʳ bataillon du 32ᵉ d'infanterie lé-

Accordé le départ des carabiniers et voltigeurs.

NAPOLÉON.

(1) Extraite du « Travail du ministre de la guerre avec S. M. l'Empereur et Roi, du 28 septembre 1808 ».

gère, qui sont à Toulon, soient envoyées à Figuières pour s'y réunir aux quatre compagnies de leur bataillon stationnées dans cette place.

2367. — DÉCISION.

Erfurt, 12 octobre 1808.

Le maréchal Berthier ayant donné l'ordre au 27e chasseurs, qui était en marche pour se rendre à Wesel, de se diriger de Minden sur Mayence, le ministre demande à l'Empereur quelle direction sera assignée ultérieurement à ce régiment.

J'ai déjà donné l'ordre qu'il fût dirigé sur Paris pour de là se rendre sur Bayonne.

NAPOLÉON.

2368. — DÉCISION (1).

Erfurt, 12 octobre 1808.

Le prince de Hohenzollern-Hechingen, qui vient de quitter le service du roi de Westphalie, sollicite la faveur d'être admis à servir l'Empereur.

Renvoyé par ordre de l'Empereur au prince de Neuchâtel.

2369. — DÉCISION (2).

Le prince héréditaire de Hohenzollern-Hechingen ayant exprimé le désir de passer au service de l'Empereur, le maréchal Berthier propose de lui donner le commandement du bataillon qu'exerce en Espagne le prince de Hohenzollern-Sigmaringen, ce prince désirant passer au service du roi de Naples.

Approuvé.

NAPOLÉON.

---

(1) Non signée.
(2) Non datée; le rapport du maréchal Berthier est du 13 octobre 1808.

2370. — DÉCISIONS.

Erfurt, 13 octobre 1808.

Le décret impérial du 12 octobre ordonne que la division du général Boudet, les 14e et 23e régiments de chasseurs, qui sont sous le commandement du prince de Ponte-Corvo, et le 19e régiment de chasseurs de la brigade Bruyère, qui passe sous ses ordres, se réuniront d'abord à Francfort-sur-le-Main.

Je prie Votre Majesté de me faire connaître si c'est moi ou le ministre de la guerre qui doit ordonner ces mouvements et à quelle époque ces troupes doivent se mettre en marche.

C'est vous (1).

Quant aux divisions Legrand et Saint-Cyr qui doivent se réunir à Würzburg à la division Molitor et au 3e régiment de chasseurs qui doivent se rendre à Francfort-sur-le-Main, comme ces troupes sont mises sous le commandement de M. le maréchal duc d'Auerstædt, je pense que c'est à ce maréchal à ordonner leur mouvement d'après ce qui aura été convenu pour l'évacuation de la Prusse. Je demande les ordres de Votre Majesté.

Il faut le lui dire (1).

2371. — AU GÉNÉRAL DEJEAN.

Saint-Cloud, 19 octobre 1808, à (2) heures du matin.

Monsieur Dejean, il faut autoriser ou l'ordonnateur de la division ou tout autre individu qui ait votre confiance à acheter en Poitou 600 chevaux pour la cavalerie du général Junot. Il faut également ordonner qu'on achète des mulets pour le bataillon des

---

(1) De la main de Napoléon, ni signée ni datée.
(2) L'indication de l'heure manque.

équipages militaires qui doit être avec ce corps d'armée ; il faut lui procurer des caissons ; enfin, vous ferez diriger sur Niort 600 chevaux des dépôts de dragons qui en auraient le plus. Par ce moyen, la cavalerie de ce corps aura 1.800 chevaux, y compris les chevaux des Espagnols. Je suppose qu'ils ont leurs selles. Entendez-vous pour l'exécution de ces mesures avec le ministre de la guerre afin d'envoyer un courrier extraordinaire avant midi, car il faut que ce corps soit prêt à marcher au 1er novembre.

NAPOLÉON.

2372. — AU GÉNÉRAL CLARKE.

19 octobre 1808.

Monsieur le général Clarke, le 5e corps de la Grande Armée faisant partie de l'armée d'Espagne, il faut ordonner que les dépôts des 17e, 34e, 40e, 64e, 88e, 100e, 103e de ligne, 20e et 28e légère fournissent tout ce qu'ils ont de disponible pour compléter ces corps, ainsi qu'au 10e de hussards et 21e de chasseurs.

NAPOLÉON.

2373. — AU GÉNÉRAL CLARKE.

19 octobre 1808.

Monsieur le général Clarke, écrivez au général Junot qu'il faut que son corps fasse l'avant-garde de l'armée qui marche sur le Portugal, que j'en passerai la revue du 25 au 30 de ce mois, que tous les officiers et tout le monde doit rester à son poste et se mettre en état de faire la campagne.

Le corps du Portugal prendra le nom de 8e corps de l'armée d'Espagne.

NAPOLÉON.

2374. — DÉCISIONS (1).

Vu l'encombrement qui existe à Bayonne, on propose d'en retirer le dépôt des équipages militaires.	L'envoyer à Auch.

---

(1) Sans signature ni date; extraites du « Travail du ministre directeur de l'administration de la guerre avec S. M. l'Empereur et Roi, daté du 19 octobre 1808 ».

Quoique les troupes stationnées à Flessingue ne dussent plus recevoir les vivres de campagne à dater du 1er novembre prochain, le ministre propose de leur continuer cette fourniture pendant toute l'année.	Autorisé.
On prend les ordres de Sa Majesté sur la demande de l'ordonnateur Colbert pour passer au service militaire de S. M. le roi des Deux-Siciles.	Approuvé.

2375. — ORDRE.

19 octobre 1808.

Le 27e de chasseurs, ci-devant d'Arenberg, sera dirigé sur Niort et prendra les ordres du duc d'Abrantès. Il fera partie du 8e corps de l'armée d'Espagne.

Napoléon.

2376. — AU GÉNÉRAL CLARKE.

19 octobre 1808.

Monsieur le général Clarke, donnez l'ordre à l'escadron du 26e de chasseurs qui fait partie du corps du général Junot de se rendre à Saumur à son dépôt. Ce détachement ne fera plus partie du corps du général Junot. Donnez ordre au dépôt d'acheter des chevaux pour monter ces 200 hommes et de fournir un nouveau renfort aux escadrons de ce régiment qui sont en Espagne.

Napoléon.

2377. — AU GÉNÉRAL CLARKE.

19 octobre 1808.

Monsieur le général Clarke, donnez ordre à un bataillon provisoire formé à Rennes des détachements des 86e, 70e et 47e régiments de se diriger sur Saintes où ils seront incorporés dans leurs régiments qui font partie du corps du général Junot.

Faites-moi connaître quels sont les ordres que vous avez donnés au général Dufresse et à sa brigade qui étaient à l'île d'Aix et où ils se trouvent en ce moment, mon intention étant de profiter de ce que les 66°, 26° et 82° régiments peuvent fournir pour augmenter la 3° division du corps du Portugal qui est composée de détachements de ces corps.

NAPOLÉON.

2378. — DÉCISIONS (1).

Sa Majesté est priée de faire connaître ses intentions sur l'organisation d'un petit équipage de siège à Figuières pour entreprendre ceux de Roses et de Girone.

Laisser le général Saint-Cyr maître de le former comme il l'entendra.

M. le marquis d'Alorna, commandant en chef la légion portugaise, et M. le comte de Sabugal, major du 1ᵉʳ régiment de cavalerie de la même légion, sollicitent la permission de se rendre à Paris et d'y séjourner quinze jours.

Accordé.

2379. — DÉCISIONS (2).

Saint-Cloud, 20 octobre 1808.

On prie Sa Majesté de faire connaître si la dépense des travaux concernant la défense des places dépendantes du ci-devant État de Raguse doit être supportée par la France ou par le royaume d'Italie.

Par le royaume d'Italie.

On propose à Sa Majesté d'autoriser M. Bourgoin à rentrer dans le corps du génie avec le grade de capitaine de 2ᵉ classe qu'il y occupait à l'époque de sa nomination à l'emploi d'aide de camp de M. le maréchal Brune. C'est un très bon officier du génie qui paraît peu propre au service de l'infanterie.

Accordé.

---

(1) Sans signature ni date; extraites du « Travail du ministre de la guerre avec l'Empereur, du 19 octobre 1808 ».

(2) Non signées; extraites du « Travail du ministre de la guerre avec l'Empereur, du 19 octobre 1808 ».

2380. — DÉCISION (1).

20 octobre 1808.

On propose à Sa Majesté de nommer au grade de capitaine le sieur Morel, lieutenant quartier maître du 13° régiment de chasseurs, en considération des services qu'il a rendus au corps.

Renvoyé de la secrétairerie d'Etat sans décision et déchiré.

2381. — DÉCISION.

Saint-Cloud, 20 octobre 1808.

Le général Clarke sollicite des éclaircissements au sujet de l'ordre de l'Empereur du 27 août 1808, d'après lequel il a été dirigé sur Mayence deux compagnies de mineurs, dont l'une paraissait, d'après le même ordre, devoir être employée à Wesel. Le ministre propose à l'Empereur d'envoyer l'une des deux compagnies en question à Wesel, où elle serait d'autant plus utile pour l'exécution des travaux de fortification que les troupes du génie employées auparavant dans cette place en ont été retirées et envoyées en Espagne.

Je n'ai point ces détails assez présents à l'esprit ; le ministre de la guerre peut faire ce qu'il jugera à propos, pourvu qu'il donne l'ordre qu'il y en ait au moins quatre à Bayonne et une au corps du général Saint-Cyr. Moyennant l'emploi de ces cinq compagnies, il peut faire des trois autres ce qu'il jugera convenable.

NAPOLÉON.

2382. — DÉCISION.

Saint-Cloud, 20 octobre 1808.

Le général Clarke propose de prendre dans le 4° bataillon colonial le détachement de 100 hommes qui doit être embarqué pour les colonies sur la frégate *la Thétis*, en armement à Lorient.

Approuvé.

NAPOLÉON.

---

(1) Non signée; extraite du « Travail du ministre de la guerre avec S. M. l'Empereur et Roi, du 14 septembre 1808 ».

2383. — DÉCISION.

Le général Clarke propose de prendre dans le 4ᵉ bataillon colonial un détachement de 100 hommes demandé par le ministre de la marine pour être embarqué à Brest sur la frégate *le Topaze*, en armement à Brest, à destination des colonies.

Saint-Cloud, 20 octobre 1808.

Approuvé.

NAPOLÉON.

2384. — DÉCISION.

Le général Ruty, qui devait commander l'artillerie de siège en Espagne, étant malade à Berlin, l'Empereur est prié de désigner le général d'artillerie qui sera chargé de cette mission.

Saint-Cloud, 20 octobre 1808.

Choisir le général Dedon qui se trouve sur les lieux.

NAPOLÉON.

2385. — DÉCISION.

Le général Clarke fait connaître à l'Empereur les jours de départ des trois régiments d'infanterie polonaise, des compagnies d'artillerie et de sapeurs polonais qui doivent quitter Mézières et Sedan pour se rendre à Bayonne.

Il rend compte également qu'il a chargé le général Valence, commandant la division polonaise, de veiller à ce que ces troupes reçoivent avant leur départ tous leurs effets d'habillement et d'équipement.

Saint-Cloud, 20 octobre 1808.

Renvoyé au major général pour donner l'ordre au général Valence de se rendre à Bayonne le 15 novembre.

NAPOLÉON.

2386. — DÉCISION (1).

Le ministre de la guerre propose de prélever sur le 1er bataillon colonial, qui est à Flessingue, quatre détachements demandés par le ministre de la marine pour former la garnison de quatre navires qui sont en armement au Havre et à Dunkerque.

Approuvé, le bataillon de Flessingue.

NAPOLÉON.

2387. — DÉCISION (2).

Rapport du ministre de la guerre au sujet d'une proposition du maréchal Soult, commandant le 4e corps de l'armée d'Allemagne, pour faire escorter par un détachement de sept ou huit hommes tirés du dépôt du 26e d'infanterie légère un convoi assez considérable d'effets d'habillement et d'équipement envoyé par ce dépôt aux bataillons de guerre du régiment.

Les faire accompagner par un détachement de 160 hommes.

NAPOLÉON.

2388. — AU MARÉCHAL BERTHIER.

Saint Cloud, 21 octobre 1808.

Mon Cousin, je vois, par l'état de situation de la place de Bayonne, qu'il n'y a plus à Bayonne que 360 vélites fusiliers de ma garde. D'où vient cela ? Il devrait y en avoir 560. Je n'ai donné aucun ordre pour ce détachement.

NAPOLÉON.

---

(1) Non datée; le rapport du ministre est du 20 octobre 1808, la décision a été renvoyée aux bureaux le 21.

(2) Non datée; le rapport du ministre est du 14 octobre 1808, l'envoi de la décision aux bureaux est daté du 21.

2389. — AU GÉNÉRAL CLARKE.

21 octobre 1808.

Monsieur le général Clarke, les deux bataillons du 52° qui sont à l'armée de Naples, les trois bataillons du 102° qui font également partie de cette armée, faisant en tout 3.500 hommes, partiront de Naples et se rendront à Rome, où ils seront à la disposition du vice-roi.

Par contre, le 4° bataillon du 20° de ligne, formé à 800 hommes, le 4° bataillon du 10° de ligne, formé à 800 hommes, un détachement tiré du 4° bataillon du 62°, fort de 350 hommes, un détachement *idem* du 101°, fort de 500 hommes, un détachement *idem* du 22° légère, fort de 300 hommes, un détachement du 23° d'infanterie légère, de 400 hommes, ces quatre détachements, formant un total de 3.150 hommes, avec les 1.600 hommes des deux 4ᵉˢ bataillons du 20° et du 10° de ligne, se rendront à Naples, pour porter les 10° et 20° à quatre bataillons chacun et pour porter au grand complet les trois bataillons des 62° et 101° qui sont à Naples et les deux bataillons des 22° et 23° d'infanterie légère.

Ces mouvements devront être terminés avant le 1ᵉʳ décembre.

Donnez l'ordre que les 1ᵉʳ et 2° escadrons du 25° de chasseurs, qui sont à Naples, se rendent à Rome, où ils feront partie de l'armée d'Italie. Donnez également l'ordre aux 1ᵉʳ et 2° escadrons du 28° de dragons de se rendre à Rome ; cela diminuera la cavalerie de l'armée de Naples de 900 chevaux. Ils seront remplacés en partie par le 3° escadron du 4° de chasseurs, complété à 250 hommes, et par le 3° escadron du 9° de chasseurs, fort de 250 hommes, qui partiront d'Italie pour rejoindre les deux premiers escadrons qui sont dans le royaume de Naples.

Moyennant ces changements, l'armée de Naples ne perdra rien en infanterie et l'armée d'Italie gagnera deux régiments. L'armée de Naples ne sera plus composée que de quatre bataillons du 10° de ligne, quatre du 20° de ligne, trois du 62°, trois du 101°, deux du 22° légère et deux du 23° légère. Il ne restera à l'armée de Naples que trois escadrons du 4° de chasseurs et trois escadrons du 9° et l'armée d'Italie aura gagné le 25° de chasseurs et le 28° de dragons.

NAPOLÉON.

2390. — AU GÉNÉRAL CLARKE.

Saint-Cloud, 21 octobre 1808.

Monsieur le général Clarke, le moment est favorable pour envoyer des soldats en Italie ; ils s'acclimatent pendant l'hiver et se trouvent préparés à passer l'été. Ordonnez donc que tout ce qu'il y a de disponible en France, appartenant aux régiments qui forment les armées de Naples, de Dalmatie et d'Italie, y compris ce qui est en Toscane, parte des dépôts pour se rendre aux 4ᵉˢ bataillons en Italie, et que tout le monde ait passé les Alpes avant le 25 novembre.

Chargez les généraux qui commandent les 7ᵉ et 8ᵉ divisions militaires de passer la revue de ces dépôts et de s'assurer que tout ce qui est disponible part.

Ecrivez également au prince Borghese de faire partir de la 27ᵉ et de la 28ᵉ division militaire tout ce qui existe.

Les commandants de ces divisions seront aussi chargés d'envoyer la situation des dépôts et des magasins d'habillement, ainsi que le nombre des conscrits de la levée de 1807 et de 1808, destinés pour les dépôts et qui pourront cette année être dirigés sur l'Italie ; il faut, pour cela, que ces conscrits soient habillés.

NAPOLÉON.

2391. — AU GÉNÉRAL CLARKE.

Saint-Cloud, 21 octobre 1808.

Monsieur le général Clarke, la brigade du général Dufresse sera à la disposition du général Junot et fera partie de sa 3ᵉ division. Ecrivez à ce général qu'il passe la revue des 82ᵉ, 66ᵉ et 26ᵉ régiments le plus tôt qu'il pourra, afin de les joindre aux détachements de ces régiments qu'il ramène et en augmenter sa 3ᵉ division.

La brigade Dufresse, avec ce qu'on pourra encore tirer des dépôts, fera une augmentation de 2.500 hommes pour le général Junot, ce qui, joint aux 1.024 hommes qui viennent de lui être envoyés du bataillon provisoire du camp de Rennes, lui fera un renfort de 3.600 hommes.

NAPOLÉON.

2392. — AU GÉNÉRAL CLARKE.

Saint-Cloud, 21 octobre 1808.

Monsieur le général Clarke, le 3ᵉ bataillon du 5ᵉ d'infanterie légère sera complété le plus tôt possible à 800 hommes pour se diriger immédiatement après sur le bataillon qui est en Espagne.

Donnez ordre aux deux compagnies du 42ᵉ de ligne qui sont au Havre d'en partir pour se rendre en toute diligence à Bayonne et y rejoindre leur régiment.

NAPOLÉON.

2393. — AU GÉNÉRAL DEJEAN.

Saint-Cloud, 21 octobre 1808.

Monsieur le général Dejean, je vous renvoie l'état des bataillons des équipages militaires ; il n'est pas suffisant. On porte le 1ᵉʳ bataillon en route sur Paris ; il faut mettre dans quel lieu il se trouve aujourd'hui ; même observation pour le 4ᵉ bataillon : le 4ᵉ bataillon est porté en route sur Bayonne ; il faut mettre où il est aujourd'hui et à quel corps il est attaché. Même observation pour le 6ᵉ, pour le 7ᵉ, pour le 10ᵉ et pour le 11ᵉ. Il s'ensuivrait de cet état que j'aurai en Espagne le 1ᵉʳ bataillon, de 144 voitures, le 3ᵉ bataillon, de 144 voitures, le 4ᵉ, de 138, le 6ᵉ, de 144, le 7ᵉ, de 144, le 8ᵉ, de 20, le 10ᵉ, de 144 et le 11ᵉ, de 144 ; total : 1.062 voitures. Je vous renvoie votre état pour que vous y fassiez ajouter ces renseignements.

NAPOLÉON.

2394. — DÉCISIONS (1).

Saint-Cloud, 22 octobre 1808.

On prie Sa Majesté de décider si les prisonniers de guerre faits en Espagne peuvent être placés comme travailleurs aux environs de Périgueux, en prenant des mesures pour qu'ils ne puissent pas s'évader.	Oui.

---

(1) Non signées; extraites du « Travail du ministre de la guerre avec l'Empereur, du 19 octobre 1808 ».

Sa Majesté est priée de faire connaître ses intentions sur la demande de démission faite par MM. Chepy et Taillade, capitaines aux 1ᵉʳ et 14ᵉ régiments d'infanterie légère, qui ont obtenu l'agrément de S. M. le roi de Naples pour entrer dans la garde royale napolitaine.	Accordé.
On soumet à l'approbation de Sa Majesté un état de secours, montant à 3.708 francs, en faveur de veuves ou de parents de militaires qui ne sont susceptibles d'aucune pension ;	Approuvé.
Un état de secours, montant à 3.800 francs, en faveur de plusieurs militaires réformés sans solde de retraite.	Approuvé.
Le général de division Frésia ni ses aides de camp ne se sont pas trouvés compris dans l'ordre de Sa Majesté, relativement aux officiers généraux et d'état-major du corps du général Dupont, qui étaient en quarantaine à Toulon. Je prie Sa Majesté de me faire connaître ses intentions à l'égard de cet officier général.	L'envoyer dans une division militaire.

2395. — DÉCISION (1).

Saint-Cloud, 23 octobre 1808.

On propose à Sa Majesté de fixer à 30 francs par homme l'indemnité due aux compagnies de la réserve pour l'habillement emporté par les hommes de ces compagnies passés à d'autres corps.	Approuvé. NAPOLÉON.

(1) Extraite du « Travail du ministre directeur de l'administration de la guerre avec S. M. l'Empereur et Roi, du 5 octobre 1808 ».

2396. — DÉCISIONS (1).

Saint-Cloud, 24 octobre 1808.

On demande à Sa Majesté si les États romains seront tenus de pourvoir aux transports directs et aux convois militaires à fournir aux troupes, comme ils pourvoient au chauffage, au casernement et aux vivres de campagne.

Oui.

NAPOLÉON.

On propose à Sa Majesté de porter de 500 à 800 francs par an le traitement du 3ᵉ aumônier de l'hôtel impérial des Invalides.

Accordé.

NAPOLÉON.

2397. — DÉCISION (2).

Saint-Cloud, 24 octobre 1808.

On propose à Sa Majesté d'accorder, à titre de secours, à la veuve du sieur Aubé, décédé économe de l'un des hôpitaux militaires à Varsovie, 750 francs, somme équivalente à trois mois des appointements de son mari.

Accordé.

NAPOLÉON.

2398. — AU GÉNÉRAL CLARKE.

24 octobre 1808.

Monsieur le général Clarke, faites-moi connaître le numéro des bataillons et le nombre des compagnies qui composent chaque bataillon des légions de réserve qui sont partis pour l'Espagne.

NAPOLÉON.

---

(1) Extraites du « Travail du ministre directeur de l'administration de la guerre avec S. M. l'Empereur et Roi, daté du 12 octobre 1808 ».
(2) Extraite du « Travail du ministre directeur de l'administration de la guerre avec S. M. l'Empereur et Roi, daté du 5 octobre 1808 ».

2399. — AU GÉNÉRAL CLARKE.

Saint-Cloud, 24 octobre 1808.

Monsieur le général Clarke, je vous ai ordonné de faire partir pour Rochefort le bataillon provisoire du camp de Rennes, fort de 1.000 hommes, composé de deux compagnies du 15° de ligne, de deux du 47°, de deux du 62° et de deux du 86°. Envoyez un courrier extraordinaire pour que ce bataillon se dirige sur Beaupréau, où l'administration a besoin de forces.

Donnez l'ordre à un général de brigade capable et propre à ce genre de mission de se rendre à Beaupréau pour prendre le commandement de la force armée de ce district.

Donnez l'ordre aux 400 hommes qui partent demain de Versailles de se diriger sur Beaupréau pour être sous les ordres du général de brigade, jusqu'à ce que la tranquillité soit rétablie dans ce département.

Faites part de ces mesures au ministre de la police et concertez-vous avec lui.

NAPOLÉON.

2400. — AU GÉNÉRAL CLARKE.

Saint-Cloud, 24 octobre 1808.

Monsieur le général Clarke, il faut destiner au siège de Saragosse les trois compagnies d'artillerie qui sont à Bayonne, et donner l'ordre aux trois compagnies qui sont en marche sur Bayonne de s'y rendre en poste, de manière qu'elles arrivent le plus tôt possible. Vous pouvez diriger sur-le-champ sur Bayonne les trois compagnies d'artillerie qui sont aux îles d'Aix, de Ré et à l'île d'Yeu. On remplacera ces trois compagnies par celles qu'on va être à même de retirer de la Grande Armée. Envoyez-moi l'état des onze compagnies de sapeurs et des trois compagnies de mineurs qui se rendent en Espagne, le lieu où elles sont aujourd'hui et leur destination.

NAPOLÉON.

2401. — AU GÉNÉRAL CLARKE.

Saint-Cloud, 24 octobre 1808.

Monsieur le général Clarke, donnez l'ordre que la 1re compagnie du 3° escadron du 16° régiment de dragons, forte de 116 hommes montés, le 3e escadron du 12e régiment, fort de 180 hommes montés, la 1re compagnie du 3e escadron du 21e, forte de 127 hommes montés, formant en tout plus de 400 chevaux, partent de Versailles, demain 25, sous les ordres du plus ancien officier, pour rejoindre leurs corps respectifs en Espagne.

Napoléon.

2402. — DÉCISION.

Saint-Cloud, 24 octobre 1808.

Le 4e bataillon du 16e d'infanterie légère n'étant composé que de quatre compagnies de fusiliers, au lieu de six compagnies, dont quatre de fusiliers, une de voltigeurs et une de carabiniers, le ministre demande si ce bataillon devra être complété conformément à cette organisation.

Oui.

Napoléon.

2403. — DÉCISION.

Saint-Cloud, 24 octobre 1808.

Le général Clarke propose à l'Empereur de lui soumettre un projet de décret ayant pour but d'appliquer aux régiments d'Isembourg et de la Tour d'Auvergne les dispositions du décret du 18 février 1808, relatif à la nouvelle organisation des régiments d'infanterie de ligne et légère.

On peut laisser les choses comme elles sont.

Napoléon.

2404. — AU GÉNÉRAL DEJEAN.

Saint-Cloud, 24 octobre 1808.

Monsieur Dejean, le 9e bataillon du train qui est en Italie doit être complété de manière qu'il ait ses 144 voitures attelées et en état de servir. Il faut prendre des mesures pour compléter le 8e bataillon qui est à Vitoria. Il faut attacher le 10e bataillon au corps du maréchal Bessières et le 11e au corps du maréchal Moncey, en réunissant tout le 8e au quartier général. Les 1er et 3e bataillons qui, de Paris, se rendent à Bayonne, et le 8°, qui est déjà à Vitoria, seront les trois bataillons de 400 à 500 voitures qui seront à la disposition de l'intendant. Comme les transports qu'a le général Junot appartiennent au 8° bataillon, ils serviront à le compléter. Quand il sera arrivé en Espagne, on détachera un bataillon, s'il est nécessaire, pour le corps du général Junot.

NAPOLÉON.

2403. — DÉCISIONS (1).

Saint-Cloud, 24 octobre 1808.

On prie Sa Majesté de faire connaître si son intention est que le remboursement des pertes faites à l'ennemi, sur le territoire napolitain, continue d'être à la charge du Trésor public de Naples.

Oui.

On met sous les yeux de Sa Majesté la demande que fait le chef de bataillon Bachelet-Damville, employé à l'état-major de la 1re division de dragons de la Grande Armée, d'être autorisé à passer au service de S. M. le roi de Westphalie.

Accordé.

On propose à Sa Majesté d'autoriser le passage au service de S. M. le roi de Westphalie, d'un adjudant-sous-officier du régiment de pionniers blancs à Bourges.

Accordé.

Le maréchal Kalkreuth demande la mise en liberté d'un capitaine et d'un lieutenant prussiens, prisonniers de guerre.

Accordé.

Le prince de Bénévent demande pour le sieur Boid, ex-banquier à Paris et Anglais d'origine, la permission de faire un voyage à Vienne et à Munich, pour rentrer ensuite en France où il a sa famille.

Refusé.

(1) Non signées; extraites du « Travail du ministre de la guerre avec l'Empereur, du 5 octobre 1808 ».

2406. — DÉCISIONS (1).

Saint-Cloud, 24 octobre 1808.

Récompense proposée en faveur des officiers et canonniers des 103° et 104° compagnies de gardes-côtes, direction d'artillerie de Gênes, qui se sont distingués par leur conduite et leur bravoure.

Approuvé.

On propose à Sa Majesté de dégager M. Boncahu, sous-inspecteur aux revues, d'une retenue de 400 francs, qu'il a supportée par suite d'un paiement de pareille somme qu'il a ordonné au profit d'un escroc qui a trompé sa bonne foi.

Approuvé.

On soumet à l'approbation de Sa Majesté la démission du chef de bataillon Vauthier de Baillamont, du 112° régiment de ligne.

Où est-il actuellement ?

Le père d'un lieutenant prussien demande le renvoi de cet officier, prisonnier de guerre, comme l'unique soutien de sa vieillesse.

Accordé.

2407. — DÉCISION (2).

Saint-Cloud, 24 octobre 1808.

En exposant à l'Empereur que la Cour de cassation a confirmé un arrêt de la Cour de justice criminelle du département de Montenotte, qui condamne le sieur Huard, capitaine de recrutement au 29° d'infanterie de ligne et membre de la Légion d'honneur, à une année d'emprisonnement et à l'amende pour avoir reçu un présent à raison de ses

Renvoyé au grand juge par ordre de l'Empereur.

---

(1) Non signées; extraites du « Travail du ministre de la guerre avec l'Empereur, du 12 octobre 1808 ».
(2) Non signée.

fonctions, le général Clarke invoque en faveur de cet officier, plus imprudent que coupable, la clémence de l'Empereur et propose de lui faire subir sa peine dans une place de guerre, pour l'employer ensuite dans un bataillon colonial ou dans les pionniers.

2408. — DÉCISION.

Saint-Cloud, 25 octobre 1808.

Le général Clarke demande à l'Empereur l'autorisation de faire passer le Rhin aux différents détachements que les maisons ducales de Saxe et d'Anhalt, les princes de Schwarzburg, de la Lippe, de Reuss et de Waldeck ont proposé d'envoyer au camp de Boulogne.

Toutes ces troupes seront dirigées sur Metz.

NAPOLÉON.

2409. — DÉCISIONS.

Paris, 25 octobre 1808.

Le général Clarke propose à l'Empereur de tirer de suite de l'Allemagne vingt employés d'artillerie, nécessaires pour le service de cette arme aux armées d'Espagne, et qui ne seront pas compris dans la nouvelle organisation de l'armée du Rhin.

Accordé.

NAPOLÉON.

2410. — DÉCISION.

Paris, 25 octobre 1808.

L'Empereur ayant ordonné de former les garnisons des vaisseaux avec des Français et non avec des Italiens, le général Clarke propose de tirer des 1er et 62e de ligne les détachements destinés au vaisseau *l'Austerlitz* et à la frégate *l'Amélie*.

Les prendre sur la légion de réserve qui est à Grenoble, mais ayant soin qu'il n'y ait aucun soldat qui ne soit à l'école de bataillon.

NAPOLÉON.

2411. — DÉCISION.

Saint-Cloud, 25 octobre 1808.

Rapport du général Clarke sur les mortiers destinés à l'équipage de siège de Pampelune. Ceux de 6 pouces à la Gomer pèsent 215 livres.

Les mortiers de 6 pouces pareils à ceux que j'avais fait embarquer pour l'Egypte ne pesaient pas plus de 100 à 150 livres. Deux hommes les remuaient très facilement.

NAPOLÉON.

2412. — AU GÉNÉRAL CLARKE.

26 octobre 1808.

Monsieur le général Clarke, je crois que le 75° de ligne a les grenadiers et voltigeurs de son 4° bataillon à Wimereux, ainsi que le 36° de ligne ; faites-moi connaître où est le restant du 4° bataillon et pourquoi les grenadiers et voltigeurs ne le rejoignent pas.

Je vois qu'au 3° régiment provisoire de hussards il y a 51 hommes du 1er régiment de hussards, 21 hommes du 2°, 80 hommes du 10°.

Comme ces détachements ont leurs corps à l'armée d'Espagne, faites-les partir pour Bayonne, où ils les rejoindront. Ce 3° régiment provisoire de hussards pourra ainsi être dissous.

Faites-moi connaître quels sont les bataillons qui restent au camp de Boulogne. Ces régiments ont perdu quatre compagnies en Espagne, ne doivent plus avoir de 5° bataillon ; mais ils doivent former leur 4° bataillon.

Faites-moi connaître le nombre de conscrits des levées de 1806, 1807, 1808 et 1809 qui sont dirigés sur les bataillons qui sont au camp de Boulogne, et ce qui sera nécessaire de leur donner sur celle de 1810 pour les porter tous au grand complet.

NAPOLÉON.

2413. — AU GÉNÉRAL DEJEAN.

Saint-Cloud, 26 octobre 1808.

Monsieur Dejean, les troupes de l'armée de Portugal, formant le 8° corps de l'armée d'Espagne, recevront leurs vivres de guerre.

NAPOLÉON.

2414. — DÉCISIONS (1).

On rend compte à Sa Majesté qu'on a cru devoir maintenir l'indemnité de 25 centimes aux troupes de l'armée de Portugal, en remplacement des **vivres de campagne**.

Approuvé.

On propose à l'Empereur de décider que les transports en poste dans la 11ᵉ division militaire n'auront pas lieu au delà de Saint-André-de-Cubzac.

Approuvé.

Propositions relatives aux voitures à faire construire pour le 9ᵉ bataillon des équipages militaires.

N'en fournir qu'à la moitié qui est en Italie.

2415. — DÉCISIONS (2).

On demande à Sa Majesté si son intention est que les chefs d'état-major de l'armée d'Espagne puissent employer en achat de mulets de bât les 2.400 francs qui leur sont accordés pour un caisson et quatre chevaux.

Approuvé.

On propose à Sa Majesté de fixer la première mise destinée à l'habillement des conscrits qui vont être mis en subsistance dans les chasseurs et grenadiers à pied de la garde impériale à 92 francs par homme.

A la disposition du ministre.

Avant d'expédier les nouvelles lettres de service auprès du dépôt de la cavalerie à Bayonne à M. le général de division Delaroche, le ministre prie Sa Majesté de faire connaître si le général de division

Le général Trelliard sera mis à la disposition du major général.

---

(1) Sans signature ni date; extraites du « Travail du ministre directeur de l'administration de la guerre avec S. M. l'Empereur et Roi, daté du 26 octobre 1808 ».

(2) Non signées; extraites du « Travail du ministre de la guerre avec l'Empereur, du 26 octobre 1808 ».

Trelliard continuera les fonctions dont il est chargé près de ce dépôt.

On met sous les yeux de Sa Majesté un mémoire d'un sous-lieutenant qui sollicite le remboursement du produit de la vente de son patrimoine, qui lui avait été accordé par arrêté du Directoire exécutif du 2 floréal an V, et on supplie Sa Majesté d'ordonner au ministre des finances de lui faire un rapport sur la réclamation de cet officier.

A renvoyer au ministre des finances.

On propose à Sa Majesté de décider si le temps pendant lequel M. Pastre, ex-chef de bataillon au 11ᵉ de ligne, a fait partie des milices coloniales, est admissible dans la liquidation de sa solde de retraite.

Le ministre de la guerre ne le pense pas.

Renvoyé au Conseil d'Etat.

2416. — DÉCISIONS (1).

Paris, 28 octobre 1808.

L'approvisionnement de siège en fourrages de la citadelle de Bayonne doit-il être conservé ou livré à la consommation ?

L'approvisionnement en fourrages peut être livré à la consommation journalière.

NAPOLÉON.

Il est rendu compte de la marche des 1ʳᵉ, 2ᵉ, 3ᵉ et 4ᵉ compagnies du 3ᵉ bataillon des équipages militaires qui, de Paris, devront se rendre à Bayonne.

Les diriger sur Bayonne à mesure de leur arrivée.

NAPOLÉON.

2417. — DÉCISION (2).

Paris, 28 octobre 1808.

On met sous les yeux de Sa Majesté un projet d'amélioration du

Ce projet sera représenté plus tard.

(1) Extraites du « Travail du ministre directeur de l'administration de la guerre avec S. M. l'Empereur et Roi, daté du 26 octobre 1808 ».
(2) Non signée; extraite du « Travail du ministre de la guerre avec S. M. l'Empereur et Roi, du 14 septembre 1808 ».

fort Saint-Pierre, à Maëstricht, rédigé en exécution de l'article 1ᵉʳ du chapitre 4 du décret du 19 avril sur le budget.

2418. — DÉCISIONS (1).

Paris, 28 octobre 1808.

On demande les ordres de Sa Majesté sur le payement de la dépense du transport, au parc de l'armée en Italie, de l'artillerie française qui était dans le royaume de Naples, et par qui doit être acquittée cette dépense.

Faire transporter le matériel français à mes frais et par mes chevaux dans le royaume d'Italie.

On rend compte à Sa Majesté de la réclamation faite par le régiment des dragons de la garde impériale contre la retenue qu'on lui fait supporter pour raison de 220 chevaux qui lui ont été fournis à Berlin en 1807 et sur lesquels 65 ont été perdus à l'armée.

Ce régiment fait observer que si cette retenue a lieu, il ne pourra pourvoir au complément de ses chevaux.

Le ministre doit décider cette question ; c'est une affaire contentieuse.

On soumet à Sa Majesté la proposition d'ordonner le remboursement des 17.853 fr. 71 appartenant au 1ᵉʳ régiment de cuirassiers par le général Guiton, ancien colonel de ce régiment, et le sieur Fontaine, officier payeur, qui tous deux étaient alternativement en possession des clefs de la caisse.

Approuvé.

M. le maréchal duc d'Auerstædt demande le renvoi dans ses foyers d'un lieutenant prussien, prisonnier de guerre.

Accordé.

---

(1) Non signées; extraites du « Travail du ministre de la guerre avec l'Empereur, du 26 octobre 1808 ».

2419. — AU MARÉCHAL BERTHIER.

Paris, 28 octobre 1808.

Le 4e bataillon de la 1re légion de réserve, qui doit être composé de huit compagnies, a cinq compagnies au 2e régiment supplémentaire et trois au camp de Rennes. Du moment que ces trois dernières compagnies seront arrivées à Bayonne, il faut qu'elles rejoignent les cinq premières. Les cinq premières compagnies du 4e bataillon de la 2e légion de réserve font partie du 1er régiment supplémentaire ; les trois dernières compagnies sont à Saint-Jean-Pied-de-Port. Donnez ordre à ces trois compagnies de rejoindre les cinq autres, et à ce 4e bataillon, ainsi formé de huit compagnies, de rejoindre les trois premiers bataillons à la division Frère. Les 114 hommes qui arriveront à Bayonne le 10 novembre rejoindront également la 2e légion, de sorte que cette légion aura quatre bataillons complets de trente-deux compagnies, formant un effectif de près de 4.000 hommes.

Le 4e bataillon de la 3e légion a cinq compagnies au 2e régiment supplémentaire ; les trois autres sont sur la flottille à Lorient et à Rennes : donnez ordre qu'elles soient débarquées et qu'elles se rendent à Bayonne d'où elles joindront les cinq compagnies du 4e bataillon, aussitôt leur arrivée. Les cinq premières compagnies du 4e bataillon de la 4e légion sont au 1er régiment supplémentaire ; les trois autres sont à Saint-Sébastien : donnez ordre qu'elles rejoignent le 1er régiment supplémentaire. Enfin, les cinq premières compagnies du 4e bataillon de la 5e légion sont au 1er régiment supplémentaire, les trois autres sont sur les derrières de l'armée. Donnez ordre qu'elles rejoignent.

Par ce moyen, il y aura en Espagne quatre bataillons complets de la 2e légion de réserve formant 32 compagnies, un bataillon de la 1re légion de 8 compagnies, un bataillon de la 3e légion de 8 compagnies, un bataillon de la 4e légion de 8 compagnies et un bataillon de la 5e légion de 8 compagnies, en tout huit bataillons ou 64 compagnies.

La note ci-jointe de M. Lacuée vous fera connaître que c'est mal à propos que les trois dernières compagnies ont pris le nom de 5e bataillon. Il est donc très urgent de réunir ces bataillons.

Ainsi donc le 1er régiment supplémentaire serait composé du 4e bataillon entier de la 4e légion et du 4e bataillon de la 5e. Le 2e régiment supplémentaire serait composé du 4ᵉ bataillon entier de la 1ʳᵉ légion et du 4ᵉ bataillon entier de la 3ᵉ légion.

NAPOLÉON.

2420. — AU GÉNÉRAL CLARKE.

28 octobre 1808.

Monsieur le général Clarke, demandez au ministre de la marine de mettre à votre disposition des frégates, pour faire passer sur-le-champ en Corse les conscrits qui sont au fort Lamalgue et à Gênes, afin d'en former là un bon bataillon.

NAPOLÉON.

2421. — DÉCISION.

Paris, 28 octobre 1808.

Le ministre de la guerre rend compte qu'un détachement du 16ᵉ dragons et un du 21ᵉ venant de Potsdam doivent arriver à Versailles le 6 novembre 1808 pour se réunir au 3ᵉ escadron de leur corps respectif.

Ces détachements doivent trouver à Versailles, le fonds d'une compagnie du 3ᵉ escadron à laquelle ils se réuniront.

NAPOLÉON.

2422. — DÉCISION.

Paris, 28 octobre 1808.

Le général Clarke demande quelle sera la destination ultérieure du 1ᵉʳ régiment de hussards, qui arrivera à Paris le 11 novembre, venant de Mayence.

Le diriger d'abord sur Angoulême.

NAPOLÉON.

2423. — AU GÉNÉRAL CLARKE.

Paris, 29 octobre 1808.

Monsieur le général Clarke, les 180 chevaux des trois régiments de hussards appartenant à l'armée du Rhin, qui sont à Aire, pourront former un escadron provisoire sous les ordres du général qui commande le camp de Boulogne.

NAPOLÉON.

2424. — AU GÉNÉRAL DEJEAN.

Rambouillet, 29 octobre 1808.

Monsieur Dejean, j'ai rencontré en chemin le 4ᵉ régiment polonais, je l'ai trouvé en mauvais état ; les chefs m'ont assuré que les deux autres étaient à peu près de même. Comme ces trois régiments faisaient partie chacun d'une différente légion en Pologne, ils se trouvent n'avoir aucune administration. Ils n'ont ni chefs d'ouvriers, ni chefs d'armuriers, etc. Mon intention est que le dépôt de ces trois régiments, savoir les 4ᵉ, 7ᵉ et 9ᵉ régiments polonais, soient réunis à Bordeaux. Chacun de ces régiments laissera dans cette ville 1 capitaine, 1 lieutenant, 1 sous-lieutenant, 2 sergents et 4 caporaux pour recevoir les hommes les plus fatigués. Tous les hommes restés en arrière rejoindront le dépôt. Mon intention est qu'il n'y ait qu'une seule administration pour ces trois régiments. Cette administration ne sera point au compte de ces régiments, mais à votre compte et régira immédiatement sous vos ordres. A cet effet, vous y préposerez un adjoint aux commissaires des guerres sûr, lequel sera chargé de fournir l'habillement, la solde et tout ce qui est généralement nécessaire à ce corps. Il y aura, en conséquence, pour les trois régiments, la même administration que pour un régiment de ligne français, c'est-à-dire un maître tailleur, un maître cordonnier, et il y aura cependant à chaque régiment un maître armurier qui suivra le régiment en Espagne. Il y aura également un quartier-maître général pour les trois régiments, un simple quartier-maître et un officier payeur pour chaque régiment. Ce quartier-maître général, qui sera polonais, restera à Bordeaux. Toutes les recrues venant de Pologne et tous les hommes restés en arrière rejoindront en droite ligne le dépôt de Bordeaux où devront se trouver tous les matricules des trois régiments. Vous traiterez, du reste, l'administration de ces trois régiments comme celle des troupes françaises, c'est-à-dire que vous passerez au commissaire des guerres qui sera chargé de l'administration de ce corps les mêmes masses que vous passez au conseil d'administration des différents corps relativement au nombre d'hommes. Cet adjoint vous en rendra un compte de clerc à maître, et en soumettra à votre approbation les principales dispositions. Il est donc urgent que ce commissaire des guerres soit rendu à Bordeaux avant les régiments, qu'il fasse là connaissance avec les trois chefs de corps, que vous nommiez le meilleur des trois quartiers-maîtres pour quartier-maître général des corps, et que l'adjoint aux commissaires des guerres que vous choisirez pour l'administration profite du passage de ces corps à Bordeaux, où il est nécessaire de les faire séjourner deux jours, pour dresser les matricules et prendre tous les renseignements nécessaires. Pour l'année 1809 il faut accorder à ces trois régiments 4.000 habits et autant de culottes et de vestes, car c'est beaucoup si on peut tirer parti de ce qui existe pour qu'il puisse compter sur un tiers. Il faut leur faire fournir du drap le plus tôt possible, pour que le quartier-maître général puisse leur envoyer des habits pour le 1er janvier. Il faut également qu'il se charge de faire des souliers sur le compte des linge et chaussure, et d'en envoyer aux régiments pour qu'ils n'en manquent pas en Espagne pour 1808.

Mon intention est que vous fournissiez à chacun de ces régiments, en gratification, 4.000 paires de souliers, ce qui fera 12.000 paires, 3.000 culottes, à raison de 1.000 par régiment, et 1.500 gibernes, à raison de 500 par régiment. Les souliers, les gibernes et même une partie des culottes me paraissent tellement importants qu'il me paraît difficile de faire entrer ces régiments en Espagne, s'ils en manquent. Je désire que vous fassiez partir ces objets par la diligence, de manière que cela soit à Bordeaux avant l'arrivée des régiments, de sorte que quand je verrai ces régiments à Bayonne, j'en sois satisfait. Répondez-moi net là-dessus et faites-moi aussi connaître l'adjoint aux commissaires des guerres qui sera chargé de ces 6.000 hommes.

NAPOLÉON.

2425. — AU MARÉCHAL BERTHIER.

Bayonne, 3 novembre 1808.

Mon Cousin, donnez ordre à une des deux compagnies du 6e régiment d'artillerie, du corps du Portugal, de partir demain pour se rendre à Pampelune ; vous choisirez celle dont le capitaine est présent, vous ordonnerez que cette compagnie soit complétée à 120 hommes par l'autre compagnie. Le cadre de cette dernière partira pour se rendre à La Rochelle, où elle sera complétée par des détachements que le corps attend du Portugal et par les hommes qu'elle pourra tirer du dépôt. La compagnie qui va se rendre à Pampelune servira pour le siège de Saragosse. Envoyez ordre au général Junot de faire partir pour Bordeaux l'état-major de la division Laborde, qui y établira son quartier général, et la 1re brigade de cette division, qui y tiendra garnison. Vous donnerez le commandement de cette 1re brigade au général Foy, qui était colonel d'artillerie, et auquel vous annoncerez sa promotion au grade de général de brigade.

Donnez ordre également que la brigade du général Dufresse se rende à Bayonne. Elle fera toujours partie du 8e corps ; mais, en attendant, elle pourra être utile dans cette place. Mandez au général Junot qu'il aura suffisamment pour ses attelages d'artillerie du 10e bataillon du train qui va être complété ; qu'il fasse partir sur-le-champ les chevaux d'artillerie qui avaient été dirigés de la Grande Armée sur son corps et, s'il a plus d'hommes qu'il n'en faut pour servir les chevaux qui se trouvent à ce bataillon, il enverra autant de compagnies qu'il sera nécessaire pour servir le nombre de chevaux qui lui ont été envoyés, vu que les bataillons du train venant de la Grande Armée ont perdu beaucoup de chevaux et que l'important est qu'il n'y reste pas plus d'hommes que de chevaux. Les hommes qu'il aura gardés lui serviront lorsque le 12e bataillon aura été monté. Recommandez bien à ce général de veiller à ce que les mulets qu'on achète pour le 12e bataillon aient 6 ans. On en a acheté pour l'armée qui n'ont que 4 ans et demi et qui sont déjà ruinés ; c'est jeter l'argent dans l'eau.

NAPOLÉON.

2426. — AU GÉNÉRAL CLARKE.

3 novembre 1808.

Monsieur le général Clarke, donnez ordre que les dragons et le bataillon qui sont en ce moment à Beaupréau en partent lorsqu'ils y seront inutiles et filent : les dragons sur Bayonne et le bataillon sur le corps du Portugal.

Les mulets achetés pour l'artillerie et les transports militaires ont été achetés trop jeunes, ils sont d'un mauvais service vu qu'ils ont été achetés à 4 ans et demi.

NAPOLÉON.

2427. — AU GÉNÉRAL CLARKE.

4 novembre 1808.

Monsieur le général Clarke, passez la revue des dépôts des 3ᵉ, 4ᵉ, 5ᵉ bataillons des 32ᵉ, 58ᵉ, 75ᵉ, 28ᵉ, 2ᵉ, 12ᵉ, 15ᵉ, 4ᵉ d'infanterie légère. Assurez-vous de la situation de chacun de ces corps, de leur habillement et armement, et faites-moi connaître quand les 3ᵉ et 4ᵉ bataillons pourront partir et de quelle force seront les détachements que les 5ᵉˢ bataillons doivent fournir aux bataillons de guerre. Ordonnez que les hommes partent bien habillés, avec de bonnes capotes et déjà un peu dégrossis.

Il nous faudra ici quelques armuriers de plus, pour raccommoder les fusils espagnols. Je vous recommande de ne pas nous laisser manquer de fusils. Déjà, 5.000 conscrits sont arrivés ici ; il y en aura bientôt 20.000 : il faut pourvoir à leur armement. Envoyez un officier d'artillerie au dépôt sur la Garonne, aux environs de Langon, avec un agent des transports, pour faire tout filer.

J'avais ordonné à quatre généraux débarqués à Marseille avec le général Dupont de se rendre à Paris. Donnez-leur ordre de se rendre en poste à Bayonne, pour rejoindre le quartier général de l'armée d'Espagne.

NAPOLÉON.

2428. — DÉCISION.

Bayonne, 4 novembre 1808.

Rapport du ministre de la guerre sur l'organisation du régiment de marche du 3ᵉ corps et du régiment de marche du 4ᵉ corps réunis à Louvain, particulièrement en ce qui concerne ce dernier.	Des changements sont survenus ; il faut laisser ce régiment de marche à Louvain, en ordonnant de le faire bien exercer. Tout ce qui appartient de ce régiment à l'armée du Rhin, aux divisions Saint-Cyr et Legrand, devra attendre le parti définitif qu'on prendra pour ces corps. Il faudra me représenter ce rapport dans un mois.

NAPOLÉON.

2429. — AU GÉNÉRAL DEJEAN.

Bayonne, 4 novembre 1808.

Monsieur Dejean, vous trouverez ci-joint un rapport de l'ordonnateur ; vous y verrez comme je suis indignement servi ! Je n'ai encore que 1.400 habits en magasin, que 7.000 capotes au lieu de 50.000, que 15.000 paires de souliers au lieu de 229.000 ! Je manque de tout, l'habillement va au plus mal. Mon armée, qui va entrer en campagne, est nue et n'a rien reçu ; il n'y a pas même de quoi habiller les conscrits. Vos rapports ne sont que du papier : il faut faire partir des convois en règle, mettre à la tête un officier ou un commis, et alors on est sûr que cela arrive. Vous trouverez ci-joint des lettres du préfet de la Gironde et un rapport de l'inspecteur aux revues Dufresne ; vous y verrez que tout est vols et dilapidations. Encore une fois, mon armée est nue et pourtant elle va entrer en campagne. Je n'en aurai pas moins dépensé beaucoup d'argent, mais ce sera autant de jeté dans l'eau.

NAPOLÉON.

2430. — DÉCISION.

Tolosa, 5 novembre 1808.

Le général Clarke demande quelles sont les intentions de l'Empereur relativement aux 4ᵉˢ bataillons des 28ᵉ, 36ᵉ, 50ᵉ et 75ᵉ de ligne qui se trouvent actuellement au camp de Boulogne et dont les régiments sont employés en Espagne.

Ces quatre bataillons seront complétés par les conscrits de cette année, de manière à être portés au grand complet. Ils resteront pour la défense du camp de Bayonne.

NAPOLÉON.

2431. — AU GÉNÉRAL DEJEAN.

Tolosa, 5 novembre 1808.

Monsieur Dejean, les vivres qui sont à Bayonne ne seront pas consommés. Il ne manque pas de vivres en Espagne, surtout de bestiaux et de vin. Je viens d'ordonner que la réserve de 1.000 bœufs soit contremandée ; elle est inutile ; ce sera une économie de deux millions. Ce qu'il nous faut, ce sont des capotes et des souliers. Je ne manquerais de rien si mes ordres avaient été exécutés. Aucun de mes ordres n'ont été exécutés parce que l'ordonnateur n'est pas sûr et qu'on ne traite qu'avec des fripons. Il faut envoyer à Bayonne un ordonnateur d'une probité à l'ombre du soupçon ; je ne veux point de marché. Vous savez que les marchés ne produisent que des friponneries. J'ai cassé le marché de l'habillement de Bordeaux. Envoyez-y un directeur qui fasse faire les habillements pour mon compte et qui fasse faire les confections, aidé du préfet qui requerra les ouvriers et les locaux. Partez bien du principe qu'on ne fait des marchés que pour voler. Quand on paye on n'a pas besoin de marché. Le système des régies est toujours meilleur. Comment faut-il s'y prendre pour faire cette confection ? Comme on fait dans les régiments. Mettez un commissaire des guerres probe à la tête de cet habillement, donnez-lui trois ou quatre maîtres tailleurs comme employés de l'atelier, et chargez trois officiers supérieurs, de ceux qui se trouvent à Bordeaux, de surveiller les réceptions, de ne recevoir que de bons habits. Il n'y a pas besoin de marchés pour tout cela, en mettant de l'argent à la disposition du commissaire des guerres. Par le décret ci-joint vous verrez qu'il suffit d'avoir un bon adjoint au commissaire des guerres, qui veuille mettre sa réputation à bien faire aller cette confection, deux bons garde-magasin et deux maîtres tailleurs sortis des corps, honnêtes et experts. Avec ces cinq individus cet atelier marchera parfaitement, et je veux avoir des objets aussi bien confectionnés que ceux de la garde. Quant à l'activité, si on veut confectionner 10.000 habits par jour, on les confectionnera, parce qu'il ne sera question que de requérir des ouvriers dans toute la France ; si vous aviez agi de cette manière, tout marcherait parfaitement bien. Mieux vaut tard que jamais et, pour votre règle, je ne veux plus de marché. Quand je ne ferai pas confectionner par les corps, il faudra suivre cette méthode.

NAPOLÉON.

2432. — DÉCISIONS (1).

Vitoria, 7 novembre 1808.

Sire, j'ai l'honneur de rendre compte à Votre Majesté que la 4ᵉ division de dragons, commandée par le général Lahoussaye, composée

Elle en partira le 15, marchant par brigade.

---

(1) Non datées; la date de l'expédition est du 8 novembre 1808.

des 17ᵉ, 27ᵉ, 18ᵉ et 19ᵉ régiments de dragons, ayant reçu l'ordre d'accélérer sa marche, doit arriver à Bayonne du 12 au 13 novembre, d'après l'avis qu'en a donné le ministre de la guerre.

L'escadron de chasseurs du prince de Nassau, fort de 133 hommes et 135 chevaux, est arrivé le 5 novembre à Bayonne.

Il en partira le 12 pour Vitoria.

La compagnie des guides de l'armée doit arriver le 14 novembre à Bayonne.

Elle en partira le 16.

NAPOLÉON.

Je demande les ordres de Votre Majesté pour la marche ultérieure de ces troupes.

Le prince de Neuchâtel,
vice-connétable,
major général de l'Empereur,

ALEXANDRE.

2433. — AU MARÉCHAL BERTHIER (1).

Mon Cousin, le 118ᵉ sera tout entier réuni à Vitoria. A cet effet, le bataillon qui est au corps du maréchal Ney rentrera sur-le-champ à Vitoria. Les 150 hommes qui sont dans la place d'Hernani, ceux qui seraient à Tolosa ou dans les autres places se réuniront également à Vitoria, de même que les détachements qui seraient à Pampelune, Irun, etc., etc. Les garnisons de Irun, Hernani, Tolosa, seront fournies par la garnison de Saint-Sébastien, et les commandants d'armes seront sous les ordres du général Thouvenot, ainsi que les commissaires des guerres, etc. Pour la garnison de Saint-Sébastien, pour celles d'Irun, Fontarabie, Tolosa, et pour maintenir l'ordre dans la province, le général Thouvenot aura le 4ᵉ bataillon du 51ᵉ de ligne, celui du 43ᵉ, celui du 36ᵉ, celui du 55ᵉ, le bataillon d'hommes isolés. Pour la garnison de Vitoria et des différentes places, il y aura le bataillon du régiment de Prusse qui est à Saint-Sébastien, le bataillon du régiment de Westphalie qui fait actuellement le service. Ces places, troupes, magasins seront

---

(1) Sans date. En marge on lit : « Expédié le **8 novembre 1808.** »

sous les ordres du général Lagrange. Lorsque le 118° sera réuni, il en sera passé la revue pour qu'il puisse entrer en ligne.

NAPOLÉON.

2434. — AU MARÉCHAL BERTHIER.

Vitoria, 8 novembre 1808.

Mon Cousin, faites-moi un rapport sur les compagnies de sapeurs et de mineurs qui sont ici et qui arrivent, afin que je puisse faire une distribution entre les différents corps et parcs selon mes projets. Présentez-moi le même travail pour les compagnies d'artillerie. Envoyez au général Junot l'état de situation du 1er bataillon de marche du Portugal, qui est à Pampelune, en lui faisant connaître qu'il doit incorporer ces détachements dans ses régiments lorsqu'il passera la Bidassoa.

NAPOLÉON.

2435. — AU MARÉCHAL BERTHIER.

Vitoria, 8 novembre 1808.

Mon Cousin, préparez-moi un projet de mouvement pour faire rejoindre les détachements de cavalerie qui sont aux régiments provisoires, et les incorporer dans les régiments définitifs. Vous soumettrez cela à mon approbation, car mon intention n'est pas que ce mouvement se fasse sans mon ordre. Présentez-moi la nomination des colonels et majors des nouveaux régiments. Préparez-moi un projet de dissolution de tous les escadrons et régiments de cavalerie et des 4°, 5°, 6° et 7° bataillons de marche. Faites-moi connaître les bataillons qui sont en Espagne et ceux qui y arrivent, et la destination de ceux qui ne sont pas en Espagne. Donnez l'ordre que tous les hommes appartenant aux deux régiments de carabiniers qui sont au dépôt de Pau, ou dans les dépôts de la vallée de Vitoria à Bayonne, ou dans les dépôts de la Navarre, laissent leurs chevaux aux cuirassiers et rentrent à leurs régiments à Lunéville. Réitérez l'ordre que le 119°, qui est au corps du maréchal Moncey, se rende par la route en avant de l'armée au corps du maréchal Bessières.

NAPOLÉON.

2436. — DÉCISION.

8 novembre 1808.

Le maréchal Berthier rend compte à l'Empereur que les 100 chevau-légers du grand-duc de Berg étant allés avec le maréchal duc de Danzig à Bilbao, il a laissé à Munguia 100 hommes de la brigade Beaumont, et que 100 chevaux sont partis pour rejoindre la brigade à Miranda.

Leur donner l'ordre de revenir.

NAPOLÉON.

2437. — DÉCISIONS (1).

On rend compte à Sa Majesté des plaintes portées sur la conduite du maire de la commune de Comines, département du Nord, à l'occasion de la recherche des armes abandonnées par des militaires désertés ou restés malades en route.

Renvoyé au ministre de la police.

On soumet à l'approbation de Sa Majesté un état de répartition d'indemnités en faveur de 56 commissaires des guerres qui ont fait les fonctions de sous-inspecteurs aux revues pendant le 3° trimestre 1808, montant ensemble à la somme de 12.350 francs.

Approuvé.

On soumet à Sa Majesté un projet de décret pour l'organisation du corps impérial des ingénieurs géographes.

Renvoyé au Conseil d'État, section de la Guerre.

2438. — AU MARÉCHAL BERTHIER (2).

Burgos, 10 novembre 1808.

Mon Cousin, donnez le commandement de la citadelle de Burgos à un chef de bataillon que j'ai nommé major et que j'ai vu

---

(1) Sans signature ni date; extraites du « Travail du ministre de la guerre avec l'Empereur, du 9 novembre 1808 ».
(2) Non signé.

aujourd'hui à la revue, qui n'est pas employé, et prenez toutes les mesures pour l'armement et l'approvisionnement de cette citadelle. Qu'il veille à sa propreté et à bien disposer les choses. Il y avait également un chef de bataillon faisant les fonctions de sous-inspecteur aux revues. Donnez-lui le commandement de la place de Briviesca, où il sera fort utile.

2439. — AU MARÉCHAL BERTHIER (1).

Burgos, 11 novembre 1808.

Mon Cousin, donnez ordre que tous les prisonniers qui ont été faits et qui seront découverts soient d'abord dirigés sur le fort de Pancorbo où un officier d'état-major sera chargé de les classer par régiment et de les interroger. On leur donnera là un ou deux jours de repos et on les fera partir, lorsqu'il y en aura 300, sous l'escorte de 50 hommes pour France, en rendant le commandant du fort responsable de la perte d'aucun. Par ce moyen, on saura le nombre des prisonniers, de quel corps ils sont, à quelle armée ils appartiennent, etc.

2440. — AU GÉNÉRAL CLARKE.

Burgos, 11 novembre 1808.

Monsieur le général Clarke, vous verrez, par le Bulletin, que nous avons repris Burgos, pris 30 pièces de canon, 12 drapeaux, fait des prisonniers et détruit toute l'armée d'Estramadure, sans perdre de monde. 30.000 hommes que commandent la Romana et Blake sont cernés et très malmenés.

Il paraît que les Anglais débouchent en Espagne. Veillez sur le corps du duc d'Abrantès et faites-lui fournir tout ce dont il a besoin, mais il faut que tout cela se fasse promptement. Je vous ai mandé de donner l'ordre à la 1re division de ce corps de se réunir à Bordeaux. Cette division, commandée par le général Delaborde, doit être de 8.000 hommes. Elle partira de Bordeaux le 20 pour être rendue le 27 à Bayonne. Elle sera remplacée à Bordeaux par la 2e et la 3e division.

Le 20, le quartier général du 8e corps sera à Bordeaux et le 25 à

---

(1) Publié par Brotonne, avec quelques variantes, d'après la minute conservée aux Archives nationales. — Non signé.

Bayonne. Il faut que les régiments de cavalerie qui étaient destinés pour le corps du duc d'Abrantès soient dirigés sur l'armée d'Espagne ; on fournira de la cavalerie aux corps qui doivent entrer en Portugal.

Faites-moi connaître quelle sera la situation du 8ᵉ corps à la fin de novembre.

NAPOLÉON.

2441. — DÉCISION (1).

Burgos, 11 novembre 1808.

Rapport du ministre de la guerre au sujet de l'organisation et de la marche de divers détachements d'infanterie dirigés sur leurs corps respectifs qui sont à l'armée d'Espagne.

Il faut que tous ces détachements aient leurs souliers et capotes et soient en bon état.

2442. — AU GÉNÉRAL DEJEAN.

Burgos, 12 novembre 1808.

Monsieur le général Dejean, renvoyez la réserve de bœufs, et proposez-moi des mesures pour réduire la dépense à Bayonne. Je n'ai pas besoin de vivres. Je suis dans l'abondance de tout. Il ne me manque que les caissons et les transports militaires, qui sont loin derrière, et des capotes et souliers. L'intendant général Denniée est un homme inepte. Je n'ai jamais vu de pays où l'armée fût mieux et plus abondamment nourrie. Mais des souliers et des capotes, voilà ce qui nous a manqué. Aucune des dispositions que j'avais ordonnées n'a été exécutée.

NAPOLÉON.

2443. — AU MARÉCHAL BERTHIER.

Burgos, 13 novembre 1808.

Mon Cousin, vous avez reçu un ordre pour mettre le séquestre sur les laines ; faites faire le relevé des lieux où elles se trouvent, afin que j'ordonne qu'on en fasse un magasin général. Toutes celles de ces laines qui appartiendraient aux moines, prêtres, évêques, mainmortes ou grands d'Espagne, hormis ceux qui sont restés fidèles au roi, devront être confisquées.

NAPOLÉON.

(1) Non signée.

2444. — ORDRES.

Burgos, 13 novembre 1808.

Il a été demandé 250.000 rations de biscuit en réserve sur Vitoria ; ces 250.000 rations seront dirigées sur Burgos pour y rester en réserve, 250.000 rations seront encore dirigées de Bayonne, dont 150.000 sur Vitoria et 100.000 sur Tolosa.

250.000 rations doivent avoir été dirigées sur Pampelune ; c'est assez. Il reste 250.000 rations à Bayonne ; on n'en doit plus faire.

J'avais demandé à Bayonne une réserve de 1.000 bœufs en réserve ; elle est inutile.

J'avais aussi 1.000.000 de rations d'eau-de-vie en réserve ; on peut en disposer.

Le ministre Dejean me fera un rapport sur cet objet.

Tous les caissons qui passeront à Bayonne chargeront du biscuit. Cependant, les 200 caissons chargés de souliers et d'effets d'équipement continueront avec lesdits effets après avoir été raccommodés ; on fera un marché pour m'expédier de suite toutes les capotes et les souliers existant à Bayonne.

Les souliers étant la chose la plus pressée, expédiez ces ordres à l'intendant de l'armée, au ministre Dejean et au général Drouet.

Napoléon.

Au major général.

Donnez l'ordre que l'évacuation que j'avais ordonnée sur Saint-Sébastien et Tolosa cesse, puisque la bataille de Burgos n'a donné aucun blessé.

Faites-moi connaître l'état nécessaire pour faire faire des hôpitaux pour 3.000 hommes à Burgos ; qu'on prenne dans les couvents toutes les fournitures nécessaires.

Enfin, il faut prendre des mesures pour faire 30.000 rations de pain par jour. Il faut faire ici comme en Allemagne, donner deux fours à la garde, le blé ou la farine nécessaire pour faire ses 12.000 rations par jour. Ecrivez au général Milhaud et au général La Salle qu'ils fassent faire du pain dans les lieux où ils se trouvent et le dirigent sur Burgos ; faire venir également des vivres de Castrogériz ; il faut qu'on rassemble à Burgos le plus tôt possible 100.000 rations de biscuit, attendu que les corps des maréchaux Victor et Lefebvre vont descendre affamés des montagnes.

Napoléon.

2445. — DÉCISION (1).

13 novembre 1808.

M. Vauthier de Baillamont, chef de bataillon au 112ᵉ régiment d'infanterie, qui offre la démission de son emploi, est en permission à Namur, département de Sambre-et-Meuse.

Accepté.

2446. — DÉCISION (2).

Burgos, 13 novembre 1808.

On propose à l'Empereur d'approuver l'acquisition de 65 mulets destinés au 6ᵉ bataillon du train des équipages militaires qui est affecté au 5ᵉ corps.

A quoi sert de dépenser de l'argent, si l'on achète des mulets qui n'ont que 4 ans et qui ont la gourme, qui ne font aucun service, si les harnais ne sont pas appropriés et les blessent ? Je suis mal servi.

NAPOLÉON.

2447. — AU MARÉCHAL BERTHIER.

Burgos, 13 novembre 1808.

Mon Cousin, mettez à l'ordre de l'armée que tous les chevaux ou bidets de poste que des officiers auraient pris soient renvoyés aux postes. Faites mettre des gendarmes aux portes de Miranda et de Briviesca. Nommez des commandants d'armes dans ces deux places, qui seront sous les ordres du commandant de la Vieille Castille.

NAPOLÉON.

2448. — AU MARÉCHAL BERTHIER.

Burgos, 13 novembre 1808.

Mon Cousin, envoyez l'ordre à Bilbao que le 1ᵉʳ régiment de hussards hollandais et le 5ᵉ régiment de dragons soient dirigés sur

---

(1) Non signée; extraite du « Travail du ministre de la guerre avec l'Empereur, du 2 novembre 1808.
(2) Extraite du « Travail du ministre directeur de l'administration de la guerre avec S. M. l'Empereur et Roi, daté du 2 novembre 1808 ».

Vitoria. Faites-moi connaître le jour où ces deux régiments arriveront à Vitoria. Dans la province de Bilbao commande aujourd'hui un général hollandais. Proposez-moi un général français pour commander là.

NAPOLÉON.

2449. — DÉCISION.

13 novembre 1808.

Le maréchal Berthier propose à l'Empereur d'envoyer à Bayonne, pour s'y compléter, le cadre du 4ᵉ bataillon du 47ᵉ qui est à Burgos. On pourrait charger en même temps ce cadre de l'escorte des prisonniers de guerre.

Accordé.

NAPOLÉON.

2450. — DÉCISION.

Burgos, 13 novembre 1808.

Rapport du général Clarke sur la marche d'un détachement d'infanterie et de cavalerie qui est destiné à aller renforcer à Saint-Denis le dépôt de la brigade hollandaise.

Aussitôt qu'il sera formé, le mettre en marche pour Bayonne.

NAPOLÉON.

2451. — AU MARÉCHAL BERTHIER.

Burgos, 14 novembre 1808.

Mon Cousin, donnez l'ordre aux 10ᵉ, 11ᵉ et 12ᵉ compagnies de marche arrivées le 13 à Tolosa de continuer leur route sur Burgos. Le cadre du 4ᵉ bataillon du 47ᵉ de ligne et le cadre du 5ᵉ bataillon du 119ᵉ se rendront à Bayonne pour recevoir des conscrits : ils seront chargés d'escorter les prisonniers de guerre. Je trouve sur l'état de la place de Burgos qu'on a fait partir 300 prisonniers de guerre espagnols escortés par 40 canonniers ; que veut dire cela ?

NAPOLÉON.

2452. — AU MARÉCHAL BERTHIER.

Burgos, 14 novembre 1808.

Mon Cousin, donnez ordre aux huit compagnies de marche qui sont à Vitoria de se rendre à Burgos où elles resteront jusqu'à nouvel ordre. Donnez ordre au bataillon de réserve, qui était à Vitoria et qui a été arrêté à Miranda, de continuer sur Burgos où il tiendra garnison dans la citadelle.

NAPOLÉON.

2453. — AU GÉNÉRAL CLARKE.

Burgos, 14 novembre 1808.

Monsieur le général Clarke, les dispositions que j'ai prescrites pour le 8° corps, qui doit former l'armée de Portugal, ne sont pas encore exécutées.

Le bataillon du 15° de ligne a 800 hommes présents, c'est plus qu'il n'en faut pour son complet.

Mon intention est que les 200 hommes du régiment provisoire de Rennes continuent leur route pour être incorporés dans les trois premiers bataillons.

J'ai trouvé ici quinze compagnies du 47°; je les ai organisées en trois bataillons. Le major général vous en envoie le procès-verbal. Deux bataillons ont été formés à six compagnies et l'autre à quatre. J'ai envoyé le cadre de ce dernier à Bayonne, pour prendre des conscrits. Si vous avez des grenadiers et des voltigeurs qui ne soient pas employés dans l'organisation, envoyez-les à ce bataillon.

Faites former le bataillon qui est au 8° corps à six compagnies. Il serait possible que ce bataillon eût plus que son complet. Dans ce cas, envoyez les deux compagnies supplémentaires aux bataillons qui sont en Espagne.

Indépendamment de cet ordre, mon intention est que le bataillon du 15° de ligne quitte le 8° corps pour passer au 2° corps, c'est-à-dire pour rejoindre son régiment. Donnez-lui l'ordre de quitter Bayonne et de se rendre à Burgos aussitôt après sa formation. Le 8° corps recevra en place le bataillon du 70°, de sorte que ce régiment aura ses quatre bataillons au même corps.

Les bataillons des 2° et 4° légères ont besoin d'être renforcés; envoyez-leur des détachements de Paris.

Ceux des 12° et 15° légères sont assez forts, d'autant plus que ce dernier a 300 hommes au bataillon de marche qui est à Pampelune.

Faites envoyer de Paris 200 hommes aux 32° et 58°, qui sont au 8° corps, afin de les compléter.

Faites réduire les deux bataillons de la légion du Midi en un seul bataillon.

Donnez ordre que le 26° de ligne, le 66° et le 82° fournissent chacun 200 hommes au 8° corps, en y comprenant les hommes qui sont au bataillon de marche qui est à Pampelune et ce qui est sous les ordres du général Dufresse.

J'ai en France beaucoup de compagnies de pionniers réfractaires ; faites-en partir six compagnies pour l'armée d'Espagne, si toutefois il n'y a pas d'inconvénients majeurs.

Enfin, le 8° corps doit être formé en trois divisions. Que le 1er décembre, la 1re passe la Bidassoa. Ce corps sera fort de 21.000 hommes, indépendamment de 1.000 hommes d'artillerie et de la cavalerie que je lui donnerai, selon les circonstances.

NAPOLÉON.

2454. — AU GÉNÉRAL CLARKE.

Burgos, 14 novembre 1808.

Monsieur le général Clarke, faites retirer de l'île d'Yeu les vieux soldats qui s'y trouvent et faites-les remplacer par des conscrits de cette année des mêmes régiments.

NAPOLÉON.

2455. — AU GÉNÉRAL CLARKE.

Burgos, 14 novembre 1808.

Monsieur le général Clarke, deux régiments d'infanterie du grand-duché de Berg et un escadron de chasseurs de 250 hommes doivent entrer en France. Faites-les venir à Paris, passez-en la revue et dirigez-les sur Bayonne.

La compagnie de hussards du duché de Berg qui est à Maëstricht doit être montée ; faites-la venir à Versailles et faites m'en un rapport.

NAPOLÉON.

2456. — AU GÉNÉRAL CLARKE.

Burgos, 14 novembre 1808.

Monsieur le général Clarke, donnez des ordres pour que la division Boudet se dirige à petites marches sur Lyon, où elle recevra de nouveaux ordres.

Vous pouvez écrire au prince de Ponte-Corvo qu'il est inutile qu'il occupe les forteresses du roi de Danemark et qu'il doit les lui rendre.

NAPOLÉON.

2457. — ORDRE (1).

Burgos, 14 novembre 1808.

1° Des fours seront établis au château de Burgos ;

2° Il sera organisé et arrangé trois magasins : un d'artillerie, un de vivres et un d'habillement et autres effets.

Il y aura des gardes-magasins. Le magasin de vivres doit être vaste. Il faut que tout cela soit fait dans la journée ;

3° Un adjoint aux commissaires des guerres et un officier d'état-major seront envoyés à Frias pour saisir tous les draps qui s'y trouvent, propres à faire des capotes, également à Santo-Domingo et à la Calzada. Ces draps seront transportés pour confectionner 1.000 capotes à Vitoria et le surplus à Burgos. On établira deux ateliers pour les confectionner. Le directeur des ateliers sera un adjoint aux commissaires des guerres qui aura sous ses ordres un garde-magasin et trois maîtres-tailleurs. L'intendant général donnera un prix pour la confection.

2458. — DÉCISION.

Burgos, 14 novembre 1808.

Le général Dejean adresse au maréchal Berthier des détails sur les troupes, administrations et services arrivés à Miranda, et il demande quelles directions les uns et les autres devront suivre.

Donnez l'ordre que tout cela se dirige sur Burgos.

NAPOLÉON.

---

(1) Non signé, a été expédié le 14.

2459. — AU GÉNÉRAL CLARKE.

Burgos, 14 novembre 1808.

Monsieur le général Clarke, donnez ordre au général Marmont de renvoyer à l'armée d'Italie les deux bataillons de ma garde italienne qui sont sous ses ordres. Vous lui prescrirez le jour où il doit les mettre en marche.

NAPOLÉON.

2460. — DÉCISION.

Burgos, 15 novembre 1808.

Le maréchal Berthier demande si l'adjudant commandant Perrard, qui est resté à Murguia, près Vitoria, avec des détachements des 118ᵉ de ligne, 2ᵉ et 4ᵉ hussards, doit être rappelé au quartier général et si les détachements sous ses ordres doivent rentrer à leurs corps.	Faire venir cette colonne à Burgos. NAPOLÉON.

2461. — DÉCISION (1).

Le maréchal Soult prie le maréchal Berthier d'autoriser le payeur de son corps d'armée à lui remettre les fonds dont il aura besoin, l'absence de ses équipages le laissant momentanément dans l'embarras.	Lui donner 30.000 francs. NAPOLÉON.

2462. — DÉCISIONS (2)

On soumet à Sa Majesté un projet de décret relatif à la fixation du prix de la poudre de guerre livrée pour le service des arsenaux.	Renvoyer au Conseil d'État.

On présente à Sa Majesté un projet de décret qui a pour but :

---

(1) Non datée; la lettre du maréchal Soult est du 12 novembre 1808. En marge de cette lettre se lit l'annotation suivante : « Le 16 novembre, donné l'ordre au payeur de payer des acomptes sur la quittance de M. le maréchal Soult. »

(2) Sans signature ni date; extraites du « Travail du ministre de la guerre avec l'Empereur, du 16 novembre 1808 ».

1° D'appliquer des biens nationaux situés dans les ci-devant États de Parme et de Plaisance à l'échange déjà autorisé des terrains particuliers qui sont destinés à la formation du champ de manœuvres à Alexandrie ;

2° De réserver pour la valeur de 1.500.000 francs desdits biens, afin de pouvoir indemniser aussi par voie d'échange les autres propriétaires dont les travaux qui restent à exécuter à Alexandrie pourront exiger la dépossession.

Communiquer au ministre des finances.

On soumet à Sa Majesté un projet de décret relatif aux mesures à prendre contre des déserteurs qui n'ont pas voulu désigner les corps auxquels ils ont appartenu.

Renvoyer au Conseil d'État.

2463. — DÉCISION.

Burgos, 16 novembre 1808.

Le maréchal Berthier rend compte de la marche de divers régiments et détachements d'infanterie et de cavalerie sur Tolosa et Vitoria.

Diriger tout cela sur Burgos.

NAPOLÉON.

2464. — DÉCISION (1).

Le maréchal Berthier rend compte que le 4° bataillon du 86° d'infanterie de ligne est arrivé à Vitoria et que la 4° division de dragons doit y arriver du 19 au 20 novembre.

Faire filer sur Burgos.

Idem.

---

(1) Non signée, mais de la main de l'Empereur; non datée; le rapport du maréchal Berthier et l'expédition de la décision sont tous deux du 16 novembre 1808.

2465. — AU MARÉCHAL BERTHIER.

17 novembre 1808.

Mon Cousin, les détachements de 30 hommes du 8ᵉ de ligne et de 63 hommes du 54ᵉ qui sont à la citadelle de Burgos rejoindront leurs régiments, lorsque le corps du maréchal Victor arrivera à Burgos, et ne rejoindront pas le 117ᵉ. Les détachements de 15 hommes du 3ᵉ de ligne, de 27 hommes du 21ᵉ, de 40 hommes du 33ᵉ, de 25 hommes du 85ᵉ, rejoindront le 118ᵉ lorsque ce régiment arrivera à Burgos. Le détachement de 17 hommes du 28ᵉ de ligne rejoindra ce régiment, lorsque le corps du maréchal Lefebvre sera dans une position fixe, et non le 120ᵉ. Les détachements de 36 hommes du 24ᵉ, de 28 hommes du 63ᵉ, rejoindront le corps du maréchal Lefebvre à son passage, ainsi que le détachement de 38 hommes du 95ᵉ. Les 45 hommes du 111ᵉ seront incorporés dans le 95ᵉ. Les 21 hommes du 21ᵉ légère et les 18 hommes du 28ᵉ attendront le passage du 5ᵉ corps à Burgos. Les 14 hommes du 24ᵉ et les 20 hommes du 26ᵉ légère seront incorporés dans le 12ᵉ légère et partiront demain pour Aranda, où ils joindront la division Dessolle. Les 64 hommes du 27ᵉ légère attendront le passage de ce régiment, lorsque le corps du maréchal Victor passera à Burgos.

NAPOLÉON.

2466. — AU GÉNÉRAL CLARKE (1).

Burgos, 17 novembre 1808.

Monsieur le général Clarke, je suppose que vous êtes en règle à Toulon et que ce que j'ai jadis demandé, en effets d'artillerie, s'y trouve.

2467. — AU GÉNÉRAL CLARKE.

Burgos, 17 novembre 1808.

Monsieur le général Clarke, la division Molitor, la division Boudet et deux régiments de cavalerie se dirigent sur Lyon ; faites-moi connaître le jour où elles y arriveront ; cela doit me former un gros corps.

Mandez-moi un compte général des bataillons de chasseurs de la montagne ; combien y en a-t-il et où sont-ils ?

NAPOLÉON.

---

(1) Extrait d'un ordre de l'Empereur, non signé.

2468. — DÉCISION (1).

Le maréchal Berthier rend compte d'un rapport du général Thouvenot, relatif au bataillon des hommes isolés de Saint-Sébastien, et il propose de diriger les hommes de ce bataillon sur les corps d'armée auxquels ils appartiennent. Il propose, en outre, de changer l'ancienne formation du bataillon en question et de le composer d'autant de compagnies que de corps d'armée, de manière que les hommes d'un même corps d'armée soient réunis dans une même compagnie.

Approuvé.

NAPOLÉON.

2469. — AU GÉNÉRAL DEJEAN.

Burgos, 17 novembre 1808.

Monsieur le général Dejean, il serait possible que les divisions Molitor et Boudet qui arrivent à Lyon fussent dirigées sur Toulon. Cette disposition n'est pas sûre ; cependant, je désire savoir si vous êtes en mesure de réunir des vivres pour les nourrir là.

NAPOLÉON.

2470. — DÉCISION.

18 novembre 1808.

Le maréchal Berthier propose de faire réunir à leurs régiments respectifs, à Burgos, huit compagnies de marche composées de détachements appartenant au 1er corps d'armée et qui vont incessamment arriver dans cette ville.

Oui (2).

---

(1) Non datée; le rapport du maréchal Berthier est du 16 et la décision a été expédiée le 17 novembre 1808.
(2) De la main de l'Empereur.

2471. — DÉCISION.

Le (1) novembre 1808.

Le général Clarke rend compte à l'Empereur qu'il a cru devoir transférer de Bischwiller à Toulouse le dépôt du 5ᵉ bataillon *bis* du train d'artillerie, afin que ce dépôt se trouvât plus à portée du bataillon qui fait partie de l'armée d'Espagne.

Approuvé.

NAPOLÉON.

2472. — DÉCISION.

Bayonne, 19 novembre 1808.

Le général Clarke rend compte qu'aussitôt l'arrivée à Bayreuth des bataillons d'hommes isolés appartenant aux 1ᵉʳ, 5ᵉ et 6ᵉ corps d'armée qui se trouvaient réunis à Berlin et à Glogau, le général Oudinot choisira les hommes propres au service des grenadiers et des voltigeurs et les incorporera dans les compagnies des mêmes régiments employés sous ses ordres. Quant aux hommes qui ne conviendront pas à ce service et à ceux appartenant à des régiments qui n'ont point fourni de compagnies à la division de réserve, le général Oudinot les fera diriger de suite sur Mayence.

J'approuve ces dispositions, il faut que le général Oudinot fasse connaître ce qu'il garde et ce qu'il renvoie.

NAPOLÉON.

2473. — DÉCISION.

Burgos, 19 novembre 1808.

Le général Clarke rend compte qu'il a donné l'ordre à un détachement de 140 hommes d'infanterie

Il doit être resté six compagnies. On en fera partir quatre en les complétant chacune à 150

---

(1) Sans date de jour; le rapport du ministre est du 6, l'expédition de la décision du 19.

hollandaise, tiré du dépôt de Saint-Denis, de partir pour se rendre à Bayonne. Il rappelle à l'Empereur qu'un détachement de 600 hommes d'infanterie hollandaise et 80 hussards à pied se rendront à Saint-Denis, venant de Hollande, et il demande les ordres de Sa Majesté relativement à la marche ultérieure de ces hommes pour rejoindre leurs corps à l'armée d'Espagne.

hommes ; on en gardera deux et on demandera pour ces deux 300 hommes de renfort en Hollande.

NAPOLÉON.

2474. — DÉCISION.

Burgos, 19 novembre 1808.

Le général Clarke rend compte à l'Empereur de l'effectif des 3es escadrons des 16e et 21e dragons, arrivés le 7 novembre à Versailles, et renforcés à l'aide de détachements venus de Potsdam.

Faire partir ces 3es escadrons sans retard pour Bayonne.

NAPOLÉON.

2475. — DÉCISION.

Burgos, 19 novembre 1808.

Le général Clarke soumet à l'approbation de l'Empereur l'ordre qu'il a donné de tirer du dépôt du 5e régiment d'artillerie à cheval, stationné à Besançon, un détachement de 40 hommes pour renforcer la 5e compagnie de ce régiment qui est attachée à la 5e division de dragons en route pour Bayonne.

Approuvé.

NAPOLÉON.

2476. — AU MARÉCHAL BERTHIER.

Burgos, 19 novembre 1808.

Mon Cousin, le général de brigade Darnaud prendra le commandement du 118e régiment, du bataillon de la légion qui est à Burgos, et, en général, de toutes les troupes qui sont à Burgos. Il aura soin de veiller à leur instruction, d'y maintenir un bon service et de se tenir toujours prêt à défendre le fort, maintenir la police dans la ville et les environs, et de se porter partout où il serait nécessaire. Il prendra également l'inspection de tous les dépôts que les corps auraient laissés à Burgos, ainsi que des compagnies isolées et de marche qui arriveraient dans cette ville. Il sera sous les ordres du général Darmaignac, commandant la province.

NAPOLÉON.

2477. — AU GÉNÉRAL CLARKE.
Burgos, 19 novembre 1808.

Monsieur le général Clarke, je vois dans vos rapports du 13 que 150 hommes des 4°, 7° et 9° régiments polonais sont partis de Sédan pour Bayonne. Il est nécessaire qu'ils s'arrêtent à Bordeaux et qu'ils ne partent de là que pourvus de tout.

Le 3° bataillon du 5° légère, qui est parti de Cherbourg, n'en devait pas partir, puisqu'il n'était pas à 840 hommes. Que voulez-vous que je fasse de 500 hommes qui, à leur arrivée, seront réduits à 400 ? De combien de compagnies est composé ce bataillon ? Il faut qu'il soit complété à 840 hommes, des conscrits qu'il recevra à Bayonne.

Le 1er régiment de hussards et le 27° de chasseurs ont reçu l'ordre, d'après le relevé des mouvements que vous m'envoyez, de se rendre à Angoulême et à Niort. Mon intention est que ces régiments continuent leur route sur Burgos.

Donnez l'ordre que les détachements des 12°, 16° et 21° de dragons qui avaient, je crois, reçu l'ordre de se rendre à Beaupréau pour y calmer les troubles, continuent leur route sur Bayonne.

NAPOLÉON.

2478. — AU GÉNÉRAL CLARKE.
Burgos, 19 novembre 1808.

Monsieur le général Clarke, aussitôt que les trois bataillons du 58°, du 75° et du 28° de ligne seront complétés à 140 hommes et 30 en sus pour compléter les autres bataillons, ce qui fera 170 hommes ou 1.020 par bataillon, et pour ces trois bataillons 3.060 hommes, vous en passerez la revue. Vous vous assurerez qu'ils ont leurs fusils, baïonnettes, gibernes, habillement, capotes, deux paires de souliers dans le sac, une aux pieds, et que les soldats ont déjà quelques leçons. Ce qui leur manquera, vous le leur ferez donner ; vous en ferez passer une seconde revue quelques jours après et, lorsqu'on vous aura assuré qu'ils sont en état, vous en passerez encore une revue et vous les ferez partir ensemble pour Bayonne sous les ordres d'un adjudant commandant, d'un général de brigade ou d'un major, à petite marche.

Je crois vous avoir déjà mandé que je désirais que les 2e, 4e, 12, 32e et 15e envoyassent des détachements pour compléter les bataillons qu'ils ont au corps du Portugal ; vous demanderez un rapport qui vous fera connaître ce que chaque régiment doit envoyer pour compléter son bataillon à ce corps d'armée ; vous ferez réunir ces détachements, et, lorsqu'ils auront leurs capotes, souliers, habits, fusils, etc., vous les ferez partir en bon ordre.

Lorsque la 4e légion, qui est à Versailles, aura 140 hommes présents sous les armes, vous les dirigerez sur Bayonne.

Je suis surpris que le 32e, qui a 1.000 hommes présents, soit porté, dans l'état qui m'est remis par le général Hulin, comme n'ayant que 34 hommes disponibles ; que le 2e, qui a 975 hommes présents, n'ait que 24 hommes disponibles ; même observation pour le 4e et le 12e ; pourquoi cela ? Faites-moi faire un état de ces bataillons et dépôts qui me fasse connaître pourquoi, sur 9.000 hommes existant à Paris au 12 novembre, au moment de la revue du général Hulin, il n'y en a que 2.600 disponibles.

NAPOLÉON.

2479. — DÉCISION.

Burgos, 19 novembre 1808.

Le général Clarke demande des ordres au sujet de la destination ultérieure de la division Boudet, du corps d'armée du prince de Ponte-Corvo, qui doit arriver à Francfort-sur-le-Main du 12 au 14 novembre.

J'ai déjà donné des ordres là-dessus, on doit les diriger à petites journées.

NAPOLÉON.

2480. — ORDRE.

En notre camp impérial de Burgos, 19 novembre 1808.

1° Les 15.000 balles de laine qui ont été saisies à Burgos seront transportées par les soins du commissaire français et d'un commissaire espagnol à Bayonne et déposées dans cette dernière ville dans un magasin qui sera désigné par l'ordonnateur, sous la garde des deux commissaires français et espagnol ;

2° La vente en sera faite aux enchères publiques au 1er janvier prochain ;

3° Les fonds provenant de cette vente seront versés dans la caisse d'un payeur de Bayonne pour rester au dépôt à la disposition, et selon les conventions qui seront faites entre les gouvernements ;

4° Le major général, l'intendant général de notre armée et le ministre des finances d'Espagne sont chargés de s'entendre pour l'exécution du présent ordre.

NAPOLÉON.

2481. — ORDRE.

En notre camp impérial de Burgos, 20 novembre 1808.

1° Le séquestre sera mis à Santander : 1° sur tous les dépôts de laines ; 2° sur toutes les marchandises de fabrique anglaise ; 3° sur toutes les marchandises et denrées coloniales débarquées depuis l'insurrection, comme provenant d'Angleterre ;

2° La même mesure aura lieu dans tous les ports occupés par les insurgés et sur toute la côte, où arriverait l'armée d'Espagne ;

3° Notre major général et l'intendant général de notre armée sont chargés de l'exécution du présent ordre.

NAPOLÉON.

2482. — DÉCISION.

Burgos, 20 novembre 1808.

Le général de brigade Colbert réclame un détachement du 3e hussards, qui se trouve dans le corps d'armée du maréchal Moncey, ce régiment faisant partie de sa brigade.

Accordé.

NAPOLÉON.

2483. — AU MARÉCHAL BERTHIER (1).

Burgos, 21 novembre 1808.

Mon Cousin, donnez ordre à la 10° et à la 11° compagnie de marche du 4° corps, que commande le maréchal duc de Danzig, ainsi qu'à tout ce qu'il y aurait encore ici de bagages et de fourgons dudit corps, de partir d'ici demain matin, avec l'artillerie hollandaise et ce qu'il y a de l'artillerie du 4° corps, pour se rendre, sous les ordres du général prince d'Isembourg à Carrion (2), en passant par Castrogeriz ; ils trouveront à Carrion le corps du maréchal duc de Danzig, qui s'y rend de Reinosa. Le général Dumas passera la revue de cette artillerie, de ces détachements et de tout ce qui part de ce corps, demain avant leur départ. Faites partir également les grenadiers et voltigeurs du 15° de ligne pour se rendre à Reinosa où ils rejoindront leur régiment. Profitez de cette circonstance pour faire partir tout ce qui appartient au maréchal duc de Dalmatie, soit bagages, soit autres objets. Réitérez l'ordre au général Darmaignac pour que tout ce qui arrive à Burgos y reste jusqu'à nouvel ordre, surtout les compagnies de marche ; ce général doit voir toutes les troupes qui arrivent au plus tard le lendemain de leur arrivée, principalement les compagnies de marche. Faites-moi connaître le numéro de celles de ces compagnies qui sont arrivées ici et de quels corps elles étaient composées.

2484. — AU MARÉCHAL BERTHIER (3).

Burgos, 21 novembre 1808.

Il sera établi à la Chartreuse un petit dépôt de cavalerie.

Vous nommerez un officier supérieur de cavalerie pour le commander ; vous le ferez connaître au maréchal Bessières, afin qu'il le fasse connaître à toute la cavalerie.

Les chevaux écloppés entre Aranda et Burgos, ou appartenant à la division du général Milhaud, ou à la brigade Franceschi, qui battent la plaine de Valladolid, se réuniront à ce dépôt.

Nommez un officier ferme qui vous rende compte tous les jours. Je suis surpris de ne voir aucun état du dépôt de Vitoria.

---

(1) Non signé, expédié le 21.
(2) Carrion de los Condes.
(3) Non signé; en marge, on lit : « Expédiée le 21 novembre. »

2485. — AU MARÉCHAL BERTHIER (1).

Burgos, 21 novembre 1808.

Les 13°, 14°, 15° et 6° compagnies de marche arrivent à Burgos demain ; m'envoyer l'état de situation de ces quatre compagnies.

Le bataillon de la 4° légion de réserve devrait être arrivé à Burgos, pourquoi ne l'est-il pas ?

Je vois que le 4° bataillon du 86° arrive aujourd'hui à Burgos ; j'en passerai la revue demain sur la route de Valladolid, à 8 h. 30 du matin, ainsi que de la compagnie du 15°, que j'ai vue aujourd'hui, et cette colonne se mettra immédiatement en marche pour rejoindre le 4° corps.

Le détachement du 10° de chasseurs qui arrive aujourd'hui à Burgos s'y reposera demain. On en passera la revue pour savoir s'il est en bon état, et l'on m'en rendra compte. Mon intention est qu'il reste pour le service de la place le 118°, l'escadron de chasseurs de Nassau et le 5° bataillon de la 4° légion de réserve.

Ces troupes formeront une brigade sous les ordres du général Darmaignac, mais plus spécialement sous le commandement du général de brigade Darnaud.

La division de dragons Lahoussaye sera placée : la 1re brigade à la Chartreuse, la 2° à Burgos ; à son arrivée, on en passera la revue et on lui donnera un jour de séjour.

Faites-moi connaître si vous avez des renseignements sur le régiment de hussards hollandais et sur le 5° de dragons.

2486. — AU MARÉCHAL BERTHIER (2).

Burgos, 21 novembre 1808.

Mon Cousin, donnez l'ordre suivant à l'intendant général : il faut faire charger sur-le-champ 30.000 rations de pain, s'il est possible, et l'envoyer à la division Lapisse et à la division Ruffin, qui sont à deux lieues d'ici, sur le chemin de Valladolid, afin que ces deux corps puissent se mettre en marche d'aussi bonne heure que possible. Donnez ordre au général d'artillerie d'envoyer à la division Lapisse et à la division Ruffin, qui sont à 2 lieues d'ici, sur le chemin de Valladolid au village de Tardajos et à celui de Villabañez

---

(1) Non signé; en marge, on lit : « Expédiée le 21 novembre. »
(2) Non signé, expédié le 21, à 5 heures du soir.

250.000 cartouches, afin qu'ils complètent leurs 50. Le général Sénarmont peut envoyer de suite ses caissons qui pourront revenir dans la nuit se recharger à la citadelle de Burgos et partiront demain avec le parc.

2487. — DÉCISION.
Burgos, 21 novembre 1808.

Le général de division Heudelet rend compte au ministre de la guerre que le départ du bataillon colonial et des compagnies du 4ᵉ bataillon de la 3ᵉ légion de réserve laissent Belle-Ile sans défense, et il sollicite les moyens de remédier à cette situation.

Y envoyer un bataillon suisse qui est dans la 13ᵉ division militaire.

NAPOLÉON.

2488. — AU GÉNÉRAL CLARKE.
Burgos, 22 novembre 1808.

Monsieur le général Clarke, vous avez eu tort d'ôter la garnison qui était à Belle-Ile ; 400 hommes de plus ou de moins ne sont rien en Espagne, et 400 ou 500 hommes sont très importants dans ce point-là. Je vous avais recommandé de ne pas retirer les vieilles troupes de Belle-Ile, qu'elles n'aient été remplacées par les nouvelles levées. Je vous ai donné le même ordre pour l'île d'Yeu ; le bataillon suisse qui est dans la 13ᵉ division militaire y suppléera.

Il ne faut pas faire venir les dépôts qui sont dans la 13ᵉ division militaire ; il faut les y laisser.

Ne faites partir de Paris que des conscrits ayant leurs habits, leurs souliers et leurs capotes, sans quoi tous ces malheureux conscrits ne serviront qu'à garnir les hôpitaux.

Je vous ai déjà mandé comment je désirais que les détachements du 75ᵉ, du 58ᵉ et du 28ᵉ partissent de Paris.

Il faut également que les détachements des 32ᵉ, 2ᵉ, 4ᵉ, 12ᵉ et 15ᵉ légère ne partent qu'après avoir passé deux fois votre revue, munis de capotes, de souliers et en bon état ; dix jours de plus ou de moins ne peuvent pas être d'une grande importance.

Je vous ai mandé hier que le 2ᵉ bataillon du 47ᵉ devait être formé avec six compagnies des neuf du bataillon qui est à l'armée du Portugal, que le 4ᵉ bataillon serait formé des trois compagnies que j'ai renvoyées de **Burgos** à Bayonne. Ces deux bataillons peuvent être complétés, puisqu'il y a au bataillon du 47ᵉ, qui est à l'armée de Portugal, 1.600 hommes. S'il manquait une centaine d'hommes, le dépôt de Boulogne y suffirait. Moyennant cela, il y aura à la 1ʳᵉ division de l'armée du Portugal, deux bataillons du 47ᵉ, deux du 86ᵉ, trois du 70ᵉ, un bataillon du 15ᵉ et un bataillon suisse, ce qui ferait neuf bataillons.

Dans tous les corps, la plus grande partie des officiers réformés que vous avez envoyés sont bien mauvais.

NAPOLÉON.

2489. — DÉCISIONS (1).

On propose à Sa Majesté de décréter que le général Lacroix cessera ses fonctions. Circonstances qui motivent cette proposition.	Renvoyé au Conseil d'Etat, section de la Guerre.
On propose à Sa Majesté d'accorder une pension alimentaire de 1.200 francs au sieur Michel-Simon Hébert, ex-employé de la guerre, sur les fonds de retenue des employés de ce département.	Renvoyé au Conseil d'Etat.

2490. — DÉCISIONS (2).

Burgos, 23 novembre 1808.

On rend compte à Sa Majesté des ordres donnés pour faire expédier, de Bayonne, aux 114ᵉ et 115ᵉ régiments provisoires, des effets d'habillement et d'équipement, qui leur seront précomptés sur la masse de 1809.	Il faut en accorder aussi aux 116ᵉ, 117ᵉ, 118ᵉ, 119ᵉ et 120ᵉ. NAPOLÉON.
On prie Sa Majesté de vouloir bien faire connaître si l'approvi-	Non. NAPOLÉON.

---

(1) Non signées; extraites du « Travail du ministre de la guerre avec l'Empereur, du 23 novembre 1808 ».
(2) Extraites du « Travail du ministre directeur de l'administration de la guerre avec S. M. l'Empereur et Roi, daté du 9 novembre 1808 ».

sionnement de 2.000 rations de biscuit, formé dans chacune des places de Bardi, Campiano et Montechiarugolo, en exécution de ses ordres du 3 juillet 1806, doit y être maintenu.

On rend compte des mesures prises par le préfet de la Loire-Inférieure pour le transport en poste des 4ᵉ et 14ᵉ régiments de ligne, 15ᵉ d'infanterie légère, et on sollicite le remboursement des frais qui en sont résultés.

Accordé.

NAPOLÉON.

2491. — DÉCISIONS (1).

Burgos, 23 novembre 1808.

Proposition d'employer deux compagnies de pontonniers à la navigation du Rhin, pour évacuer sur Strasbourg et Cologne les effets d'artillerie existant à Mayence, et qu'il n'est plus possible de renfermer dans les magasins déjà encombrés.

Approuvé.

Quelques changements proposés dans l'armement du golfe de la Spezia, en conséquence de l'ordre donné à ce sujet par Sa Majesté.

Approuvé.

On prie Sa Majesté de vouloir bien faire connaître si la partie du bataillon principal du train de la garde, qui a été comprise dans la capitulation du général Dupont, continuera de compter dans le bataillon principal, ainsi que le demande le général Lariboisière, ou si elle aura le même sort que le bataillon *bis*.

Il suivra le sort du bataillon *bis*.

---

(1) Non signées; extraites du « Travail du ministre de la guerre avec l'Empereur, du 9 novembre 1808 ».

On propose à Sa Majesté d'approuver l'autorisation donnée au général Miollis, de conserver près de lui le chef de bataillon Bernard, qui est chargé en ce moment, comme aide de camp de cet officier général, de plusieurs parties de service du plus grand intérêt.	Accordé pour 3 mois.
On propose à Sa Majesté de faire rentrer dans le corps des commissaires des guerres MM. Mathieu Faviers, Arcambal et Aubernon, inspecteurs aux revues, faisant fonctions d'ordonnateurs en chef, et de les faire remplacer dans le corps des inspecteurs.	Accordé.
Le général réformé Cordellier a épousé une veuve qui avait un fils du premier lit. À la mort de cette veuve, ce général a reconnu qu'il avait aliéné les biens qui étaient la propriété du fils de sa femme. Il refuse aujourd'hui de tenir les engagements qu'il a contractés envers cet orphelin et se met à l'abri des poursuites en s'étayant de l'avis du Conseil d'Etat, qui déclare le traitement de réforme insaisissable. Le ministre de la guerre pense que les dispositions de cet avis ne peuvent s'appliquer à la circonstance. Il demande les ordres de l'Empereur.	La loi.
On soumet à l'approbation de Sa Majesté la demande que forme un capitaine à la suite du bataillon irlandais, de passer dans les troupes du royaume de Westphalie, son pays natal. S. M. le roi de Westphalie a autorisé cette demande.	Accordé.

On propose à Sa Majesté d'accorder au général Charbonnier, commandant d'armes de la place de Maëstricht, un congé de six semaines pour se rendre à Paris, où des affaires majeures l'appellent.

Accordé.

2492. — AU MARÉCHAL BERTHIER (1)

23 novembre 1808.

Réitérez l'ordre au général Darmaignac de faire partir une bonne compagnie du 118ᵉ pour Lerma et une autre pour Gumiel.

Cette dernière laissera 1 officier et 15 hommes dans la tour de Buitrago.

Donnez ordre également qu'un officier du génie voie cette tour et la mette en état de défense ; on y mettra 2 pièces de canon et des vivres pour 15 ou 20 hommes pendant quinze jours.

L'officier sera chargé du commandement de cette tour et aura soin que la moitié de son monde soit toujours dedans.

2493. — AU MARÉCHAL BERTHIER.

Aranda, 25 novembre 1808.

Mon Cousin, donnez ordre que les 80 hommes des 28ᵉ, 32ᵉ régiments et 5ᵉ de dragons, qui sont à Mondragon, se rendent à Burgos. Il faut répondre à la lettre du général Pille, du 18 novembre, que les 7ᵉ et 42ᵉ régiments sont en Catalogne et que si des conscrits, destinés à ces deux régiments, ont été dirigés sur Bayonne, ce ne peut être que par erreur ; qu'ils auraient dû être envoyés à Perpignan ; mais que, comme il n'est pas dans mon intention de faire rétrograder ces conscrits sur Perpignan, il doit les donner à d'autres corps qui aient leur petit dépôt à Bayonne et tenir M. Lacuée informé de cette décision ; que quant au 119ᵉ, son 5ᵉ bataillon doit être maintenant arrivé à Bayonne ; enfin, que quant aux bataillons des chasseurs des montagnes, il doit prendre toutes les mesures nécessaires pour leur habillement et les mettre promptement

---

(1) Non signé, expédié le 23.

en état de servir. Vous lui commanderez de n'envoyer en Espagne aucun conscrit des petits dépôts sans mon ordre ; ils doivent rester là, s'instruire et ne partir de Bayonne que quand je l'aurai ordonné. J'ai vu avec peine qu'on eût fait partir du 51ᵉ deux compagnies qui n'étaient fortes, ensemble, que de 200 hommes ; il fallait alors ne former et n'envoyer qu'une compagnie.

NAPOLÉON.

2494. — AU GÉNÉRAL CLARKE.
Aranda, 25 novembre 1808.

Monsieur le général Clarke, je reçois votre lettre du 18. Je considère toute la cavalerie qui est à Niort, et ci-devant appartenant au 8ᵉ corps, comme un grand dépôt ; je désire que vous m'envoyiez tous les cinq jours l'état de ce qu'il y a de disponible et, à mesure qu'il y aura 500 hommes prêts à marcher, que vous les fassiez partir, vu que ces régiments ont des escadrons et des détachements en Espagne. Quand le premier convoi ne partirait que le 10 ou le 15 décembre, cela serait suffisant. Il ne faut pas considérer cette cavalerie comme appartenant au 8ᵉ corps, et ne point la porter sur les états de ce corps. Il arrivera lorsque nous serons à Madrid et sur nos derrières, et, quand je le lancerai, je lui donnerai, selon les circonstances, la cavalerie nécessaire. Ainsi, toutes fois qu'il sera question du 8ᵉ corps, il ne faut plus y comprendre les corps de cavalerie qui sont à Niort, Saumur, etc. L'artillerie et le train joindront lorsqu'ils pourront le faire et qu'ils seront en bon état. Pour du matériel nous n'en manquons pas ; c'est du train et des chevaux qu'il nous faut.

NAPOLÉON.

2495. — AU GÉNÉRAL CLARKE.
Aranda, 25 novembre 1808.

Monsieur le général Clarke, donnez ordre que toute la gendarmerie qui est à Leipzig, ainsi que tous les officiers, sous-officiers et soldats de cette arme, qui sont en Allemagne, rentrent en France, hormis ce qui est dans les villes hanséatiques et une compagnie de 60 hommes qui restera attachée au duc d'Auerstædt. Tout le reste doit rentrer.

NAPOLÉON.

2496. — AU GÉNÉRAL CLARKE.

Aranda, 25 novembre 1808.

Monsieur le général Clarke, je crois vous avoir déjà fait connaître que les 14°, 23°, 3° et 19° régiments de chasseurs doivent suivre la destination des divisions Molitor et Boudet. Vous devez avoir reçu l'ordre de les réunir à Lyon. Faites-moi connaître quel jour ces troupes doivent arriver, afin que je vous fasse connaître d'avance mes intentions.

Je vois que la division Carra-Saint-Cyr arrive à Würzburg et que le dernier régiment y sera le 2 décembre. Vous pouvez l'y laisser jusqu'au 10, et, comme elle n'arrivera pas à Mayence avant le 20, j'aurai le temps de vous envoyer des ordres sur sa destination ultérieure.

Il ne faut point que ces troupes se rencontrent et elles ne doivent arriver à Francfort que lorsque les divisions Boudet et Molitor seront passées.

La division Legrand arrive du 10 au 12 à Würzburg. Elle pourra y rester jusqu'au 20. Elle sera à Mayence le 1er janvier.

Il faut ôter des régiments de marche qui sont à Louvain et ailleurs ce qui appartient à ces six régiments qui rentrent en France.

NAPOLÉON.

2497. — DÉCISION (1).

25 novembre 1808.

On prie Sa Majesté de faire connaître ses intentions sur la proposition, qui paraît convenable aux intérêts du gouvernement, d'acquérir, moyennant une rente viagère de 2.024 francs ou 24.000 francs une fois payés, une maison affectée au service de l'école de Metz et dont le propriétaire, âgé de 68 ans, reçoit un loyer annuel de 1.000 fr.	Approuvé moyennant une rente viagère.

---

(1) Non signée; extraite du « Travail du ministre de la guerre avec l'Empereur, du 16 novembre 1808 ».

2498. — DÉCISION.

Aranda, 25 novembre 1808.

Le général Clarke rend compte des mesures qui ont été prises pour arrêter la désertion qui règne dans le dépôt du 25ᵉ d'infanterie légère, et il propose de transférer ce dépôt de Mondovi à Alexandrie.

De quels pays sont ces déserteurs ? Laisser le dépôt à Mondovi, mais faire partir sur-le-champ tous les hommes disponibles pour rejoindre le 4ᵉ bataillon en Italie.

NAPOLÉON.

2499. — DÉCISION.

Aranda de Duero, 25 novembre 1808.

Le général Clarke rend compte que le 14ᵉ chasseurs est parti pour Francfort et que le 23ᵉ partira prochainement pour la même destination. Il demande, en outre, quelle sera la destination ultérieure de ces deux régiments.

La même que celle de la division Boudet.

NAPOLÉON.

2500. — DÉCISION.

Aranda, 25 novembre 1808.

Le roi de Naples demande l'autorisation d'acheter en France 600 chevaux pour remonter sa cavalerie.

Accordé.

NAPOLÉON.

2501. — DÉCISION.

Aranda, 25 novembre 1808.

Le général Clarke fait connaître à l'Empereur une lettre par laquelle le roi de Naples demande que l'armée française dans le royaume soit mise, par raison d'économie, sur le pied de paix.

Non, l'armée ne peut être mise sur le pied de paix, puisqu'elle fait continuellement la guerre contre les Anglais.

NAPOLÉON.

2502. — DÉCISIONS (1).
Au camp impérial d'Aranda de Duero, 26 novembre 1808.

On soumet à Sa Majesté le 12ᵉ compte hebdomadaire des effets expédiés de Paris pour l'armée d'Espagne. Le 11ᵉ lui a été envoyé extraordinairement le 12 novembre.

Il ne faut pas m'envoyer ces états, puisque j'ai reconnu que c'étaient des contes et que je n'ai rien reçu. Je ne suis pas content des bureaux du ministre. Ce n'est pas des états qu'il me faut, mais des capotes.

NAPOLÉON.

Rapport au sujet de la répartition de 200 mulets entre les 4ᵉ, 6ᵉ et 7ᵉ bataillons du train des équipages militaires.

Oui. Mais quel âge avaient ces mulets ? On en a acheté de 3 et 4 ans qui n'ont pas pu arriver à Bayonne. Cela est en de mauvaises mains.

NAPOLÉON.

Propositions en vue de faire délivrer aux bataillons de guerre restant en Allemagne les souliers qui existent dans les magasins de la Grande Armée, au lieu d'expédier ceux-ci sur Bayonne.

Approuvé.

NAPOLÉON.

2503. — DÉCISIONS (2).
Aranda de Duero, 26 novembre 1808.

On prie Sa Majesté de faire connaître ses ordres sur la destination d'un soldat du 76ᵉ régiment accusé d'avoir tué un paysan saxon et à qui Sa Majesté a bien voulu faire grâce, à la sollicitation de S. M. le roi de Saxe, ainsi que l'a annoncé M. le duc de Valmy.

Il doit d'abord être jugé.

On prie Sa Majesté de vouloir bien approuver le congé qui vient

Approuvé.

---

(1) Extraites du « Travail du ministre directeur de l'administration de la guerre avec S. M. l'Empereur et Roi, daté du 16 novembre 1808 ».
(2) Non signées; extraites du « Travail du ministre de la guerre avec l'Empereur, du 16 novembre 1808 ».

d'être accordé au général de brigade Levasseur.

On met sous les yeux de Sa Majesté une demande de prolongation de congé faite par le général de brigade Offenstein.

Approuvé.

On soumet à Sa Majesté le projet de décret de destitution du sieur Claville, sous-lieutenant au 29° régiment de ligne, qui, sciemment, s'est marié sans autorisation, le 29 du mois d'août dernier, dans la commune de Bobio, département de Gênes, où il était en recrutement.

Le mettre aux arrêts pour 15 jours.

On soumet à l'approbation de Sa Majesté la démission du sous-lieutenant Resteigne, du 27° régiment de chasseurs, ci-devant chevau-légers belges.

Approuvé.

2504. — DÉCISION.

Aranda de Duero, 26 novembre 1808.

Le général Lariboisière, commandant en chef l'artillerie de l'armée d'Espagne, propose à l'Empereur différentes mesures relatives à l'organisation de l'artillerie de cette armée et notamment lui soumet le tableau des officiers supérieurs et capitaines adjoints qui manquent pour compléter l'organisation des différents corps.

Approuvé. Renvoyé au ministre de la guerre pour donner les ordres conformément aux demandes.

NAPOLÉON.

2505. — AU MARÉCHAL BERTHIER (1).

Aranda, 26 novembre 1808.

Mon Cousin, écrivez au duc de Dalmatie de donner au lougre qui a été pris le nom de Santander et d'en donner le commandement à un officier des marins de ma garde et à 40 des marins qui se rendent à Santander. Il faut qu'il profite des corsaires de Saint-Jean-

(1) Non signé, expédié le 26.

de-Luz et autres bâtiments de la côte de France pour faire transporter sur Saint-Jean-de-Luz et Bayonne les objets qui se trouvent dans la place de Santander et qui doivent être évacués. Ecrivez au duc de Dalmatie qu'il peut entreprendre une négociation avec les principaux habitants des Asturies pour tâcher de les soumettre. Recommandez-lui de faire faire des réjouissances pour la victoire de Tudela. Faites exécuter l'ordre que je viens de vous envoyer relatif au kina ; nos hôpitaux en manquent en France, il faut le prendre où il se trouve, même chez les particuliers, et l'emmagasiner à Bayonne. Faites, du reste, connaître au duc de Dalmatie qu'il reste dans la position où il se trouve, en continuant à reconnaître le pays, et tâchant d'établir des négociations avec les principaux habitants et magistrats des cantons des Asturies. Ecrivez-lui que j'attends de nouveaux détails sur la bataille de Tudela et sur la première entreprise contre Saragosse. Prescrivez-lui aussi de faire faire à Santander du biscuit, des cartouches, de lever quelques brigades de mulets, de faire faire des capotes et de prendre les draps partout où il en trouvera, que, dans ce temps et dans ce pays de montagnes, les capotes sont indispensables aux troupes ; et de faire mettre le séquestre sur toutes les marchandises anglaises et coloniales.

2506. — AU GÉNÉRAL CLARKE.

Aranda, 26 novembre 1808.

Monsieur le général Clarke, vous trouverez ci-joint une lettre que reçoit le major général. Il me semble qu'il en résulte que la garnison de Barcelone a des vivres jusqu'au mois de janvier.

Napoléon.

2507. — DÉCISION.

Aranda de Duero, 26 novembre 1808.

Rapport favorable du ministre de la justice sur une demande du ministre de la guerre, tendant à obtenir que le sieur Huard, capitaine de recrutement au 29ᵉ régiment de ligne, condamné à une année d'emprisonnement et à	Accordé. Napoléon.

l'amende pour avoir reçu un présent légalement présumé lui avoir été fait à raison de ses fonctions, soit autorisé à subir sa peine dans une place de guerre et à servir ensuite dans un bataillon colonial ou dans les pionniers.

2508. — AU MARÉCHAL BERTHIER (1).

27 novembre 1808.

Mon Cousin, donnez l'ordre qu'on vous envoie l'état de situation du magasin d'habillement de Burgos, et qu'on envoie ici 3.000 paires de souliers. Je vois, dans l'état de la place de Burgos au 25, qu'il est arrivé un détachement de 123 hommes du 75°. Donnez l'ordre au général Mathieu-Dumas de réunir tous les hommes appartenant au corps du duc de Danzig, entre autres ce détachement, et, aussitôt qu'il aura réuni 300 hommes, qu'il les dirige sur Palencia, d'où ils rejoindront le corps de ce maréchal. Je vois qu'il est arrivé un détachement du 2° de hussards ; faites-le diriger sur Aranda. Je vois qu'il est arrivé un détachement du 27° appartenant au 1er corps ; dirigez-le sur Aranda, comme tout ce qui appartiendrait à ce corps ; sur Reinosa ce qui appartiendrait au maréchal Soult ; sur Aranda ce qui appartiendrait au maréchal Ney. Réitérez l'ordre de faire mettre le séquestre sur les laines existant à Santander, Bilbao et à 20 ou 30 lieues de Burgos, et de les faire filer sur Bayonne. Mon intention est que le commissaire des guerres et l'auditeur Duval de Beaulieu soient chargés de tenir les registres et de surveiller les opérations.

2509. — AU MARÉCHAL BERTHIER (2).

Aranda, 27 novembre 1808.

Mon Cousin, demandez au général Laborde si, dans l'état de situation de sa division qui est composée de 6.000 hommes, se trouvent compris les 1.000 hommes du bataillon provisoire de Rennes, formés de deux compagnies du 15° de ligne, de deux compagnies du 47°, de deux du 70° et de deux du 86°. Je vois que le colonel La-

---

(1) Non signé, expédié le 27.
(2) Non signé.

croix, du 86°, n'est pas arrivé. Il faut écrire en Bretagne pour faire joindre le major. Vous donnerez l'ordre que cette division marche sur Saint-Sébastien où elle sera toute réunie ; elle logera chez les habitants, s'il n'y a pas suffisamment de casernes, et là elle achèvera de se former. Il faut que le général Laborde écrive aux dépôts des 15°, 86°, 47° et 70° pour qu'ils envoient des souliers. Ainsi, je pense que le 3 décembre toute la division Laborde sera à Saint-Sébastien, sans qu'elle fasse de service autre que le service de sûreté de la place. A Bayonne, il faut qu'on donne à cette division 6.000 capotes et 12.000 paires de souliers, sauf à en tenir compte par les régiments. On laissera cependant cette division séjourner deux jours à Bayonne. Recommandez au général Laborde d'envoyer l'état de sa division par régiment, par bataillon et par compagnie, pour bien connaître la situation des corps et la force à l'effectif et au présent des compagnies.

2510. — AU MARÉCHAL BERTHIER.

Aranda, 27 novembre 1808.

Donnez l'ordre à l'ordonnateur de faire partir 20.000 rations de pain aujourd'hui pour se rendre à Grajera, route de Madrid. Elles seront mises là en magasin et les caissons reviendront tout de suite après à Aranda.

NAPOLÉON.

2511. — AU MARÉCHAL BERTHIER.

Aranda, 27 novembre 1808.

Il faut faire partir l'ambulance de la division Lapisse, sur la route de Madrid, pour la rejoindre demain.

Si les 215 hommes qui appartiennent au 1er corps sont de la division Lapisse, il faut également les faire partir.

Accordez les 100.000 francs que demande le général Lariboisière.

J'avais ordonné que les détachements de cavalerie de la Bidassoa à l'Ebre se réunissent à Vitoria. Cependant, je trouve à Villafranca un dépôt de cavalerie, le 15 novembre. Où est ce Villafranca?

NAPOLÉON.

2512. — AU GÉNÉRAL CLARKE.

Aranda, 27 novembre 1808.

Monsieur le général Clarke, les dépôts de cavalerie de l'armée d'Espagne se composent d'abord :

1° Du dépôt de Niort, de celui de Saint-Jean-d'Angély et de ceux environnants ;

2° Du dépôt de Pau, où il y a déjà 3.000 hommes et chevaux ;

3° Du dépôt de Vitoria, où il y a déjà un millier d'hommes et de chevaux ;

4° Du dépôt de la Chartreuse de Burgos ;

5° Du dépôt de Pampelune.

Le général Laroche doit commander un de ces dépôts ; le général Trelliard doit en commander un autre ; le général Margaron commande celui de Niort : mais les cinq dépôts et celui qui sera formé à Madrid doivent être sous les ordres du général Bourcier, commandant général des dépôts de cavalerie de l'armée d'Espagne. Il faut qu'il parte sur-le-champ de Paris, qu'il passe la revue des dépôts de Niort et de Saint-Jean-d'Angély, qu'il réforme et vous rende compte pour que vous puissiez prendre toutes les dispositions convenables, et qu'il fasse partir pour l'Espagne ce qui serait en état de faire la guerre.

De là, il se rendra au dépôt de Pau et y fera la même opération, ensuite à Vitoria et à Burgos et puis après à Madrid, rendant compte au ministre de l'administration de la guerre, à vous et au major général, mais surtout réformant ce qui en est susceptible et ne faisant partir que ce qui est absolument en état.

Je désire aussi que vous me fassiez un rapport sur l'artillerie et les attelages du 8° corps.

NAPOLÉON.

2513. — AU GÉNÉRAL DEJEAN.

Aranda, 27 novembre 1808.

Monsieur Dejean, j'ai déjà 12.000 conscrits arrivés à Bayonne ; mais ils sont tout nus, de manière que je ne peux pas m'en servir. Prenez donc, enfin, des moyens pour me donner ces hommes et pour réussir à m'en habiller 20.000. Beaucoup de choses me portent à penser que je paye deux fois les souliers. Vous les payez en partant de Paris, et, à Bayonne ou en route, on les vend aux corps qui les payent.

NAPOLÉON.

2514. — DÉCISION.

Aranda, 27 novembre 1808.

L'aide-major général Auguste Belliard demande au maréchal Berthier des ordres au sujet de la destination à assigner à un détachement du 2ᵉ hussards, qui vient d'arriver à Aranda, venant de Bayonne.

Il suivra le maréchal Bessières.

Napoléon.

2515. — AU MARÉCHAL BERTHIER.

Aranda, 27 novembre 1808.

Mon Cousin, le général Trelliard joindra au commandement du dépôt de Vitoria le commandement de la province et le général Frère rejoindra le quartier général. Le général de brigade Soult ira à Santander prendre le commandement de la province.

Napoléon.

2516. — DÉCISION.

Aranda, 28 novembre 1808.

Rapport du général Clarke sur une demande du colonel commandant le 6ᵉ régiment de cuirassiers tendant à ce qu'un détachement de 50 hommes à pied, qui se trouve excéder le nombre des chevaux au dépôt du corps, soit envoyé à l'armée du Rhin pour y rejoindre ses escadrons de guerre, où il y a plus de chevaux que d'hommes.

Approuvé.

Napoléon.

2517. — DÉCISION.

Aranda, 28 novembre 1808.

Le général Clarke rend compte qu'il a prescrit au général commandant la 12ᵉ division militaire de faire relever les vieux soldats du 26ᵉ régiment d'infanterie de ligne, qui sont

Approuvé et veillez à l'exécution de cette mesure.

Napoléon.

à l'île d'Yeu, par des conscrits suffisamment instruits pour faire le service de cette île.

2518. — AU GÉNÉRAL CLARKE.

Aranda, 29 novembre 1808.

Monsieur le général Clarke, je reçois votre lettre du 22. Je suis fâché que vous n'ayez pas vu vous-même les troupes. En les faisant venir à midi précis dans votre cour ou dans la cour des Invalides, vous ne perdriez pas de temps et cela est d'un bon effet.

Je vois que le 3ᵉ bataillon du 28ᵉ de ligne ne peut m'offrir que 855 hommes, cela est bien suffisant pour ce bataillon ; mais, comme je voudrais qu'il pût partir avec 200 hommes de plus pour incorporer dans les deux premiers bataillons, faites-moi connaître quand il sera à 1.000 ou 1.100 hommes. Et si, au 10 décembre, il n'est pas à ce nombre, vous pourriez y incorporer 200 hommes pris parmi les conscrits de la garde. Je suppose qu'à cette époque vous vous serez assuré qu'ils ont leurs capotes. Je compte que le 3ᵉ bataillon du 28ᵉ, fort de 1.100 hommes, bien habillés et bien armés, partira le 10 décembre de Paris pour se rendre à Bayonne.

Le 3ᵉ bataillon du 75ᵉ sera également porté à 1.100 hommes. Il lui sera donné, si cela est nécessaire, 150 conscrits de la garde.

Le 3ᵉ bataillon du 58ᵉ n'a que 800 hommes, mais son dépôt doit pouvoir lui fournir ce qui manque pour être à 1.100 hommes. Ainsi, ces trois bataillons, forts d'un présent sous les armes de 2.300 hommes, ayant leurs capotes et leurs souliers, partiront de Paris pour Bayonne le 10 décembre. Vous en passerez la revue pour vous assurer qu'il ne leur manque rien ; vous retarderiez leur départ s'il leur manquait quelque chose.

Vous ferez partir le même jour, et par une autre route, un détachement du 33ᵉ, commandé par 1 capitaine, 1 lieutenant, 2 sous-lieutenants, 2 sergents et 4 caporaux, et composé de 400 hommes.

Vous ferez partir également un détachement du 2ᵉ légère, composé de 400 hommes, un pareil détachement du 4ᵉ légère, composé de 400 hommes, et un pareil détachement du 12ᵉ légère, composé de 400 hommes, ce qui fait quatre détachements de 400 hommes ou 1.600 hommes.

Ces 1.600 hommes seront commandés par un major ou un adjudant-commandant, ou un général de brigade, ou un officier supérieur quelconque qui rejoindrait l'armée. Vous aurez soin qu'ils soient bien armés, bien habillés et qu'ils aient des capotes et des souliers. Chaque détachement portera le nom de compagnie, mais sera divisé en quatre escouades, à la tête desquelles il y aura 1 officier ou 1 sergent.

Comme j'ai besoin de faire venir ici, pour recruter la garde, 80 grenadiers, vous pourrez ordonner que ces 80 grenadiers soient répartis à raison de 16 par compagnie et de 4 par escouade ; ils feront les fonctions de sergent. Ces détachements arriveront avec ordre à l'armée. Arrivés à Madrid, les grenadiers rejoindront leurs corps, les officiers et sous-officiers retourneront à Paris et les soldats seront incorporés dans les bataillons de guerre.

Voilà donc une colonne de près de 4.000 hommes qui partira pour recruter l'armée. Assurez-vous, avant de la laisser partir, qu'elle ne manque pas d'officiers, faites la même chose pour les 4ᵉˢ bataillons. Que les cadres soient remplis (1).

2519. — AU MARÉCHAL BERTHIER.

Chamartin, 5 décembre 1808.

Mon Cousin, je crois avoir donné l'ordre aux bataillons du 43ᵉ, du 85ᵉ et aux troupes hollandaises de se rendre à Bilbao, et aux troupes qui étaient à Bilbao de rejoindre le duc de Danzig. Donnez ordre que les Polonais qui étaient employés à la correspondance de Burgos à Somo-Sierra rejoignent leurs corps. Ecrivez à Burgos et à Aranda que tous les hommes appartenant au corps du maréchal Ney, au 4ᵉ corps et au 1ᵉʳ, soient dirigés sur Madrid.

NAPOLÉON.

2520. — AU MARÉCHAL BERTHIER.

Chamartin, 5 décembre 1808.

Mon Cousin, donnez ordre à l'intendant de ne plus envoyer de vivres de Burgos sur l'armée. Tout le biscuit, jusqu'à concurrence de 250.000 rations, sera mis dans le château de Burgos, 150.000 rations seront emmagasinées à Aranda ; si on en a de plus, on en

---

(1) A la suite, on lit : « L'Empereur partant à l'instant, pour ne plus revenir, m'autorise à envoyer cette lettre non signée. (Signé) : Meneval. »

mettra à Pancorbo, à Vitoria. Il faut avoir un approvisionnement de 5.000 à 6.000 quintaux de farine à Burgos, un de plusieurs milliers de quintaux à Aranda; l'intendant doit envoyer tous les caissons qui sont à Burgos en les chargeant de souliers et d'effets d'habillement, et, s'il n'y a pas de souliers, il doit les envoyer vides. Donnez des ordres pour que, désormais, les caissons qui viendront de Bayonne soient chargés de souliers et d'effets d'habillement. Ecrivez à l'intendant général que le 8° corps n'a besoin ni de caissons d'équipages militaires, ni de caissons d'ambulance. On lui en donnera lorsqu'il aura joint le quartier général. Les 1.500 capotes qui sont à Mondragon, celles de Burgos et de Pancorbo, et tout ce qui se trouve d'habillement à Burgos, doit être dirigé sur les magasins d'habillement de Madrid.

NAPOLÉON.

2521. — ORDRE (1).

De notre camp impérial de Madrid, 5 décembre 1808.

Il sera établi à Buitrago deux fours et un magasin de 2.000 quintaux de farine et de 100.000 rations de biscuit.

Il sera établi à Madrid, dans la Chine (2), un magasin de 200.000 rations de biscuit et de 10.000 quintaux de farine avec deux fours.

Il sera établi dans l'enceinte des retranchements de la redoute, qui est faite à Somo-Sierra, un magasin de 30.000 rations de biscuit.

2522. — ORDRE.

Madrid, 5 décembre 1808.

1° Les vingt et un régiments de l'armée du Rhin seront complétés à quatre bataillons. A cet effet, les compagnies de grenadiers et voltigeurs des 4es bataillons des 30° et 33° de ligne, du 10° d'infanterie légère, des 105°, 22°, 57° 65°, 72°, 3°, 12°, 61°, 85° et 111° de ligne, qui font partie du corps que commande le général Oudinot, partiront au 10 janvier prochain de leurs cantonnements actuels pour rejoindre les bataillons de guerre de leurs régiments respec-

---

(1) Non signé.
(2) Ouvrage étoilé en forme de réduit, compris dans l'enceinte de la forteresse du Retiro. *La Chine* ou *la Porcelaine* désigne aussi le bâtiment qui se trouve à l'intérieur de cet ouvrage.

tifs, *hormis les régiments qui ont ordre déjà, qui rentrent en France.*

Les 4es bataillons des 48e de ligne, 13e légère, 108e, 72e et 65e et autres joindront également leurs corps à l'armée du Rhin aussitôt qu'ils seront complétés à 840 hommes *et commenceront le 1er mars.*

Les compagnies de grenadiers et voltigeurs des 4es bataillons qui rejoindront leurs régiments formeront le fond des 4es bataillons.

2° Le corps du général Oudinot sera composé de trente-six bataillons des régiments ci-après, savoir : des 4e, 6e, 9e, 16e, 25e, 27e, 17e, 21e, 24e, 26e et 28e d'infanterie légère ; des 8e, 95e, 96e, 4e, 18e, 40e, 64e, 88e, 27e, 39e, 45e, 50e, 69e, 76e, 24e, 54e, 63e et 94e de ligne, et des 46e, 28e 50e, 75e, 100e et 103e de ligne.

Les bataillons des tirailleurs corses et des tirailleurs du Pô y seront joints, ce qui en portera le nombre à 36.

Chaque bataillon sera réuni, enfin, à six compagnies et à 840 hommes.

Tous les hommes sortant des hôpitaux et appartenant aux régiments de marche formés en France resteront à la suite des compagnies de grenadiers et voltigeurs du corps d'Oudinot, et, lorsque les quatre compagnies de fusiliers seront arrivées, elles seront incorporées dans ces compagnies.

3° Aussitôt que deux compagnies de ces 4es bataillons seront complétées au dépôt à 140 hommes chacune, le ministre de la guerre nous en rendra compte, pour que nous donnions l'ordre de les faire rejoindre avec les chefs des bataillons et adjudants-majors.

Au 10 janvier, le ministre de la guerre nous fera connaître ceux de ces 4es bataillons qui peuvent fournir deux compagnies de 140 hommes. Les deux autres compagnies auront joint avant le 20 février, de manière qu'à cette époque chaque régiment de l'armée du Rhin ait ses quatre bataillons de six compagnies chacun et d'un effectif de 3.360 hommes, et que le corps présentera trente-six bataillons ou 30.000 hommes.

4° Ce corps sera partagé en trois divisions de douze bataillons chacune.

Les bataillons seront embrigadés sous le nom de demi-brigades d'infanterie, dont quatre d'infanterie légère et huit d'infanterie de ligne, commandées par les majors.

La 1re demi-brigade provisoire d'infanterie légère sera composée des 4es bataillons des 6e, 24e et 25e.

Le 2ᵉ des 4ᵉˢ bataillons des 17ᵉ, 21ᵉ et 28ᵉ.
La 3ᵉ des 4ᵉˢ bataillons des 9ᵉ, 16ᵉ et 27ᵉ.
La 4ᵉ du 4ᵉ bataillon du 26ᵉ et des bataillons des tirailleurs corses et des tirailleurs du Pô.
La 1ʳᵉ demi-brigade d'infanterie de ligne sera composée des 4ᵉˢ bataillons des 8ᵉ, 24ᵉ et 45ᵉ.
La 2ᵉ des bataillons des 94ᵉ, 95ᵉ et 96ᵉ.
La 3ᵉ des bataillons des 54ᵉ, 63ᵉ et 28ᵉ.
La 4ᵉ des bataillons des 4ᵉ, 18ᵉ et 46ᵉ.
La 5ᵉ des bataillons des 27ᵉ, 39ᵉ et 50ᵉ.
La 6ᵉ des bataillons des 59ᵉ, 69ᵉ et 76ᵉ.
La 7ᵉ des bataillons des 40ᵉ, 75ᵉ et 88ᵉ.
La 8ᵉ des bataillons des 64ᵉ, 100ᵉ et 103ᵉ.
La 1ʳᵉ division sera composée de la 1ʳᵉ demi-brigade d'infanterie légère et des 1ʳᵉ, 2ᵉ et 3ᵉ d'infanterie de ligne.
La 2ᵉ division sera composée de la 2ᵉ demi-brigade d'infanterie légère et des 4ᵉ, 5ᵉ et 6ᵉ d'infanterie de ligne.
La 3ᵉ division sera composée des 3ᵉ, 4ᵉ demi-brigades d'infanterie légère et des 7ᵉ et 8ᵉ d'infanterie de ligne.

5° Aucun mouvement ne se fait par le ministre de la guerre, qu'il ne m'en ait présenté le projet et qu'il n'ait eu mon approbation.

NAPOLÉON.

2523. — AU MARÉCHAL BERTHIER.

Chamartin, 7 décembre 1808.

Mon Cousin, réitérez l'ordre à Aranda que tout ce qui est destiné pour le corps du duc de Danzig, c'est-à-dire pour le 4ᵉ corps, se dirige sur Madrid et non sur Tudela-de-Duero. Je ne sais pas pourquoi le commandant de Bilbao n'envoie pas d'état de situation ; témoignez-lui en mon mécontentement. Donnez l'ordre au général Thouvenot, à Saint-Sébastien, de faire partir tous les hommes isolés, en ayant soin qu'ils ne partent que bien habillés, bien armés et bien portants : ceux des 1ᵉʳ, 4ᵉ et 6ᵉ corps sur Madrid, ceux du 2ᵉ corps sur Burgos et ceux du 3ᵉ corps sur Pampelune.

NAPOLÉON.

2524. — DÉCISION.

Madrid, 7 décembre 1808.

Le maréchal Berthier rend compte que le général Laroche, commandant le dépôt général de cavalerie à Pau, demande l'autorisation de vendre 58 chevaux de ce dépôt tout à fait inutilisables pour le service militaire.

Donnez l'autorisation aux généraux Trelliard, Laroche et Bourcier, de faire vendre les chevaux de dépôts quand ils le jugeront convenable pour mon service.

NAPOLÉON.

2525. — ORDRE.

En notre camp impérial de Madrid, 7 décembre 1808.

1° Tous les Français établis dans les différents quartiers de Madrid, à dater de demain, quitteront la ville et prendront leur logement au Retiro.

2° Il sera nommé un adjudant commandant pour commander le Retiro, un commissaire des guerres et un officier du génie pour distribuer les logements.

3° Le général commandant Madrid, l'intendant général, l'ordonnateur en chef, le payeur et tous les individus attachés à l'administration seront logés au Retiro.

4° Il y aura au Retiro autant de dépôts que de corps d'armée, et les hommes voyageant isolément ou sortant des hôpitaux seront envoyés auxdits dépôts.

5° Tous les chevaux écloppés, soit de cavalerie, soit du train et des transports militaires seront partagés dans les écuries du Retiro.

NAPOLÉON.

2526. — ORDRE.

En notre camp impérial de Madrid, 7 décembre 1808.

Le général Lariboisière fera porter à l'Escurial 1.200 fusils provenant du désarmement, s'il n'y en a déjà dans cette ville, pour armer le régiment royal étranger qui s'organise à l'Escurial.

Les gardes du roi seront logés dans la caserne des gardes du corps à Madrid.

NAPOLÉON.

2527. — ORDRE.

Madrid, 7 décembre 1808.

1° L'Empereur ordonne que les scellés soient levés dans la journée ou au plus tard demain à midi sur les caisses, magasins et établissements quelconques.

2° Les scellés seront levés par un commissaire espagnol que nommera le ministre des finances ou le ministre de la guerre du roi d'Espagne et par un de nos commissaires, et procès-verbal sera dressé par eux de tout ce qui se trouvera sous lesdits scellés.

NAPOLÉON.

2528. — ORDRE.

Chamartin, 7 décembre 1808.

ARTICLE 1er. — Les ducs de l'Infantado, Hijar, Castelfranco, Cevallos, Medina-Celi, Santa-Cruz, d'Ossuna, Fernan-Nuñez, Altamira et Ponio-Rostra, ayant été déclarés par décret du 12 de Burgos ennemis de l'Espagne et de la France, auteurs des maux qu'éprouve l'Espagne et lâches et traîtres comme ayant faussé leurs serments, avons ordonné que leurs biens, tant meubles qu'immeubles, seront confisqués pour servir à indemniser des frais de la guerre et pour indemniser les Français et les sujets du roi qui auront souffert par les événements de la guerre.

ART. 2. — Le commandant de Madrid fera venir les comtadors des maisons des dénommés ci-dessus ; il fera arrêter les registres et inventaires par un commissaire des guerres français.

ART. 3. — L'argent comptant, diamants, bijoux et autres effets précieux seront transportés sans délai, après inventaire dressé, dans une salle du Retiro et sous la garde d'un commissaire, nommé à cet effet, et cela avant demain matin.

ART. 4. — Tous les papiers, cartes, plans seront portés chez le général commandant à Madrid qui, après les avoir fait examiner, enverra à l'état-major général les cartes, plans et autres papiers intéressants.

ART. 5. — Les chevaux, mulets et fourgons appartenant aux individus ci-dessus dénommés seront remis à la garde pour la remonte de la cavalerie, pour l'artillerie et pour les fourgons des équipages.

Art. 6. — Tous les dénommés en l'article 1ᵉʳ qui se trouvent à Madrid seront arrêtés et transférés à El Pardo.

Art. 7. — Le major général, le général commandant à Madrid et l'intendant général sont chargés de l'exécution du présent ordre.

NAPOLÉON.

2529. — ORDRE.
Chamartin, 7 décembre 1808.

1° Sous la responsabilité des corrégidors et sous celle des supérieurs des couvents, nous ordonnons que les chevaux et mules, voitures ou caissons appartenant à l'armée soient, sur-le-champ, remis à la disposition de l'ordonnateur en chef de l'armée. Les chevaux seront distribués à la cavalerie, les mules, partie au train d'artillerie, partie aux transports militaires ainsi que les caissons ; le dépôt sera au Retiro.

2° Les chevaux, mules ou mulets appartenant aux habitants de Madrid, qui en ont émigré, seront également remis à la disposition de l'ordonnateur en chef et auront la même destination qu'il est dit en l'article ci-dessus.

3° Il ne sera rien touché aux meubles, immeubles et autres propriétés des individus compris dans les dispositions de l'article 2, hormis de ceux déclarés traîtres.

4° Notre major général, le général commandant à Madrid et l'ordonnateur en chef de l'armée sont chargés de l'exécution du présent ordre.

NAPOLÉON.

2530. — ORDRE.
Madrid, 7 décembre 1808.

Sa Majesté ordonne que tous les effets d'habillement, soit capotes, habits, souliers, bottes, shakos, gibernes, baudriers, sacs à peau, guêtres, etc., qui se trouvent dans les couvents et différentes maisons particulières, soit les draps et toiles provenant de dons patriotiques et destinés par quelque autorité que ce soit pour habiller l'armée insurgée, soient versés dans le magasin central d'habillement français qui est établi au Retiro.

Le général commandant la place, le commandant du Retiro

sont chargés de prendre des mesures pour l'exécution du présent ordre qui sera notifié au corrégidor, à tous les individus qui étaient chargés de réunir ces différents effets d'habillement et aux tailleurs qui en avaient la confection.

NAPOLÉON.

2531. — DÉCISION.

Madrid, 8 décembre 1808.

Le général de division Drouet rend compte au maréchal Berthier que les chasseurs de la montagne manquent d'effets d'habillement et d'armes.	Renvoyé au ministre de la guerre. Concertez-vous donc avec le ministre Dejean, pour que ces bataillons soient armés et équipés.

NAPOLÉON.

2532. — DÉCISION.

Madrid, 8 décembre 1808.

Rapport du général Clarke sur les informations qu'il a prises auprès du général Sahuc, commandant la 19ᵉ division militaire, au sujet du général Beaufort, désigné à Sa Majesté comme exerçant en même temps les fonctions d'inspecteur dans les droits réunis et de chef militaire du département de la Haute-Loire.	Témoignez mon mécontentement au général Sahuc et veillez à ce que cela n'arrive plus.

NAPOLÉON.

2533. — AU GÉNÉRAL CLARKE.

Madrid, 8 décembre 1808.

Monsieur le général Clarke, vous trouverez ci-joint l'état de ce qui manque pour que les bataillons des régiments de l'armée de Naples soient à l'effectif de 840 hommes. Refondez cet état en y ajoutant ce que je viens d'ordonner qu'on envoie à cette armée et en ôtant les deux régiments que j'en retire, et voyez s'il y a possibilité de compléter ces bataillons. Par ce moyen, j'aurai 25.000 hommes effectifs dans le royaume de Naples.

Le colonel du régiment de la Tour d'Auvergne est incapable de commander ce régiment ; nommez un autre colonel.

Pourquoi le colonel du 52° n'est-il pas à son régiment?

NAPOLÉON.

2534. — AU GÉNÉRAL BELLIARD, GOUVERNEUR DE MADRID.

Madrid, 8 décembre 1808.

Monsieur le Général, Sa Majesté me charge de vous faire connaître que son intention est que vous fassiez appeler ce matin le président du conseil de Castille et les procureurs du roi audit conseil et que vous les fassiez conduire par un officier au quartier général, où ils doivent être rendus avant midi.

Hugues B. MARET.

2535. — AU MARÉCHAL BERTHIER.

Chamartin, 9 décembre 1808.

Mon Cousin, faites connaître au maréchal Soult qu'une grosse gabarre, un aviso et une vingtaine de chaloupes se rendent de Bayonne à Santander ; qu'il fasse charger sur ces bâtiments des cotons, des laines, des marchandises coloniales et l'artillerie inutile à la défense de Santander. Tout cela sera transporté en France.

NAPOLÉON.

2536. — AU GÉNÉRAL DEJEAN.

Madrid, 9 décembre 1808.

Monsieur Dejean, les dépôts du 1er régiment d'infanterie légère et du 42°, qui sont à Bellegarde, ont déjà 600 conscrits qui ne sont ni habillés, ni armés. Prenez des mesures pour remédier à ces abus.

NAPOLÉON.

2537. — AU GÉNÉRAL BELLIARD.

Chamartin, 9 décembre 1808.

Monsieur le général Belliard, il faut envoyer reconnaître la caserne de Leganès, pour savoir si on peut y loger un dépôt de cavalerie. Assurez-vous combien d'hommes et de chevaux on peut y mettre.

Quant aux drapeaux trouvés dans les églises, vous les remettrez au commandant du Retiro, qui les placera dans une chambre. L'Empereur trouve à propos que vous lui apportiez, à Chamartin, le drapeau qui a servi à proclamer Ferdinand VII.

Vous pouvez donner des passeports à ceux qui vous en demandent, quand vous jugerez les motifs conformes aux intentions de l'Empereur, que vous connaissez. Sont exceptés de ces dispositions les parents des individus déclarés ennemis de la France et traîtres au roi et dont les biens sont saisis.

Le vice-connétable, major général,
ALEXANDRE.

2538. — DÉCISION.

Chamartin, 9 décembre 1808.

| Le général Clarke demande si le 17ᵉ d'infanterie légère, qui doit arriver le 13 à Bayonne, sera dirigé de là sur Pampelune pour rejoindre son corps sous Saragosse. | Ce régiment se dirigera d'abord sur Vitoria, où il recevra de nouveaux ordres.

NAPOLÉON. |

2539. — AU MARÉCHAL BERTHIER.

Chamartin, 10 décembre 1808.

Mon Cousin, faites-moi connaître quand la division Laborde, du 8ᵉ corps, arrivera à Vitoria, quand arrivera la division Loison à Saint-Sébastien et quand la 3ᵉ division arrivera à Bayonne. Je ne vois pas, dans le grand état de l'emplacement des troupes, ni le 27ᵉ de chasseurs, ni le 1ᵉʳ de hussards.

NAPOLÉON.

2540. — DÉCISION.

Madrid, 10 décembre 1808.

| Le général Clarke rend compte qu'il a donné l'ordre aux 1ʳᵉ, 2ᵉ, 4ᵉ et 6ᵉ compagnies de pionniers, qui sont à Anvers, Strasbourg, Juliers et Alexandrie, de se rendre à | Il est clair que ceci n'est pas assez organisé pour pouvoir partir, et n'est-il pas à craindre que cela ne déserte en route ? Il |

Bayonne, et qu'il a cru devoir laisser la 3ᵉ à Alexandrie et la 5ᵉ à Wesel pour continuer d'être employées aux travaux de ces places.

aurait mieux valu organiser des compagnies de 150 hommes dans chacun de ces cadres, en nommant de bons officiers et en choisissant les meilleurs sujets.

NAPOLÉON.

2541. — DÉCISION.

Madrid, 10 décembre 1808.

Le général Clarke rend compte qu'un détachement de troupes françaises s'est emparé à La Jonquière, dans les magasins de la douane, de 32 caisses de marchandises.

Il propose d'en ordonner la vente, dont le produit sera versé dans la caisse du payeur du 7ᵉ corps d'armée, à l'exception d'un cinquième réservé pour le détachement qui les a capturées.

Approuvé.

NAPOLÉON.

2542. — ORDRE (1).

Camp impérial de Madrid, 10 décembre 1808.

Sa Majesté ordonne :

Que le prince de Castelfranco et le marquis de Santa-Cruz partent dans la nuit, dans une même voiture et sous la même escorte, pour Blaye, où notre ministre de la police donnera des ordres pour leur arrestation ;

Que le gouverneur de la ville de Madrid leur fera connaître que j'ai commué leur peine et qu'au lieu de les faire passer par les armes, je me contente de les faire enfermer dans une forteresse.

2543. — ORDRE.

Palais impérial de Madrid, 10 décembre 1808.

Sa Majesté ordonne :

Le séquestre sera mis sur le tribunal de l'Inquisition et sur les registres de ce tribunal, et ce avant ce soir ;

(1) Copie.

Il sera pris des mesures pour que tous les hommes de finances et receveurs attachés à ce tribunal restent à Madrid pour rendre compte.

NAPOLÉON.

2544. — ORDRE.

Madrid, 10 décembre 1808.

Sa Majesté ordonne :

1° Que la *Gazette de Madrid* paraîtra tous les jours ;
2° Que M. Laforest sera chargé de tous les détails de la rédaction.

On y mettra les bulletins de l'armée à mesure qu'ils arriveront par le *Moniteur*, en ôtant les passages qui pourraient choquer ; les nouvelles étrangères paraîtront dans le *Moniteur*, en y faisant les modifications propres au pays.

Aucune gazette quelconque ne pourra être imprimée que le gouvernement ne l'ait communiquée à M. Laforest.

NAPOLÉON.

2545. — ORDRE.

Madrid, 10 décembre 1808.

Sa Majesté ordonne :

1° Que le maître des requêtes Fréville sera à la tête d'une commission chargée des détails relatifs à la saisie et conservation des biens, meubles et immeubles, appartenant à des individus déclarés traîtres, et qui ont été confisqués pour servir d'indemnisation des frais de la guerre ;
2° Que M. Laforest nous remettra un projet d'organisation de ladite commission ;
3° Qu'il sera formé une commission pour constater les pertes qu'ont éprouvées les Français et pourvoir à la restitution ou à l'indemnité.

NAPOLÉON.

2546. — ORDRE.

Madrid, 10 décembre 1808.

Sa Majesté ordonne :

Qu'il lui soit rendu compte dans la journée de demain des séquestres que l'on a levés et qu'on lève. L'auditeur Treilhard verra le ministre des finances Cabarrus, qui lui donnera tous les détails nécessaires pour faire ledit rapport.

On me fera connaître quelles sont les caisses sur lesquelles on a mis le séquestre, celles sur lesquelles on les (*sic*) a levés, et celles dont le séquestre reste à lever.

NAPOLÉON.

2547. — ORDRE.

Madrid, 10 décembre 1808.

Sa Majesté ordonne :

Qu'on lui remette ce soir l'état des généraux et officiers espagnols avec leur âge, en ne confondant pas ceux qui sont en retraite, qui n'ont rien de commun avec les premiers.

NAPOLÉON.

2548. — ORDRE.

Madrid, 10 décembre 1808.

Sa Majesté ordonne que toutes les marchandises anglaises et coloniales, arrivées à Madrid depuis l'insurrection, seront mises sous le séquestre.

NAPOLÉON.

2549. — ORDRE.

Madrid, 10 décembre 1808.

Sa Majesté ordonne :

1° L'ordonnateur en chef Mathieu-Faviers nous fera connaître le moyen qu'il y aurait pour se procurer :

    100.000 paires de souliers ;
    100.000 chemises ;
    4.000 ou 5.000 habits ;

4.000 ou 5.000 vestes et culottes ;

4.000 à 5.000 schakos ;

Et 4.000 ou 5.000 guêtres, afin de subvenir aux besoins de l'armée.

2° On nous présentera un projet pour établir un atelier de confection à Madrid, tel que celui qui est établi à Bordeaux.

NAPOLÉON.

2550. — NOTE POUR LE MAJOR GÉNÉRAL.

Madrid, 10 décembre 1808.

Ecrire au général Belliard de lui envoyer tous les jours l'état de situation des dépôts des corps d'armée.

Lui rendre compte de la situation du magasin d'habillement et de ce qui y arrive chaque jour en gros.

Il y avait ici un magasin d'habillement espagnol appartenant à l'armée, savoir s'il a été saisi. On sait que les Espagnols voulaient le prendre.

NAPOLÉON.

2551. — AU MARÉCHAL BERTHIER.

Chamartin, 11 décembre 1808.

Mon Cousin, demain, à 7 heures du matin, un général attaché à l'état-major passera la revue des compagnies de marche du 1er corps qui sont au Retiro, appartenant aux divisions Villatte et Ruffin, c'est-à-dire aux 94°, 95°, 27° légère, 96°, 9° légère et 24° de ligne. Il s'assurera que ces hommes ont une paire de souliers dans le sac, une aux pieds, du pain pour deux jours, qu'ils ont tous leurs baïonnettes et leurs cinquante cartouches. A cet effet, donnez ordre au commandant que demain, avant 8 heures, il leur fasse prendre le pain pour deux jours, et, s'il ne leur manque rien, ils seront dirigés sur Tolède. Ils prendront l'ordre du général Beaumont, qui est sur la route de Tolède, pour couvrir et protéger au besoin le mouvement de cette colonne, qui ne sera guère que de 800 hommes. S'il est des individus qui n'aient pas une paire de souliers dans le sac on leur en fera donner jusqu'à concurrence de 400 paires.

NAPOLÉON.

2552. — AU MARÉCHAL BERTHIER.

Chamartin, 11 décembre 1808.

Mon Cousin, le commandant du Retiro ne doit jamais sortir de l'enceinte du Retiro ; j'ai été trois heures aujourd'hui dans ce palais sans trouver personne. M. Turenne étant malade, il faut me présenter un officier supérieur intelligent pour commander la Porcelaine, avec ordre de ne pas sortir des environs. Il faut retirer du Retiro les cadres qui s'y trouvent et les renfermer dans les beaux appartements, afin qu'il y ait de l'emplacement pour tout le monde. Donnez des ordres sévères pour qu'il n'entre aucun Espagnol dans le Retiro, ni hommes, ni femmes. Quant à la Porcelaine, donnez ordre au génie de palissader une enceinte dans laquelle aucun Espagnol n'entrera ; dans le Retiro, les concierges du palais, seulement, pourront entrer ; à cet effet, on leur donnera une carte. Les équipages militaires qui sont au Retiro où près de la Porcelaine doivent parquer en règle sous la surveillance du commandant de la place, et les officiers et soldats doivent aussi faire leur service en règle ; ils doivent prendre l'allure militaire. En général, vous ferez connaître au commandant du Retiro qu'il ne prend pas assez de mesures pour conserver ce poste, qui devrait être considéré comme une citadelle ; il faut qu'à 8 heures du soir toutes les portes soient fermées. Donnez ordre qu'à dater de demain tous les meubles provenant des maisons des individus condamnés comme traîtres soient transférés au Retiro ; par ce moyen, les officiers qui arrivent avec les hommes isolés seront logés et dans une situation convenable.

NAPOLÉON.

2553. — ORDRE.

Chamartin, 11 décembre 1808.

J'apprends que Castelfranco, Santa-Cruz, Altamira, ne sont pas encore partis. J'ordonne qu'on les fasse partir sans délai. On fera traduire Saint-Simon à une commission militaire comme Français et portant les armes contre sa patrie.

On prendra tous les mulets qui se trouvent dans les couvents, hormis le petit nombre nécessaire pour leur service.

NAPOLÉON.

2554. — AU MARÉCHAL BERTHIER (1).

12 décembre 1808.

Demain, à 11 heures du matin, je passerai la revue de la division Sébastiani, de son artillerie et des compagnies du 8ᵉ bataillon des équipages militaires qui sont attachés au corps de Danzig. Je passerai également la revue des divisions Valence et Leval dans un emplacement au delà du pont de Ségovie.

Le 5ᵉ de dragons, les hussards hollandais et le régiment westphalien se trouveront à cette revue.

Immédiatement après la revue, la cavalerie du corps d'armée, les caissons des équipages militaires et la division Sébastiani se mettront en marche pour se rendre à Mortalès et entre Mortalès et Carrubias, sur la route de Talavera de la Reina.

Vous donnerez ordre que la division Sébastiani prenne du pain pour demain 13, 14 et 15 ; les 42 caissons du 8ᵉ bataillon seront employés, 8 à être chargés des effets d'ambulance pour la division, et les autres de pain, de sorte que ce corps puisse maintenir une bonne discipline et n'avoir aucun besoin.

Vous donnerez l'ordre au général de brigade Pouget de joindre la division Sébastiani aujourd'hui.

2555. — AU MARÉCHAL BERTHIER.

Chamartin, 12 décembre 1808.

Mon Cousin, vous trouverez ci-joint deux nouveaux ordres. Envoyez-les au gouverneur de Madrid, et faites-lui connaître que je le charge de l'exécution. Faites-lui connaître aussi que je charge le général Savary de les suivre, et qu'il faut qu'il lui donne main-forte. Réitérez l'ordre que, des maisons dont les maîtres sont émigrés, il soit retiré des meubles pour meubler le Retiro. Envoyez la copie de ces ordres au sieur Laforest et au général Savary.

NAPOLÉON.

2556. — DÉCISION.

Chamartin, 12 décembre 1808.

| Le général de division Darmaignac rend compte au maréchal Ber- | Témoignez mon mécontentement au général Darmaignac de |

---

(1) Non signé, expédié le 12.

thier que, depuis le départ de la colonne mobile qu'il a envoyée sur la Calzada, la garnison de Miranda se trouve réduite à 300 hommes propres au service, ce général déclarant qu'il ne peut tirer aucun parti des différents dépôts. ce qu'il dit qu'il ne peut tirer aucun parti des dépôts. Il faut qu'il s'arrange pour en tirer parti ; s'il les voyait deux fois par jour, il les organiserait et en tirerait bien parti.

NAPOLÉON.

2557. — DÉCISION.

Madrid, 12 décembre 1808.

Le général Clarke propose à l'Empereur de faire partir pour l'armée d'Espagne la compagnie de pionniers qui est à Rochefort. Il est nécessaire que ces hommes soient bien habillés et bien armés, car des hommes nus ne sont bons à rien.

NAPOLÉON.

2558. — ORDRE.

Madrid, 12 décembre 1808.

Sa Majesté ordonne :

1° Tous les meubles, argenterie et effets du marquis de Castelar, du comte de Miranda et du marquis de Villadiego, tous trois faisant partie de l'armée ennemie, seront séquestrés et versés dans nos magasins.

2° Il sera fait connaître aux agents des maisons du marquis d'Arriza, du comte de Salvatierra et du marquis de Villafranca, que si ces individus ne sont pas revenus à Madrid dans l'espace de quinze jours, ils subiront le même sort.

En attendant, le séquestre continuera à rester sur leurs meubles, effets et immeubles.

NAPOLÉON.

2559. — ORDRE.

12 décembre 1808.

Sa Majesté ordonne :

1° Le séquestre sera mis sur les maisons de tous les généraux et officiers qui ont des grades et sont dans l'armée espagnole insurgée.

Le scellé sera mis et maintenu sur leurs meubles, argent et effets pendant le délai d'un mois, au bout de quelle époque ces effets seront confisqués, si ces individus n'ont pas profité de l'amnistie que nous avons accordée par notre décret du 12 novembre de la présente année.

2° L'état de tous les individus qui sont dans ce cas sera dressé en faisant autant de listes qu'il y a de grades différents dans l'armée.

NAPOLÉON.

2560. — DÉCISION.

12 décembre 1808.

Le maréchal Berthier rend compte que 530 hommes des 4°, 7° et 9° régiments polonais se trouveront réunis le 14 décembre à Bordeaux.

Les diriger sur Burgos.

NAPOLÉON.

2561. — AU GÉNÉRAL DEJEAN.

Madrid, 12 décembre 1808.

Monsieur Dejean, vous trouverez ci-joint un état de situation du dépôt de Bayonne au 4 décembre : vous verrez que, sur 14.000 hommes, il n'y en a que 1.300 disponibles, c'est-à-dire habillés, et qu'il y en a plus de 12.000 non habillés. Tout cela va bien mal. Selon mon calcul, ces 14.000 hommes devraient être en Espagne, où ils se formeraient beaucoup plus vite, ne déserteraient pas et feraient une grande économie pour l'administration.

NAPOLÉON.

2562. — DÉCISION.

Madrid, le (1) décembre 1808.

Rapport de M. Mathieu Faviers, ordonnateur en chef de l'armée, sur les approvisionnements en subsistances de la ville de Madrid.

Il faut ordonner que les boulangers soient constamment approvisionnés pour trois mois.

NAPOLÉON.

---

(1) Sans date de jour; le rapport de Mathieu Faviers est du 12 décembre 1808.

2563. — AU MARÉCHAL BERTHIER (1).

Chamartin, 13 décembre 1808.

Mon Cousin, donnez l'ordre que les chevau-légers polonais qui sont à Aranjuez partent demain pour se rendre à Madrid.

2564. — DÉCISION (2).

Le général de brigade Vouillemont, commandant le département des Hautes-Pyrénées et les frontières de la Haute-Garonne, rend compte au maréchal Berthier qu'il n'a pas cru devoir donner aux deux compagnies de réserve départementale de l'Ariège et des Hautes-Pyrénées l'ordre de se rendre à Pau, et qu'il emmènera seulement 25 gendarmes à pied pour maintenir la discipline dans la colonne des conscrits.	Laissez ce général maître de les mener, si cela est inutile à la défense du pays. NAPOLÉON.

2565. — AU MARÉCHAL BERTHIER.

Chamartin, 14 décembre 1808.

Mon Cousin, donnez l'ordre que l'officier et les 28 hommes du 2e dépôt du 28e de ligne se mettent en route avec leurs équipages demain, pour rejoindre leurs corps, sur la route de Talavera de la Reina.

NAPOLÉON.

2566. — AU MARÉCHAL BERTHIER.

Chamartin, 14 décembre 1808.

Mon Cousin, donnez l'ordre que tous les détachements des 43e, 51e, etc., et autres qui se trouvent à Bilbao, Saint-Sébastien et ailleurs sur les derrières, se réunissent à Aranda et aux environs. Réitérez l'ordre à Bilbao pour qu'on vous envoie les états de situation de cette place et sachez pourquoi le commandant n'écrit pas.

NAPOLÉON.

---

(1) Non signé, expédié le 13.
(2) Non datée; le rapport du général Vouillemont est du 4 décembre 1808, l'expédition de la décision du 13.

2567. — AU GÉNÉRAL CLARKE.

14 décembre 1808.

Monsieur le général Clarke, si, lorsque la division Molitor arrivera à Lyon, la division Boudet se trouve encore dans cette ville, il est nécessaire que la 1re reste cantonnée à Mâcon, Tournus et environs.

Il faut envoyer à Mayence un général de division capable d'occuper ce poste important.

Vous donnerez l'ordre à la division Carra-Saint-Cyr, qui est partie de Würzburg le 10 décembre et qui arrive du 20 au 23 à Mayence, d'y séjourner jusqu'à nouvel ordre. Comme cette division ne doit pas rester longtemps là, il ne faut diriger sur Mayence aucun détachement appartenant à ces corps pour les renforcer.

NAPOLÉON.

2568. — DÉCISIONS (1).

On soumet à l'approbation de Sa Majesté un projet de décret relatif aux réfractaires.	Renvoyé au Conseil d'Etat.
On rend compte à Sa Majesté que les corps de la garde impériale continuent à se servir des modèles de congé qu'ils ont fait imprimer, quoique, d'après une décision de Sa Majesté du 12 janvier 1808, il leur ait été prescrit d'employer des modèles semblables à ceux dont on se sert dans la ligne. Le ministre persiste à croire que le défaut d'uniformité des congés de la garde impériale avec ceux de la ligne présente des inconvénients.	Renvoyé au général Walther.

---

(1) Ni signées ni datées; extraites du « Travail du Ministre de la guerre avec l'Empereur, du 14 décembre 1808 ».

2569. — DÉCISION.

15 décembre 1808.

Le maréchal Berthier demande des ordres au sujet de la destination ultérieure du 17ᵉ régiment d'infanterie légère, qui doit arriver prochainement à Vitoria.

Donnez ordre qu'il continue sa route sur Burgos.

NAPOLÉON.

2570. — AU MARÉCHAL BERTHIER.

Madrid, 15 décembre 1808.

Mon Cousin, le dépôt de cavalerie qui est à Vitoria sera transporté à Aranda. Tous les dépôts de cavalerie de la garde, en quelque endroit qu'ils se trouvent, se rendront à Madrid pour être réunis à la caserne de dépôt. Le général Trelliard suivra le dépôt à Aranda et sera chargé de veiller à la sûreté des communications depuis Lerma jusqu'à Buitrago. Vous nommerez un général ou un officier supérieur pour commander la province.

NAPOLÉON.

2571. — AU MARÉCHAL BERTHIER.

Chamartin, 15 décembre 1808.

Mon Cousin, j'approuve le projet que propose le général Laroche, commandant du dépôt de cavalerie de Pau, de renvoyer à leur dépôt 60 hommes du 8ᵉ régiment de chasseurs et 200 hommes des cinq régiments de hussards. Les 53 chevaux de hussards, les 19 chevaux de chasseurs et les selles et brides seront retenus au dépôt pour monter d'autres régiments. Cependant, je désire que le général Laroche demande à ces 260 hommes s'il en est qui voudraient entrer dans la garde du roi d'Espagne. Dans le cas où quelques-uns y consentiraient, il les fera partir par l'Escurial, en en adressant un état double à l'état-major général et au général Salligny, commandant la garde du roi. Ecrivez au général Drouet de se servir des 22 officiers arrivés d'Italie pour les placer où il sera nécessaire. Donnez-lui l'ordre de faire partir pour l'armée la compagnie d'armuriers qui se trouve à Bayonne et les 19ᵉ, 12ᵉ, 20ᵉ et 21ᵉ compagnies du 6ᵉ régiment d'artillerie, ce qui fera quatre compagnies d'artillerie en marche pour Madrid.

NAPOLÉON.

2572. — AU GÉNÉRAL CLARKE.

Madrid, 15 décembre 1808.

Monsieur le général Clarke, sur 1.200 chevaux du train de l'artillerie de la garde qui ont été achetés, il n'en est arrivé ici que 700.

Cet achat s'est fait d'une manière irrégulière, le commandant du train n'y a été pour rien et l'opinion de bien des gens est qu'il y a eu des dilapidations. On m'assure que le marchand de chevaux qui a vendu des chevaux pour ma garde, dans la campagne de Prusse, lesquels ont été réunis à Besançon, a donné 40.000 francs de pot-de-vin aux officiers supérieurs de l'artillerie de ma garde.

On glose beaucoup sur un habillement fourni en 1806, sur le prix duquel on assure qu'il a été soustrait plus de 200.000 francs.

Dans cet état de choses, j'ai supprimé la place de colonel en second de l'artillerie ; le général Couin restera dans la ligne.

J'ai envoyé également les colonels Doguereau et Digeon dans la ligne et je les ai remplacés dans ma garde par d'autres officiers ; l'ombre du soupçon est suffisante pour me porter à ces différentes mesures ; d'ailleurs, ces officiers sont depuis trop longtemps dans ma garde.

Mon intention est qu'au reçu de la présente lettre vous fassiez mettre les scellés sur les papiers du quartier-maître de l'artillerie et que vous le fassiez arrêter. Vous chargerez l'inspecteur aux revues Félix de voir les comptes de l'artillerie de la garde depuis l'an VIII.

Je désire que vous voyiez le ministre de la police pour prendre des mesures pour avoir la déclaration du marchand de chevaux et approfondir l'affaire du marché de l'habillement de 1806 ; il paraît qu'on n'a fourni que la moitié de ce qui a été acheté et qu'on a fait payer le tout.

Vous nommerez une commission, composée des généraux Songis et Gassendi, qui sera chargée de faire une enquête sur toutes ces affaires et de vous en rendre compte. Quel que soit le résultat de tout ceci, je ne veux plus de ce quartier-maître dans la garde, mais je veux qu'il soit puni exemplairement, ainsi que les autres officiers, si la conviction de la dilapidation ressort de l'information qui va être faite.

Enfin, en apposant brusquement les scellés sur les papiers du quartier-maître, en l'interrogeant et en prenant tous les autres moyens d'enquête, il est probable que vous arriverez à connaître la vérité.

NAPOLÉON.

2573. — DÉCISIONS (1).

Madrid, 16 décembre 1808.

M. le maréchal et sénateur Pérignon, gouverneur de la ville de Naples et commandant les troupes dans cette capitale, demande qu'il lui soit réglé à ce titre un traitement sur le Trésor de France.

Le ministre de la guerre demande les ordres de Sa Majesté.

La France ne paye rien à Naples. Il doit jouir du même traitement que le maréchal Jourdan, mais il doit être payé par le payeur français, comme faisant partie de l'armée française.

On rend compte à Sa Majesté qu'il reste dû une somme de 27.958 francs pour indemnité de 24 francs aux lieutenants et sous-lieutenants de l'armée d'Italie pendant les quatre premiers mois de 1806, que le Trésor du royaume d'Italie avait été chargé de pourvoir aux dépenses de ces quatre premiers mois, mais que S. A. I. le prince vice-roi annonce qu'il n'a aucun fonds pour ces dépenses.

On demande à Sa Majesté si son intention est de faire payer cette somme de 27.958 francs par la caisse du royaume d'Italie ou par la France.

Approuvé, par la France.

Un capitaine en 2ᵉ au 8ᵉ régiment d'artillerie à pied, que S. M. le roi des Deux-Siciles a nommé au commandement de sa compagnie d'artillerie à cheval, demande l'autorisation d'accepter cet emploi. Sa Majesté est priée de faire connaître ses intentions.

Refusé ; témoigner mon mécontentement au roi de Naples, comme commandant mon armée, de ce qu'il a permis qu'un officier quitte mon service sans mon autorisation : ordre qu'il y rentre sur-le-champ.

---

(1) Non signées; extraites du « Travail du ministre de la guerre avec l'Empereur, du 23 novembre 1808 ».

2574. — ORDRE.
Madrid, 16 décembre 1808.

Le nommé Stein, cherchant à exciter des troubles en Allemagne, est déclaré ennemi de la France et de la Confédération du Rhin.

Les biens que ledit Stein posséderait, soit en France, soit dans les pays de la Confédération du Rhin, seront séquestrés.

Ledit Stein sera saisi de sa personne, partout où il pourra être atteint par nos troupes ou celles de nos alliés.

NAPOLÉON.

2575. — AU MARÉCHAL BERTHIER.
Chamartin, 16 décembre 1808.

Mon Cousin, écrivez au maréchal Moncey que je lis avec étonnement son état de situation, que je vois que deux régiments de la Vistule et un bataillon du 5° légère sont à Pampelune ; que ces trois corps, qui font 3.500 hommes, doivent être sur-le-champ dirigés sur Saragosse pour renforcer son armée ; que rien n'est plus ridicule que de laisser ses meilleures troupes dans des places où de simples dépôts suffisent.

NAPOLÉON.

2576. — AU MARÉCHAL BERTHIER.
Chamartin, 16 décembre 1808.

Mon Cousin, indépendamment des cinq bataillons de marche de conscrits du dernier appel, partis de Burgos pour se rendre en droite ligne à Burgos, et, de là, rejoindre les différents corps, il sera formé trois autres bataillons de marche. Le 1er, composé de six compagnies et fort de 800 à 1.100 hommes, sera formé de tous les conscrits habillés et armés des dépôts des 1er, 6e et 4e corps. Ce bataillon de marche partira bien habillé et bien armé pour Vitoria, le 25 du mois, et y arrivera le 28. Il laissera une compagnie à Mondragon, une à Villafranca et une à Miranda. Il sera formé un second bataillon de ce qu'il y a de disponible dans les petits dépôts des 3e et 5e corps, fort de 800 à 1.000 hommes et composé de six compagnies. Ce bataillon se rendra à Tolosa et placera une compagnie à Irun, une à Hernani et le reste à Tolosa. Enfin, il sera formé un 3e bataillon des conscrits disponibles du 2e et du 8e corps, composé de 800 hommes, lequel sera envoyé à Bilbao. Les anciens soldats rejoignant isolément leurs corps ne seront pas compris dans ces bataillons, qui ne seront uniquement composés que de conscrits. On continuera de faire des compagnies de marche des hommes isolés pour rejoindre l'armée. En conséquence des dispositions ci-dessus, les bataillons irlandais, de Prusse et hollandais et les bataillons des 43° et 51° se rendront à Aranda dans le plus court délai.

NAPOLÉON.

2577. — AU MARÉCHAL BERTHIER.
Madrid, 16 décembre 1808.

Mon Cousin, donnez l'ordre à l'intendant général que les magasins des effets d'habillement qui arriveront de Bayonne ou de Burgos soient séparés de ceux des confections.

NAPOLÉON.

2578. — AU MARÉCHAL BERTHIER.
Chamartin, 16 décembre 1808.

Mon Cousin, vous donnerez ordre que tous les hommes des compagnies de marche et autres qui se trouvent au dépôt du Retiro et qui appartiennent aux divisions Marchand et Maurice Mathieu rejoignent leurs corps demain, avant 9 heures du matin ; ceux qui appartiennent à la division Dessolle resteront au dépôt jusqu'à nouvel ordre. Ce qui se trouve au même dépôt des divisions Villatte et Ruffin devra également partir demain pour rejoindre à Tolède ; les hommes de la division Lapisse rentreront à leurs corps à Madrid. Vous donnerez aussi des ordres pour faire habiller, équiper et armer les hommes du 2° corps ; on en formera une compagnie de marche, de 100 hommes, qui devra rejoindre. Vous donnerez, de plus, des ordres, afin que demain, avant midi, tout ce qui se trouve à Madrid, dans les dépôts des manufactures de draps de Guadalajara et Ségovie, soit enlevé et porté au magasin de la Porcelaine. Vous ferez de même prendre à Guadalajara et Ségovie, pour les porter sans délai au magasin de la Porcelaine, tous les draps qui existent dans ces manufactures pour être confectionnés en capotes et habits. Vous donnerez ordre de plus qu'on fasse charger demain 17 pour partir après-demain 1.500 culottes destinées au régiment commandé par le prince Sulkowski.

Vous ordonnerez que, sur les 30 hommes du dépôt de Français, tous ceux qui ont servi soient incorporés dans le 16ᵉ régiment d'infanterie légère ; il faudra dresser un procès-verbal en forme de cette incorporation, les faire habiller et équiper des magasins ; le colonel de ce régiment devra leur procurer l'armement.

NAPOLÉON.

2579. — ORDRE.
Madrid, 16 décembre 1808.

1° Il sera fait une recherche d'une douzaine de brigands du bas peuple qui ont assassiné des Français à Madrid et qui tiennent encore des propos.

On aura soin que le choix tombe sur les véritables bas meneurs et bourreaux ; et, aussitôt que ce choix sera arrêté, on les fera saisir tous à la fois.

2° Il sera envoyé quelqu'un dans les cafés et l'on fera arrêter ceux qui tiennent de mauvais propos.

NAPOLÉON.

2580. — ORDRE.
Madrid, 16 décembre 1808.

Tout homme sortant des hôpitaux de Madrid ou des autres hôpitaux, et passant par Madrid pour rejoindre son corps, se rendra au Retiro dans le dépôt affecté à son corps d'armée. Là, il doit subir une revue et être retenu en convalescence le nombre de jours nécessaires pour le rétablir entièrement ; après quoi, il sera placé dans la 1ʳᵉ compagnie de marche qui partira ; on veillera à ce qu'il ne parte que fourni de souliers, de capotes, de fusils et de tout ce qui lui est nécessaire.

NAPOLÉON.

2581. — AU MARÉCHAL BERTHIER.
Chamartin, 17 décembre 1808.

Mon Cousin, vous donnerez l'ordre au général Lahoussaye, à l'Escurial, de requérir 100 bons mulets et de les faire passer à Madrid pour les transports militaires. Ces 100 mulets seront requis dans la province d'Avila. Donnez l'ordre au général Tilly de requérir également 100 mulets dans la province de Ségovie. Donnez le même ordre au général qui commande à Guadalajara. Ces 300 mulets seront employés à la remonte des équipages militaires.

Donnez ordre au maréchal Victor de requérir dans la province de Tolède 300 bons mulets, tant pour l'artillerie que pour les équipages militaires. Donnez l'ordre à l'ordonnateur en chef de passer un marché à Madrid pour l'achat de 100 bons mulets, lesquels seront destinés à remonter les équipages militaires. Vous ferez connaître à l'ordonnateur en chef que j'ai besoin de 200.000 rations de biscuit, transportées sur des caissons, pour l'expédition de Portugal, indépendamment des 50.000 rations que doit se procurer la garde ; qu'il vous fasse connaître quelles sont les ressources des magasins pour cela ; que je suppose qu'il y a des fours à Talavera de la Reina, où on fait 40.000 rations par jour, qu'il vous envoie la situation du magasin de cette place en grain et en farine, lequel doit être abondamment approvisionné.

NAPOLÉON.

2582. — AU MARÉCHAL BERTHIER.

Chamartin, 18 décembre 1808.

Mon Cousin, donnez l'ordre au maréchal Soult de faire séquestrer toutes les laines à Santander et à 20 lieues à la ronde et de les faire embarquer sur des bâtiments pour être transportées à Bayonne, où elles seront mises en dépôt.

NAPOLÉON.

2583. — AU MARÉCHAL BERTHIER.

Chamartin, 18 décembre 1808.

Mon Cousin, donnez ordre que le régiment provisoire de Bayonne parte de cette ville pour se rendre à Vitoria. On aura soin que chaque compagnie soit complétée à 140 hommes présents, de manière qu'il parte 1.696 hommes. On formera un autre régiment qu'on appellera 2ᵉ régiment provisoire de Bayonne.

NAPOLÉON.

2584. — AU MARÉCHAL BERTHIER.

Chamartin, 18 décembre 1808.

Mon Cousin, donnez ordre au général de division Laborde, à Burgos, de fournir tous les détachements nécessaires pour aller à la recherche des magasins de laine jusqu'à 20 lieues autour de Burgos. Quand ces détachements devraient être de 300, 400 et 500 hommes, avec des officiers, ce ne serait pas trop. Ils désarmeraient en même temps le pays et le réduiraient à l'obéissance. Ces laines sont un objet important pour la France. Il y en a une grande quantité dans les montagnes. Ecrivez aussi sur ce sujet au gouverneur de Burgos et à l'intendant de l'armée. Ecrivez à Vitoria et sur la ligne pour ordonner aux commandants de place de donner des plantons aux convois de laine, qui s'arrêtent dans leurs places et de favoriser de tous leurs moyens les transports. Donnez des ordres à la gendarmerie d'élite, à la Bidassoa, de visiter les voitures chargées de laine et d'envoyer à Bayonne toutes les voitures, par qui que ce soit qu'elles soient expédiées, dont les lettres de voiture ne seraient pas signées par les commissaires Ducros et Laran, chargés de l'opération des laines à Burgos. Ecrivez de même, à ce sujet, au général Kellermann ou au général Drouet, à Bayonne, en les prévenant qu'on est informé que des convois frauduleux de laine ont été expédiés par cette place. Ecrivez au maréchal Kellermann, ou, s'il n'est pas arrivé, au général Drouet, de faire transporter, par le retour des voitures chargées de laine, les objets d'artillerie ci-après : 6.000 boulets de 24, 4 mortiers de 12 pouces, 2.000 bombes. On fera transporter par la même voie les effets que les corps auraient à Bayonne, tels que les souliers. Tous ces objets seront dirigés d'abord sur Burgos pour être dirigés ensuite sur Madrid.

NAPOLÉON.

2585. — ORDRE.

Au quartier général impérial, à Chamartin près Madrid, 18 décembre 1808.

L'Empereur ordonne que l'estafette, porteur des dépêches de Sa Majesté, soit escortée désormais par un officier et au moins vingt-cinq hommes de cavalerie ou d'infanterie.

Ces escortes accompagneront l'estafette d'un poste militaire au poste suivant, où elles seront relevées, et elles rentreront aussitôt après dans leur cantonnement ou garnison. Ainsi un détachement de 25 ou 30 hommes, partant d'Irun avec l'estafette, l'escortera jusqu'à Hernani ; là, un nouveau détachement l'escortera jusqu'à Tolosa et ainsi de suite, jusqu'à Vitoria, Burgos, Aranda, Buitrago et Madrid.

Dans aucun cas, le détachement d'escorte ne quittera l'estafette qu'après avoir été remplacé par une nouvelle escorte ; il l'accompagnera en conséquence jusqu'à ce qu'il puisse être relevé.

Messieurs les commandants de place mettront tous leurs soins à ce que ces mesures de précaution retardent le moins possible la marche de l'estafette ; et, à cet effet, le postillon ou un homme de l'escorte précédera toujours le courrier, afin d'annoncer son arrivée assez à l'avance pour qu'au moment de son passage le détachement qui devra l'escorter soit déjà sous les armes et prêt à partir.

Ces mesures seront prises tant pour l'escorte des estafettes d'Irun à Madrid que pour leur retour de Madrid à Irun.

L'Empereur se repose pour la ponctuelle exécution du présent ordre sur le zèle de messieurs les commandants de place qui sentiront l'importance de ne pas exposer les dépêches de Sa Majesté à être enlevées.

Le prince de Neuchâtel,
vice-connétable, major général de l'armée,

ALEXANDRE.

2586. — A M. MATHIEU FAVIERS, ORDONNATEUR EN CHEF DE L'ARMÉE (1).

Chamartin, 18 décembre 1808.

L'Empereur ordonne, Monsieur Faviers, qu'aussitôt que les 16.400 paires de souliers seront arrivées, la distribution en soit faite ainsi qu'il suit :

4.000 (2) paires à la division Marchand, 6ᵉ corps ;
2.600 paires à la division Maurice-Mathieu, *idem ;*
2.600 paires à la division Lapisse, 1ᵉʳ corps ;

---

(1) Minute, non signée.
(2) Dans la marge, en regard du nombre 4.000, l'Empereur a écrit de sa main 3.500; en regard de 2.600, 4.000; en regard de 2.200, 3.000; et en regard de 2.400, 2.400.

2.600 paires à la division Villatte, *idem* ;
2.200 paires à la division du général Ruffin ;
2.400 paires que vous mettrez en réserve à la Porcelaine ; total : 16.400 paires.

Les souliers destinés à la division Ruffin et à la division Villatte, à Tolède, seront chargés sur des caissons du 7ᵉ bataillon qui sont ici, et les caissons du 1ᵉʳ bataillon du train sur lesquels sont venus ces souliers resteront ici.

Il est parti de Burgos 2.500 paires de souliers destinés pour le 4ᵉ corps ; aussitôt qu'ils arriveront à Madrid, vous les ferez décharger et recharger sur des caissons du 8ᵉ bataillon du train, dont treize sont ici, et on laissera à Madrid les caissons du 1ᵉʳ bataillon sur lesquels seront venues ces 2.500 paires de souliers. Donnez tous les ordres et prévenez les maréchaux et les généraux de division de cette distribution au moment où vous serez en mesure de l'effectuer.

2587. — AU GÉNÉRAL CLARKE.

Chamartin, 18 décembre 1808.

Monsieur le général Clarke, je vois, dans un état de situation que me remet le duc d'Abrantès, au 6 décembre, que des détachements de son corps d'armée ont été laissés dans la 12ᵉ division militaire, entre autres 200 hommes du 47ᵉ. Il est nécessaire que vous les fassiez rejoindre.

NAPOLÉON.

2588. — AU MARÉCHAL BERTHIER (1).

Chamartin, 19 décembre 1808.

Mon Cousin, vous devez donner l'ordre au maréchal duc de Bellune de ne garder à Tolède que les ambulances et d'évacuer tous les hôpitaux sur Madrid. Vous devez donner le même ordre au maréchal duc de Danzig ; il ne doit y avoir à Talavera que les ambulances, les malades doivent être évacués sur Madrid. Même ordre pour Aranjuez et Guadalajara. Le général Dessolle doit amener avec lui tous ses malades. Lorsqu'il sera temps de faire des hôpitaux à Talavera, à Aranjuez et à Tolède, Sa Majesté en donnera l'ordre.

(1) Non signé, a été expédié.

2589. — DÉCISION (1).

Madrid, 20 décembre 1808.

Nouveau projet demandé par Sa Majesté sur les commandes à faire en 1809 pour le service de l'artillerie, dont le montant est réduit à 12.000.000 de francs.

Approuvé.

2590. — DÉCISION.

20 décembre 1808.

Le général Clarke propose à l'Empereur de réunir la direction d'artillerie de Parme à celles d'Alexandrie et de Gênes.

Approuvé.

Napoléon.

2591. — AU MARÉCHAL BERTHIER (2).

20 décembre 1808.

J'apprends que beaucoup d'officiers espagnols venant des armées se rendent à Madrid. Donnez l'ordre au gouverneur de cette ville de faire une proclamation dans laquelle il dira qu'un grand nombre d'officiers des armées espagnoles viennent des différents cantonnements à Madrid, qu'ils doivent se rendre auprès du corrégidor et qu'ils fassent la déclaration qu'ils entendent faire leur soumission aux termes de l'article..... du décret du..... Le corrégidor fera remettre tous les jours la liste au gouverneur, qui fera donner à chacun reçu de la déclaration.

Egalement, tous les officiers retirés ou qui se trouvent à Madrid seront admis à la même déclaration.

Mettre à l'ordre : le payeur général, instruit qu'un grand nombre de militaires veulent faire passer de l'argent à leurs parents et qu'ils perdent beaucoup pour se procurer des lettres de change, fait connaître qu'il a des inscriptions sur le Trésor public, payables à dix jours de vue ; qu'il les donnera sans aucune perte aux militaires qui voudront faire passer de l'argent en France ; ces militaires peuvent s'adresser, ou au payeur général ou à ceux du corps d'armée.

(1) Non signée; extraite du « Travail du ministre de la guerre avec l'Empereur, du 30 novembre 1808. »
(2) Non signé, expédié le 21.

Envoyer le chef d'escadron Turenne à Bayonne pour porter les trente et tant de drapeaux ou étendards qui sont ici et que l'on a pris. Il sera bien escorté. Il remettra ces drapeaux au général Sol, pour les joindre à ceux que lui a déjà remis l'officier d'ordonnance Chlapowski.

Nommer sous-lieutenant dans un régiment d'infanterie le sieur Laveyre, garde d'honneur de Mont-de-Marsan.

2592. — DÉCISION (1).

Le maréchal Berthier annonce l'arrivée prochaine de la 2ᵉ division de dragons à Bayonne.

Continuer leur route pour Burgos.

NAPOLÉON.

2593. — DÉCISIONS (2).
Madrid, 21 décembre 1808.

On propose à Sa Majesté d'ordonner que les plans des distributions de l'intérieur des places de guerre seront communiqués avant leur exécution aux officiers du génie militaire, afin que ces officiers s'assurent qu'il n'en résultera aucun inconvénient pour la défense de ces places.

Cela est inutile. Les lois et ordonnances sont précises. Les officiers de génie doivent veiller à leur exécution, mais je ne vois pas qu'il faut augmenter les entraves que les villes éprouvent de la part des officiers du génie.

On rend compte à Sa Majesté, comme suite d'un premier rapport qui lui a été soumis le 28 mars, que l'incendie survenu à l'écurie de la caserne d'infanterie, occupée par la garde impériale, à Courbevoie, a nécessité la dépense de 6.400 francs, pour réparer les dégâts de cet incendie, et l'on prie Sa Majesté de vouloir bien accorder cette somme, par extraordinaire.

Ces choses-là doivent être prises sur les fonds impériaux.

On prie Sa Majesté de vouloir bien faire connaître si les 12.500 hommes, qui doivent être à Magde-

Ils seront payés, nourris, habillés, logés par le roi de Westphalie.

---
(1) Non datée; le rapport du maréchal Berthier est du 20 décembre 1808, l'expédition de la décision du 21.
(2) **Non signées**; extraites du « Travail du ministre de la guerre avec l'Empereur, du 30 novembre 1808 ».

burg aux termes de l'article 4 du décret impérial du 12 octobre dernier, seront entièrement à la charge du royaume de Westphalie ou seulement nourris par cet Etat.

On propose à Sa Majesté :

D'approuver que le 29⁰ régiment de ligne n'envoie que 4 hommes pour les grenadiers à pied de la garde impériale au lieu de 10 qui lui ont été demandés ; — Approuvé.

D'accorder, *à titre de secours*, à un lieutenant du 9⁰ régiment d'infanterie légère une somme de 383 fr. 26, dont le conseil d'administration lui a fait l'avance pour les frais de son équipement ; — Approuvé.

D'accorder une gratification de 50 francs à un gendarme de la compagnie des Basses-Alpes, et une autre de 25 francs à deux bateliers de la Durance, qui ont donné des preuves de leur dévouement lors de l'arrestation d'un conscrit ; — Approuvé.

D'employer le général de division Beker dans une division militaire. — A-t-il ou non demandé sa retraite ?

On met sous les yeux de Sa Majesté la demande d'un congé de quatre mois avec appointements que fait le général de division Gudin, commandant la 3ᵉ division d'infanterie de l'armée du Rhin. — Approuvé.

S. A. le duc de Mecklenburg désire que le capitaine Balthazard, aide de camp du général Molitor, soit autorisé à passer à son service. On prie Sa Majesté de faire connaître ses intentions. — Accordé.

On propose à Sa Majesté d'approuver la démission du sieur La Chapelle, sous-lieutenant à la suite du 3ᵉ régiment de cuirassiers. — Approuvé.

2594. — DÉCISION (1).

Madrid, 21 décembre 1808.

On propose à Sa Majesté d'accorder, à titre de secours, à des veuves et filles d'employés des hôpitaux militaires aux armées, morts dans l'exercice de leurs fonctions, trois mois des appointements dont jouissaient leurs maris ou leurs pères.

Cette dépense s'élèverait à 2.150 francs.

Approuvé.

NAPOLÉON.

2595. — AU MARÉCHAL BERTHIER.

Chamartin, 21 décembre 1808.

Mon Cousin, demandez au général Lariboisière pourquoi les 20° et 21° compagnies d'artillerie restent à Burgos et ne viennent point à Madrid, à la suite de l'armée, où l'on en a besoin de quelques-unes. Mes ordres parviennent très mal. Vous n'y portez pas les soins nécessaires. Le 51° régiment est encore à Tolosa et sur les derrières, quoique j'aie ordonné que ce régiment et le 43° fussent réunis à Aranda. Mettez 100.000 francs à la disposition du maréchal Kellermann, pour les dépenses imprévues, et accélérez le transport de tout ce qui est nécessaire aux besoins de l'armée. Le général Laroche écrit qu'il est sans argent ; faites-lui donner les fonds nécessaires pour le ferrage.

NAPOLÉON.

2596. — ORDRE (2).

21 décembre 1808.

M. de Ségur partira pour se rendre à Paris ; il sera chargé de porter et présenter au Corps législatif les quatre-vingt drapeaux ou étendards pris à Espinosa, Burgos, Tudela, Somo-Sierra et Madrid.

(1) Extraite du « Travail du ministre directeur de l'administration de la guerre avec S. M. l'Empereur et Roi, daté du 30 novembre 1808 ».
(2) Non signé; a été expédié le 21 décembre.

A son arrivée à Paris, il trouvera des ordres de Sa Majesté sur la manière dont ces drapeaux doivent être présentés ; il aura une lettre du major général au président du Corps législatif et une commission.

Ces drapeaux seront réunis à Bayonne, au château de Marracq, sous la surveillance du général Sol.

2597. — AU GÉNÉRAL DEJEAN.
Madrid, 21 décembre 1808.

Monsieur le général Dejean, vous m'envoyez des états insignifiants et qui ne sont que ridicules. Vous trouverez ci-joint un état de ce qui existe à Bayonne, qui m'est envoyé par le général Drouet. Si j'avais à Bayonne ce que vous m'annoncez, j'aurais déjà en Espagne 16.000 hommes qui sont à Bayonne attendant des habits. Comment est-il possible qu'il n'y ait à Bayonne que 148 paires de souliers ? Qui nous fournira des souliers si ce n'est la France ? Ce pays n'en fournit pas. Quant à l'armée, elle n'a rien reçu, ni souliers, ni capotes, ni habits.

Napoléon

2598. — AU GÉNÉRAL DEJEAN.
Madrid, 21 décembre 1808.

Monsieur le général Dejean, vous m'envoyez un état des équipages militaires du 15 novembre qui n'est pas exact. Vous me dites que le 1ᵉʳ bataillon a ses quatre compagnies en Espagne : comment les aurait-il eues alors, 15 novembre, il ne les a pas aujourd'hui 20 décembre ! Vous me dites que le 3ᵉ et le 7ᵉ avaient alors leurs quatre compagnies ; ils ne les ont pas aujourd'hui. Le 10ᵉ et le 11ᵉ n'ont pas non plus 144 voitures, de sorte que ces états, comme tous ceux qui sortent de vos bureaux, sont inexacts et cela est dangereux en ce que cela peut endormir le gouvernement ; tandis que, si le ministre avait eu des états exacts, il aurait senti le besoin d'envoyer des officiers à Angers, Bordeaux et sur les différents points pour réunir les voitures qui s'y trouvent et les faire partir. Les bureaux de la guerre sont accoutumés à faire des états précis et en règle ; les bureaux de l'administration de la guerre mettent en états les ordres qu'ils donnent sans s'embarrasser s'ils sont exécutés ou non. Je n'ai pas encore eu en Espagne une seule paire de souliers ni une seule capote de ceux qui ont été annoncés par l'administration de la guerre ; depuis le 1er juillet, je n'ai reçu que 31.000 paires de souliers qui sont venues de Berlin par les équipages militaires et dont je tire le plus grand service, tout mauvais qu'ils sont. Cependant, si l'on consulte les états du ministre de l'administration de la guerre, on verrait qu'on a reçu souliers, capotes, etc., et mon armée manque de tout. Nous sommes dans les grands froids, les capotes arriveront dans le mois de juin.

NAPOLÉON.

2599. — AU MARÉCHAL BERTHIER.
Chamartin, 21 décembre 1808.

Mon Cousin, écrivez au général Dessolle de laisser le 55e à Guadalajara, jusqu'à nouvel ordre, pour veiller à la tranquillité et à l'organisation du pays, et surtout à la formation de la compagnie urbaine que j'ai ordonnée. Donnez ordre au général Latour-Maubourg de fournir 150 chevaux qui seront sous les ordres du colonel du 55e, à Guadalajara. Je suppose qu'il y a une ou deux pièces de canon. Ce sera une petite colonne, sur les derrières, qui pourra être utile là. Demandez au général Dessolle s'il a fait désarmer Guadalajara et ce qu'il y avait dans ce magasin à son départ. Ecrivez au général commandant à Ségovie, que nous attendons les draps qu'il doit envoyer et le procès-verbal du séquestre des laines ; qu'il fasse sans délai l'une et l'autre de ces opérations.

NAPOLÉON.

2600. — DÉCISION.
Madrid, 21 décembre 1808.

L'aide-major général Belliard, gouverneur de Madrid, propose au maréchal Berthier de renvoyer à Tudela un détachement de 40 hommes de la 2e légion de réserve, employé comme escorte, en le faisant passer par Burgos et Miranda pour convoyer des malades et des équipages.

Ce détachement rentrera au dépôt du Retiro, afin que, lorsqu'il y aura 300 hommes appartenant au 3e corps (et il y en a déjà une trentaine), on puisse les faire partir tous ensemble.

NAPOLÉON.

2601. — DÉCISION.

Madrid, 21 décembre 1808.

Le général Clarke rend compte d'une demande du ministre de la guerre du royaume de Westphalie à l'effet d'obtenir pour un ancien capitaine au régiment de Westphalie, récemment nommé aide de camp du général Thomières, la faveur d'être attaché définitivement au service de l'armée westphalienne.

Approuvé.

NAPOLÉON.

2602. — DÉCISION.

Madrid, 21 décembre 1808.

Le général Clarke propose à l'Empereur d'accorder le traitement de réforme à deux ex-adjoints du génie remis en activité comme adjudants et forcés par leur mauvaise santé à quitter le service. Ce traitement de réforme leur était acquis en vertu de l'arrêté du 12 nivose an IX, qui a ordonné la réforme des adjoints du génie.

La loi.

NAPOLÉON.

2603. — ORDRE.

Madrid, 21 décembre 1808.

1° Tous les dons gratuits faits à Madrid pour la défense de la patrie seront versés dans la caisse de l'armée.

2° La vérification de ces dons sera faite sur les registres de la banque de Saint-Charles : tous ces dons seront biffés des registres, en présence de M. Fréville, maître des requêtes et président de la Commission impériale des séquestres et indemnités, lequel se fera remettre le relevé extrait des registres qui constate ces dons.

3° M. Fréville prendra toutes les mesures nécessaires pour que tout individu qui a fait des dons les acquitte aux époques convenues ; M. Fréville fera, en conséquence, lâcher des mandats et fera poursuivre les corps religieux ou tout autre particulier, afin qu'ils acquittent les engagements qu'ils ont pris pour des dons destinés à la défense de la patrie ; les sommes qui en proviennent seront versées dans la caisse de l'armée.

4° Le gouverneur de Madrid secondera de tous ses moyens le sieur Fréville dans l'exécution des dispositions ci-dessus, et donnera tous les ordres en conséquence. Le major général est chargé de l'exécution du présent ordre.

NAPOLÉON.

2604. — DÉCISION.

Chamartin, 21 décembre 1808.

M. Mathieu Faviers, ordonnateur en chef de l'armée, rend compte au maréchal Berthier que la junte royale chargée de l'administration des hôpitaux de la ville de Madrid réclame un secours pour pouvoir soutenir le service des hospices où sont placés les malades de l'armée française.

Donnez ordre que M. de Cabarrus fasse donner 2 millions de valès à cette administration.

NAPOLÉON.

2605. — DÉCISION.

22 décembre 1808.

Le maréchal Berthier rend compte que le 17° régiment d'infanterie légère doit arriver le 24 à Burgos.

Le major général donnera l'ordre que ce régiment se joigne au 8° corps.

NAPOLÉON.

2606. — DÉCISION.

Madrid, 22 décembre 1808.

Le général Clarke rend compte à l'Empereur qu'il a donné l'ordre à un détachement d'artillerie à cheval et du train d'artillerie, fort de 76 hommes et 100 chevaux, de partir pour Bayonne et rejoindre ensuite le 8° corps de l'armée d'Espagne.

Il faut en général que vous ne donniez des ordres que pour Bayonne. La destination des corps aux différentes divisions regarde le major général.

NAPOLÉON.

2607. — AU MARÉCHAL BERTHIER.

Chamartin, 22 décembre 1808.

Mon Cousin, le général Paris aura le commandement supérieur du Retiro et de la Porcelaine. Il veillera à ce que les travaux soient poussés avec activité et que les batteries soient promptement établies. Il fera sa demeure à la Porcelaine et sera sous les ordres du gouverneur.

NAPOLÉON.

2608. — AU MARÉCHAL BERTHIER (1).

Le major général donnera l'ordre que tout ce qui se trouve au dépôt général de la division Dessolle rejoigne sur-le-champ. Ce qui appartient au 2⁰ corps, maréchal Soult, sera dirigé sur Ségovie escortant 200.000 cartouches. Donner ordre au gouverneur et au général Laplane d'établir dans la situation des dépôts le nombre d'hommes disponibles, tant infanterie que cavalerie.

Les officiers généraux qui ont une destination doivent joindre de suite, et notamment celui qui remplace le général Maison.

Le général Werlé doit rejoindre le duc de Danzig.

2609. — AU GÉNÉRAL CLARKE.

Benavente, 31 décembre 1808.

Monsieur le général Clarke, les trois bataillons du 15⁰ d'infanterie légère, qui sont en Allemagne, ne sont qu'à 1.700 hommes. Il leur manque 800 hommes pour être au complet. Faites passer en revue le dépôt de ce régiment pour que ces 800 hommes soient promptement fournis et vous les ferez partir en forme de bataillon de marche sous les ordres d'un capitaine et divisé en quatre escouades, commandées chacune par 1 officier, 2 sergents et 4 caporaux.

Cette colonne se rendra à l'armée du Rhin pour rejoindre les trois bataillons. Faites-en passer la revue deux ou trois fois avant son départ, pour être assuré qu'elle part en bon état.

L'infanterie hollandaise a 600 hommes à Saint-Denis ; je suppose qu'ils sont armés et équipés. Faites-les partir sans délai pour Bayonne.

---

(1) Ni daté ni signé; expédié le 22 décembre 1808.

Je pense que vous pouvez faire partir de Versailles et de Saint-Germain un régiment de marche de 500 à 600 chevaux des dépôts dont les régiments sont à l'armée.

Avertissez le roi de Hollande qu'il a 300 hommes et seulement 32 chevaux à Saint-Denis, pour qu'il envoie des chevaux en France pour les remonter.

Je désire que vous me prépariez bientôt :

Une colonne de 400 hommes du 32º ;
Une — de 400 — du 58º ;
Une — de 300 — du 2º légère ;
Une — de 300 — du 4º — ;
Une — de 400 — du 12º —.

Je suis fort surpris qu'il ait fallu perdre du temps pour rassembler 400 hommes des conscrits de ma garde. Levez tous les obstacles, car je vais bientôt vous envoyer un décret pour la distribution de 5.000 hommes entre les différents corps de l'armée, à fournir par eux à ma garde.

Je ne reçois pas l'état de situation de ma garde. Veuillez me l'envoyer tous les huit jours. J'ignore combien sont arrivés, combien sont habillés, combien sont instruits.

NAPOLÉON.

2610. — AU GÉNÉRAL CLARKE.

Benavente, 31 décembre 1808.

Monsieur le général Clarke, tous les bataillons de marche que j'ai formés à Louvain, il faut les dissoudre. Vous avez déjà reçu l'ordre de faire partir pour le Hanovre tout ce qui appartient à l'armée du Rhin. Faites partir, pour rejoindre le corps de réserve de Paris et celui de Lyon, tout ce qui leur appartient, de même pour Strasbourg et Mayence, de manière qu'il n'y ait plus de bataillon de marche.

Faites-moi connaître quand est-ce que le 1ᵉʳ régiment de carabiniers pourra envoyer 100 chevaux, le 2ᵉ de carabiniers également 100 chevaux, les 1ᵉʳ, 2ᵉ et 3ᵉ cuirassiers, 100 chevaux, quand le 4ᵉ pourra en envoyer 300 : ce régiment a bien peu de monde à l'armée du Rhin. Quand est-ce que le 5ᵉ pourra en envoyer 150, le 6ᵉ 200, le 7ᵉ 200, le 8ᵉ 200, le 9ᵉ 100, le 10ᵉ 100, le 11ᵉ 200, le 12ᵉ 200 et que l'on pourra ainsi augmenter la cavalerie de l'armée du Rhin de 2.000 chevaux de grosse cavalerie ?

Je suppose que vous ne faites partir aucun dragon des dépôts de France pour l'Espagne sans mon ordre. Soumettez-moi les projets de départ, et n'en exécutez aucun sans mon ordre.

Prenez des mesures pour que le 7° dragons ait 1.000 chevaux en Italie, la même chose pour les 23°, 28°, 29° et 30°.

Napoléon.

2611. — AU GÉNÉRAL CLARKE.

Benavente, 31 décembre 1808.

Monsieur le général Clarke, donnez ordre aux divisions de Saint-Cyr et Legrand de se rendre à Paris et 20 lieues dans les environs, où vous les cantonnerez ; faites-les marcher à petites journées.

Dans vos états de situation, vous les comprendrez sous le titre de corps de réserve de Paris.

Les bataillons corses et piémontais doivent se rendre sous les ordres du général Oudinot et faire partie de son corps.

Donnez l'ordre que la division Boudet occupe Lyon, Vienne et Chambéry ; la division Molitor, Chalon, Tournus, Mâcon et Bourg, si cela est nécessaire ; que tous les généraux, officiers d'état-major et administrations restent à leur poste afin qu'ils puissent se rendre sans délai à la destination que je voudrai leur donner.

Napoléon.

2612. — DÉCISION.

Benavente, 31 décembre 1808.

Pour remédier à la faiblesse de la garnison de l'île d'Aix, le général Clarke a donné l'ordre de faire passer dans cette île les deux compagnies de grenadiers et voltigeurs du 32° régiment d'infanterie légère. Le ministre soumet cette mesure à l'approbation de l'Empereur.

On peut former trois compagnies de conscrits nouvellement arrivés des 66°, 82° et 26° et mettre 300 hommes à l'île d'Aix, en laissant filer le détachement du 32° sur l'armée.

Napoléon.

2613. — DÉCISION.

31 décembre 1808.

Le général Clarke rend compte qu'il a envoyé à Fulde un détachement de 188 hommes tirés du dépôt du 7° régiment d'artillerie à pied, stationné à Mayence, pour être réparti entre les 1re, 4e, 6e, 9e, 14e, 16e, 17e et 22e compagnies de ce régiment, qui sont employées à l'armée du Rhin.

Approuvé.

NAPOLÉON.

2614. — DÉCISION.

Benavente, 31 décembre 1808.

Le général Clarke rend compte qu'il a passé la revue des 3es bataillons des 28e, 58e et 75e régiments d'infanterie de ligne et des détachements fournis par les dépôts des 32e de légère, 24e et 12e d'infanterie légère, et destinés les uns et les autres à rejoindre l'armée d'Espagne.

Renvoyé au major général, pour donner ordre à Bayonne de leur faire distribuer une paire de souliers, après quoi ils seront dirigés sur Burgos. On leur donnera à Bayonne un séjour ; ils y arriveront vers le 1er février ; le major général aura soin de m'en instruire alors pour que je donne des ordres.

NAPOLÉON.

2615. — DÉCISION.

Benavente, 31 décembre 1808.

Le maréchal Berthier rend compte que les deux brigades de la 2e division de dragons sont arrivées à Bayonne et qu'elles arriveront à Burgos les 7 et 8 janvier.

Elles se rendront à Valladolid où elles recevront de nouveaux ordres.

NAPOLÉON.

2616. — AU MARÉCHAL BERTHIER.

Benavente, 1er janvier 1809.

Mon Cousin, donnez l'ordre à tous les transports militaires qui se trouvent à Valladolid ou Rio-Seco de se rendre aussitôt à Benavente. Donnez de même l'ordre au parc du 6° corps, ainsi qu'aux bagages et autres convois militaires, de se rendre aussitôt sous Benavente.

NAPOLÉON.

2617. — AU GÉNÉRAL CLARKE.

Benavente, 1" janvier 1809.

Monsieur le général Clarke, j'ai reçu votre lettre du 16, relative à la formation de l'armée du Rhin en quatre bataillons et particulièrement des douze brigades du général Oudinot.

Mon intention est que les compagnies du 16° régiment d'infanterie légère qui manquent soient réformées. Je sais que le 15°, ayant son régiment en Espagne, fait exception. Ainsi, je conviens qu'il n'y aura que dix-huit 4°° bataillons à envoyer à l'armée du Rhin.

Faites-moi connaître quand ils pourront partir pour compléter les grenadiers et voltigeurs des quatre premières compagnies.

NAPOLÉON.

2618. — AU GÉNÉRAL CLARKE.

Benavente, 1" janvier 1809.

Monsieur le général Clarke, je vois, par votre lettre du 15, que 600 hommes de cavalerie sont partis de Niort pour rejoindre leurs régiments en Espagne et qu'il en partira autant le 1" janvier.

Fixez votre attention sur le 20° et faites-moi connaître quand il pourra envoyer du monde.

NAPOLÉON.

2619. — AU MARÉCHAL BERTHIER.

Astorga, 2 janvier 1809.

Mon Cousin, donnez l'ordre aux 30°, 31°, 32°, 33°, 34°, 35° et 36° compagnies de marche, qui doivent arriver à Burgos, d'y séjourner les 3 et 4 et d'en partir le 5 pour se rendre à Valladolid. Donnez le même ordre aux 39°, 40°, 41° et 42° compagnies de marche. Même ordre à la 1" compagnie du 3° régiment d'artillerie à pied. Même ordre au détachement de Nassau, ainsi qu'aux 168 hommes de cavalerie composés des 10º, 15º et 22º de chasseurs de se rendre à Valladolid. Dans les dispositions faites ce matin pour organiser le corps du duc de Dalmatie, j'ai oublié de dire que le bataillon du 31º d'infanterie légère doit joindre son corps à la division Mermet, de sorte que ce régiment sera composé de quatre bataillons.

Donnez ordre au 17º d'infanterie légère et au 27º de chasseurs à cheval de se rendre à Valladolid. Ordre à la division Heudelet de se rendre à Valladolid. Si elle n'est point encore en route, si elle a passé de Burgos sur Léon, elle continuera sa route sur Valladolid.

NAPOLÉON.

2620. — DÉCISION.

Astorga, 3 janvier 1809.

Le général Clarke rend compte à l'Empereur que la carte de l'île d'Elbe, levée par les ingénieurs du Dépôt général de la guerre, est terminée, et propose d'en faire exécuter la gravure à l'échelle de 1/50.000.

Approuvé.

NAPOLÉON.

2621. — DÉCISIONS (1).

Astorga, 3 janvier 1809.

On prie Sa Majesté de vouloir bien accorder une gratification de 600 francs à un lieutenant au régiment des grenadiers à cheval de la garde impériale, pour lui donner les moyens de rembourser en partie l'avance qui lui a été faite par son corps pour soulager sa famille.

Accordé.

On propose à Sa Majesté de nommer au commandement de la 2ᵉ division militaire le général de division Moulin.

Approuvé.

On propose à Sa Majesté d'accepter la démission du capitaine du génie M. Maurice Saint-Léger.

Accordé.

---

(1) Non signées; extraites du « Travail du ministre de la guerre avec l'Empereur, du 14 décembre 1808 ».

2622. — AU GÉNÉRAL CLARKE.

Benavente, 4 janvier 1809.

Monsieur le général Clarke, vous ferez connaître au général Sanson que j'ai été satisfait de ses services au siège de Roses et que j'attends qu'il me rendra les mêmes services au siège de Girone.

Ecrivez au général Saint-Cyr d'entreprendre aussitôt que possible ce siège.

Après la prise de Girone, le général Sanson retournera au Dépôt de la guerre.

NAPOLÉON.

2623. — AU GÉNÉRAL CLARKE.

Benavente, 4 janvier 1809.

Monsieur le général Clarke, je reçois votre lettre du 21 décembre avec l'état du dépôt de Niort qui y était joint. 600 chevaux sont partis le 20 décembre, 550 le 1er janvier, 75 restent ; mon intention est que ces 75 chevaux se rendent aux dépôts des régiments et que le dépôt de Niort soit dissous, que tout ce qu'il y a de disponible du 26e de chasseurs se mette en route pour Bayonne, et, de là, pour l'armée d'Espagne.

J'approuve que le général Margaron se rende à l'armée d'Espagne ; il se rendra d'abord à Valladolid où il recevra de nouveaux ordres.

J'ai vu aujourd'hui à Astorga le bataillon du 32e faisant partie de la 2e division de l'armée de Portugal. Il y a des compagnies que vous avez gardées en France. Faites-les partir pour rejoindre ce bataillon.

NAPOLÉON.

2624. — AU ROI D'ESPAGNE.

Benavente, 4 janvier 1809, 2 heures du soir.

Sire, l'Empereur ordonne les dispositions suivantes :

1.000 hommes, composés du bataillon polonais qui, de Ségovie, s'est rendu à Madrid et du bataillon de Bade, avec 4 pièces de canon et 100 chevaux, sous les ordres d'un général de brigade, se rendront à Tolède, pour y garder la ville et le pont, et mettre de forts postes à tous les bacs, depuis Tolède jusqu'à mi-chemin d'Aranjuez.

Le général hollandais avec la brigade hollandaise se rendra à Aranjuez avec 4 pièces de canon ; il gardera le pont et tous les bacs depuis le mi-chemin d'Aranjuez à Tolède, liant sa gauche en remontant le Tage avec le général Lucotte, qui s'avancera sur le haut Tage pour faire garder tous les bacs. Le 7, à la petite pointe du jour, la division Ruffin partira pour se rendre près du duc de Bellune. Ce maréchal manœuvrera sans retard pour se porter sur l'ennemi, l'attaquer partout où il se trouvera, jusqu'à quatre grandes marches du Tage, le battre, le disperser et s'emparer de son artillerie. Il est nécessaire, Sire, que dans la journée du 10 ou du 11 au plus tard, il n'y ait plus d'ennemis ni à Huete, ni à Cuenca, ni à San-Clemente : il faut que les villages qui ont tiré sur nos troupes soient brûlés ; que partout où on s'est conduit d'une manière suspecte, il soit pris des otages et que le désarmement soit rigoureusement opéré sur tous les points.

La division du général Dessolle, qui a besoin d'au moins huit jours de repos et qui sera augmentée des deux 4es bataillons qui sont à Aranda, formera une réserve prête à se porter partout et restera à Madrid avec le 2e régiment de hussards. Le duc de Bellune pourra reprendre avec lui le 26e régiment de chasseurs.

Quant au duc de Danzig, Sire, l'extravagance de son mouvement est telle qu'avant de lui donner des ordres il faut savoir où il est. Sa Majesté l'emploiera, suivant les lieux où il se trouvera placé, quand on aura de ses nouvelles.

Donnez, Sire, vos ordres et vos instructions au duc de Bellune.

Le vice-connétable, major général,

ALEXANDRE.

2625. — DÉCISION (1).

On soumet à Sa Majesté la demande que fait le général de division Compère d'être autorisé à passer au service du roi de Naples en conservant sa solde de retraite.

Accordé.

---

(1) Non signée; extraite du « Travail du ministre de la guerre avec l'Empereur, du 4 janvier 1809 ».

Ce général a été nommé par le roi des Deux-Siciles au gouvernement de Gaëte.

2626. — AU MARÉCHAL BERTHIER.

Benavente, 5 janvier 1809.

Mon Cousin, envoyez l'ordre aux 52ᵉ et 53ᵉ compagnies de marche qui arrivent aujourd'hui à Burgos de se rendre à Valladolid, ainsi qu'aux 54ᵉ et 55ᵉ compagnies. Le 2ᵉ bataillon de marche du 2ᵉ corps qui est à Vitoria continuera sa route pour Valladolid. Le 7ᵉ bataillon continuera également sa route pour Valladolid.

Le 3ᵉ bataillon du 5ᵉ d'infanterie légère, qui a ordre de rester à Aranda, y restera. Les bataillons du 43ᵉ et du 51ᵉ se rendront à Madrid pour rejoindre leur division. Le bataillon de Westphalie, le bataillon de Prusse et le bataillon irlandais qui sont à Aranda se rendront à Madrid pour faire partie de la division Leval. Ainsi, la division Leval sera composée d'un régiment de Bade, d'un régiment de Nassau, d'un régiment de Hesse-Darmstadt, d'un bataillon du prince primat, d'un régiment hollandais, d'un bataillon de Westphalie, d'un bataillon de Prusse et d'un bataillon irlandais.

Total : douze bataillons. Le régiment provisoire de Bayonne restera à Vitoria pour tenir garnison dans la Biscaye (1).

Ce régiment, qui est composé de deux bataillons, laissera un bataillon à Vitoria et l'autre à Bilbao. Le bataillon de Vitoria prendra le nom de bataillon de guerre de Vitoria, celui de Bilbao le nom de bataillon de garnison de Bilbao.

Vous donnerez ordre au général Drouet de fournir un nouveau bataillon de 1.000 hommes qui portera le nom de bataillon de dépôt de Saint-Sébastien. Il faut que ce bataillon soit composé de six compagnies entières, ayant les officiers et sous-officiers, complétées à 150 hommes. Par ce moyen, tous les bataillons de marche, tous les détachements des 43ᵉ et 51ᵉ, tous les hommes isolés qui sont à Saint-Sébastien rejoindront leur corps, également tous les détachements de Westphalie, irlandais et de Prusse. Il ne restera donc dans les trois provinces de la Biscaye que les trois bataillons portant le nom de Saint-Sébastien, Bilbao, et Vitoria (2).

---

(1) Ce qui suit est de la main de Berthier.
(2) Non signé.

2627. — DÉCISION.

Benavente, 5 janvier 1809.

Le général Clarke soumet à l'approbation de l'Empereur les ordres qu'il a donnés pour faire relever à Flessingue et à l'île de Kadzand les compagnies du 1er et du 8e d'artillerie à pied qui y sont stationnées.

Accordé.

Napoléon.

2628. — DÉCISION.

Valladolid, 7 janvier 1809.

Le général Clarke propose à l'Empereur d'autoriser les régiments de La Tour d'Auvergne et d'Isembourg, qui sont à l'armée de Naples, à se recruter dans les dépôts des prisonniers de guerre espagnols.

Accordé pour ces régiments. Les Portugais jouiront de la même faculté.

Napoléon.

2629. — AU MARÉCHAL BERTHIER.

Valladolid, 7 janvier 1809.

Mon Cousin, je désire que vous me fassiez connaître quel est l'ordre donné à toutes les compagnies de marche et à tous les régiments de marche dont vous m'avez envoyé l'état l'autre jour. Je suppose qu'on travaille toujours au Retiro avec la plus grande activité. Donnez l'ordre au général Léry qu'on commence les travaux sur les hauteurs du côté du château, afin que, lorsqu'on s'occupera de ces travaux, cela ne paraisse plus une nouveauté. Cette hauteur est nécessaire pour le château et pour les casernes.

Napoléon.

2630. — DÉCISION.

Valladolid, 7 janvier 1809.

Le général Clarke propose à l'Empereur de faire remettre à la disposition des préfets de leurs départements respectifs les quatre compagnies de réserve départemen-

Cela est inutile ; il vaut mieux y envoyer un bataillon.

Napoléon.

tales de l'Ariège, des Landes, des Pyrénées et des Basses-Pyrénées, qui ont été mises en activité sur les frontières d'Espagne. Il rappelle, en outre, que les douze autres compagnies de réserve départementales mises en activité de service forment un bataillon qui se trouve employé à la citadelle de Barcelone.

2631. — DÉCISION.

Valladolid, 7 janvier 1809.

Le général Clarke sollicite les ordres de l'Empereur au sujet de la destination ultérieure du régiment de Würzburg, parti de Mayence pour se rendre à Metz, et des compagnies de Waldeck, Schwarzburg, Lippe et Reuss qui sont déjà arrivées à Metz.

Diriger tous ces corps sur Poitiers.

NAPOLÉON.

2632. — AU GÉNÉRAL CLARKE.

Valladolid, 7 janvier 1809.

Monsieur le général Clarke, je reçois votre lettre relative aux 3e et 4e escadrons du 26e de chasseurs. Voici mes intentions.

Faites partir seulement le 3e escadron, fort de 300 hommes ; le 4e se recrutera et ne partira que lorsqu'il sera fort de 200 hommes. L'escadron de 300 hommes ira recruter les deux premiers et suppléera aux pertes qu'ils peuvent avoir faites.

NAPOLÉON.

2633. — DÉCISIONS (1).

Valladolid, 8 janvier 1809.

On propose à Sa Majesté d'approuver le changement des emplacements de quelques dépôts des ba-

Il y a, en général, de l'inconvénient à déplacer les dépôts, parce que, la guerre d'Espagne

---

(1) Non signées; extraites du « Travail du ministre de la guerre avec l'Empereur, du 21 décembre 1808 ».

taillons du train pour les rapprocher de leurs compagnies servant tant en Espagne qu'en Allemagne.

On soumet à Sa Majesté la demande du roi des Deux-Siciles pour que l'on supprime le payeur des troupes françaises stationnées dans le royaume de Naples et l'on fait connaître à Sa Majesté les observations du ministre du Trésor public contre la suppression de ce payeur.

faite, tous ces dépôts changeront.

J'ai déjà répondu que mon payeur était nécessaire à Naples.

2634. — DÉCISIONS (1).

Valladolid, 8 janvier 1809.

On rend compte à Sa Majesté qu'on a cru devoir ordonner provisoirement que les foin et paille de l'approvisionnement de siège des places de la 10ᵉ division seraient livrés à la consommation journalière, cette mesure ayant été autorisée par Elle pour semblable approvisionnement dans la 11ᵉ division.

Oui.

NAPOLÉON.

La loi étant muette sur les secours à accorder aux veuves des adjoints aux commissaires des guerres provisoires, on ne peut qu'invoquer la bienfaisance de Sa Majesté en faveur de Mme Dufresne, veuve de M. Dufresne, mort en cette qualité à Irun, des fatigues de la dernière campagne. Les vœux de cette veuve, qui reste dans une position douloureuse et chargée de deux enfants dont l'aîné, garçon, est âgé de 10 ans, se borneraient à obtenir un secours pécuniaire et l'admission gratuite ou à demi-pension de

Accordé.

NAPOLÉON.

---

(1) Extraites du « Travail du ministre directeur de l'administration de la guerre avec S. M. l'Empereur et Roi, daté du 21 décembre 1808 ».

son fils dans un des lycées de l'Empire. On prie Sa Majesté de vouloir bien faire connaître ses intentions.

On prie Sa Majesté d'autoriser l'entrée en franchise de quelques lots de drap achetés en Prusse par des corps et en partie confectionnés.

Accordé.

Napoléon.

2635. — DÉCISION (1).

Le général Clarke rend compte qu'il a donné l'ordre aux dépôts des 3ᵉ et 9ᵉ bataillons principaux, 5ᵉ et 8ᵉ bataillons *bis* du train d'artillerie, de se rendre à Toulouse pour pouvoir communiquer plus facilement avec les compagnies de ces bataillons qui vont à l'armée d'Espagne.

Approuvé.

Napoléon.

2636. — AU MARÉCHAL BERTHIER.

Valladolid, 9 janvier 1809.

Mon Cousin, écrivez à Ségovie, au général qui y commande, l'ordre de faire partir pour Madrid le bataillon polonais, les détachements appartenant au 1ᵉʳ corps, les détachements de sapeurs, d'artillerie, hormis 10 hommes nécessaires pour Ségovie, et tous les hommes de cavalerie en bon état.

Napoléon.

2637. — AU MARÉCHAL BERTHIER.

Valladolid, 9 janvier 1809.

Mon Cousin, plusieurs détachements de cavalerie arrivent soit des dépôts de France, soit de Pau, soit de différents endroits. Je désire que vous en fassiez le relevé et que vous me fassiez connaître où ces différents détachements se trouvent chaque jour depuis Bayonne.

Napoléon.

---

(1) Non datée; le rapport du ministre est du 20 décembre 1808, la décision a été renvoyée aux bureaux le 9 janvier 1809.

2638. — AU MARÉCHAL BERTHIER.

Valladolid, 9 janvier 1809.

Mon Cousin, assurez-vous que l'intendant général a envoyé l'argent que j'ai ordonné de faire passer pour les hôpitaux de Burgos.

NAPOLÉON.

2639. — DÉCISION.

9 janvier 1809.

Le général Clarke recommande à l'Empereur la demande du préfet de l'Orne tendant à faire porter la compagnie de réserve de son département de la 5e classe à la 4e.

Approuvé.

NAPOLÉON.

2640. — AU GÉNÉRAL CLARKE.

Paris, 9 janvier 1809.

Monsieur le duc de Feltre, je trouve les prétentions qui s'élèvent entre les généraux et les auditeurs, dans les provinces illyriennes (sic). Reprenez vertement les deux auditeurs en question et écrivez au conseiller d'Etat Dauchy pour qu'il prévienne ces abus.

J'ai accordé les sept décorations de la Légion d'honneur que demande le général Marmont ; mais je trouve la demande qu'il fait, de donner 15.000 fusils aux Croates, bien prématurée et bien hasardée ; il faut se bien garder de le faire ; on pourrait en donner tout au plus à une compagnie par régiment. Le général Marmont est-il sûr que ces gens-là ne s'en serviront pas contre nous ? Il ne faut point donner d'armes aux Croates avant que de les bien connaître et d'en être sûr. Il faut armer un millier d'hommes tout au plus. Témoignez au général Marmont que cette légèreté, dans une affaire de cette importance, m'a paru fort extraordinaire.

NAPOLÉON.

2641. — AU GÉNÉRAL CLARKE.

Valladolid, 9 janvier 1809.

Monsieur le général Clarke, donnez ordre au général Menou de réunir le 13e de ligne tout entier à Florence.

On doit disséminer les vétérans dans les différents points où ils sont nécessaires pour le service.

NAPOLÉON.

2642. — ORDRE.

Valladolid, 9 janvier 1809.

Un chef d'escadron de la garde sera commandé avec 100 dragons et 200 hommes d'infanterie des fusiliers, et des mesures seront prises pour cerner ledit village (1) pendant la nuit, et, à la pointe du jour, faire main-basse sur les habitants qui s'y trouveront. Si l'on n'y trouve personne et que les habitants se soient échappés, on y mettra le feu.

NAPOLÉON.

2643. — AU GÉNÉRAL DEJEAN.

Valladolid, 9 janvier 1809.

Monsieur le général Dejean, les habillements ne sont pas arrivés à Gênes, à Grenoble ni à Chambéry, de sorte que les huit dépôts qui sont dans ces trois places, qui offraient au 1er décembre 4.300 hommes et qui, aujourd'hui, doivent en contenir plus de 6.000, n'offraient cependant que 500 hommes habillés et disponibles. Donnez des ordres aux majors et aux commandants de ces dépôts et faites-leur connaître que je les rends responsables, si, avant février, tout ce qu'ils ont aux dépôts n'est point en état de partir. Le dépôt du 18e d'infanterie légère, qui est à Grenoble, a la bêtise d'alléguer qu'il manque d'ouvriers. Le 11e de ligne manque de draps, de même que les 23e, 60e, 79e et 81e. Prenez des mesures pour que ces 6.000 hommes soient à l'armée dans le courant de janvier.

NAPOLÉON.

2644. — ORDRE.

Au camp impérial de Valladolid, 9 janvier 1809.

Sa Majesté l'Empereur ordonne :

Que le nommé Vicente Camino, ancien capitaine de port de Santander, prévenu d'être un des principaux auteurs de l'insurrection de cette ville, d'avoir porté la main sur le consul de France et d'avoir participé aux avanies faites aux Français, sera traduit devant une commission militaire composée de cinq officiers supé-

---

(1) Le nom de ce village n'a pas été retrouvé.

rieurs, qui sera formée à Bayonne, pour y être jugé et condamné aux peines portées par les lois contre les chefs d'émeutes et de complots.

NAPOLÉON.

2645. — DÉCISION.

9 janvier 1809.

Le général Clarke propose d'accorder aux officiers de la légion portugaise une gratification extraordinaire pour les mettre en état de s'habiller et de s'équiper.

Approuvé.

NAPOLÉON.

2646. — AU MARÉCHAL BERTHIER.

Valladolid, 10 janvier 1809.

Mon Cousin, vous donnerez l'ordre que tous les hommes disponibles du bataillon du 82°, qui a encore une partie de ses compagnies embarquées, soient incorporés dans l'autre bataillon et que les cadres des compagnies dudit bataillon se rendent à Bayonne, où ils prendront des conscrits et attendront l'arrivée des compagnies embarquées.

Il est nécessaire que vous instruisiez le général Drouet de cette disposition, afin que si ces compagnies, qui ont dû débarquer depuis, passaient à Bayonne, il les retienne. Vous donnerez l'ordre que le détachement de 200 hommes des légions qui est ici soit incorporé dans le bataillon le plus faible du 66° qui appartient à la division Heudelet. Vous donnerez l'ordre que les quatre basses compagnies d'un des bataillons du 26° soient, les cadres envoyés à Bayonne pour recevoir des conscrits, et les hommes disponibles incorporés dans l'autre bataillon. Les grenadiers et voltigeurs resteront au bataillon, de sorte que le 26° aura huit compagnies à la division Heudelet. Par ce moyen, il y aura à cette division un bataillon du 82°, deux bataillons du 66° et un bataillon et deux compagnies du 26°.

La division Heudelet se reposera encore demain ici pour faire tous ses arrangements. Vous aurez soin que les cadres des compagnies qui sont renvoyés à Bayonne soient mis à votre disposition pour conduire les prisonniers en France. Vous mettrez des officiers à la tête. Le général Dufresse, étant sans emploi, sera jusqu'à nouvel ordre chargé du commandement de la place et de la province de Valladolid. Il prendra des mesures pour que tous les hommes isolés arrivant soient conduits dans les couvents où sont établis les dépôts, et ne s'éparpillent pas dans la ville où il est nécessaire d'établir une sévère discipline. Mon intention est d'avoir tous les jours, sur la place du Palais, une parade, où l'on me présentera les détachements d'hommes isolés et autres sortant des hôpitaux. Demain, je reverrai les détachements que j'ai vus aujourd'hui, classés par corps d'armée, ayant leur pain pour deux jours ; et, après avoir défilé la parade, ils se mettront en marche. Les détachements des divisions Marchand, Maurice Mathieu, Lapisse et du corps du duc de Dalmatie marcheront ensemble jusqu'à Benavente. Les souliers destinés pour les corps des ducs d'Elchingen et de Dalmatie seront escortés par ces détachements. Comme il sera tard lorsque ces détachements partiront, ils n'iront coucher qu'à 2 lieues d'ici.

On me présentera demain les officiers et sous-officiers des corps de la division Heudelet qui seront nommés dans la Légion d'honneur.

NAPOLÉON.

2647. — AU MARÉCHAL BERTHIER.

Valladolid, 10 janvier 1809.

Mon Cousin, donnez ordre que les 550 hommes des 1er, 3e et 15e de dragons s'arrêtent à Tolosa jusqu'à nouvel ordre, et que, s'ils ont dépassé Tolosa lorsqu'ils recevront votre ordre, ils s'arrêtent à Vitoria. Faites-moi connaître les renseignements que vous aurez sur la marche précise de ce détachement.

NAPOLÉON.

2648. — AU MARÉCHAL BERTHIER.

Valladolid, 10 janvier 1809.

Mon Cousin, il y a 20 sous-lieutenants arrivés à Bayonne. Donnez ordre qu'il en soit donné 5 au 82e, 5 au 26e et 5 au 66e ; on les enverra aux dépôts de ces régiments. 4 seront envoyés aux deux bataillons du 26e qui sont en Espagne pour les places vacantes.

NAPOLÉON.

2649. — AU MARÉCHAL BERTHIER.

Valladolid, 10 janvier 1809.

Mon Cousin, tout le 10ᵉ bataillon des équipages militaires, formant 90 caissons, sera sous la réserve de l'ordonnateur Joinville, qui suit le quartier général. Il réunira les 40 autres caissons de ce bataillon, de manière qu'il le complète à 144 caissons ; il prendra des mesures pour se procurer des mules pour atteler les caissons restés derrière. Il sera chargé de mettre ce bataillon en état de toujours suivre. Ces moyens de transport à la suite du quartier général sont importants à avoir.

NAPOLÉON.

2650. — DÉCISION.

Valladolid, 10 janvier 1809.

Le maréchal Berthier rend compte que les troupes de la Confédération du Rhin ont sollicité des avances sur la solde.

Accordé en forme de prêt.

NAPOLÉON.

2651. — AU GÉNÉRAL CLARKE.

Valladolid, 10 janvier 1809.

Monsieur le général Clarke, donnez ordre à la compagnie de sapeurs qui est à Rügen de repasser sur le continent.

NAPOLÉON.

2652. — AU GÉNÉRAL CLARKE.

Valladolid, 10 janvier 1809.

Monsieur le général Clarke, dans l'état de situation des divisions militaires au 15 décembre, je vois à la 5ᵉ division, en encre rouge, 130 hommes pour le 3ᵉ de ligne, 36 hommes pour le 57ᵉ, 109 hommes pour les tirailleurs du Pô et 130 hommes pour les tirailleurs corses. Je pense que ces détachements doivent rejoindre leurs dépôts qui restent en Allemagne. Les 26ᵉ et 24ᵉ légère doivent rejoindre leurs régiments à Paris.

Je vois que quatre dépôts de la 8ᵉ division militaire peuvent faire partir des détachements. Donnez ordre que celui du 1ᵉʳ de ligne fasse partir une compagnie de 200 hommes, celui du 62ᵉ deux compagnies de 200 hommes chacune, celui du 22ᵉ légère quatre compagnies de 250 hommes chacune, c'est-à-dire 1.000 hommes. Ces détachements se réuniront à Nice et partiront ensemble, en passant par la Bochetta et Gênes, pour rejoindre leurs 4ᵉˢ bataillons à Plaisance. Ce sera donc un régiment de marche d'Italie, fort de sept compagnies et ayant un présent sous les armes de 1.600 hommes, qui sera un bon renfort pour l'armée d'Italie. Mais il faut que les hommes partent parfaitement habillés et armés.

Je désirerais que les huit dépôts de l'armée de Dalmatie qui sont dans la 7ᵉ division militaire réunissent à Chambéry seize compagnies formant trois bataillons de marche. Le 1ᵉʳ sera composé d'une compagnie du 5ᵉ de ligne, d'une du 11ᵉ, d'une du 23ᵉ, d'une du 60ᵉ, d'une du 79ᵉ, d'une du 81ᵉ, d'une du 8ᵉ légère, et d'une du 18ᵉ légère. Ces huit compagnies se réuniront à Chambéry bien armées et bien habillées et seront prêtes à partir le 30 janvier de cette ville. Le 2ᵉ bataillon, composé de la même manière, sera prêt à partir le 10 février, et le 3ᵉ bataillon, composé de la même manière, le 20 février. Ce régiment de marche de l'armée de Dalmatie fera un renfort de (1)   hommes pour les dépôts de cette armée.

Quant aux 4ᵉˢ bataillons de l'armée du Rhin et aux 4ᵉˢ bataillons du corps du général Oudinot, je désirerais qu'il pût partir, vers le 15 février, de leurs dépôts, deux compagnies complètes, c'est-à-dire 280 hommes (ce qui ferait une augmentation de près de 16.000 hommes pour l'armée du Rhin), et que deux autres compagnies pussent partir avant le 15 avril.

Napoléon.

2653. — DÉCISIONS (2).

Valladolid, 11 janvier 1809.

On soumet à Sa Majesté la proposition de porter à 500 francs par mois le traitement extraordinaire du général Meunier, commandant le département de la Méditerranée, au lieu de 250 francs qui lui sont attri-	Accordé.

---

(1) En blanc.
(2) Non signées; extraites du « Travail du ministre de la guerre avec l'Empereur, du 28 décembre 1808 ».

bués ; cette proposition est motivée sur la représentation qu'exige le séjour de la ville de Livourne, où est employé cet officier général.

On propose à Sa Majesté d'autoriser le sieur Dereusse, adjudant-major au 101ᵉ régiment d'infanterie, à passer dans la garde de S. M. le roi des Deux-Siciles.

Accordé.

Le major du 12ᵉ régiment de ligne désire enrôler pour son corps cinq musiciens à gages, Espagnols, faisant partie des troupes désarmées dans le Nord et détenues à Mézières.

Accordé.

On soumet cette demande à Sa Majesté.

2654. — AU MARÉCHAL BERTHIER.

Valladolid, 11 janvier 1809.

Mon Cousin, donnez ordre au général Tilly de faire partir sur-le-champ tous les bataillons polonais pour Madrid, ainsi que tous les hommes des dépôts. Il ne doit garder que les hommes de Hesse-Darmstadt, et doit exécuter cet ordre douze heures après l'avoir reçu. Mandez également au général Tilly de faire faire à Ségovie du biscuit, de manière à y avoir 100.000 rations, et d'y faire confectionner 2.000 capotes et 6.000 paires de souliers.

NAPOLÉON.

2655. — AU MARÉCHAL BERTHIER.

Valladolid, 11 janvier 1809.

Mon Cousin, vérifiez si l'on a établi aux postes d'ici à Miranda trois gendarmes d'élite et donnez ordre que le général Kellermann y place au moins 50 dragons dans chaque, de manière que mes courriers puissent être escortés et marchent la nuit en sûreté. Témoignez mon mécontentement au payeur général de l'armée de ce qu'il laisse le payeur de Burgos sans fonds. En attendant qu'il en fasse passer, faites partir d'ici 20.000 francs pour faire face aux dépenses de Burgos. Je désire que cette somme parte dans la nuit. Envoyez à Aranda un courrier du pays pour avoir l'état de situation des hommes qui peuvent se trouver dans la place et de ce qui y a passé depuis le 20 du mois dernier. Je vois que l'on a formé un premier bataillon de marche au Retiro, qu'on désigne sous le nom de 1re compagnie de voltigeurs, 2e, 3e compagnie. Je suppose qu'il n'y a dans ces compagnies aucun homme qui appartienne aux divisions Dessolle, Sébastiani, Ruffin ou Villatte ; s'il y en avait, il faudrait les renvoyer sur-le-champ à leur régiment, car mon intention n'est pas qu'on forme de nouveaux cadres. Nous n'en avons que trop.

NAPOLÉON.

2656. — AU MARÉCHAL BERTHIER.

Valladolid, 11 janvier 1809.

Mon Cousin, donnez ordre qu'il soit donné 500 paires de souliers au 17e légère et 80 capotes au détachement du 32e qui est ici. Faites répartir les autres capotes entre les cinq bataillons de marche de Valladolid qui ont été formés ce matin. Donnez ordre que le 17e légère parte demain, à la pointe du jour, pour se rendre à Astorga. Donnez ordre à la division Heudelet de partir demain pour se rendre à Medina de Rio Seco ; au 1er escadron de marche de Valladolid de se rendre à Madrid, au 2e escadron de marche de se rendre à Villafranca, où les hommes qui appartiennent au corps du maréchal Ney le rejoindront. Expédiez des ordres aux 1er, 2e, 3e, 4e et 5e bataillons de marche de Valladolid ; qu'ils prennent du pain pour deux jours, et désignez leur pour demain une petite marche de 3 lieues, d'où ils se dirigeront sur leurs corps. Les hommes de la division Lapisse se dirigeront sur Toro et, de là, sur Zamora. Le bataillon du 31e restera ici pour le service de la place. Le général de division Claparède prendra le commandement de la province de Valladolid jusqu'à ce que je lui donne le commandement d'une division vacante, ce qui ne tardera pas. Donnez ordre au commissaire des guerres de proposer des mesures pour faire 4.000 capotes, 4.000 vestes, 4.000 culottes et 8.000 paires de souliers. Donnez ordre que le bataillon du 32e qui est à Léon avec le général Loison, se rende à Madrid. Faites connaître partout que les changements suivants ont eu lieu : que le 8e corps est supprimé ; que tout ce qui faisait partie des 12e, 2e et 4e légères et des 58e, 32e et 47e a rejoint ses régiments ; qu'ainsi, on doit diriger tous les détachements sur les corps dont ces régiments font partie. Prévenez que le 17º légère fait partie de la division Laborde, laquelle fait partie du 2º corps, commandé par le duc de Dalmatie.

NAPOLÉON.

2657. — AU GÉNÉRAL CLARKE.

11 janvier 1809.

Monsieur le général Clarke, envoyez un courrier extraordinaire pour diriger sur Perpignan le régiment de Würzburg, les deux régiments de Berg et le bataillon des contingents des petits princes de la Confédération. Cela doit faire une division de 5.000 hommes. Mon intention est que ces troupes fassent partie de la division Reille et aident ce général à faire le siège de Girone.

Nommez, pour commander cette division allemande, un général de brigade bon et sachant parler allemand.

Le général Sanson restera pour commander le génie du siège de Girone.

Un des généraux d'artillerie qui se trouvent au 7º corps commandera l'artillerie.

Donnez ordre que tous les préparatifs soient faits pour que ce siège puisse commencer vers le 15 février.

NAPOLÉON.

2658. — ORDRE (1).

Valladolid, 11 janvier 1809.

Tous les aides de camp des maréchaux, colonels-généraux de la garde, des généraux grands-officiers de la Couronne, des généraux aides de camp de l'Empereur ou autres, ceux également des généraux chefs de corps dans la garde, ne feront point partie de la garde, à dater du 1er janvier 1809.

---

(1) Copie certifiée conforme par Maret.

2650. — DÉCISIONS (1).

On propose à Sa Majesté de remettre au royaume d'Italie une partie des 218 voitures d'artillerie arrivées de Naples à Vérone et qui formaient précédemment l'équipage de l'armée française dans ce royaume.

Donner à l'Italie ce qui lui appartient.

On propose à Sa Majesté d'accorder la décoration de la Légion d'honneur au capitaine de gardes-côtes Rambaldi pour services distingués sur la côte du département des Alpes-Maritimes.

Accordé.

On prie Sa Majesté de faire connaître si elle approuve que M. Bessières, commissaire impérial à Corfou, fasse payer 400 francs par mois à Mehemet Effendi, ancien secrétaire d'Ali-Pacha, attendu les services qu'il rend pour l'approvisionnement des Sept-Iles.

Approuvé.

On rend compte à Sa Majesté d'un arrêté pris par M. Bessières, commissaire impérial à Corfou, pour la déportation à l'île de Cerigo de trois habitants de Parga.

Accordé.

Le ministre propose la formation d'une commission militaire à Corfou pour les cas d'espionnage et d'embauchage.

Le général de brigade Brenier, fait prisonnier et blessé en Portugal, annonce que le gouvernement anglais propose son échange contre le major général Abercromby, qui est prisonnier sur parole en Angleterre.

Pourquoi cet officier est-il en Angleterre ; qui a donné la permission ? Faire des enquêtes là-dessus.

On prend les ordres de Sa Majesté sur cette proposition.

---

(1) Sans signature ni date; extraites du « Travail du ministre de la guerre avec l'Empereur, du 11 janvier 1809 ».

2660. — DÉCISION (1).

Le maréchal Berthier sollicite la continuation des secours accordés à deux officiers portugais, Diego Joseph d'Acunha et Antonio de Seina, connus pour leur dévouement au parti français en Portugal.

Accordé.

NAPOLÉON.

2661. — DÉCISION (2).

Le maréchal Berthier rend compte qu'un officier espagnol prisonnier de guerre, le lieutenant-colonel Folcke, du régiment de la Louisiane, et fils du gouverneur des Deux-Florides, sollicite la faveur de prendre du service dans les rangs français.

Accordé.

NAPOLÉON.

2662. — DÉCISION (3).

Le général Lariboisière rend compte au maréchal Berthier de l'arrivée à Valladolid de deux pièces de 12 et six canons appartenant au 6° corps. Il demande s'il faut diriger sur ce corps d'armée les pièces en question.

Les faire partir pour la division Heudelet, qui n'a pas d'artillerie.

NAPOLÉON.

2663. — DÉCISION.

12 janvier 1809.

Le général Clarke rend compte qu'il a dirigé sur Dunkerque le 4° bataillon du 3° régiment suisse, afin de renforcer la garnison de cette place réduite à 150 hommes du dépôt du 55° de ligne.

Approuvé.

NAPOLÉON.

(1) Sans date; le rapport du maréchal Berthier est du 10 janvier 1809, l'expédition est du 12.
(2) Sans date; le rapport du maréchal Berthier est du 10 janvier 1809, l'expédition de la décision est du 12.
(3) Sans date; le rapport de Lariboisière est du 11 janvier, l'expédition de la décision est du 12.

2664. — ORDRE (1).

ARTICLE 1ᵉʳ. — Les deux provinces de Valladolid et de Palencia fourniront pour le service de l'armée, savoir :

	Capotes.	Vestes.	Culottes.	Souliers (paires).
Celle de Valladolid.	4.000	4.000	4.000	8.000
Celle de Palencia.	2.000	2.000	2.000	4.000
TOTAL.	6.000	6.000	6.000	12.000

ART. 2. — Il sera en conséquence établi, dans chacune de ces deux villes, un atelier de confection, sous la direction d'un délégué, désigné par l'intendant de la province, sous la surveillance d'un agent français et sous l'inspection d'un commissaire des guerres ; ces trois agents seront responsables de la bonne confection des effets, de la qualité des matières et de leur réception ; ils concourront ensemble à ces diverses opérations.

ART. 3. — Ces ateliers seront formés à la diligence des intendants dans les quarante-huit heures qui suivront la publication de cet ordre.

ART. 4. — Il sera confectionné tous les dix jours dans chacun de ces ateliers :

2.000 capotes,
2.000 vestes,
2.000 culottes,
et 4.000 paires de souliers,

de manière que, dans le délai d'un mois, les quantités totales soient fournies. Les procès-verbaux de réception seront dressés tous les dix jours et l'employé français deviendra alors responsable de la garde et de la conservation des effets.

ART. 5. — Il sera accordé pour les matières premières, la confection et autres menues fournitures, un prix fixe, qui est réglé ainsi qu'il suit (2) :

	Francs.	Centimes.
Pour une capote.	—	—
Pour une veste.	—	—
Pour une culotte.	—	—
Pour une paire de souliers.	—	—

(1) Sans date; se trouvait classé avec des pièces du 12 janvier 1809.
(2) Les prix ne sont pas indiqués ci-dessous.

Les paiements s'effectueront sur la remise des procès-verbaux de réception.

Art. 6. — L'intendant général de l'armée est chargé de l'exécution du présent et donnera, à cet effet, les ordres et instructions nécessaires.

2665. — DÉCISION.

Valladolid, 13 janvier 1809.

L'ordonnateur en chef Joinville rend compte au maréchal Berthier de la quantité de pain qui peut être cuite par jour dans les fours de Valladolid ; il rend compte, en outre, du pillage d'un convoi de farine à Villanueva par les brigands espagnols et il demande l'autorisation d'envoyer sous escorte 30 caissons des équipages à Palencia pour y charger du pain et de la farine.

Le major général écrira au maréchal Bessières pour qu'il envoie un détachement à Villanueva, composé de 100 fusiliers et 60 dragons, en en donnant le commandement à un officier intelligent qui se mettra en colonne mobile à la poursuite des brigands.

Il y a ici 80 caissons ; on en fera partir pour Palencia aujourd'hui 30 et demain 30, qui ne séjourneront qu'un jour dans cette ville et, au bout de trois jours, reviendront chargés de pain et de farine. Qu'on fasse fabriquer à Palencia beaucoup de biscuit.

Napoléon.

2666. — AU MARÉCHAL BERTHIER.

Valladolid, 13 janvier 1809.

Mon Cousin, le détachement du 36e restera à Valladolid jusqu'à nouvel ordre, ainsi que les petits détachements d'hommes isolés, en recommandant au général Dufresse de prendre un soin particulier de faire instruire ces jeunes gens, de manière que, lorsque le 36e aura pris position, on puisse lui envoyer des hommes déjà instruits. Le régiment de Westphalie, dont vous trouverez ci-joint l'état, restera à Valladolid. Il sera pris des mesures pour se procurer des draps, soit des magasins de l'armée, soit autrement, pour faire faire à ce corps 400 habits, 400 vestes, 400 culottes et 400 capotes. Il lui sera donné une somme qui sera retenue sur ses masses pour confectionner ces effets d'habillement. Il lui sera également donné 400 paires de souliers. Le colonel recevra l'ordre de prendre des mesures telles que ce régiment soit habillé à neuf et en parfait état avant un mois. La 3ᵉ compagnie du 6ᵉ bataillon des équipages militaires sera mise en état et réparée. Les détachements du 6ᵉ bataillon du train des 1ʳᵉ, 2ᵉ, 3ᵉ et 4ᵉ compagnies séjourneront ici demain et partiront après-demain pour Burgos, d'où ils joindront leurs compagnies devant Saragosse. Vous recommanderez à Burgos qu'on les fasse partir avec des escortes provenant de détachements existant à Burgos des corps qui sont devant Saragosse et fortes d'au moins 100 hommes.

Le 6ᵉ bataillon de marche de Valladolid, fort de 400 hommes appartenant à la division Lapisse, partira demain. Il lui sera donné 400 capotes et 400 paires de souliers ; il se dirigera sur Zamora. Les six jeunes gens sortis de Fontainebleau qui ont été nommés sous-lieutenants dans les vélites, passeront dans la ligne comme lieutenants et il leur sera donné 1.000 francs de gratification.

NAPOLÉON.

2667. — DÉCISION.

Valladolid, 13 janvier 1809.

Le général Clarke rend compte de la situation des détachements de troupes à cheval stationnés à Versailles et des ordres qu'il a donnés, afin de compléter ces détachements avant leur départ pour rejoindre l'armée d'Espagne.

J'approuve ces dispositions. Les dépôts des 1ᵉʳ, 2ᵉ et 4ᵉ d'hussards, des 27ᵉ de chasseurs et 16ᵉ de dragons compléteront chacun à 60 hommes et 60 chevaux leurs détachements qui sont à Versailles ; et, lorsque ces cinq détachements seront prêts et que le ministre se sera assuré qu'ils ne manquent de rien, il les fera partir à petites journées pour Tours.

NAPOLÉON.

2668. — DÉCISION.

Valladolid, 13 janvier 1809.

Le maréchal Jourdan fait part au maréchal Berthier des dispositions prescrites par le roi pour renforcer les troupes de cavalerie aux ordres du général Lucotte.

Il est très nécessaire que le général Lucotte ait 300 ou 400 hommes de cavalerie ; il serait peut-être convenable de lui envoyer les hussards hollandais ou le régiment de Wurtemberg qui se trouve à Madrid. Ces deux régiments ont des détachements avec les généraux Davenay et Maupetit. Aussitôt que j'aurai ces généraux à Salamanque, je les ferai revenir ; mais, en attendant, ces régiments doivent avoir 150 chevaux à Madrid.

NAPOLÉON.

2669. — AU GÉNÉRAL CLARKE.

13 janvier 1809.

Monsieur le général Clarke, je vous ai déjà donné l'ordre, et je vous le réitère, de diriger sur Perpignan le régiment de Würzburg, les deux régiments de Berg, le bataillon de Saxe, et, enfin, les quatre régiments de Westphalie. Choisissez un général qui parle allemand pour commander ces troupes que vous mettrez sous les ordres du général Reille, pour faire le siège de Girone.

NAPOLÉON.

2670. — AU GÉNÉRAL CLARKE.

Valladolid, 13 janvier 1809.

Monsieur le général Clarke, je reçois votre lettre du 4. Mon intention est que le 33ᵉ légère ne soit pas organisé et que les officiers du dépôt de ce corps, qui est à Mont-de-Marsan, rejoignent leurs anciens corps respectifs. Quant aux hommes de ce dépôt, ils seront versés dans celui du 16ᵉ qui est à Bayonne.

NAPOLÉON.

2671. — DÉCISION.

Valladolid, 13 janvier 1809.

Rapport de l'ordonnateur en chef Joinville au maréchal Berthier, afin de lui proposer les moyens d'exécution convenables pour la confection de 4.000 capotes, 4.000 vestes, 4.000 culottes et 8.000 paires de souliers dont la fourniture vient d'être prescrite.

Les draps doivent être pris à Valladolid, dans les manufactures du roi, et même chez les principaux marchands s'il y en a ; ils doivent être pris aussi dans les manufactures de Ségovie, de Zamora et de Toro. La confection qui en sera faite sera payée par le Trésor le prix ordinaire.

Napoléon.

2672. — AU MARÉCHAL BERTHIER.

Valladolid, 14 janvier 1809.

Mon Cousin, il y aura à Valladolid un commissaire ordonnateur qui aura la direction de tout le service depuis Zamora, Astorga, Léon, jusqu'à Ségovie, Palencia et Burgos. Il y aura également un payeur. Il y aura à Valladolid un atelier d'habillement à la tête duquel sera un directeur. On fera fournir à cet atelier d'habillement de Ségovie, de Palencia et villes environnantes, de manière qu'il y ait toujours des souliers, des capotes et des habits.

Napoléon.

2673. — AU GÉNÉRAL CLARKE.

Valladolid, 14 janvier 1809.

Monsieur le général Clarke, vous ferez connaître, sur le Mont-Cenis et dans la Savoie, que les divisions Molitor et Boudet vont passer les Alpes ; vous ordonnerez que les étapes soient approvisionnées de vivres et de vin, en suffisance pour donner à 30.000 hommes.

Napoléon.

2674. — AU GÉNÉRAL CLARKE.

Valladolid, 14 janvier 1809.

Monsieur le général Clarke, les régiments des divisions Saint-Cyr et Legrand qui n'auraient point dépassé Metz resteront jusqu'à nouvel ordre dans cette ville.

NAPOLÉON.

2675. — AU GÉNÉRAL CLARKE.

Valladolid, 14 janvier 1809.

Monsieur le général Clarke, je vois, par votre lettre du 5 janvier, qu'il y a un effectif de 3.700 hommes à la garde. Je vous ai mandé qu'il fallait y réunir la conscription des départements de la Loire-Inférieure et des Deux-Sèvres, ce qui fera une augmentation de 1.000 hommes.

Je pense que, dans l'appel de la conscription de cette année, il serait bon d'attacher encore 10.000 hommes à la garde, c'est une manière prompte de les bien habiller et de les instruire. On en fait ensuite ce qu'on veut. Seulement, il faut leur donner le même uniforme que la ligne, en en réservant un tiers pour l'infanterie légère.

Donnez ordre au commandant de ma garde de continuer d'exercer les jeunes gens. Mon intention est qu'ils passent encore le mois de janvier à Paris, afin qu'on perfectionne leur instruction et qu'ils puissent prendre un ton bien militaire.

Je vois que le 15ᵉ régiment d'infanterie légère, qui a à Paris 900 hommes, n'en compte cependant que 500 de disponibles. J'aurais à cœur que vers le 1ᵉʳ février ce régiment pût fournir 800 hommes pour recruter ses bataillons à l'armée du Rhin.

Je vois que les deux régiments du grand-duché de Berg sont forts de 2.800 hommes. Le régiment du grand-duc de Würzburg est, m'a-t-on dit, de 2.000 hommes ; le bataillon de Saxe est fort de 800 hommes. Cela ferait donc un total de 5.600 hommes, force bien suffisante pour prendre Girone, mais il faudrait mettre à leur tête deux bons généraux de brigade parlant allemand. Faites marcher ces troupes tout doucement, afin qu'elles ne se fatiguent pas.

NAPOLÉON.

2676. — AU MARÉCHAL BERTHIER.

Valladolid, 15 janvier 1809.

Mon Cousin, donnez l'ordre au général de division Solignac de se rendre à Madrid. Il restera auprès du maréchal Jourdan jusqu'à ce qu'il soit question d'approcher des frontières du Portugal. Il pourra alors être employé de ce côté.

NAPOLÉON.

2677. — AU MARÉCHAL BERTHIER.

Valladolid, 15 janvier 1809.

Mon Cousin, donnez ordre au général Claparède de se rendre à Francfort où il prendra le commandement d'une des trois divisions du général Oudinot. Donnez ordre au général Mathieu Dumas de partir dans trois jours pour se rendre dans toute diligence dans la 8e division militaire, y passer la revue des 1er, 16e et 62e de ligne, 22e et 32e légère et du 2e régiment suisse. Il aura soin de voir en détail ces 5es bataillons et de faire partir par la Corniche tous les effets d'armement et d'habillement disponibles, afin que les conscrits des 1er et 62e de ligne et 22e légère rejoignent sans délai leurs bataillons de guerre à l'armée d'Italie. Il rendra un compte détaillé au ministre de la guerre de toutes ses opérations ; il m'en écrira directement ; il entrera dans tous les détails et lèvera les difficultés. On m'assure qu'il y a beaucoup de conscrits qui ne sont pas habillés. Le général Dumas ira ensuite dans la 7e division militaire, où il passera de même en revue le 5e, le 11e, le 23e, le 60e, le 79e, le 81e de ligne, le 8e et le 18e d'infanterie légère. Il y a là 500 à 600 conscrits qui sont nécessaires à l'armée d'Italie et pour compléter les 3es bataillons de Dalmatie qui se trouvent réunis aux environs de Venise. Il vérifiera ce qui peut empêcher que ces conscrits ne soient habillés et en état de partir. Je désire que le général Dumas les mette en route avant le 15 février et qu'ils puissent être réunis à leurs bataillons avant le 1er mars ; il lèvera toutes les difficultés. Il passera aussi la revue des régiments portugais qui se trouvent dans cette division et me fera connaître l'esprit qui les anime et quel espèce de service on peut en tirer. Le général Dumas, lorsque sa mission sera finie, viendra me présenter l'ensemble de ses opérations dans l'endroit où je serai. Mais il est nécessaire que, lorsqu'il passera en revue un régiment, il en adresse sur-le-champ un rapport particulier au ministre de la guerre et lui fasse connaître ce qu'il y a à faire pour activer l'armement et l'habillement. Il devra faire, de son côté, tout ce qu'il pourra auprès des majors et des préfets pour donner à ces opérations toute l'activité convenable. Vous remplacerez ici le général Dumas par le général Le Camus, pour le bureau de correspondance établi à Valladolid. Le général Dufresse commandera la province de Valladolid.

Quatre jours après mon départ, vous donnerez ordre au général Dorsenne, commandant les grenadiers à pied de la garde, au général Curial, commandant les chasseurs à pied et au général Walther, commandant la cavalerie, de se rendre à Paris où leur présence est nécessaire pour la reddition des comptes de leur régiment. D'ici à huit jours, vous donnerez ordre au général Montbrun de se rendre à Paris.

NAPOLÉON.

2678. — AU MARÉCHAL BERTHIER.
Valladolid, 15 janvier 1809.

Mon Cousin, répondez au général Trelliard que vous m'avez mis sous les yeux sa lettre du 11 janvier. Je trouve ridicule qu'il ait livré les brigands à la justice ; il devait les traduire devant une commission militaire et les faire pendre. Il a raison de demander un bataillon d'infanterie ; il n'aurait pas dû laisser partir ce qu'il avait du 118e. Par les ordres que j'ai donnés, il doit avoir un bataillon du 5e légère. Ecrivez au général Darmaignac pour lui témoigner mon mécontentement de ce qu'il a retiré le 118e d'Aranda avant que le bataillon du 5e légère fût arrivé ; donnez-lui l'ordre de correspondre avec le maréchal Bessières à Valladolid deux fois par semaine. Ecrivez au général Bron de correspondre également avec le maréchal Bessières par Aranda, également au général Trelliard. Je suppose qu'aujourd'hui les 30 caissons du 6e bataillon sont partis pour le corps du maréchal Soult et ont porté les effets d'habillement et les souliers appartenant à ce corps.

NAPOLÉON.

2679. — ORDRE.
Au camp impérial de Valladolid, 15 janvier 1809.

Napoléon, Empereur des Français, roi d'Italie, protecteur de la Confédération du Rhin, etc.,

Avons ordonné et ordonnons ce qui suit :

Le sieur Ramirez, de Palencia,
..... Valdès, de Burgos,
Le marquis de Rebilla, de Valladolid,
Le comte de Tromoso,
Le marquis de Villa-Sante,
Et don Joseph-Maria Tinero,

seront mis en état d'arrestation, et les scellés seront apposés sur leurs biens, effets, meubles et immeubles par les soins de l'intendant général de la province de Valladolid.

NAPOLÉON.

2680. — AU MARÉCHAL BERTHIER.

Valladolid, 16 janvier 1809.

Mon Cousin, donnez ordre que le détachement du 51° de ligne soit incorporé dans le 4° bataillon qui est ici, et que les détachements du 55° de ligne et du 12° d'infanterie légère partent pour Madrid.

NAPOLÉON.

2681. — ORDRE.

Valladolid, 16 janvier 1809.

Toute ville occupée par l'armée française, dont la population excédera 2.000 habitants, enverra une députation de trois membres à Madrid pour porter au roi le procès-verbal des prestations de serment ;

Toute ville de plus de 10.000 habitants enverra une députation de six membres ;

Toute ville de plus de 20.000 habitants enverra neuf députés ;

Tous les évêques s'y rendront de leur personne ;

Tous les chapitres enverront un quart de leurs chanoines ;

Tous les couvents deux moines de leur ordre.

Le major général transmettra les instructions nécessaires pour que les commandants des provinces fassent exécuter le présent ordre.

NAPOLÉON.

2082. — AU GÉNÉRAL CLARKE.

16 janvier 1809.

Monsieur le général Clarke, je vous renvoie votre état pour servir à la répartition de la levée de 1810.

Je vous ai fait connaître les bases. Pour mieux voir ce qu'il y a à faire, il faudrait me présenter ce travail par armée ; c'est cela qui me décidera à accorder à chaque corps 100 de plus ou de moins.

Actuellement, ce qui est de la plus grande importance, ce sont les corps de l'armée du Rhin et ceux de l'armée d'Italie.

Le 33e d'infanterie légère n'existe pas, le 14e de cuirassiers non plus ; celui-là et le 13e ne doivent former qu'un seul régiment.

Dans l'état il ne faut pas dire : pour les fusiliers de la garde, mais bien : dépôt de conscrits attachés à la garde.

NAPOLÉON.

2683. — DÉCISIONS (1).

Sa Majesté est priée de faire connaître si le bataillon des matelots de la garde doit être complété à Bayonne.	Il faut d'abord voir si elle reviendra.
On propose à Sa Majesté de réformer sans traitement M. Chambaud, lieutenant au 92e régiment, proposé pour la retraite, qui compte moins de quatre ans de service effectif et qui a été démissionnaire en l'an II.	Accordé.
On propose à Sa Majesté d'exclure du camp des vétérans établi sous Juliers le nommé Léonard, qui a répandu des propos calomnieux contre le commandant du camp.	Je n'ai point ce droit, la loi, la loi.

(1) Sans signature ni date; extraites du « Travail du ministre de la guerre avec l'Empereur, du 18 janvier 1809 ».

2084. — AU GÉNÉRAL CLARKE.

24 janvier 1809.

Monsieur le Ministre de la guerre, je reçois votre lettre du 10 janvier. Je n'approuve point la proposition que vous me faites de compléter les grenadiers et les voltigeurs de la division Oudinot par des hommes tirés des trois premiers bataillons. Le temps où une pareille mesure était bonne est passé. On ne peut plus faire venir des extrémités de l'Espagne des hommes pour recruter les corps de la Baltique. Aucune mesure générale n'est plus applicable. S'il y a des corps dans la division Oudinot qui aient leurs premiers bataillons sur le Rhin, la mesure est bonne.

Faites-moi connaître : 1° la formation des douze demi-brigades provisoires qui doivent composer le corps d'Oudinot ; 2° la force des compagnies de grenadiers et voltigeurs qui y existent déjà. Mon intention est de compléter le corps des grenadiers et voltigeurs par les conscrits de ma garde. Il doit y avoir, je crois, trente-quatre compagnies de grenadiers et voltigeurs à 140 hommes ; cela fera un effectif de 4.760, d'où il sera facile de déduire la quantité que les conscrits de la garde devront fournir.

En lisant avec attention l'état des 4es bataillons à l'époque du 15 décembre, je vois qu'il y a des fautes. Je vois dans le 12e de ligne que vous portez une compagnie de 138 hommes à Mayence. Je ne puis pas comprendre d'où cela vient. Si elle faisait partie d'un régiment de marche, elle allait compléter le corps du maréchal Davout, je n'en doute pas. Dans le cas contraire, je ne conçois pas ce qu'elle ferait à Mayence. Il faut donc ordonner que le cadre revienne au dépôt. Ainsi, cette première compagnie se réduirait à zéro, et vous n'auriez que la deuxième que vous portez à 132 hommes et qui est à Mézières.

Le 88e de ligne n'aurait également qu'une compagnie à fournir, *idem* le 59e. Le 76e devrait en fournir deux, ainsi de suite.

Mais il faudrait ajouter à cela le nombre d'hommes qui ont dû entrer dans les compagnies du corps d'Oudinot, appartenant aux 3es bataillons qui sont en Espagne. Il faut ajouter cette colonne à votre état et y spécifier séparément les 4es bataillons qui doivent être envoyés, en les classant, comme je l'ai fait pour la formation des demi-brigades provisoires.

Il est évident que si ces corps, au lieu de quatre compagnies, n'en peuvent fournir d'abord que trois, c'est-à-dire grenadiers et voltigeurs complétés par les conscrits de la garde, et une compagnie du 3ᵉ bataillon, ces trois compagnies formeront un effectif de 420 hommes. Ce serait, sans doute, un petit bataillon, mais ces trois compagnies se formeraient à l'instar des grenadiers et voltigeurs, et, aussitôt que la conscription de 1810 permettrait d'y envoyer les 4ᵉ, 5ᵉ et 6ᵉ compagnies, ce corps deviendrait très beau ; mais, même à trois compagnies, il pourrait agir.

Cela ferait 1.260 hommes par demi-brigade et au moins 900. Si on avait besoin de s'en servir, on les réunirait deux à deux, et, au lieu d'avoir douze demi-brigades, on en ferait provisoirement six. Comme ce cas n'est pas probable, je désire que vous me mettiez sous les yeux l'organisation de ces douze demi-brigades, que vous me fassiez connaître les majors qui les commandent, les chefs de bataillon et adjudants majors et que vous m'indiquiez les corps qui peuvent fournir cinq compagnies.

Les corps qui peuvent fournir deux compagnies complètes les fourniront. Il me suffit que tous ces corps soient rendus dans un point central de la frontière vers le 15 mars. En réitérant l'ordre à Mayence et sur les bords du Rhin de retenir tous les hommes isolés qui auraient échappé à l'Espagne, vous trouverez encore beaucoup de ressources pour ce recrutement.

NAPOLÉON.

2685. — AU GÉNÉRAL CLARKE.

24 janvier 1809.

Monsieur le Ministre de la guerre, je reçois votre lettre du 11 janvier. Je suppose que les deux régiments d'infanterie du grand-duc de Berg sont partis de Perpignan. Faites-moi connaître la route qu'ils doivent tenir. Mon intention est que le régiment de cavalerie reste à Versailles et que vous ayez une correspondance assez suivie avec le conseiller d'État Beugnot, afin qu'avant le mois de mai il puisse être de 1.000 chevaux.

Tous les officiers doivent être du pays, excepté deux ou trois Français par régiment. Je vois avec peine que le 1ᵉʳ régiment était de 1.400 hommes et le 2ᵉ de 1.496, ce qui fait 2.896.

Avant toute chose, il faut que 260 hommes partent du pays de Berg pour compléter l'effectif de ces régiments qui, entrant en campagne, doivent être au moins à l'effectif. Veillez à ce qu'ils soient habillés ; ils doivent l'être aux frais de la caisse du duché.

Vous pouvez vous adresser au conseiller d'Etat Beugnot pour la suite des affaires ; mais, lorsqu'il y aura un ordre positif à donner, il faut vous adresser au secrétaire d'Etat Maret.

Le reste des forces que doit me fournir le grand-duché doivent être prêtes au 1er avril.

Vous savez que, pour avoir 3.000 hommes que ce duché doit me fournir à Perpignan, il faut que ce duché ait un approvisionnement de capotes et de souliers. Si on trouve de l'avantage à les faire faire à Perpignan, je ne m'y oppose point ; mais je ne veux pas entendre parler de dénuement.

Faites-moi connaître s'ils ont une masse de linge et chaussures ; dans ce cas, les régiments devraient se pourvoir de souliers. Je leur donne une paire de souliers en gratification sur les fonds du duché et comme grand-duc de Berg.

Quant au régiment de Würzburg, faites-moi connaître s'il est complet, et faites en sorte qu'il trouve deux paires de souliers par homme, à Perpignan, dont je leur fais gratification, et ce, aux dépens des caisses françaises.

NAPOLÉON.

2686. — AU GÉNÉRAL CLARKE.

Paris, 24 janvier 1809.

Monsieur le Ministre de la guerre, je reçois votre lettre du 12 janvier. Il ne faut faire partir ni le 15e régiment d'infanterie légère, ni les 600 chevaux de Versailles, qu'après avoir pris mes ordres.

NAPOLÉON.

2687. — AU GÉNÉRAL CLARKE.

Paris, 24 janvier 1809.

Monsieur le Ministre de la guerre, je reçois votre lettre du 12 janvier. J'approuve les cantonnements que vous avez donnés aux divisions Boudet et Molitor. Si les fourrages sont trop chers à Lyon, ou si deux régiments de cavalerie y sont de trop, vous pouvez en placer un dans les environs. Faites-moi connaître si ces deux divisions ont leur artillerie, leurs équipages militaires et leurs caissons d'ambulance.

Mon intention n'est pas que les régiments de ces deux divisions fassent rien venir de leurs dépôts sans mon ordre. S'ils ont quelques objets à en tirer, vous m'en rendrez compte.

Par cette même lettre, du 12, vous me parlez des divisions Carra-Saint-Cyr et Legrand. Je vous ai donné depuis d'autres ordres. Faites-moi connaître où elles se trouvent et parlez-moi de leur artillerie et de leurs équipages.

NAPOLÉON.

2688. — AU GÉNÉRAL CLARKE.

Paris, 24 janvier 1809.

Monsieur le Ministre de la guerre, je reçois votre lettre du 13 janvier. Mon intention est que les 3ᵉ et 4ᵉ escadrons du 26ᵉ régiment de chasseurs ne bougent pas et que ces escadrons soient portés à 250 hommes chacun. Je suppose que le major y est. Vous me ferez connaître à quelle époque 500 hommes armés, équipés et un peu formés, seront dans le cas d'entrer en campagne.

NAPOLÉON.

2689. — AU GÉNÉRAL CLARKE.

Paris, 24 janvier 1809.

Monsieur le Ministre de la guerre, vous ferez connaître au vice-roi que j'approuve ce qu'il a fait pour le 13ᵉ régiment d'infanterie de ligne ; je désapprouve ce qu'il a fait pour le 3ᵉ d'infanterie de ligne d'Italie. Aucun corps ne doit sortir de son commandement pour passer dans un autre sans mon ordre. Toutes les fois que le roi de Naples, ou tout autre, lui demandera des troupes, il doit s'y refuser et demander une décision.

NAPOLÉON.

2690. — AU GÉNÉRAL CLARKE.

24 janvier 1809.

Monsieur le Ministre de la guerre, j'ai lu votre lettre du 18 janvier, d'où je vois que l'armée d'Italie a ou aura 2.200 chevaux d'artillerie. Je désire que les trois bataillons du train de l'armée d'Italie soient portés, en chevaux, aussi haut que peut le permettre leur situation. Aucune difficulté de les porter à 1.000 chevaux. Quant aux fonds qui sont nécessaires pour cela, vous devez les prendre sur les masses ou sur les fonds de réserve de votre ministère. Vous m'en porterez l'observation la première fois que je travaillerai sur le budget.

Mon intention est que le 3ᵉ bataillon *bis* forme sa 6ᵉ compagnie sous le nom de 7ᵉ ; la 6ᵉ, qui est en Espagne, continuera à faire partie de ce bataillon.

Le 4ᵉ bataillon principal sera attaché aux divisions Molitor et Boudet, de sorte que les trois compagnies de ce bataillon qui sont au Rhin viendront remplacer les trois compagnies du 3ᵉ qui sont à ces divisions.

Le 9ᵉ principal et le 8ᵉ *bis*, qui sont à Mayence, seront tous les deux portés à huit compagnies, quatre à Mayence, deux en Espagne et deux nouvelles qui seront créées à Mayence.

Les armées d'Allemagne auront donc alors, pour leur service, huit bataillons entiers et trois compagnies du 3ᵉ bataillon. Il faut porter chacun de ces bataillons à 1.000 chevaux, ce qui ferait 8.500 chevaux.

Ce sera donc près de 2.000 chevaux qu'il faudra acheter, indépendamment de ce qu'il faudra pour l'Italie. Il faut avoir soin que les achats soient composés de chevaux en bon âge et en état de faire le service. En résumé, j'ai besoin, pour l'armée d'Allemagne, de 8.000 chevaux, en Italie 3.000 et en France 1.000, ce qui ferait 12.000 chevaux du train d'artillerie.

NAPOLÉON.

2691. — AU GÉNÉRAL CLARKE.

Paris, 24 janvier 1809.

Monsieur le Ministre de la guerre, j'ai vu, par votre lettre du 20, que vous avez ordonné les mouvements à effectuer des 7ᵉ et 18ᵉ divisions militaires sur l'Italie.

Il est nécessaire de recommander aux généraux : 1° de ne laisser partir aucun conscrit qui n'ait sa capote et qui ne soit bien armé et équipé ; 2° que les bataillons de marche ne soient mis en mouvement qu'au complet ; 3° qu'arrivés en Italie, les cadres rejoignent pour venir prendre la conscription de 1810.

NAPOLÉON.

2692. — AU GÉNÉRAL CLARKE.

24 janvier 1809.

Monsieur le Ministre de la guerre, vous donnerez l'ordre au duc de Valmy de ne point disposer du 66ᵉ régiment de ligne, qui n'est point destiné pour l'Espagne, et, si quelque détachement était nécessaire pour l'armée d'Espagne, d'attendre vos ordres.

Faites-moi un rapport, pour former, au commencement d'avril, un camp de 6.000 hommes, composé des 66ᵉ, 82ᵉ et 26ᵉ, ce qui ferait à peu près 2.000 hommes pour chacun. A ma dernière revue en Espagne, j'ai fait rentrer un cadre d'un bataillon du 26ᵉ et un cadre d'un bataillon du 82ᵉ. Ainsi, il doit y avoir des cadres suffisamment pour que chacun de ces régiments puisse former 2.000 hommes. Quant aux hommes, la conscription des quatre années a dû fournir 1.000 hommes à chacun ; la conscription de 1810 devra fournir le reste, c'est-à-dire à peu près 1.000.

Faites-moi un rapport particulier sur les cadres de ces trois régiments qui restent en France.

La situation que je trouve dans l'état n'est pas satisfaisante.

Il faut qu'un général de brigade soit envoyé pour avoir soin de ces régiments ; il sera destiné à commander ce camp, dont le but est de couvrir l'île d'Aix, les bouches de la Loire et de la Gironde.

Pour la même époque, un autre camp devient nécessaire à Napoléonville. Il faut me faire connaître les ressources des 15ᵉ de ligne, 86ᵉ, 70ᵉ et 47ᵉ qui sont dans la 13ᵉ division militaire.

Il est bien important que tous les hommes de ces régiments sortant des hôpitaux d'Espagne rejoignent, ainsi que les conscrits de cette année et de 1807. Le régiment suisse, qui est à Rennes, devra m'en fournir autant.

Le 5ᵉ bataillon du 122ᵉ, qui s'organise à Versailles, et les 5ᵉˢ bataillons des six ou sept régiments qui sont à Paris, devront m'offrir chacun 700 ou 800 hommes, de sorte que ce camp formera 9.000 à 10.000 hommes.

Le 3ᵉ camp à avoir en état, à la même époque, est le camp de Boulogne. Mon intention est que les 4ᵉˢ bataillons qui y sont, et que je destine à défendre ce point, soient portés au grand complet.

NAPOLÉON.

2693. — AU GÉNÉRAL CLARKE (1).

Paris, 24 janvier 1809.

Monsieur le Ministre de la guerre, faites-moi connaître si les divisions Boudet et Molitor ont leur artillerie, leurs équipages militaires et leurs caissons d'ambulance.

Faites-moi connaître, en même temps, si les divisions Carra-Saint-Cyr et Legrand ont leur artillerie et leurs équipages.

2694. — AU GÉNÉRAL CLARKE.

Paris, 24 janvier 1809.

Monsieur le Ministre de la guerre, il faut donner ordre que toutes les troupes qui arrivent de Portugal sur le 3ᵉ convoi soient arrêtées à Angoulême ou à Saintes. Vous me ferez un rapport sur leur situation et sur l'état de leur habillement et armement. D'après le compte que vous m'en rendrez, je donnerai des ordres pour leur destination.

NAPOLÉON.

2695. — AU GÉNÉRAL CLARKE.

Paris, 24 janvier 1809.

Monsieur le Ministre de la guerre, je vois, par votre dernière lettre, que, d'un côté, 500 dragons sont dirigés sur Tours et 300 de l'autre, ce qui fait 800 dragons. Faites-en passer la revue, ayez soin qu'ils soient bien tenus, et faites former un état indiquant le nombre de sous-officiers ou soldats ayant plus d'un an de service, ainsi que le nombre des conscrits n'ayant pas encore fait la guerre. D'après ce rapport, je donnerai une destination spéciale à ces 800 hommes.

NAPOLÉON.

2696. — AU GÉNÉRAL CLARKE.

Paris, 24 janvier 1809.

Monsieur le Ministre de la guerre, je désire que le 28ᵉ régiment de chasseurs et le 113ᵉ de ligne, composés de Toscans, et que les

---

(1) Extrait d'un ordre de l'Empereur certifié conforme par les bureaux de la guerre.

circonstances m'ont décidé à placer sur le territoire des Pyrénées, soient dirigés vers la 1re division militaire pour y achever leur organisation et leur formation. En conséquence, tous les conscrits de la Toscane se dirigeront également sur la 1re division militaire et seront destinés à compléter ces deux régiments. Faites-moi connaître s'il y a de l'inconvénient à les retirer des Pyrénées. Prévenez-en le général Reille. Il me semble que, si le peu d'hommes qu'ils ont lui était utile, il pourrait les resserrer dans un petit cadre et me renvoyer le major avec tout le reste. Vous comprenez mon intention ; donnez des ordres en conséquence. Prévenez-en le ministre de l'administration de la guerre. Je désire que ces régiments puissent me servir au mois de juin ou de juillet.

Napoléon.

2697. — AU GÉNÉRAL CLARKE.

Paris, 24 janvier 1809.

Monsieur Clarke, je reçois votre lettre du 20 janvier. Mon intention est que les 60 bouches à feu et les 292 voitures que j'ai ordonné de tenir prêtes à Toulon puissent toujours être embarquées douze heures après que l'ordre en sera arrivé. Cependant, je ne veux faire aucune dépense extraordinaire pour cela. Si quelqu'une était inévitable, vous m'en rendrez compte. L'économie pourra me décider à accorder un délai. Parmi les observations que vous me faites, j'accorde les pièces longues de 24 ; cependant, je veux 4 pièces courtes. Il faut qu'il y ait un approvisionnement de 1.000 coups, double affût, des objets de rechange et des outils de pionniers. Il est inutile d'avoir 3.000 caisses de mulets à bât. 400 ou 500 sont suffisantes. Le reste peut être dans les caissons ordinaires. J'approuve le million de cartouches.

Napoléon.

2698. — AU GÉNÉRAL CLARKE.

Paris, 24 janvier 1809.

Monsieur le Ministre de la guerre, je reçois votre lettre du 22 janvier. J'approuve les ordres que vous avez donnés pour les divisions Legrand et Carra-Saint-Cyr. Donnez des ordres pour qu'elles soient bien, et faites-moi connaître ce que leurs 4es bataillons ou dépôts peuvent leur envoyer pour les recruter.

Napoléon.

2699. — DÉCISIONS (1).

24 janvier 1809.

Les départements voisins des Pyrénées ne pouvant fournir qu'environ 500 mulets de bât sur les 1.020 qui leur ont été requis, on demande à Sa Majesté si Elle veut qu'il soit pris des mesures pour suppléer à l'insuffisance de cette réquisition.

La réduire à ce que peuvent fournir les départements.

NAPOLÉON.

On prie Sa Majesté de vouloir bien faire connaître si l'on doit payer les droits de douanes pour le kina envoyé d'Espagne à Bayonne. Les droits pour les 400 quintaux (marc) venus de Santander sont évalués à 10.000 francs.

J'ai pris un décret pour qu'il entre sans payer à la douane.

NAPOLÉON.

2700. — DÉCISION.

24 janvier 1809.

Le général Clarke rend compte que le ministre de la marine demande deux détachements pour former la garnison des bricks *l'Abeille* et *l'Endymion* au port de la Spezia.

Approuvé. Prendre dans le 67ᵉ.

NAPOLÉON.

2701. — DÉCISION.

24 janvier 1809.

Le général Clarke rend compte à l'Empereur que le nouveau détachement d'infanterie fourni par le roi de Hollande doit arriver le 28 à Saint-Denis pour, de là, être dirigé sur l'armée d'Espagne.

Les laisser reposer cinq ou six jours.

NAPOLÉON.

---

(1) Extraites du « Travail du ministre directeur de l'administration de la guerre avec S. M. l'Empereur et Roi, daté du 18 janvier 1809 ».

2702. — DÉCISION.

Paris, 24 janvier 1809.

Le général Clarke propose à l'Empereur de faire partir d'Arras le 3ᵉ bataillon du 46ᵉ régiment d'infanterie pour rejoindre, à la division Carra Saint-Cyr, ses deux premiers bataillons de guerre qui seront rendus le 31 de ce mois à Lunéville.

Refusé. Attendre encore quelque temps.

NAPOLÉON.

2703. — DÉCISION (1).

24 janvier 1809.

Le général Clarke propose de faire partir au mois de février, pour l'armée d'Espagne, le détachement formé des dépôts des 1ᵉʳ, 3ᵉ, 5ᵉ, 9ᵉ et 15ᵉ dragons, stationnés à Versailles et Saint-Germain, lorsqu'il aura été porté à l'effectif de 500 hommes habillés et équipés.

Donner l'ordre pour qu'il soit mis en état et alors nous verrons s'il convient de les faire partir.

2704. — DÉCISION.

24 janvier 1809.

Le général Clarke rend compte à l'Empereur qu'il a été passé une revue des dépôts d'infanterie de la garnison de Paris, savoir : ceux du 15ᵉ d'infanterie légère, qui doit partir pour l'Allemagne le 1ᵉʳ février, et ceux des 2ᵉ, 4ᵉ et 12ᵉ d'infanterie légère, 32ᵉ et 58ᵉ de ligne, qui sont prêts à partir pour l'Espagne.

Il faut que ces cinq dépôts puissent fournir chacun 700 à 800 hommes d'ici au mois de mars pour la défense de la Bretagne.

NAPOLÉON.

2705. — AU GÉNÉRAL DEJEAN.

Paris, 24 janvier 1809.

Monsieur le Ministre de l'administration de la guerre, j'ai reçu votre lettre du 20 janvier. J'approuve les dispositions que vous me

(1) Non signée.

proposez pour porter au grand complet les 2ᵉ, 5ᵉ et 9ᵉ bataillons des équipages militaires. Vous avez oublié, dans votre travail des remontes, les deux régiments qui sont dans les villes hanséatiques et les quatre régiments qui sont au corps de réserve du général Oudinot. Je désire porter les chasseurs et les hussards qui sont en Allemagne à 1.100 chevaux et ceux de l'armée d'Italie à 1.200. Pour rendre mon travail plus facile, joignez à votre état celui des hommes, y compris ce que les corps doivent recevoir de la conscription prochaine des quatre années. Il faut compter au moins sur 50 hommes de plus que de chevaux.

Napoléon.

2706. — AU GÉNÉRAL DEJEAN.

Paris, 24 janvier 1809.

Monsieur le général Dejean, il y a, en Espagne, beaucoup plus d'hommes que de chevaux. Au dépôt seul de Pau, il faudrait 1.200 ou 1.500 chevaux pour monter les hommes qui s'y trouvent. Aux dépôts de Pampelune, Palencia, Aranda et Leganès, il en faudrait autant. Il faudrait donc 4.000 chevaux. Il est inutile d'envoyer des conscrits qui gâtent leurs chevaux, faute d'expérience. Mon intention est que vous me fassiez un rapport sur les dépôts d'Espagne, que vous connaissez, et que vous me proposiez l'envoi des dragons, chasseurs et hussards nécessaires. Les brides et les selles doivent y être.

Le général Laroche m'a paru fort content de votre fournisseur. Il pourrait y avoir en cela quelque intérêt particulier. On pourrait charger M. le maréchal duc de Valmy (1), qui s'y connaît, de voir ces chevaux, et de s'assurer si réellement ils sont bons.

Je vous envoie l'état de situation de ce dépôt.

Je vous ai ordonné de diriger sur Niort 500 ou 600 chevaux de différents régiments. Cette mesure a-t-elle réussi? Dans ce cas, ne pourriez-vous pas en faire autant pour le dépôt de Pau? Bien entendu, que vous en tiendrez compte aux régiments qui devraient se pourvoir d'autres chevaux.

Napoléon.

---

(1) Ces mots : *M. le maréchal duc de Valmy* sont de la main du général Dejean.

2707. — AU GÉNÉRAL DEJEAN.

Paris, 24 janvier 1809.

Monsieur le Ministre de la guerre, je reçois votre lettre du 11 janvier où vous me parlez du projet de l'ordonnateur d'envoyer du biscuit à Santander. Quelle rage a-t-on de m'envoyer des vivres où je n'en veux pas ? Et c'est une singulière chose qu'on veuille me constituer en frais de transport et me gorger de denrées en Espagne. On a fait un peu plus de biscuit que je n'en voulais.

Ordonnez que les 200.000 rations qui sont dans le cas de se gâter soient mises en distribution, que 200.000 soient envoyées à Santander et 200.000 à Saint-Sébastien. Quant aux 1.200.000 autres rations, on devrait pouvoir les conserver encore cinq ou six mois, et, d'ici à ce terme, les événements peuvent les rendre nécessaires quelque part.

Je vous ai déjà ordonné plusieurs fois de vous défaire du magasin de réserve de Bayonne. L'ordonnateur m'a assuré qu'il n'avait reçu aucun ordre et que les farines commençaient à se gâter. Même chose pour les eaux-de-vie et les approvisionnements de siège. Quant à la viande, il y a longtemps que j'avais défendu d'en envoyer. On m'a assuré qu'on a fait passer une centaine de bœufs en Espagne ; c'est avoir la fureur de me dépenser de l'argent.

NAPOLÉON.

2708. — DÉCISION (1).

24 janvier 1809.

On met de nouveau sous les yeux de Sa Majesté le rapport qui lui a été présenté le 11 juillet dernier, pour faire remplacer, dans le commandement de la place de Wesel, le général de division Piston, admis à la retraite. On présente en concurrence, pour le commandement, les généraux de division Schaal, Favereau, Mengaud.	Je n'accepte aucun de ceux-là.

---

(1) Non signée; extraite du « Travail du ministre de la guerre avec l'Empereur, du 18 janvier 1809 ».

2709. — DÉCISIONS (1).

On soumet à Sa Majesté l'état des souliers et des capotes expédiés ou à expédier pour l'armée. On demande s'il faut faire continuer les fournitures et les envois.

Remettre l'état des souliers.

M. Bignon, administrateur général des finances à Berlin, recevait 5.000 francs par mois de frais de représentation. Il les réclame jusqu'au 1er décembre. On demande à Sa Majesté si l'administration de la guerre doit payer cette somme et sur quels fonds elle devra le faire.

A renvoyer à M. Daru.

2710. — AU MARÉCHAL BERTHIER.

Paris, 25 janvier 1809.

Mon Cousin, vous trouverez ci-joint des états que m'envoie le général Drouet. Vous y verrez qu'au 1er régiment provisoire de Bayonne il a laissé en blanc le numéro des régiments dont il est formé et qu'il n'a pas porté le lieu où il est. Dans l'état des bataillons de marche des conscrits, il n'est pas question des bataillons dont j'ai ordonné la formation sous le titre de bataillons de marche de Vitoria, de Bilbao, de Saint-Sébastien. Rectifiez cela à votre passage à Bayonne et rapportez-moi des renseignements positifs.

NAPOLÉON.

2711. — DÉCISIONS (2).

Paris, 26 janvier 1809.

On rend compte à Sa Majesté qu'une partie des voitures roulières qui ont été réunies à Bayonne pour les transports à faire en Espagne, se trouve maintenant sans

Cette assertion est ridicule. S'il n'y a pas d'argent, le ministre doit en faire fournir, et, en attendant, le maréchal Kellermann peut en avancer sur les

---

(1) Non signées; extraites du « Travail du ministre directeur de l'administration de la guerre avec S. M. l'Empereur et Roi, daté du 25 janvier 1809 ».
(2) Extraites du « Travail du ministre directeur de l'administration de la guerre avec S. M. l'Empereur-et Roi, daté du 25 janvier 1809 ».

emploi, parce que les besoins sont moins grands. On lui demande si celles qui ne sont pas strictement nécessaires doivent être congédiées de suite.	fonds qu'il a. Quant aux transports, il y a une grande quantité de souliers appartenant aux corps, encombrée à Bayonne. Il y en a beaucoup appartenant au magasin général, qui s'encombrent également à Bayonne. L'artillerie a besoin de boulets de bouche (sic) et d'autres objets. D'un autre côté, ces rouliers peuvent prendre des laines à Bayonne. Loin donc de congédier ces voitures, il faudrait, au contraire, en augmenter le nombre.
	NAPOLÉON.
On prend les ordres de Sa Majesté sur la demande de M. l'ordonnateur en chef Arcambal, de passer au service de S. M. le roi de Naples.	Accordé.
	NAPOLÉON.
On prend les ordres de Sa Majesté sur la demande de M. Salomon, chirurgien sous-aide au 22° de ligne, de passer dans la garde de S. M. le roi de Naples.	Accordé.
	NAPOLÉON.

2712. — AU GÉNÉRAL CLARKE.

26 janvier 1809.

Monsieur le général Clarke, je reçois vos lettres du 25 ; il faut donner des ordres à Bordeaux pour faire partir, sous quarante-huit heures, 600 hommes du dépôt polonais pour Madrid, bien armés et bien équipés. On me rend compte que l'atelier de l'habillement ne marche pas, parce qu'on donne trop peu aux ouvriers. Il serait cependant important de débarrasser Bordeaux de ce dépôt. Comme il n'y a pas de caserne, les Polonais fatiguent plus les habitants que les Français.

Faites-moi connaître le jour où toutes les troupes du dernier débarquement de l'armée de Portugal arriveront à Bordeaux ; si les détachements du 66° et du 82° appartiennent aux cadres qui ont été renvoyés en France, il faut les diriger sur ces dépôts.

Le détachement du train se rendra à Bordeaux, où le général Taviel a des chevaux à lui donner.

Rendez-moi compte de la situation de ces détachements, afin que j'ordonne leur départ.

NAPOLÉON.

2713. — DÉCISIONS (1).

Paris, 26 janvier 1809.

On demande à Sa Majesté si les divisions Boudet, Molitor, Legrand et Carra Saint-Cyr doivent être traitées sur le pied de guerre. Dans ce cas, on propose de substituer aux vivres de campagne une indemnité de 25 centimes.

Jusqu'à nouvel ordre, elles doivent être traitées sur le pied de guerre.

NAPOLÉON.

On propose à Sa Majesté d'accorder à la veuve du sieur Lavau, ancien employé des subsistances militaires, un secours de 150 francs une fois payés.

Accordé.

NAPOLÉON.

2714. — DÉCISION.

Palais impérial des Tuileries, 26 janvier 1809.

Le général Clarke propose d'accorder une gratification de 100 francs à deux gendarmes de la compagnie de la Haute-Loire, qui ont procédé à l'arrestation d'un malfaiteur évadé des bagnes de Toulon.

Accordé.

NAPOLÉON.

---

(1) Extraites du « Travail du ministre directeur de l'administration de la guerre avec S. M. l'Empereur et Roi, daté du 18 janvier 1809 ».

2715. — DÉCISION.

Paris, 26 janvier 1809.

En vue de constituer l'artillerie nécessaire au siège de Girone, le général Clarke propose à l'Empereur de diriger sur Perpignan les cinq compagnies d'artillerie à pied, venant de l'armée du Rhin, qui sont en route pour se rendre à Bayonne.

Diriger trois des cinq qui se rendent à Bayonne, sur Girone.

NAPOLÉON.

2716. — DÉCISIONS (1).

Palais impérial des Tuileries, 26 janvier 1809.

On propose à Sa Majesté d'accorder une gratification aux trois officiers du génie qui ont été employés en 1808 aux travaux de Juliers, savoir : au major, 500 francs; au capitaine, 300 francs; au lieutenant, 200 francs. Ces officiers n'ont point été compris dans la décision de Sa Majesté qui a alloué des traitements supplémentaires aux officiers du génie employés aux travaux extraordinaires.

Accordé.

On soumet à l'approbation de Sa Majesté un état de répartition de la somme de 9.050 francs, en faveur de 43 commissaires des guerres qui ont rempli les fonctions de sous-inspecteurs aux revues pendant le 4ᵉ trimestre de l'an 1808.

Accordé.

On propose à Sa Majesté d'accorder à titre de secours au sieur Schmaltz, habitant de Kœnigstein, une somme de 488 francs, qu'il a avancée en 1793 pour les besoins de la garnison française chargée de la défense de cette place.

Accordé.

---

(1) Non signées; extraites du « Travail du ministre de la guerre avec l'Empereur, du 25 janvier 1809 ».

On propose à Sa Majesté de fixer au 1er juillet la jouissance de la haute paye de 5 centimes par jour accordée aux quatre ouvriers attachés aux compagnies des régiments d'artillerie à pied et à cheval, en vertu du décret du 21 décembre dernier.	Accordé.
Proposition d'autoriser M. Larroque, capitaine adjudant-major au 102e régiment d'infanterie, à passer au service de S. M. le roi de Naples.	Accordé.
Le ministre de la guerre du royaume d'Italie supplie Sa Majesté d'autoriser le passage au service du royaume d'Italie, en qualité de sous-lieutenant, d'un maréchal des logis du 2e régiment de chasseurs.	Accordé.
On soumet à Sa Majesté la demande d'un congé de convalescence de quatre mois, faite par M. Boyeldieu, colonel du 4e régiment d'infanterie de ligne.	Accordé.

2717. — AU GÉNÉRAL DEJEAN.

Paris, 27 janvier 1809.

Monsieur le général Dejean, il peut y avoir de l'inconvénient à envoyer des capotes l'été en Espagne ; il n'y en a aucun à y envoyer des souliers. Faites donc partir la quantité demandée pour Madrid, Burgos et Saragosse, en en gardant à Bayonne une certaine quantité pour les passages. Rien n'est plus important que cela.

NAPOLÉON.

2718. — AU GÉNÉRAL DEJEAN.

Paris, 27 janvier 1809.

Monsieur le général Dejean, les adjoints provisoires qu'on a faits en Espagne sont des morveux et ne sont pas bons à grand'chose.

Je pense qu'il ne faut pas envoyer tous les commissaires des guerres que l'on a en Espagne ; il y en a suffisamment. Il faut garder les autres pour les armées du Rhin.

NAPOLÉON.

2719. — AU GÉNÉRAL DEJEAN.

Paris, 27 janvier 1809.

Monsieur le général Dejean, vous me rendez compte que 110 chevaux sont à réformer au dépôt des équipages militaires, à Auch : faites-les réformer ; qu'il faudrait 800 mulets pour atteler 228 caissons qui se trouvent à Bayonne ou à Auch. Voici mes intentions : ces 228 caissons seront mis en bon état, les 800 mulets seront achetés, mais les uns et les autres seront réunis à Auch et l'on me rendra compte au 1er mars de la situation de ces 228 caissons, afin que j'en dispose, s'il en est besoin, pour d'autres armées, ou que j'ordonne leur renvoi en Espagne. On me fera connaître de quels bataillons et de quelles compagnies sont ces 228 caissons. Mais quelle que soit la destination qui leur sera donnée, selon les circonstances, il est convenable qu'ils soient réunis à Auch ; que vous chargiez un inspecteur de veiller à la répartition des caissons, des harnais, et à ce qu'ils soient bien attelés, et de faire en sorte qu'au 1er mars, j'aie là 228 caissons disponibles pour quelque point de l'Europe où je veuille les envoyer. En Espagne, aujourd'hui, il n'y a pas besoin de caissons. Je vois, par l'état du 15 janvier que vous m'avez remis, que ces caissons appartiennent aux bataillons ci-après, savoir :

4e compagnie du	1er bataillon..............	44	voitures.
4e —	du 3e —	64	—
4e —	du 4e —	13	—
4e —	du 6e —	44	—
4e —	du 7e —	52	—
4e —	du 8e —	4	—
4e —	du 10e —	4	—
4e —	du 11e —	10	—

Il sera donc facile de former de cela un très beau corps, si je l'envoie d'un autre côté que l'Espagne. Donnez ordre que les chevaux, harnais et caissons soient réunis à Auch, sous un bon inspecteur, et que tout cela soit mis en bon état.

NAPOLÉON.

2720. — ORDRE (1).

27 janvier 1809.

Donnez ordre pour qu'il n'y ait aucun Espagnol à la proximité du château de Bouillon.

2721. — DÉCISION.

Paris, 28 janvier 1809.

Le général Clarke propose d'accorder une gratification à deux gendarmes de la compagnie de Maine-et-Loire, qui ont mis en fuite une troupe de brigands venus pour saccager leur caserne à Ingrande.

Accordé.

NAPOLÉON.

2722. — AU GÉNÉRAL CLARKE.

28 janvier 1809.

Monsieur le général Clarke, j'ai reçu votre lettre du... Voici ce que j'ai ordonné pour le 86e :

Les 1er et 2e bataillons seront formés avec les quatorze compagnies qui sont venues avec la division Laborde, de sorte que ces quatorze compagnies seront réduites à douze.

Le 4e bataillon sera le bataillon qui est déjà en Espagne.

Les 3e et 5e bataillons seront formés au dépôt.

Il faut donc ordonner que tous les détachements qui arriveraient désormais de Portugal par mer soient envoyés au dépôt et que les cadres des 3e et 5e bataillons soient formés. Vous allez avoir des officiers de trop par la suppression des cinq légions.

Ayez soin que, sur la conscription de cette année, on envoie 1.000 hommes au 86e ; par ce moyen, les 3e et 5e bataillons seront complétés.

Le major général s'est mal exprimé quand il a dit que les 1er et 2e bataillons seraient de sept compagnies. Ces quatorze compagnies étaient des détachements, ce qui m'a porté à les réduire à douze compagnies.

Enfin, si la suppression des cinq légions de réserve ne vous donne

---

(1) Non signé; copie conforme.

pas le nombre d'officiers dont vous avez besoin, il est facile d'en faire. Il y en a un certain nombre à Bayonne, envoyés d'Italie. Il y a aussi, dans les régiments formés aux environs de Bayonne, des officiers à la suite. Quant aux sous-officiers, on peut les prendre parmi ceux des fusiliers de ma garde qui se sont trouvés à Friedland: c'est là la pépinière naturelle des sous-officiers. En général, on sait où trouver des officiers, mais on est quelquefois embarrassé de trouver des sous-officiers.

Quand vous vous trouverez dans ce cas, présentez-moi une demande et je vous ferai fournir des sergents et caporaux des fusiliers de ma garde.

Napoléon.

2723. — DÉCISION (1).

Paris, 28 janvier 1809.

Le 21 juin dernier, au passage du Duero, il a été pris par les ennemis, au 4ᵉ régiment d'infanterie légère, divers effets d'habillement et d'équipement montant à 32.847 francs.

On prie Sa Majesté d'approuver que le remboursement de cette somme soit fait à ce régiment à titre de secours, à moins qu'Elle ne préfère accorder le remplacement des effets en nature.

Cela est impossible, puisqu'il n'y avait pas d'ennemi alors. Ce ne peut être qu'une négligence du corps. Faire un rapport là-dessus.

Napoléon.

2724. — DÉCISION.

Paris, 28 janvier 1809.

Rapport du général Clarke à l'Empereur sur ce que les divisions Boudet, Carra Saint-Cyr, Legrand et Molitor possèdent comme personnel et matériel d'artillerie, d'équipages et d'ambulances.

Je voudrais avoir un détail du matériel de chacune de ces divisions.

Napoléon.

---

(1) Extraite du « Travail du ministre directeur de l'administration de la guerre avec S. M. l'Empereur et Roi, daté du 18 janvier 1809 ».

2725. — DÉCISIONS (1).

Paris, 28 janvier 1809.

On propose à Sa Majesté d'accorder un fonds annuel extraordinaire de 300.000 francs pour être spécialement et successivement appliqué à l'acquisition des casernes de Paris qui sont tenues à loyer.

Renvoyé au ministre de la guerre pour tâcher d'acquérir ces casernes moyennant des domaines ou d'autres services.

Sa Majesté est priée de faire connaître si son intention est qu'il soit donné à la légion de la Vistule des enseignes de la même forme que celle adoptée pour les troupes françaises qui n'ont point d'aigles, sans autre différence que la dénomination de *légion de la Vistule*.

Approuvé.

Les officiers napolitains prisonniers de guerre en France ont été renvoyés dans leur patrie, à l'exception de 14 qui ont refusé de prêter serment à S. M. le roi des Deux-Siciles.
On prie Sa Majesté de décider si ces derniers doivent rester à Nîmes ou être envoyés dans un fort.

Les envoyer dans un fort et en envoyer l'état à Naples.

On propose à Sa Majesté d'autoriser le sieur Pallier, capitaine retiré du service, à rester à Düsseldorf, tant qu'il y sera utile à M. Beugnot, chargé de l'administration des finances du grand-duché de Berg, et à y conserver le paiement de sa solde de retraite.

Accordé.

Le roi de Westphalie demande l'agrément de Sa Majesté pour prendre à son service le sieur Van der Bogaerde, sergent-major de la 13ᵉ compagnie d'ouvriers d'artillerie, stationnée à Turin.

Accordé.

---

(1) Non signées; extraites du « Travail du ministre de la guerre avec l'Empereur, du 18 janvier 1809 ».

Le maréchal duc d'Auerstædt demande, au nom du prince Poniatowski, l'agrément de Sa Majesté, pour être autorisé à employer dans l'armée polonaise le nommé Jacques Otto, natif de Varsovie, actuellement artificier au 2ᵉ régiment d'artillerie à cheval, à l'armée du Rhin.

Accordé.

On prie Sa Majesté de vouloir bien faire connaître si son intention est d'accorder la gratification de campagne aux officiers portugais qui ont été employés au siège de Saragosse. Cette gratification formerait un objet d'environ 18.000 francs.

Accordé.

2726. — DÉCISION (1).

28 janvier 1809.

On prie Sa Majesté de faire connaître si son intention est que les troupes sous le commandement du général Donzelot, gouverneur des îles Ioniennes, s'emparent de la petite île déserte de Saseno que les Anglais ont occupée et d'où ils gênent la communication entre Corfou et Otrante.

Approuvé.

2727. — DÉCISIONS (2).

31 janvier 1809.

On rend compte à Sa Majesté qu'on a cru devoir accorder provisoirement en gratification aux 225 hommes du 24ᵉ régiment de dragons qui ont été démontés pour

Accordé.

Napoléon.

---

(1) Non signée; extraite du « Travail du ministre de la guerre avec l'Empereur, du 4 janvier 1809 ».
(2) Extraites du « Travail du ministre directeur de l'administration de la guerre avec S. M. l'Empereur et Roi, daté du 4 janvier 1809 ».

faire la guerre à pied, une paire de souliers et une paire de guêtres grises. On la prie de vouloir bien approuver cette disposition, dont la dépense s'élèvera à 1.935 francs.

On prie Sa Majesté de vouloir faire connaître si l'on doit faire confectionner dès à présent les 508 nouvelles enseignes, ou si Elle juge que cette confection doive être différée.

M'en envoyer un modèle.

NAPOLÉON.

2728. — DÉCISION.

Paris, 31 janvier 1809.

Conformément à l'ordre de l'Empereur du 24 janvier, le général Clarke demande à Sa Majesté l'autorisation de renvoyer, pour être incorporés à l'armée du Rhin dans le corps auquel ils appartiennent, les détachements de quatrièmes bataillons restés à Strasbourg et à Mayence.

Accordé.

NAPOLÉON.

2729. — DÉCISION.

Paris, 31 janvier 1809.

Le général Clarke rend compte que le major du 26ᵉ de ligne a fait partir de Napoléon pour l'armée d'Espagne un détachement de 350 hommes.

Je n'ai point donné cet ordre, je ne sais pourquoi ce détachement est parti ; l'arrêter à Bordeaux.

NAPOLÉON.

2730. — DÉCISIONS (1).

31 janvier 1809.

On prie Sa Majesté d'allouer en dépense les primes payées aux salpêtriers pendant l'exercice an XIV-1806.

Accordé.

---

(1) Non signées; extraites du « Travail du ministre de la guerre avec l'Empereur, du 11 janvier 1809 ».

M. de Kindelan, maréchal de camp, réclame la mise en liberté de 32 officiers espagnols faisant partie de ceux désarmés dans le Nord et qu'il déclare être restés fidèles à leurs serments.

On prie Sa Majesté de vouloir bien prononcer sur cette demande.

Accordé.

2731. — DÉCISION (1).

Sa Majesté a prononcé que les troupes, dans les villes hanséatiques, ne doivent rien coûter. L'ordonnateur demande des fonds pour la solde des employés et officiers de santé. On pense qu'elle doit être payée sur les mêmes fonds que la solde des troupes.

Tout doit être payé dans les villes hanséatiques.

2732. — DÉCISION (2).

Paris, 2 février 1809.

On propose à Sa Majesté d'accorder une pension de 400 francs à Mme Pierron, veuve d'un ancien agent en chef des hôpitaux militaires, qui comptait quarante-six années de service.

Accordé.

NAPOLÉON.

2733. — DÉCISION (3).

Tuileries, 2 février 1809.

On met sous les yeux de Sa Majesté la demande du grade de chef de bataillon et de la décoration de

Accordé.

---

(1) Sans signature ni date; extraite du « Travail du ministre directeur de l'administration de la guerre avec S. M. l'Empereur et Roi, daté du 1er février 1809 ».
(2) Extraite du « Travail du ministre directeur de l'administration de la guerre avec S. M. l'Empereur et Roi, daté du 7 décembre 1808 ».
(3) Non signées; extraites du « Travail du ministre de la guerre avec l'Empereur, du 9 novembre 1808 ».

la Légion d'honneur formée pour M. Verdier, capitaine au 65° régiment, qui a suivi le général Gardane en Perse. Le prince Abbas-Mirza s'intéresse à l'avancement de cet officier, qui instruit avec succès les troupes persanes à nos manœuvres.

On rend compte à Sa Majesté de la demande de retraite que fait M. l'adjudant commandant Jean-Hector Legros, avec le grade de général de brigade.

Sa Majesté est priée de faire connaître ses intentions.

Retraite de son grade.

On propose à Sa Majesté d'accorder la décoration de la Légion d'honneur à M. Jalabert, adjudant de place de 1re classe à Gênes.

Accordé.

2734. — DÉCISION (1).

2 février 1809.

On demande à Sa Majesté si le traitement extraordinaire de 10.000 francs par mois, réglé pour les maréchaux d'Empire en Allemagne, ne doit pas continuer d'être payé à M. le maréchal duc d'Auerstædt.

Oui.

2735. — DÉCISION (2).

Paris, 3 février 1809.

On demande à Sa Majesté si Elle approuve qu'il soit formé à Paris une commission spécialement chargée de continuer la reddition et vérification des comptabilités de

Approuvé.

NAPOLÉON.

---

(1) Non signée; extraite du « Travail du ministre de la guerre avec l'Empereur, du 1er février 1809 ».

(2) Extraite du « Travail du ministre directeur de l'administration de la guerre avec S. M. l'Empereur et Roi, daté du 1er février 1809 ».

Prusse et de Pologne, déjà fort avancées par le bureau qui avait été établi pour cet objet par les ordres de M. Daru.

2736. — DÉCISION.

3 février 1809.

Le général Clarke propose d'accorder aux deux majors compris dans l'organisation de la légion portugaise une indemnité égale aux frais de représentation attribués aux colonels d'infanterie, en raison des détails considérables dont ils sont chargés aux dépôts.

Accordé.

NAPOLÉON.

2737. — DÉCISION.

3 février 1809.

Le lieutenant Vonderweid, quartier-maître au 3e régiment suisse, étant atteint d'infirmités qui le rendent incapable de servir, le ministre propose de réformer cet officier sans traitement, attendu qu'il a très peu de service.

Accordé.

NAPOLÉON.

2738. — DÉCISIONS (1).

3 février 1809.

On propose à Sa Majesté de compléter au moyen des conscrits du dépôt des mineurs les 3e et 4e compagnies qui se rendent de Küstrin et de Neisse à Mayence et à Wesel, et de porter également au complet la 6e compagnie qui reste à Stralsund.

Accordé.

---

(1) Non signées; extraites du « Travail du ministre de la guerre avec l'Empereur, du 7 décembre 1808 ».

On prie Sa Majesté de faire connaître si son intention est que M. Chappe, chirurgien-major de la garde impériale, reçoive avec son traitement dans la garde celui de chirurgien principal d'un corps d'armée.	La loi.
Le ministre rend compte à Sa Majesté qu'il a mis à la disposition de M. le duc de Raguse, commandant l'armée de Dalmatie, une somme de 10.000 francs pour frais de correspondance de cette armée avec Corfou, sauf à faire connaître l'emploi de cette somme. Sa Majesté est priée d'approuver cette disposition.	Approuvé.

2739. — AU MARÉCHAL BERTHIER.

Paris, 3 février 1809.

Mon Cousin, faites vous-même une note qui détermine les besoins que peuvent avoir les 5ᵉ et 3ᵉ corps, la place de Burgos et celle de Valladolid, afin que les fonds y soient envoyés directement de Bayonne ; il ne faut pas les envoyer à Madrid pour les faire revenir ensuite à Saragosse, ce qui serait difficile. Donnez ordre à Bayonne qu'on fasse porter 200.000 rations de biscuit à Pampelune, et écrivez pour qu'on vous envoie exactement les états de places et d'approvisionnement ; si vous les avez, remettez-les moi. Donnez ordre que les quatre mortiers et les bombes qui se trouvent à Zamora soient envoyés à Madrid pour servir à la défense du Retiro. Donnez cet ordre directement au maréchal Bessières et prévenez-en le roi. Quant au château de Zamora, il faut y mettre quelques munitions, une petite garnison et un commandant. Ce château servira de point d'appui, puisque 200 hommes peuvent le défendre. On établira dans le château un hôpital de convalescence pour la division Lapisse.

NAPOLÉON.

2740. — DÉCISIONS (1).

3 février 1809.

Sa Majesté est suppliée d'accorder une gratification de 200 francs au sieur Goyet, adjudant du génie, qui a rempli les fonctions de chef à Arras et Bapaume pendant la campagne dernière avec zèle et intelligence. Ce sous-officier est malade et père de dix enfants.

Accordé.

On met sous les yeux de Sa Majesté la demande que fait le capitaine Demesnay, ex-aide de camp du général Franceschi-Delonne, de passer au service de S. M. le roi des Deux-Siciles.

Accordé.

Le sieur D. Larroque, fourrier au 102ᵉ régiment d'infanterie de ligne, demande l'autorisation de passer dans le régiment des chasseurs vélites de la garde du roi des Deux-Siciles. Le colonel Larroque prend un vif intérêt à cette demande.

Accordé.

Le ministre de la guerre du royaume de Westphalie demande que le fils du maire de Wittenheim (département du Haut-Rhin) soit autorisé à entrer au service de cette puissance.

Accordé.

On met sous les yeux de Sa Majesté la demande que fait le général de division Legrand, de pouvoir jouir en ce moment du congé de trois mois avec appointements qui lui fut accordé par l'Empereur le 27 juin 1808.

Accordé.

Le général de division Vignolle désire qu'il soit accordé un congé

Accordé.

---

(1) Non signées; extraites du « Travail du ministre de la guerre avec l'Empereur, du 1ᵉʳ février 1808 ».

de trois mois avec appointements à l'adjudant-commandant Delorme, qui est malade.

On propose à Sa Majesté d'accepter la démission de M. Jars, capitaine du génie, pour cause de maladie bien constatée.

Accordé.

Un chevau-léger polonais s'étant rendu coupable d'un vol avec effraction, on demande à Sa Majesté si son intention est qu'il soit formé un conseil de guerre dans la garde pour juger ce militaire.

Approuvé.

Le ministre présente à Sa Majesté le *Mémorial de Cormontaigne*, rédigé par le capitaine du génie Bayart, et demande la décoration de la Légion pour cet officier, non seulement à cause de ce travail, mais comme une juste récompense de ses services au dépôt des fortifications, etc.

Accordé.

2741. — AU MARÉCHAL BERTHIER.

Paris, 6 février 1809.

Mon Cousin, donnez les ordres, par l'estafette de ce soir, au chef d'escadron Daumesnil et au chef d'escadron Lubienski de partir de Bayonne avec les 200 chasseurs ou Polonais de ma garde qui y sont, pour se rendre à Paris.

NAPOLÉON.

2742. — AU GÉNÉRAL DEJEAN.

Paris, 6 février 1809.

Monsieur le général Dejean, apportez-moi demain, mardi, à 1 heure après midi, la situation de votre service pour les années 1807 et 1808, et votre budget pour 1809.

Il est nécessaire que vos budgets, tels que je les ai arrêtés, présentent article par article ce que vous avez touché sur chacun jusqu'au 1er janvier 1809 ; qu'une autre colonne détermine le service qui a été réellement fait et les autres besoins que vous avez sur 1809. Rédigez votre projet de budget pour 1809, tel que vous croyez qu'il doit coûter, en considérant les circonstances actuelles. Vous aurez soin de joindre à cela les budgets pour la Grande Armée de 1807, 1808, et le projet de budget pour 1809, en suivant les principes que j'ai déterminés. Vous devez y comprendre ce qui a été payé en 1807 et 1808, et ce qui sera dépensé en 1809 sur les fonds de 1809. Apportez-moi également un rapport sur les hôpitaux des 10ᵉ et 11ᵉ divisions militaires, et sur ceux des armées d'Espagne.

2743. — DÉCISION.

7 février 1809.

Etat détaillé du matériel des divisions Legrand, Carra-Saint-Cyr, Molitor et Boudet, tel qu'il a été demandé par l'Empereur.

Il faut profiter du temps où ces corps restent à Metz pour rendre cette artillerie uniforme et la meilleure que l'on pourra.

NAPOLÉON.

2744. — AU GÉNÉRAL CLARKE.

7 février 1809.

Monsieur le général Clarke, je réponds à votre lettre du 28 janvie (bureau de l'artillerie). Le 1ᵉʳ bataillon principal du train, le 1ᵉʳ *bis*, le 8ᵉ principal, le 9ᵉ *bis* et le 11ᵉ *bis*, formant cinq bataillons, sont entiers en Allemagne ; ils doivent y rester, et il faut les compléter en personnel et en matériel.

Le 3ᵉ bataillon *bis* n'a que cinq compagnies ; il faut, comme je l'ai ordonné, en former une sixième. Les 8ᵉ *bis* et 9ᵉ principal, qui ont chacun quatre compagnies à Mayence, doivent y rester, ne plus faire aucun mouvement rétrograde, et se former à six compagnies, en organisant leurs 5ᵉ et 6ᵉ ; par ce moyen, j'aurai en Allemagne huit bataillons complets du train, pouvant servir 8.000 chevaux.

Quant à la moitié du 3ᵉ bataillon principal, il faut la laisser aux divisions Legrand et Carra-Saint-Cyr, mais la compléter en chevaux et harnais, et en hommes.

Quant aux divisions Molitor et Boudet, on comptera les trois compagnies du 4ᵉ bataillon principal comme leur appartenant.

Par là, je lève toutes les difficultés que vous rencontriez pour l'exécution de mon ordre.

On peut ne pas envoyer à Valence plus de train d'artillerie qu'il n'en a été envoyé.

Je suppose que, dans la distribution de la conscription de cette année, vous aurez pourvu à ce que les hommes nécessaires pour compléter les nouvelles compagnies que je demande fussent fournis.

Quant aux fonds, comme vos dépenses de cette année ne sont pas arrêtées, vous présenterez en conséquence votre budget.

Napoléon.

2745. — ORDRE.

Tuileries, 7 février 1809.

Article 1er. — A dater du 1er mars, les deux régiments des tirailleurs de notre garde seront casernés à Paris.

Art. 2. — Les anciens grenadiers et chasseurs formant le dépôt de ces régiments seront, à dater de la même époque, casernés à Paris, pour le service du palais.

Art. 3. — Tous les conscrits des quatre années qui continueront à rejoindre la garde seront dirigés sur les dépôts des deux régiments de tirailleurs à Paris.

Art. 4. — Les 10.000 conscrits, tirés de la conscription de 1810, formeront deux brigades, une de chasseurs et une de grenadiers.

La brigade de chasseurs se réunira à Courbevoie et à Rueil ; la brigade de grenadiers se réunira à Versailles.

Chacune de ces brigades se partagera en huit cohortes ; il y aura donc huit cohortes de chasseurs et huit cohortes de grenadiers.

Chaque cohorte, composée de 600 hommes, sera attachée à une compagnie des régiments de tirailleurs et commandée par des officiers de cette compagnie.

Savoir :

Le capitaine, qui continuera à commander sa compagnie des tirailleurs, mais sera spécialement attaché à la cohorte et sera caserné avec elle ;

Deux lieutenants en second, de la compagnie des tirailleurs, et qui seront spécialement attachés à la cohorte ;

Et deux sergents pris parmi ceux de la compagnie des tirailleurs.

Ce qui fera cinq officiers, le capitaine commandant toute la cohorte et les quatre autres commandant le quart de la cohorte, ou une compagnie de 150 hommes.

Il sera, de plus, attaché à chaque cohorte 32 anciens grenadiers ou chasseurs de la garde, à raison de 8 par compagnie, pour y faire les fonctions de caporaux, de sergents et d'instructeurs, ce qui fera 256 anciens chasseurs pour la brigade de chasseurs, et 256 anciens grenadiers pour la brigade des grenadiers.

Ainsi, il ne restera plus aux casernes, à Paris, pour commander les tirailleurs, que 1 officier, 2 sergents et 8 caporaux par compagnie.

Art. 5. — Il sera attaché à chaque cohorte 8 tambours, qui seront pris parmi les conscrits eux-mêmes ou à l'école des tambours.

Art. 6. — La brigade des chasseurs sera commandée par un officier supérieur de chasseurs, et la brigade des grenadiers, par un officier supérieur des grenadiers, qui seront casernés avec leur brigade.

Art. 7. — Les cohortes des chasseurs prendront les n°s de 1 à 8. Les cohortes des grenadiers prendront la même série de numéros.

Art. 8. — La brigade des chasseurs sera habillée de l'uniforme de l'infanterie légère.

La brigade des grenadiers portera l'uniforme de l'infanterie de ligne.

Art. 9. — Notre ministre de la guerre est chargé de l'exécution du présent ordre.

Napoléon.

2746. — ORDRE.

7 février 1809.

Article 1er. — Tous les chevaux du dépôt de cavalerie qui était établi à Pau et qui était composé de 3.000 chevaux et de 3.000 à 4.000 hommes qui sont susceptibles d'aller à l'armée avant le 15 mars, resteront à Montauban, Auch et autres lieux où ils se trouvent.

Tous les chevaux dudit dépôt qui ne sont pas susceptibles d'être envoyés à l'armée avant le 15 mars, c'est-à-dire qui auraient besoin de plus d'un mois pour se reposer, seront dirigés sur Niort.

Tous les hommes qui n'auraient point de chevaux seront également envoyés à Niort.

Toutes les selles inutiles aux chevaux actuellement au dépôt seront transportées à Niort.

Art. 2. — Il sera formé à Niort un second dépôt, sous les ordres d'un colonel de cavalerie. Il sera pris des mesures pour diriger sur ce dépôt les chevaux nécessaires pour remonter les hommes qui seraient à pied.

Art. 3. — Le général Laroche est investi de l'autorité nécessaire pour faire passer les selles et harnais d'un régiment à un autre, afin de rendre disponible le plus de monde possible.

Art. 4. — Aussitôt que notre ministre de la guerre saura le nombre d'hommes à pied que le général Laroche aura envoyé à Niort, le compte nous en sera rendu et des mesures seront prises pour y diriger des chevaux, des selles et tout ce qui sera nécessaire.

Art. 5. — Le même ordre, notre ministre de la guerre le donnera au maréchal Bessières et au général Bourcier, en Espagne, c'est-à-dire que les dépôts de Palencia, de Vitoria et d'Aranda enverront sur Bayonne les hommes qui n'auraient pas de chevaux, en laissant cependant le nombre d'hommes nécessaires pour compléter les régiments et séparant le complet de l'incomplet.

NAPOLÉON.

2747. — DÉCISION.

Paris, 7 février 1809.

Rapport du maréchal Kellermann, commandant l'armée de réserve, à l'Empereur, au sujet des bataillons de gardes nationales et des chasseurs de la montagne, employés en Espagne et sur la frontière d'Espagne.

Renvoyé au major général pour donner l'ordre que les cadres de ces bataillons rentrent dans leurs départements et qu'on prenne des mesures pour faire rejoindre les déserteurs et organiser et habiller les bataillons.

NAPOLÉON.

2748. — DÉCISION.

7 février 1809.

Rapport du ministre de la guerre au sujet de l'effectif et de l'organisation de deux compagnies d'infanterie hollandaise, stationnées à Saint-Denis. Le ministre demande l'autorisation de les faire partir pour l'Espagne le 15 février.

On me la fera voir avant, à la prochaine parade.

NAPOLÉON.

2749. — AU GÉNÉRAL CLARKE.

Paris, 7 février 1809.

Monsieur le général Dejean, je suis fâché que le duc de Valmy ait fait partir le dépôt de Pau sans mon ordre, parce qu'il aurait été plus convenable de le faire entrer en Espagne. Remettez-moi l'état de situation de ce dépôt ; il est inutile de le déplacer davantage, vu qu'il va bientôt finir et qu'il n'y a plus de cavalerie à passer. Quant aux hommes sans chevaux, il faut les envoyer à Niort où l'on dirigera des chevaux pour les remonter. Il ne resterait donc plus au dépôt que des hommes à cheval, et, d'ici à un mois, il ne doit pas en rester 200.

NAPOLÉON.

2750. — AU GÉNÉRAL DEJEAN.

Paris, 7 février 1809.

Monsieur le général Dejean, j'ai reçu vos rapports du 27 janvier sur les remontes et le harnachement. Mon intention est définitivement que toute ma grosse cavalerie ait un effectif de 1.000 chevaux par régiment, présents aux escadrons de guerre ou au dépôt, que tous les régiments de chasseurs et hussards qui sont en Italie et à Naples, même les quatre régiments qui sont à Lyon, aient 1.200 chevaux chacun, et que tous les régiments de chasseurs et hussards de l'armée du Rhin aient 1.100 chevaux. Il faudra porter au budget de l'année la somme de 2.500.000 francs pour la remonte et de 1.000.000 pour le harnachement. Vous donnerez l'ordre aux régiments de passer sur-le-champ leurs marchés et de se mettre sans délai en état.

NAPOLÉON.

2751. — DÉCISION.

7 février 1809.

Le général commandant la 12ᵉ division militaire propose d'envoyer à l'île de Ré le dépôt de la légion du Midi, stationné à La Rochelle, dont la conduite indisciplinée donne lieu journellement à des plaintes.

Accordé.

NAPOLÉON.

2752. — DÉCISION.

7 février 1809.

Rapport du général Clarke à l'Empereur tendant à obtenir la réunion du dépôt du régiment de chasseurs à cheval de la légion hanovrienne au petit dépôt qui est à Libourne. Cette mesure permettra au régiment de renforcer plus facilement ses escadrons de guerre.

Approuvé.

NAPOLÉON.

2753. — DÉCISIONS (1).

7 février 1809.

On soumet à l'appréciation de Sa Majesté l'économie qu'il y aurait à envoyer quelqu'un sur les lieux pour l'achat de 800 mulets destinés aux bataillons du train des équipages militaires.

S'il y a une économie, envoyer quelqu'un.

On rend compte des mesures prises pour porter au complet le 9ᵉ bataillon du train des équipages militaires en Italie et on demande pour cette organisation une somme de 206.800 francs.

Accordé.

---

(1) Non signées; extraites du « Travail du ministre directeur de l'administration de la guerre avec S. M. l'Empereur et Roi, daté du 8 février 1809 ». (Les rapports avaient été présentés à l'Empereur dès le 4 février.)

Sa Majesté ayant donné des ordres pour que 529 conscrits des dépôts de la garde impériale, destinés à compléter les compagnies de carabiniers et voltigeurs de l'infanterie légère de la division du général Oudinot, soient habillés et équipés à l'uniforme de cette arme et prêts à partir le 15 février, on croit devoir lui faire observer que ces hommes ont été habillés de neuf à l'uniforme de l'infanterie de ligne, et qu'ainsi tout serait à changer.

Les habits que l'on ôtera aux conscrits de la garde aujourd'hui habillés, auxquels il sera donné des habits d'infanterie légère, seront conservés pour donner aux premiers conscrits qui arriveront. Ainsi, il n'y aura rien de perdu.

2754. — DÉCISION (1).

9 février 1809.

On propose à Sa Majesté d'accepter la démission que donne M. Andral de l'emploi de premier médecin adjoint de l'hôtel impérial des Invalides, et de l'autoriser à passer au service de S. M. le roi des Deux-Siciles, qui lui a offert la place de premier médecin du roi et de la reine, ainsi que celle de la garde royale.

En cas d'affirmative, on présente à Sa Majesté, pour remplacer M. Andral aux Invalides, MM. Biron et Vergez, comme les seuls que l'on estime avoir des droits à cet emploi. On prend des ordres à cet égard.

Biron.

Napoléon.

---

(1) Extraite du « Travail du ministre directeur de l'administration de la guerre avec S. M. l'Empereur et Roi, date du 8 février 1809 ».

2755. — DÉCISIONS (1).

10 février 1809.

On propose à Sa Majesté d'accorder le remplacement de l'habillement à 53 compagnies de gardes-côtes, qui y auront droit au 10 mars prochain.

Accordé.

NAPOLÉON.

On prie Sa Majesté de vouloir bien faire connaître ses intentions sur les trois questions suivantes :

1° Les dépenses de l'indemnité de logement et du chauffage des troupes en Italie seront-elles, à dater du 1er juillet 1808, à la charge de ce royaume ?

Comme en 1807.

2° Les mêmes dépenses pour les troupes dans les Etats romains seront-elles de même à la charge de ces Etats ?

Oui.

3° Ces dépenses seront-elle supportées par la Toscane pendant les six derniers mois 1808 ?

Oui.

NAPOLÉON.

On soumet à Sa Majesté la demande de M. Aubernon, ordonnateur en chef de l'armée de Dalmatie, pour obtenir un congé.

Refusé.

NAPOLÉON.

Puisque le dépôt de cavalerie de l'armée de réserve dans les 10e et 11e divisions ne doit pas s'étendre davantage, on demande d'établir à Montauban le dépôt des équipages pour ménager les départements qui alimentent la route de Bordeaux à Bayonne.

On le peut laisser à Pau.

NAPOLÉON.

---

(1) Signées, sauf deux; extraites du « Travail du ministre directeur de l'administration de la guerre avec S. M. l'Empereur et Roi, daté du 8 février 1809 ».

2756. — DÉCISION.

Paris, 10 février 1809.

Rapport du général Clarke à l'Empereur : le général Reille, commandant la 1re division du 7e corps de l'armée d'Espagne, demande que la compagnie de grenadiers du 4e bataillon du 16e régiment d'infanterie de ligne, qui se trouve avec les trois premiers bataillons de ce régiment sous les ordres du général Molitor, rejoigne les quatre compagnies de fusiliers et celle de voltigeurs du 4e bataillon qui font partie de sa division.

Approuvé ce mouvement.

NAPOLÉON.

2757. — DÉCISION.

Paris, 10 février 1809.

Le général Clarke rend compte à l'Empereur que la 1re division du corps de réserve de l'armée du Rhin, composée de compagnies de grenadiers et de voltigeurs des 4es bataillons de divers régiments, a dû arriver à Mayence le 2 février pour y tenir garnison jusqu'à nouvel ordre.

L'y laisser jusqu'à nouvel ordre.

NAPOLÉON.

2758. — DÉCISION.

10 février 1809.

Demande du sieur Merlin, élève de l'artillerie de la marine et fils de Merlin de Thionville, afin d'être autorisé à passer dans l'artillerie de terre.

Accordé.

NAPOLÉON.

2759. — DÉCISION.

Paris, 10 février 1809.

Le général Clarke rend compte que le colonel commandant le 2ᵉ régiment suisse expose l'état où se trouve le 2ᵉ bataillon, réduit par la désertion à 120 hommes, et la nécessité qu'il y aurait à l'envoyer à son dépôt pour s'y reconstituer.

Donnez l'ordre que cette troupe aille à son dépôt.

NAPOLÉON.

2760. — DÉCISION.

10 février 1809.

Le général Clarke soumet à l'Empereur une demande du colonel commandant le 8ᵉ régiment de cuirassiers, tendant à renvoyer au dépôt de ce corps, à Turin, les officiers et sous-officiers nécessaires pour l'instruction des recrues, ainsi qu'un certain nombre d'hommes hors d'état de faire la guerre.

Accordé.

NAPOLÉON.

2761. — DÉCISION.

10 février 1809.

Le ministre de la guerre propose de faire fournir par le dépôt du 16ᵉ de ligne, stationné à Toulon, les 200 hommes demandés par le ministre de la marine pour la garnison des vaisseaux *le Danube* et *l'Annibal*, qui vont être armés dans ce port.

Accordé.

NAPOLÉON.

2762. — DÉCISIONS (1).

10 février 1809.

On présente à Sa Majesté le résumé des recettes et des dépenses de l'artillerie, sur l'exercice 1808 (chapitre 4 du budget de la guerre).

Accordé.

Les dépenses extraordinaires ordonnées ont dépassé le budget de la somme de 1.547.000 francs. On propose de les couvrir par une vente de bronze hors de service, à la fonderie de Romilly, qui en manque pour les besoins de la marine.

On prie Sa Majesté de faire connaître si son intention ne serait pas de réduire les neuf compagnies du bataillon irlandais, resté à Flessingue, à six, et d'en former le 1er bataillon d'Irlandais sur les mêmes bases que celles prescrites par le décret du 17 décembre dernier pour celui qui est en Espagne et qui prendrait alors la dénomination de 2e bataillon, puisqu'il est réellement le dernier organisé.

Approuvé.

On prend les ordres de Sa Majesté pour l'incorporation, dans les compagnies de pionniers, de quatre militaires du 2e régiment de ligne napolitain, ainsi que le général Charpentier en fait la demande. Jusqu'à ce moment, il n'a été admis dans les compagnies de pionniers que des militaires français.

Refusé.

On propose à Sa Majesté de nommer à l'emploi de second porte-aigle au 11e régiment de ligne un grenadier qui a fait 15 campagnes.

Accordé.

(1) Non signées; extraites du « Travail du ministre de la guerre avec l'Empereur du 8 février 1809 ».

On présente à Sa Majesté, conformément à ses ordres du 24 janvier dernier, un adjudant-commandant et deux adjoints pour la légion allemande commandée par le général Amey.	Accordé.
On propose à Sa Majesté d'accorder à un lieutenant et à trois gardes d'artillerie de la direction de Bayonne une gratification ensemble de 1.300 francs.	Accordé.
Le roi de Westphalie demande l'envoi à Cassel de quatre ouvriers, deux en bois et deux en fer, pour instruire ses compagnies d'ouvriers d'artillerie. Ces quatre sous-officiers seraient détachés pour un an seulement et conserveraient leur rang dans les compagnies qui les fourniraient.	Accordé.
On propose à Sa Majesté d'employer, dans les divisions de l'intérieur, les quatre généraux de brigade qui étaient attachés en qualité de généraux-majors aux légions de réserve supprimées, savoir :	Accordé.
Le général Dalesme, pour le commandement du camp qui doit être formé dans la 14ᵉ division militaire ;	
Le général Duranteau, pour être employé au camp de Boulogne ;	
Le général Jacopin, pour être employé dans la 4ᵉ division militaire, où il n'y a aucun général de brigade ;	
Et le général Lahure, pour être employé dans la 16ᵉ division militaire.	
Si Sa Majesté veut bien accorder au colonel Dornès le congé qu'il	Accordé deux mois.

demande, Elle est priée d'en fixer la durée.

On soumet à Sa Majesté :

La demande d'un congé de trois mois, avec appointements, faite par le général de brigade Leclerc, qui est employé à l'armée du Rhin ; — Accordé.

La demande d'un congé de trois mois, pour cause de mauvaise santé, faite par le général Dabadie, à Bayonne. — Accordé.

On propose à Sa Majesté d'employer à l'armée d'Espagne le général Cavrois, en ce moment à Bayonne. — Accordé.

On demande l'agrément de Sa Majesté pour le passage au service du grand-duché de Berg du chef de bataillon d'artillerie Cherrer, sous-directeur à Metz, et du capitaine Zimmer. — Accordé.

Un officier, Irlandais d'origine, actuellement au service de France et âgé de 75 ans, demande sa réadmission à l'hôtel des Invalides. Cet officier a été blessé au service. Il a passé le temps de la Révolution en Angleterre et chez les trappistes de Munster. Il est infirme et sans moyens d'existence. — Accordé.

La cour de Bavière, par l'entremise de M. de Cetto, demande qu'un sous-lieutenant d'artillerie dans les troupes de Bavière, aujourd'hui conscrit français, soit autorisé à rester attaché à l'armée bavaroise. — Accordé.

On présente à Sa Majesté, pour le commandement de la place de Wesel, une liste de onze généraux, dont un disponible et les dix autres jouissant du traitement de réforme. — Aucun de ceux-là.

2763. — AU GÉNÉRAL DEJEAN.

Paris, 11 février 1809.

Monsieur le général Dejean, je réponds à votre lettre du 8 février. Le budget de 1809 pour les remontes ne doit pas dépasser 6.000.000, savoir :

1° Pour ce que vous avez dépensé.	2.800.000 francs.
2° Pour porter les régiments de cavalerie de mes armées d'Italie et du Rhin, la grosse cavalerie à 1.000 chevaux, et la cavalerie légère à 1.050.	2.000.000
3° Pour acheter 2.000 chevaux, destinés à monter les hommes à pied qui arriveront au dépôt de Niort.	500.000
4° Pour secours accordés aux dépôts des régiments qui sont en Espagne, pour exercer les conscrits, et maintenir à un certain effectif.	700.000
Total	6.000.000 francs.

Il ne faut rien donner à l'artillerie à cheval. S'il arrivait que des circonstances nécessitassent une décision pour porter la cavalerie légère à 1.200 chevaux au lieu de 1.050, cette augmentation de dépenses se couvrirait, comme cette année, par un versement sur l'année prochaine.

NAPOLÉON.

2764. — DÉCISION (1).

11 février 1809.

On propose à Sa Majesté de réformer sans traitement le général de brigade Guillet. — Approuvé.

---

(1) Non signée; extraite du « Travail du ministre de la guerre avec l'Empereur, du 8 février 1809 ».

2765. — DÉCISION (1).

13 février 1809.

On propose de nommer M. Raoul de Montmorency, sous-lieutenant, au grade de lieutenant aide de camp du maréchal duc d'Auerstædt.

Pas assez de service.

2766. — AU GÉNÉRAL CLARKE.

13 février 1809.

Monsieur le général Clarke, voulant compléter mon armée du Rhin, mon intention est que :

Le dépôt du 13º légère fasse partir pour Mayence..............................	500 hommes,

nécessaires pour compléter les trois premiers bataillons.

Le dépôt du 17º de ligne....................	300	—
Le — du 30º —	200	—
Le — du 61º —	200	—
Le — du 75º —	300	—

Ces détachements, formant................	1.500 hommes.

se réuniront le plus tôt possible à Mayence. Ils formeront ensemble un bataillon de marche, sous le titre de 1ᵉʳ bataillon de marche de l'armée du Rhin.

Les 1ᵉʳ, 2ᵉ et 3ᵉ bataillons du 15ᵉ légère ont besoin de 800 hommes pour se compléter ; ils paraîtront à ma revue le 16 et partiront de Paris le 17 pour Mayence.

Le dépôt du 33º de ligne fera partir pour Mayence.............................	200	hommes.
Le dépôt du 48º...........................	200	—
Celui du 108º.............................	300	—
— du 111º.............................	60	—

Ces détachements, formant................	1.760 hommes,

---

(1) Non signée; extraite du « Travail du ministre de la guerre avec l'Empereur, du 25 janvier 1809 ».

composeront ensemble un bataillon de marche, sous le titre de 2⁰ bataillon de marche de l'armée du Rhin.

Le 12⁰ de ligne a besoin de................	200 hommes.
Le dépôt de ce régiment les enverra à Mayence.	
Le — du 21⁰ de ligne y enverra..........	100 —
Le — du 25⁰ — —	300 —
Le — du 85⁰ y enverra................	200 —

Ces détachements, faisant 800............ 800 hommes. formeront le 3⁰ bataillon de marche de l'armée du Rhin.

Le 10⁰ légère enverra à Mayence........... de son dépôt.	400 hommes,
Le dépôt du 22⁰ de ligne y enverra.........	100 —
Le — du 3⁰ de ligne................	360 —
Le — du 57⁰......................	300 —
Le — du 72⁰......................	360 —

Ces détachements, faisant................ 1.520 hommes. et 400 hommes que le dépôt du 105⁰ enverra également à Mayence, formeront le 4⁰ bataillon de marche de l'armée du Rhin.

Ces bataillons de marche se réuniront à Mayence le plus tôt possible. On n'y mettra que le nombre d'officiers et de sous-officiers nécessaire pour conduire les hommes. Vous me ferez connaître le jour de leur arrivée à Mayence, et je donnerai des ordres pour leur direction sur l'armée du Rhin.

Le 19⁰ de ligne enverra de son dépôt 700 hommes, nécessaires pour compléter ses trois premiers bataillons. Ces 700 hommes se rendront également à Mayence.

Le 46⁰ fera partir de son dépôt pour Metz un détachement de 400 hommes, pour compléter ses deux premiers bataillons, et son 3⁰ bataillon, fort de 840 hommes.

Vous ferez passer ces 1.200 hommes du 46⁰ par Paris, pour qu'on en passe la revue et qu'on s'assure qu'il ne leur manque rien.

Indépendamment de ce que les 30⁰ et 61⁰ fourniront aux bataillons de marche de l'armée du Rhin, ils prépareront chacun une compagnie de fusiliers complétée à 140 hommes, pour leur 4⁰ bataillon, ce qui portera ces 4ᵉˢ bataillons à trois compagnies.

Le 65⁰ peut fournir deux compagnies de fusiliers, la 1ʳᵉ et la 2⁰, ce qui portera son 4⁰ bataillon à quatre compagnies. Les 33⁰, 48⁰, 108⁰ et 111ᵉ de ligne tiendront prêtes à partir, pour la même destination, autant de compagnies de fusiliers qu'ils pourront, à 140 hommes chacune.

Les trois premiers bataillons du 7ᵉ légère sont complets à l'armée du Rhin ; le dépôt de ce régiment tiendra prêtes à partir quatre compagnies de fusiliers, à 140 hommes, pour rejoindre les grenadiers et voltigeurs au 4ᵉ bataillon, ce qui complétera son 4ᵉ bataillon.

Les 12ᵉ, 25ᵉ et 85ᵉ de ligne tiendront prêtes à partir pour le 4ᵉ bataillon deux ou un plus grand nombre de compagnies de fusiliers.

Le 72ᵉ tiendra prêtes pour la même destination quatre compagnies de fusiliers, pour compléter le 4ᵉ bataillon.

Ces compagnies ne seront pas confondues avec les bataillons de marche.

Les détachements composant les bataillons de marche se mettront en mouvement sans délai.

Les compagnies destinées aux 4ᵉˢ bataillons doivent être préparées sans aucun retard, pour que j'ordonne leur départ.

NAPOLÉON.

2767. — AU GÉNÉRAL CLARKE.

13 février 1809.

Monsieur le général Clarke, le corps du général Oudinot, au lieu d'être partagé en trois divisions, ne le sera qu'en deux. A cet effet, la 3ᵉ demi-brigade légère et la 4ᵉ demi-brigade de ligne feront partie de la 1ʳᵉ division ; la 5ᵉ et la 6ᵉ demi-brigades de ligne feront partie de la 2ᵉ division. Le général Claparède commandera une de ces deux divisions. Comme il paraît que chaque corps ne pourra fournir que deux compagnies de fusiliers, au grand complet, jusqu'à ce que la conscription de 1810 ait complété les cadres, chaque bataillon ne sera que de 560 hommes, chaque demi-brigade de 1.680 hommes, chaque division de 10.000 hommes et le corps entier de 20.000 hommes. Lorsque les 5ᵉ et 6ᵉ compagnies de fusiliers pourront être envoyées, je verrai si je dois former une 3ᵉ division, ou laisser seulement le corps à deux divisions.

Donnez, en conséquence, l'ordre que la 1ʳᵉ et la 2ᵉ compagnies de fusiliers, du dépôt du 6ᵉ d'infanterie légère, qui est à Phalsbourg, en partent pour se rendre à Strasbourg ; que la 1ʳᵉ et la 2ᵉ compagnies de fusiliers du dépôt du 24ᵉ d'infanterie légère, qui est à Metz, et la 1ʳᵉ et la 2ᵉ compagnies de fusiliers, du dépôt du 25ᵉ légère, qui est à Verdun, se rendent également à Strasbourg. Ces six compagnies de fusiliers, complétées à 140 hommes par compagnie, formeront le 1ᵉʳ bataillon de marche du corps du général Oudinot.

Le 2ᵉ bataillon de marche du corps du général Oudinot sera composé des 1ʳᵉ et 2ᵉ compagnies de fusiliers, du 8ᵉ d'infanterie de ligne, qui est à Venloo, des 1ʳᵉ et 2ᵉ compagnies du 24ᵉ de ligne, qui est à Lyon, et des 1ʳᵉ et 2ᵉ compagnies du 45ᵉ, qui est à Liège.

Le 3ᵉ bataillon de marche sera composé des 1ʳᵉ et 2ᵉ compagnies de fusiliers du 94ᵉ, qui est à Wesel, des 1ʳᵉ et 2ᵉ compagnies du 95ᵉ, qui est à Cologne, et des 1ʳᵉ et 2ᵉ compagnies du 96ᵉ, qui est à Thionville.

Le 4ᵉ bataillon de marche sera composé des 1ʳᵉ et 2ᵉ compagnies de fusiliers du 54ᵉ, qui est à Maëstricht, des 1ʳᵉ et 2ᵉ compagnies du 63ᵉ, qui est à Belfort, et des 1ʳᵉ et 2ᵉ compagnies du 28ᵉ de ligne, qui est à Boulogne.

Le 5ᵉ bataillon de marche sera composé des deux compagnies de fusiliers du 17ᵉ légère, qui est à Strasbourg, des deux compagnies du 21ᵉ, qui est à Wesel, et des deux compagnies du 28ᵉ légère, qui est à Mayence.

Le 6ᵉ bataillon de marche sera composé de deux compagnies du 4ᵉ de ligne, de deux du 18ᵉ de ligne et de deux du 46ᵉ.

Le 7ᵉ bataillon sera composé de deux compagnies du 27ᵉ, de deux du 39ᵉ et de deux du 50ᵉ.

Le 8ᵉ bataillon sera composé de deux compagnies du 59ᵉ, de deux du 69ᵉ et de deux du 76ᵉ.

Le 9ᵉ bataillon de marche sera composé de deux compagnies du 9ᵉ légère, de deux compagnies du 6ᵉ légère et de deux du 27ᵉ légère.

Le 10ᵉ bataillon de marche sera composé de deux compagnies du 26ᵉ légère et de tous les détachements disponibles des tirailleurs corses et des tirailleurs du Pô.

Le 11ᵉ bataillon sera composé de deux compagnies du 40ᵉ, de deux du 65ᵉ et de deux du 88ᵉ.

Le 12ᵉ bataillon sera composé de deux compagnies du 64ᵉ, de deux du 102ᵉ et de deux du 103ᵉ.

Ces douze bataillons de marche seront réunis, du 1ᵉʳ au 15 mars, à Strasbourg.

Vous donnerez ordre que chacune de ces compagnies soit complétée à 140 hommes.

Donnez ordre que les dépôts fournissent à chaque homme une capote et trois paires de souliers, dont deux dans le sac et une aux pieds.

Si les dépôts ne pouvaient compléter ces compagnies, ils enverront toujours les cadres, avec tout ce qu'ils ont de disponible, et vous me ferez connaître ce qui manquerait, afin que je le fasse tirer des conscrits de ma garde.

Vous donnerez l'ordre que tous les détachements de ma garde, qui doivent partir de Paris, pour porter les compagnies de grenadiers et de voltigeurs au grand complet, soient prêts à partir le 15, pour se rendre à Strasbourg. Ils seront formés en bataillons de marche. Vous prescrirez aux différents commandants de ma garde d'en passer la revue, de n'envoyer que des hommes qui sachent faire l'exercice à feu et de les faire habiller de l'uniforme d'infanterie légère, avec les boutons des régiments où ils doivent entrer ; on me les présentera à la parade du 16 et ils partiront le 17.

J'ai donné ordre au corps du général Oudinot de se réunir à Augsburg.

Si le général Claparède est encore à Paris, donnez-lui ordre de se rendre à Strasbourg, pour y attendre ces détachements et exécuter les ordres qui lui seront donnés. Il sera chargé de mener cette colonne.

Par ce moyen, il y aura entre Strasbourg et Augsburg de quoi compléter les douze demi-brigades du corps du général Oudinot à douze compagnies chacune, c'est-à-dire à 20.000 hommes. Comme il y aura douze demi-brigades, il faudra 36 chefs de bataillons et adjudants-majors. Présentez-moi la nomination de ceux qui manquent, et vous les dirigerez sur Strasbourg pour, de là, rejoindre le corps. Il faudra 12 majors, le corps en a 8 : c'est 4 à envoyer. Il faut 6 généraux de brigade, faites-moi connaître ceux qu'il faudra envoyer.

Il faut à chaque division 18 pièces de canon, c'est-à-dire 36 pour les deux divisions. Le corps en a 18 ; faites-moi connaître la situation du parc de l'armée du Rhin et s'il peut fournir les 18 autres pièces.

Ainsi, à la fin de mars, j'aurai au corps du général Oudinot 20.000 hommes, 36 pièces de canon avec caissons et double approvisionnement, 1 général de brigade d'artillerie, deux compagnies de sapeurs, une compagnie de pontonniers, 1 colonel du génie, 3 officiers du génie, 6.000 outils, attelés, 40 caissons d'infanterie,

20 par division, la division de cuirassiers Espagne, et la brigade de cavalerie légère, composée de trois régiments que j'ai attachés à ce corps ; ce qui fera un corps de près de 30.000 hommes.

Il faut qu'il y ait un commissaire des guerres par division et deux adjoints, et les chefs de service nécessaires. L'armée du Rhin a, en personnel, de quoi organiser tout cela.

La division Espagne se rendra à Augsburg. Elle a quatre régiments de cuirassiers, dont les dépôts sont en Piémont.

Ecrivez au gouverneur général à Turin de faire partir de ces dépôts tout ce qu'il y a de disponible pour renforcer ces quatre régiments et de s'assurer que les hommes qu'ils enverront soient bien montés et en bon état ; il les dirigera sur Vérone, où ils attendront de nouveaux ordres. Je suppose que chaque dépôt peut fournir 200 hommes.

Faites diriger sur Strasbourg tout ce qu'il y a de disponible aux dépôts des trois régiments de cavalerie légère attachés au corps du général Oudinot, de sorte que ces trois régiments soient le plus forts possible.

Napoléon.

2768. — AU GÉNÉRAL CLARKE.

13 février 1809.

Monsieur le général Clarke, envoyez au général Menou l'ordre de diriger le 13ᵉ de ligne sur Milan, où mon intention est de réunir tout ce régiment. Donnez ordre au vice-roi de prendre toutes les mesures pour réorganiser ce corps et le mettre en parfait état. Je suppose que j'y ai nommé un autre colonel, l'ancien n'ayant plus l'aptitude nécessaire.

Napoléon.

2769. — DÉCISION.

Palais des Tuileries, 13 février 1809.

Le général Clarke propose de nommer à des emplois de 2ᵉˢ lieutenants 31 élèves sous-lieutenants de l'Ecole d'application de Metz.

Accordé.

Napoléon.

2770. — DÉCISION (1).

Paris, 13 février 1809.

Renvoyé au ministre de la guerre pour répartir ces vétérans à Livourne et sur tous les points de la côte et en ôter les mauvais sujets par la réforme. Le ministre donnera des ordres pour que le 13ᵉ de ligne soit réuni à Florence, d'où il est possible qu'il reçoive l'ordre de partir, pour s'y réorganiser.

NAPOLÉON.

2771. — AU GÉNÉRAL DEJEAN.

Paris, 13 février 1809.

Monsieur le général Dejean, il y a au 65ᵉ de ligne 126 conscrits, au 72ᵉ 105 conscrits, au 108ᵉ 172 conscrits, au 10ᵉ de chasseurs 83 et au 4ᵉ de hussards 21, qui sont encore habillés en paysans ; donnez des ordres pour que ces habits de paysans disparaissent le plus tôt possible. Faites-moi connaître quand le 10ᵉ et le 22ᵉ de chasseurs pourront envoyer une compagnie de 160 à 180 chevaux, ce qui formerait un escadron de marche de 200 à 300 chevaux, que je désirerais envoyer à Saumur pour le faire partir avec l'escadron du 26ᵉ. Faites-moi savoir quand ce mouvement pourra avoir lieu. Je désire aussi que vous me fassiez connaître ce que chaque régiment de cuirassiers pourrait fournir de disponible pour former un régiment de marche qui irait renforcer les corps.

NAPOLÉON.

2772. — AU GÉNÉRAL DEJEAN.

Paris, 13 février 1809.

Monsieur le général Dejean, expédiez des ordres sans délai aux conseils d'administration de mes régiments de cavalerie pour qu'ils aient à compléter leurs chevaux, savoir : tous les régiments de grosse cavalerie à 1.000 chevaux et tous les régiments de chasseurs et hussards qui sont à l'armée d'Italie, à l'armée du Rhin et au corps des villes hanséatiques ou enfin qui se trouvent aux réserves de Lyon, à 1.050 chevaux. Quant aux régiments qui sont en Espagne, il faut autoriser chaque dépôt à acheter les chevaux nécessaires

---

(1) Le rapport auquel cette décision se rapporte n'a pas été retrouvé.

pour monter tous les hommes qu'il a actuellement et tous ceux qu'il va recevoir de la conscription de 1810. Cet objet est urgent, vu que j'ai besoin de ma cavalerie. Je vois qu'il y a à Sampigny 500 à 600 hommes. Ne serait-il pas possible de créer sur-le-champ un nouveau bataillon d'équipages militaires que je destinerais à l'armée du Rhin ?

NAPOLÉON.

2773. — DÉCISIONS (1).

Palais des Tuileries, 13 février 1809.

On propose à Sa Majesté de nommer à l'emploi de 3ᵉ porte-aigle, au 102ᵉ régiment d'infanterie, le sieur Sellier, fusilier, qui a fait les campagnes et a été blessé en l'an X.

Approuvé.

Rapport fait par ordre de Sa Majesté sur la demande de la décoration de la Légion d'honneur présentée par M. Jardet, chef de bataillon au 18ᵉ régiment d'infanterie légère.

Accordé.

2774. — DÉCISION (2).

13 février 1809.

Proposition de décider que M. Nicolon, capitaine réformé du 12ᵉ régiment d'infanterie légère, sera destitué et privé pour toujours de son traitement de réforme.

Approuvé.

2775. — DÉCISION (3).

Tuileries, 13 février 1809.

On met sous les yeux de Sa Majesté la demande que fait M. Con-

Accordé.

---

(1) Non signées; extraites du « Travail du ministre de la guerre avec l'Empereur, du 18 janvier 1809 ».

(2) Non signée; extraite du « Travail du ministre de la guerre avec l'Empereur, du 14 décembre 1808 ».

(3) Non signées; extraites du « Travail du ministre de la guerre avec l'Empereur, du 7 décembre 1808 ».

tamine d'être porté sur les tableaux des adjudants commandants et d'être employé dans ce grade à l'armée.

Sa Majesté est priée de faire connaître ses intentions sur cette demande.

On prie Sa Majesté de faire connaître si son intention est qu'il soit délivré une commission d'aide de camp auprès du général Mermet à M. Gisbert, capitaine au régiment Napoléon (dragons).

Refusé.

Cet officier a reçu l'ordre du prince vice-connétable de servir en cette qualité auprès du général Mermet.

Le général Heudelet, employé au 9ᵉ corps de l'armée d'Espagne, demande pour aide de camp M. Delom, capitaine au 4ᵉ régiment suisse.

Accordé.

Sa Majesté est priée de faire connaître si Elle acquiesce à cette demande.

On propose à Sa Majesté d'accorder à M. Dandurand, capitaine adjudant de place de 1ʳᵉ classe à Toulon, la décoration de la Légion d'honneur.

Accordé.

On propose à Sa Majesté de nommer capitaine M. Marthe, lieutenant, aide de camp du général de brigade Curial.

Accordé.

2776. — DÉCISIONS (1).

Tuileries, 13 février 1809.

Rapport demandé par Sa Ma-

Accordé.

---

(1) Non signées; extraites du « Travail du ministre de la guerre avec l'Empereur, du 21 décembre 1808 ».

jesté sur les services de M. Allouis, ex-chef de bataillon, qui sollicite sa réintégration.

On propose à Sa Majesté de nommer M. le comte Josias de Waldeck colonel commandant les deux bataillons composant le contingent des maisons de Waldeck, Lippe, Schwarzburg et Reuss, dont il serait formé un régiment.

Accordé.

2777. — AU GÉNÉRAL CLARKE.

Paris, le 14 février 1809.

Monsieur le général Clarke, les quatorze compagnies de sapeurs qui sont à l'armée du Rhin ont besoin de 900 hommes pour être complétées.

Je vous prie de me faire connaître si les dépôts peuvent fournir ces détachements, et, en ce cas, vous les dirigerez sur Strasbourg. Vous m'instruirez du jour où ils arriveront, afin que je leur donne des ordres définitifs.

NAPOLÉON.

2778. — AU GÉNÉRAL CLARKE.

Paris, 14 février 1809.

Monsieur le général Clarke, il sera formé un régiment de marche de grosse cavalerie qui sera composé de la manière suivante :

Une compagnie de 60 hommes du 1ᵉʳ régiment de carabiniers et de 60 hommes du 2ᵉ régiment.			120 hommes.	
Une compagnie du 2ᵉ régiment de cuirassiers...			120	—
Une	—	du 3ᵉ	—	... 120	—
Une	—	du 5ᵉ	—	... 120	—
Une	—	du 9ᵉ	—	... 120	—
Une	—	du 1ᵉʳ	—	... 100	—
Une	—	du 11ᵉ	—	... 100	—
Une	—	formée de 60 hommes du 10ᵉ et de 76 hommes du 12ᵉ.		136	—
		TOTAL.	936 hommes.	

Ce régiment de marche sera commandé par un major ; il se mettra en marche le 1er mars pour se rendre à Strasbourg et environs, il sera réuni le 15. Les dépôts enverront des hommes bien montés, bien équipés et qui sachent déjà monter à cheval. Le major qui commandera ce régiment en passera la revue à Strasbourg et vous fera connaître sa situation.

Donnez ordre que les détachements ne fassent que de petites marches et ayent séjour tous les trois jours.

Les dépôts de ces régiments feront connaître s'ils peuvent faire partir de pareils détachements au 1er avril.

NAPOLÉON.

2779. — AU GÉNÉRAL CLARKE.

Paris, 14 février 1809.

Monsieur le général Clarke, les onze compagnies du 5e d'artillerie à pied, qui sont à l'armée du Rhin, ont besoin de 435 hommes pour être complétées.

Les 15 compagnies du 7e régiment d'artillerie ont besoin de..............................	400	hommes.
Les quatre compagnies du 8e id. de............	100	—
Les trois compagnies d'ouvriers ont besoin de.	118	—
Les quatre compagnies du 1er bataillon de pontonniers de...............................	60	—
Les deux compagnies du 3e d'artillerie à cheval de	90	—
Les cinq compagnies du 5e de.................	200	—
Les quatre compagnies du 6e de...............	180	—
Le 1er bataillon principal du train a besoin de...............	44	—
et de......................... 200 chevaux.		
Le 1er bataillon bis de..........	14	—
et de......................... 180 —		
Le 3e bataillon bis de..........	1	—
et de......................... 170 —		
Le 4e bataillon principal de.....	82	—
et de......................... 229 —		
Le 8e bataillon principal de.....	43	—
et de......................... 300 —		
Le 9e bataillon bis de..........	23	—
et de......................... 500 —		

indépendamment des accroissements que j'ai demandés.

Les quatorze compagnies de sapeurs ont besoin de 900 hommes. Je vous prie de me faire connaître si les dépôts de ces corps peuvent fournir ces détachements, et, en ce cas, vous les dirigerez sur Strasbourg. Vous m'instruirez du jour où ils arriveront, afin que je leur donne des ordres définitifs.

NAPOLÉON.

2780. — AU GÉNÉRAL DEJEAN.

Paris, 14 février 1809.

Monsieur le général Dejean, il paraît que le 9e bataillon des équipages militaires qui est à l'armée d'Italie est en très mauvais état; qu'il y a des caissons à Plaisance, mais qu'il n'y a point de chevaux ni d'effets de harnachement. Faites envoyer de Sampigny ce qui est nécessaire pour compléter ce bataillon à 144 voitures, et prenez des mesures pour qu'il ait les chevaux, l'harnachement et les effets d'habillement pour les hommes. Ce bataillon, joint au caisson d'ambulance par régiment, accordé par mon décret, fournira l'indispensable pour le service de mon armée d'Italie.

NAPOLÉON.

2781. — DÉCISION.

Paris, 15 février 1809.

Le général Clarke rend compte que le grand-duc de Bade se propose de mettre incessamment en marche un détachement de 695 hommes, sous la conduite d'un officier supérieur et de neuf autres officiers, pour compléter le régiment d'infanterie que ce prince a maintenant à l'armée d'Espagne.

Accordé; s'assurer qu'ils ont des capotes, des souliers et qu'ils sont en bon état.

NAPOLÉON.

2782. — DÉCISION.

Paris, 15 février 1809.

Rapport à l'Empereur du 11 février 1809.

J'ai l'honneur de rendre compte à l'Empereur que, conformément à

Lorsqu'il y aura quelque autre circonstance, on fera déposer cette urne aux Invalides ou à Sainte-Geneviève.

NAPOLÉON.

son ordre du 16 janvier, l'urne contenant le cœur de La Tour d'Auvergne a été apportée à Paris par un grenadier du 46ᵉ régiment, et que cette urne est en ce moment déposée à l'hôtel de la Guerre.

J'ai l'honneur de proposer à Sa Majesté de la faire définitivement transférer dans une des écoles militaires de l'Empire, telles que Saint-Cyr ou La Flèche.

Je prie Sa Majesté de vouloir bien me faire connaître ses intentions.

Le ministre de la guerre,
Comte d'HUNEBOURG.

2783. — DÉCISION.

Paris, 15 février 1809.

Le général de division Reille, aide de camp de l'Empereur, rend compte au ministre de la guerre des causes pour lesquelles le siège de Girone ne pourra être commencé le 15 février, selon le désir manifesté par Sa Majesté.

Le ministre de la guerre me fera un rapport sur le siège de Girone. Il faut y envoyer des sapeurs, des fonds, des ouvriers.

J'ai ordonné que le général d'artillerie Taviel, qui était à Bayonne, s'y rendît.

NAPOLÉON.

2784. — DÉCISION.

Paris, 15 février 1809.

Le ministre de la guerre transmet à l'Empereur une demande du duc d'Auerstædt, au sujet de l'artillerie de la place de Danzig que Sa Majesté a manifesté l'intention de ne pas évacuer, afin de ne pas témoigner de défiance aux Russes, bien que le décret impérial du 14 octobre dernier ne fasse aucune exception pour la place de Danzig.

Répondre au duc d'Auerstædt que je ne sais ce qu'il veut dire, que ce n'est point témoigner de l'inquiétude aux Russes que de faire rentrer chez moi une propriété.

NAPOLÉON.

2785. — DÉCISION.

Paris, 15 février 1809.

Demande formée par le colonel du 57ᵉ de ligne, pour être autorisé à faire escorter par un détachement un convoi d'effets d'habillement que le dépôt de ce corps, stationné à Strasbourg, doit envoyer à ses bataillons de guerre en garnison à Stettin.

Attendre de nouveaux ordres, préparer ce convoi et demander des ordres d'ici à un mois.

NAPOLÉON.

2786. — DÉCISION.

Paris, 15 février 1809.

Le ministre de la guerre a donné ordre au général Menou de diriger de suite sur Milan les quatre premiers bataillons du 13ᵉ de ligne stationnés à Livourne ; mais ce port, dont la population est favorable aux Anglais, va se trouver dégarni de troupes.

Il faut y envoyer beaucoup d'invalides, et il y a le 112ᵉ.

NAPOLÉON.

2787. — AU MARÉCHAL BERTHIER.

Paris, 16 février 1809.

Mon Cousin, je désire que vous me remettiez le dernier état de situation de l'armée d'Espagne que vous avez. Arrangez-vous pour que les divers commandants vous les envoient tous les jours exactement.

NAPOLÉON.

2788. — ORDRE.

Palais impérial des Tuileries, 16 février 1809.

1° Les détachements de conscrits de notre garde qui doivent compléter le corps du général Oudinot seront formés en deux bataillons de marche.

Le premier bataillon comprendra les détachements de grenadiers et de voltigeurs destinés à la 1ʳᵉ et à la 3ᵉ demi-brigade légère et aux 1re, 2e, 3e et 4e demi-brigades de ligne, en six demi-brigades, formant la première division.

Le 2e bataillon sera formé des détachements de grenadiers et de voltigeurs destinés à la 2e et à la 4e demi-brigade légère et aux 5e, 6e, 7e et 8e demi-brigades de ligne, formant la 2e division.

2° Les détachements destinés à une même demi-brigade, comme par exemple la 1re demi-brigade légère, formeront la 1re compagnie du 1er bataillon, et ainsi de suite pour les autres, ce qui fera six compagnies par bataillon, inégales entre elles.

3° Un capitaine de notre garde commandera ce régiment de marche.

Chaque compagnie sera commandée par 1 officier, 1 sergent et 2 caporaux ou anciens soldats de la garde.

Il y aura pour chaque compagnie 1 tambour. Ce tambour fera partie des conscrits et sera incorporé dans le corps du général Oudinot.

Les officiers, sergents et caporaux rentreront dans notre garde lorsque le régiment de marche aura rejoint le corps. Il leur sera donné les fonds nécessaires pour qu'ils puissent revenir par la diligence.

NAPOLÉON.

2789. — DÉCISION (1).

16 février 1809.

Mesures proposées en vue de réparations à l'habillement de la compagnie de Waldeck.

Accordé.

NAPOLÉON.

2790. — AU GÉNÉRAL CLARKE.

16 février 1809.

Monsieur le général Clarke, je désire que vous m'envoyiez l'état de situation du dernier convoi de l'armée de Portugal, débarqué sur nos côtes, en me faisant connaître le lieu où se trouvent et arriveront les détachements, et qui les commande.

NAPOLÉON.

---

(1) Extraite du « Travail du ministre directeur de l'administration de la guerre avec S. M. l'Empereur et Roi, daté du 15 février 1809 ».

2791. — DÉCISIONS (1).

16 février 1809.

Le général de brigade Detres demande à passer au service de S. M. le roi des Deux-Siciles. Ce général est employé à Corfou.	Accordé.
M. le colonel Desvernois, commandant le 1ᵉʳ régiment de chasseurs à cheval napolitains, demande que son frère, Auguste Desvernois, maréchal des logis au 28ᵉ régiment de dragons, et son cousin, M. L. Renaud, aussi maréchal des logis dans ce même corps, soient autorisés à le quitter pour passer dans le régiment qu'il commande.	Accordé.
Le général de division Vignolle, en congé à Paris, demande une prolongation de quinze jours.	Accordé.
Le général de brigade Reynaud, employé à l'armée du Rhin, demande un congé de trois mois avec appointements, pour se rendre dans sa famille où des affaires d'intérêt l'appellent. Il en est éloigné depuis seize ans.	Accordé deux mois.
M. Bachelu, colonel du 11ᵉ régiment de ligne, qui est en Dalmatie, à Spalato, demande un congé de quatre mois pour vaquer à des affaires de famille.	Refusé.
M. le duc d'Auerstædt demande des congés en faveur de M. Berckheim, colonel du 1ᵉʳ régiment de cuirassiers, à Stade, et de M. Desfossés, lieutenant au même corps.	Accordé deux mois.
M. le duc d'Auerstædt demande un congé de trois mois en faveur	Refusé.

(1) Non signées; extraites du « Travail du ministre de la guerre avec l'Empereur, du 15 février 1809 ».

de M. Duchesne, chef de bataillon au 48ᵉ de ligne.

On propose à Sa Majesté de réformer sans traitement le sieur C. Bertin, sous-lieutenant au 24ᵉ régiment d'infanterie légère.

Accordé.

On propose à Sa Majesté d'accepter la démission du sieur Boisselin, sous-lieutenant au 3ᵉ régiment de chasseurs.

Accordé.

Le ministre de la guerre du roi de Westphalie transmet la demande que forme un gendarme à cheval du département de la Sarre, qui désire obtenir l'autorisation de passer au service de Westphalie.

Accordé.

2792. — AU GÉNÉRAL CLARKE.

Paris, 17 février 1809.

Monsieur le général Clarke, vous ferez connaître au roi de Naples que, dans les circonstances actuelles, mon intention n'est pas qu'il ait toutes ses troupes dans le fond de la Calabre et que je désire qu'il les place de cette manière :

La division Partouneaux, en Calabre, composée des :

20ᵉ de ligne, 4 bataillons...............	3.000 hommes.
101ᵉ — 3 —	2.200 —
22ᵉ légère, 2 bataillons.................	1.600 —
Suisses, 2 bataillons..................	1.400 —
Régiment de la Tour d'Auvergne, 1 bataillon.	700 —
— d'Isembourg, 1 bataillon.........	700 —
2 escadrons du 4ᵉ régiment de chasseurs.....	500 —
Total.........	10.100 hommes.

Une autre division serait réunie à Naples et environs, composée des :

10ᵉ de ligne, 4 bataillons.............	3.000	hommes.
62ᵉ — 3 —	2.100	—
23ᵉ légère, 2 bataillons...............	1.600	—
Suisses, 2 bataillons.................	1.400	—
Régiment de La Tour d'Auvergne, 1 bataillon.	800	—
2 escadrons de chasseurs.............	500	—
TOTAL.........	9.400	hommes.

Cette division, divisée en deux brigades, devrait être placée à Naples et à trois marches de cette ville, pour pouvoir se réunir et marcher sur Rome si les circonstances l'exigeaient. La division Partouneaux, également divisée en deux brigades, serait placée, une brigade au fond de la botte, menaçant la Sicile, et l'autre à mi-chemin de Reggio à Naples. Il ne faut mettre dans les îles de Capri et d'Ischia que le nombre d'hommes absolument nécessaire. Je pense qu'il y a trop de monde. Il faut placer à Tarente et dans toute cette partie un bataillon d'Isembourg, un de la Tour d'Auvergne, un bataillon de troupes napolitaines et un régiment de chasseurs napolitains. Vous ferez connaître au roi que je vois avec peine que, dans les circonstances où nous sommes, sa garde ait moins de chevaux que d'hommes, que la cavalerie n'est pas montée, qu'il doit avoir dans son royaume des ressources pour mettre 1.200 hommes à cheval, qu'il a trop peu de troupes et qu'elles ne sont pas au complet, qu'il serait important qu'il établît la conscription et augmentât son armée.

NAPOLÉON.

2793. — AU GÉNÉRAL CLARKE.

Paris, 17 février 1809.

Monsieur le général Clarke, donnez ordre au général de brigade Abbé, qui est à l'armée de Naples, de se rendre à Milan, pour être employé dans l'armée d'Italie. Donnez ordre également au général de brigade Huard, de se rendre à Milan, pour être employé dans l'armée d'Italie. Donnez ordre au 3ᵉ régiment italien, qui est à Tarente, dans le royaume de Naples, et qui a trois compagnies en Calabre, de se rendre à Ancône. Donnez ordre au 9ᵉ régiment de chasseurs, qui est dans le royaume de Naples, de se rendre sans délai à Rome. Donnez le même ordre à l'escadron du 4ᵉ de chasseurs, qui est à la division Le Marois. Le 4ᵉ escadron détachera tout ce qui est nécessaire pour compléter les trois premiers escadrons à 250 chevaux chacun, c'est-à-dire à 750 chevaux. Donnez l'ordre au général de division Lamarque, qui est dans le royaume de Naples, et au général italien Peyri, qui est employé dans la même armée, de se rendre à Milan pour être employés dans le royaume d'Italie.

NAPOLÉON.

2794. — DÉCISION.

Paris, 17 février 1809.

Le ministre de la guerre rend compte à Sa Majesté que les 10ᵉ et 22ᵉ régiments de chasseurs peuvent fournir de suite 250 ou 260 hommes montés, et que les carabiniers et cuirassiers pourront renforcer leurs escadrons de guerre de 1.730 hommes, également montés, lorsqu'ils en recevront l'ordre.

Renvoyé au ministre de la guerre pour écrire aux commandants des 10ᵉ et 22ᵉ de chasseurs et savoir positivement ce qu'ils pourront fournir habillés, équipés en bon état et sachant déjà monter à cheval.

NAPOLÉON.

2795. — DÉCISION.

17 février 1809.

Le maréchal Kellermann demande si les militaires non montés, qui sont dirigés sur Bayonne par les dépôts de cavalerie établis à Palencia, Aranda, Leganés, etc., doivent y demeurer stationnés, où s'ils doivent rejoindre à Niort le second dépôt des corps de cavalerie employés en Espagne.

Ils doivent se rendre à Niort.

NAPOLÉON.

2796. — AU GÉNÉRAL DEJEAN.

Paris, 17 février 1809.

Monsieur le général Dejean, vous recevrez un décret que j'ai pris pour la formation d'un 12ᵉ bataillon des équipages militaires. Faites partir sans délai 100 hommes du parc de Sampigny, pour le 9ᵉ bataillon des équipages militaires, qui est à l'armée d'Italie. Faites partir également 100 hommes pour les deux bataillons qui sont à l'armée du Rhin. Vous dirigerez ces 100 hommes sur les dépôts de ces deux bataillons. Les conscrits destinés, sur la levée de cette armée, aux équipages militaires, serviront à former le 12ᵉ bataillon.

NAPOLÉON.

2797. — DÉCISIONS (1).

Paris, 17 février 1809.

On rend compte à Sa Majesté des dégâts occasionnés par l'ouragan du 30 au 31 janvier, au fort en bois de Boulogne.	Faire faire le devis de la restauration du fort en bois.
On propose à Sa Majesté de réunir les deux régiments d'infanterie de la garde municipale et de porter l'escadron de dragons de cette garde à 312 hommes.	Cette perpétuelle variation est mauvaise. Quand on a formé deux régiments au lieu d'un et qu'on leur a donné à chacun une couleur différente, on a eu ses raisons. Ces raisons subsistent et il n'y a pas de motif pour un changement. La seule mesure à prendre, c'est de rayer des contrôles et de placer à la suite des matricules les hommes qui sont absents. Parmi les hommes qui sont allés en Espagne, les uns ont été faits prisonniers avec le général Dupont, les autres sont morts ; une autre partie est entrée ou entrera dans la garde du roi. En faisant les remplacements que les circonstances exigent, on pourvoira aux besoins des corps et à leur réorganisation et on les mettra en état de

---

(1) Non signées; extraites du « Travail du ministre de la guerre avec l'Empereur, du 15 février 1809 ».

faire la police de Paris. Sa Majesté désire qu'on lui présente, mercredi prochain, les comptes de 1807 et de 1808. Il doit en résulter qu'il y a de l'argent en caisse. Une grande partie des corps ayant été prise avec le général Dupont au mois de juillet, il doit y avoir eu, pendant les cinq mois de 1808, une grande économie, et cependant la commune de Paris a toujours continué à payer ses 1.500.000.

On comprendra dans l'état à remettre à Sa Majesté une colonne qui présentera le complet de l'ordonnance et une autre qui présentera l'effectif. On aura soin de distinguer les hommes qui ont été à la Grande Armée et ceux qui ont été à l'armée d'Espagne.

2798. — AU GÉNÉRAL CLARKE.

20 février 1809.

Monsieur le général Clarke, je reçois l'état des hommes débarqués à Vannes. Je suis surpris que, depuis le 28 janvier qu'ils sont arrivés à Bordeaux, vous n'ayez pas leur état de situation. Ecrivez par l'estafette au commandant pour qu'il vous l'envoie.

Vous avez mal fait de diriger les hommes de cavalerie sur Niort ; il était plus naturel de les diriger sur leurs dépôts. Vous savez que le dépôt de Niort est dissous.

Il faut ordonner que les détachements des 66°, 82° et 26° de ligne rejoignent leurs dépôts dans la 12° division militaire.

Il faut ordonner que les autres détachements se réunissent en régiment de marche qui sera commandé par le major Petit. Vous me ferez connaître l'organisation de ce régiment de marche. On organisera autant de bataillons à ce régiment qu'il y aura de fois 800 hommes. Je pense que vous pourriez envoyer au dépôt tous les

Suisses qui se trouvent là. Suivez l'organisation de ce régiment de marche et faites-moi connaître quand il sera en état de partir de Bordeaux.

NAPOLÉON.

2799. — AU GÉNÉRAL CLARKE.

Paris, 20 février 1809.

Monsieur le général Clarke, faites connaître au major qui commande les 1.000 dragons qui sont à Tours que le régiment doit séjourner là encore quelque temps, et qu'il faut qu'il organise ce régiment provisoire en quatre escadrons de 250 hommes chacun, commandé par un capitaine et composé de la manière suivante :

1er escadron, commandé par le capitaine du 8e régiment et composé :

De 42 hommes du 2e régiment.
— 70 — 4e —
— 51 — 6e —
— 57 — 8e —
— 12 — 26e —

TOTAL.. 232 hommes.

2e escadron, commandé par le capitaine du 10e régiment et composé :

De 80 hommes du 10e régiment.
— 51 — 12e —
— 42 — 13e —
— 31 — 16e —
— 66 — 9e —

TOTAL.. 270 hommes.

3e escadron, commandé par le capitaine du 14e régiment et composé :

De 83 hommes du 14e régiment.
— 47 — 18e —
— 66 — 19e —
— 37 — 20e —

TOTAL.. 233 hommes.

4ᵉ escadron, commandé par le plus ancien lieutenant et composé :

De 42 hommes du 21ᵉ régiment.
— 51 — 22ᵉ —
— 121 — 25ᵉ —
— 74 — 27ᵉ —

Total.. 288 hommes.

Donnez ordre que ces quatre escadrons soient placés de la manière la plus commode et exercés tous les jours à pied et à cheval.

Vous aurez soin de les faire porter dans l'état de situation.

NAPOLÉON.

2800. — AU GÉNÉRAL CLARKE.
Paris, 20 février 1809.

Monsieur le général Clarke, il faut avoir soin de ne rien faire partir pour l'armée du Rhin des 4ᵉˢ bataillons qui sont destinés pour la défense du camp de Boulogne.

NAPOLÉON.

2801. — AU GÉNÉRAL CLARKE.
Paris, 20 février 1809.

Monsieur le général Clarke, réunissez toutes ces différentes pièces dans vos bureaux, de manière qu'on puisse les avoir sous la main et s'en servir pour justifier les représailles auxquelles les circonstances peuvent donner lieu, ce qui ne passera pas l'année, car les Anglais feront quelque expédition de terre et finiront par être obligés de capituler.

NAPOLÉON.

2802. — DÉCISION.
Paris, 20 février 1809.

Propositions du ministre à l'effet de compléter les compagnies d'artillerie qui sont à l'armée du Rhin et de constituer dans chaque régiment d'artillerie à pied et à cheval, dans chaque bataillon de pontonniers et du train, une compagnie dite de dépôt.

Approuvé.

NAPOLÉON.

2803. — ORDRE (1).

Paris, 20 février 1809.

L'Empereur désire que M. le général Hulin fasse ajouter à l'état de situation qui est joint à son rapport journalier le nombre de conscrits de 1810 qui arrivent tous les jours.

NAPOLÉON.

2804. — RENSEIGNEMENTS SUR LES FORCES MILITAIRES DE L'AUTRICHE.

21 février 1809.

L'état militaire de l'Autriche, pour l'année 1808, présente les résultats suivants :

63 régiments de ligne...............................		180.000
1 — de chasseurs................................	}	36.000
17 — des frontières...............................		
		216.000
1 bataillon de Czaikistes (2).......................		
4 bataillons de garnison...........................		
8 régiments de cuirassiers.........................		6.400
6 — de dragons...................................		6.400
6 — de chevau-légers.............................		6.400
12 — de hussards.................................		12.800
3 — de hulans....................................		2.400
		34.400 (3)

2805. — AU GÉNÉRAL DEJEAN.

Paris, 21 février 1809.

Monsieur Dejean, il paraît qu'un premier convoi de 10.600 paires de souliers est parti de Mayence le 16 janvier, qu'un second convoi est parti le 21, qu'enfin, le nombre total de souliers partis de Mayence est de 66.000 paires. Donnez ordre que tous les autres convois soient contremandés. Il y aura donc à Mayence 120.000 paires de souliers. Donnez ordre que 60.000 paires soient dirigées sur

---

(1) Non signé.
(2) Le czaikisten-bataillon était un corps employé à protéger la navigation du Danube.
(3) Tous les chiffres de cette colonne sont de la main de Napoléon.

Augsburg, 30.000 sur Strasbourg et 30.000 sur Mayence. Donnez ordre que 6.000 paires soient expédiées de Glogau, 5.000 paires de Küstrin et 10.000 paires de Magdeburg sur Forchheim. Donnez ordre que le biscuit qui est à Forchheim, à Bamberg, à Würzburg reste intact. Il servira aux besoins de l'armée. Ordonnez que les 160.000 rations qui sont à Cronach soient dirigées sur Ratisbonne, et que, des 220.000 qui sont à Würzburg, 120.000 soient dirigées sur Ratisbonne.

Napoléon.

2806. — DÉCISION (1).

Paris, 21 février 1809.

On demande à Sa Majesté s'il faut arrêter les expéditions des souliers de l'armée du Rhin sur Bayonne.

Oui, Cela coûtera plus de transport que les souliers ne valent, et ces souliers, d'ailleurs, seront utiles à l'armée du Rhin.

2807. — DÉCISION (2).

On propose à Sa Majesté d'autoriser les princes de Nassau à faire acheter en France, à leur compte, les chevaux nécessaires à la remonte de l'escadron de chasseurs qu'ils ont à l'armée d'Espagne.

Approuvé.

2808. — DÉCISIONS (3).

Sa Majesté est priée d'allouer sur les fonds du génie 50 francs au garde des fortifications à Rennes, à titre d'indemnité de la retenue de pareille somme, qui doit lui être faite, pour remboursement des dégradations commises aux corps de

Accordé.

---

(1) Non signée; extraite du « Travail du ministre directeur de l'administration de la guerre avec S. M. l'Empereur et Roi, daté du 22 février 1809 ».

(2) Non signée; extraite du « Travail du ministre directeur de l'administration de la guerre avec S. M. l'Empereur et Roi, daté du 22 février 1809 ».

(3) Sans signature ni date; extraites du « Travail du ministre de la guerre avec l'Empereur, du 22 février 1809 ».

garde de cette ville par la garnison.

Le général de brigade Charlot, que Sa Majesté a désigné pour le commandement du département de la Haute-Garonne, a été chargé, ainsi que le fait remarquer le prince de Neuchâtel, vice-connétable, major général, du commandement de la province de Leon. Cet officier général paraissant devoir être plus utile en Espagne, Sa Majesté est priée de vouloir bien faire connaître ses ordres à ce sujet.

Accordé.

Rapport sur la double nomination de MM. Béchaud et Braun à l'emploi de colonels en second du 66ᵉ régiment d'infanterie.

Accordé.

On propose de maintenir la nomination de M. Béchaud, qui remplira provisoirement en Europe les fonctions de colonel en premier, et d'envoyer à la Guadeloupe M. Braun, qui, en sa qualité de colonel en second, y prendrait le commandement des trois bataillons de ce régiment qui s'y trouvent, en remplacement du colonel Cambriels, revenu en France pour rendre compte de sa conduite.

On propose à Sa Majesté de nommer M. le général Bazancourt pour commander la garde municipale de Paris.

Approuvé.

2809. — DÉCISION.

Paris, 23 février 1809.

Le général Clarke demande un million pour l'achat de 5.500 chevaux d'artillerie et de 1.000 attelages complets.

Réduire cette commande de manière à ne pas dépasser les 2 millions fixés par le budget. Il me semble que 5.500 chevaux sont trop pour l'Italie. 3.000 chevaux en Italie est (*sic*) tout ce qu'il faut et je crois qu'il y en a déjà 15 ou 1.800.

NAPOLÉON.

2810. — AU GÉNÉRAL CLARKE.

23 février 1809.

Monsieur le général Clarke, je n'approuve point la réduction que vous proposez dans les armes portatives pour l'année 1809; nous ne saurions avoir trop de fusils. Il ne faut point porter dans le budget la demande de fonds pour ces objets à 8.400.000 francs : 7 millions sont suffisants. Vous pouvez très bien économiser 1 million sur les projectiles, 1 million sur les achats de poudre, 1 million sur les transports.

Il faut remarquer aussi, qu'indépendamment des 12 millions que je vous ai accordés, il y a une somme assez considérable accordée pour l'armée du Rhin.

NAPOLÉON.

2811. — AU GÉNÉRAL CLARKE.

23 février 1809.

Monsieur le général Clarke, donnez des ordres, s'il manque de poudre à Zara, qu'on y en fasse passer d'Ancône et de Venise.

Quant aux vivres, faites-moi un rapport sur la situation des magasins de Zara. Il est facile d'y en envoyer d'Ancône.

Mettez une somme de 20.000 francs à la disposition du général Marmont, pour éclairer les mouvements des Autrichiens en Croatie.

NAPOLÉON.

2812. — DÉCISIONS (1).

Paris, 23 février 1809.

On soumet à Sa Majesté des observations importantes sur les éva-	J'approuve ce travail. Il faut ordonner que, du moment que le

---

(1) Non signées; extraites du « Travail du ministre de la guerre avec l'Empereur, du 22 février 1809 ».

cuations de l'artillerie des places d'Allemagne.

Sa Majesté est priée de faire connaître ses intentions.

L'Empereur ayant décidé, le 8 août dernier, que la formation de la compagnie de grenadiers du 3ᵉ bataillon du 2ᵉ régiment de ligne serait suspendue pendant un an, le chef de ce bataillon demande à être autorisé à placer le cadre de cette compagnie à la suite des compagnies de fusiliers, en les augmentant d'un nombre égal à celle des grenadiers, qu'on pourrait alors former quand on le jugerait convenable, sans nuire au complet du bataillon.

Cette proposition paraît devoir être accueillie.

Observations sur l'exécution du décret impérial du 21 décembre dernier, portant peine de mort, pour cause de désertion, contre tout militaire faisant partie d'un régiment étranger au service de la France, autre que ceux pour lesquels il existe des traités ou des capitulations particulières.

On demande si cette peine est également applicable aux Français qui font partie de ces corps.

dégel aura lieu, on profite pour l'évacuation de Danzig, Stettin et Stralsund, des canaux qui joignent la Vistule à l'Oder, et de l'Oder à l'Elbe. On me fera un rapport qui me fasse connaître ce que l'on fera de l'artillerie que l'on laisse. Peut-être trouvera-t-on que, par eau, on pourrait transporter beaucoup plus d'objets pour Stettin ; ce serait un bateau de plus et ce ne doit pas être très coûteux.

On doit compléter la compagnie de grenadiers et de voltigeurs avec des conscrits, ne leur donner ni distinction, ni haute paye de la grenade, comme la 1ʳᵉ compagnie de fusiliers du régiment, jusqu'à ce que l'on puisse former les grenadiers.

Approuvé.

Le ministre rend compte à Sa Majesté qu'il se propose de faire payer aux anciens grenadiers et chasseurs de la garde impériale, qui doivent remplir les fonctions de sous-officiers près des brigades de conscrits, la solde et les masses de sous-officiers de la garde.

Le ministre prie Sa Majesté de faire connaître si Elle approuve cette disposition.

Non.

On propose à Sa Majesté d'approuver que la gratification de 12 francs, accordée aux gendarmes et aux agents de police qui arrêtent des conscrits réfractaires ou des déserteurs, soit aussi payée, sur les fonds de la conscription, à toute personne qui la réclamera comme ayant arrêté un déserteur ou conscrit.

Non.

Le roi de Naples demande à conserver à son service le sieur Pion, 2ᵉ capitaine au 8ᵉ régiment d'artillerie à pied, qui a été chargé d'organiser sa compagnie d'artillerie à cheval.

Accordé.

Le roi de Westphalie demande que le sieur F.-L.-A. Bause, fourrier au régiment d'Isembourg, soit autorisé à passer à son service.

Accordé.

On propose à Sa Majesté :

De choisir pour 3ᵉ porte-aigle, au 25ᵉ régiment d'infanterie légère, le sieur L. Bertheuil, carabinier audit régiment, qui sert depuis quinze ans et qui a fait toutes les campagnes ;

Accordé.

De nommer à l'emploi vacant de 1ᵉʳ porte-aigle, au 3ᵉ régiment d'in-

Approuvé.

fanterie légère, M. Merle, sous-lieutenant, qui sert depuis quinze ans et qui a fait 11 campagnes.

Le général de division Leval demande, pour aide de camp, M. Bontems-Lefort, lieutenant dans le 3ᵉ régiment suisse. Les officiers généraux devant prendre leurs aides de camp parmi les officiers de l'armée française, Sa Majesté est priée de donner ses ordres, relativement à la demande du général Leval.

Accordé.

Proposition de nommer commandant d'armes de 4ᵉ classe M. Monnier-Villeneuve, chef de bataillon au 15ᵉ d'infanterie légère.

Le prince de Neuchâtel, vice-connétable, major général, annonce, par sa lettre du 16 de ce mois, que telle est l'intention de Sa Majesté.

Le grade de commandant d'armes de 4ᵉ classe ne donne-t-il pas le grade de colonel?

On propose à Sa Majesté d'admettre aux frais du gouvernement, au lycée de Dijon, le plus jeune des fils de Mᵐᵉ Laulanier, veuve d'un major du génie, et de décider que sa troisième fille sera admise à la maison impériale d'Ecouen.

Accordé le lycée pour le quart.

Le maréchal duc d'Auerstædt donne avis qu'un officier anglais, fait prisonnier de guerre par les Danois, a obtenu de ce gouvernement la permission de se retirer sur sa parole chez des parents qu'il a en Hanovre.

Le faire arrêter et conduire à Verdun.

On prie Sa Majesté de décider s'il peut y rester, ou de fixer la destination que cet Anglais doit recevoir.

2813. — AU MARÉCHAL BERTHIER.

23 février 1809.

Mon Cousin, donnez ordre au duc de Valmy de diriger sur Saragosse la 2ᵉ compagnie du 6ᵉ régiment d'artillerie à pied. Si cette place est prise, cette compagnie se dirigera sur Burgos, où elle recevra des ordres du général Lariboisière. Avant de faire partir les quatre compagnies de pionniers, demandez leur organisation, de quelle nation elles sont composées. Je me déciderai après avoir reçu ces renseignements.

NAPOLÉON.

2814. — DÉCISION (1).

Paris, 24 février 1809.

On soumet à Sa Majesté la demande de M. Denniée, intendant général de l'armée d'Espagne, pour obtenir, à dater du 1ᵉʳ novembre 1808, un supplément de 2.000 francs par mois à ses frais de bureau fixés à 10.000 francs par Sa Majesté.

Refusé.

NAPOLÉON.

2815. — DÉCISION.

Paris, 25 février 1809.

Le général Clarke soumet à l'Empereur une demande par laquelle le baron de Gohren, grand maréchal de la cour de Bavière, sollicite pour ses deux neveux l'autorisation de passer au service du roi de Bavière.

Accordé.

NAPOLÉON.

---

(1) Extraite du « Travail du ministre directeur de l'administration de la guerre avec S. M. l'Empereur et Roi, daté du 15 février 1809 ».

2816. — DÉCISION.

Paris, 25 février 1809.

Demande du préfet du département de Seine-et-Marne pour que la compagnie de réserve de ce département, qui est de 5ᵉ classe, soit portée à la 4ᵉ.

Accordé.

NAPOLÉON.

2817. — AU MARÉCHAL BERTHIER.

Paris, 25 février 1809.

Mon Cousin, donnez ordre que les 56 hommes du 43ᵉ, les 249 hommes de la brigade hollandaise et les 83 hommes isolés qui se trouvent à Aranda partent sans délai pour rejoindre leurs corps à Madrid. Donnez ordre au maréchal Bessières de réitérer les ordres de faire partir pour Bayonne tous les hommes des dépôts de cavalerie qui n'ont pas de chevaux. Donnez ordre que l'on fasse partir de Ségovie toutes les troupes de Hesse, afin de les réunir à leurs régiments à la division Leval. Donnez ordre que le détachement du 22ᵉ de dragons, qui est à Vitoria, rejoigne son régiment. Donnez ordre que le 2ᵉ régiment provisoire de Bayonne, qui est à Bilbao, soit dirigé, chaque compagnie sur le corps dont elle fait partie. Il ne restera à Bilbao que le régiment provisoire de Bilbao. Donnez ordre au général qui commande à Saint-Sébastien de faire partir un bataillon de 600 hommes, des hommes isolés, en choisissant ceux qui sont le plus en état, et de les envoyer sur leurs corps.

NAPOLÉON.

2818. — DÉCISION.

Paris, 25 février 1809.

Rapport du ministre de la guerre concernant les dispositions prises en vue de l'organisation du personnel et du matériel d'artillerie destinés au siège de Girone.

Il faut envoyer la 2ᵉ compagnie du 6ᵉ régiment à Saragosse. Le siège de Girone aura assez, moyennant la compagnie du 3ᵉ régiment qu'on y envoie de Valence. Il faudra avoir à présent l'état des officiers du génie et des sapeurs.

NAPOLÉON.

2819. — DÉCISION.

Paris, 25 février 1809.

Le général Clarke rend compte des ordres qu'il a donnés en vue de la réunion à Strasbourg de divers détachements d'artillerie et du train.

Il faudra me remettre cela sous les yeux le 15 mars.

Napoléon.

2820. — AU GÉNÉRAL CLARKE.

Paris, 25 février 1809.

Monsieur le général Clarke, j'approuve que vous renvoyiez aux divisions Molitor et Boudet les deux compagnies du 4ᵉ bataillon principal du train et que les deux compagnies du même bataillon, qui viennent de l'armée du Rhin, se rendent à Strasbourg.

Quant aux compagnies d'artillerie qui sont à Valence, avant de les faire partir, je désire que vous me fassiez connaître si l'armée d'Italie a besoin de personnel et surtout le siège de Girone.

J'approuve, en attendant, le départ de la compagnie du 3ᵉ régiment que vous me proposez d'envoyer à Perpignan.

Vous savez que j'ai fait partir pour le siège de Girone ce qui était réuni à Bayonne sous les ordres du général Taviel.

Avant de rien faire partir de Valence, faites-moi un rapport sur le personnel et le matériel de l'artillerie du siège de Girone.

Napoléon.

2821. — AU GÉNÉRAL CLARKE.

25 février 1809.

Monsieur le général Clarke, donnez ordre que la 1ʳᵉ compagnie du 1ᵉʳ bataillon de sapeurs, qui est à l'île d'Elbe, soit débarquée et envoyée à Livourne, où elle sera à la disposition du vice-roi.

Napoléon.

2822. — AU GÉNÉRAL CLARKE.

25 février 1809.

Monsieur le général Clarke, donnez l'ordre que les 400 hommes que le dépôt du 7ᵉ régiment d'infanterie légère doit fournir soient prêts à partir d'Huningue.

Ils seront partagés entre les grenadiers, les voltigeurs et les deux premières compagnies de fusiliers du 4° bataillon. Il manquera 180 hommes pour porter ces quatre compagnies au grand complet ; mais, les trois autres bataillons étant trop forts, ils compléteront le quatrième.

Le 12° régiment de ligne, dont les grenadiers et voltigeurs du 4° bataillon sont à l'armée du Rhin, ne pourra fournir que 128 hommes ; il en faut 280 pour compléter les deux premières compagnies de fusiliers ; mon intention est que les 172 hommes qui lui manquent soient fournis par les conscrits de la garde.

Le 65° régiment de ligne tiendra prêtes à partir ses deux premières compagnies de fusiliers du 4° bataillon.

Le 72° tiendra prêtes, également, ses deux premières compagnies du 4° bataillon.

Le 30° tiendra prête une compagnie ;

Le 33° une compagnie ;

Le 61° une compagnie ;

Le 85° une compagnie ;

Et le 111°, trois compagnies.

Toutes ces compagnies se réuniront à Mayence, à l'exception de celles du 7° régiment d'infanterie légère, qui resteront à Huningue.

Aussitôt qu'elles seront rendues à Mayence, elles formeront deux bataillons de marche, l'un de sept et l'autre de six compagnies, sous le nom de 1er et 2° bataillons de marche des 4es bataillons de l'armée du Rhin.

Vous me ferez connaître quand ces différentes compagnies seront en état de se mettre en route.

Le 13° régiment d'infanterie légère, le 48° de ligne, le 108° et le 25° garderont jusqu'à nouvel ordre leurs 4es bataillons dans le nord.

Napoléon.

2823. — AU GÉNÉRAL CLARKE.

25 février 1809.

Monsieur le général Clarke, présentez-moi un projet de formation de détachements, pour porter au grand complet les bataillons qui composent les divisions Molitor, Boudet, Carra-Saint-Cyr et Legrand.

Napoléon.

2824. — AU GÉNÉRAL CLARKE.

Paris, 25 février 1809.

Monsieur le général Clarke, donnez ordre que, le 20 mars, il y ait réunis à Plaisance le 3ᵉ bataillon du 2ᵉ de ligne, fort de 840 hommes, celui du 67ᵉ, fort de 840 hommes, celui du 93ᵉ et celui du 3ᵉ de ligne, de la même force, un bataillon formé de trois compagnies du 5ᵉ bataillon du 37ᵉ et de trois compagnies du 5ᵉ bataillon du 56ᵉ. Vous nommerez un chef de bataillon pour commander ce bataillon, ce qui fera cinq bataillons formant plus de 4.000 hommes d'infanterie.

Donnez ordre que 800 chevaux des 4ᵉ, 6ᵉ et 8ᵉ cuirassiers, formant un régiment provisoire, se rendent le 1ᵉʳ mars à Brescia. Vous me ferez connaître le jour où ils arriveront dans cette ville ; ils y attendront de nouveaux ordres.

Vous donnerez l'ordre que 600 chevaux des 3ᵉ, 4ᵉ, 19ᵉ, 23ᵉ et 24ᵉ de chasseurs partent le 15 mars pour Plaisance, organisés en régiment de marche.

Napoléon.

2825. — DÉCISION.

Paris, 25 février 1809.

Rapport du général Clarke sur la situation et la marche des détachements qui reviennent de l'armée du Portugal et particulièrement des détachements de cavalerie réunis à Niort.

On me rendra compte de la situation des détachements de cavalerie qui sont à Niort, lorsqu'ils seront prêts à partir, et on prendra mes ordres avant de les faire partir.

Napoléon.

2826. — DÉCISION.

Paris, 25 février 1809.

Le général Clarke rend compte que le 3ᵉ bataillon du 46ᵉ régiment de ligne est parti d'Arras pour se rendre à Lunéville, et il demande si l'intention de l'Empereur est que cette troupe lui soit présentée à son passage à Paris.

Oui.

Napoléon.

2827. — AU GÉNÉRAL DEJEAN.

Paris, 25 février 1809.

Monsieur Dejean, il résulterait de l'état de situation du bataillon des équipages militaires, au 22 février, qu'il y aurait à Bayonne 48 voitures du 1ᵉʳ bataillon, 66 du 3ᵉ bataillon, 23 du 4ᵉ bataillon, 44 du 6ᵉ bataillon, 60 du 7ᵉ bataillon, 6 du 10ᵉ bataillon et 13 du 11ᵉ bataillon. Faites-moi connaître si vous avez pris des mesures pour organiser tous ces caissons conformément à mon dernier ordre.

NAPOLÉON.

2828. — AU GÉNÉRAL DEJEAN.

Paris, 25 février 1809.

Monsieur le général Dejean, je vous envoie une demande de fonds pour les corps qui sont en Italie. Je vous prie de me faire un rapport.

NAPOLÉON.

2829. — DÉCISIONS (1).

Paris, 25 février 1809.

On demande si un détachement du 5ᵉ bataillon du train doit rester à la suite de la division Boudet à laquelle il était attaché ou s'il doit rejoindre son bataillon à l'armée d'Allemagne.	Il doit rejoindre son bataillon en Allemagne. NAPOLÉON.
On prie Sa Majesté de vouloir bien faire connaître si Elle approuve qu'on expédie de France les denrées nécessaires à la subsistance de la division du général Reille, qui ne trouve plus dans le pays qu'elle occupe des ressources suffisantes.	Oui. NAPOLÉON.

(1) Signées, sauf une; extraites du « Travail du ministre directeur de l'administration de la guerre avec S. M. l'Empereur et Roi, daté du 22 février 1809 ».

On rend compte à Sa Majesté que S. A. I. le vice-roi d'Italie, vu le dénuement du Trésor pontifical, a fait suspendre la fourniture des vivres de campagne aux officiers dans les États romains, sans indemnité représentative, et qu'Elle a fait délivrer aux troupes, en remplacement de cette fourniture, une indemnité de 25 centimes.

Je désapprouve la mesure du vice-roi. Toute fourniture doit être faite par la caisse pontificale.

NAPOLÉON.

On prie Sa Majesté de vouloir bien faire connaître si Elle ne croira pas devoir maintenir, pour 1809, la fixation des frais extraordinaires de bureau de l'ordonnateur en chef Joubert à 3.000 francs par mois.

Accordé 2.000 francs pour cette année.

On propose à Sa Majesté d'accorder des secours aux veuves de deux infirmiers et d'un employé morts aux armées.

Approuvé.

NAPOLÉON.

On propose à Sa Majesté d'admettre à la solde de retraite le sieur Tapies, commissaire des guerres à Agen, qui compte plus de quarante-quatre années de service.

Accordé.

NAPOLÉON.

On prend les ordres de Sa Majesté sur la demande de M. Cibat, médecin espagnol, pour être employé comme médecin ordinaire en Espagne.

Accordé.

NAPOLÉON.

2830. — AU GÉNÉRAL DEJEAN.

26 février 1809.

Monsieur le général Clarke, donnez ordre au dépôt du 32e d'infanterie légère de faire partir 200 hommes pour le bataillon qui est à Figuières sous les ordres du général Reille.

Quant aux deux bataillons du 2e de ligne, il n'y a en Italie que le 3e bataillon, que je crois avoir mis en ligne. Je compléterai le 4e bataillon, qui est à Perpignan, avec des conscrits de ma garde.

Faites-moi connaître, en conséquence, la situation de ce bataillon et ce qui manque à son complet.

NAPOLÉON.

2831. — AU GÉNÉRAL CLARKE.

Paris, 26 février 1809.

Monsieur le général Clarke, faites partir demain 27 du courant, pour Strasbourg, les deux bataillons provisoires de grenadiers et voltigeurs du corps du général Oudinot. Envoyez au général Oudinot l'état nominatif de tous les hommes, et par compagnie, et mandez-lui d'envoyer à Strasbourg, à leur rencontre, le nombre d'officiers et sous-officiers nécessaires pour les recevoir des mains des officiers et sous-officiers de la garde, qui feront leur retour de Strasbourg. Ils auront soin de dresser procès-verbal de la remise du nombre d'hommes.

Faites également partir demain les 800 hommes du 15ᵉ légère, pour se rendre à Strasbourg, où ils attendront de nouveaux ordres. Vous chargerez le major d'écrire au colonel que ces hommes se rendent à Strasbourg.

NAPOLÉON.

2832. — DÉCISION.

Paris, 27 février 1809.

Le général Clarke rend compte à l'Empereur que les hommes disponibles au dépôt du 3ᵉ régiment de hussards hollandais à Versailles pourront partir dès qu'ils auront reçu les 100 chevaux provenant des régiments de hussards de la garde royale.

Faire passer la revue de ce détachement le 10, et le 12 j'en ordonnerai le départ s'ils sont en état.

NAPOLÉON.

2833. — DÉCISION.

Paris, 27 février 1809.

Le général Clarke rend compte à l'Empereur que, par suite d'une consommation de munitions qui a dépassé toutes les prévisions, on

Il faut toujours avoir 200 milliers de poudre à Bayonne.

NAPOLÉON.

craint de manquer de poudre pour la continuation du siège de Saragosse.

2834. — DÉCISION.
Paris, 27 février 1809.

Le général Clarke rend compte qu'un détachement de 9 officiers et 449 hommes, destiné aux trois régiments d'infanterie de la légion de la Vistule, est arrivé au dépôt de cette légion à Sedan.

Donnez ordre que les détachements de 500 hommes partent de Sedan le 5 mars pour les trois régiments de la Vistule.

NAPOLÉON.

2835. — DÉCISION.
Paris, 27 février 1809.

Rapport du ministre de la guerre au sujet des mesures prises à Versailles pour compléter le régiment de cavalerie du grand-duché de Berg.

Je désire que vous chargiez le général Durosnel, gouverneur de mes pages, de porter une attention particulière sur ce régiment, comme inspecteur, d'en passer la revue au moins tous les huit jours et de s'assurer qu'on suit un bon mode d'instruction et de comptabilité.

NAPOLÉON.

2836. — AU GÉNÉRAL DEJEAN.
Paris, 27 février 1809.

Monsieur le général Dejean, je reçois votre rapport d'aujourd'hui. Je pensais que les 200 caissons disponibles qui étaient restés à Bayonne se trouvaient à Auch ; je vois avec peine qu'ils sont reculés sur les frontières d'Espagne. Faites-les partir pour un lieu intermédiaire entre Pau et Strasbourg, où il sera le plus facile de trouver à acheter des mulets pour les atteler. Quant aux fonds que vous me demandez, ils sont dans votre budget, portez-les au crédit mensuel. M. Mollien, s'il est nécessaire, vous en fera l'avance. Il est important que ces 200 voitures soient bientôt disponibles pour le service de l'armée du Rhin.

NAPOLÉON.

2837. — DÉCISION. (1).

Rapport du général Clarke au sujet du personnel d'artillerie employé au siège de Girone et au delà des Alpes.

Approuvé.

NAPOLÉON.

2838. — DÉCISION.

Paris, 28 février 1809.

Rapport du général Clarke à l'Empereur, 26 février.

Par mon rapport du 22 février (2), je priais Sa Majesté de mettre à ma disposition un million pour l'achat de 5.500 chevaux d'artillerie et de harnais qu'Elle a ordonné en Allemagne, en Italie et dans l'intérieur.

Sa Majesté vient de me répondre qu'il faut réduire ces achats de manière à ne point dépasser les deux millions accordés par le budget et que 5.500 chevaux sont trop pour l'Italie où il n'en faut que 3.000.

Ces 5.500 chevaux à acheter ne sont pas pour l'Italie seule ; il n'y en a que 2.100 destinés à cette armée, qui en porteront le nombre à 3.000.

2.400 autres sont pour l'Allemagne, afin d'en porter le nombre à 8.000 à l'armée du Rhin. Enfin 1.000 sont destinés pour les quatre divisions de l'intérieur.

Ces achats sont faits en conséquence des ordres de Sa Majesté.

Le montant desdits achats, y

La manière de travailler des bureaux de l'artillerie est fatigante. J'ai ordonné au ministre de ne pas dépasser les 2 millions fixés pour achats de chevaux. Si l'on me propose le contraire, je ne sais pas ce que l'on veut dire. C'est au ministre à faire porter une réduction générale en conséquence; toute autre manière de travailler est impraticable.

NAPOLÉON.

---

(1) Sans date; le rapport est du 26 février 1809, la décision a été renvoyée le 27 au général Gassendi.
(2) Voir ci-dessus le rapport en question du 22 février, avec la décision de l'Empereur qui s'y rapporte.

compris les selles et harnais, est de 2.640.000 francs.

Je prie Sa Majesté de me faire savoir quelle réduction je peux opérer dans ces remontes et sur quelle partie elle doit porter.

Dans tous les cas, il est nécessaire que j'aie des fonds à ma disposition pour que les marchés puissent avoir leur exécution.

2839. — DÉCISION (1).

Paris, 28 février 1809.

On expose que le budget de 1809, fixé à six millions, doit au moins l'être à sept, sans comprendre le remplacement d'aucune perte pour l'année, et en admettant qu'il ne sera dirigé en ce moment que 2.000 chevaux vers les dépôts de l'Espagne.

Il faut s'arranger de manière que le budget ne passe pas six millions.

NAPOLÉON.

2840. — DÉCISIONS (2).

1ᵉʳ mars 1809.

On demande à Sa Majesté quelle destination doit être donnée à 136 drapeaux ou étendards ennemis déposés au magasin de Brunswick.

Avoir un rapport plus détaillé (3).

La navigation militaire du Pô se trouvant suspendue depuis quelque temps par l'envoi en Espagne des pontonniers et des chevaux

Prendre de plus amples informations (4).

(1) Extraite du « Travail du ministre directeur de l'administration de la guerre avec S. M. l'Empereur et Roi, daté du 15 février 1809 ».
(2) Non signées; extraites du « Travail du ministre directeur de l'administration de la guerre avec S. M. l'Empereur et Roi, daté du 1ᵉʳ mars 1809 ».
(3) Note du général Dejean, ajoutée à la suite de la décision de l'Empereur : « Prendre sur cet objet des renseignements plus précis. Sont-ce des drapeaux pris par les Français dans les deux dernières campagnes ? L'Empereur en doute. D'où proviennent-ils ? »
(4) Note du général Dejean : « La navigation du Pô est reprise jusqu'à Plaisance; le bureau était mal informé. L'Empereur entend qu'elle soit continuée, ainsi que par le passé, par les pontonniers et les chevaux du train d'artillerie. »

d'artillerie qui y étaient affectés, on demande à Sa Majesté si elle doit rester dans cette stagnation jusqu'à leur retour, ou s'il n'entrerait pas dans ses intentions que cette navigation fût mise en entreprise, ou bien qu'il fût formé une compagnie d'équipages pour être affectée à ce service.

On appelle de nouveau l'attention de Sa Majesté sur le service des fourrages en Italie.

Sa Majesté écrira au vice-roi qu'elle ne veut pas donner en Italie plus que l'on ne donne en France.

Comme il n'existe à Sampigny ni casernes ni écuries, et qu'il en existe à Saint-Mihiel, il est proposé à l'Empereur d'envoyer le 12ᵉ bataillon des équipages s'organiser dans cette dernière ville.

Approuvé (1).

2841. — AU GÉNÉRAL CLARKE.

Paris, 1ᵉʳ mars 1809.

Monsieur le général Clarke, les 800 hommes du 15ᵉ légère qui sont partis de Paris doivent se diriger sur Strasbourg et non sur Mayence.

NAPOLÉON.

2842. — AU GÉNÉRAL CLARKE.

Paris, 1ᵉʳ mars 1809.

Monsieur le général Clarke, il manque à l'armée d'Italie trois adjudants commandants, un général de division de cavalerie et trois généraux de brigade de cavalerie. Faites-moi connaître qui l'on pourrait envoyer.

NAPOLÉON.

---

(1) Note du général Dejean, ajoutée à la suite de la décision de l'Empereur : « Le placer à Saint-Mihiel. »

2843. — AU GÉNÉRAL CLARKE.

Paris, 2 mars 1809.

Monsieur le général Clarke, vous pensez que mes fabriques d'armes portatives pourront en faire pour 8.400.000 francs. J'ai accordé 7 millions ; il restera donc 1.400.000 francs à trouver ; mais, le grand-duché de Berg, le royaume de Westphalie et peut-être le royaume d'Italie prendront des armes pour la valeur de cette somme.

Ecrivez, à cet effet, au ministre de la guerre de Westphalie et au conseiller d'Etat Beugnot pour qu'ils fassent prendre dans mes manufactures une certaine quantité de fusils.

Cette mesure aura plusieurs avantages, puisque les troupes de ces pays servent avec les miennes. Du moment qu'ils ont de mauvaises armes, je leur en fais donner de mes arsenaux.

NAPOLÉON.

2844. — AU GÉNÉRAL CLARKE.

Paris, 2 mars 1809.

Monsieur le général Clarke, le corps d'observation du Rhin va se réunir en Alsace ; j'ai dit Strasbourg, mais il ne faut pas trop encombrer cette ville.

Comme mon dessein est de diriger ce corps sur Augsburg, on pourrait retenir les divisions Boudet et Molitor dans des positions intermédiaires, entre Huningue et Strasbourg, de manière que ces troupes y soient bien et puissent rester longtemps dans ces positions sans se fatiguer et s'y maintenir en bon état.

NAPOLÉON.

2845. — DÉCISION.

Paris, 2 mars 1809.

Etat des officiers du génie désignés pour faire partie du corps de siège devant Girone.	Renvoyé au major général pour en instruire le général Sanson.

NAPOLÉON.

2846. — AU MARÉCHAL BERTHIER.

Paris, 3 mars 1809.

Mon Cousin, donnez ordre au duc d'Abrantès de réunir tous les hommes disponibles du 4° bataillon du 114°, de les incorporer dans les trois premiers bataillons et de renvoyer à Mont-de-Marsan le cadre de ce bataillon. Il fera la même opération pour le 115° et pour le 117°. Vous donnerez l'ordre que les détachements que les 114°, 115°, 116° et 117° ont, au 1ᵉʳ ou au 2° régiment provisoire de Bayonne, rejoignent ces régiments. Ces détachements se trouvent ou à Bayonne ou dans les Biscayes. Donnez ordre également que les détachements des 118°, 119° et 120° qui se trouvent aux régiments provisoires de Bayonne se rendent à Burgos et à Santander. Vous donnerez ordre que les 121° et 122° soient réduits à trois bataillons, ainsi que les 15° de ligne, 47° et 70°, et que les hommes disponibles du 4° bataillon soient versés dans les trois premiers bataillons. Ce versement sera fait par procès-verbal, afin que l'on sache les officiers et sous-officiers qui gardent les corps et que l'on remplace les officiers et sous-officiers des cadres qui retournent en France. Tous les hommes disponibles du 4° bataillon du 70° seront réunis sous les ordres d'un capitaine, d'un lieutenant et de deux sergents et dirigés sur Valladolid, d'où ils iront rejoindre les trois premiers bataillons qui sont en Portugal ; et le cadre du 4° bataillon reviendra à son dépôt, en Bretagne. Les cadres des 4ᵉˢ bataillons des 15° de ligne et 47° se rendront également à leurs dépôts, en Bretagne. Les cadres des 4ᵉˢ bataillons des 121° et 122° se rendront à leurs dépôts, à Versailles.

NAPOLÉON.

2847. — AU GÉNÉRAL CLARKE.

Paris, 3 mars 1809.

Monsieur le général Clarke, je désire que toutes les troupes qui se trouvent dans l'intérieur de l'Empire soient portées dans le livret des divisions militaires, soit qu'elles forment le camp de Boulogne, soit qu'elles forment le camp d'Ostende. etc. L'inconvénient de la forme actuelle de cet état est que je ne sais pas, par exemple, où sont les compagnies ou bataillons de marche, s'il y en a de réunis qui attendent mes ordres. Je n'y vois pas, par exemple, l'escadron de cavalerie qui doit être à Tours, les détachements de l'armée de Portugal qui doivent être réunis à Bordeaux; je ne trouverai nulle part l'époque de l'arrivée à Strasbourg du bataillon de marche que je viens d'y envoyer. Il faut que sur cet état je trouve tous les individus faisant partie des armées qui sont sur le territoire français. J'ai l'habitude de relire assez souvent les états de situation ; j'aime à y trouver tous les renseignements que je cherche. Je sais bien qu'en en lisant plusieurs, j'y retrouverai les mêmes éléments, mais ils sont épars et cela n'a pas la même utilité pour moi. Faites-moi faire un état sur ces données et envoyez-le moi.

NAPOLÉON.

2848. — AU GÉNÉRAL CLARKE.

Paris, 3 mars 1809

Monsieur le général Clarke, je donne ordre que le cadre du 4e bataillon du 15e de ligne, qui est au 2e corps de l'armée d'Espagne, retourne en France.

Je donne le même ordre pour les cadres des 4es bataillons du 47e et du 70e.

Le 86e a son 3e bataillon en France.

Par ce moyen, ces quatre corps auront un bataillon de guerre entier en France et leur 5e bataillon. Ils pourront donc former quatre bataillons complets de guerre faisant 3.360 hommes et quatre 5es bataillons de quatre compagnies formant 2.300 hommes, ce qui fera une division de près de 6.000 hommes pour la défense de la Bretagne. Il est nécessaire que ces bataillons soient organisés avant le 15 mai. Il faut ordonner que les majors de ces régiments (les 15e de ligne, 47e, 70e et 86e) se rendent à leurs dépôts, en Bretagne ; faites-moi connaître où ils se trouvent. Il est important que ces dépôts, qui, avec les conscrits qu'ils vont recevoir, passeront 6.000 hommes, aient un commandant intelligent. J'ordonne que les 4es bataillons des 121e et 122e soient envoyés à leurs dépôts, à Versailles.

NAPOLÉON.

2849. — AU GÉNÉRAL CLARKE.

Paris, 3 mars 1809.

Monsieur le général Clarke, donnez l'ordre qu'une ou deux compagnies de fusiliers, complétées à 140 hommes, des 4es bataillons des 12ᵉ, 25ᵉ, 33ᵉ, 61ᵉ, 65ᵉ, 22ᵉ, 85ᵉ, 111ᵉ, 5ᵉ légère, partent sans délai pour Strasbourg.

On formera de ces compagnies autant de bataillons de marche qu'il y aura de fois six compagnies, en ayant soin de mettre ensemble les compagnies des régiments qui appartiennent à l'armée du Rhin.

On appellera ces bataillons bataillons de marche des 4ᵉˢ bataillons de l'armée du Rhin ; ainsi, il y aura à Strasbourg trois espèces de bataillons de marche :

Les bataillons de marche du corps d'Oudinot ;
Les bataillons de marche de l'armée du Rhin ;
Les bataillons de marche des 4ᵉˢ bataillons de l'armée du Rhin.

Je crois avoir compris dans ce nombre toutes les compagnies des 4ᵉˢ bataillons, qui ont leurs grenadiers et voltigeurs à l'armée du Rhin ; s'il m'était échappé quelque corps, faites-le moi connaître.

NAPOLÉON.

2850. — AU GÉNÉRAL DEJEAN.

Paris, 3 mars 1809.

Monsieur le général Dejean, on me mande que les dépôts des corps qui sont dans les 7ᵉ et 8ᵉ divisions militaires sont sans crédit et manquent absolument d'argent.

NAPOLÉON.

2851. — DÉCISION.

4 mars 1809.

| Le ministre de la guerre demande des ordres au sujet de la destination ultérieure à assigner aux trois compagnies du contingent des princes d'Anhalt, qui sont parties de Mayence le 24 février pour se rendre à Metz, où elles arriveront le 5 mars. | Je n'ai point donné cet ordre-là, et au contraire, s'il est à temps, il faut arrêter ces troupes où elles se trouveront.

NAPOLÉON. |

2852. — DÉCISION.

Paris, 4 mars 1809.

Le général Clarke rend compte de l'arrivée prochaine à Strasbourg de six compagnies d'artillerie, parties de Valence en un détachement à destination de l'armée du Rhin.

Il ne faut pas qu'il parte de Strasbourg sans ordre.

NAPOLÉON.

2853. — AU MARÉCHAL BERTHIER.

Paris, 4 mars 1809.

Mon Cousin, je désire que vous me remettiez un état de situation de mes armées en Allemagne, savoir :

1° L'armée du Rhin, commandée par le maréchal duc d'Auerstædt, qui est composée de quatre divisions d'infanterie, chaque division forte de cinq régiments ; de la division de grosse cavalerie Nansouty, de la division de grosse cavalerie Saint-Sulpice et de plusieurs régiments de cavalerie légère. Je désire que vous me fassiez connaître quand toutes ces troupes seront réunies à Bamberg, et, en même temps, le lieu de leur route où elles se trouveront chaque jour, en comptant onze jours de marche de Magdeburg à Bamberg et autant de Hanau à Bamberg, et quant à la division Saint-Hilaire, en calculant sur les renseignements que le duc d'Auerstædt pourra vous donner ;

2° Le corps du général Oudinot, composé de la division de grosse cavalerie du général Espagne, d'une brigade de cavalerie légère et de deux divisions d'infanterie, fortes chacune de six demi-brigades. Le fond de ce corps est déjà sur le Lech. Faites-moi connaître quand arriveront les renforts partis de France et d'Italie ;

3° Le corps d'observation du Rhin, commandé par le maréchal duc de Rivoli. Faites-moi connaître où arrivent les différents corps qui le composent et quand les renforts partis d'Italie pourront le rejoindre à Augsburg.

Vous comprendrez dans cet état de situation l'armée bavaroise et l'armée wurtembergeoise ; vous y comprendrez comme corps d'armée du nord de l'Allemagne les troupes polonaises qui doivent se réunir à Varsovie, à l'exception des deux régiments qui sont à Danzig et dans les places de l'Oder ; les troupes saxonnes qui se réunissent à Dresde ; ce qu'il y a des disponibles de troupes de Westphalie ; la division Dupas, qui est à Hanovre ; enfin, les troupes de Hollande qui sont dans les villes hanséatiques. Ensuite vous porterez dans cet état, sous le titre de corps de garnison des places, les garnisons de Danzig et des places de l'Oder.

Enfin, vous me mettrez sous les yeux tout ce qui manque pour former cette armée et vous ne perdrez pas de temps pour organiser votre état-major.

Quant aux troupes qui viennent de Lyon, je désire que vous fassiez bien spécifier le lieu où elles se trouveront chaque jour, afin que je puisse leur donner un ordre si je jugeais convenable de les diriger de Huningue sur Augsburg en droite ligne et sans passer par Strasbourg.

Napoléon.

2854. — AU MARÉCHAL BERTHIER.

Paris, 4 mars 1809.

Mon Cousin, donnez ordre à Bayonne et à Mont-de-Marsan que les chasseurs à cheval de ma garde, qui sont arrivés à Mont-de-Marsan, continuent leur route sur Paris. Donnez le même ordre au dépôt de convalescents de ma garde, à l'infanterie de ma garde, qui arrive le 10 à Bayonne, et à la cavalerie et l'artillerie, qui le sera le 8.

Napoléon.

2855. — ORDRE.

Paris, 4 mars 1809.

1° Le 10° bataillon de marche, formé de conscrits, qui est à Saint-Sébastien, se mettra en marche après avoir reçu tous ses détachements, pour se rendre à Valladolid.

2° Le 1er bataillon du 1er régiment provisoire de Bayonne se mettra en marche pour rejoindre le 3° corps de l'armée d'Espagne, dans lequel il sera incorporé. Les officiers et sous-officiers appartenant aux 5es bataillons retourneront en France.

3° Les deux compagnies du 117°, qui sont au 2° bataillon du 1er régiment provisoire de Bayonne, se rendront au 3° corps pour y être incorporées. Les deux compagnies du 118° seront incorporées à Burgos, les deux du 120° renforceront la division Bonet à Santander.

Par ce moyen, le 1ᵉʳ régiment provisoire de Bayonne sera dissous, ce qui produira une augmentation de 1.200 hommes au 3ᵉ corps.

4° Le 2ᵉ régiment provisoire de Bayonne sera dissous.

Les détachements appartenant aux 114ᵉ, 115ᵉ et 117ᵉ se rendront au 3ᵉ corps, à Saragosse.

Le détachement du 118ᵉ sera incorporé à Burgos.

Les détachements du 119ᵉ et du 129ᵉ se dirigeront sur Santander, pour renforcer la division Bonet.

NAPOLÉON.

2856. — DÉCISION.

Paris, 4 mars 1809.

Arrivée à Paris du 3ᵉ bataillon du 46ᵉ régiment d'infanterie de ligne, qui, d'après les ordres du ministre, sera présenté à Sa Majesté lors de la prochaine parade.

Il fallait me rendre compte de l'arrivée de ce bataillon, je l'aurais vu le même jour ; je le verrai demain à 10 heures du matin aux Champs-Elysées. En général, il faut me prévenir la veille de l'arrivée des troupes.

NAPOLÉON.

2857. — DÉCISION.

Paris, 4 mars 1809.

Mesures proposées par le ministre pour régulariser la situation des 8ᵉ bataillon *bis* et 9ᵉ principal du train d'artillerie, attachés à l'armée du Rhin, et qui ont des compagnies en Espagne.

Approuvé, hormis pour ce qui est relatif aux compagnies isolées attachées à des corps en Espagne, vu que les premières compagnies du train que je ferai rentrer seront ces compagnies isolées.

NAPOLÉON.

2858. — AU GÉNÉRAL CLARKE.

4 mars 1809.

Monsieur le général Clarke, donnez ordre au 37ᵉ régiment (division Molitor), qui arrive le 9 à Belfort, d'en partir le 10 et de se diriger sur Huningue, et, de là, sur Ulm, où il arrivera le 19.

Au 67ᵉ, qui arrive à Belfort le 10, de suivre la même direction, sur Ulm, où il arrivera le 20.

Au 2ᵉ de ligne, qui arrivera à Belfort le 11, de suivre la même route pour arriver à Ulm le 21.

Au 16ᵉ régiment, qui arrive à Belfort le 13, de suivre la même route pour arriver à Ulm le 23.

Donnez ordre au général Molitor de marcher avec le 1ᵉʳ régiment de sa division. Vous lui ferez connaître que le duc de Rivoli, sous les ordres duquel il se trouve, sera dès le 12 à Strasbourg, que le général Oudinot est à Augsburg et qu'il doit correspondre avec ce général.

La division Boudet prendra la même direction et arrivera à Ulm, successivement, du 24 au 30.

Les quatre régiments de cavalerie légère feront le même mouvement. Ainsi, ces deux divisions seront réunies à Ulm vers la fin de mars.

Vous m'en remettrez un état précis.

Il faut combiner la route des divisions Saint-Cyr et Legrand, de manière à ce qu'elles puissent arriver à Ulm vers la même époque.

Par ce moyen, le quartier général du duc de Rivoli pourrait, si cela devenait nécessaire, être transporté à Ulm vers le 20 du mois.

Napoléon.

2859. — AU GÉNÉRAL CLARKE.

4 mars 1809.

Monsieur le général Clarke, le 1ᵉʳ bataillon de marche du corps d'armée d'Oudinot sera formé le 13 mars à Strasbourg ; mon intention est qu'il parte le 14 pour Augsburg, que le 2ᵉ soit formé le 17 et parte le 18, que le 3ᵉ soit formé le 18 et parte le 19, que le 4ᵉ soit formé le 15 et parte le 16, que le 5ᵉ soit formé le 18 et parte le 19, que le 6ᵉ parte le 13 et n'attende pas le détachement du 46ᵉ, que le 7ᵉ soit formé le 13 et parte le 14, que le 8ᵉ soit formé le 15 et parte aussitôt qu'il en recevra l'ordre, que le 9ᵉ soit formé le 18 et parte le 19, que le 10ᵉ soit formé le 7 et parte aussitôt les ordres reçus, que le 11ᵉ soit formé le 13 et parte le 14, enfin que le 12ᵉ soit formé le 10 et parte le 11.

Recommandez bien au général qui commande à Strasbourg de vous mander la situation de ces bataillons à mesure qu'ils partent.

Ces bataillons seront dirigés sur Augsburg, par le plus court chemin, et de manière à faire la route de Strasbourg à Augsburg en dix jours ; on les fera passer par les gorges de la Forêt-Noire, de sorte que tout cela arrive le plus tôt possible à Augsburg.

Vous ordonnerez que le général Oudinot soit prévenu de la route que tiendront ces troupes, afin qu'en cas de besoin il sache où les trouver et le lieu où elles s'arrêteront chaque jour.

Le 1er régiment de marche de l'armée du Rhin sera formé le 22 mars, et se dirigera sur Würzburg, où il arrivera le plus tôt possible.

Le 2e régiment sera formé le 18 et partira le 19 pour Würzburg.

Le 3e sera formé le 19 et partira le 20 pour Würzburg.

Le 4e sera formé le 17 et partira le 18 pour Würzburg.

Le régiment de marche de grosse cavalerie sera entièrement réuni du 9 au 10 mars à Strasbourg ; faites-le partir le 11, pour se rendre à Donauwörth, où il attendra de nouveaux ordres. Il faudra que le major qui est à la tête de ce régiment prévienne de son arrivée le général Espagne, qui commande la cavalerie sur le Lech, et le maréchal duc d'Auerstædt, qui sera rendu à Würzburg.

Prévenez le duc d'Auerstædt qu'il n'y a aucun inconvénient que ces détachements restent à Donauwörth, pour y attendre l'arrivée des divisions de cavalerie de son corps d'armée qui doivent s'approcher du Danube.

NAPOLÉON.

2860. — AU GÉNÉRAL CLARKE.

4 mars 1809.

Monsieur le général Clarke, donnez ordre que les 148 hommes qui sont disponibles au dépôt du 46e de ligne partent d'Arras pour se rendre à Strasbourg, et que 400, fournis par le 4e bataillon du même régiment, soient formés en compagnies de marche et dirigés également sur Strasbourg. Ces 548 hommes compléteront les trois bataillons du 46e.

Vous aurez soin de prévenir que, si ce régiment partait de Strasbourg avant l'arrivée de ces détachements, il ait à laisser des officiers et sous-officiers pour les recevoir, afin que le cadre du 4e bataillon retourne à Boulogne, pour être complété par les conscrits qui arriveront.

Donnez ordre que 50 hommes soient fournis par le dépôt du

4ᵉ de ligne pour renforcer les trois bataillons de guerre ; que 50 hommes du dépôt du 24ᵉ léger partent pour renforcer les bataillons de guerre et que 250 hommes partent du dépôt du 16ᵉ de ligne pour Strasbourg pour renforcer les trois bataillons de guerre.

Napoléon.

2861. — AU GÉNÉRAL CLARKE

4 mars 1809.

Monsieur le général Clarke, mon intention est que le prince de Neuchâtel exerce désormais les fonctions de major général pour l'armée du Rhin, pour le corps des villes hanséatiques et pour le corps d'observation du Rhin.

Napoléon.

2862. — DÉCISION.

Paris, 4 mars 1809.

Le général Clarke rend compte à l'Empereur qu'il a dirigé la 1ʳᵉ compagnie d'armuriers de Valence sur Strasbourg, pour de là se rendre au corps d'observation de l'armée du Rhin.

Approuvé.

Napoléon.

2863. — DÉCISION.

Paris, 4 mars 1809.

Note sur la composition et l'effectif des 1ʳᵉ, 2ᵉ, 4ᵉ et 6ᵉ compagnies de pionniers formées de conscrits français mutilés, qui ont été dirigés de Bayonne sur Pau.

Les diriger sur Burgos où ils travailleront aux fortifications.

Napoléon.

2864. — DÉCISION.

Paris, 4 mars 1809.

Conformément aux ordres de l'Empereur, le général Clarke a envoyé le dépôt du 1ᵉʳ régiment de chevau-légers westphaliens de Pau à Limoges, où il trouvera plus de facilité pour sa remonte.

Approuvé, en rendre compte au roi de Westphalie.

Napoléon.

2865. — DÉCISIONS (1).

Paris, 4 mars 1809.

On demande à Sa Majesté ses ordres sur le personnel des armées de Dalmatie, d'Italie, du Rhin et des villes hanséatiques.

L'armée de Dalmatie a toujours dû être sur le pied de guerre, également celle du Rhin. Je ne conçois rien de ce que demande le ministre. Mettre aussi sur le pied de guerre l'armée d'Italie.

NAPOLÉON.

Les 100 hommes que Sa Majesté a ordonné d'envoyer de Commercy au 9ᵉ bataillon du train, à Plaisance, devront-ils partir avec des chevaux et des harnais ?

S'ils ont des chevaux, les faire partir avec.

NAPOLÉON.

Vu l'épidémie qui existe parmi les prisonniers espagnols à Périgueux, on prie Sa Majesté de vouloir bien ordonner la translation du dépôt de ces prisonniers à Bourges.

Les envoyer du côté de Nîmes.

NAPOLÉON.

On demande à Sa Majesté l'autorisation de faire vendre les effets hors de service existant dans les magasins de l'armée du Rhin, ainsi que tous les objets provenant de prises sur l'ennemi, qui ne pourraient être appropriés à l'usage des troupes.

Vendre ce qui est inutile.

NAPOLÉON.

2866. — DÉCISIONS (2).

Paris, 4 mars 1809.

Mesures proposées pour régulariser la réorganisation et la réunion à l'armée du Rhin des 8ᵉ ba-

Approuvé, hormis pour ce qui est relatif aux compagnies isolées, attachées à des corps en

---

(1) Extraites du « Travail du ministre directeur de l'administration de la guerre avec S. M. l'Empereur et Roi, daté du 1ᵉʳ mars 1809 ».

(2) Non signées; extraites du « Travail du ministre de la guerre avec l'Empereur, du 1ᵉʳ mars 1809 ».

taillon *bis* et 9ᵉ bataillon principal du train d'artillerie, qui ont des détachements en Espagne.

Compte rendu de l'ordre donné pour l'échange et le complément de l'armement d'un détachement d'infanterie badoise qui, de la rive droite du Rhin, doit arriver incessamment à Strasbourg, pour de là se rendre en Espagne et y compléter le 2ᵉ régiment d'infanterie de cette nation.

On demande à Sa Majesté si son intention est que les officiers du 113ᵉ régiment d'infanterie soient indemnisés des dépenses qu'ils ont faites pour leur changement d'uniforme, par l'allocation de la gratification de campagne.

On propose à Sa Majesté d'accorder en gratification à des sous-officiers, venus d'Italie pour être faits sous-lieutenants dans les huit régiments de nouvelle formation, une somme de 2.691 fr. 66, qui leur a été illégalement payée, comme sous-lieutenants, avant le décret qui leur confère ce grade.

On rend compte à Sa Majesté de la demande formée par le général Lauberdière, commandant la place de Madrid, d'un traitement extraordinaire en raison du commandement qui lui est confié.

On prie Sa Majesté de faire connaître si son intention est que le général de division Quesnel soit employé au corps d'armée de M. le maréchal duc de Dalmatie.

---

(1) Mot illisible.

Espagne, vu que les premières compagnies du train que je ferai rentrer seront les compagnies isolées.

Il faut tenir de tout cela des mémoires et en demander le remboursement tant à Bade qu'aux autres princes. Puisqu'on leur rend leurs fusils, il est trop juste qu'ils payent les fusils que je leur donne. Il est nécessaire d'en... (1) dès à présent, sauf à les réaliser avec le temps.

Accordé.

Accordé.

Cet officier s'est mal comporté. Il a été suspendu et rappelé en France pour rendre compte de sa conduite.

Approuvé ; qu'il suive le duc de Dalmatie.

Le général de division Morand, employé à l'armée du Rhin, demande un congé de trois ou quatre mois.	Refusé.
Le général de brigade Valentin demande un congé de trois mois pour venir régler à Paris des affaires de famille ; cette demande est recommandée par le roi des Deux-Siciles.	Refusé.
On propose à Sa Majesté d'accorder à M. Coutard, colonel du 65e régiment, un congé de deux mois.	Refusé.
On soumet à Sa Majesté la demande d'une permission de six semaines, que fait le sieur Guyon, colonel du 12e régiment de chasseurs.	Refusé.
L'adjudant commandant M. Thomas sollicite un congé de deux mois et la faveur d'être employé dans une armée active à l'expiration de ce congé.	Lui donner l'ordre de se rendre en Italie.
On met sous les yeux de Sa Majesté une demande de congé formée par le sieur Thérond, major du 4e régiment de dragons, qui a besoin d'aller prendre les eaux pour le rétablissement de ses blessures.	Accordé.
On soumet à Sa Majesté la demande que fait le général de brigade Sabatier, employé à l'armée d'Espagne, pour obtenir sa retraite.	Il peut faire la campagne encore.
Sa Majesté est priée de faire connaître ses intentions sur la demande que font le général de brigade Launay, employé à l'armée de Dalmatie, et M. Delamarre, son aide de camp, lieutenant, de pas-	Refusé.

ser au service de la Westphalie et à être conservés sur le tableau de l'état-major général de l'armée française.

On met sous les yeux de Sa Majesté la demande que fait le capitaine Chambry, adjoint à l'état-major de l'armée d'Italie, d'être autorisé à passer au service des Deux-Siciles.

Accordé.

Le prince Poniatowski demande, au nom du roi de Saxe, l'agrément d'employer au service du duché de Varsovie le colonel d'artillerie Pelletier, le capitaine Bontemps et le capitaine du génie Mallet.

Accordé.

Le gendarme Geither, de la compagnie du Mont-Tonnerre, demande l'autorisation de passer au service du grand-duché de Berg.

Accordé.

On propose à Sa Majesté d'accepter la démission du sous-lieutenant Mainfroy, du 16e régiment de chasseurs.

Approuvé.

On prie Sa Majesté de vouloir bien faire connaître si MM. les maréchaux d'Empire, ducs de Conegliano et de Danzig, doivent continuer de toucher le traitement de général en chef qu'ils recevaient à l'armée d'Espagne.

Non, le duc de Conegliano ne commande plus l'armée. Le duc de Danzig peut être encore continué. Vous donnerez ordre au duc de Danzig de faire partir le 10 mars ses chevaux et ses bagages pour Metz.

Le ministre prie Sa Majesté de vouloir bien mettre à sa disposition une somme de 40.000 francs, pour remplacer une pareille somme qui était déposée à Sainte-Maure et qui a été employée en 1807 à la solde des Albanais.

Un député de Corfou reste à Paris, depuis plusieurs mois, pour attendre la fin de cette affaire. La réclamation est juste.

On propose à Sa Majesté d'employer au corps d'observation de l'armée du Rhin les adjudants commandants Duprat, Bonin et Fourn.

Approuvé, hormis l'adjudant commandant Duprat, qui se rendra au corps du général Oudinot.

les adjoints Ledoux, Labarthe, Asselin, Lachaux, Malivoire et Allouis.

2867. — DÉCISIONS.

Paris, 5 mars 1809.

Rapport à S. M. l'Empereur et Roi.

Sire,

Je demande à Votre Majesté si son intention est que j'écrive à ses ministres près le roi de Saxe, le roi de Westphalie, et près le grand-duc de Würzburg, en demandant :

1° Que l'armée de Saxe soit formée et réunie au 20 mars aux environs de Dresde, en deux divisions ;

Oui, vous direz que j'ordonne au prince de Ponte-Corvo de se rendre à Dresde pour en prendre le commandement. Donnez, en effet, cet ordre. Faites-moi connaître quand les régiments de Dupas seront rendus à Hanovre.

2° Que l'armée de Pologne, formant trois divisions, soit rassemblée et réunie le 20 mars, la gauche à Varsovie et la droite vis-à-vis Cracovie ;

Qu'elle se réunisse à Varsovie et couvre par sa cavalerie légère la Galicie et même Cracovie.

3° Que l'armée de Westphalie soit réunie, le 20 mars, sur Magdeburg ;

Demander au roi l'état de situation et ce qu'il pourra réunir à la fin de mars et à la fin d'avril.

4° Que l'armée de Wurtemberg, formant une division, sous le titre de réserve, soit réunie le 20 mars à Neresheim, Heidenheim, Haal et Ellwangen.

Oui.

Quant au corps d'armée qui doit porter le nom de corps d'armée réuni des princes de la Confédération, Votre Majesté veut-elle que j'écrive à ses ministres près ces princes, savoir :

1re division. A votre ministre près la cour de Bade, pour que cette division de deux brigades, composée de deux bataillons d'infanterie légère, de 4 régiments de ligne, et d'un régiment de cavalerie, ayant 18 pièces de canon avec le même attirail qu'une division bavaroise, soit réunie le 20 mars à Pforzheim, en indiquant qu'une brigade de cette division, composée du 1er régiment d'infanterie de ligne, de Bade, de 1.680 hommes, du 2e *idem*, du 3e *idem*, d'un bataillon d'infanterie légère, de 12 pièces d'artillerie et de 400 hommes de cavalerie, sont destinés à faire partie de la 1re division du duc de Rivoli ;

A votre ministre près le grand-duc de Berg, qui doit fournir 4.000 hommes ; à celui près le prince primat, qui doit fournir 6 compagnies, à 160 hommes par compagnie, formant 960 hommes qui doivent être réunis le 20 mars... (1) ;

A vos ministres près les maisons de Nassau, de Hohenzollern, de Salm, d'Isembourg, d'Arenberg, de Lichtenstein et de la Leyen, qu'ils doivent former deux régiments, chacun de deux bataillons, chaque bataillon de 6 compagnies, à 140 hommes par compagnie, une compagnie d'artillerie et une de sapeurs, dont un régiment doit faire partie de la 4e division du duc de Rivoli, portant le n° 2 ;

3 rég. de ligne faisant	5.000
1 bat. d'inf. légère....	600
1 rég. de cavalerie.....	400
	6.000

12 pièces d'artillerie.
1 comp. de sapeurs.

Le 4e régiment est en Espagne. Cette brigade de 6.000 se réunira à Pforzheim et Rastatt et fera partie de la division Legrand.

Deux de ces régiments sont en Espagne, un de cavalerie se forme à Versailles, un d'infanterie qui se forme. Demander lorsqu'il sera formé.

Il faut écrire pour cela à Bacher, qui connaît tout cela.

---

(1) En blanc.

A votre ministre près le grand-duc de Würzburg pour le régiment de deux bataillons sous le n° 3. Chaque bataillon de 6 compagnies, à 150 hommes par compagnie, plus une compagnie de sapeurs de 200 hommes ;

A vos ministres près les maisons de Saxe pour le régiment n° 4, composé de 3 bataillons forts chacun de 840 hommes, qui est destiné à la 3° division du duc de Rivoli ;

A vos ministres près les maisons de la Lippe pour former le bataillon n° 5, fort de 840 hommes, et enfin à votre ministre près les maisons d'Anhalt pour les 2 bataillons formant le régiment n° 6, forts de 840 hommes, destinés à la 4° division du corps du duc de Rivoli, faisant connaître à vos ministres que votre intention est que toutes ces troupes, fournies par les petits princes pour former la 3° division, soient réunies le 20 mars à Würzburg.

Quant à la brigade dite de réserve, composée d'un régiment fourni par les princes de Mecklenburg-Schwerin, qui portera le n° 7 et qui doit être organisé comme les troupes de Würzburg, ainsi que pour le bataillon de 4 compagnies de 100 hommes chacune que doit fournir la maison de Mecklenburg-Strelitz, je demande à Votre Majesté à quelle époque et où elle doit se rassembler.

J'observe à Votre Majesté que je n'ai encore écrit que pour l'armée bavaroise et que j'attends ses ordres pour le reste.

ALEXANDRE.

Son régiment est en Espagne, il doit fournir les sapeurs.

Se réunit provisoirement à Würzburg sous l'inspection du duc d'Auerstædt.

Id. à Bacher.

L'ordre est donné : ces troupes doivent occuper la Poméranie suédoise. Demander le jour où elles y seront.

Donner l'ordre au duc de Danzig de se rendre à Munich pour le 20 mars. Il prendra le commandement des 40.000 Bavarois. Il aura avec lui pour chef d'état-major le général Drouet.

2868. — AU MARÉCHAL BERTHIER (1).

6 mars 1809.

Mon Cousin, je vous renvoie votre note. Ne faites rien partir que vous ne m'ayez soumis les pièces, car je vois que vous ne connaissez pas encore bien ce qui s'est fait. Le 20 mars, le duc de Danzig sera rendu à Munich ; il prendra le commandement de l'armée bavaroise. Vous lui donnerez des instructions sur la manière dont elle doit être campée. Il aura pour chef d'état-major le général Drouet, qui sera rendu à Munich pour la même époque. Donnez au prince de Ponte-Corvo l'ordre d'être rendu le 20 mars à Dresde pour prendre le commandement de l'armée saxonne. Il aura avec lui son chef d'état-major. Il conservera le commandement de la division qui est à Hamburg. Ecrivez à Dresde, que j'ai envoyé le général du génie Chambarlhiac, avec des instructions, pour rétablir les fortifications de Passau, auxquelles il me paraît important de travailler sans délai. Ecrivez, en un mot, au roi de Bavière et à Otto, en leur faisant connaître que, s'il est nécessaire, quand les travaux seront commencés, j'enverrai une partie des sapeurs de l'armée pour accélérer les travaux. Prenez des renseignements pour me faire connaître dans quel état sont les têtes de pont que j'avais fait faire sur le Lech.

2869. — DÉCISION.

Paris, 6 mars 1809.

Le général Clarke rend compte qu'il a dirigé les divisions Carra-Saint-Cyr et Legrand sur Strasbourg où elles arriveront du 7 au 13 mars, tandis que la division Molitor, venant de Mâcon, n'arrivera à Strasbourg que le 15 et que la division Boudet ne sera rendue à Colmar que du 18 au 20.

Renvoyé au major général ; j'ai donné ordre que les divisions Molitor et Boudet se dirigent sur Ulm en passant par Huningue, de sorte qu'elles pourront arriver en même temps que les divisions Legrand et Saint-Cyr qui passent par Strasbourg.

NAPOLÉON.

(1) Non signé.

2870. — DÉCISION.

Paris, 6 mars 1809.

Officiers et employés d'artillerie proposés pour servir dans les places de Palmanova et d'Osoppo, mises en état de siège.

Approuvé. Me présenter un projet de décret.

Napoléon.

2871. — DÉCISION.

Paris, 6 mars 1809.

Le général Clarke a fait donner l'ordre au bataillon de marche du 15° légère, parti pour Mayence, de se détourner de sa route à Metz pour se rendre à Strasbourg.

Dirigez ce bataillon de Metz sur Mannheim en droite ligne; là il passera le Rhin et se dirigera sur Würzburg, où il attendra des ordres du duc d'Auerstædt.

Napoléon.

2872. — DÉCISION.

Paris, 6 mars 1809.

Le général Clarke demande si la 3° compagnie de mineurs, en marche de Wesel pour se rendre à Valence, devra être dirigée sur Strasbourg.

Approuvé le mouvement sur Strasbourg.

Napoléon.

2873. — AU GÉNÉRAL CLARKE.

6 mars 1809.

Monsieur le général Clarke, je désire que vous donniez les ordres suivants pour compléter les corps de l'armée du maréchal duc de Rivoli :

Le 14° régiment de ligne a 800 hommes disponibles à son 5° bataillon ; ordonnez que ces hommes soient réunis en trois compagnies de marche et faites-les partir pour se rendre à Strasbourg ;

Le 34° a 150 hommes disponibles à son 5° bataillon ; faites-en former une compagnie de marche et que les hommes partent pour Strasbourg ;

Le 44° a 400 hommes disponibles ; qu'ils soient formés en compagnies de marche et partent également pour Strasbourg.

Le 43° a 100 hommes disponibles à son 5° bataillon ;
Le 51° a 250 hommes ;
Le 55° en a 200 ; faites partir tous ces hommes en compagnies de marche pour Strasbourg. Cela fera environ 2.000 hommes.

Vous ordonnerez qu'ils soient incorporés de la manière suivante :

Les 800 hommes du 14° dans les trois premiers bataillons du 18° de ligne ;
Les 400 hommes du 44° dans ceux du 4° de ligne ;
Les 150 — 34° — 2° —
Les 100 — 43° — 67° —
Les 250 — 51° — 16° —
Les 200 — 55° — 37° —

Vous ordonnerez au colonel du 18° de ligne de laisser à Strasbourg 2 capitaines, 4 lieutenants, 4 sous-lieutenants, 4 sergents, 8 caporaux, 4 tambours pour recevoir les 800 hommes du 14° de ligne. On dressera procès-verbal de cette incorporation, et, immédiatement après, les hommes seront dirigés sur les bataillons de guerre, où ils seront incorporés. Ces 800 hommes seront effacés des contrôles du 14° et les officiers et sous-officiers qui les auront amenés à Strasbourg retourneront à leur 5° bataillon.

Vous donnerez le même ordre pour les détachements des autres régiments. En conséquence, le colonel du 4° de ligne laissera à Strasbourg 1 capitaine, 2 lieutenants, 2 sous-lieutenants, 2 sergents et 4 caporaux pour recevoir les 400 hommes du 44° qui, immédiatement après le procès-verbal d'incorporation, se mettront en marche pour rejoindre les bataillons de guerre du 4°.

Le colonel du 2° de ligne laissera également à Strasbourg 1 officier, 2 sergents, 4 caporaux pour recevoir le détachement du 34°.

Enfin, les colonels des autres régiments laisseront de même à Strasbourg le nombre d'officiers et de sous-officiers nécessaires dans la proportion qui vient d'être indiquée, pour recevoir le détachement destiné à leur régiment.

Par ce moyen, le corps du maréchal duc de Rivoli recevra un premier renfort de 2.000 hommes.

Vous prescrirez une méthode pour mettre en règle la comptabilité des corps et prévenir la confusion qui pourrait résulter de ces encadrements.

Le procès-verbal d'incorporation sera dressé par un des commissaires des guerres ; il y sera fait mention de l'état de l'habillement.

Ayez soin que les corps ne se doutent point de cette mesure et que les détachements ne trouvent les ordres pour leur incorporation qu'à Strasbourg, sans quoi chaque corps se dépêcherait de déshabiller les conscrits qu'il envoie et les ferait partir tout nus.

Le 24ᵉ d'infanterie légère a besoin de 700 hommes pour être complété ; donnez ordre qu'un bataillon de marche, composé de 100 hommes du 2ᵉ d'infanterie légère, de 150 hommes du 4ᵉ *idem*, et de 350 hommes du 12ᵉ *idem*, soit formé demain et se mette en marche pour Strasbourg. Arrivés là, ces détachements seront incorporés dans le 24ᵉ, ce qui portera ce régiment à peu près au complet. Le colonel laissera à Strasbourg 2 capitaines, 2 lieutenants, 2 sous-lieutenants, 4 sergents et 8 caporaux pour recevoir ces 600 hommes et les officiers qui les auront amenés de Paris retourneront à leurs dépôts.

Le 3ᵉ d'infanterie légère et le 26ᵉ d'infanterie légère auraient aussi besoin de 700 hommes pour être complétés.

Il manque plus de 200 hommes au 93ᵉ ; donnez ordre que 800 conscrits des quatre années, appartenant au département de la Loire-Inférieure et de la Vendée, et qui se trouvent en subsistance dans la garde, soient habillés sous les numéros suivants, pour être incorporés dans les corps du duc de Rivoli, savoir : 400 dans le 26ᵉ d'infanterie légère, 200 dans le 3ᵉ d'infanterie légère, et 200 dans le 93ᵉ de ligne.

Vous me ferez connaître si les autres dépôts appartenant à l'armée d'Espagne et n'ayant pas de compagnie au corps du général Oudinot ont des hommes disponibles qu'on puisse de même faire marcher pour recruter l'armée du Rhin.

Faites former promptement les 5ᵉˢ bataillons du 121ᵉ et du 122ᵉ et faites-moi connaître combien ces 5ᵉˢ bataillons pourraient fournir d'hommes disponibles ; je désire en tirer 500 à 600 hommes pour renforcer encore les cadres du maréchal duc de Rivoli.

Ainsi, le corps d'observation du Rhin se trouvera complété ; il recevra 3.600 hommes, indépendamment des conscrits de 1810 qui pourront recevoir une autre destination.

NAPOLÉON.

2874. — AU GÉNÉRAL CLARKE.

6 mars 1809.

Monsieur le général Clarke, les vingt-quatre régiments de dragons qui sont en Espagne ont généralement tous trois escadrons. Donnez ordre que tous les hommes disponibles soient versés dans les deux premiers escadrons et que les cadres des 3ᵐˢ escadrons rentrent en France ; par ce moyen, tous les régiments de dragons auront deux escadrons en France et deux escadrons en Espagne. Tous les officiers et sous-officiers qui sont prisonniers seront portés à la suite des corps et remplacés. Par ce moyen, avant deux mois, j'aurai en France quarante-huit escadrons de dragons, lesquels, à 200 hommes, feraient 9.600 hommes. Sur ce nombre, je vois que j'en aurai, dans le courant d'avril, 3.000 disponibles. Je désire que ces 3.000 hommes soient formés en trois régiments provisoires, qui seront composés ainsi qu'il suit :

1ᵉʳ régiment provisoire qui se réunira à Orléans.

1ᵉʳ escadron : le cadre de la 1ʳᵉ compagnie du 4ᵉ escadron du 1ᵉʳ régiment porté à............ 140 hommes.
Le cadre de la 1ʳᵉ compagnie du 4ᵉ escadron du 3ᵉ régiment............................... 110 —

Formant un escadron de............ 250 hommes.

2ᵉ escadron : le cadre de la 1ʳᵉ compagnie du 4ᵉ escadron du 4ᵉ régiment fort de........... 130 hommes.
Le cadre de la 1ʳᵉ compagnie du 4ᵉ escadron du 15ᵉ régiment................................ 110 —

Formant un escadron de............ 240 hommes.

3ᵉ escadron : le cadre de la 2ᵉ compagnie du 4ᵉ escadron du 5ᵉ régiment................... 200 hommes.
4ᵉ escadron : le cadre de la 2ᵉ compagnie du 4ᵉ escadron du 9ᵉ régiment................... 200 hommes.
Total du 1ᵉʳ régiment provisoire, 890 hommes.

2ᵉ régiment provisoire qui se réunira à Louvain.

1ᵉʳ escadron : le cadre de la 1ʳᵉ compagnie du 4ᵉ escadron du 2ᵉ régiment................... 140 hommes.
Le cadre de la 1ʳᵉ compagnie du 4ᵉ escadron du 26ᵉ et du 11ᵉ............................. 140 —

Formant un escadron de............ 280 hommes.

2ᵉ escadron : le cadre de la 1ʳᵉ compagnie du 4ᵉ escadron du 6ᵉ régiment.................... 200 hommes.
3ᵉ escadron : le cadre d'une compagnie formée d'un détachement du 13ᵉ et d'un détachement du 22ᵉ 100 hommes.
Une compagnie du 14ᵉ...................... 150 —

Formant un escadron de............ 250 hommes.
4ᵉ escadron : une compagnie du 20ᵉ et une du 25ᵉ. 200 hommes.
Total du 2ᵉ régiment provisoire 930 hommes.

3ᵉ régiment provisoire qui se réunira à Strasbourg.

1ᵉʳ escadron : une compagnie formée de détachements des 8ᵉ et 19ᵉ....................... 150 hommes.
Une compagnie formée de détachements des 16ᵉ et 12ᵉ....................................... 140 —

Formant un escadron de............ 290 hommes.
2ᵉ escadron : une compagnie du 17ᵉ régiment... 100 hommes.
Une compagnie du 18ᵉ...................... 120 —

Formant....................... 220 hommes.
3ᵉ escadron : le 4ᵉ escadron du 21ᵉ........... 200 hommes.
4ᵉ escadron : le 4ᵉ escadron du 25ᵉ........... 250 —
5ᵉ escadron : le 4ᵉ escadron du 27ᵉ........... 220 —
Total du 3ᵉ régiment 1.180 hommes.

Chaque régiment sera commandé par 1 major, 2 chefs d'escadron, 1 adjudant-major et 2 adjudants sous-officiers. Le 3ᵉ aura autant de chefs d'escadron qu'il a d'escadrons. Faites-moi un rapport sur cette formation tendant à utiliser, sur la fin d'avril, ces 3.000 dragons.

Faites-moi connaître :

1° Ce que les dépôts et 4ᵉˢ escadrons de chasseurs et hussards qui sont en France pourront fournir ;

2° Ce que les dépôts et 4ᵉˢ escadrons de chasseurs et hussards qui sont à l'armée du Rhin pourront fournir pour renforcer les escadrons de guerre. Je crois n'avoir encore rien ordonné là-dessus. Enfin, faites-moi connaître ce que ces dépôts pourront fournir au 1ᵉʳ avril et au 1ᵉʳ mai.

Je vois, par l'état de situation arrêté au 1er janvier, que les dépôts de ces régiments peuvent fournir :

Celui du 1er chasseurs, 30 chevaux ; celui du 2e, 7 chevaux ; celui du 7e, 65 chevaux ; celui du 11e, 50 ; celui du 12e, 60 ; celui du 13e, 105 ; celui du 14e, 50 ; celui du 16e, 120 ; celui du 19e, 120 ; celui du 20, 5 ; celui du 21e, 40 ; celui du 22e, 120 ; celui du 23e, 80 ; celui du 24e, 70 ; celui du 26e, 372 ; celui du 27e, 65 ; faites-moi un rapport sur le 28e.

Les dépôts des régiments de hussards pourront fournir beaucoup, et cela ne peut aller qu'en augmentant depuis ce moment. Pour ne pas perdre de temps, il pourrait être convenable d'ordonner que les dépôts des régiments de chasseurs et de hussards qui sont à l'armée du Rhin, hormis ceux qui sont placés dans la 27e et la 28e divisions militaires, fassent partir tout ce qu'ils ont de disponible, armé et bien équipé, pour Strasbourg, où vous chargerez un officier de cavalerie de les former en régiment de marche pour rejoindre leurs corps. Cette mesure n'a encore été ordonnée que pour les régiments du corps du général Oudinot.

Pour les dépôts qui sont en Piémont, 600 hommes de ces dépôts ont été réunis à Plaisance et ils joindront par le Tyrol.

Napoléon.

2875. — AU GÉNÉRAL CLARKE.

6 mars 1809.

Monsieur le général Clarke, vous avez dû recevoir des ordres pour faire entrer en Allemagne le 1er régiment de marche de cuirassiers, fort d'environ 900 chevaux, qui sera arrivé le 10 mars à Strasbourg.

Il est nécessaire que vous preniez des mesures pour qu'au 1er avril on puisse former un nouveau régiment de marche des dix mêmes régiments.

Il faudrait que des mesures fussent également prises pour que les dépôts des quatre autres régiments de cuirassiers pussent fournir un renfort de 500 hommes aux escadrons de guerre.

Napoléon.

2876. — AU GÉNÉRAL CLARKE.

6 mars 1809.

Monsieur le général Clarke, 400 hommes me paraissent nécessaires pour compléter le 3ᵉ bataillon du 46ᵉ ; on avait voulu les tirer du dépôt, mais le dépôt ne peut pas les fournir ; donnez ordre qu'ils soient tirés du 4ᵉ bataillon et qu'il en soit formé deux compagnies de marche de 400 hommes, qui iront rejoindre leur corps à Strasbourg. Le cadre retournera au 4ᵉ bataillon aussitôt que les hommes seront incorporés.

NAPOLÉON.

2877. — AU GÉNÉRAL CLARKE.

6 mars 1809.

Monsieur le général Clarke, je vous renvoie l'état des sapeurs ; cet état n'est pas assez bien fait pour que je puisse donner des ordres ; il faut y faire mettre les emplacements des dépôts.

NAPOLÉON.

2878. — AU GÉNÉRAL CLARKE.

6 mars 1809.

Monsieur le général Clarke, donnez ordre au général Marulaz de se rendre à Strasbourg pour prendre le commandement des régiments de marche de cavalerie qui s'y trouvent et de toute la cavalerie de la 5ᵉ division militaire.

Vous le chargerez d'inspecter les escadrons et régiments de cavalerie qui viendront à être formés à Strasbourg. Il correspondra avec vous.

NAPOLÉON.

2879. — AU GÉNÉRAL CLARKE.

6 mars 1809.

Monsieur le général Clarke, de quelle date sont les derniers états que vous avez reçus des détachements provenant de l'armée du Portugal, arrivés à Bordeaux, et de ceux en route pour s'y rendre, afin de donner une forme définitive à ces détachements ?

Faites-moi connaître quand le 113ᵉ arrivera à Orléans.

NAPOLÉON.

2880. — AU GÉNÉRAL CLARKE.

6 mars 1809.

Monsieur le général Clarke, j'ai reçu votre rapport du 15 février et l'état de situation de la garde de Paris.

Mon intention est qu'on efface des contrôles du 1er et du 2e régiment les prisonniers de guerre qui sont en Espagne, et que la garde ait à se recruter des 900 hommes nécessaires pour atteindre le complet de son organisation du 18 mai 1806.

Mais je ne saurais approuver que l'escadron de dragons dépasse le complet et je ne puis qu'en témoigner mon mécontentement à l'inspecteur aux revues et au commandant. Dans l'organisation de ces corps, il entre des vues politiques.

Proposez-moi les mesures nécessaires pour porter la situation de la garde de Paris au complet fixé par le règlement du 18 mai 1806, en considérant comme effacés des contrôles les prisonniers de guerre qui sont en Espagne.

Napoléon.

2881. — AU GÉNÉRAL CLARKE.

6 mars 1809.

Monsieur le général Clarke, je vois par l'état des dépôts d'Auch, qui se trouve dans la situation des divisions militaires au 15 février, qu'il y avait 2.400 dragons et 1.300 chevaux : ce sont donc 1.100 hommes qui ont dû se rendre au dépôt de Niort ; qu'il y avait 500 chasseurs et 300 chevaux : ce sont donc 200 hommes qui ont dû se rendre au dépôt de Niort ; 500 hussards et 400 chevaux : ce sont donc 1.400 hommes qui doivent avoir été dirigés sur le dépôt de Niort.

Donnez ordre que ces 1.400 hommes se rendent, sans délai, à leurs dépôts respectifs.

Concertez-vous cependant avec le ministre Dejean, pour vous assurer que des mesures de remonte ne contrarient point cette disposition, et, en cas que cela présentât des difficultés, vous me ferez un rapport.

Napoléon.

2882. — DÉCISION (1).

Paris, 6 mars 1809.

On remet à Sa Majesté, d'après ses ordres, les états de situation, au 25 janvier, du service des souliers destinés à l'armée d'Espagne. On lui demande si l'on doit continuer les confections et les envois des approvisionnements en ce genre.

Ces états sont déjà bien anciens. Si le ministre a besoin de décision, il me les remettra sous les yeux, en les arrêtant au 1er mars.

NAPOLÉON.

2883. — AU GÉNÉRAL DEJEAN.

Paris, 6 mars 1809.

Monsieur le général Dejean, faites-moi un rapport sur la quantité de chevaux dont les frais d'achat sont portés dans votre budget, sur les marchés qui ont été passés et sur l'époque où ils seront fournis, pour les remontes des corps de l'artillerie et des transports militaires.

NAPOLÉON.

2884. — DÉCISIONS (2).

Paris, 6 mars 1809.

On rend compte à Sa Majesté des ressources existantes au 1er janvier 1809 dans les magasins d'habillement de l'armée du Rhin.

On demande si cet approvisionnement est susceptible d'être augmenté.

L'état ci-joint ne dit rien puisque les emplacements n'y sont pas marqués, et que de Danzig à Hamburg et Innsbruck, il y a loin. Je ne puis former aucune idée d'après cet état.

NAPOLÉON.

On rend compte à Sa Majesté que les dépôts de cavalerie de l'armée d'Espagne peuvent fournir en ce moment 1.818 chevaux, et on prend ses ordres sur la destination à leur donner.

J'ai demandé au ministre un rapport sur les remontes de l'armée d'Espagne. Lorsque je l'aurai, je prendrai une décision pour les changements à faire. Mon intention est, comme le pro-

---

(1) Extraite du « Travail du ministre directeur de l'administration de la guerre avec S. M. l'Empereur et Roi, daté du 1er février 1809 ».
(2) Extraites du « Travail du ministre directeur de l'administration de la guerre avec S. M. l'Empereur et Roi, daté du mercredi 1er mars 1809 ».

Dans ce nombre ne sont point compris les 540 que les 10ᵉ, 22ᵉ et 26ᵉ de chasseurs sont en état de fournir particulièrement.

pose le ministre, de faire revenir les hommes à pied à leurs dépôts. J'attends un rapport avant de donner cet ordre.

NAPOLÉON.

2885. — ORDRES (1).

Donner des ordres pour que le corps du duc de Rivoli soit le 20 mars réuni à Ulm.

A cet effet, la division Boudet et la division Molitor ont eu l'ordre de changer de route à Belfort, et de passer le Rhin à Huningue.

La division Saint-Cyr et la division Legrand ont eu ordre de se rendre à Strasbourg pour être le 20 ou le 22 à Ulm.

Le duc de Rivoli a eu ordre de porter son quartier général, le 12, à Strasbourg ; d'être le 20 à Ulm, où se trouveront réunis, du 20 au 25, douze régiments d'infanterie française, formant quatre divisions, quatre régiments de cavalerie et 48 pièces de canon.

La brigade de Hesse-Darmstadt et la brigade de Bade ne seront réunies à Pforzheim et Mergentheim que le 20 ; on verra, d'ici là, à leur donner des ordres pour rejoindre leur division. On en préviendra le duc de Rivoli.

Ordre au général Songis d'être rendu le 20 à Strasbourg. Le prévenir qu'avant son départ, il doit faire un travail avec le major général, pour l'organisation générale de l'artillerie.

L'armée du Rhin, composée de quatre divisions, formant vingt régiments d'infanterie, commandées par les généraux Morand, Gudin, Friant, Saint-Hilaire ; elles devront avoir au moins chacune 15 pièces de canon ;

De la division de cavalerie Nansouty, qui aura 12 pièces d'artillerie ; de la division de cavalerie du général Saint-Sulpice, qui en aura 6.

Le corps du général Oudinot a deux divisions ; il lui faut 36 pièces d'artillerie, c'est-à-dire 18 par division.

La division de cavalerie Espagne, qui doit avoir 6 pièces d'artillerie.

---

(1) Sans signature ni date, expédiés le 7 mars 1809.

Le corps du duc de Rivoli, nommé corps d'observation du Rhin et composé de quatre divisions, doit avoir 36 pièces d'artillerie française et 20 des alliés.

Le corps du prince de Ponte-Corvo, composé de la division Dupas et de l'armée saxonne, aura 12 pièces françaises et 36 pièces d'artillerie saxonne.

Prévenir le général Songis que, personne ne connaissant mieux que lui ce qu'il faut pour former l'approvisionnement de cette artillerie, les parcs de réserve et enfin tous les besoins, il doit faire son travail en conséquence. Pour les premiers moments, il doit se concerter avec le commandant de l'artillerie bavaroise et celui de l'artillerie wurtembergeoise pour connaître combien ils ont de cartouches en magasin, de poudre et enfin de munitions. Ils doivent nous fournir pour les premiers moments, en attendant que nos parcs soient arrivés. A cet effet, le général Songis enverra sur-le-champ un officier d'artillerie à Stuttgart et à Munich.

Le général Songis doit considérer la citadelle de Würzburg comme un centre de dépôt.

Demander au ministre de désigner pour la division Saint-Cyr un général de brigade qui parle allemand. De même pour la division Legrand, il faut également désigner un général de brigade parlant allemand, pour se rendre à Würzburg et y prendre le commandement de la brigade formée des contingents des petits princes.

Savoir où est le général Kister, qui commandait à Fulda.

2886. — A S. E. M. BACHER, CHARGÉ D'AFFAIRES DE S. M. L'EMPEREUR ET ROI PRÈS LA CONFÉDÉRATION DU RHIN.

Paris, 7 mars 1809.

L'intention de l'Empereur, Monsieur, est que les régiments qui, en conséquence du règlement du 17 février dernier pour l'organisation de l'armée de la Confédération du Rhin, doivent être fournis par les maisons de Nassau, de Hohenzollern, de Salm, d'Isembourg, Arenberg, de Liechtenstein, par les cinq maisons ducales de Saxe, par les maisons de la Lippe et d'Anhalt, par celles de Schwarzburg, par les maisons de Reuss et de Waldeck, soient formés et réunis le plus promptement possible et au plus tard le 20 de ce mois.

Ces corps doivent se rendre à Würzburg, sous les ordres du duc d'Auerstædt ; on ne leur donnera qu'une même destination (1).

Des ordres ont été donnés à la brigade, dite de réserve, composée d'un régiment fourni par le prince de Mecklenburg-Schwerin, qui portera le n° 7, et du bataillon que doit fournir la maison de Mecklenburg-Strelitz ; ces troupes doivent occuper la Poméranie suédoise, mais l'Empereur désire connaître l'époque à laquelle elles y seront rendues. Je vous prie de demander à cet égard des renseignements aux ministres de ces princes et de me les faire parvenir le plus tôt possible.

Recevez l'assurance de ma parfaite considération,

Le prince de Neuchâtel, major général (2),

2887. — A S. E. LE MINISTRE DE S. M. L'EMPEREUR ET ROI PRÈS DE S. M. LE ROI DE WURTEMBERG.

Paris, 7 mars 1809.

L'Empereur m'ordonne de vous écrire, Monsieur, pour vous inviter à faire connaître à la cour de Wurtemberg que Sa Majesté désire que l'armée wurtembergeoise, composée d'une division, sous le titre de réserve, conformément au règlement militaire du 17 février sur l'organisation de l'armée de la Confédération du Rhin, soit formée et réunie au 24 mars à Neresheim, Heidenheim, Hall et Ellwangen (3).

Concertez-vous sans délai avec les ministres du roi, afin que tous les ordres soient donnés et toutes les mesures prises pour remplir sur cet objet les intentions de Sa Majesté et faites-moi parvenir le plus tôt possible l'état exact et détaillé de la composition, de la force et de l'emplacement de la division de réserve dont doit être formée l'armée de Wurtemberg, afin que je puisse le mettre sous les yeux de l'Empereur.

Je renouvelle à Votre Excellence l'assurance de ma haute considération.

Le prince de Neuchâtel, major général (4),

---

(1) Ce paragraphe a été ajouté de la main de l'Empereur et substitué par lui à un paragraphe supprimé.
(2) Non signé. En marge, on lit : « Fait. »
(3) Ici s'intercalait un paragraphe qui a été supprimé par l'Empereur.
(4) Non signé. En marge, on lit : « Fait. »

2888. — A S. E. LE MINISTRE DE S. M. L'EMPEREUR ET ROI PRÈS S. M. LE ROI DE SAXE.

Paris, 7 mars 1809.

L'Empereur m'ordonne de vous faire connaître, Monsieur, qu'il a désigné S. A. le prince de Ponte-Corvo pour prendre le commandement du corps d'armée dont doit faire partie l'armée saxonne. Je lui ai donné, à cet effet, l'ordre de partir sur-le-champ pour Dresde où il doit être rendu vers le 20 mars. Informez-en S. M. le roi de Saxe en l'invitant à donner ses ordres pour mettre l'armée saxonne sous le commandement du prince de Ponte-Corvo à son arrivée.

Faites, en même temps, connaître à la cour de Saxe que l'Empereur désire que l'armée saxonne soit formée et réunie au 20 mars dans les environs de Dresde en trois divisions de 10.000 hommes chacune (1), formées conformément au règlement militaire du 17 février sur l'organisation de l'armée de la Confédération du Rhin.

En conséquence, chaque division, commandée par un général de division et deux généraux de brigade, doit être composée de deux régiments de cavalerie formant huit escadrons et de quatre régiments d'infanterie de ligne, formant 6.000 hommes, le tout divisé en deux brigades, et il doit être attaché à chaque division un adjudant commandant, deux adjoints d'état-major, un officier supérieur d'artillerie, deux officiers du génie, un commissaire des guerres, un adjoint, 18 pièces de canon, 12 caissons d'infanterie attelés, un bataillon de sapeurs, 2.000 outils attelés, une compagnie d'équipages militaires, servant 34 caissons pour porter le pain, une forge et une prolonge.

L'Empereur désire aussi que l'armée de Pologne, formant trois divisions organisées comme celles ci-dessus, soit réunie le 20 mars à Varsovie (à l'exception des régiments formant la garnison de Dantzig et des places sur l'Oder), qu'elle couvre par sa cavalerie légère la Galicie et menace Cracovie.

Concertez-vous sans délai avec les ministres du roi afin que tous les ordres soient donnés et toutes les mesures prises pour remplir, sur ces divers objets, les intentions de Sa Majesté, et faites-moi

---

(1) Le passage, depuis « formées conformément... » jusqu'à « divisé en deux brigades », a été barré par l'Empereur. Il en est de même pour le paragraphe commençant par « l'Empereur désire... » et se terminant « menace Cracovie ».

parvenir, le plus tôt possible, l'état exact et détaillé de la situation et de l'emplacement des armées saxonnes et polonaises afin que je puisse les mettre sous les yeux de l'Empereur (1).

Le Prince de Neuchâtel, major général (2),

2889. — AU MARÉCHAL BERTHIER.

Paris, 7 mars 1809.

Mon Cousin, écrivez au duc d'Auerstædt que, s'il n'a pas complété l'artillerie du corps d'Oudinot à 36 pièces de canon, il le fasse sans délai. J'ai établi une estafette d'ici à Augsburg ; il faut donner l'ordre au général qui commande à Strasbourg d'écrire tous les jours. Je désire aussi que le général Oudinot corresponde exactement par chaque estafette. Demandez au général Oudinot un état de situation de ses régiments, contenant le nom de ses généraux de division et de brigade, le nom des majors qui commandent ses bataillons, du commandant de son artillerie, du commandant du génie, du commissaire des guerres, enfin des renseignements complets sur ce qui entre dans l'organisation de ses divisions et de son corps d'armée. Donnez ordre au général d'artillerie Foucher de se rendre en toute diligence à Paris ; il dirigera ses bagages sur Strasbourg. L'artillerie du 5ᵉ corps de l'armée d'Espagne sera commandée par un des colonels d'artillerie qui s'y trouvent.

NAPOLÉON.

2890. — AU GÉNÉRAL CLARKE.

7 mars 1809.

Monsieur le général Clarke, donnez ordre que le conseil d'administration d'artillerie de ma garde achète 1.000 chevaux de trait pour atteler ses bouches à feu. Mon intention est que l'artillerie de ma garde ait 48 bouches à feu avec double approvisionnement.

L'artillerie de ma garde est en route pour revenir d'Espagne.

---

(1) En marge de ce dernier paragraphe, l'Empereur, après l'avoir biffé, a écrit : « Un peu plus de douceur et d'amabilité dans le style : un ministre n'est pas un général. »

(2) Non signé.

Le matériel a besoin de réparations, et des munitions et des chevaux seront nécessaires pour réparer les pertes. Chargez le général Lauriston de l'inspection et de l'organisation de ce corps.

Il y a ici 179 canonniers à pied et 72 soldats du train.

On peut donc préparer déjà une division de 9 pièces de canon.

Il ne s'agira que de se procurer sans retard le nombre de chevaux nécessaires.

NAPOLÉON.

2891. — AU GÉNÉRAL CLARKE.

7 mars 1809.

Monsieur le général Clarke, donnez ordre à la garde de tenir prêts à partir pour le 15 mars 300 chasseurs à cheval, 150 dragons, 150 grenadiers à cheval, 150 gendarmes d'élite : total 650 hommes ; huit pièces d'artillerie attelées, 11 caissons de la garde, 1 bataillon de chasseurs et 1 bataillon de grenadiers, chaque bataillon au moins de 400 hommes.

NAPOLÉON.

2892. — AU GÉNÉRAL CLARKE.

7 mars 1809.

Monsieur le général Clarke, le dépôt du 25ᵉ de ligne a reçu ordre d'envoyer 300 hommes aux bataillons de guerre. Je vois, par l'apostille qui est en marge de votre rapport, que le dépôt n'a pu faire cet envoi.

En ce cas donnez ordre qu'un détachement de 300 hommes formé en compagnie de marche parte sans délai du 4ᵉ bataillon que ce régiment a à Boulogne.

Le détachement se dirigera sur Mayence, et de là ira rejoindre les bataillons de guerre au lieu où ils se trouvent.

Après l'incorporation de ces 300 hommes, les officiers et sous-officiers qui les auront conduits reviendront au 4ᵉ bataillon.

NAPOLÉON.

2893. — AU GÉNÉRAL DEJEAN.

Paris, 7 mars 1809.

Monsieur le général Dejean, le 14ᵉ de chasseurs à cheval a

200 chevaux à son dépôt, et cependant il ne peut en fournir que 100 aux escadrons de guerre, parce qu'il manque d'effets de harnachement, et il manque de harnais parce qu'il manque de fonds. Remédiez sur-le-champ à ce grave inconvénient. Il en est de même du 19ᵉ qui pourrait fournir 60 chevaux de plus s'il avait des harnais.

Napoléon.

2894. — A S. E. LE MINISTRE DE FRANCE PRÈS S. A. R. LE GRAND-DUC DE BADE.

Paris, 7 mars 1809.

L'intention de l'Empereur, Monsieur, est que le contingent de troupes que S. A. R. le grand-duc de Bade doit fournir conformément au règlement du 17 février, pour l'organisation de l'armée de la Confédération du Rhin, soit formé et réuni, sans perte de temps, à Pforzheim et Rastatt, afin de se joindre, d'après les ordres ultérieurs qui lui seront donnés, à la division du général Legrand, dont il doit faire partie.

Ce contingent doit être composé :

De trois régiments d'infanterie de ligne, formant...............................	5.000 hommes	
D'un bataillon d'infanterie légère de	600	—
D'un régiment de cavalerie de..........	400	— montés.
	6.000 hommes.	

d'une compagnie de sapeurs et de douze pièces d'artillerie (non compris le 4ᵉ régiment d'infanterie qui est en Espagne).

Concertez-vous sans délai avec les ministres du grand-duc, afin que tous les ordres soient donnés et toutes les mesures prises pour que cette division de 6.000 hommes soit formée et réunie le plus promptement possible, et au plus tard au 20 mars, à Pforzheim et Rastatt (1). Je vous prie aussi de m'en faire parvenir le plus tôt possible l'état détaillé de situation et d'emplacement, afin que je puisse le soumettre à Sa Majesté et prendre ses ordres ultérieurs.

Le prince de Neuchâtel, major général.

---

(1) Au début de ce paragraphe, par allusion au ton un peu cassant de Berthier l'Empereur a écrit, en marge, ces mots : « Ayez plus d'honnêteté. »

2895. — AU MARÉCHAL BERTHIER.

Paris, 8 mars 1809.

Mon Cousin, le 22° de ligne doit rester à Kûstrin, à Stettin et à Glogau. Le 4° bataillon, composé de deux compagnies de grenadiers et de voltigeurs et de deux compagnies de fusiliers, doit se rendre, comme le reste de la division Saint-Hilaire, à Magdeburg. Les 100 hommes du 22° de ligne, qui font partie du 4° bataillon de marche de l'armée du Rhin, serviront à renforcer ce 4° bataillon. Le général de division Liébert commandera non seulement la place de Stettin, mais encore la Poméranie suédoise. Donnez ordre au général Rapp de revenir en France. Il laissera provisoirement le commandement de Danzig au général Ménard. Donnez ordre que le 2° bataillon des équipages militaires soit destiné à l'armée du Rhin et le 5° bataillon au corps d'observation du Rhin. Dirigez en conséquence ce dernier sur Donauwörth, où le duc de Rivoli lui enverra des ordres. J'ai nommé le colonel Colbert général de brigade ; écrivez-lui l'ordre de se rendre au corps du général Oudinot pour commander la brigade de cavalerie légère de ce corps. Le colonel Piré commande le 7° régiment de chasseurs, il faut qu'il rejoigne son corps.

NAPOLÉON.

2896. — AU MARÉCHAL BERTHIER.

Paris, 8 mars 1809.

Mon Cousin, donnez ordre au général de division Pacthod et au général de division Puthod, qui sont employés au corps du duc de Bellune, de se rendre en toute diligence à Paris. Donnez ordre au général d'artillerie Sénarmont de prendre le commandement en chef de l'armée d'Espagne, et au général Lariboisière de se rendre en toute diligence à Paris. Donnez ordre au général d'artillerie Dedon de prendre le commandement de l'artillerie du 3° corps, et au général Couin de se rendre en toute diligence à Paris.

NAPOLÉON.

2897. — DÉCISION.

Paris, 8 mars 1809.

Le général Clarke fait connaître à l'Empereur que le dépôt du 113ᵉ régiment d'infanterie de ligne est parti de Perpignan, le 15 février, pour se rendre à Orléans, où il arrivera le 20 mars.

Renvoyé au ministre de la guerre pour faire un rapport particulier sur ce régiment et sur le nombre de conscrits qu'il doit recevoir. Je désire connaître, en détail, quelle sera sa situation au 1ᵉʳ mai.

NAPOLÉON.

2898. — DÉCISION.

Paris, 8 mars 1809.

Le général Clarke propose à l'Empereur d'attacher au corps d'observation de l'armée du Rhin, rassemblée à Strasbourg, l'une des deux compagnies du 1ᵉʳ bataillon, actuellement à Mayence.

Au lieu de diriger cette compagnie sur Strasbourg, lui donner l'ordre de se tenir prête à partir, et on lui donnera l'ordre de se diriger sur Donauwörth aussitôt qu'on saura que le duc de Rivoli est arrivé à Ulm.

NAPOLÉON.

2899. — AU GÉNÉRAL CLARKE.

8 mars 1809.

Monsieur le général Clarke, je reçois votre lettre du 6, avec l'état qui y est joint. Je vois que la force des 12 bataillons de marche du corps du général Oudinot est de 6.300 hommes et qu'il manque 3.000 hommes pour les compléter. Ces 3.000 hommes seront fournis par ma garde. J'ai déjà donné une destination aux premiers 600 hommes qui se sont trouvés prêts.

Donnez ordre que les 1.600 hommes qui vont être disponibles après ceux-là soient habillés de l'uniforme des régiments ci-après, dans lesquels ils seront incorporés, savoir :

Pour la 2ᵉ compagnie de fusiliers du 6ᵉ légère.	50 hommes.
1ʳᵉ et 2ᵉ compagnies de fusiliers du 25ᵉ légère...	40 —
2ᵉ compagnie de fusiliers du 9ᵉ légère........	100 —
1ʳᵉ et 2ᵉ compagnies de fusiliers du 27ᵉ légère...	100 —
TOTAL pour l'infanterie légère......	290 hommes.

Pour les 2 compagnies de fusiliers du 8ᵉ de ligne. 100 hommes.
Pour les compagnies du 24ᵉ de ligne.......... 200 —
Pour les 2 compagnies du 45ᵉ de ligne........ 60 —
— 2 — 94ᵉ — .... 60 —
— 2 — 95ᵉ — .... 100 —
— 2 — 96ᵉ — .... 100 —
— 2 — 54ᵉ — .... 100 —

TOTAL pour l'infanterie de ligne.... 720 hommes.

Ma garde peut encore fournir ces 1.000 hommes, puisqu'elle reçoit 1.600 hommes des départements de la Loire-Inférieure et de la Vendée.

Vous donnerez des ordres pour la formation d'un bataillon provisoire, qui sera composé de :

250 hommes du 32ᵉ ;
150 — 58ᵉ ;
300 — 121ᵉ ;
300 — 122ᵉ ;

TOTAL.. 1.000 hommes,

et qui porte le nom de bataillon de marche d'Oudinot n° 13.

Ces 1.000 hommes seront distribués entre les régiments suivants :

50 hommes au 63ᵉ Oudinot ;
100 — au 27ᵉ ;
100 — au 39ᵉ ;
50 — au 59ᵉ ;
80 — au 69ᵉ ;
80 — au 76ᵉ ;
250 — au 100ᵉ ;
250 (1) — au 103ᵉ.

Les détachements de ma garde partiront habillés. Vous enverrez à cet effet au conseil d'administration les numéros des régiments où ils doivent être incorporés, afin qu'on fasse faire leur uniforme et qu'on y mette les boutons de ces régiments.

Par ce moyen le corps du général Oudinot recevra un renfort de 8.300 hommes et il manquera peu de chose à son complet, en présents sous les armes.

---

(1) Ce qui ne fait, au total, que 960, au lieu de 1.000.

Quand le corps d'Oudinot aura reçu ces 8.000 hommes, vous me ferez connaître ce qui pourrait manquer au complet des compagnies, et s'il y a moyen de les tirer de quelques dépôts où se trouveraient des conscrits des quatre années antérieures à 1810.

NAPOLÉON.

2900. — AU GÉNÉRAL CLARKE.

8 mars 1809.

Monsieur le général Clarke, le bataillon d'infanterie légère qui partira demain pour renforcer le corps du général Oudinot, afin de nous entendre, portera le nom de bataillon de marche du 24e légère.

Faites former sans délai les bataillons du 121e et du 122e.

NAPOLÉON.

2901. — DÉCISION.

Paris, 8 mars 1809.

Le général Clarke propose trois officiers du génie, pour être, conformément au décret impérial du 2 mars, employés dans les places de Palmanova et d'Osoppo.	Rédiger les lettres patentes de même que pour les généraux commandants de places.

NAPOLÉON.

2902. — AU GÉNÉRAL CLARKE.

9 mars 1809.

Monsieur le général Clarke, je vous envoie un rapport du général Lauriston. Où pourrai-je prendre le matériel de ces 48 bouches à feu? La Fère, Metz ou Strasbourg peuvent-ils les fournir? Je désirerais qu'une grande partie des chevaux fût achetée dans la Franche-Comté et dans l'Alsace et qu'on les réunît à Strasbourg. Ce serait le moyen de les avoir un mois plus tôt. Prenez donc des mesures pour que 800 chevaux d'artillerie soient achetés en Alsace et en Franche-Comté, et rendus à Strasbourg dans le courant d'avril. On pourrait en faire acheter 200 de suite autour de Paris. Ces 1.000 chevaux avec les 1.000 de la garde qui reviennent d'Espagne seront suffisants.

NAPOLÉON.

2903. — AU GÉNÉRAL CLARKE.

9 mars 1809.

Monsieur le général Clarke, toute l'artillerie à renvoyer aux divisions Boudet et Molitor peut suivre l'artillerie des divisions Legrand et Saint-Cyr.

Je vois avec peine que l'artillerie du corps d'observation du Rhin, surtout les obusiers, n'ont (*sic*) pas le même calibre que l'artillerie de l'armée du Rhin.

Donnez des ordres pour qu'il soit formé à Strasbourg un équipage de réserve pour le corps d'observation du Rhin. Profitez des 400 premiers chevaux que vous pourrez vous procurer pour atteler 100 voitures chargées en partie de cartouches d'infanterie et en partie d'approvisionnements de canon. Je crois que ce parc doit être d'une centaine de voitures.

Faites partir d'abord les 50 premières que vous pourrez vous procurer.

Napoléon.

2904. — AU GÉNÉRAL CLARKE.

9 mars 1809.

Monsieur le général Clarke, donnez ordre que les hommes disponibles des dépôts des 1er, 2e, 3e, 4e et 5e bataillons de sapeurs qui sont à Alexandrie, en partent pour se rendre à Milan, d'où le viceroi les dirigera sur les compagnies que ces bataillons ont à l'armée d'Italie.

Donnez ordre que les 64 hommes destinés pour les 8e et 9e compagnies qui sont à l'armée du Rhin, se rendent à Vérone, où ils se joindront à la colonne des 4es bataillons du corps du duc de Rivoli.

Les 200 hommes qui doivent partir de Metz pour rejoindre les 2e et 6e compagnies de l'armée du Rhin se dirigeront sur Strasbourg où ils recevront les ordres du général qui commande le génie pour rejoindre leurs compagnies.

Donnez ordre que tous les hommes du 3e bataillon se rendent d'Alexandrie à Milan pour renforcer les compagnies de ce bataillon à l'armée d'Italie ; que le dépôt du 4e bataillon, qui est à Juliers, fournisse les 200 ou 300 hommes nécessaires pour recruter les compagnies qui sont à l'armée du Rhin. Ces hommes se dirigeront sur Mayence, où ils recevront les ordres du commandant du génie.

Les hommes du 5ᵉ bataillon dont le dépôt est à Mayence, destinés à recruter les 9 compagnies de l'armée du Rhin, se mettront en marche pour Würzburg, d'où le commandant du génie les dirigera sur les différentes compagnies.

Napoléon.

2905. — AU GÉNÉRAL CLARKE.

9 mars 1809.

Monsieur le général Clarke, je reçois votre lettre du 7 mars, relative aux deux régiments de chasseurs à cheval de la légion portugaise. Donnez ordre que le 1ᵉʳ régiment complète deux escadrons de deux compagnies chacun, chaque compagnie de 70 hommes. Ces deux escadrons formeront un régiment provisoire que vous mettrez sous les ordres du meilleur colonel et se dirigeront sur Strasbourg aussitôt qu'ils seront en état de partir. Vous donnerez à ce régiment des adjudants-majors et les officiers nécessaires. Vous pouvez même y mettre, s'il le faut, des officiers de plus. Le reste du régiment restera au dépôt et fera des recrues pour se compléter.

Napoléon.

2906. — AU GÉNÉRAL CLARKE.

Paris, 9 mars 1809.

Monsieur le général Clarke, les deux compagnies du 10ᵉ d'infanterie légère, du 3ᵉ de ligne, du 57ᵉ, du 72ᵉ et du 22ᵉ, formant 10 compagnies, seront réunies en un bataillon de marche qui portera le titre de bataillon de marche des 4ᵉˢ bataillons de la division Saint-Hilaire.

Les deux compagnies des 12ᵉ, 30ᵉ, 61ᵉ, 65ᵉ, 85ᵉ, 105ᵉ et 111ᵉ formeront un second bataillon de marche, qui portera le titre de bataillon de marche des 4ᵉˢ bataillons de l'armée du Rhin.

Faites-moi connaître le plus tôt possible le nombre d'officiers, sous-officiers et soldats que les corps pourront fournir à ces compagnies, afin de pourvoir à les compléter.

Ces deux bataillons se rendront à Strasbourg.

Napoléon.

2907. — AU GÉNÉRAL CLARKE.

9 mars 1809.

Monsieur le général Clarke, je vous envoie un état que j'ai fait dresser du corps du général Oudinot. Faites-le rectifier, s'il y a des erreurs, et faites vérifier s'il manque effectivement 100 hommes au 16e légère, 100 hommes au 96e, 100 hommes au 54e, 112 hommes au 26e légère et en tout 1.100 hommes. Proposez-moi le moyen de les compléter.

Faites mettre à chaque division les noms des généraux qui commandent les brigades, les noms des adjudants commandants, des commandants du génie, de l'artillerie et des commissaires des guerres, afin que je m'assure qu'il ne manque rien à ces deux divisions.

NAPOLÉON.

2908. — AU GÉNÉRAL DEJEAN.

Paris, 9 mars 1809.

Monsieur le général Dejean, vous me demandez par votre rapport du 8 mars l'autorisation d'envoyer 150 hommes en Italie pour le 9e bataillon du train. Mais il faut d'abord que les bataillons des armées du Rhin soient au grand complet, car le 9e bataillon qui est à l'armée d'Italie est le moins important des services de cette armée. On a moins besoin d'équipages militaires en Italie qu'ailleurs. Vous me demandez 200 chevaux pour porter au complet les bataillons du train des armées du Rhin ; rien n'est plus pressant que cette mesure, et il n'y a pas de temps à perdre pour le faire.

NAPOLÉON.

2909. — AU GÉNÉRAL DEJEAN.

Paris, 9 mars 1809.

Monsieur le général Dejean, je vous renvoie votre état, pour que vous fassiez faire les changements qu'y nécessitent les deux décrets que j'ai pris cette semaine, qui ordonnent l'incorporation des régiments provisoires qui sont en Espagne dans différents corps, et que les hommes et les chevaux soient effacés des contrôles de leurs régiments primitifs ; un de ces décrets envoie aux armée du Rhin plusieurs détachements des dépôts qui sont en Espagne. J'ai pris le parti de faire revenir les hommes à pied du dépôt de Niort sur leurs dépôts respectifs. L'envoi de chevaux en Espagne est inutile. Dans les circonstances où nous nous trouvons, il y a trop de cavalerie en Espagne. Cela portera une économie dans le budget.

NAPOLÉON.

2910. — DÉCISION.

Paris, 10 mars 1809.

Mesures proposées pour la formation des 3ᵉ et 5ᵉ bataillons du 86ᵉ régiment.

Approuvé.

NAPOLÉON.

2911. — DÉCISION.

Paris, 10 mars 1809.

Le général Clarke demande si l'Empereur désire voir à la parade, avant leur départ pour rejoindre leurs corps, 800 conscrits, dont 400 du 26ᵉ légère, 200 du 3ᵉ légère et 200 du 93ᵉ de ligne.

Oui, ils me seront présentés avant leur départ.

NAPOLÉON.

2912. — DÉCISIONS (1).

Paris, 10 mars 1809.

On met sous les yeux de Sa Majesté l'état de la dépense de harnachement que nécessitera la remonte des armées du Rhin, d'Italie et d'Espagne.

Les dernières dispositions que j'ai prises nécessiteront quelques changements. Me faire connaître dans quel chapitre du budget est comprise la masse de harnachement.

NAPOLÉON.

Les corps qui ont été employés à l'armée de Portugal n'ayant pas reçu la masse d'habillement qui devait leur être payée sur les contributions du pays et n'ayant touché que des acomptes sur celle de har-

Approuvé.

NAPOLÉON.

---

(1) Extraites du « Travail du ministre directeur de l'administration de la guerre avec S. M. l'Empereur et Roi, daté du 8 mars 1809 ».

nachement et de ferrage, on propose à Sa Majesté d'approuver que ces masses leur soient payées par le Trésor français.

On prie Sa Majesté de vouloir bien prendre une décision sur l'approvisionnement de la ligne d'étapes que la cavalerie devra suivre à son retour d'Espagne.

Je ne sais de quoi le ministre me parle. Il n'est point question de retour de cavalerie, si ce n'est la garde qui doit en ce moment y être.

NAPOLÉON.

Des souliers qui devaient être envoyés de Mayence à Bayonne, 40.187 paires ont été expédiées sur Augsburg, 30.000 paires environ sur Strasbourg et 20.000 paires sont restées à Mayence.

Diriger ces 30.000 paires sur Strasbourg.

NAPOLÉON.

Rapport du ministre de la marine portant demande de 500 kilogrammes de kina pour le service des hôpitaux de son département.

Accordé. Renvoyé au ministre Dejean pour les leur faire donner.

NAPOLÉON.

2913. — DÉCISIONS (1).

Paris, 10 mars 1809.

Compte rendu sur la destination des 287 déserteurs ou conscrits réfractaires français qui avaient pris du service dans les troupes de Hollande.

Il y a bien de l'inconvénient, et contre les principes de l'Etat, d'admettre des déserteurs dans nos cadres. Nos armées sont composées d'une jeunesse pure, il n'y a que du mal à y mettre de mauvais sujets qui ont déserté. J'avais formé des bataillons pour les recevoir. Je ne veux pas revenir sur le passé, mais mon avis est que tout individu qui a déserté est indigne de faire partie de l'armée, ou tout au

---

(1) Non signées; extraites du « Travail du ministre de la guerre avec l'Empereur, du 8 mars 1809 ».

	moins doit être mis dans des bataillons particuliers.
Le général de brigade Laurent, commandant par intérim la 25ᵉ division militaire, demande à jouir du traitement extraordinaire attribué aux généraux de division pendant le temps qu'il en fera le service.	Approuvé.
On met de nouveau sous les yeux de Sa Majesté la demande que fait M. Delaville, secrétaire des commandements de S. A. I. le prince Camille, d'être payé d'un traitement de 10.000 francs sur les fonds de la guerre.	Renvoyé à M. Estève pour le faire payer.
Des négociants français annoncent qu'il leur est dû 500.000 francs par le chevalier Morshead, otage anglais, âgé de 66 ans et infirme; que son fils, qui s'est emparé de ses biens, refuse de les payer, et sollicitent pour M. Morshead l'autorisation de passer sur parole en Angleterre pour un temps limité et sous leur caution.	Approuvé.
On présente à Sa Majesté la démission du sieur Courier, chef d'escadron du 2ᵉ régiment d'artillerie à cheval, employé à l'armée d'Italie.	Accepté.
Le major Chipault, du 6ᵉ régiment de chasseurs, qui a reçu deux blessures à Heilsberg, demande une convalescence en juin et juillet, pour aller prendre les eaux minérales.	Accordé.
Sa Majesté est priée de faire connaître si son intention est de confirmer le congé de convalescence de trois mois, accordé à l'adjudant commandant Forestier par le géné-	Approuvé.

ral de division Lamarque, et si ce congé sera avec appointements.

On présente à Sa Majesté un projet de décret sur la formation d'un régiment espagnol de troupes à cheval.

Mesures proposées à Sa Majesté pour concourir à la formation des 3ᵉ et 5ᵉ bataillons du 86ᵉ régiment.

On propose à Sa Majesté d'autoriser l'admission, dans chaque compagnie de chacun des régiments d'Isembourg et de La Tour d'Auvergne, de deux Français capables d'être employés au détail de l'administration et d'y mettre, en outre, au fur et à mesure du remplacement, le nombre d'officiers français que le bien du service pourra exiger.

Le prince de Hohenzollern, colonel du régiment de Westphalie au service de France, demande que Sa Majesté veuille bien ordonner que ce corps, qui n'est plus composé que d'un bataillon réduit à 600 hommes, forme le noyau d'un régiment de quatre bataillons, qui serait levé par enrôlement volontaire ou par conscription dans les pays de l'Allemagne qui appartiennent à Sa Majesté.

La levée d'un régiment de cavalerie est trop chère.

Approuvé.

Approuvé.

Accordé l'autorisation de recruter pour ce corps dans toute l'Allemagne ; aussitôt que le 1ᵉʳ bataillon sera complété à plus de 120 hommes par compagnie, on formera le 2ᵉ bataillon et, lorsqu'il y aura plus de 800 hommes dans le 2ᵉ bataillon, on formera le 3ᵉ.

2914. — ORDRES (1).

11 mars 1809.

Réitérer l'ordre à la division Legrand et à la division Saint-Cyr de séjourner un jour à Strasbourg et de continuer leur marche sur Ulm.

---

(1) Minute. En marge on lit la suscription : *Au ministre de la guerre*, qui concerne la partie du texte comprise entre les mots *prévenir le ministre* jusqu'à la fin.

Prévenir le ministre qu'il doit donner l'ordre au général Vandamme, qui est à Boulogne, d'être rendu le 20 à Stuttgart, pour y prendre le commandement des troupes de Würzburg ;

Au sénateur Rampon, d'être le 16 à Boulogne, pour y prendre le commandement des troupes, en remplacement du général Vandamme.

Ordre au général de division Rouyer, d'être rendu le 20 à Würzburg, où il sera sous les ordres du duc d'Auerstædt et où il sera chargé de former les quatre régiments des cinq maisons ducales de Saxe et des petits princes.

2915. — DÉCISION.

Paris, 11 mars 1809.

Le maréchal Berthier demande des ordres pour la destination ultérieure de la 3ᵉ compagnie du 3ᵉ d'artillerie à pied, qui est arrivée à Bayonne venant de Mayence.	La garder à Bayonne pour le service de la place. NAPOLÉON.

2916. — AU GÉNÉRAL CLARKE.

11 mars 1809.

Monsieur le général Clarke, j'ai vu hier les détachements des 32ᵉ, 58ᵉ et 121ᵉ, formant un bataillon n° 13, destiné pour les 63ᵉ, 27ᵉ, 39ᵉ, 59ᵉ, 69ᵉ, 76ᵉ, 100ᵉ et 103ᵉ. Faites partir ces 600 hommes pour Strasbourg.

J'avais demandé qu'un détachement de 300 hommes du 122ᵉ fît partie de ce bataillon. Cependant, il y a au dépôt de ce régiment, à Versailles, 500 hommes. Donnez ordre que 300 hommes en soient extraits et qu'ils soient promptement habillés et équipés pour rejoindre les régiments dont ils doivent faire partie. Faites-moi connaître quand ce 5ᵉ bataillon sera formé.

Il n'y a pas un moment à perdre pour former les 5ᵉˢ bataillons et la compagnie de dépôt des régiments de grosse cavalerie, de chasseurs et de hussards. Donnez sans délai des ordres et envoyez des élèves de l'École militaire de Saint-Cyr, qui sont excellents pour exercer et former des conscrits. Les sergents-majors doivent être fournis par mes fusiliers. S'il y en a à Paris qui soient dans ce cas, on peut les faire partir sur-le-champ ; s'il n'y en a pas à

Paris, écrivez au corps, à son passage à Bordeaux, pour que le commandant fasse les choix nécessaires et fasse partir par la diligence les fusiliers qu'il aura désignés. L'état des frais de diligence vous sera envoyé et vous en tiendrez compte au corps.

Je désire également nommer 200 vélites de ma garde de sous-lieutenants d'infanterie et 50 vélites sous-lieutenants de cavalerie. Mon intention est de n'en prendre aucun qui ne se soit trouvé à Austerlitz, à Iéna ou au moins à Friedland.

Les 200 vélites destinés pour l'infanterie seront répartis dans les régiments ci-après, savoir :

2 seront attachés à chacun des 34 bataillons qui composent le corps du général Oudinot....................	68
2 à chacun des 21 régiments du corps du duc d'Auerstædt..	42
2 à chacun des 12 régiments du corps du duc de Rivoli...	24
2 à chacun des 12 régiments des divisions Broussier, Seras, Grenier et Le Marois.......................	24
2 à chacun des 8 régiments de la division Barbou.......	16
1 à chacun des 8 régiments de la division Miollis........	8
2 à chacun des 2 régiment de la division Dupas........	4
Total..........	186

Vous me proposerez une destination pour les 14 autres dans les régiments de l'armée d'Espagne qui en auraient le plus besoin.

Quant aux 50 vélites destinés pour la cavalerie, ils seront répartis ainsi qu'il suit, savoir :

14 seront choisis dans les vélites des grenadiers à cheval pour les 14 régiments de carabiniers et de cuirassiers.	14
24 choisis parmi les dragons, pour les dépôts des 24 régiments de dragons qui font partie du régiment de marche de Tours..	24
17 choisis parmi les chasseurs à cheval, pour les 17 régiments de chasseurs et de hussards employés aux armées du Rhin.......................................	17
Total..........	55

Vous me ferez, le plus tôt possible, un rapport sur cet objet et vous demanderez qu'un conseil, composé du général Walther, des colonels de mes grenadiers et chasseurs à pied, de mes dragons et de mes chasseurs à cheval, qui se trouvent à Paris, vous présentent des sujets.

Je ne veux que des hommes qui fassent honneur à la garde ; s'il n'y en avait pas en nombre suffisant pour remplir mes intentions, je préfère qu'on en prenne moins. Il faut qu'ils sachent bien leurs manœuvres, bien faire l'exercice à feu et qu'ils soient en état de rendre du service dans l'infanterie ou dans la cavalerie.

NAPOLÉON.

2917. — DÉCISION.

Rambouillet, 12 mars 1809.

Proposition de retirer de l'armée d'Espagne les compagnies du train d'artillerie dont les bataillons sont aux armées d'Allemagne et de faire remettre leurs chevaux aux bataillons restant en Espagne qui en manquent.

L'Espagne est bien grande pour que je puisse prononcer sur cette mesure ; il faut me faire connaître à quel corps est attachée cette compagnie du train, ce qui m'instruira du lieu où ils se trouvent et me fera juger de la possibilité de cette mesure.

NAPOLÉON.

2918. — DÉCISION.

Rambouillet, 13 mars 1809.

Le général Clarke rend compte qu'il a donné à l'une des deux compagnies du 1er bataillon de pontonniers qui sont en ce moment à Mayence, l'ordre de se tenir prête à marcher au premier ordre.

La faire partir pour Donauwörth.

NAPOLÉON.

2919. — DÉCISION.

Rambouillet, 13 mars 1809.

Le général Clarke fait connaître à l'Empereur la provenance et l'effectif des détachements d'artillerie et du train qui se réunissent en ce moment à Strasbourg.

Me faire connaître quels corps ces régiments doivent recruter et à quelles divisions d'infanterie ils sont attachés.

NAPOLÉON.

2920. — DÉCISION.

Rambouillet, 13 mars 1809.

Composition, situation au point de vue de l'habillement, de l'équipement et de l'aptitude à la guerre et itinéraire d'un détachement de 707 hommes de troupes de Bade, destiné à compléter le 4ᵉ régiment du grand-duc de Bade, qui est à l'armée d'Espagne.

Le faire marcher à petites journées, lui faire donner des souliers à Bordeaux.

NAPOLÉON.

2921. — DÉCISION.

Rambouillet, 13 mars 1809.

Le directeur général des ponts et chaussées demande qu'il soit mis à la disposition du préfet et de l'ingénieur en chef du département du Cher un détachement de 200 pionniers, pour être employés aux travaux des routes de ce département qui languissent faute d'ouvriers.

Faire une compagnie de ces pionniers et l'envoyer à Alexandrie.

NAPOLÉON.

2922. — DÉCISION.

Rambouillet, 13 mars 1809.

Le général Clarke demande quelle direction sera assignée à un détachement formé par une compagnie de réserve des troupes du prince primat, destinée à compléter le bataillon de ce prince, employé à l'armée d'Espagne, et qui arrivera à Metz le 13 mars 1809.

Le faire marcher à petites journées sur Bayonne.

NAPOLÉON.

2923. — AU MARÉCHAL BERTHIER.

Rambouillet, 14 mars 1809.

Mon Cousin, je vous renvoie l'état du général Bourcier, daté de Valladolid, le 28 février. Je remarque que les dépôts de cavalerie de l'armée d'Espagne ont 2.400 hommes et 1.400 chevaux ; il y a donc 1.000 hommes qui n'ont pas de chevaux. Réitérez l'ordre de les renvoyer en France et faites-moi connaître pourquoi cet ordre, que j'ai déjà donné, n'est pas exécuté. Autorisez le général Bourcier à faire repasser en France, s'il le juge convenable, les chevaux hors de service. Il les dirigera avec les hommes sur le dépôt d'Auch, d'où ils rejoindront leurs dépôts respectifs. Vous ferez connaître à ce général que mon but est de me procurer des ressources pour mes armées d'Allemagne, ayant assez de chevaux en Espagne. Demandez-lui l'état nominatif des hommes envoyés pour la garde du roi d'Espagne et celui des hommes qu'il a renvoyés sur Bayonne.

NAPOLÉON.

2924. — AU MARÉCHAL BERTHIER.

Rambouillet, 14 mars 1809.

Mon Cousin, donnez ordre que les trois compagnies du bataillon principal du train de la garde, qui étaient à Saragosse, partent douze heures après la réception de votre ordre et se dirigent sur Paris. Ils remettront leurs chevaux aux autres bataillons du train, s'ils en manquent ; s'ils n'en ont pas besoin, ils les ramèneront. Recommandez qu'on fasse faire à ces troupes le plus de diligence possible. Donnez ordre que les 16 caissons attelés qui se trouvent à Saragosse, chargés d'outils, et une compagnie de sapeurs partent sans délai pour se diriger sur Bordeaux, où ils recevront de nouveaux ordres.

NAPOLÉON.

2925. — AU MARÉCHAL BERTHIER.

Rambouillet, le 14 mars 1809.

Mon Cousin, mandez au général qui commande l'artillerie de l'armée d'Espagne, et au général qui commande à Saragosse, pour faire armer et fortifier le fort, et y mettre des mortiers, de manière qu'il contienne la ville, et que c'est sous la protection de ce fort qu'on doit mettre le parc d'artillerie. Quand vous m'enverrez la correspondance du maréchal Jourdan, faites-m'en faire l'analyse, afin qu'au milieu des occupations que j'ai, j'aperçoive ce qu'il y a d'important. Remettez-moi le résumé de ce que vous avez écrit à Saragosse. Réitérez l'ordre que tous les hommes à pied qui sont dans les dépôts de cavalerie d'Aranda, de Madrid, de Palencia, de

Pampelune, etc., se rendent à Bayonne. Demandez au maréchal Jourdan la situation de l'armée d'Espagne au 15 mars. Je ne reçois plus de situations de cette armée, et je ne sais dans quel état elle est. Ecrivez aussi au général Kellermann de vous envoyer un état de ce qui se trouve aux dépôts de Bayonne.

Napoléon.

2926. — AU GÉNÉRAL CLARKE.

14 mars 1809.

Monsieur le général Clarke, il y a sur l'escadre de l'île d'Aix 80 hommes du 82°, 173 hommes du 66°, 287 hommes du dépôt colonial et 256 hommes du dépôt des conscrits réfractaires. Donnez ordre que ces 800 hommes soient débarqués et placés dans l'île d'Aix.

Les détachements du 82° et du 66° renforceront les bataillons de ces régiments et les conscrits réfractaires y seront incorporés.

Vous aurez soin que ces hommes soient bien habillés et bien soignés.

Napoléon.

2927. — AU GÉNÉRAL CLARKE.

14 mars 1809.

Monsieur le général Clarke, si vous avez un état de tout ce qui se trouve dans la 11° division militaire, soit comme dépôts de Bayonne, soit comme appartenant à l'armée d'Espagne, soit à tout autre titre, envoyez-le moi.

Napoléon.

2928. — AU GÉNÉRAL CLARKE.

14 mars 1809.

Monsieur le général Clarke, faites-moi un rapport sur les dépôts des conscrits réfractaires. Il doit y en avoir un grand nombre. N'y aurait-il pas un moyen d'en utiliser quelques-uns ?

Napoléon.

2929. — AU GÉNÉRAL CLARKE.

14 mars 1809.

Monsieur le général Clarke, donnez ordre que les 118 hommes du 2ᵉ régiment d'infanterie légère qui sont à Saintes, les 200 hommes qui sont à Bordeaux, aux détachements des 4ᵉ, 15ᵉ et 12ᵉ légères, se rendent à Paris pour y joindre leurs 5ᵉˢ bataillons. Tout ce qui appartient au 86ᵉ se rendra dans la 13ᵉ division militaire pour rejoindre son dépôt. Tout ce qui appartient au 32ᵉ légère se rendra à Perpignan, pour rejoindre son régiment. Tout ce qui appartient au 32ᵉ de ligne se rendra à Paris, hormis 1 sergent, 2 caporaux et 120 soldats qui se mettront en marche pour Bayonne. Ainsi, tous les détachements venant de Portugal par le dernier convoi, rejoindront leurs dépôts et augmenteront d'autant le disponible de l'armée en France.

NAPOLÉON.

2930. — AU MARÉCHAL BERTHIER.

Rambouillet, 15 mars 1809.

Mon Cousin, donnez ordre que tous les officiers d'artillerie de la garde qui sont employés en Espagne, sous quelque titre que ce soit, rentrent à Paris sans délai.

NAPOLÉON.

2931. — DÉCISION.

Rambouillet, 15 mars 1809.

La 3ᵉ compagnie du 3ᵉ régiment d'artillerie à pied, la 2ᵉ du 6ᵉ à pied et la 6ᵉ du 2ᵉ à cheval sont arrivées à Bayonne. Comme ces compagnies ne paraissent plus nécessaires à l'armée d'Espagne, le général Clarke propose de les faire revenir sur le Rhin.

J'approuve qu'on dirige ces trois compagnies sur le Rhin.

NAPOLÉON.

2932. — DÉCISION.

Rambouillet, 15 mars 1809.

Le général Chasseloup demande que les colonels du génie Haxo et Sabatier soient rappelés d'Espagne pour être employés en Italie, où ils étaient auparavant. Ce général motive cette demande sur la pénurie d'officiers à l'armée d'Italie.

Il y a assez d'officiers du génie à l'armée d'Italie.

NAPOLÉON.

2933. — DÉCISION.

Paris, 15 mars 1809.

Le général Clarke rend compte qu'il a donné l'ordre aux détachements de hussards et de chasseurs, qui doivent arriver à Niort les 15 et 16 mars, venant d'Agen et de Montauban, de partir le 20 pour se rendre à leurs dépôts respectifs.

J'approuve ces dispositions. Se concerter avec le ministre Dejean pour le renvoi de ces détachements à leurs dépôts respectifs.

Avoir soin qu'on transporte les selles et les harnais.

NAPOLÉON.

2934. — AU GÉNÉRAL CLARKE.

15 mars 1809.

Monsieur le général Clarke, j'ai lu avec attention votre rapport sur l'artillerie de la garde. La garde doit être employée au Rhin. J'approuve la composition que vous proposez de donner à cette artillerie de 320 voitures. J'approuve la proposition que vous faites de ne réformer aucun cheval ni mulet du train de la garde, sauf à les réformer après et successivement et d'envoyer des officiers de la garde à Strasbourg et ailleurs, en poste, pour préparer le matériel ; enfin, de prendre 200 hommes parmi les 10.000 conscrits de la garde, en choisissant les hommes les plus propres aux charrois.

Je n'approuve point la réforme de 200 autres hommes ; ils ont déjà l'expérience d'une campagne et ils continueront encore d'acquérir.

J'approuve que tous les hommes qui sont en Espagne, appartenant à l'artillerie de la garde, reviennent sans délai ; réitérez cet ordre.

Quant aux 400 hommes qu'on pourra tirer des dépôts du train, dont les bataillons sont en Espagne, il faut les diriger sur Strasbourg et me proposer un projet d'ordre pour incorporer ces détachements dans les différents bataillons du train qui sont en Espagne, ce qui les augmentera de 400 ou 500 hommes, tous déjà habillés et stylés.

J'ai donné l'ordre, et vous le réitérerez, que les trois compagnies du train de la garde, qui se trouvent au corps du duc d'Abrantès, se rendissent sans délai à Paris.

NAPOLÉON.

2935. — AU GÉNÉRAL CLARKE.

15 mars 1809.

Monsieur le général Clarke, j'ai donné différents ordres pour combler le déficit de 5.000 hommes qu'éprouve le corps du duc de Rivoli.

Les 16e, 24e légères, 4e de ligne et 46e doivent fournir une force de 498 hommes. Je vous ai donné cet ordre le 4 mars ; faites-moi connaître quand ces détachements sont partis, leur force au moment du départ et quand ils arriveront à Strasbourg.

Je vous ai donné ordre le 6 mars de faire partir des 14e, 44e, 43e, 51e et 55e des détachements formant 1.900 hommes ; faites-moi connaître l'époque de leur départ et celle de leur arrivée à Strasbourg.

Je vous ai ordonné également de faire partir de Paris un bataillon de marche de 600 hommes, sous le titre de bataillon de marche du 24e légère, un bataillon de 800 conscrits de ma garde et 400 hommes du 46e.

Faites-moi connaître l'époque où tout cela arrivera à Strasbourg.

Proposez-moi des moyens de combler le déficit de 979 hommes, qu'éprouve encore le corps du duc de Rivoli.

NAPOLÉON.

2936. — AU GÉNÉRAL CLARKE.

15 mars 1809.

Monsieur le général Clarke, j'attends que vous m'envoyiez un état de l'armée du Rhin pareil à celui que vous m'avez envoyé du corps du général Oudinot. Il me semble, autant que je puis juger par ce que vous m'avez mis sous les yeux, qu'il doit manquer aux trois bataillons de l'armée du Rhin 890 hommes pour les compléter ; je ne parle pas des 4es bataillons.

NAPOLÉON.

2937. — AU GÉNÉRAL CLARKE.

15 mars 1809.

Monsieur le général Clarke, le duc de Valmy me mande que 1.000 chevaux sont prêts à partir et en état de faire la guerre, au dépôt d'Auch. Demandez-lui l'état de situation de ces 1.000 chevaux et qu'en attendant il dirige sur Orléans ceux de ces chevaux qui appartiennent aux vingt-quatre régiments de dragons qui fournissent aux quatre régiments provisoires de Strasbourg.

Vous me remettrez sous les yeux l'état de tous les détachements qui entrent dans la composition de ces quatre régiments provisoires de dragons, dont j'ai ordonné la réunion à Strasbourg.

NAPOLÉON.

2938. — AU GÉNÉRAL CLARKE.

15 mars 1809.

Monsieur le général Clarke, donnez ordre qu'il soit formé un 14e bataillon de marche du corps d'Oudinot, composé de 50 hommes du 58e et de 50 hommes du 121e, de 50 hommes du 4e légère et de 50 hommes du 2e *idem*, de 50 hommes du 12e légère et de 50 hommes du 15e *idem*, total 300 hommes.

Ce bataillon me sera présenté à la parade de dimanche et se mettra sans délai en route pour être incorporé, les 100 hommes de ligne dans les compagnies du 4e bataillon du 96e du corps du général Oudinot, les 100 hommes des 2e et 4e légères dans le 26e légère, les 100 hommes des 12e et 15e légères dans le 16e légère. Par ce moyen, le corps du général Oudinot sera porté au grand complet.

NAPOLÉON.

2939. — DÉCISION.

Paris, 15 mars 1809.

Le général Clarke rend compte à l'Empereur qu'il a reçu du maréchal Kellermann, commandant l'armée de réserve d'Espagne, la répartition des troupes sous ses ordres, ainsi que les instructions données aux officiers généraux chargés de les commander.

Le ministre a oublié de m'envoyer cette répartition.

NAPOLÉON.

2940. — DÉCISION (1).

Paris, 15 mars 1809.

Proposition d'employer dans une division militaire le général de brigade Grandjean.

Accordé.

2941. — DÉCISION (2).

On prend les ordres de Sa Majesté sur un envoi de farines de la réserve de Bayonne que M. l'intendant général réclame pour l'approvisionnement du Ferrol et de la Corogne.

La proposition est inadmissible ; ce seraient des farines pour les Anglais.

NAPOLÉON.

2942. — DÉCISION (3).

On prend les ordres de Sa Majesté sur la demande des magistrats de Stralsund, tendant à obtenir la conservation des fondations en pierre de la partie des fortifications qui se trouve du côté de la mer, afin qu'elle puisse servir de digue.

Accordé.

---

(1) Non signée; extraite du « Travail du ministre de la guerre avec l'Empereur, du 15 mars 1809 ».

(2) Sans date; extraite du « Travail du ministre directeur de l'administration de la guerre avec S. M. l'Empereur et Roi, daté du 15 mars 1809 ».

(3) Sans signature ni date, renvoyée aux bureaux le 18 mars et extraite du « Travail du ministre de la guerre avec l'Empereur, du 15 mars 1809 ».

2943. — DÉCISIONS (1).

Paris, 16 mars 1809.

On prend les ordres de Sa Majesté sur la remonte de la légion portugaise. Sur 1.600 chevaux qu'elle devait avoir, elle n'en possède qu'environ 400 en état de servir et d'entrer en campagne.

Il y a longtemps que les ordres ont été donnés pour remonter la brigade portugaise. Me remettre la situation de cette brigade. Il faut 1.600 chevaux, mais au complet, et il n'y a pas d'hommes. Je croyais, d'après les états que vous m'avez remis, que cette brigade pourrait me fournir au moins 500 chevaux.

NAPOLÉON.

On rend compte à Sa Majesté des mesures prises pour restreindre au strict nécessaire les fournitures ordonnées par M. le maréchal duc de Valmy en faveur des prisonniers de guerre espagnols. Il leur a été cependant donné un certain nombre de capotes et autres effets.

Approuvé.

NAPOLÉON.

On propose à Sa Majesté d'excepter de tous droits d'entrée le kina arrivé dernièrement à Bayonne, de Bilbao, sur le navire *la Manche*, ainsi que tout autre qui pourra arriver par la suite, et de dispenser l'administration de la guerre des soins et de la responsabilité qu'entraîneraient la réception et la garde jusqu'à leur vente des autres marchandises provenant de séquestres faits en Espagne et étrangères au service militaire.

S'entendre pour les droits avec le ministre des finances.
Approuvé.

NAPOLÉON.

On propose à Sa Majesté de décider que la somme de 3.113 fr. 67 sera ordonnancée au profit du 5ᵉ

Accordé.

NAPOLÉON.

(1) Extraites du « Travail du ministre directeur de l'administration de la guerre avec S. M. l'Empereur et Roi, daté du 15 mars 1809 ».

régiment de hussards, à titre de secours, pour l'indemniser des pertes résultantes d'un incendie qui a eu lieu le 4 octobre dernier.

On prend les ordres de Sa Majesté sur la demande que font MM. Desgenettes et Percy, inspecteurs généraux du service de santé, employés à l'armée d'Espagne, de rentrer en France, vu que leurs services pourraient être plus utiles ailleurs, et que, cette armée ayant ses officiers de santé, leur présence n'y est pas indispensable.

Par qui seraient-ils remplacés ?

NAPOLÉON.

On propose à Sa Majesté d'accepter la démission du sieur Gros, chirurgien aide-major du 22ᵉ régiment d'infanterie légère, et de l'autoriser à passer au service de S. M. le roi de Naples.

Approuvé.

NAPOLÉON.

2944. — DÉCISION.

Paris, 16 mars 1809.

Le général Clarke fait connaître qu'il y a au dépôt du 121ᵉ régiment à Versailles six capitaines en excédent.

Les destiner pour former les cadres des cinquièmes bataillons.

NAPOLÉON.

2945. — AU GÉNÉRAL CLARKE.

Paris, 16 mars 1809.

Monsieur le général Clarke, donnez ordre que la citadelle de Livourne soit armée et approvisionnée, de manière que 1.000 hommes puissent s'y défendre pendant quatre mois et qu'il y ait, indépendamment de l'artillerie nécessaire pour la défense du fort, 6 mortiers et des pièces de 24 pour contenir la ville et la brûler si elle bougeait.

Mandez au général Morand, commandant la 23ᵉ division militaire, que je désirerais qu'un des trois bataillons corses, fort de 500 hommes, se rendît à Livourne pour y tenir garnison. A son débarquement, ce bataillon serait payé et soldé comme les troupes ordinaires ; mais je ne veux que des hommes de bonne volonté et commandés par un homme capable de maintenir une bonne discipline.

Envoyez également l'ordre que quinze brigades de la gendarmerie de Corse, chaque brigade composée de 6 hommes, ce qui fera 90 hommes, soient réunies sous les ordres d'un officier de gendarmerie et se rendent à Livourne, où elles resteront jusqu'à nouvel ordre pour la police de cette place et autres points importants, comme supplément de la gendarmerie de Toscane. Pour faire marcher plus volontiers ces brigades, le général Morand pourrait leur faire comprendre qu'ils seraient là, en cas de besoin, *pour la sûreté de la grande-duchesse* (1). Ainsi, je réunirais sur ce point une force de près de 600 hommes, qui serait fort utile pour contenir la Toscane.

Le général Morand pourrait, sur-le-champ, remplacer le bataillon corse par un autre bataillon corse, qu'on ne manquerait pas de trouver à lever dans le pays.

Faites passer ces ordres en Corse par le ministre de la marine. Il enverra un courrier à Toulon pour faire sortir de ce port deux frégates qui iront en Corse et pourront, à leur retour, ramener ces 600 hommes à Livourne.

Je vois que le dépôt du bataillon colonial, en Corse, n'est encore que de 541 hommes ; il doit, cependant, y avoir beaucoup de conscrits réfractaires dans les départements du Midi, à Gênes, à Toulon. Il faut les faire passer tous au dépôt. Je suppose que vous avez pris les mesures nécessaires pour que ce bataillon fût bien armé, bien habillé et en état de faire un bon service.

Mandez au général Menou que les vétérans feront très bien leur service, si on le leur fait faire.

Faites-moi un rapport sur le personnel des commandants d'armes en Toscane, sur le commandant d'armes à Livourne, sur celui de Sienne, de Pise, etc.

Je ne vois pas quel est le directeur du génie ni quel est le directeur d'artillerie en Toscane. Je ne vois pas que l'artillerie et le génie se soient encore occupés de cette province.

NAPOLÉON.

---

(1) Souligné dans le texte du document.

2946. — AU GÉNÉRAL CLARKE.

16 mars 1809.

Monsieur le général Clarke, remettez-moi un état qui me fasse connaître ce qui est parti depuis le 1ᵉʳ janvier des dépôts des 7ᵉ, 8ᵉ, 27ᵉ et 28ᵉ divisions militaires pour renforcer les régiments qui sont en Italie et ce qui reste encore à y envoyer de ces dépôts.

NAPOLÉON.

2947. — AU GÉNÉRAL CLARKE.

16 mars 1809.

Monsieur le général Clarke, il sera formé un régiment provisoire de chasseurs, sous le titre de 1ᵉʳ régiment provisoire de chasseurs. Ce régiment sera commandé par le major du 26ᵉ de chasseurs, par un chef d'escadron du même régiment et par un chef d'escadron du 10ᵉ ou du 22ᵉ ; il sera composé de deux escadrons du 26ᵉ, complétés à 500 hommes, d'un escadron du 10ᵉ de chasseurs, complété à 250, et d'un escadron du 22ᵉ, complété également à 250 hommes, ce qui fera un total de 1.000 hommes.

Ce régiment sera réuni sans délai à Versailles.

Vous donnerez des ordres pour que tout ce qui se trouve de disponible en hussards, chasseurs et dragons, et prêt à entrer en campagne, soit au dépôt d'Auch, soit à celui de Niort, soit à celui de Tours, soit, enfin, à celui de Versailles, se rende sans délai à Strasbourg.

Vous donnerez ordre que tout ce qu'il y a de disponible aux dépôts des cinq régiments de hussards qui ont leurs escadrons de guerre en Espagne, ainsi qu'aux dépôts des 5ᵉ, 21ᵉ et 27ᵉ de chasseurs qui se trouvent dans le même cas, total huit régiments de troupes légères, se rende également sans délai à Strasbourg, bien armés et bien équipés ; et, au fur et à mesure que vous recevrez la nouvelle qu'en exécution de cet ordre des hommes sont partis, soit du dépôt de leur corps, soit des dépôts de Niort, d'Auch, de Tours ou de Versailles, vous me proposerez l'incorporation de ce que ces huit régiments fourniront de disponible dans les dix-sept régiments qui sont en Allemagne, de manière que ma cavalerie légère, en Allemagne, soit portée au complet de 1.100 hommes par régiment.

Tous les hommes des dépôts d'Auch, de Niort, de Versailles et de

Tours, qui ne seraient pas disponibles pour entrer en campagne, retourneront au dépôt respectif de leur régiment, de sorte que les dépôts généraux seront dissous.

Donnez ordre que les cadres des 4es escadrons des dix-sept régiments de cavalerie légère, qui sont en Allemagne, se rendent également à Strasbourg, en autorisant cependant les majors à garder des officiers et sous-officiers pour le cadre de la compagnie de dépôt.

Mon intention est d'avoir, dans le courant d'avril, en bataille et compris dans mes dix-sept régiments de l'armée d'Allemagne, au moins 18.000 hommes, qui, avec les 1.000 hommes du régiment provisoire, feront 19.000 hommes de cavalerie légère, ce qui, avec les 6.000 dragons, qu'il sera possible de réunir en six régiments provisoires, et 13.000 hommes de carabiniers et de cuirassiers, portera, vers la fin d'avril, la cavalerie de mes armées d'Allemagne à 38.000 hommes au moins.

Cette incorporation d'un régiment dans un autre ne doit être faite qu'en vertu d'un décret ; mais, pendant que vous ferez le travail, expédiez dans la journée de demain les premiers ordres, en correspondant avec le général Maurin, pour la grosse cavalerie, avec le général Marulaz, pour la cavalerie légère, et avec le général sénateur Beaumont, pour les dragons.

Aussitôt que votre travail sera prêt, préparez-moi les projets de décret, rectifiez ce qui est relatif aux uniformes, afin que les détachements soient incorporés dans les régiments qui ont l'uniforme le plus analogue à celui du corps d'où ils sortent, et si, dans le décret du 8 mars, il m'était échappé quelques erreurs à cet égard, proposez-moi les rectifications nécessaires, afin, par exemple, qu'on ne voie pas des hussards rouges réunis avec des hussards bleus.

Pour les régiments provisoires de dragons, ayez soin d'ordonner que les 4es escadrons envoient le nombre de maréchaux nécessaires.

NAPOLÉON.

2948. — AU GÉNÉRAL CLARKE.

16 mars 1809.

Monsieur le général Clarke, faites rentrer à Orléans les hommes du 113e destinés à la défense des frontières d'Espagne.

Ordonnez au général Reille de resserrer tous les hommes qu'il a disponibles dans le bataillon d'élite et de renvoyer le cadre des bataillons de fusiliers à Orléans. Faites-moi connaître la situation de ces bataillons, leur organisation, les places vacantes, afin de les compléter et de nommer à tous les emplois, en suivant le principe que je ne veux y admettre que des Toscans, et en prenant des jeunes gens au-dessus de 22 ans pour sous-lieutenants.

Veillez à ce que la levée de la conscription de la Toscane soit dirigée par des officiers et sous-officiers du 113°.

Rendez-moi compte de la levée de cette année, qui a manqué par la négligence des vétérans.

Recommandez à M. Lacuée de s'occuper de cette conscription.

NAPOLÉON.

2949. — ORDRE.

16 mars 1809.

Il manque de tout à Saint-Cyr. Le service de l'artillerie n'y est pas suivi. Les pièces sont sans prolonges. Il n'y a point de cible. Les élèves ne connaissent aucun des détails de l'artillerie. Si c'est la faute du général Bellavène, il a de grands torts. On peut montrer ce qu'on veut à ces jeunes gens, lorsqu'ils sont à l'École ; sortis de là, ils n'apprendront plus ce qui ne sera pas dans la ligne directe de leurs études. Il est cependant fort agréable pour les officiers supérieurs d'artillerie d'avoir sous la main, dans une armée, des officiers d'infanterie qui aient fait des cartouches, qui sachent manier la hache et la pioche, qui puissent aider à comprendre facilement des manœuvres de force, enfin faire quelques étoupilles, lances à feu, fondre les balles. J'ai vu à Fontainebleau un fourneau pour cet usage ; il faut le rétablir à Saint-Cyr. Ce ne sont pas des savants que je veux, mais de jeunes officiers qui sachent en entrant au régiment tout ce que sait un vieil officier. Que le ministre porte une attention particulière à ces détails. J'irai bientôt à Saint-Cyr et je serais très fâché de n'y pas trouver de changement. J'aime mieux que les élèves sachent faire une étoupille, un peu fondre eux-mêmes les balles, diriger une manœuvre de force, distribuer des travailleurs dans une fortification de campagne, que de savoir l'algèbre et la mécanique.

Je ne fais point de difficultés de laisser encore un mois cet officier à l'École, et j'en jugerai lors de la visite que j'y ferai.

Le ministre donnera ordre que tout élève à l'école de bataillon soit exercé à tirer à la cible, et qu'on ne le fasse pas sortir de l'école qu'il n'ait tiré 100 cartouches à balles de fusil et 50 de pistolet, car il est bien avantageux d'avoir ainsi de jeunes officiers qui, sans avoir été soldats, puissent apprendre à ceux-ci à tirer juste. Rien de tout cela ne se fait à l'École militaire. On revient à l'ancienne éducation et mon but a été que les élèves apprennent spécialement ce que doit savoir un vieux et bon sergent.

NAPOLÉON.

2950. — DÉCISION.

Paris, 16 mars 1809.

Le général Clarke rend compte qu'il a autorisé l'emploi de garnisaires dans les cantons de Wassigny et de Bohain (département de l'Aisne), et il a recommandé au général commandant la 1re division militaire de seconder de tous ses moyens les mesures que prendrait le préfet de ce département pour arrêter les réfractaires et les déserteurs que la gendarmerie est impuissante à saisir.

Le ministre de la guerre proposera le départ pour ces cantons d'un officier de la gendarmerie d'élite avec 40 gendarmes pour faire rejoindre tout le monde.

NAPOLÉON.

2951. — DÉCISION.

Paris, 16 mars 1809.

Le maréchal Soult propose de nommer à un grade supérieur ou d'admettre dans la Légion d'honneur trois officiers du génie attachés au 2e corps de l'armée d'Espagne.

Ajourner cette proposition.

NAPOLÉON.

2952. — AU GÉNÉRAL DEJEAN.

Paris, 16 mars 1809.

Monsieur le général Dejean, les événements de l'Autriche doivent changer quelque chose au budget des remontes. Mon intention est que les 3es et 4es escadrons des vingt-quatre régiments de dragons, dont les deux premiers escadrons sont en Espagne, puissent, le plus tôt possible, être complétés à 200 chevaux chaque escadron, ce qui ferait 9.600 chevaux. Je ne comprends pas le 24° de dragons. Par l'état qui était joint à votre dernier rapport, je vois que les dépôts de dragons ont 2.280 chevaux, qu'il y en a 290 à Tours, 600 à Auch, 500 à Niort, 1.600 qu'ils vont recevoir ; ils en ont 1.000 composant le régiment provisoire de Tours, c'est donc 5.300 chevaux ; il n'y aurait plus à leur fournir que 4.000 chevaux. Or, il paraît que le budget ne comporte que 3.500 chevaux pour toute la cavalerie de l'armée qui est en Espagne. Il faudrait savoir combien, sur ces 3.500 chevaux, il y en a de destinés pour les dragons, combien pour les chasseurs et hussards. Toutefois, donnez des ordres pour que les dépôts des régiments de dragons qui sont en France passent des marchés pour avoir le nombre de chevaux nécessaire pour former leurs 3es et 4es escadrons ; faites-moi ensuite un rapport là-dessus. Quant aux chasseurs, je viens de former un régiment provisoire, composé d'un escadron du 10°, d'un escadron du 22° et de deux escadrons du 26° de chasseurs ; ce régiment sera porté à 1.000 hommes. Il faudrait aussi qu'il y eût quelques chevaux aux dépôts, tant pour maintenir les escadrons au complet que pour fournir quelques détachements aux escadrons que les régiments ont en Espagne. J'ai ordonné l'incorporation dans d'autres régiments de ce que les 5°, 15°, 21° et 25° de chasseurs, ainsi que les cinq régiments de hussards, pouvaient avoir de disponible ; il faudrait remplacer les chevaux, de sorte que ces quatre régiments de chasseurs et les cinq régiments de hussards puissent dans le courant de l'année fournir un escadron de 250 hommes prêts à partir.

Napoléon.

2953. — AU GÉNÉRAL DEJEAN.

Paris, 16 mars 1809.

Monsieur Dejean, j'ai lu avec attention votre rapport du 15 mars. J'ai ordonné que les dépôts d'Auch, de Niort, de Tours, de Versailles fussent dissous et que chaque détachement rejoignît son dépôt, à l'exception, cependant, des hommes disponibles, en état d'entrer en campagne, que l'on dirigera sur Strasbourg. Il n'y aura donc rien à envoyer à l'armée d'Espagne. Dans votre rapport, je vois que vous portez 3.500 chevaux ; je suppose que c'est pour être envoyés dans les dépôts des corps : alors je n'ai pas d'objection à faire.

NAPOLÉON.

2954. — AU GÉNÉRAL DEJEAN.

Paris, 16 mars 1809.

Monsieur Dejean, je vois, par l'état de situation des magasins d'habillement à l'armée d'Allemagne, qu'il n'y a presque rien. Il faudrait, cependant, avoir des souliers à Mayence et à Strasbourg, mais le meilleur moyen c'est d'en faire faire par les corps, à moins que vous n'en ayez actuellement dans les magasins de Paris.

NAPOLÉON.

2955. — DÉCISIONS (1).

Paris, 16 mars 1809.

On propose à Sa Majesté d'envoyer 100 canonniers à Corfou pour compléter les trois compagnies stationnées dans les îles Ioniennes.

Je n'ai point autorisé ce rappel, mais je ne veux point envoyer de nouvelles troupes à Corfou : il y en a trop. Indépendamment de ces compagnies françaises, il y a toujours là des frégates qui ont des canonniers. Il faut se contenter d'ordonner que la plus faible des compagnies soit incorporée dans les deux autres et que le cadre de la 3ᵉ rejoindra son dépôt en Italie.

Le ministre de la guerre du royaume de Westphalie demande, de la part de son souverain, que quatre obusiers de 24 soient mis à la disposition du gouverneur de Westphalie, qui verserait en échange à Metz 1.456 kilogrammes de cuivre rosette.

Approuvé.

---

(1) Non signées; extraites du « Travail du ministre de la guerre avec l'Empereur, du 15 mars 1809 ».

M. le duc de Dalmatie demande la nomination de M. le chef de bataillon du génie Isoard, légionnaire, au grade d'officier dans la Légion d'honneur.	Ajourner cette promotion.
On prie Sa Majesté de faire connaître si son intention ne serait pas de faire payer au 52ᵉ régiment un acompte de 50.000 francs sur une somme de 198.347 fr. 61, qui lui est due par le royaume de Naples, sauf par le Trésor de France à en faire le recouvrement sur le Trésor de Naples.	Commencer par lui accorder sans délai une avance pour que ce régiment puisse aller.
Sa Majesté est priée de faire connaître ses intentions sur la demande de démission faite par le sieur Milonas, lieutenant, employé à l'état-major de l'armée de Dalmatie.	Accordé.
Le général de division Beker demande que l'adjudant commandant Trenqualye soit employé au corps d'observation de l'armée du Rhin.	Accordé.

2956. — AU MARÉCHAL BERTHIER.

Paris, 17 mars 1809.

Mon Cousin, donnez ordre que les 2ᵉ et 5ᵉ bataillons du train des équipages militaires soient réunis à Würzburg ; en conséquence, la compagnie qui est détachée dans les villes hanséatiques se rendra à Würzburg. L'armée du Rhin aura un de ces bataillons et le corps d'observation du Rhin un autre. Le duc d'Auerstædt gardera, pour les divisions Morand, Friant et Gudin, trois compagnies du 5ᵉ bataillon, il enverra une des quatre compagnies au général Oudinot. Le 2ᵉ bataillon passera tout entier au corps d'observation du Rhin et s'y rendra par Donauwörth. Il sera rendu compte de l'envoi de ce bataillon et du jour de son arrivée au duc de Rivoli à Ulm.

NAPOLÉON.

2957. — DÉCISION.

Paris, 17 mars 1809.

Emplacements actuels des neuf compagnies isolées du train d'artillerie qu'on propose de retirer d'Espagne pour leur faire rejoindre leurs bataillons en Allemagne.

Je vois bien de l'inconvénient dans ces mouvements. Le 1er corps doit être en Andalousie, le 2e est en Portugal, le 6e est en Galice, le 5e seul est à Saragosse, mais comment pourra-t-il continuer ses opérations si on lui ôte son artillerie ?

Que veut-on ? Retirer des chevaux ? C'est en priver l'armée d'Espagne sans utilité, car ils seront crevés avant d'arriver à une nouvelle destination. Des harnais ? C'est affaiblir le matériel de cette armée, et l'on peut avoir plus promptement des harnais à Strasbourg : il ne faut pour cela qu'un léger sacrifice d'argent. Des hommes ? Mais ils arriveront éreintés ! Le plus sage est de ne rien retirer de si loin. Cependant on peut ordonner que les compagnies du train de l'armée d'Espagne soient incorporées et que les cadres seulement reviennent en France sous le prétexte de prendre des recrues. Voilà ce que je crois le plus prudent de faire. Donnez-moi un état de situation des compagnies qui sont en Espagne. J'ai déjà rappelé le cadre de quelques-unes ; c'est tout ce qu'il est important d'avoir, d'autant plus qu'on peut les faire venir en poste et qu'alors ils seront utiles.

NAPOLÉON.

2958. — AU GÉNÉRAL CLARKE.

Paris, 17 mars 1809.

Monsieur le général Clarke, j'ai reçu votre rapport du 17 mars sur l'artillerie de la garde. Je ne puis pas donner d'ordre à la compagnie du train qui est avec le duc de Dalmatie, puisqu'elle est en Portugal.

J'ai donné l'ordre de revenir aux trois compagnies qui étaient au corps du duc d'Abrantès, parce que ces compagnies n'étaient qu'à Saragosse.

J'approuve qu'avec la batterie de huit pièces de la garde vous ne fassiez partir que les hommes indispensablement nécessaires.

Napoléon.

2959. — AU GÉNÉRAL CLARKE.

17 mars 1809.

Monsieur le général Clarke, donnez ordre au prince Borghese de faire partir le 25 du mois 100 hommes du 29e de ligne pour Milan, d'où ils rejoindront les bataillons de guerre ; de faire partir 400 hommes du 23e légère pour Florence ; de faire partir de Gênes 300 hommes du 52e pour rejoindre les bataillons de guerre à Milan, et 200 hommes du 102e également pour Milan d'où ils rejoindront les bataillons de guerre.

Napoléon.

2960. — AU GÉNÉRAL CLARKE.

17 mars 1809.

Monsieur le général Clarke, donnez ordre que le dépôt du 1er régiment de ligne fasse partir avant la fin de mars 60 hommes ; celui du 62e 60 hommes ; celui du 22e légère 300 hommes ; celui du 5e de ligne 60 hommes ; celui du 10e léger 60 hommes ; celui du 79e 60 hommes ; celui du 81e 200 hommes ; celui du 60e 200 hommes ; celui du 8e léger 200 hommes et celui du 23e de ligne 200 hommes. Vous ordonnerez que ces détachements se réunissent, ceux qui passent par le mont Cenis, à Chambéry, et s'y forment en bataillon de marche ; ceux qui vont passer par la Corniche, à Gênes et de là marchent en ordre pour renforcer l'armée.

Napoléon.

2961. — AU GÉNÉRAL CLARKE.

17 mars 1809.

Monsieur le général Clarke, ayant nommé le prince de Neuchâtel major général des armées d'Allemagne, il est convenable que la correspondance de l'armée d'Espagne se fasse par vous et que vous preniez directement mes ordres sur ce qui est relatif à cette armée. Ecrivez dans ce sens au roi d'Espagne, au maréchal Jourdan et au duc de Valmy.

P.-S. — Que le prince de Neuchâtel, en annonçant cela, donne ordre aux commandants des provinces de vous envoyer directement les états de situation des places et des nouvelles de ce qui se passe, vu que, si cela passait par Madrid, il y aurait souvent de longs retards.

NAPOLÉON.

2962. — AU GÉNÉRAL CLARKE.

Paris, 17 mars 1809.

Monsieur le général Clarke, il existe à Bayonne le cadre d'une compagnie de chasseurs des 5es bataillons des régiments dont les dépôts sont à Paris. Faites revenir les officiers et sous-officiers, afin que les cadres soient complets à leurs dépôts.

NAPOLÉON.

2963. — AU GÉNÉRAL CLARKE.

Paris, 17 mars 1809.

Monsieur le général Clarke, les 250 hommes du 18e de ligne qui viennent de Toulon n'ont pas besoin d'aller jusqu'à Strasbourg ; il est plus convenable de les envoyer à Huningue, d'où, selon les circonstances, on les dirigera sur leur corps, qui, probablement, sera encore à Ulm à cette époque.

Le régiment de chasseurs de la légion portugaise, qui vient de la 6e division militaire, au lieu d'aller à Strasbourg, doit également aller à Huningue. Il faudra qu'on en passe la revue à son arrivée dans cette place, pour savoir s'il est en bon état. Ce régiment pourra passer le Rhin à Huningue.

NAPOLÉON.

2964. — AU GÉNÉRAL CLARKE.

17 mars 1809.

Monsieur le général Clarke, je reçois votre lettre du 17 mars. Il est d'abord nécessaire que les 800 hommes destinés pour les 3e, 26e et 93e de ligne paraissent dimanche avec les uniformes de leurs corps, s'il est possible.

Faites-moi connaître à qui sont destinés les 1.010 hommes que les conscrits de la garde doivent fournir pour le corps du général Oudinot ; au défaut de conscrits des années antérieures, on pourra les faire fournir par ceux de 1810 de la manière suivante : les tirailleurs de la garde, forts aujourd'hui de 2.500 hommes, doivent être portés à 3.200 ; c'est donc 700 hommes qui leur manquent. Mon intention est que la garde prenne un dixième sur les conscrits de 1810. Ainsi, sur les 3.000 conscrits de 1810 actuellement existants, la garde en choisira 300 qui passeront sur-le-champ dans les tirailleurs.

Aussitôt qu'un 4e mille sera arrivé, la garde en choisira encore 100, et ainsi de suite, jusqu'au complément du 1.000 que la garde doit recevoir ; par ce moyen, les tirailleurs seront portés à 3.300, et il vaut mieux qu'il y en ait 100 de plus que de moins. Lorsque ce premier choix sera fait, on prendra sur les 2.700 restants les plus beaux et les plus forts pour le corps du général Oudinot ; on les habillera et on les tiendra prêts à partir en deux détachements de 500 hommes chacun : le 1er détachement partira le 25 mars, et le 2e dans les premiers jours d'avril. Donnez des ordres en conséquence.

On me présentera dimanche à la parade : 1° les 800 hommes qui doivent partir pour le corps du duc de Rivoli. On donnera un numéro à ce bataillon de marche du corps d'observation du Rhin ; je crois qu'il en est déjà parti plusieurs ; 2° les 300 hommes que l'on choisira pour les tirailleurs et que l'on mettra à part ; 3° les 1.000 hommes pour le corps du général Oudinot, et enfin, en troisième ligne, tous ceux des conscrits arrivés qui seraient habillés soit avec uniforme, soit simplement avec culotte et veste, et même sans fusils, s'ils n'en ont pas encore.

Par ce moyen, je verrai dimanche au moins 3.000 conscrits.

NAPOLÉON.

2965. — DÉCISION.

Paris, 17 mars 1809.

Le colonel du 112º régiment d'infanterie sollicite, au nom des officiers et soldats de ce corps, l'honneur de servir activement et d'être employé à l'armée d'Italie.

Répondre à ce régiment qu'il fait partie de la 5º division de l'armée d'Italie ; que, lorsqu'il en sera temps, il recevra l'ordre de rejoindre sa division ; qu'il doit se préparer en conséquence.

NAPOLÉON.

2966. — AU GÉNÉRAL DEJEAN.

Paris, 17 mars 1809.

Monsieur Dejean, le 1ᵉʳ régiment de dragons manque de selles, le 15º en manque entièrement. Cette demande est générale. Faites-moi un rapport sur le harnachement de ma cavalerie, envoyez de l'argent et faites tout ce qui est nécessaire pour que les chevaux ne restent pas inutilement aux dépôts. Je désire que vous vous occupiez également de la formation des six régiments provisoires de dragons que le ministre de la guerre vous communiquera. Je demande à chacun des vingt-quatre régiments de dragons le 4º escadron complet, en y comprenant ce qu'ils ont déjà fait partir pour Strasbourg de leurs dépôts et des dépôts généraux d'Auch, de Tours et de Niort. Il me semble que 4.000 sont déjà partis. Faites-moi un rapport à cet égard, sous le triple point de vue des hommes, des chevaux et des harnais. Tous les corps réclament beaucoup de vous. Faites-moi connaître ce que vous leur devez pour 1807, pour 1808 et pour 1809, et ce que vous comptez leur donner pour 1809.

NAPOLÉON.

2967. — AU GÉNÉRAL DEJEAN.

Paris, 17 mars 1809.

Monsieur Dejean, je vous envoie l'état des deux bataillons des équipages militaires qui sont en Allemagne. Faites-moi connaître les mesures qui ont été prises pour pourvoir au complément de ces bataillons en hommes et en chevaux et pour remplir les places vacantes.

NAPOLÉON.

2968. — AU GÉNÉRAL HULIN.

Paris, 17 mars 1809.

Monsieur le général Hulin, qu'est-ce que c'est que 60 hommes du 27° de chasseurs, 100 hommes du 1ᵉʳ de hussards, 60 hommes du 2° et 60 hommes du 4° de hussards qui sont à Versailles ? Donnez ordre que tout ce qu'il y a de disponible de ces régiments et dans les dépôts de Versailles et de Saint-Germain, ainsi que le régiment du grand-duc de Berg, se trouve à la parade de dimanche.

NAPOLÉON.

2969. — AU GÉNÉRAL CLARKE.

18 mars 1809.

Monsieur le général Clarke, je vous renvoie le mémoire ci-joint, pour que vous me fassiez un rapport sur son contenu.

Vous pouvez faire partir dès aujourd'hui quatre compagnies de canonniers qui sont sur les côtes de Boulogne, pour Strasbourg, une du Havre, une de Cherbourg, une de Nantes, une de La Rochelle, deux d'Anvers, deux de Bayonne, et celle qu'on peut tirer de Mayence. Ce seront les onze compagnies que demande le général Songis, plus une que je laisserai à Boulogne.

Il faudra tirer une compagnie d'artillerie à cheval de Bayonne et me proposer d'en tirer quelques-unes de l'armée d'Espagne, où il y en a beaucoup trop..

Donnez ordre que les deux compagnies de pontonniers, qui sont à Mayence et à Wesel, se rendent à Augsburg.

Quant au train, le général Songis demande 1.800 hommes ; 900 ont été fournis par les dépôts des autres bataillons.

Ne perdez pas un moment pour me proposer des mesures et donner tous ces ordres.

NAPOLÉON.

2970. — AU GÉNÉRAL CLARKE.

18 mars 1809.

Monsieur le général Clarke, il y a prêts à partir du dépôt des hussards hollandais, qui est à Saint-Denis, 126 chevaux. Donnez ordre qu'ils se trouvent demain à la parade et qu'ils partent après-demain pour rejoindre leurs corps en Espagne.

NAPOLÉON.

2971. — DÉCISION.

Paris, 18 mars 1809.

Note sans date ni signature proposant la création d'un jury composé de propriétaires normands, qui serait chargé de reviser les opérations relatives aux remontes de la cavalerie, afin de prévenir le retour « d'affreuses dilapidations ».

Renvoyé au ministre Dejean pour avoir son avis sur ce projet.

NAPOLÉON.

2972. — AU MARÉCHAL BERTHIER.

Paris, 19 mars 1809.

Mon Cousin, instruisez le général Oudinot qu'il doit bientôt arriver à Donauwörth un régiment de marche de 1.000 hommes, composé de détachements des dix régiments de carabiniers et de cuirassiers des divisions Nansouty et Saint-Sulpice, qui doivent être incorporés dans ces divisions ; que, s'il n'y a rien d'extraordinaire, ce régiment cantonnera sur la gauche du Danube, du côté de Nordlingen, et attendra là à se joindre aux divisions dont il fait partie ; mais que, s'il y avait des mesures à prendre, nécessitées par des mouvements des Autrichiens, il ne doit pas oublier d'envoyer des ordres à ce régiment.

NAPOLÉON.

2973. — DÉCISION.

Paris, 19 mars 1809.

Le général Clarke demande les ordres de l'Empereur sur la destination ultérieure de la compagnie de sapeurs et des 16 caissons qu'il vient d'être prescrit au duc d'Abrantès de faire partir de Saragosse pour Bayonne et de là pour Bordeaux.

Les diriger sur Strasbourg.

NAPOLÉON.

2974. — AU GÉNÉRAL CLARKE.

19 mars 1809.

Monsieur le général Clarke, je vous renvoie un travail du général

Bertrand sur l'organisation du génie en Allemagne ; il me semble que l'on peut adopter ce travail.

Le général Lazowski peut revenir à Ulm, sans être remplacé dans son grade ; on peut envoyer à sa place un colonel.

Il y aurait de l'inconvénient à faire revenir d'Espagne dix jeunes gens ; il faut en faire revenir cinq seulement et laisser les autres pour continuer les travaux en Espagne, d'autant plus qu'ils peuvent être facilement remplacés par les cinq jeunes gens les plus forts de l'école.

Je ne vois pas, dans l'état, le colonel Blein, qu'on pourrait nommer chef d'état-major, au lieu du général Rogniat, qu'il conviendrait de laisser en Espagne, comme ayant l'habitude de cette guerre de mines.

On peut faire revenir d'Espagne le colonel Sabatier et les officiers demandés. Faites-moi connaître quand tous ces officiers seront rendus à leur poste.

Tout ce qui est en Espagne et en France se rendra d'abord à Strasbourg ; tout ce qui est en Allemagne suivra le quartier général du duc d'Auerstædt, à Würzburg.

Tout ce qui fait partie du matériel de l'armée du Rhin se réunira à Würzburg.

NAPOLÉON.

2975. — AU GÉNÉRAL CLARKE.

20 mars 1809.

Monsieur le général Clarke, sur les 604 hommes qui composent le bataillon provisoire que me présente aujourd'hui le général Hulin, il sera pris :

50 hommes du 58° de ligne ;
50 — 2° léger ;
50 — 4° —
50 — 12° —
50 — 15° —
50 — 121° de ligne.

Ces 300 hommes formeront les trois compagnies de marche, dont j'ai ordonné la formation pour ces régiments, et partiront mardi pour Strasbourg, pour être incorporés dans les 26° et 16° d'infanterie légère et 96° de ligne. Il ne sera pris que des conscrits des quatre années antérieures à 1810.

NAPOLÉON.

2976. — AU GÉNÉRAL CLARKE.

20 mars 1809.

Monsieur le général Clarke, je vois que vous faites partir pour Strasbourg des détachements des 10°, 22° et 26° de chasseurs qui étaient à Montauban. Il me semble que cette mesure ne vaut rien.

Puisque je forme un régiment provisoire des escadrons des 10°, 22° et 26° régiments de chasseurs, ces détachements doivent se diriger sur Versailles, où se forme ce régiment provisoire.

NAPOLÉON.

2977. — AU GÉNÉRAL CLARKE.

20 mars 1809.

Monsieur le général Clarke, écrivez au général Menou que les mesures prises en Toscane jusqu'à cette heure ont conduit à l'état d'incertitude où se trouve le pays ; que les malveillants n'y ont été comprimés d'aucune manière ; qu'il faut faire arrêter à Sienne les deux bataillons du 23° qui arrivent de Rome et profiter également de l'arrivée du 9° de chasseurs ; que j'envoie le général de gendarmerie Radet avec une colonne mobile de gendarmerie pour désarmer le pays et enlever tous les fusils ; qu'il faut faire traduire devant une commission militaire tous ceux qui ont insulté les Français et les faire exécuter ; que j'avais ordonné d'Espagne des mesures contre Arezzo et Sienne que je connais bien ; que le général Menou en a suspendu l'exécution et qu'il a eu tort ; que si la simple apparence de la guerre produit cet effet en Toscane, que serait-ce donc si l'on perdait une bataille ? Que l'on n'a employé jusqu'ici que des palliatifs et qu'il est temps de prendre des mesures suivies pour contenir le pays.

Recommandez au général Menou de faire mettre en état la citadelle de Livourne.

Ordonnez qu'on crée sur-le-champ les trois compagnies départementales, et autorisez le général Menou à former des compagnies de police de tous les sbires de la Toscane. Il formera autant de compagnies qu'il pourra réunir de fois 100 hommes. Il emploiera ces compagnies à parcourir le pays et à le désarmer, et il leur fera donner une prime de récompenses proportionnées aux services qu'elles rendront.

Napoléon.

2978. — AU GÉNÉRAL CLARKE.

La Malmaison, 21 mars 1809.

Monsieur le général Clarke, mon intention est que les convois de conscrits réfractaires, partis du Mans pour Boulogne, soient dirigés sur Sedan, Mézières et Metz.

Je suppose que, par suite des mesures prises pour établir des garnisons dans les départements de l'Ouest, il rentrera environ 2,400 conscrits réfractaires. Mon intention est que le premier mille qui rentrera soit réparti entre le 14ᵉ régiment d'infanterie de ligne, le 12ᵉ de ligne, le 26ᵉ d'infanterie légère, le 24ᵉ légère, le 100ᵉ de ligne et le 103ᵉ, dont les dépôts sont à Sedan, Metz ou Mézières et les 59ᵉ et 69ᵉ, dont les dépôts sont à Luxembourg.

Je désire que cette répartition ait lieu à raison de 300 par régiment, qui seront distribués de la manière suivante :

La 1ʳᵉ centaine sera dirigée sur le	14ᵉ de ligne ;
La 2ᵉ	—	12ᵉ —
La 3ᵉ	—	100ᵉ —
La 4ᵉ	—	103ᵉ —
La 5ᵉ	—	59ᵉ —
La 6ᵉ	—	69ᵉ —
La 7ᵉ	—	26ᵉ légère ;
La 8ᵉ	—	24ᵉ —

Les huit secondes centaines seront distribuées de même et ainsi de suite.

Quand le nombre aura dépassé 2.400, vous m'en rendrez compte pour que je puisse indiquer de nouvelles directions.

Vous en donnerez avis à ces régiments pour qu'ils soient prêts à recevoir ces conscrits, et qu'ils puissent, sur-le-champ, les habiller et les faire filer sur les bataillons de guerre qu'ils ont au delà du Rhin.

Écrivez au général Bonnard de s'entendre avec le colonel Henry et d'étendre à chacun des départements de l'Ouest le système des garnisaires successivement, et au fur et à mesure qu'un département sera purgé.

C'est le seul moyen d'établir la tranquillité dans ces contrées.

Napoléon.

2979. — AU GÉNÉRAL CLARKE.

21 mars 1809.

Monsieur le général Clarke, le bataillon composé des trois compagnies de marche ci-après, savoir : la 1re compagnie, composée de 50 hommes de chacun des 58e et 121e régiments de ligne ; la 2e, de 50 hommes de chacun des 2e et 4e légère ; la 3e, de 50 hommes des 12e et 15e légère, pour être incorporés dans les 26e, 16e légère et 96e de ligne, au corps du général Oudinot, qui doit être parti hier de Paris pour se diriger sur le corps du général Oudinot, portera le titre de 14e bataillon de marche du corps d'Oudinot.

Les 800 conscrits, fournis par la garde aux 3e et 26e légère et au 93e, porteront le titre de 1er bataillon de marche du corps d'observation du Rhin.

Napoléon.

2980. — AU GÉNÉRAL CLARKE.

21 mars 1809.

Monsieur le général Clarke, je vous ai demandé plusieurs états de situation que je n'ai point encore reçus, entre autres ceux relatifs à la formation d'un corps de réserve et à l'envoi des 5es et 6es compagnies des 4es bataillons pour le corps du général Oudinot et les corps des armées du Rhin.

Ce travail est assez pressé, afin que je dispose d'une partie des conscrits de la garde, tant pour débarrasser les casernes que pour soulager la garde.

Faites-moi connaître s'il y a encore, aux dépôts des différents régiments, des conscrits des années antérieures qu'il me soit possible d'employer pour compléter les corps du duc d'Auerstædt, du général Oudinot et du duc de Rivoli, sans y comprendre les six régiments destinés à la défense des côtes du Poitou et les quatre régiments destinés à la défense des côtes de la Bretagne.

Napoléon.

2981. — AU MARÉCHAL BERTHIER.

La Malmaison, 22 mars 1809.

Mon Cousin, je reçois votre lettre du 20 et l'état qui y était joint; j'y vois qu'un détachement du 19ᵉ de ligne y est porté comme ayant ordre de se rendre à Hanovre (il arrive à Mayence le 22). Je n'ai point donné cet ordre. Ce détachement doit se rendre à Würzburg, où il doit rester dans la citadelle jusqu'à nouvel ordre. Je vois qu'un détachement du 4ᵉ bataillon du 25ᵉ de ligne, qui arrive le 7 avril à Mayence, se dirige sur Würzburg. Je crois que c'est un détachement de marche de plusieurs régiments et qu'il est destiné à renforcer les deux premiers bataillons du 25ᵉ de ligne. Le 3ᵉ bataillon du 46ᵉ, qui arrive le (1) à Strasbourg, continuera sa route sur la division Saint-Cyr, à Ulm. Les 500 hommes du même régiment doivent recruter les deux premiers bataillons qui sont faibles. Le bataillon de marche du 24ᵉ légère, qui arrive le 28 mars à Strasbourg, le détachement du 44ᵉ, les 800 hommes du 14ᵉ de ligne, les détachements des 34ᵉ, 51ᵉ, 55ᵉ et 43ᵉ, tout cela doit se rendre au corps du duc de Rivoli, où les soldats doivent être incorporés et les officiers et les sous-officiers des cadres rejoindre leurs dépôts.

Je vois, dans votre état, que la 2ᵉ compagnie du 2ᵉ bataillon de sapeurs doit être envoyée à Danzig ; je n'ai donné d'ordre que pour son envoi à Strasbourg, de même pour les 6ᵉ et 9ᵉ compagnies. Il faut donc que tout ce qui arrive à Strasbourg y reste jusqu'à nouvel ordre. Il ne faut rien envoyer sur Stettin, Küstrin, Danzig, Glogau, Stralsund, Hanovre. Ainsi, les détachements de sapeurs destinés pour les armées d'Allemagne, formant 700 à 800 hommes, doivent rester à Strasbourg, et je donnerai des ordres pour leur destination ultérieure. Les 4ᵉ et 5ᵉ compagnies de sapeurs qui arrivent le 3 avril à Strasbourg et la 3ᵉ compagnie de mineurs étant complètes, peuvent se diriger sur Ulm, au corps du duc de Rivoli.

NAPOLÉON.

---

(1) En blanc sur le document.

2982. — DÉCISION.

La Malmaison, 22 mars 1809.

Le général Clarke propose à l'Empereur d'envoyer dans le département de l'Aisne un officier de la gendarmerie d'élite et 40 gendarmes pour rechercher, dans les cantons de Wassigny et de Bohain, les réfractaires et les déserteurs qui y ont trouvé asile.

Approuvé, faire partir demain ce détachement.

NAPOLÉON.

2983. — AU GÉNÉRAL CLARKE.

22 mars 1809.

Monsieur le général Clarke, je crois avoir décidé que le bataillon de 800 conscrits de la garde, destiné aux 3° et 26° légère et au 93°, s'appellerait 1er bataillon de marche des conscrits de la garde du corps d'observation du Rhin.

Les 1.000 hommes que la garde doit fournir au corps d'Oudinot s'appelleront 3° bataillon de marche des conscrits de la garde destinés au corps d'Oudinot.

NAPOLÉON.

2984. — DÉCISION (1).

Etat des compagnies du train d'artillerie, que, conformément au décret du 17 mars, le général Clarke a fait diriger sur Strasbourg.

Renvoyé au major général pour communiquer au général Songis.

NAPOLÉON.

2985. — AU GÉNÉRAL DEJEAN.

La Malmaison, 22 mars 1809.

Monsieur le général Dejean, il y a trois mois que je vous parle du 9° bataillon du train qui est en Italie et qui se trouve dans la pire situation. 18 hommes sont à la réforme et il lui reste seulement 100 hommes ; vous en avez, je crois, envoyé 100 de Commercy, ce

---

(1) Sans date; le rapport du ministre est du 22 mars, l'expédition de la décision a eu lieu le 23.

qui ferait alors 200 ; envoyez-en sans délai 180 autres pour porter le bataillon au complet de 380 hommes. Autorisez le vice-roi à nommer aux emplois vacants, en prenant des officiers et des sous-officiers dans les régiments de troupes à cheval. Il faut 600 chevaux pour ce bataillon : 150 existent. Envoyez au vice-roi l'autorisation d'acheter les 450 chevaux ou mulets manquants. Les harnais sont en confection. Les selles et brides qui seront envoyées de Paris seront déposées à Alexandrie pour servir ailleurs. Mettez à la disposition du vice-roi les fonds nécessaires pour acheter les fonds, les harnais, les selles, les brides et tous les effets d'équipement. Mettez également à sa disposition des fonds pour l'habillement. Il fera acheter les draps en Italie et les fera confectionner. Envoyez à Alexandrie les baudriers, porte-carabines et tous les effets d'équipement. Vous avez une seule mesure à prendre, c'est de faire le décompte de ce bataillon et de faire connaître au vice-roi ce qui lui revient, en imputant un tiers de ces sommes sur le fonds que j'ai accordé en mars pour ce chapitre et qui n'est pas encore consommé, un tiers en avril et un tiers en mai.

Ordonnez qu'on construise à Plaisance 140 autres caissons pour former un autre bataillon, et vous pourrez faire déposer à Alexandrie tous les effets de harnachement et d'équipement qui sont partis de Paris, destinés pour le 9ᵉ bataillon.

NAPOLÉON.

2986. — DÉCISIONS (1).

22 mars 1809.

On prie Sa Majesté de faire connaître ses intentions sur la demande que fait le colonel Damas, officier pensionné de S. M. le roi de Hollande, d'être mis en activité dans les troupes françaises.

Il doit rentrer dans le grade qu'il avait avant sa sortie.

On propose à Sa Majesté :

De nommer chef d'escadron, pour servir en cette qualité dans la ligne, M. le capitaine Delagrange, secrétaire d'ambassade à Vienne ;

Qu'il fasse la guerre comme capitaine. Il faut l'attacher à la division du général Oudinot.

---

(1) Non signées; extraites du « Travail du ministre de la guerre avec l'Empereur, du 8 mars 1809 ».

De nommer capitaine M. Pasquet Salaignac, lieutenant, aide de camp du général de division Drouet ;

A la première bataille.

De nommer capitaine M. Daubenton, lieutenant, aide de camp du général de brigade Pajol.

A la première bataille.

M. Marie, sous-lieutenant au 1ᵉʳ régiment d'infanterie légère, prisonnier sur parole, rentré en France après s'être évadé des prisons d'Angleterre, demande à rejoindre son corps qui est en Espagne.

Accordé, l'envoyer à son dépôt en Italie.

2987. — DÉCISION (1).

Sa Majesté est priée de faire connaître sur quels fonds doivent être pris ceux nécessaires pour les dépenses de l'artillerie en Espagne.

Le ministre de la guerre doit se faire rendre compte du (sic) maréchal Bessières, du million de contributions que j'ai imposé à la ville de Zamora, de 200.000 à 300.000 francs d'argenterie qui ont été tirés d'un couvent supprimé à Valladolid.

Cet argent doit servir aux dépenses de l'artillerie et du génie de l'armée d'Espagne. Le ministre de la guerre écrira au commandant du génie, au maréchal Jourdan et au commandant de Burgos que les 300.000 francs pour le fort de Burgos ont été fournis par le maréchal Bessières, qu'il faut pousser les travaux avec la plus grande activité. Comme mon intention est qu'après cet argent dépensé, on

---

(1) Sans signature ni date; extraite du « Travail du ministre de la guerre avec l'Empereur, du 22 mars 1809 ».

fasse d'autres travaux, il faut que les officiers du génie envoient note de ceux qui pourraient y être faits. On travaillera à ce fort plusieurs années, mais en dirigeant les travaux de manière que chaque 50.000 francs qui seront dépensés produisent un degré de force de plus.

2988. — AU MARÉCHAL BERTHIER.

La Malmaison, 23 mars 1809.

Mon Cousin, donnez ordre que les 100 hommes des tirailleurs corses et les 145 des tirailleurs du Pô, qui sont à Strasbourg, partent sans délai pour rejoindre leur corps à Augsburg.

NAPOLÉON.

2989. — AU MARÉCHAL BERTHIER.

La Malmaison, 23 mars 1809.

Mon Cousin, je vous envoie des ordres que je donne pour divers mouvements de détachements d'artillerie. Il me semble que j'avais ordonné que toutes mes troupes évacuassent Stralsund ; assurez-vous si mes ordres ont été exécutés et veillez à ce que tout ce qui y serait encore revienne ; on ne doit y laisser tout au plus qu'une compagnie d'artillerie et une de sapeurs. En général les compagnies d'artillerie et de sapeurs doivent être toutes ralliées à l'armée. Écrivez là-dessus au maréchal duc d'Auerstædt, et qu'il s'assure que mes troupes ne soient pas disséminées. J'ai seulement ordonné qu'une ou deux compagnies d'artillerie restassent à Danzig. Faites-moi un rapport sur les ordres qui ont été donnés pour ces divers détachements. Comme Donauwörth est un point important, sur lequel je dirige beaucoup de détachements, il est nécessaire que vous y envoyiez le général Monthion, qui établira là un bureau d'état-major, afin que dans le cas où l'ennemi ferait un mouvement et marcherait sur nous, il eût le temps d'empêcher que tous ces détachements ne fissent des sottises.

NAPOLÉON.

2990. — DÉCISIONS.

La Malmaison, 23 mars 1809.

J'ai l'honneur de rendre compte à l'Empereur, conformément aux intentions de Sa Majesté, que les détachements d'artillerie et du train d'artillerie ci-après désignés qui se trouveront réunis à Strasbourg le 29 mars, sont destinés à renforcer les compagnies de leurs corps respectifs aux armées d'Allemagne, savoir :

Du dépôt du 3° régiment d'artillerie à cheval : 32 hommes à pied.

Donner ordre de les faire continuer leur route sur Ulm.

Du dépôt du 5° régiment d'artillerie à cheval : 120 hommes à pied.

Les faire continuer leur route sur Donauwörth, où ils resteront jusqu'à nouvel ordre.

Du 7° régiment d'artillerie à pied : 66 hommes.

Idem.

Du 8° régiment d'artillerie à pied : 100 hommes.

Idem.

Du dépôt du 4° bataillon principal du train : 12 hommes à pied.

Les diriger sur Ulm.

Du dépôt du 8° bataillon principal du train : 6 hommes à pied.

Les diriger sur Donauwörth.

NAPOLÉON.

2991. — ORDRE.

La Malmaison, 23 mars 1809.

1° Il sera fait les fonds nécessaires pour que les 8° et 9° compagnies du 1er bataillon de sapeurs, les 2°, 6° et 9° du 2° bataillon, la 1re et la 8° du 4°, la 3° et la 7° du 5° et la 6° compagnie de mineurs puissent avoir chacune les 2 caissons et les 12 chevaux harnachés qui leur sont nécessaires, ainsi que les 500 outils que chacune de ces compagnies doit avoir.

2° Il sera accordé aux 4°, 6° et 7° compagnies du 4° bataillon de sapeurs, à la 1re et à la 9° du 5° les fonds nécessaires pour porter les attelages de chacune de ces compagnies à 6 chevaux par caisson, et à compléter les outils à 500 par compagnie.

3° Les fonds seront mis, dans le plus court délai, à la disposition du général Bertrand, commandant le génie de mes armées d'Allemagne, lequel prendra sur-le-champ toutes les mesures pour se procurer ces objets, les envoyer aux corps et pourvoir enfin à ce que les trente compagnies du génie aient 30 caissons, 180 chevaux et 7.500 outils.

4° Les soldats du train des compagnies seront fournis par ces compagnies et pris à Strasbourg sur les détachements que les dépôts ont envoyés.

5° Le général Oudinot, ayant déjà 3.000 outils, sera autorisé à considérer les hommes du train qu'il a comme un fonds de compagnie, à les compléter à 50 hommes, à nommer 1 lieutenant pour commander, 1 maréchal des logis et 2 brigadiers. Il sera autorisé à se procurer sur-le-champ les voitures nécessaires pour porter ces 3.000 outils attelés à 6 chevaux par voiture.

Il sera, en outre, autorisé à se procurer 3.000 autres outils qui compléteront à 6.000 l'approvisionnement d'outils de son corps d'armée, et à pourvoir à leur attelage, comme il vient d'être dit pour les 3.000 actuellement existants.

Il sera fait ces opérations à Augsburg et en Bavière, de manière à ce que tout soit prêt au 20 avril.

Enfin, le général Oudinot sera autorisé à prendre les hommes dont il aura besoin pour le train du génie parmi ceux des conscrits qui arrivent, qui sont accoutumés à conduire des chevaux. Il leur donnera l'habit du train du génie.

Des fonds seront remis, pour ces diverses dépenses, au général Bertrand qui les fera passer au général Oudinot avec les instructions nécessaires.

6° Le maréchal duc d'Auerstædt, ayant 10.000 outils attelés, recevra ordre d'en diriger 3.000 avec leurs caissons sur Ulm, où ils serviront pour le corps du maréchal duc de Rivoli. Le ministre de la guerre mettra à la disposition du général Bertrand les fonds nécessaires pour que l'attelage des 6.000 outils restant au corps du duc d'Auerstædt soit complété à 6 chevaux par voiture. Le général Bertrand transmettra ces fonds au duc d'Auerstædt, qui, comme le général Oudinot, sera chargé de compléter une compagnie de 50 hommes du train du génie et sera autorisé à donner à ces hommes l'habit du train du génie. Enfin, le maréchal prendra des mesures nécessaires pour avoir au 20 avril 6.000 outils attelés à 6 chevaux par voiture.

7° Le duc de Rivoli sera informé que 3.000 outils sont dirigés sur son corps d'armée et il sera sur-le-champ autorisé à faire l'achat des voitures et chevaux nécessaires pour atteler cet approvisionnement, et à former une compagnie du train du génie, composée comme les deux précédentes.

8° Le général Bertrand fera sur-le-champ organiser à Strasbourg une compagnie du train de 120 hommes, pris parmi les conscrits du 18° de ligne et composée de 1 capitaine, de 1 lieutenant, de 1 sous-lieutenant, de 2 maréchaux des logis, de 4 brigadiers et de 120 soldats. Il choisira les officiers parmi d'anciens officiers de cavalerie ou de sapeurs. Il fera, sur-le-champ, habiller cette compagnie de l'uniforme du train du génie. Il fera faire 12.000 outils, et se procurera 24 voitures pour porter ces 12.000 outils, 2 forges et 2 autres chariots pour porter des cordages, des instruments et autres approvisionnements nécessaires pour le raccommodage des ponts : total 28 à 30 voitures. Il fera sur-le-champ acheter les 200 chevaux et harnais nécessaires, de sorte qu'au 20 avril, ce train puisse partir de Strasbourg.

9° 12.000 outils seront envoyés sans délai de Strasbourg, sur des charrettes du pays, à Ulm, pour y rester en dépôt.

Aussitôt que les six premiers mille seront arrivés à Ulm, on prendra mes ordres pour les pousser plus loin.

10° Ainsi, le génie aura 6.000 outils attelés par corps d'armée, ce qui fera 12 voitures pour les porter, des cordages et autres ustensiles nécessaires au raccommodage des ponts et 1 forge : total 14 voitures et 84 chevaux par corps d'armée ; total pour les trois corps d'armée, 18.000 outils, 42 voitures et 252 chevaux.

Plus 12.000 outils portés à la suite du parc général sur 30 voitures.

Plus 500 outils attelés par compagnie de sapeurs. Total 7.500 outils.

Il y aura donc 37.500 outils à 6 chevaux à la suite de l'armée, et, en outre, 12.000 outils en dépôt sur les derrières de l'armée, qu'on charriera d'un établissement à un autre sur les voitures du pays et qui peuvent être considérés comme un approvisionnement de précaution.

RÉCAPITULATION GÉNÉRALE :

37.500 outils attelés ;
12.000 outils non attelés ;

TOTAL. 49.500 outils portés sur 72 à 74 voitures attelées de 450 chevaux (indépendamment des attelages de compagnies de sapeurs) et conduites par trois compagnies du train de 50 hommes chacune. . . . . 150 hommes.
Et par une 4ᵉ compagnie de. . . . . 120 —

TOTAL. . . . . . . 270 hommes.

11° Le décompte des sommes nécessaires pour ces diverses dépenses sera fait dans la journée de demain par notre ministre de la guerre, qui remettra au général Bertrand une ordonnance sur le Trésor public, pour la valeur de la moitié desdites sommes.

Il sera pourvu au paiement de l'autre moitié aussitôt que besoin sera.

12° On retirera des places de Strasbourg, Landau et autres places du Rhin, tous les outils qu'il y aurait de disponibles, et on les emploiera selon les divers besoins de l'armée.

13° Notre ministre de la guerre est chargé de l'exécution du présent ordre.

NAPOLÉON.

2992. — AU GÉNÉRAL CLARKE.

23 mars 1809.

Monsieur le général Clarke, j'ai signé le décret sur la composition des 17 demi-brigades provisoires de réserve.

Donnez ordre qu'au 1ᵉʳ avril deux compagnies des 17ᵉ d'infanterie légère et 19ᵉ, chacune de 140 hommes, et formant ensemble 560 hommes, se rendent à Saint-Omer. Ces quatre compagnies formeront le fonds du 1ᵉʳ bataillon de la 6ᵉ demi-brigade provisoire de réserve ;

Que deux compagnies tirées de même des 5ᵐˢ bataillons du 25ᵉ et du 28ᵉ se mettent également en marche pour Saint-Omer, où elles formeront le fonds du 2ᵉ bataillon ; enfin, que deux compagnies des 5ᵐˢ bataillons des 36ᵉ et 43ᵉ se réunissent à Saint-Omer, pour former le fond du 3ᵉ bataillon de la 6ᵉ demi-brigade. Ainsi, cette demi-brigade se trouvera d'abord composée de seize compagnies à 140 hommes. Si les dépôts ne peuvent fournir ce nombre, ils fourniront du moins ce qu'ils pourront, pourvu toutefois qu'il y ait 80 hommes par compagnie ; ils devront, sans nouvel ordre, compléter leurs compagnies à 140 hommes par l'envoi successif des hommes habillés et disponibles. Cet envoi sera réglé tous les samedis, de manière que chaque détachement soit au moins de 20 hommes.

Comme les 5ᵐˢ bataillons qui concourent à la formation de cette demi-brigade doivent fournir trois compagnies, chaque dépôt se tiendra prêt à procéder à la formation de la 3ᵉ compagnie, aussitôt que les deux premières seront complétées.

Vous donnerez ordre que la 7ᵉ demi-brigade provisoire commence également à se réunir à Saint-Omer. A cet effet, deux compagnies du 44ᵉ, du 46ᵉ, du 50ᵉ, du 51ᵉ, du 55ᵉ et du 75ᵉ seront mises en marche au 1ᵉʳ avril pour Saint-Omer, où elles formeront le fonds des trois bataillons de la 7ᵉ demi-brigade, de la même manière et ainsi qu'il vient d'être dit pour la formation de la 6ᵉ.

Enfin, vous donnerez ordre que le fonds de la 8ᵉ demi-brigade se réunisse à Gand. A cet effet, deux compagnies du 5ᵉ bataillon du 48ᵉ, deux des 108ᵉ, 72ᵉ, 65ᵉ, 13ᵉ d'infanterie légère, 27ᵉ *idem*, 22ᵉ, 54ᵉ et 45ᵉ se mettront en marche à la même époque pour former à Gand les quatre bataillons de la 8ᵉ demi-brigade.

La réunion de ces trois demi-brigades va bientôt me permettre de disposer des dix 4ᵐˢ bataillons qui doivent rejoindre leurs bataillons de guerre en Allemagne ; ils doivent se tenir prêts à se mettre en marche ; mais avant de leur en donner l'ordre, je désire pourvoir, de la manière suivante, au moyen de porter ces 4ᵐˢ bataillons au complet de 840 hommes.

Les 4ᵐˢ bataillons du 25ᵉ, du 28ᵉ et du 36ᵉ, qui ont besoin chacun de 200 à 300 conscrits pour être complétés, les recevront des conscrits de la garde, et le dépôt sera dispensé d'y pourvoir. En conséquence, les hommes que ces 4ᵐˢ bataillons ont à Boulogne seront incorporés dans les grenadiers et voltigeurs et dans les deux premières compagnies, et les cadres des deux dernières se rendront à Saint-Denis, où ils seront casernés. A leur arrivée, la garde leur fournira 300 conscrits pour chaque corps, ce qui portera ces dernières compagnies au grand complet. Elles resteront à Saint-Denis jusqu'à nouvel ordre.

Vous préviendrez de cette disposition le général qui commande la 16e division militaire, afin qu'aussitôt que la 6e demi-brigade aura plus de 1.000 hommes réunis, il fasse partir pour Saint-Denis les cadres des 5e et 6e compagnies de ces trois régiments.

Le 4e bataillon du 46e se rendra à Saint-Denis tel qu'il est ; il sera complété à 140 hommes par compagnie avec des conscrits de la garde.

Le 4e bataillon du 75e enverra à Saint-Denis les cadres de sa 5e et 6e compagnie, qui y recevront 300 conscrits de la garde et, par ce moyen, le dépôt sera dispensé de fournir les 289 hommes qu'il devait envoyer.

Aussitôt que la 7e demi-brigade aura 1.000 hommes réunis à Saint-Omer, le général commandant la division devra faire partir pour Paris les cadres des compagnies du 75e et le 4e bataillon du 46e.

Aussitôt que la 8e demi-brigade sera forte de 1.000 hommes, je compte faire partir également les 4es bataillons du 48e, du 108e et du 13e léger. Ces bataillons devront se tenir prêts à partir pour joindre leurs bataillons de guerre, mais vous prendrez mes ordres pour ce mouvement.

Le 72e de ligne et le 65e doivent envoyer à l'armée les 5e et 6e compagnies de leur 4e bataillon ; ordonnez que les cadres de ces quatre compagnies se rendent à Paris, où ils seront complétés par 300 conscrits que la garde fournira à chacun de ces corps, et, moyennant cette disposition, les dépôts seront dispensés de fournir ce nombre.

Ayant ainsi pourvu à la formation de ces trois demi-brigades, qui me permet de disposer de dix bataillons des camps de Boulogne et d'Anvers, ayant pourvu également par les dispositions que j'ai prises hier à tout ce qui manque aux bataillons de l'armée du Rhin, du corps d'Oudinot et du corps du duc de Rivoli, pour que ces bataillons soient portés au complet, il ne reste plus qu'à pourvoir à la formation des 5e et 6e compagnies des 4es bataillons, afin de compléter ces 4ᵉˢ bataillons en Allemagne. Voici les dispositions que je me propose de prendre à cet égard.

Je désire que les 5ᵉ et 6ᵉ compagnies des 4ᵉˢ bataillons des 30ᵉ, 31ᵉ, 33ᵉ, 111ᵉ; 12ᵉ, 85ᵉ, 7ᵉ d'infanterie légère; 10ᵉ, 3ᵉ, 22ᵉ; 57ᵉ et 105ᵉ se forment le plus tôt possible au complet de 140. Ces compagnies seront dirigées sur Strasbourg, où on les formera en bataillon de marche. On fera autant de bataillons de marche qu'il y a de divisions à l'armée. Ainsi le 1ᵉʳ bataillon sera composé des deux compagnies du 30ᵉ, du 61ᵉ, du 65ᵉ, formant 840 hommes (le 65ᵉ partant de Paris). Ce bataillon s'appellera bataillon de marche des 4ᵉˢ bataillons de la division Morand.

Le 2ᵉ bataillon sera composé des deux compagnies des 33ᵉ, 111ᵉ régiments, qui portera le nom de bataillon de marche des 4ᵉˢ bataillons de la division Friant.

Le 3ᵉ bataillon sera composé des deux compagnies du 7ᵉ léger, du 12ᵉ de ligne et du 85ᵉ ; il s'appellera bataillon de marche des 4ᵉˢ bataillons de la division Gudin.

Enfin le 4ᵉ bataillon, composé des deux compagnies du 10ᵉ, du 3ᵉ de ligne, du 57ᵉ, du 72ᵉ et du 105ᵉ, portera le titre de bataillon de marche des 4ᵉˢ bataillons de la division Saint-Hilaire.

Quant au corps d'Oudinot, il sera également formé de douze bataillons de marche. Le 1ᵉʳ sera composé des 5ᵉ et 6ᵉ compagnies du 6ᵉ léger, du 24ᵉ et du 25ᵉ et ainsi de suite en suivant l'organisation des demi-brigades. Toutes se mettront en marche pour Strasbourg, où l'on organisera ainsi successivement les douze bataillons de marche ; et comme à l'époque du départ de ces bataillons les douze premiers seront incorporés, il n'y aura pas de confusion dans la répétition de cette dénomination.

Ainsi, je désirerais que, dans le courant d'avril, mes armées en Allemagne pussent recevoir les augmentations suivantes :

Les dix bataillons des camps de Boulogne et d'Anvers composés de conscrits tout formés	8.400 hommes
Les 5ᵉ et 6ᵉ compagnies des 4ᵉˢ bataillons.	12.320 —
Enfin, les 6.000 hommes, dont j'ai ordonné le départ hier, pour compléter les trois corps.	6.000 —
Le total fait une augmentation de.	26.720 hommes

d'infanterie pour mes armées d'Allemagne.

On pourrait aussi commencer la formation des demi-brigades provisoires de la réserve.

Je désire qu'au 1ᵉʳ mai, la 1ʳᵉ et la 2ᵉ demi-brigade puissent se réunir à Pontivy et que les 3ᵉ, 4ᵉ et 5ᵉ puissent se réunir à Paris.

Je remarque que, dans la formation de la 3ᵉ demi-brigade, il manquera 500 hommes au 121ᵉ et 400 au 122ᵉ ; il faudra encore que la garde y pourvoie ; mais auparavant, il faudra nommer les deux majors, organiser définitivement ces dépôts et connaître leur comptabilité.

Pour commencer la formation de cette 3ᵉ demi-brigade, il faudrait ordonner qu'au 1ᵉʳ avril deux compagnies du 32ᵉ, deux du 58ᵉ, deux du 121ᵉ et deux du 122ᵉ, chacune portée à 150 hommes et formant ensemble quatre petits bataillons, fussent réunies à Paris, pour former le fonds de la 3ᵉ demi-brigade. Dans le courant d'avril, cette demi-brigade recevrait le complément de ses compagnies.

On pourrait réunir de même le fonds de la 4ᵉ et de la 5ᵉ demi-brigade ; mais je remarque que le 12ᵉ de ligne, le 14ᵉ, le 34ᵉ et le 88ᵉ qui doivent fournir la composition de la 5ᵉ demi-brigade, manquent des trois quarts de leur monde pour atteindre le complet qui leur serait demandé. Il faudrait donner ordre à ces dépôts, d'envoyer à Paris, chacun, le cadre de deux compagnies de leur 5ᵉ bataillon. La garde donnerait à chacun de ces corps 300 hommes, ce qui formerait le fonds de la 5ᵉ demi-brigade. Les dépôts des régiments fourniraient aussitôt que faire se pourrait les 3ᵉˢ compagnies.

J'ai parlé plus haut de l'organisation des 6ᵉ, 7ᵉ et 8ᵉ demi-brigades.

Les 9ᵉ, 10ᵉ, 11ᵉ, 12ᵉ et 13ᵉ pourraient se réunir après le 15 avril.

Je désire que la 14ᵉ demi-brigade puisse être réunie à Milan au 20 avril et que les 15ᵉ, 16ᵉ et 17ᵉ puissent également se mettre en marche vers le 20 avril, pour être réunies avant le 1ᵉʳ mai à Alexandrie.

Vous prendrez mes ordres sur ces divers projets. Il faut qu'au préalable, ces régiments aient complété les 5ᵉ et 6ᵉ compagnies des 4ᵉˢ bataillons qui sont en Allemagne. En attendant, présentez-moi un rapport sur ces mouvements et sur l'époque où ils pourront avoir lieu.

Les seuls ordres positifs que contiennent ces lettres sont ceux relatifs aux trois demi-brigades qui doivent se réunir à Saint-Omer et à Gand. Expédiez-les sans délai.

NAPOLÉON.

2993. — AU GÉNÉRAL CLARKE.

La Malmaison, 23 mars 1809.

Monsieur le général Clarke, nul doute que pour les 1er, 3e, 4e, 5e, 9e, 10e et 15e régiments de dragons les 3es escadrons ne doivent remplacer les 4es dans la composition des régiments provisoires de dragons.

Napoléon.

2994. — AU GÉNÉRAL CLARKE.

23 mars 1809.

Monsieur le général Clarke, il manque pour compléter les quatre divisions de l'armée du Rhin 1.550 hommes.

Donnez ordre qu'il soit réuni un bataillon de marche de la division Morand à Strasbourg, qui sera composé de :

150 hommes du 30e, dont 100 hommes pour le 4e bataillon ;

300 hommes du 61e, dont 120 pour le 4e bataillon ;

Total.. 450 hommes.

Les dépôts de ces corps fourniront sans délai ce nombre d'hommes et les dirigeront sur Strasbourg où ce bataillon de marche sera formé.

Un 2e bataillon, portant le nom de bataillon de marche de la division Friant, sera composé de :

100 hommes du 15e légère ;
100 — 33e destinés au 4e bataillon ;
100 — 111e destinés au 4e bataillon.

Un 3e bataillon, portant le nom de bataillon de marche de la division Gudin, sera composé de :

300 hommes du 12e de ligne dont 100 pour le 4e bataillon ;

100 hommes du 85e pour le 4e bataillon ;

Total.. 400 hommes.

Le 4e bataillon portera le titre de bataillon de marche de la division Saint-Hilaire et sera composé de :

100 hommes du 10⁰ léger, destinés au 4⁰ bataillon ;
200   —   3⁰ de ligne, dont 80 destinés au 4⁰ bataillon ;
300   —   57⁰, dont 50 destinés au 4⁰ bataillon ;
200   —   105⁰, dont 100 destinés au 4⁰ bataillon.

Vous formerez un 5⁰ bataillon sous le nom de bataillon de marche du 22⁰ de ligne, fort de 400 hommes, qui se rendra à Magdeburg.

Il manque au corps d'Oudinot 1.200 hommes pour le compléter. Donnez ordre que ces 1.200 hommes soient fournis par les différents dépôts qui ont encore des hommes à fournir à ces régiments et qu'ils soient envoyés à Strasbourg, d'où on les formera en compagnies de marche, à mesure qu'il y aura 150 hommes d'arrivés, et on les dirigera sur le corps du général Oudinot. Le général Vignolle, qui est à Strasbourg, sera chargé de cette formation.

Vous ordonnerez qu'il soit formé quatre bataillons de marche pour renforcer le corps d'observation du Rhin, savoir : un bataillon composé de 200 hommes du 26⁰ léger et de 200 hommes du 18⁰ de ligne.

Total : 400 hommes, qui portera le nom de bataillon de marche de la division Legrand.

Le 2⁰ bataillon portera le titre de bataillon de marche de la division Saint-Cyr et sera composé de 200 hommes du 24⁰ légère et de 200 hommes du 4⁰ de ligne.

Le 3⁰ bataillon portera le nom de bataillon de marche des conscrits de la garde pour la division Molitor et sera composé de 100 hommes pour le 2⁰, 200 hommes pour le 37⁰, 200 hommes pour le 67⁰.

Ces 500 hommes seront fournis à ces régiments par la garde. Ce bataillon me sera présenté dimanche, avec les boutons et l'uniforme de ces régiments.

Le 4⁰ bataillon portera le nom de bataillon de marche de la division Boudet et sera composé de 200 hommes pour le 3⁰ léger et de 200 hommes pour le 93⁰.

Ces 400 hommes seront également fournis à ces régiments par la garde et habillés de leur uniforme. Ce bataillon me sera présenté dimanche.

Au moyen de cette disposition, l'armée du Rhin, le corps de réserve d'Oudinot et le corps d'observation du Rhin seront portés au grand complet et augmentés de près de 6.000 hommes.

NAPOLÉON.

2995. — AU MARÉCHAL BERTHIER (1).

Paris, 24 mars 1809.

Le major général observera au ministre Dejean qu'il est ridicule de faire fournir du 20 au 25 mars 200 chevaux de Commercy aux 2e et 5e bataillons du train des équipages militaires qui sont en Allemagne, qu'il est bien plus convenable d'envoyer l'argent à ces bataillons qui sont sur les lieux. Ces chevaux, qui sont actuellement à Commercy, peuvent être envoyés aux dépôts, mais on peut envoyer aux bataillons les fonds nécessaires pour acheter les chevaux dont ils ont besoin.

Le corps du général Oudinot est sans chirurgien, il faut y en envoyer sur-le-champ de quelque endroit.

Il faut connaître l'organisation du service de santé.

Le major général donnera l'ordre à l'inspecteur aux revues Lambert de se rendre à Munich pour y suivre le détail des approvisionnements, la confection du million de biscuit pour les différentes places, et ce qui est relatif aux fournitures.

Le major général écrira à Erfurt pour savoir si les 700.000 rations de biscuit sont arrivées à Donauwörth. Il en enverra l'état au général Monthion, et prescrira des mesures pour établir à Donauwörth un commissaire des guerres et un garde-magasin.

2996. — AU MARÉCHAL BERTHIER.

Paris, 24 mars 1809.

Mon Cousin, j'ai mis 500.000 francs à votre disposition. Il est nécessaire que cette somme soit gardée en réserve pour les dépenses secrètes et extraordinaires de l'armée et aussi pour aider le service, en conséquence des ordres que je donnerai. Dans ce dernier cas, il faut que le ministre de la guerre complète ces 500.000 francs à mesure qu'il y aura des avances de faites pour les différents services.

NAPOLÉON.

2997. — AU GÉNÉRAL CLARKE.

Paris, 24 mars 1809.

Monsieur le général Clarke, ordonnez que tous les officiers qui doivent rejoindre l'armée d'Allemagne partent sur-le-champ.

NAPOLÉON.

---

(1) Non signé, expédié le 25.

2998. — AU GÉNÉRAL CLARKE.

24 mars 1809.

Monsieur le général Clarke, il sera formé un bataillon de marche de l'armée du Rhin, fourni par les conscrits de la garde, que je verrai dimanche et qui sera dirigé immédiatement après sur Strasbourg.

Ce bataillon sera destiné, savoir :

    100 hommes pour le 17ᵉ de ligne ;
    300 — pour le 65ᵉ dont 100 seront destinés au 4ᵉ bataillon ;
    100 hommes pour le 25ᵉ ;
    100 — pour le 48ᵉ.

Total.. 600 hommes.

Ainsi, les conscrits de la garde ont fourni ou fourniront :

Le 1ᵉʳ bataillon de marche du corps du général Oudinot déjà parti..................	700 hommes.
Le 2ᵉ, déjà parti.....................	700 —
Le 3ᵉ.............................	1.010 —
Le 1ᵉʳ bataillon de marche du corps d'observation du Rhin......................	800 —
Le 1ᵉʳ bataillon de marche de l'armée du Rhin..	600 —
Le bataillon de marche de la division Molitor..	500 —
Le bataillon de marche de la division Boudet..	400 —
Ce qui porte le nombre des conscrits de la garde déjà fournis à........................	4.710 hommes.

NAPOLÉON.

2999. — AU GÉNÉRAL CLARKE.

24 mars 1809.

Monsieur le général Clarke, donnez ordre au bataillon de Neuchâtel, qui est au Havre, de se rendre sans délai à Paris.

Donnez ordre au général Margaron, qui est en Portugal, de se rendre sans délai à Strasbourg.

NAPOLÉON.

3000. — ORDRE.

Paris, 24 mars 1809.

Sa Majesté l'Empereur ordonne :

1° Que les douze demi-brigades du corps du général Oudinot auront chacune deux caissons d'ambulance ;

2° Que le major général, sur les fonds qui sont à sa disposition, ordonnancera les sommes nécessaires pour l'achat desdits caissons et des chevaux, conformément aux ordonnances ;

3° Que le major général donnera avis des présentes dispositions au général Oudinot, par l'estafette, lequel est chargé de donner les ordres en conséquence aux colonels en second commandant les demi-brigades.

NAPOLÉON.

3001. — DÉCISION.

Paris, 24 mars 1809.

Le général Songis, premier inspecteur général d'artillerie, commandant en chef l'artillerie des armées en Allemagne, rend compte au maréchal Berthier de ce qui existe à Strasbourg comme mousquetons, pistolets et sabres de cavalerie légère, et il le prie de faire compléter cet approvisionnement.

Outre ce matériel, il faut savoir la portion que le général Lauriston prendra à Strasbourg, montrer cet état à Gassendi, pour voir s'il y a de quoi faire face à l'un et à l'autre.

NAPOLÉON.

3002. — DÉCISIONS (1).

24 mars 1809.

On prie Sa Majesté de faire connaître ses intentions sur la présentation que fait le général Lariboisière, comme dignes d'être admis dans la Légion d'honneur, de 21 officiers, sous-officiers et canonniers qui se sont distingués à l'attaque du faubourg de Saragosse.

Accordé.

---

(1) Sans signature; extraites du « Travail du ministre de la guerre avec l'Empereur, du 22 mars 1809 ».

Sa Majesté, par son décret du 7 de ce mois, a nommé élèves pensionnaires à l'Ecole militaire de Saint-Cyr six jeunes gens des départements au delà des Alpes au-dessous de l'âge de 16 ans. On propose à Sa Majesté de les faire passer au Prytanée militaire de La Flèche jusqu'à ce qu'ils soient en âge d'être envoyés à l'Ecole militaire.

Par exception on admettra ceux-ci à l'âge qu'ils ont. Ils resteront un an de plus.

3003. — AU MARÉCHAL BERTHIER.

Paris, 25 mars 1809.

Mon Cousin, vous m'avez envoyé l'état des troupes de la Confédération. Envoyez-moi aussi l'état de mon armée du Rhin, en y comprenant tous les hommes qui ont rejoint jusqu'aujourd'hui et en me faisant connaître les généraux de cavalerie et d'infanterie qui manquent pour commander les différentes brigades. Faites-moi connaître en même temps ce que j'ai de disponible en généraux de cavalerie.

Napoléon.

3004. — DÉCISION.

Paris, 25 mars 1809.

Le maréchal Berthier demande des ordres pour la destination ultérieure du 44° bataillon de marine impériale et du bataillon d'ouvriers militaires de la marine qui vont se mettre en route pour aller à Strasbourg.

Ces troupes seront attachées au génie et le général Bertrand fera sur-le-champ faire les caissons pour porter les outils.

Napoléon.

3005. — DÉCISION.

Paris, 25 mars 1809.

Comme toute la gendarmerie d'élite disponible a été envoyée dans le département de la Sarthe et du côté de Strasbourg, le général Clarke propose d'envoyer à la

Approuvé.

Napoléon.

poursuite des conscrits réfractaires du département de l'Aisne quelques brigades de gendarmerie avoisinantes.

3006. — AU GÉNÉRAL CLARKE.

25 mars 1809.

Monsieur le général Clarke, vous m'avez envoyé un état très bien fait de la situation de mon infanterie en Allemagne, avec l'indication des différents détachements partis au 15 mars ; mais, depuis, j'ai donné beaucoup d'ordres. Je désire que vous fassiez refaire cet état, en y comprenant ce que j'ai ordonné jusqu'à ce jour. Joignez-y l'état de tout ce qui est relatif à la formation des 5º et 6º compagnies, qui doivent nécessairement entrer dans le cadre des 4ᵉˢ bataillons. Enfin, comprenez également dans ce travail tout ce qui est relatif à la dernière organisation des demi-brigades provisoires de réserve. Ajoutez-y un état de l'armée d'Italie, qui me fasse connaître l'accroissement que chaque bataillon a reçu par les différents détachements et bataillons de marche qui lui ont été envoyés.

NAPOLÉON.

3007. — AU GÉNÉRAL CLARKE.

25 mars 1809.

Monsieur le général Clarke, écrivez au colonel Henry, de la gendarmerie d'élite, que ce n'est pas à Tours qu'il doit envoyer les 200 dragons, lorsqu'il n'en aura plus besoin, mais à Strasbourg.

NAPOLÉON.

3008. — DÉCISION.

Paris, 25 mars 1809.

Le général Clarke demande si l'Empereur verra de nouveau à la prochaine parade le détachement de 510 conscrits de la garde destinés au corps du général Oudinot.

Je me déciderai demain à la parade, car je désirerais fort que tout ce que la garde pourra fournir pût partir lundi ou mardi.

NAPOLÉON.

3009. — DÉCISION.

Paris, 25 mars 1809.

Le général Clarke sollicite des ordres de mouvement pour les cinq bataillons d'infanterie qui se trouvent en ce moment à Plaisance et le régiment de marche de chasseurs qui est à Vérone.

Les diriger en grande marche sur Augsburg en recommandant au vice-roi de mettre à la tête de ces troupes un général intelligent qui veille sur leur sûreté, et d'avoir soin de donner à ces troupes deux pièces de canon avec deux caissons et 40 cartouches par homme.

NAPOLÉON.

3010. — AU GÉNÉRAL CLARKE.

26 mars 1809.

Monsieur le général Clarke, je vous renvoie un état que vous m'avez remis des hommes disponibles dans les dépôts d'infanterie. Je remarque dans cet état une omission grave, c'est qu'il n'y est pas question de ce que ces dépôts doivent fournir, soit sur les conscrits de quatre années, soit sur ceux de 1810, pour la formation des 5es et 6es compagnies des 4es bataillons. Il résulte de cette omission que, des différents dépôts que vous indiquez, les seuls qui paraissent pouvoir présenter des hommes disponibles sont ceux qui n'ont pas leur 4e bataillon à l'armée d'Allemagne, tels que les huit qui sont à Paris et dans la 1re division militaire. Il ne serait pas impossible que, de ces huit dépôts, on pût tirer 2.000 hommes. Il est vrai qu'ils doivent donner un bon contingent pour les demi-brigades provisoires de réserve, mais c'est le cas de dire que ces demi-brigades se compléteront avec les conscrits de 1810. Il faut donc me faire connaître ce que ces corps peuvent fournir et quand ils le pourront, et dans le cas où il serait possible, en effet, de réunir ainsi 2.000 hommes, il faudrait me désigner les régiments de mes armées d'Allemagne qui auraient le plus besoin d'avoir part à cette distribution.

Indépendamment des huit dépôts de la 1re division, il en est d'autres encore qui n'ont pas leur 4e bataillon sur le Rhin et qui, par conséquent, pourraient offrir des hommes, tels que les 44e, 43e, le 51e, le 55e, etc. Faites faire une recherche sur ces régiments.

Quant à tous les corps qui ont leur 4e bataillon en Allemagne, il ne faut considérer comme disponible que ce qui leur restera après qu'ils auront pourvu à la formation des 5ᵉ et 6ᵉ compagnies de leur 4ᵉ bataillon, c'est-à-dire déduction faite de 280 hommes au moins.

Représentez-moi, d'après ces observations, un nouveau travail sur les hommes qui sont disponibles dans les dépôts d'infanterie.

NAPOLÉON.

3011. — AU GÉNÉRAL CLARKE.

26 mars 1809.

Monsieur le général Clarke, je reçois votre lettre du 25 qui m'annonce que 22 officiers, 1.400 dragons et 540 chevaux sont partis de Niort pour leurs dépôts respectifs. Ecrivez aux commandants de ces dépôts de ne pas perdre un moment à faire mettre en état l'habillement, l'équipement et le harnachement des hommes et des chevaux, afin que ces détachements puissent rejoindre le plus tôt possible les régiments provisoires à Strasbourg.

Il serait convenable de me faire un rapport sur les six régiments provisoires de dragons, qui me fasse connaître l'état de leurs masses de ferrage, d'entretien, etc., afin que je leur fasse toucher directement tout ce qui leur revient pour ces objets et qu'ils puissent employer cet argent aux réparations.

NAPOLÉON.

3012. — AU GÉNÉRAL CLARKE.

26 mars 1809.

Monsieur le général Clarke, j'ai en Espagne cinq régiments de hussards ; les dépôts de ces régiments ont eu ordre de diriger tout ce qu'ils avaient de disponible sur Strasbourg, ainsi que tous ceux de tous les régiments de chasseurs qui sont en Espagne ; vous devez me proposer des décrets pour incorporer ces détachements dans les dix-sept régiments de cavalerie légère que j'ai en Allemagne, de manière à porter chacun de ces dix-sept régiments à 1.000 hommes ; mais, comme il n'y a en Allemagne que quatre régiments de hussards, il arrivera à Strasbourg beaucoup plus de monde de cette arme qu'il n'en faut, et, à moins qu'on n'incorpore des hussards dans des chasseurs, ce qui ne saurait se faire à cause de la différence d'uniforme, il restera beaucoup d'hommes disponibles. Mon intention est d'en former des compagnies détachées, dont on disposerait pour faire le service d'ordonnances auprès des maréchaux d'Auerstædt, de Rivoli, du général Oudinot, etc., et même qu'on pourrait employer isolément dans les divisions.

Je désire donc que vous me remettiez le plus tôt possible, l'état : 1° de ce que les dépôts des régiments de cavalerie qui sont en Allemagne peuvent envoyer ; 2° de ce que les dépôts des régiments de cavalerie qui sont en Espagne peuvent également envoyer à Strasbourg ; 3° enfin, de ce qui restera disponible sur ces envois, après que chacun des dix-sept régiments de cavalerie légère aura été complété à 1.000 hommes, et vous me proposerez alors la formation de ces hommes disponibles en compagnies d'ordonnances de 80 à 150 hommes ; il n'en pourra résulter aucun inconvénient pour la comptabilité, parce que les maréchaux veilleront avec un soin particulier sur ces compagnies, qui serviront auprès d'eux, et ce sera une véritable économie pour la cavalerie, qui se trouvera soulagée en grande partie par ce moyen du service des escortes et des ordonnances, dont les états-majors ne peuvent se passer.

Ainsi, mon premier but est de compléter à 1.000 hommes les dix-sept régiments de cavalerie légère qui sont en Allemagne, et mon second, de former en autant de compagnies isolées ce qui sera fourni par chacun des dépôts des régiments de cavalerie qui sont en Espagne ; d'avoir cinq compagnies de hussards et deux de chasseurs (en ne comprenant pas les dépôts des régiments de chasseurs qui contribuent à former les régiments provisoires), enfin, de former sept compagnies d'ordonnance à employer auprès des généraux, pour le service des ordonnances et des escortes.

Présentez-moi le plus tôt possible le travail que je vous demande à ce sujet.

Napoléon.

3013. — AU GÉNÉRAL CLARKE.

Paris, 26 mars 1809.

Monsieur le général Clarke, qu'est-ce que ces trois compagnies de troupes de la Confédération du Rhin qui se trouvent à Metz ? Je suppose qu'elles font partie du contingent dont on forme une division à Würzburg. Il faut leur faire donner l'ordre de s'y rendre.

Napoléon.

3014. — AU GÉNÉRAL CLARKE.

26 mars 1809.

Monsieur le général Clarke, faites partir demain le 3ᵉ bataillon des conscrits de la garde, destinés au corps du général Oudinot, pour se rendre à Strasbourg. Attachez-y 12 jeunes gens de l'Ecole militaire de Saint-Cyr, destinés aux régiments qui composent ce corps.

Faites partir également demain le bataillon de marche du corps d'observation du Rhin. Attachez-y 10 jeunes gens de l'Ecole militaire de Saint-Cyr, s'il y en a de destinés pour les régiments de ce corps.

Ces deux bataillons, formant 1.800 hommes, se rendront à Strasbourg, où ils trouveront des officiers et sous-officiers pour les recevoir.

Donnez ordre que le bataillon de marche de la division Molitor et le bataillon de marche de l'armée du Rhin, formés de conscrits de la garde, partent mardi. Ils me seront présentés mardi à midi aux Champs-Elysées. Après quoi, ils continueront leur route pour aller coucher à Claye.

Donnez ordre que la division Molitor et l'armée du Rhin envoient des officiers et des sous-officiers à Strasbourg pour prendre ces détachements.

Attachez au bataillon de marche des conscrits de la garde de la division Molitor 5 officiers, et au bataillon de marche *idem* de l'armée du Rhin, 6 officiers sortant de l'Ecole militaire de Saint-Cyr, destinés aux régiments de ces corps.

Le bataillon de marche des conscrits de la garde de la division Boudet sera prêt à partir mardi. Mettez-y également des jeunes gens de l'Ecole de Saint-Cyr destinés aux régiments qui composent cette division.

NAPOLÉON.

3015. — DÉCISION (1).

Paris, 26 mars 1809.

On rend compte à Sa Majesté de la situation du 9ᵉ bataillon des équi-	Je ne suis pas content de cette disposition. Tout ce que le mi-

---

(1) Extraite du « Travail du ministre directeur de l'administration de la guerre avec S. M. l'Empereur et Roi, daté du 23 mars 1809 ».

pages, sous les rapports de l'habillement, de l'équipement et du harnachement, ainsi que des dépenses à faire pour le compléter. nistre a ordonné de faire fournir de Paris n'arrivera jamais. Mon intention est que des fonds soient envoyés au vice-roi qui se chargera de tout.

NAPOLÉON.

3016. — DÉCISION (1).

Le maréchal Berthier sollicite les ordres de l'Empereur pour le départ du 8e bataillon de marche qui doit faire partie du corps du général Oudinot.

Les quatorze bataillons de marche du général Oudinot doivent partir pour Augsburg.

NAPOLÉON.

3017. — AU GÉNÉRAL CLARKE.

27 mars 1809.

Monsieur le général Clarke, je reçois votre lettre du 26 mars. Je vois que les ordres que vous avez donnés sont conformes à mes intentions, hormis, cependant, que vous ne m'avez pas présenté la nomination des colonels en second pour les demi-brigades de Saint-Omer et de Gand ; cependant, la présence de ces officiers est bien nécessaire, surtout à Saint-Omer. Il faut nommer un général de brigade pour commander ces deux demi-brigades et veiller à leur prompte organisation.

Je pense que les 5e et 6e compagnies des 4es bataillons des 25e, 28e et 36e doivent partir vingt-quatre heures après la réception de votre ordre pour Saint-Denis et ne pas attendre que la demi-brigade soit formée à Saint-Omer, puisque, après l'arrivée des cadres à Saint-Denis, il se passera le temps de reconnaître et d'incorporer les conscrits que la garde leur remettra.

Je ne vois pas que vous ayez encore pourvu à l'organisation des 5es bataillons et des compagnies de dépôt ; c'est cependant le plus important.

NAPOLÉON.

---

(1) Sans date; la décision a été expédiée le 27 mars.

3018. — AU GÉNÉRAL CLARKE.

27 mars 1809.

Monsieur le général Clarke, donnez ordre que le bataillon de marche qui se réunit à Gênes, en conséquence de mon ordre du 17 mars, se dirige sur Plaisance.

Que celui qui se réunit à Chambéry soit également dirigé sur Turin, où le vice-roi leur donnera des ordres pour rejoindre leurs corps.

NAPOLÉON.

3019. — AU GÉNÉRAL CLARKE.

27 mars 1809.

Monsieur le général Clarke, donnez ordre, par l'estafette de ce soir, au 112° de ligne qui est en Toscane, de se réunir à Florence et d'en partir sans délai pour Bologne, où il recevra des ordres du vice-roi d'Italie.

Vous donnerez ordre au gouverneur général du Piémont de faire partir tout ce qu'il y aurait de disponible au dépôt de ce régiment pour Milan, de sorte qu'arrivés à Milan, ces trois bataillons soient, s'il est possible, au complet de 2.500 hommes.

Le 23° légère a dû arriver à Sienne le 18 février, fort de 600 hommes. 350 hommes sont partis du dépôt de Mondovi pour le rejoindre. Il y avait à ce dépôt, au 15 mars, 600 hommes, sur lesquels 400 étaient prêts à partir et ont dû partir depuis. Ainsi, les deux bataillons du 23° légère doivent être à 1.400 hommes.

Le 9° de chasseurs doit, d'ailleurs, être arrivé à Florence ; un bataillon corse a dû débarquer à Livourne et une compagnie de gendarmes à pied et quatre à cheval, formant plus de 300 hommes, vont également arriver en Toscane, de différentes légions. Toutefois, il faut que sans perdre un moment le 112° parte pour rejoindre l'armée d'Italie.

NAPOLÉON.

3020. — AU GÉNÉRAL HULIN.

Paris, 27 mars 1809.

Monsieur le général Hulin, faites-moi connaître combien d'hommes on pourrait faire partir sur les 1.000 qui restent aux dépôts des 121° et 122°.

NAPOLÉON.

3021. — DÉCISION (1).

Paris, 27 mars 1809.

Sa Majesté ayant ordonné de porter définitivement au complet le 9ᵉ bataillon des équipages, on lui rend compte des mesures prises à cet effet.

On lui annonce en même temps qu'on fait partir 180 hommes du dépôt de Pau pour Plaisance et que l'on met à la disposition de S. A. I. le prince vice-roi un fonds de 50.000 francs pour l'achat des chevaux qui restent à fournir à ce bataillon.

Je regarde comme nul ce marché de 250 chevaux. Après l'expérience que j'ai de la manière dont se passent les événements, tout cela n'arrivera pas en Italie avant le mois d'août. C'est une folie de vouloir gouverner l'Italie par Paris. Chargez le vice-roi et le ministre de la guerre d'Italie de pourvoir à tout. Ils trouveront en Italie des mulets qui vaudront mieux que des chevaux sur les confins de Parme, et enfin des chevaux en Suisse.

NAPOLÉON.

3022. — AU MARÉCHAL BERTHIER.

Paris, 28 mars 1809.

Mon Cousin, écrivez aujourd'hui à Strasbourg, par le télégraphe, pour qu'on remette 40 cartouches à tous les détachements qui rejoignent l'armée. Demandez si les 6.000 fusils et autres armes d'approvisionnement dont j'ai ordonné l'envoi à Ulm sont partis. S'ils ne le sont pas, qu'on les fasse partir sans délai.

NAPOLÉON.

3023. — DÉCISIONS.

28 mars 1809.

Le ministre ne croyant pas pouvoir proposer pour Mᵐᵉ Jacquemin, veuve d'un commissaire des guerres en réforme, mort en acti-

Accordé.

NAPOLÉON.

---

(1) Extraite, ainsi que celles du n° 3023, du « Travail du ministre directeur de l'administration de la guerre avec S. M. l'Empereur et Roi, daté du 23 mars 1809 ».

vité provisoire à l'armée, la pension à laquelle ont droit les veuves des commissaires des guerres en activité définitive, se borne à demander pour elle à Sa Majesté un secours pécuniaire égal à trois mois des appointements dont jouissait son mari.

On rend compte à Sa Majesté qu'il y a à l'armée d'Espagne trois officiers de santé en chef, savoir : M. Gorcy, médecin; M. Gallée, chirurgien, et M. Laubert, pharmacien. Ainsi, rien ne paraît s'opposer à la rentrée en France de MM. Desgenettes et Percy, inspecteurs généraux du service de santé, qui sont chargés de cette armée, de sa direction, l'un du service médical, l'autre du service chirurgical.

Sa Majesté ayant décidé, le 10 brumaire an XIV, que l'administration des postes ferait l'avance des fonds nécessaires au service de la poste militaire de la Grande Armée, on lui demande si cette décision devra être appliquée au service de la poste militaire de toutes les armées.

On prie Sa Majesté de vouloir bien décider lequel des deux trésors, français ou italien, devra faire l'avance des dépenses relatives aux troupes napolitaines employées dans l'Italie et de quelle manière le Trésor napolitain devra en opérer le remboursement.

On rend compte à Sa Majesté que la légion portugaise ne peut, en ce moment, fournir que 400 chevaux montés. Mais on lui a prescrit d'acheter les chevaux dont elle a

Accordé.

NAPOLÉON.

Approuvé.

NAPOLÉON.

Le Trésor italien, qui sera remboursé par le napolitain.

NAPOLÉON.

Faire partir ces 400 chevaux.

NAPOLÉON.

besoin pour monter les hommes à pied.

On propose à Sa Majesté d'accepter la démission du sieur Moulin, médecin de l'armée de Naples, et de l'autoriser à passer au service de S. M. le roi des Deux-Siciles.

Accordé.

NAPOLÉON.

3024. — AU GÉNÉRAL CLARKE.

Paris, 28 mars 1809.

Monsieur le général Clarke, donnez ordre qu'il soit réuni à Turin, pour le 20 avril, 50 hommes du 4ᵉ régiment de cuirassiers, 50 hommes du 7ᵉ, 50 hommes du 8ᵉ et 50 hommes du 6ᵉ, formant un escadron provisoire de 200 cuirassiers.

Donnez ordre qu'il soit réuni à Plaisance un escadron provisoire de chasseurs, composé de 50 hommes du 3ᵉ, 50 hommes du 14ᵉ, 50 hommes du 24ᵉ, 50 hommes du 15ᵉ, 50 hommes du 19ᵉ, 50 hommes du 23ᵉ, formant 300 hommes. Ces deux escadrons réunis, les uns à Turin, les autres à Plaisance, formeront une réserve de 500 hommes destinés à se porter partout où il sera nécessaire. Vous me ferez connaître le jour de leur réunion.

NAPOLÉON.

3025. — AU GÉNÉRAL CLARKE.

Paris, 28 mars 1809.

Monsieur le général Clarke, je vous autorise à retirer d'Espagne deux compagnies d'artillerie à cheval, à retirer la compagnie du 2ᵉ régiment qui est à Bayonne et la 8ᵉ compagnie du 1ᵉʳ régiment qui est à Rennes.

NAPOLÉON.

3026. — AU GÉNÉRAL CLARKE.

28 mars 1809.

Monsieur le général Clarke, donnez ordre qu'il soit formé un bataillon de marche de 500 hommes des hommes disponibles des 121ᵉ et 122ᵉ régiments. Je ne me souviens pas à quel régiment sont destinés 100 hommes de ce bataillon. Les 400 autres sont destinés au 57ᵉ. Ce bataillon portera donc le nom de bataillon de marche du

57°. Vous y ferez entrer des sous-lieutenants de l'Ecole militaire que j'ai attachés à ce régiment, qui partiront avec ce bataillon.

Donnez ordre qu'il soit formé aujourd'hui mardi et qu'il se rende mercredi à Paris, où il séjournera. Il me sera présenté jeudi et il partira vendredi pour Strasbourg. Ayez soin que chaque homme ait deux paires de souliers dans le sac et une capote.

Il restera donc encore sur les dépôts des régiments qui sont à Paris et spécialement sur les hommes qui arrivent de Bordeaux, provenant de l'armée de Portugal, 1.800 hommes à distribuer. J'en attendrai l'état, afin de voir le parti que je dois en tirer.

NAPOLÉON.

3027. — DÉCISIONS (1).

Paris, 28 mars 1809.

On met sous les yeux de Sa Majesté la demande que fait le général de division Bisson d'être autorisé à rentrer en France pour y servir dans une division militaire et s'y occuper du rétablissement de sa santé.

Accordé. Le général Bisson se rendra au quartier général de l'armée d'Italie pour être employé à la défense d'une place. Il sera rendu à Milan avant le 15 avril. Le général d'Agoult prendra le commandement de la Navarre.

Le ministre de la guerre réclame des bontés de Sa Majesté un secours de 600 francs en faveur de M. Nacquart, ancien colonel, jouissant d'une solde de retraite, et pour lui tenir lieu de toute chose pendant tout le temps où cette retraite ne lui a pas été payée.

Approuvé.

3028. — AU MARÉCHAL BERTHIER.

Paris, 29 mars 1809.

Mon Cousin, réitérez l'ordre au général Songis d'envoyer deux ou trois millions de cartouches sur Ulm. Ecrivez au général Oudi-

---

(1) Sans signature; extraites du « Travail du ministre de la guerre avec l'Empereur, du 22 mars 1809 ».

not de faire travailler aux fortifications d'Augsburg avec la plus grande activité, et de faire mettre de l'eau dans les fossés. Réitérez au général Oudinot l'ordre de vous informer si le biscuit se fait à Augsburg, s'il a 200.000 rations de biscuit en magasin, et s'il a dans ses cantonnements ses quatre jours de pain et ses quatre jours de biscuit.

Napoléon.

3029. — AU GÉNÉRAL CLARKE.

29 mars 1809.

Monsieur le général Clarke, le 1er régiment de marche de grosse cavalerie, fort de 880 hommes, doit être arrivé à Donauwörth.

Je désire que vous en formiez un second à Strasbourg, qui sera composé de la manière suivante :

Du	1er régiment de carabiniers.............	60	hommes.
Du	2e —	40	—
Du	1er — cuirassiers.............	40	—
Du	2e —	60	—
Du	3e —	40	—
Du	5e —	40	—
Du	9e —	50	—
Du	10e —	80	—
Du	11e —	40	—
Du	12e —	40	—
		490	hommes.

Ce qui formera un régiment de marche de 400 ou 500 hommes.

Le chef d'escadron Turenne se rendra à Strasbourg pour en prendre le commandement.

Napoléon.

3030. — AU GÉNÉRAL CLARKE.

29 mars 1809.

Monsieur le général Clarke, donnez ordre que le bataillon de 300 hommes, que le roi de Westphalie veut rappeler, retourne en Westphalie.

Napoléon.

3031. — DÉCISION.

Paris, 29 mars 1809.

Proposition d'accorder aux officiers de la légion de la Vistule qui sont hors d'état de servir par suite de blessures et qui sollicitent leur démission, une solde de retraite, laquelle serait évaluée tant d'après l'ancienneté de leurs services que d'après la gravité de leurs blessures.

Accordé.

NAPOLÉON.

3032. — DÉCISION.

Paris, 29 mars 1809.

Rapport de M. Crétet, ministre de l'intérieur, à l'Empereur, au sujet de la formation des compagnies de réserve des départements de l'Arno, de la Méditerranée, de l'Ombrone et du Taro.

Renvoyé au ministre de la guerre qui donnera des ordres pour qu'un appel soit fait sur les conscriptions de 1807 et 1808 et que ces trois compagnies soient formées sans délai.

NAPOLÉON.

3033. — AU GÉNÉRAL DEJEAN.

Paris, 29 mars 1809.

Monsieur le général Dejean, j'ai signé un décret qui ordonne diverses dispositions, d'après lesquelles vous devez régler les commandes pour les remontes. Le 10° régiment de chasseurs, qui fournit un escadron de 250 hommes au 1er régiment provisoire de chasseurs formé à Versailles, doit fournir un second de 200 hommes, ce qui portera ce régiment à cinq escadrons et à 1.250 hommes montés. Les 5°, 21°, 15° et 27° de chasseurs qui, en exécution du décret du 8 mars, ont dû incorporer 300 hommes dans les régiments de chasseurs qui sont en Allemagne, en incorporeront 200 autres, ce qui portera à 500 hommes montés les renforts que les quatre régiments fourniront à l'armée. Ils devront, en outre, avoir à leur dépôt, savoir : le 5°, 200 chevaux ; le 21°, 250 ; le 15°, 300 et le 27°, 250 ; total 1.000 chevaux, dont on pourra former, s'il est nécessaire, un régiment provisoire de cinq escadrons, ou cinq compagnies d'ordonnance. Les 1er, 2e, 3e, 4e et 10e de hussards doivent, par de nouvelles incorporations, ajoutées aux précédentes ordonnées par le décret du 8 mars, porter à 840 le nombre des hommes montés que ces cinq régiments fournissent à l'armée, non compris le détachement de 100 hommes partis de Versailles et qui n'étaient pas compris dans les états de votre ministère arrêtés au 18 mars. Ils doivent, en outre, avoir 200 chevaux à leur 4e escadron, ce qui permettra également d'en former un régiment provisoire de cinq escadrons ou cinq compagnies d'ordonnance. Ces dispositions fournissent à la cavalerie légère de l'armée près de 1.400 hommes par l'incorporation ; deux régiments provisoires deviendront disponibles ; j'ai, de plus, ordonné que les dix-sept régiments de cavalerie légère et que les quatorze de grosse cavalerie aient, indépendamment de leur complet, 100 chevaux à leur 5e escadron ou 9e compagnie ; enfin, vous verrez, dans le décret, que les deux derniers escadrons des vingt-quatre régiments de dragons qui sont en Espagne doivent être portés chaque escadron à 200 chevaux. En conséquence de ces diverses mesures, la masse des remontes sur le budget de 1809 sera portée à 10 millions.

Vous me présenterez un état général de la situation générale de ma cavalerie par régiment. Cet état, divisé en trois colonnes, hommes, chevaux et harnais, me fera connaître la situation des dépôts au 1er mars, ce qu'ils avaient à Auch, à Tours, à Niort, à Versailles, ce qu'ils ont reçu ou dû recevoir de la conscription, ce qu'ils ont fourni aux régiments de l'armée du Rhin, les mêmes renseignements pour les chevaux, les marchés qui étaient passés au 15 mars, ceux qui ont été passés depuis, ce que ces marchés ont fourni à l'armée du Rhin, enfin, les marchés qu'il reste à passer. Pour les armées d'Allemagne et d'Italie, il faudrait indiquer la situation des escadrons de guerre, de manière à la bien faire connaître sous le rapport des hommes, des chevaux et des harnais, mettre ce que leurs dépôts leur ont envoyé, ce qu'ils ont reçu des dépôts de l'armée d'Espagne, et ce qui leur reste encore à recevoir par les marchés passés et par ceux à passer. Mais il ne faut pas perdre de temps et, pendant qu'on me dressera ces états dans vos bureaux, il faut envoyer aux corps l'ordre de passer les marchés.

NAPOLÉON.

3034. — DÉCISION.

Paris, 29 mars 1809.

Si le général Morand devait quitter le commandement de la 1ʳᵉ division, le maréchal Davout propose pour le remplacer le général Compans, son chef d'état-major, que l'Empereur sait être très brillant à la tête des troupes : « il est extrêmement important que cette division, qui est excellente, ait un chef distingué. » Cette nomination faite, il demandera pour chef d'état-major le général Hervo.

Renvoyé au major général pour me faire un rapport.

NAPOLÉON.

3035. — DÉCISION.

Paris, 29 mars 1809.

Rapport du général Clarke au sujet de la situation des compagnies du train d'artillerie qui sont en Espagne.

J'autorise à retirer quelques cadres d'Espagne.

NAPOLÉON.

3036. — DÉCISION (1).

Paris, 29 mars 1809.

On prie Sa Majesté de vouloir bien désigner ou faire désigner à M. l'intendant général le lieu où devra être établi le magasin général des médicaments à la suite de l'armée du Rhin.

Je ne conçois pas qu'on ait tant tardé à faire évacuer ce que j'avais de médicaments, non seulement sur Magdeburg, mais encore sur la France.

NAPOLÉON.

3037. — DÉCISION (2).

Paris, 29 mars 1809.

Proposition de l'échange de deux compagnies d'artillerie, l'une du

Accordé.

---

(1) Extraite du « Travail du ministre directeur de l'administration de la guerre avec S. M. l'Empereur et Roi, daté du 23 mars 1809 ».
(2) Sans signature; extraites du « Travail du ministre de la guerre avec l'Empereur, du 22 mars 1809 ».

1er régiment, à **Rennes**, et l'autre du 6e **régiment, à Brest.**

Compte rendu de l'armement de Livourne et de l'organisation du service en Toscane.

Si tout cela est trop cher en Toscane, on peut le faire venir de Gênes ou de Toulon, mais il faut que mes ordres soient exécutés. On pourra faire venir de Gênes les 6 mortiers qu'on mettra dans le fort. Le ministre de la guerre fera connaître au général Darancey, et fera regarder comme principe, que la citadelle de Livourne doit être mise à l'abri d'un coup de main, que 800 hommes doivent y être approvisionnés pour six mois. Le génie me mettra sous les yeux les travaux à faire au fort et ceux nécessaires pour mettre la place en état de soutenir un siège.

On propose à Sa Majesté d'employer le général de division Rusca, disponible à Gênes et qui demande à servir.

Lui donner l'ordre de se rendre au quartier général de l'armée d'Italie.

On prie Sa Majesté de faire connaître si Elle approuve la réduction à un cadre de deux compagnies du dépôt général d'officiers et sous-officiers établi à Bayonne, ainsi que le propose M. le duc de Valmy.

Dissoudre ce dépôt et en employer les cadres pour l'information des 5es bataillons.

M. le duc de Valmy a autorisé, sur la demande du prince de Hohenzollern, le régiment de Westphalie à recruter, à Bayonne, parmi les prisonniers de guerre espagnols, allemands, suisses, wallons et anglais.
Sa Majesté est priée de faire connaître si Elle approuve cette disposition.

Accordé le recrutement, mais seulement parmi les Allemands qui étaient au service d'Espagne ou ailleurs.

Le ministre de la guerre propose de former un nouveau régiment de cavalerie à l'aide des officiers et sous-officiers et soldats du régiment des Algarves (1).

M. Mouff, colonel en second de la demi-brigade du grand-duché de Berg, commandant le 1er régiment, supplie Sa Majesté de permettre que son frère Richard Mouff, adjudant sous-officier au 88e régiment, passe au service du grand-duché de Berg, dans le régiment qu'il commande.

Je ne veux pas employer mon argent à monter des traîtres. S'ils veulent servir, on pourrait tout au plus les lever pour servir en Espagne.

Accordé.

3038. — AU GÉNÉRAL CLARKE.

30 mars 1809.

Monsieur le général Clarke, le 23 de ce mois je vous ai demandé un travail pour la prompte formation des 5e et 6e compagnies qui doivent compléter les 4es bataillons en Allemagne et pour celles des deux compagnies des 5es bataillons qui doivent entrer dans la composition des régiments provisoires de l'intérieur.

Vous devez me faire connaître à quelle époque les 5e et 6e compagnies des 4es bataillons arriveront à Strasbourg et pourront y être réunies en bataillons de marche par division et par demi-brigade.

A cette première opération j'ai subordonné, il est vrai, l'organisation des quatorze demi-brigades provisoires qui restent à former pour la réserve de l'intérieur, mais je vous ai fait connaître que mon intention était que la réunion de ces demi-brigades pût commencer dans le courant d'avril, et je vous ai indiqué les mesures à prendre pour cela.

Je n'ai pas encore reçu le travail que vous devez me soumettre sur l'une et l'autre de ces opérations ; je l'attends depuis plusieurs jours pour donner mes derniers ordres. Présentez-moi votre rapport le plus tôt possible.

NAPOLÉON.

---

(1) Régiment de cavalerie espagnol du corps de la Romana, désarmé en 1808.

3039. — AU GÉNÉRAL CLARKE.

Paris, 30 mars 1809.

Monsieur le général Clarke, il est bien instant de nommer les majors des 121ᵉ et 122ᵉ et de donner des retraites à beaucoup d'officiers qui ne font à ces régiments aucune espèce de service.

Le bataillon qui m'a été présenté ce matin, composé d'hommes du 121ᵉ et du 122ᵉ, ne me paraît pas en état de partir. J'en ai fait extraire 100 hommes de l'un et 80 de l'autre. Les soldats se plaignent que leur prêt ne leur est pas payé : j'ai ordonné qu'on vérifie si cette plainte est fondée. Faites partir ce détachement demain. Ces 180 hommes sont destinés au corps du général Oudinot, qui prendra 100 hommes en remplacement des 100 que devait fournir le 122ᵉ au 13ᵉ bataillon de marche, ce régiment n'ayant fourni que 200 hommes et devant en fournir 300. Les 80 autres hommes seront répartis dans les compagnies des divisions qui en auraient le plus besoin.

Quant aux 400 hommes que je voulais envoyer au 57ᵉ, il faudra les prendre dans un autre régiment ; ils seront choisis parmi les conscrits des 32ᵉ et 58ᵉ régiments ayant déjà un an de service ou plus de 19 ans qui se trouveraient au dépôt de ces régiments à Paris.

NAPOLÉON.

3040. — DÉCISION.

Paris, 30 mars 1809.

Rapport du général Clarke à l'Empereur au sujet des dispositions prises pour l'organisation du matériel d'artillerie des équipages des armées d'Allemagne.

Je ne comprends point cette lettre. Le corps d'observation fait partie des armées que j'ai en Allemagne et est sous les ordres du général Songis.

NAPOLÉON.

3041. — DÉCISION.

Paris, 30 mars 1809.

Par dépêche télégraphique au ministre de la guerre, le général commandant la 5ᵉ division militaire demande l'autorisation de prendre

En prendre dans le dépôt du 18ᵉ de ligne.

NAPOLÉON.

comme charretiers, pour conduire à l'armée 12 caissons d'outils, soit des conscrits, soit des hommes de la compagnie départementale de réserve.

3042. — DÉCISION.

Paris, 30 mars 1809.

Le général Clarke rend compte à l'Empereur des motifs pour lesquels les dépôts des 4e et 5e bataillons de sapeurs n'ont pas été dirigés sur Strasbourg, comme Sa Majesté l'avait pensé.

J'ai donné l'ordre positif que tout cela fût dirigé sur Strasbourg. Pourquoi n'exécute-t-on pas mes ordres ?

NAPOLÉON.

3043. — DÉCISION.

Paris, 30 mars 1809.

Le général Clarke rend compte à l'Empereur que le bataillon de marche du 57e régiment de ligne, fort de 500 hommes, quittera Paris le 31 pour se rendre à Strasbourg.

Au lieu de 500 hommes, je n'ai pris que 140 hommes qui rejoindront le corps du général Oudinot. Je formerai un autre bataillon pour le 57e.

NAPOLÉON.

3044. — DÉCISIONS (1).

Paris, 30 mars 1809.

Conformément à l'ordre de Sa Majesté du 16 de ce mois, on rend compte de l'organisation du génie dans la Toscane.

Cela n'est pas clair, comme tout ce qui vient du bureau du génie. La Toscane fait-elle une direction ou non ? et comment est-elle subdivisée ? A-t-on au ministère de la guerre les cartes, plans et batteries de côtes, tout ce qui est relatif aux fortifications de la Toscane ?

---

(1) Sans signature; extraites du « Travail du ministre de la guerre avec l'Empereur, du 29 mars 1809 ».

Le colonel espagnol Martorell, détenu à Avesnes, désire renvoyer à Madrid sa femme et ses trois filles qui sont avec lui.	Accordé.
On propose à Sa Majesté d'accorder au général Grandjean une indemnité de 1.350 francs pour le dédommager de la perte de 4 chevaux et 3 mulets dans un incendie.	Accordé.

3045. — AU MARÉCHAL BERTHIER.

31 mars 1809.

Mon Cousin, donnez ordre au général de brigade Marulaz de se rendre à Ulm, où il prendra le commandement de la cavalerie légère du duc de Rivoli.

NAPOLÉON.

3046. — AU MARÉCHAL BERTHIER.

Paris, 31 mars 1809.

Mon Cousin, j'ai reçu le travail que vous m'avez envoyé du sieur Daru. Vous pouvez ordonner ce que vous jugerez convenable au bien de mon service. Je n'approuve pas qu'il soit donné des caissons pour le pain à la cavalerie, à l'artillerie, ni au génie. Au lieu de deux qu'on propose pour l'infanterie, mon intention est qu'il n'y en ait qu'un.

NAPOLÉON.

3047. — AU MARÉCHAL BERTHIER.

Paris, 31 mars 1809.

Mon Cousin, vous trouverez ci-joint copie d'un ordre que j'ai donné au ministre de la guerre, le 21 février, en vertu duquel l'artillerie et le génie qui étaient dans le Nord ont dû revenir à l'armée. Ecrivez au duc d'Auerstædt pour savoir comment cet ordre a été exécuté. Ainsi, c'est la faute du duc d'Auerstædt ou du ministre de la guerre si les compagnies d'artillerie, du train et des sapeurs, hormis celles portées dans mon ordre, ne rejoignent pas l'armée avec la division Saint-Hilaire. Le général Songis n'a pas besoin du général Noury pour chef d'état-major : le colonel Lepin lui suffit.

Le général Pernety restera au corps du duc de Rivoli comme je l'ai ordonné. Le colonel Neigre suffit pour directeur du parc. En général, il ne faut rien changer aux dispositions que j'ai ordonnées.

Pressez l'arrivée du général Pernety.

NAPOLÉON.

3048. — DÉCISIONS (1).

31 mars 1809.

On propose à Sa Majesté :

1° D'ordonner au général Gassendi de déposer à la caisse d'amortissement les billets de banque, les billets à ordre et obligations qui ont été saisis chez le sieur Robert, ex-quartier-maître de la garde impériale, pour en faire le recouvrement aux termes qui y sont fixés ;

2° Et de nommer un officier pour remplacer le général Songis à la commission qui a été nommée pour éclairer l'administration de l'artillerie de la garde et faire une enquête sur la gestion du sieur Robert.

Suivre les lois.

Le conseil d'administration du 59° régiment d'infanterie de ligne demande un congé de convalescence en faveur de M. Arné, major de ce régiment.

Accordé.

Le préfet de la Gironde demande que deux Espagnols, dont l'un est médecin, puissent rester en surveillance à Monségur, près La Réole, où ils ont été retenus pour cause de maladie.

Accordé.

---

(1) Sans signature; extraites du « Travail du ministre de la guerre avec l'Empereur, du 29 mars 1809 ».

3049. — DÉCISIONS (1).

31 mars 1809.

Compte de l'armement et de l'approvisionnement actuels de l'île d'Aix.	Si l'on n'y peut mettre la poudre, il faut y mettre les boulets.
On propose à Sa Majesté d'autoriser le roi des Deux-Siciles à tirer 10.000 fusils des manufactures impériales de Turin et Saint-Etienne, en en payant la valeur aux entrepreneurs de ces établissements.	Accordé.
On propose à Sa Majesté :	
D'accepter la démission du sous-lieutenant Bizemont, du 4ᵉ régiment de chasseurs. Il est atteint de myopie ;	Accepté.
D'accepter la démission du sieur Prinet, sous-lieutenant au 11ᵉ régiment de chasseurs.	Accepté.
On propose à Sa Majesté d'accepter la démission du sieur Tillier, lieutenant au 20ᵉ régiment de dragons.	Accepté.
On met sous les yeux de Sa Majesté la demande de démission formée par M. Gorski, lieutenant en 1ᵉʳ des chevau-légers polonais de la garde impériale.	Accepté.
On propose à Sa Majesté d'accepter la démission offerte par M. le capitaine du génie Boyer de Choisy pour cause de maladie.	Accepté.
On rend compte à Sa Majesté d'une demande d'indemnité que M. le comte de Cessac fait en faveur de l'inspecteur aux revues Leclerc qui, par suite d'un incendie, a perdu toutes ses propriétés.	Accordé.

(1) Sans signature; extraites du « Travail du ministre de la guerre avec l'Empereur, du 29 mars 1809 ».

On propose à Sa Majesté de lui accorder une indemnité de 2.000 francs.

3050. — AU GÉNÉRAL CLARKE.

Paris, 31 mars 1809.

Monsieur le général Clarke, je vois, par votre rapport du 30, que vous avez donné ordre aux officiers et sous-officiers de la garde qui conduisent des bataillons de marche à Strasbourg, de revenir à Paris.

Ils doivent, au contraire, rester à Strasbourg jusqu'à nouvel ordre.

NAPOLÉON.

3051. — AU GÉNÉRAL CLARKE.

Paris, 31 mars 1809.

Monsieur le général Clarke, je reçois votre rapport du 30 mars et l'état qui y était joint des dix-sept régiments de cavalerie légère, qui sont en Allemagne. J'ai pris le 29 de ce mois un décret qui doit servir de règle pour les remontes et dans lequel j'ai donné les ordres suivants, dont vous devez avoir aujourd'hui connaissance.

Indépendamment des 100 hommes que le 5e de chasseurs a incorporés dans le 1er régiment, il en incorporera 100 autres, ce qui portera le 1er régiment à 989 hommes.

Indépendamment des 50 hommes que le 21e doit incorporer dans le 20e, il en incorporera 160 autres dans le même régiment, ce qui portera le 20e régiment à 980.

Le 27e régiment doit incorporer 150 hommes dans le 3e, ce qui portera ce dernier régiment à 840 hommes.

Enfin, les 50 hommes du 15e seront incorporés dans le 14e, ce qui portera ce régiment à 800.

Quant aux régiments de hussards, indépendamment des 60 hommes que le 1er régiment incorporera dans le 7e, il en incorporera 100 autres dans le même régiment, ce qui portera le 7e régiment à plus de 1.000 hommes.

Le 10e, qui a incorporé 120 hommes dans le 5e régiment, en incorporera 120 autres, ce qui portera ce régiment au grand complet.

Le 2e régiment, qui a incorporé 60 hommes dans le 8e, en incorporera 40 autres dans le même régiment, ce qui portera le 8° de hussards également au grand complet.

Le 4° de hussards, qui a incorporé 120 hommes dans le 9°, en incorporera 80 autres, ce qui portera de même le 9° au delà du complet.

Ainsi, les quatre régiments de hussards seront au delà du complet, mais je vois avec peine qu'à l'exception de quatre régiments de chasseurs, tous les autres auront besoin de 100 hommes pour être complétés.

Donnez ordre à tous les dépôts des régiments de chasseurs et de hussards qui ont leurs escadrons de guerre en Espagne ou en France, de diriger sur Strasbourg tous leurs hommes disponibles.

Je remets à ne m'occuper de la formation des escadrons d'ordonnance qu'après que mes dix-sept régiments de cavalerie légère seront complétés à 1.000 hommes. Ne perdez pas de temps. Réitérez les ordres donnés, pour qu'aussitôt que 10 hommes seront disponibles dans les dépôts, ils soient dirigés sur Strasbourg également pour qu'on mette en mouvement sur la même direction les cadres des 4ᵐˢ escadrons de ces dix-sept régiments. Il m'importe beaucoup que mes régiments de cavalerie légère en Allemagne aient leurs quatre escadrons et soient portés à 1.000 hommes.

Faites donc refaire votre état, pour y comprendre les ordres donnés par mon décret du 29 mars et ceux que vous allez expédier conformément à cette lettre.

Napoléon.

3052. — AU GÉNÉRAL CLARKE.

31 mars 1809.

Monsieur le général Clarke, mon intention est d'appeler 20.000 conscrits de 1810 pour compléter l'armée. Faites-moi connaître la distribution qui sera faite de ces 20.000 conscrits entre les différents corps.

Votre but principal doit être de porter l'armée du Rhin, le corps du général Oudinot et le corps d'observation du Rhin au grand complet de 140 hommes par compagnie, ainsi que tous les régiments qui sont en Italie, en Dalmatie et à Naples ; ensuite que chaque corps ait de quoi porter au grand complet son 5° bataillon pour fournir présentes sous les armes les compagnies qui doivent former les demi-brigades de réserve, et avoir encore une réserve pour suppléer aux premiers besoins.

La cavalerie doit être complétée de la manière que mon décret du 29 le prescrit, c'est-à-dire que les dix-sept régiments de cavalerie légère et les quatorze régiments de grosse cavalerie qui sont à l'armée d'Allemagne soient portés à 1.000 hommes.

NAPOLÉON.

3053. — AU GÉNÉRAL CLARKE.

31 mars 1809.

Monsieur le général Clarke, des nouvelles que je reçois de plusieurs côtés me font connaître que presque tous les dépôts peuvent faire partir les 5ᵉ et 6ᵉ compagnies des 4ᵐᵉˢ bataillons. Il est donc urgent de ne pas perdre un moment. Expédiez les ordres aux commandants des divisions militaires, pour qu'ils fassent partir ces compagnies, si elles sont prêtes, vingt-quatre heures après la réception de votre lettre.

Donnez au général Dumas les instructions et ordres nécessaires, pour qu'à mesure qu'il passe l'inspection d'un corps et qu'il reconnaît que ce corps peut fournir les 5ᵉ et 6 compagnies de son 4ᵉ bataillon, il ait à les faire partir aussitôt. Recommandez-lui également de faire partir ce qui serait nécessaire pour compléter les 1ʳᵉˢ compagnies. Ainsi, les deux premières compagnies de fusiliers du 4ᵉ bataillon du 88ᵉ, qui devaient partir fortes de 280 hommes, n'ont que 224 hommes ; il faut faire partir les 56 hommes qui doivent les compléter.

Par ce moyen, je compte qu'avant le 25 avril tout sera arrivé à Strasbourg, et que les départs, au lieu du 10, pourront commencer dès le 2 avril.

NAPOLÉON.

3054. — AU GÉNÉRAL CLARKE.

Paris, 31 mars 1809.

Monsieur le général Clarke, je reçois votre rapport du 30, par lequel vous m'informez que vous avez fait partir les bataillons de marche formés des 5ᵉ et 6ᵉ compagnies des 4ᵐᵉˢ bataillons de la division Morand, de la division Friant, de la division Gudin, de la division Saint-Hilaire et du corps du général Oudinot.

Recommandez aux dépôts des régiments de ne faire partir les cadres des 5ᵉ et 6ᵉ compagnies que s'ils peuvent envoyer plus de 200 hommes, en les partageant alors également, sauf à les compléter successivement. Mais, s'ils ne peuvent envoyer que moins de 200 hommes, ils n'enverront que la 5ᵉ compagnie qu'ils compléteront à 140 hommes et ils feront partir la 6ᵉ compagnie aussitôt que faire se pourra.

Il faut également ordonner que ces compagnies se mettent en marche des dépôts vingt-quatre heures après la réception de votre ordre.

Si les dépôts ne peuvent fournir qu'une compagnie, elle se mettra immédiatement en marche, et on fera suivre la 6ᵉ compagnie le plus vite possible, à peu de jours de distance, sans attendre de nouveaux ordres.

Ces compagnies ne doivent point porter le nom de compagnies de marche, mais seulement leur numéro de 5ᵉ et 6ᵉ.

Napoléon.

3055. — AU GÉNÉRAL CLARKE.

31 mars 1809.

Monsieur le général Clarke, donnez ordre au 4ᵉ bataillon du 36ᵉ et au 4ᵉ bataillon du 75ᵉ, qui sont au camp de Boulogne, de se rendre à Paris.

Napoléon.

3056. — DÉCISION.

Paris, 31 mars 1809.

Le général Songis demande au maréchal Berthier que le colonel Corda, les chefs de bataillon Marion et Verpeaux soient désignés pour faire partie de l'état-major général de l'armée d'Allemagne.

Renvoyé au ministre de la guerre pour me faire un rapport.

Napoléon.

3057. — DÉCISION.

Paris, 31 mars 1809.

Le comte Daru demande si l'Empereur, en affectant deux caissons d'ambulance à chaque demi-brigade du corps du général Oudinot, a voulu faire une exception en faveur de ce corps. Dans le cas contraire, l'un de ces deux caissons pourrait être construit de manière à servir au transport du pain.

Renvoyé au major général pour faire connaître que mon intention est que le corps d'Oudinot ait ses 12 caissons d'ambulance. Les demi-brigades sont de trois bataillons et d'une force à peu près égale à celle des régiments. Il faut donc se procurer ces 12 caissons le plus tôt possible.

NAPOLÉON.

TABLE DES NOMS DE PERSONNES

A

ABBAS-MIRZA (Prince), 658.
ABBÉ, général de brigade, 694.
ABERCROMBY, général anglais, 622.
ACUNHA (Diégo-Joseph D'), officier portugais, 623.
ADAM, membre de la Légion d'honneur, 410.
AGOULT (D'), général de brigade, 134, 135, 182, 191, 194, 197, 266, 279, 305, 332.
ALDOBRANDINI-BORGHESE (Prince), 338.
ALI-TEBELIN, pacha de Janina, 45, 622.
ALLIX, ex-colonel d'artillerie, 327, 366.
ALLOUIS, chef de bataillon, adjoint d'état-major, 686, 733.
ALORNA (Marquis D'), commandant la légion portugaise, 421, 498.
ALTAMIRA (Duc D'), 567, 576.
AMEIL, major du régiment des chevau-légers belges, 310, 323.
AMEY, général de brigade, 674.
ANDRAL, 1er médecin adjoint de l'hôtel impérial des Invalides, 669.
ANDRÉ, chef d'escadron de gendarmerie, 115.
ANHALT (Maisons princières D'), 722, 735, 747.
ARCAMBAL, inspecteur aux revues, 549, 647.
ARENBERG (Duc D'), colonel du régiment des chevau-légers belges, 310, 323.
ARENBERG (Régiment du duc D'), 483, 484, 497, 747.
ARNAUD, adjudant du génie, 141.
ARNÉ, major du 52e de ligne, 835.
ARRIGHI, adjudant de place à Corte, 491.
ARRIGHI, chef de bataillon, 6.
ARRIZA (Marquis D'), 578.
ASSELIN, adjoint d'état-major, 733.
ASTORG (D'), ancien colonel de cavalerie, 37.

ASTRUC, capitaine à la 110e demi-brigade, 491.
AUBÉ (Mme), veuve d'un économe des hôpitaux de Varsovie, 506.
AUBERNON, commissaire ordonnateur, 139, 549, 670.
AUDENARDE (D'), major de cavalerie, 354, 355, 361, 369.
AUGEREAU (Maréchal), 154, 398.
AULTANNE (D'), général de division, 444.
AUSSENAC, colonel du 7e de ligne, 273.
AVRANGE D'HAUGÉRANVILLE, inspecteur aux revues, 467.
AYMÉ, adjudant commandant, 57.

B

BABELON, adjudant sous-officier, 48.
BACHELET-DAMVILLE, chef de bataillon, 509.
BACHELU, colonel du 11e de ligne, 692.
BACHER, chargé d'affaires de S. M. l'empereur et roi près la confédération du Rhin, 734, 747.
BADE (Grand-Duc DE). Voir CHARLES-FRÉDÉRIC.
BADE (Troupes de), 746, 767.
BAILLE, major du 6e de ligne, 68.
BAILLY DE MONTHION, adjudant commandant, puis général de brigade, 80, 361, 368, 370, 800, 811.
BALTHAZARD, aide de camp du général Molitor, 594.
BARAGUEY D'HILLIERS, général de division, 412.
BARBOU, général de division, 398, 400, 488, 765.
BARRÈRE, colonel du 26e de ligne, 277, 340.
BASTERRECHE, négociant à Bayonne, 248, 254, 454.
BAUSE, fourrier au régiment d'Isembourg, 705.

---

(1) Les noms de *Napoléon, Berthier, Dejean*, qui reviennent presque à chaque page, n'ont pas été mentionnés dans cette table.

Napoléon Ier, tome II. 54

TABLE DES NOMS DE PERSONNES

BAVIÈRE (Roi de). *Voir* MAXIMILIEN-JOSEPH.
BAYART, capitaine du génie, 662.
BAZANCOURT, général de brigade, 278, 440, 702.
BEAUDESSON, capitaine commandant au 1er bataillon des équipages militaires, 217.
BEAUFORT, général de brigade, 569.
BEAUMONT (Jean-Louis-Chrétien CARRIÈRE *dit* baron), général de brigade, 526, 575.
BEAUMONT (Marc-Antoine DE LA BONNINIÈRE, comte DE), général de division, 779.
BÉCHAUD, colonel du 66e d'infanterie, 702.
BEGEON, aide de camp du général Reynaud, 311.
BEKER, général de division, 117, 594, 784.
BELLAVÈNE, général de division, 338, 780.
BELLEVILLE, intendant du Hanovre, 459.
BELLIARD (Augustin-Daniel), général de division, gouverneur de Madrid, 6, 51, 57, 80, 118, 268, 316, 349, 350, 373, 374, 560, 570, 575, 597.
BERCKHEIM, colonel du 1er cuirassiers, 692.
BERG (Grand-Duc de). *Voir* MURAT.
BERNADOTTE (Maréchal), prince de Ponte-Corvo, 25, 84, 90, 95, 104, 118, 234, 299, 330, 405, 406, 433, 441, 442, 495, 534, 542, 733, 736, 747, 749.
BERNARD, chef de bataillon, 549.
BERNARDI, ex-lieutenant au bataillon de tirailleurs du Pô, 24.
BERTHEUIL, 3e porte-aigle au 25e légère, 705.
BERTIN, sous-lieutenant au 4e légère, 693.
BERTRAND, capitaine, tué à Friedland, 482.
BERTRAND, général du génie, 792, 802, 804, 814.
BESSIÈRES, commissaire impérial à Corfou, 622.
BESSIÈRES (Bertrand), général de brigade, 134, 239.
BESSIÈRES (Maréchal), 120, 162, 169, 185, 186, 188, 204, 207, 208, 218, 223, 229, 240, 253, 259, 268, 274, 277, 363, 368, 369, 370, 371, 373, 423, 458, 508, 525, 544, 560, 625, 631, 660, 666, 708, 799.
BEUGNOT, conseiller d'Etat, administrateur des finances du grand-duché de Berg, 23, 419, 635, 636, 654, 719.
BEURMANN, colonel du 17e dragons, 167.
BIGARRÉ, colonel, commandant le 2e de ligne napolitain, 351.
BIGNON, intendant de la province de Berlin, 209, 483, 646.
BIRON, médecin militaire, 669.
BISSON, général de division, 825.
BIZEMONT, sous-lieutenant au 4e chasseurs, 836.
BLAKE, général anglais, 368, 527.
BLANMONT, adjudant commandant, 140.
BLEIN, colonel du génie, 792.
BLONDEAU, adjudant commandant, 155, 455.
BOID, ex-banquier à Paris, 509.
BOISSELIN, sous-lieutenant au 3e chasseurs, 693.
BOIVIN, général de brigade, 128.
BONCAHU, sous-inspecteur aux revues, 510.
BONET, général de division, 359, 363, 724, 725.
BONIN, adjudant commandant, 732.
BONNARD, général de division, 794.
BONTEMPS, capitaine, au service du duché de Varsovie, 732.
BONTEMS-LEFORT, lieutenant au 3e suisse, 706.
BORDESSOULLE, général de brigade, 160.
BORGHESE (Jean-Dominique), ex-commandant du bataillon des tirailleurs du Pô, 24.
BORGHESE (Prince Camille), général de division, 390, 503, 762.
BOSSET (Maison commerciale), de Nantes, 49.
BOUDET, général de division, 66, 104, 347, 495, 534, 537, 538, 542, 552, 553, 581, 602, 628, 636, 638, 640, 648, 653, 663, 709, 710, 712, 719, 726, 736, 746, 757, 810, 812, 819.
BOUDIN, directeur du service des courriers de Sa Majesté, 50, 51.
BOURCIER (Général), inspecteur général de la cavalerie de la Grande Armée, 8, 63, 64, 155, 246, 484, 559, 566, 666, 767, 768.
BOURDIN, enseigne de vaisseau, 277.
BOURGOIN, capitaine du génie, 498.
BOYELDIEU, colonel du 4e régiment d'infanterie de ligne, 650.
BOYER DE CHOISY, capitaine du génie, 836.
BOYER, général de brigade, 118, 128.
BOYER, major du 10e hussards, 119.
BRAUN, colonel en second du 66e d'infanterie, 702.
BREISSAND, colonel du 35e de ligne, 286.
BRENIER, général de brigade, 622.
BROC (DE), colonel, aide de camp du roi de Hollande, 379.
BRON DE BALLY, général de brigade, 631.

BROTONNE (L. DE), éditeur des *Dernières lettres inédites de Napoléon Ier*, 408, 527.
BROUET, capitaine adjoint à la direction des parcs d'artillerie, 160.
BROUSSIER, général de division, 765.
BRÜE, colonel du 19e chasseurs, 153.
BRUN (Jean-Antoine), général de brigade, 240.
BRUNE (Maréchal), 498.
BRUYÈRE, général de brigade, 495.
BUFFA, capitaine, 249.
BUISSON, sous-lieutenant à la 4e légion de réserve, 180.
BUQUET (Louis-Léopold), général de brigade, chef d'état-major de la gendarmerie, 317.
BUTTLAR (Baron DE), prisonnier de guerre prussien, 456.

C

CABARRUS, ministre des finances d'Espagne, 574, 599.
CACAULT, adjudant commandant, 53.
CAISSOTI DE CHIUSANO, colonel de cavalerie, 358.
CAMBRELENG (L.), sous-piqueur au service du roi de Westphalie, 249.
CAMBRIELS, colonel du 66e d'infanterie, 702.
CAMINO (Vicente), ancien capitaine de port de Santander, 614.
CAMPANA, chef d'escadron au 21e dragons, 166, 263.
CAMPREDON, général du génie, 394.
CANAL, médecin, 277.
CANCLAUX, général de division, 255.
CANUEL, général de division, 391.
CAPRARA (Cardinal), 151.
CARACTERY, médecin en chef de la légion portugaise, 421.
CARRA SAINT-CYR, général de division, 273, 495, 521, 552, 581, 602, 629, 637, 640, 641, 643, 648, 653, 663, 710, 726, 736, 746, 747, 757, 763, 796, 810.
CASSAGNE, général de brigade, 55, 455.
CASSARD, commissaire des guerres, 178.
CASTANOS, général espagnol, 373, 374, 398, 400.
CASTELAN, sous-lieutenant au 9e dragons, 181.
CASTELAR (Marquis DE), 578.
CASTELFRANCO (Duc DE), 567, 572, 576.
CATTANEO, lieutenant au bataillon des tirailleurs corses, 411.
CAULAINCOURT (Auguste-Jean-Gabriel, baron DE), général de brigade, 55, 134, 349.

CAVROIS, général de brigade, 133, 675.
CAZENEUVE, chef de bataillon au 57e de ligne, 311.
CERVONI, général de division, 467.
CETTO (DE), conseiller d'Etat, ministre plénipotentiaire de l'empereur à Munich, 675.
CEVALLOS (Duc DE), 567.
CHABERT (Théodore), général de brigade, 399.
CHABOT, général de division, 100, 214, 462.
CHABRAN, général de division, 133, 239, 240, 260.
CHAMBARLHAC, général de division, 68, 474.
CHAMBARLHIAC, général du génie, 736.
CHAMBAUD, lieutenant au 92e d'infanterie, 633.
CHAMBRY, capitaine, adjoint à l'état-major de l'armée d'Italie, 732.
CHAPPE, chirurgien-major de la garde impériale, 660.
CHAPRON, capitaine au 72e régiment d'infanterie, 359.
CHARBONNIER, général de division, 550.
CHARGEY-DAMPIERRE, ancien capitaine au 59e d'infanterie, 342.
CHARLES-FRÉDÉRIC, grand-duc de Bade, 375, 688, 752.
CHARLES IV, roi d'Espagne, 186, 191, 194.
CHARLOT, général de brigade, 702.
CHARPENTIER, général de division, 673.
CHASSELOUP, général de division, 48, 161.
CHEPY, capitaine au 1er d'infanterie légère, 505.
CHERAMY, mécanicien au Havre, 342.
CHERRER, chef de bataillon d'artillerie, 675.
CHIPAULT, major du 6e chasseurs, 762.
CHLAPOWSKI, officier d'ordonnance de l'empereur, 593.
CHLOPICKI, colonel du 1er régiment d'infanterie de la légion de la Vistule, 225.
CIBAT, médecin espagnol, 713.
CLAPARÈDE, général de division, 620, 630, 679, 681.
CLARY, sous-lieutenant au 4e régiment de chasseurs, 328.
CLAUSADE, capitaine du génie, 200.
CLAVILLE, sous-lieutenant au 29e de ligne, 555.
CLIQUOT, inspecteur des équipages militaires à Berlin, 421.
CLUSOWICZ, chef de bataillon au 1er régiment d'infanterie de la Vistule, 480.

COLARD, adjudant-major au 2ᵉ régiment d'infanterie de la garde municipale de Paris, 455.
COLBERT, général de brigade, 53, 497, 543, 753.
COLLI, général de division, 139.
COLLOMBIER, professeur de dessin à l'école d'artillerie de Turin, 328.
COMBES, capitaine du génie, 440.
COMPANS, général de division, 829.
COMPÈRE, général de division, 607.
CONTAMINE, adjudant commandant, 684.
CORDA, colonel d'artillerie, 840.
CORDELLIER, général de division, 140, 549.
CORBIEZ, capitaine adjudant de place à Paris, 492.
CORMERY, capitaine au 33ᵉ de ligne, 160.
CORMONTAIGNE (Mémorial de), 662.
COROLLER, chef d'escadron de gendarmerie, 142.
COSTE, colonel commandant d'armes à Gavi, 286.
COSTE, inspecteur général du service de santé, 87.
COTEAU, adjudant de place à Paris, 338, 492.
COTTY, chef de bataillon d'artillerie, 92.
COUIN, général de brigade, 583, 753.
COURIER (Paul-Louis), chef d'escadron au 2ᵉ d'artillerie à cheval, 762.
COUTARD, colonel au 65ᵉ régiment, 731.
CRETET, ministre de l'intérieur, 21, 827.
CUESTA, général espagnol, 368.
CURIAL, général de brigade, 631, 685.
CURNIEUX, chef d'escadron, aide de camp du prince de Neuchâtel, 258.
CURTO, colonel du 8ᵉ chasseurs, 492.

D

DABADIE, général de brigade, 675.
DAIKER, chef d'escadron au 3ᵉ hussards, 41.
DALBERG (Ch.), prince primat de la Confédération du Rhin, 395, 422.
DALBERG (Baron DE), ministre de Bade à Paris, 107.
DALESME, général de brigade, 674.
DAMAS, colonel, 798.
DANDURAND, capitaine adjudant de place, 685.
DANEMARK (Roi de). Voir FRÉDÉRIC VI.
DARANCEY, capitaine au 2ᵉ d'artillerie à pied, 366.
DARANCEY, général de brigade, 366, 830.
DAREWSKI, capitaine adjoint, 35.
DARGENTEUIL, sous-lieutenant au 27ᵉ chasseurs, 455.

DARMAIGNAC, général de brigade, puis de division, 39, 82, 102, 127, 134, 135, 541, 544, 545, 550, 577, 631.
DARNAUD, général de brigade, 119, 249, 540, 545.
DARSONVAL, adjudant commandant, 57.
DARU, intendant général de la Grande Armée, 8, 9, 12, 19, 22, 27, 51, 56, 64, 67, 97, 104, 105, 138, 139, 174, 246, 263, 276, 280, 319, 646, 659, 834, 841.
DAUBENTON, lieutenant, aide de camp du général Pajol, 799.
DAUCHY, conseiller d'État, 613.
DAUGIER, capitaine de vaisseau, colonel commandant les marins de la garde, 488.
DAUMAS, général de brigade, 256.
DAUMESNIL, chef d'escadron, 662.
DAVENAY, général de brigade, 627.
DAVIN, général de brigade, 418.
DAVOUT (Maréchal), duc d'Auerstædt, 18, 28, 152, 402 à 405, 432, 433, 438, 495, 515, 551, 634, 655, 658, 677, 689, 692, 706, 723, 727, 737, 748, 750, 764, 765, 784, 792, 795, 800, 802, 818, 829, 834.
DEDON, général d'artillerie, 500, 753.
DELABORDE, général de division, 527.
DELAGRANGE, capitaine, secrétaire d'ambassade à Vienne, 798.
DELAITRE-TILLY, général de division, 588, 619.
DELAMARRE, aide de camp du général Launay, 731.
DELAROCHE, général de division, 513.
DELAVILLE, secrétaire des commandements de S. A. I. le prince Borghese, 762.
DELOM, capitaine au 4ᵉ suisse, 685.
DELORME, adjudant commandant, 662.
DELORME, chef d'escadron aux chasseurs hanovriens, 41.
DELORT, adjudant commandant, 394.
DEMANGE, capitaine au 69ᵉ de ligne, 311.
DEMARÇAY, colonel d'artillerie, au service de la Hollande, 25, 331.
DEMAUROY, élève de l'École de Fontainebleau, 95.
DEMESMAY, capitaine, aide de camp du général Franceschi-Delonne, 661.
DENNIÉE, intendant général de l'armée d'Espagne, 107, 120, 455, 469, 528, 707.
DENON, directeur général des musées, 79.
DENTZEL, adjudant commandant, 205.
DEREUSSE, adjudant-major au 101ᵉ d'infanterie, 619.
DERICOURT, élève de l'École de Fontainebleau, 95.
DESBUREAUX (Général), commandant la 5ᵉ division militaire, 7.

TABLE DES NOMS DE PERSONNES

DESFOSSÉS, lieutenant au 1er cuirassiers, 692.
DESGENETTES, inspecteur général du service de santé, 212, 776, 823.
DESMAZIS, ancien capitaine d'artillerie, 214, 257.
DESMONTIS, sous-lieutenant au 55e régiment d'infanterie, 394.
DESSAIX (Mlle), fille du résident de Palmanova, 286.
DESSAIX, résident à Palmanova, 286.
DESSOLLE, général de division, 368, 369, 370, 537, 586, 591, 597, 600, 607, 620.
DESVERNOIS (Auguste), maréchal des logis au 28e dragons, 692.
DESVERNOIS, colonel du 1er chasseurs à cheval napolitains, 692.
DETRÈS, général de brigade, 692.
DEVAUX, général de brigade, 362.
DIGEON (Armand-Joseph-Henri), colonel d'artillerie, 583.
DINTRANS, commissaire ordonnateur, 107, 365.
DOGUEREAU (Louis), colonel d'artillerie, 583.
DOLDER, capitaine au régiment de La Tour d'Auvergne, 358.
DONDEY, sous-lieutenant au 16e légère, 338.
DONNA, colonel commandant le régiment des voltigeurs de la garde du roi de Naples, 92.
DONNA (G.), soldat au 62e d'infanterie, 92.
DONNADIEU, adjudant commandant, 272.
DONZELOT, général de division, gouverneur des îles Ioniennes, 227, 346, 655.
DORNÈS (Joseph), colonel du 12e cuirassiers, 674.
DORSENNE, général de brigade, 631.
DROUAS, général de brigade, 1, 35.
DROUET D'ERLON, général de division, 132, 163, 182, 285, 341, 363, 370, 372, 420, 439, 465, 466, 470, 481, 529, 569, 582, 589, 596, 608, 615, 646, 735, 736, 799.
DUBOIS (A.), gendarme maritime, 149.
DUBOIS (Mme), veuve d'un gendarme, 149.
DUBOUCHET, commandant d'armes de Saint-Tropez, 467.
DUBREUIL, inspecteur aux revues, 392.
DUCHESNE, chef de bataillon au 48e de ligne, 693.
DUCOS, général de brigade, 171, 172, 177, 182, 198, 259, 268.
DUCROS, commissaire des guerres, 589.
DUFOUR (François-Bertrand), général de brigade, chargé du commandement d'une division, 397, 400.

DUFRESNE, adjoint aux commissaires des guerres, 611.
DUFRESNE (Mme), veuve d'un adjoint aux commissaires des guerres, 611.
DUFRESNE (Pierre-François), inspecteur aux revues, 522.
DUFRESNE, général de brigade, 189, 444, 445, 455, 497, 503, 520, 533, 616, 625, 631.
DUHESME, général de division, 80, 133, 134, 204, 219, 233, 239, 240, 260.
DUMAS (Mathieu), général de division, 168, 544, 557, 630, 631, 839.
DUMOLARD, major, 369.
DUPAS, général de division, 104, 724, 733, 747.
DUPEYROUX, capitaine adjudant-major au 1er dragons, 273.
DUPONT, général de division, 27, 56, 77, 78, 80, 85, 102, 151, 185, 204, 205, 229, 246, 247, 347, 348, 371, 373, 397, 399, 400, 458, 488, 490, 505, 521, 548, 696, 697.
DUPONT, médecin en chef de l'hôpital Beaujon, 53, 83.
DUPRAT, adjudant commandant, 61, 732.
DUPRÉS, général de brigade, 488.
DURANTEAU, général de brigade, 674.
DURBACH, sous-lieutenant au 23e chasseurs, 54.
DUROC, général de division, duc de Frioul, grand maréchal du palais, 178, 327, 361, 376.
DUROSNEL, général de brigade, 715.
DUROSNEL (Henry), chef de division honoraire au ministère de la guerre, 48.
DURUTTE (Général), gouverneur de l'île d'Elbe, 90, 257.
DUVAL, capitaine au 37e de ligne, 143.
DUVAL DE BEAULIEU, auditeur au Conseil d'Etat, 557.
DUVERGER, général de brigade, 127, 411.

E

EBLÉ, général de division, 35.
ESPAGNE, général de division, 104, 311, 405, 682, 723, 727, 746.
ESS, capitaine au 86e de ligne, 286.
ESTÈVE, trésorier général de la Couronne, 762.
EUGÈNE-NAPOLÉON (Le Prince), vice-roi d'Italie, 48, 108, 176, 190, 200, 269, 272, 281, 331, 358, 378, 379, 492, 584, 709, 713, 798, 821, 822.

F

FAULTRIER, général d'artillerie, 39.
FAURAX, chef d'escadron au 10e dragons, 99.
FAVEREAU, général de division, 48, 645.

TABLE DES NOMS DE PERSONNES

FAVEROT, major au 25e régiment de chasseurs, 426.
FÉLIX, inspecteur aux revues, 583.
FENZI, sous-lieutenant au 28e chasseurs à cheval, 481.
FERDINAND, prince des Asturies, 19, 194, 571.
FERNAN-NUNEZ (Duc DE), 567.
FERRY, capitaine aide de camp du général Marmont, 74.
FEULAT, chef d'escadrons au 4e dragons, 491.
FLAHAULT, aide de camp du prince de Neuchâtel, 392.
FOLCKE, lieutenant-colonel du régiment espagnol de la Louisiane, 623.
FONTAINE, officier payeur au 1er cuirassiers, 515.
FORESTIER, adjudant commandant, 762.
FOUCHER, général de division, 101, 750.
FOULER, général de cavalerie, 387.
FOURN, adjudant commandant, 732.
FOY, général de brigade, 520.
FRANCESCHI-DELONNE, général de brigade, 379, 544, 661.
FRÉDÉRIC-AUGUSTE (Roi de Saxe), 79, 554, 732, 733.
FRÉDÉRIC II (Guillaume-Charles), roi de Würtemberg, 748.
FRÉDÉRIC II, roi de Prusse, 316.
FRÉDÉRIC VI, roi de Danemark, 534.
FRÈRE, général de division, 424, 458, 560.
FRESIA, général de division, 505.
FRÉVILLE, maître des requêtes au Conseil d'État, 573, 598, 599.
FRIANT, général de division, 746, 784, 807, 809, 839.
FRIRION, inspecteur aux revues, secrétaire général du ministère de la guerre, 329.
FÜRSTEMBERG (Charles DE), sous-lieutenant au 28e de ligne, 174.
FÜRSTEMBERG (Frédéric DE), sous-lieutenant au 28e de ligne, 174.
FÜRSTEMBERG (Général DE), 174.

G

GALLÉE, chirurgien en chef à l'armée d'Espagne, 421, 823.
GANTEAUME (Amiral), 41, 43, 64, 346.
GARNIER, sous-lieutenant au 1er dragons, 29.
GARDANE (Mathieu-Claude), général de brigade, 658.
GASSENDI, général de division d'artillerie, conseiller d'État, 164, 398, 490, 583, 716, 813, 835.

GAUDIN, ministre des finances, 389.
GAULOIS, général de brigade, 163, 198, 370.
GEITHER, gendarme de la compagnie du Mont-Tonnerre, 732.
GEOFFROI (Bernard), cavalier au 13e dragons, 228.
GÉRARD, colonel du 2e hussards, 310.
GIROUST, commissaire ordonnateur, 365.
GISBERT, capitaine au régiment des dragons Napoléon, 685.
GOBERT, général de division, 373, 458.
GOBERT, sous-lieutenant, aide de camp de Murat, 151, 363.
GODINOT, général de brigade, 368.
GODOÏ, prince de la Paix, 191.
GOHREN (Baron DE), grand maréchal de la cour de Bavière, 707.
GOMER (Mortiers à la), 92, 512.
GORCY, médecin en chef de l'armée d'Espagne, 823.
GORSKI, lieutenant en 1er des chevau-légers polonais, 836.
GOUGET, ex-administrateur général des hôpitaux militaires, 277.
GOUJARD (Mme), femme d'un militaire du 53e de ligne, 141.
GOUVION-SAINT-CYR, général de division, 221, 381, 462, 489, 493, 498, 499, 606.
GOYET, adjudant du génie, 661.
GRAILLARD, capitaine, adjudant de place à Paris, 492.
GRANDJEAN, général de brigade, 181, 256, 266, 330, 344, 774, 834.
GRENIER, général de division, 765.
GRESSOT, adjudant commandant, 440.
GROBERT, ex-commissaire des guerres, 453.
GROS, chirurgien aide-major au 22e légère, 776.
GROSJEAN, ancien colonel du 3e chasseurs, 200.
GRUNDLER, adjudant commandant, 277.
GUDIN, général de division, 594, 746, 784, 807, 809, 839.
GUÉRIN, sous-lieutenant au 4e de ligne, 101, 394.
GUILLAUME, sous-lieutenant au 14e dragons, 100.
GUILLEMINOT, général de brigade, 361.
GUILLET, général de brigade, 676.
GUILLOT, gendarme, 359.
GUILLOT (Francis-Gilles), général de brigade, 331.
GUILLOT, ingénieur géographe, 493.
GUITON (Général), ex-colonel du 1er cuirassiers, 515.
GUSTAVE III, roi de Suède, 140.

TABLE DES NOMS DE PERSONNES

GUSTAVE IV, roi de Suède, 42, 50.
GUYON, colonel du 12e chasseurs, 731.

H

HABERT, général de brigade, 239, 247.
HAREL, commandant d'armes de Vincennes, 154.
HARTMANIS, colonel du 1er régiment prussien, 128.
HAXO, colonel du génie, 771.
HEBERT (Michel-Simon), ex-employé du ministère de la guerre, 547.
HELFFLINGER, chargé d'affaires près la cour de Darmstadt, 375.
HENRIET, chef d'escadron à la suite du 6e dragons, 493.
HENRY, colonel de la gendarmerie d'élite, 794, 815.
HERVO, général de brigade, 829.
HESSE (Grand-Duc DE). *Voir* LOUIS 1er.
HESSE-DARMSTADT (Troupes de), 608, 619, 746.
HEUDELET, général de division, 151, 153, 160, 173, 372, 478, 546, 605, 615, 616, 620, 623, 685.
HEURTELOUP, 1er chirurgien des armées, 125.
HIGONET, capitaine au 108e régiment d'infanterie, 180.
HIGONET, colonel du 108e d'infanterie, 180.
HIJAR (DUC DE), 567.
HINNISDAL (D'), général de brigade, 161.
HISCH (DE), lieutenant prussien, prisonnier de guerre, 250.
HOFFMANN, lieutenant, prisonnier de guerre, 128.
HOHENZOLLERN-HECHINGEN (Prince DE), 494.
HOHENZOLLERN-SIGMARINGEN (Prince DE), colonel du régiment de Westphalie, 219, 249, 494, 763, 830.
HOHENZOLLERN, maison princière, 734.
HOHENZOLLERN (Troupes de), 747.
HOLLANDE (Roi de). *Voir* LOUIS-NAPOLÉON.
HOLSTEIN (Duc DE), 174.
HOLTZBERGER, sergent au 69e de ligne, 68.
HUARD, capitaine au 29e de ligne, 510, 556.
HUARD, général de brigade, 694.
HUCHÉ, colonel de gendarmerie, 488.
HUGÉ, propriétaire à Paris, 120.
HUGÉ, fils du précédent, cavalier au 1er régiment de chasseurs, 120.
HULIN, général de division, 249, 395, 464, 473, 492, 512, 700, 790, 792, 821.

HULOT, chef d'escadron au 7e chasseurs, 53.
HUMBERT, adjudant commandant, 95.

I

INFANTADO (Duc DE L'), 567.
ISEMBOURG (Prince D'), 199, 240, 544, 705, 747.
ISEMBOURG (Régiment D'), 508, 609, 693, 694, 763.
ISOARD, chef de bataillon du génie, 784.
ITALIE (Vice-Roi d'). *Voir* EUGÈNE-NAPOLÉON.

J

JACOPIN, général de brigade, 674.
JACQUEMIN (Mme), veuve d'un commissaire des guerres, 822.
JACQUIN, officier de santé, 277.
JALABERT, adjudant de place à Gênes, 658.
JAMERON, colonel de gendarmerie, 115.
JANSSENS, général, 443.
JARDET, capitaine adjoint à l'état-major de l'armée de Dalmatie, 74.
JARDET, chef de bataillon au 18e légère, 684.
JARS, capitaine du génie, 662.
JEANIN, colonel du 12e légère, 143.
JÉRÔME-NAPOLÉON, roi de Westphalie, 24, 37, 57, 59, 100, 103, 109, 114, 123, 129, 201, 226, 228, 249, 366, 493, 494, 509, 549, 593, 654, 674, 693, 705, 728, 733, 826.
JOINVILLE, commissaire ordonnateur, 625, 628.
JOLLIVET, conseiller d'Etat, 23, 34, 230.
JOSÉPHINE (L'Impératrice), 315.
JOSEPH-NAPOLÉON, roi de Naples, puis roi d'Espagne, 6, 90, 92, 126, 129, 166, 170, 215, 249, 260, 284, 359, 363, 379, 380, 388, 394, 411, 455, 489, 494, 497, 505, 553, 582, 584, 608, 611, 619, 632, 650, 654, 660, 661, 669, 692, 705, 776, 787, 824, 836.
JOUBERT, commissaire ordonnateur, 75, 81, 228, 713.
JOUDIOUX, lieutenant au 13e de ligne, 215.
JOURDAN, major au 72e de ligne, 492.
JOURDAN (Maréchal), 424, 584, 627, 630, 768, 769, 787, 799.
JUBÉ, adjudant commandant, 338.
JUILLET, adjudant sous-officier, 48.
JULIE, reine de Naples, 92.
JUNOT (Général), duc d'Abrantès, 56, 184, 204, 225, 463, 495, 496, 497, 503, 509, 520, 525, 527, 528, 591, 720, 772, 786, 791.

K

KALKREUTH (Maréchal), 509.
KELLERMANN, général de division, 589, 619, 769.
KELLERMANN (Maréchal), duc de Valmy, 30, 96, 100, 112, 135, 145, 149, 197, 320, 321, 360, 405, 419, 431, 435, 441, 458, 459, 481, 483, 485, 554, 589, 595, 639, 644, 646, 667, 695, 707, 773, 774, 775, 787, 830.
KINDELAN, maréchal de camp, 657.
KIRGENER, général de brigade, 234.
KISTER, général de brigade, 747.
KLEIN, général de division, sénateur, 398.
KOBLINSKI, officier prussien, 456.
KORFF (Baron DE), 157.

L

LABARTHE, adjoint d'état-major, 733.
LABORDE, chef de bataillon, 492.
LABORDE, général de division, 520, 557, 558, 571, 589, 621, 652.
LA CHAPELLE, sous-lieutenant au 3e cuirassiers, 594.
LACHAUX, adjoint d'état-major, 733.
LACHÈSE, sergent-major au 60e régiment de ligne, 379.
LACLÈDE, colonel commandant le 6e provisoire de dragons, 492.
LACOMBE SAINT-MICHEL, général de division, 1, 35, 307, 350, 368, 385, 462.
LACOSTE, colonel, aide de camp de l'empereur, 234.
LACOSTE-DUVIVIER, général de division, 54.
LACOUR, colonel du 5e dragons, 74.
LACROIX (Mathieu), colonel du 86e de ligne, 558.
LACROIX (François-Joseph-Pamphile), général de brigade, 547.
LACROIX-LACOMBE, chirurgien-major du régiment de dragons de la garde de Paris, 212.
LACUÉE (Comte de Cessac), général de division, directeur général des revues et de la conscription, 154, 190, 274, 398, 490, 516, 550, 780, 836.
LACUÉE, auditeur au Conseil d'Etat, 225.
LAFON-BLANIAC, général, écuyer de S. M. la reine de Naples, 92.
LAFOREST, ambassadeur de France en Espagne, 573, 577.
LAGEON, capitaine, aide de camp du général Rivaud, 249.
LAGRANGE, colonel, 355, 356.
LAGRANGE (Adélaïde-Blaise-François LE LIÈVRE DE), général de brigade, 77.

LAGRANGE (Joseph), général de division, 525.
LAGRANGE, major suédois, 359.
LAHOUSSAYE, général de division, 523, 545, 587.
LAHURE, général de brigade, 366, 674.
LAMARCHE, chef d'escadrons au 2e hussards, 492.
LAMARQUE, général de division, 695, 763.
LAMARTILLIÈRE, général de division, commandant en chef les gardes nationales d'élite des 10e et 11e divisions militaires, 227, 282, 305, 307, 308.
LAMBERT, inspecteur aux revues, 811.
LAMBERT (Les frères), prisonniers anglais, 98.
LANDER, quartier maître au 4e suisse, 200.
LANNES (Maréchal), 28, 398.
LAPISSE, général de division, 310, 545, 558, 586, 590, 616, 620, 626, 660.
LAPLANE, général de brigade, 488, 600.
LAPOINTE, colonel du 4e chasseurs, 68.
LARAN, inspecteur aux revues, 589.
LARIBOISIÈRE, général de division, 35, 80, 456, 548, 555, 558, 566, 595, 623, 707, 753, 813.
LAROCHE (Jean Baptiste-Grégoire DELAROCHE dit), général de division, 38, 285, 559, 566, 582, 595, 644, 666.
LA ROMANA, général espagnol, 527, 831.
LARRIVÉE, caporal au 12e d'infanterie légère, 7.
LARROQUE, capitaine adjudant-major au 102e d'infanterie, 650.
LARROQUE, colonel, 661.
LARROQUE, fourrier au 102e régiment d'infanterie, 661.
LA SALLE, général de division, 77, 78, 148, 165, 177, 182, 187, 188, 207, 218, 259, 268, 269, 529.
LA TOUR D'AUVERGNE (Régiment de), 430, 508, 570, 609, 693, 694, 763.
LA TOUR D'AUVERGNE (Urne contenant le cœur de), 689.
LATOUR-MAUBOURG, général de division, 2, 257, 475, 597.
LAUBERDIÈRE, général de brigade, 730.
LAUBERT, pharmacien en chef de l'armée d'Espagne, 823.
LAULANIER (Mme), veuve d'un major du génie, 706.
LAUNAY, général de brigade, 731.
LAURENT, général de brigade, 762.
LAURISTON, général de division, 751, 756, 813.
LAVALLETTE, directeur général des postes, 372.
LAVAU (Mme), veuve d'un employé des subsistances militaires, 648.

LAVEYRE, nommé sous-lieutenant d'infanterie, 593.
LAVIRON, gendarme, 69.
LAZOWSKI, général de brigade, 95, 792.
LE BERTON, adjudant commandant, 357.
LE CAMUS, général de brigade, 631.
LECHI, général de division, 98, 134, 158.
LECLERC, général de brigade, 675.
LECLERC, inspecteur aux revues, 836.
LECLERC, lieutenant aide de camp du général Dupont, 488.
LEDOUX, adjoint d'état-major, 733.
LEFEBVRE-DESNOËTTES, général de brigade, puis de division, 127, 266-269, 279, 363, 529.
LEFEBVRE (Maréchal), duc de Danzig, 54, 398, 441, 484, 493, 526, 537, 544, 557, 577, 591, 600, 607, 732, 735, 736.
LEGENDRE, général de brigade, 488.
LEGENTIL, capitaine aide de camp du général Hulin, 492.
LEGRAND, général de division, 306, 309, 495, 521, 552, 602, 629, 637, 640, 641, 648, 653, 661, 663, 710, 734, 736, 746, 747, 752, 757, 763, 810.
LEGROS (Jean-Hector), adjudant commandant, 658.
LE MARCHANT, major du 4e cuirassiers, 338.
LE MAROIS, général de division, 695, 765.
LEMOINE, sous-lieutenant au 66e régiment d'infanterie, 392.
LÉONARD, soldat vétéran, 633.
LEPAGE DE VILLENEUVE, major, 454.
LEPIC, général de brigade, 72, 423.
LEPIN, colonel, 834.
LEPOT, capitaine du génie, 367.
LEROY, chef de bataillon à la 2e légion de réserve, 223.
LEROY, mère d'un employé des hôpitaux de la Grande Armée, 217.
LÉRY, général d'artillerie, 84, 280, 609.
LE SUIRE, général, commandant à Landau, 7.
LETONDAL, caporal au 10e de ligne, 457.
LEVAL, général de division, 393, 441, 577, 608, 706, 708.
LEVASSEUR, colonel, 454, 555.
LEVASSEUR, général de brigade, 134, 468.
LEVENEUR DE TILLIÈRES, général de division, 61.
LEYEN (Maison princière de la), 734.
LIÉBERT, général de division, 753.
LIECHTENSTEIN, maison princière, 734, 747.
LIGER-BELAIR, général de brigade, 95.
LIPPE (Prince DE), 511, 735; troupes de, 610, 686, 747.
LIPPE-DETMOLD (Princesse DE), 128.

LOISON, général de division, 38, 571, 620.
LOMET, adjudant commandant, 95, 267, 323, 350, 394.
LOUIS Ier, grand-duc de Hesse-Darmstadt, 330.
LOUIS-NAPOLÉON, roi de Hollande, 25, 55, 129, 331, 366, 379, 442, 481, 601, 642, 798.
LUBIENSKI, chef d'escadron, 662.
LUCE, chef d'escadron de gendarmerie, 7.
LUCOTTE, général de brigade, 607, 627.

M

MACORS, général de division, 393.
MAHON (Duc DE), 195.
MAHON (Paulin), sous-lieutenant au 2e d'infanterie légère, 274.
MAILLARDOZ, adjudant commandant, 261.
MAINFROY, sous-lieutenant au 16e chasseurs, 732.
MAISON, général de brigade, 7, 141, 391, 472, 600.
MALET, général de brigade, 190.
MALHER, général de division, 117, 272.
MALHER, sous-lieutenant à la 2e compagnie d'ouvriers d'artillerie, 93.
MALIVOIRE, adjudant-major, 733.
MALLET, capitaine du génie, 732.
MALYE, général de brigade, 127.
MARCHAND, général de division, 586, 590, 616.
MARESCOT, général de division, 399, 400.
MARET, commissaire ordonnateur, 139.
MARET (Hugues-B.), ministre secrétaire d'Etat, 36, 55, 62, 109, 110, 124, 138, 239, 250, 256, 282, 286, 306, 315, 374, 383, 407, 420, 468, 480, 570, 621, 636.
MARGARON, général de brigade, 559, 606, 812.
MARIE, capitaine commandant la 1re compagnie de vétérans de la 25e division, 214.
MARIE, sous-lieutenant au 1er d'infanterie légère, 799.
MARION, chef de bataillon d'artillerie, 840.
MARION, général de brigade, 418.
MARMONT, général de division, 45, 74, 128, 394, 535, 613, 660, 703.
MARSANGE, chef d'escadron au 15e dragons, 166, 263.
MARTHE, lieutenant aide de camp du général Curial, 685.
MARTIAL-THOMAS, adjudant commandant, 7, 25, 400.
MARTIN, commissaire des guerres, 365.

MARTORELL, colonel espagnol, prisonnier de guerre, 834.
MARULAZ, général de brigade, 743, 779, 834.
MASSABEAU, adjudant commandant, 272, 357.
MASSÉNA (Maréchal), duc de Rivoli, 398, 723, 726, 734, 735, 737, 738, 739, 746, 747, 753, 765, 772, 784, 788, 795, 796, 802, 803, 806, 818, 835.
MATHIEU DE LA REDORTE (David-Maurice-Joseph), général de division, 586, 590, 616.
MATHIEU-FAVIERS, commissaire ordonnateur, 549, 574, 579, 590, 599.
MAUBLANC (Martial), sous-lieutenant au 1er cuirassiers, 53.
MAUPETIT, général de brigade, 627.
MAUPETIT, lieutenant au 9e dragons, 411.
MAURICE, colonel commandant l'école d'instruction des troupes à cheval, 184.
MAURIN, général de brigade, 779.
MAXIMILIEN-JOSEPH, roi de Bavière, 707, 736.
MAYERSBACH, lieutenant wurtembergeois, prisonnier de guerre en France, 119.
MAYNIEL, chef de bataillon du génie, 456.
MAZADE, commissaire ordonnateur, 82.
MECKLENBURG (Duc DE), 594.
MECKLENBURG-SCHWERIN (Duc DE), 38, 193, 735, 748.
MECKLENBURG-STRELITZ (Prince DE), 311, 735, 748.
MEDINA-CELI (Duc DE), 567.
MEHEMET-EFFENDI, ancien secrétaire d'Ali-Pacha, 622.
MÉNARD, général de brigade, 753.
MENEVAL, secrétaire de Napoléon Ier, 34, 244, 368, 562.
MENGAUD, général de division, 645.
MENOU, général de division, commandant des départements au delà des Alpes, 99, 105, 145, 161, 168, 241, 358, 613, 682, 690, 777, 793.
MÉON (Jean), lieutenant au 3e de ligne, 215.
MERLE, général de division, 80, 82, 83, 102, 124, 131, 134, 135, 204, 229, 259, 260, 369.
MERLE, 1er porte-aigle au 3e légère, 705.
MERLIN DE THIONVILLE, ex-représentant du peuple, 671.
MERLIN, élève de l'artillerie de marine, fils de Merlin de Thionville, 671.
MERLIN, général de brigade, 379.
MERLIN (Henry), cavalier au 4e hussards, 456.

MERLIN, mécanicien à Strasbourg, père du précédent, 456.
MERMET, général de division, 119, 426, 605, 685.
MERMET, major du 10e chasseurs, 359.
MEUNIER (Hugues-Alexandre-Joseph), général de brigade, 256, 618.
MEYER, chirurgien civil, 287.
MILHAUD, général de division, 529, 544.
MILONAS, lieutenant employé à l'état-major de l'armée de Dalmatie, 784.
MIOLLIS, général de division, 378, 549, 765.
MIQUEL, général de brigade, 309.
MIRANDA (Comte DE), 578.
MISSIESSY, contre-amiral, 176.
MOERNER (Comte DE), colonel suédois, 37.
MOLITOR, général de division, 42, 66, 104, 288, 495, 537, 538, 552, 581, 594, 602, 628, 636, 638, 640, 648, 653, 663, 671, 709, 710, 719, 725, 726, 736, 746, 757, 810, 812, 819.
MOLLIEN, ministre du Trésor, 715.
MONCEY (Maréchal), 9, 40, 51, 74, 76, 79, 80, 83, 141, 163, 169, 170, 180, 204, 205, 222, 229, 233, 236, 239, 240, 273, 347, 348, 363, 458, 508, 525, 543, 585, 732.
MONNET, général de division, commandant à Flessingue, 4, 69, 99, 142, 227.
MONNIER-VILLENEUVE, chef de bataillon au 15e légère, 706.
MONPATRY, capitaine en retraite, 341.
MONTBRUN, général de brigade, 206, 472, 631.
MONTGAILLARD (Ant.), sergent au 6e d'infanterie légère, 92.
MONTGAILLARD (Henry-Léonard), admis au service du roi de Naples, 92.
MONTHION (Général). Voir BAILLY DE MONTHION.
MONTMORENCY (Raoul DE), sous-lieutenant, 677.
MORAND, général de division, 411, 731, 746, 776, 777, 784, 807, 809, 829, 839.
MOREAU (Mme), sœur du chef d'escadrons Hulot, du 7e chasseurs, 53.
MOREL, lieutenant quartier-maître au 13e chasseurs, 499.
MORIO, colonel, 249.
MORSHEAD, otage anglais, 762.
MORTIER (Maréchal), 196, 487.
MOSSEL, général d'artillerie, 39.
MOUFF (Richard), adjudant sous-officier au 88e d'infanterie, 831.
MOUFF, colonel commandant en second la demi-brigade du grand-duché de Berg, 831.
MOULIN, général de division, 605.

TABLE DES NOMS DE PERSONNES

MOULIN, médecin à l'armée de Naples, 824.
MOUTON, général de division, 7, 39, 40, 312.
MULLER, général de division, 230.
MURAT (Maréchal), grand-duc de Berg, 37, 51, 59, 61, 68, 74, 79, 80, 81, 83, 84, 92, 96, 102, 118, 125, 147, 151, 170, 181, 194, 229, 233, 239, 240, 246, 263, 267, 268, 276, 280, 328, 352, 360, 419, 526, 635, 636, 734, 790.
MURIEL, chef de bataillon, 99.
MYNGHER, sous-lieutenant au 26e chasseurs, 101.

N

NACQUART, ancien colonel, 825.
NANSOUTY, général de division, 104, 333, 398, 400, 406, 483, 723, 746, 791.
NAPLES (La Reine de). *Voir* JULIE.
NAPLES (Roi de). *Voir* JOSEPH-NAPOLÉON.
NASSAU (Duc DE), 375, 385, 407, 477.
NASSAU (Troupes de), 524, 604, 608, 747.
NEIGRE, colonel d'artillerie, 835.
NEY (Maréchal), duc d'Elchingen, 371, 372, 557, 616, 620.
NICOLAS, général de brigade, 133.
NICOLON, ex-capitaine au 12e légère, 684.
NORVINS DE MONTBRETON, ex-lieutenant en premier des gendarmes d'ordonnance, 286.
NOURY, colonel, puis général de brigade, 101, 834.

O

OFFENSTEIN, général de brigade, 555.
ORAISON (D'), général de brigade, 272.
OSSUNA (Duc D'), 567.
OTTO (Comte), ministre plénipotentiaire à Munich, 736.
OTTO (Jacques), artificier au 2e d'artillerie à cheval, 655.
OUDINOT, général de division, 28, 44, 88, 104, 250, 300, 326, 327, 395, 401, 404, 405, 412, 413, 414, 432, 433, 434, 447, 449, 539, 563, 564, 602, 604, 618, 630, 634, 644, 669, 679-682, 690, 691, 714, 722, 723, 726, 727, 732, 739, 742, 746, 750, 753, 754, 756, 759, 765, 773, 784, 788, 791, 795, 797, 798, 802, 803, 806, 807, 810, 811, 812, 813, 815, 818, 819, 820, 825, 826, 832, 833, 838, 839, 841.

P

PACTHOD, général de division, 753.
PAILLARD, général de brigade, 128.
PAJOL, général de brigade, 28, 45, 799.
PALLIER, capitaine en retraite, 654.
PANNETIER, général de brigade, 488.
PARIGOT, adjudant commandant, 256.
PARIS, général de brigade, 600.
PARTOUNEAUX, général de division, 693, 694.
PASCALIS, lieutenant au 4e chasseurs à cheval, 455.
PASQUET-SALAIGNAC, lieutenant, aide de camp du général Drouet, 799.
PASTRE, ex-chef de bataillon au 11e de ligne, 514.
PELLETIER, colonel d'artillerie, 732.
PÉPIN, colonel, 182, 229, 253, 277.
PERCY, chirurgien en chef de la Grande Armée, 125, 421, 776, 823.
PÉRIGNON (Maréchal), 5, 584.
PERNETY, général de division, 39, 835.
PERQUIT, chef d'escadrons au 4e dragons, 491.
PERRARD, adjudant commandant, 535.
PETITJEAN, sergent à la 1re compagnie de mineurs, 394.
PEYRI, général italien, 695.
PIACENZA, curé à Alexandrie, 215.
PIANELLI, colonel commandant d'armes à Bastia, 286.
PICARD, général de brigade, 393.
PIERRE, chef de bataillon au 12e de ligne, 101.
PIERRON (Mme), veuve d'un ancien agent en chef des hôpitaux militaires, 657.
PIÉTON-PRÉMALÉ, colonel du 22e chasseurs, 37.
PILLE, général de division, 376, 550.
PINEL, chef de bataillon commandant les îles Tahitou, 228.
PINO, général de division, 378, 462, 484.
PION, capitaine au 8e d'artillerie à pied, 705.
PIRÉ (DE), aide de camp de Berthier, colonel du 7e chasseurs, 307, 753.
PISTON, général de division, 645.
PITTIÉ, sous-lieutenant au 8e légère, 273.
PLATEN (DE), officier prussien, prisonnier de guerre, 250.
POIRSON, soldat au 1er d'infanterie légère, 249.
PONIATOWSKI (Prince), 655, 732.
PONIO-ROSTRA (Duc DE), 567.
PONTE-CORVO (Prince DE). *Voir* BERNADOTTE.
PORCHER, sous-lieutenant au 6e dragons, 53.
PORLIER DE RUBELLES, lieutenant au 23e dragons, 143.
PORTE, sous-inspecteur aux revues, 134.
POTEL, capitaine au 100e de ligne, 101.
POUGET, général de brigade, 577.

PRÉVAL (Claude-Antoine), général de brigade, 161, 257.
PRILLY, aide de camp, 54.
PRIMAT (Prince). *Voir* DALBERG (Ch.).
PRIMAT (Troupes du prince), 608.
PRINET, sous-lieutenant au 11ᵉ chasseurs, 836.
PULLY, général de division, 391.
PUTHOD, général de division, 753.

Q

QUESNEL, général de division, 730.

R

RADET, général de gendarmerie, 793.
RAMBALDI, capitaine de garde-côtes, 622.
RAMIREZ, Espagnol mis en arrestation, 632.
RAMPON, général de division, sénateur, 764.
RAPP, général, gouverneur de Danzig, 28, 53, 65, 753.
RAZOUT, général de brigade, 61, 181.
REBILLA (Marquis DE), Espagnol en état d'arrestation, 632.
REDON fils, auditeur au Conseil d'Etat, 48.
REILLE, général de division, 331, 336, 350, 368, 384, 387, 462, 621, 627, 641, 671, 689, 712, 713, 780.
RENAUD, colonel du 30ᵉ dragons, 480.
RENAUD, maréchal des logis au 28ᵉ dragons, 692.
RESTEIGNE, sous-lieutenant au 27ᵉ chasseurs, 555.
REUSS (Prince DE), 511; troupes de, 610, 686, 747.
REY, général de brigade, 208, 209, 210, 230, 236, 279, 424.
REYNAUD (Nicolas), général de brigade, 311, 692.
RICHARD (J.-B.), caporal au 62ᵉ d'infanterie, 92.
RIGAUD, général de brigade, 380.
RITAY, général de brigade, 267, 307.
RIVAROLA, gouverneur de Macerata, 151.
RIVAUD, chef d'escadron de gendarmerie, 115.
RIVAUD, général de division, 49, 249.
ROBERT, ex-quartier-maître de la garde impériale, 835.
ROBIDAT, adjudant sous-officier au 5ᵉ bataillon de sapeurs, 248.
ROGNIAT, général de brigade, 792.
ROGUET, général de brigade, 337, 380.
ROIZE, général de brigade, 488.

ROLLET (Compagnie), 363.
ROQUEFER, adjudant des côtes de la direction de Montpellier, 7.
ROUYER, général de division, 488, 764.
RUAT, major du 20ᵉ dragons, 492.
RUBY, général de brigade, 154.
RUFFIN, général de division, 545, 575, 586, 591, 607, 620.
RUSCA, général de division, 830.
RUTY, général d'artillerie, 39, 500.

S

SABATIER, colonel du génie, 771, 792.
SABATIER (Just-Pasteur), général de brigade, 165, 731.
SABUGAL (Comte DE), major du 1ᵉʳ régiment de cavalerie de la légion portugaise, 498.
SAHUC, général de division, 377, 569.
SAINT-HILAIRE, général de division, 723, 746, 753, 758, 807, 809, 834, 839.
SAINT-LÉGER (Maurice), capitaine du génie, 605.
SAINT-SIMON, traduit devant une commission militaire en Espagne, 576.
SAINT-SULPICE, général de division, 104, 333, 406, 723, 746, 791.
SALLIGNY, général de division, 380, 408, 582.
SALOMON, chirurgien sous-aide au 22ᵉ de ligne, 647.
SALM (Principauté de), 734; troupes de, 747.
SALVATIERRA (Comte DE), 578.
SANSON, général, directeur du dépôt de la guerre, 60, 606, 621, 719.
SANTA-CRUZ (Duc DE), 567, 572, 576.
SANTANDER (Evêque de), 259, 260.
SAUDEUR, général de brigade, 100.
SAVARY, général, duc de Rovigo, 72, 75, 76, 83, 172, 184, 193, 195, 196, 202, 266, 268, 363, 373, 374, 577.
SAXE (Roi de). *Voir* FRÉDÉRIC-AUGUSTE.
SAXE (Maisons princières de), 735, 747, 764.
SCHAAL, général de division, 48, 645.
SCHAUENBURG, général de division, 215.
SCHMALTZ, habitant de Kœnigstein, 649.
SCHOBERT, colonel, 374.
SCHOULER, porte-drapeau au 3ᵉ régiment suisse, 367, 384.
SCHRAMM, général de brigade, 11, 488.
SCHWARZBURG (Prince DE), 511.
SCHWARZBURG-RUDOLSTADT (Princesse DE), 456.
SCHWARZBURG (Troupes du prince DE), 610, 686, 747.

SCHWARZ, général de brigade, 7.
SÉBASTIANI, général de division, 426, 441, 445, 446, 577, 620.
SÉCHET, brigadier de gendarmerie à la Flèche, 493.
SÉGUR (DE), officier d'ordonnance de l'Empereur, 595.
SEINA (Antonio DE), officier portugais, 623.
SELLIER, fusilier au 102ᵉ d'infanterie, 684.
SEMELLÉ (Général DE), chef d'état-major du 1ᵉʳ corps de la Grande Armée, 253.
SÉNARMONT, général de division, 546, 753.
SÉPOLINA, entrepreneur des transports, 71.
SÉRAS, général de division, 765.
SÉRURIER (Maréchal), 398.
SERIEYS, adjudant de place à Savone, 29.
SIMÉON, conseiller d'Etat, 23.
SINNER D'AARBOURG, lieutenant au 3ᵉ régiment suisse, 383.
SIONVILLE, général de brigade, 391.
SIONVILLE (Mˡˡᵉ), fille du général de ce nom, 391.
SOKOLNICKI, général, 18.
SOL-BEAUCLAIRE, général de brigade, 593, 596.
SOLIGNAC, général de division, 630.
SONGEON, colonel du 53ᵉ régiment de ligne, 250, 272.
SONGIS (Nicolas-Marie), général de division, 23, 57, 101, 103, 104, 105, 113, 123, 223, 226, 234, 398, 583, 746, 747, 790, 797, 813, 832, 834, 835, 840.
SOPRANZI, chef d'escadron, aide de camp du prince de Neuchâtel, 258.
SORBIER, général de brigade du génie, 35, 272.
SOUHAM, général de division, 382, 462.
SOULT, général de brigade, 560.
SOULT, maréchal, duc de Dalmatie, 24, 28, 31, 33, 38, 42, 44, 45, 49, 52, 85, 101, 104, 131, 140, 263, 273, 311, 380, 404, 405, 406, 414, 432, 433, 443, 456, 484, 501, 535, 544, 555, 556, 557, 570, 588, 600, 605, 616, 621, 631, 730, 781, 784, 786.
STASSART, auditeur au Conseil d'Etat, 209.
STEIN, conspirateur, 585.
SUCHET, général de division, 101, 117, 306, 367.
SUÈDE (Roi de). *Voir* GUSTAVE IV.
SULKOWSKI (Prince), 587.
SWAGERS, candidat à l'Ecole de la Flèche, 395.

T

TAILLADE, capitaine au 14ᵉ d'infanterie légère, 505.
TALLEYRAND, prince de Bénévent, 509.
TAPIES, commissaire des guerres, 713.
TASCHER, lieutenant-colonel de cavalerie, 340.
TASSIN, chef d'escadron de gendarmerie, 115.
TAVEL, capitaine au 3ᵉ régiment suisse, 397.
TAVIEL, général d'artillerie, 648, 689, 709.
THÉROND, major au 4ᵉ dragons, 731.
THIERRY, ex-conservateur des approvisionnements de siège, 468.
THOMAS, adjudant commandant, 731.
THOMAS, chirurgien, major de l'hôpital d'Elbing, 52.
THOMIÈRES, général de brigade, 598.
THOUARS, capitaine au 94ᵉ d'infanterie, 492.
THOUVENOT, général de division, 124, 163, 182, 185, 186, 194, 196, 204, 224, 229, 253, 277, 279, 305, 306, 307, 340, 370, 458, 524, 565.
TILLIER, lieutenant au 29ᵉ dragons, 836.
TILLY (Comte DE), 400.
TILLY, général. *Voir* DELAITRE-TILLY.
TINERO (Don Joseph-Maria), Espagnol, en état d'arrestation, 632.
TIRLET, général de brigade, commandant l'artillerie de l'armée de Dalmatie, 35, 391.
TOLSTOÏ (Comte), 281.
TORCHIO, ex-lieutenant au bataillon des tirailleurs du Pô, 24.
TOURNON, chambellan de l'Empereur, 69.
TOURNON (A.-M.-V.), élève à l'Ecole de Fontainebleau, 69.
TREILHARD fils, auditeur au Conseil d'Etat, 574.
TRELLIARD, général de division, 317, 513, 514, 559, 560, 566, 582, 631.
TRENQUALYE, adjudant commandant, 784.
TRIAIRE, aide de camp du prince Eugène, 492.
TROMOSO (Comte DE), Espagnol, en état d'arrestation, 632.
TRUC, capitaine d'artillerie, 317.
TURENNE, chef d'escadron, 576, 593, 826.
TURMANN, commissaire des guerres, 365.

U

ULLIAC, capitaine, aide de camp du général Canuel, 391.
URBAIN (Emmanuel-Joseph), canonnier au 1er régiment d'artillerie à pied, 391.

V

VALAZÉ, chef de bataillon, 201.
VALDÈS, Espagnol suspect, 250, 632.
VALENCE, général de division, sénateur, 442, 489, 500, 577.
VALENTIN, général de brigade, 731.
VANDAMME, général de division, 101, 381, 764.
VAN DER BOGAERDE, sergent-major à la 12e compagnie d'ouvriers d'artillerie, 654.
VAUTHIER DE BAILLAMONT, chef de bataillon au 112e d'infanterie, 510, 530.
VAUTRÉ, major, 52.
VEDEL, général de division, 373, 397, 398, 399, 400, 488.
VERDIER, capitaine au 65e de ligne, 658.
VERDIER, général de division, 11, 28, 171, 177, 182, 185, 194, 198, 204, 207, 251, 259, 260, 279, 312, 363.
VERGEZ, médecin militaire, 669.
VERPEAUX, chef de bataillon du génie, 840.
VERRIÈRES, général de brigade, gouverneur de Glogau, 167.
VIALA, général de brigade, 133, 134.
VICTOR, maréchal, 52, 60, 147, 203, 253, 310, 429, 472, 529, 537, 588, 591, 607.
VIGNOLLE, général de division, 661, 692, 810.
VILLADIEGO (Marquis DE), 578.
VILLAFRANCA (Marquis DE), 578.
VILLA-SANTÉ (Marquis DE), Espagnol, en état d'arrestation, 632.
VILLATTE, général de division, 158, 575, 586, 591, 620.
VILLEDIEU, sous-lieutenant au 6e hussards, 366.
VILLEGARDE, ex-capitaine au bataillon des tirailleurs du Pô, 24.
VILLEQUIER (DE), sous-lieutenant au 11e chasseurs, 69.
VILLOUTREYS, écuyer de l'Empereur, 398, 400.
VOLLAND, commissaire des guerres, 139.
VONDERWEID, lieutenant, quartier-maître au 3e suisse, 659.
VOUILLEMONT, général de brigade, 350, 580.

W

WALDECK (Comte Josias DE), colonel commandant le régiment de Waldeck, Lippe, Schwarburg et Reuss, 686.
WALDECK (Prince DE), 511.
WALDECK (Troupes du prince DE), 610, 686, 691, 747.
WALTHER, général de division, 581, 631, 765.
WEIGOLD, chef d'escadron, 411.
WERLÉ, général de brigade, 600.
WESTPHALIE (Roi de). Voir JÉRÔME-NAPOLÉON.
WOLFF, chef d'escadron au 18e dragons, 493.
WOLODKOWICZ, général de brigade, 468.
WURTEMBERG (Roi de). Voir FRÉDÉRIC II (Guillaume-Charles).
WÜRZBURG (Grand-duc DE), 629, 733, 735.

Y

YARMOUTH (Lady), 366.

Z

ZAKOMELSKI, général-major au service de Russie, 137.
ZAYONCHEK, général de division, 235.
ZIMMER, capitaine, 675.
ZOEPPFEL, aide de camp du Ministre de la guerre, 392.

Paris et Limoges. — Imp. et libr. militaires HENRI CHARLES-LAVAUZELLE.

Librairie Militaire Henri CHARLES-LAVAUZELLE
PARIS ET LIMOGES

Général ZURLINDEN, ancien ministre de la guerre. — **Hautes études de guerre.** — **Haut commandement.** — **Avancement.** — Volume in-8° de 144 pages... 3 »

Général LAMIRAUX. — **Étude sur le fusil modèle 1886 et sur son rendement dans le tir individuel et dans le tir collectif.** — Volume in-8° de 384 pages, avec 23 croquis................................. 5 »

Général LAMIRAUX. — **Études pratiques de guerre.**
Tome I (4ᵉ édition). — Volume grand in-8° de 314 pages, accompagné de 20 croquis ou cartes dans le texte, broché............... 6 »
Tome II. — Volume grand in-8° de 448 pages, accompagné de 46 croquis, broché.. 8 »

Général LAMIRAUX. — **Études de guerre : la manœuvre de Soult (1813-1814).** — Volume grand in-8° de 482 pages, avec 15 croquis dans le texte.. 8 »

Général LALUBIN. — **Dans quelle mesure l'infanterie peut-elle compter sur l'artillerie pour appuyer son attaque ?** In-8° de 168 pages... 3 50

Général LALUBIN. — **Considérations stratégiques sur la campagne de 1800 en Italie.** — In-8° de 188 pages, avec 2 cartes hors texte...... 3 »

Général LE JOINDRE. — **Tirs de combat individuels et collectifs** (2ᵉ édition mise à jour). — Volume in-8° de 144 pages, 20 figures, broché.. 3 »

Général PHILEBERT. — **En vue de la guerre.** — Volume in-18 de 140 pages.. 2 »

Général PHILEBERT. — **La 6ᵉ brigade en Tunisie**, orné d'un portrait du général, de 13 gravures et d'une carte en couleurs hors texte du théâtre des opérations. — Volume in-8° de 232 pages, broché............ 5 »

Général H. CREMER. — **Arbitrages et conventions des manœuvres.** — Brochure in-8° de 24 pages, avec 2 croquis dans le texte......... » 60

Général LUZEUX. — **Notre politique au Maroc.** — Volume in-8°. 3 50

Général LITZMANN, ancien directeur de l'Académie de guerre de Berlin. — **Thèmes tactiques et jeu de la guerre.** Contribution à l'instruction tactique de nos officiers. Comment poser et résoudre des thèmes tactiques. Introduction à la pratique du jeu de la guerre, traduit de l'allemand par le capitaine CORTEYS, du 140ᵉ régiment d'infanterie. — Volume in-8° de 214 pages, avec 3 cartes hors texte, broché..... 5 »

Général LITZMANN, ancien directeur de l'Académie de guerre de Berlin. — **Exercices de service en campagne pour officiers. Préparation et Direction.** Critique par le Directeur. Compte rendu par les chefs de parti, traduit de l'allemand avec l'autorisation de l'auteur, par A. G. — Volume in-8° de 162 + XVI pages, avec trois croquis et une carte hors texte.. 4 »

Général Albert POLLIO. — **Waterloo (1815)**, avec de nouveaux documents. Traduit de l'italien par le général GOIRAN, ancien Ministre de la guerre. Grand in-8° de 642 p., avec couverture illustrée en couleurs, 11 gravures et 5 cartes en couleurs hors texte................... 12 »

Général DEVAUREIX. — **Souvenirs et observations sur la campagne de 1870** (armée du Rhin), depuis son départ du camp de Châlons jusqu'à la capitulation de Metz. Travail rédigé par l'auteur durant sa captivité à Lübeck, d'après ses notes personnelles prises jour par jour, comme lieutenant au 66ᵉ d'infanterie. — In-8° de 746 pages, avec appendice : siège de Paris contre la Commune, broché........................ 7 50

www.ingramcontent.com/pod-product-compliance
Lightning Source LLC
Chambersburg PA
CBHW070859300426
44113CB00008B/890